KB161808

World Book 249

Jacob u. Wilhelm Grimm

KINDER–UND HAUSMÄRCHEN

그림동화전집 II

그림 형제/금은숲 옮김

동서문화사

디자인 : 동서랑 미술팀

《그림 동화》에 매료된 화가들과 메르헨 거리

고산고정일

《그림 동화》에 매료된 화가들

루트비히 그림(1790~1863)
그림 형제의 막냇동생. 《그림 동화》 삽화와 두 형의 초상화를 그렸다.

〈오빠와 여동생〉 루트비히 그림, 1818.

《그림 동화》와 삽화

《그림 동화》 제1권을 선물 받은 시인 아힘 폰 아르님은 삽화 없이 글씨만 잔뜩 있어서 이 책이 널리 읽히지 않을까 걱정했다. 그리하여 1819년에 출판된 두 번째 개정판에서는 막냇동생 루트비히가 그린 그림이 실렸다. 〈오빠와 여동생〉을 주제로 한 표지 그림과 속표지, 그리고 제2권에는 메르헨 이야기꾼 피만 부인의 초상화를 표지와 속표지로 넣었다.

《그림 동화》 영어판, 크룩생크, 1823.

〈요술 식탁, 황금 당나귀, 자루 속 몽둥이〉 람베르크, 1819.

〈재투성이 아가씨〉 루트비히 피치, 1858.

프란츠 포치(1807~1876)
바이에른 왕국 궁정에 일하던 포치 백작은 1837년 〈백설 공주〉를, 이듬해 〈헨젤과 그레텔〉을 단행본으로 출판했다.

〈황금새〉 프란츠 포치, 1856.

1823년에는 영국에서 풍자만화가 조지 크룩생크의 동판화가 실린 《그림 동화》 번역판이 출판되었다. 이 책은 《그림 동화》를 세계적으로 알리는 데 큰 공헌을 했다고 일컬어진다. 실제로 그림 형제도 이 영어판에 자극을 받아 동생 루트비히가 일곱 가지 동화에 저마다 삽화를 그린 선집판을 1825년에 출판했다. 이때 빌헬름은 삽화에 대해서 동생에게 많은 주문을 했다고 한다. 그 뒤 그

〈백설 공주〉 요한 리자, 1838.

〈재투성이 아가씨〉 칼 페터 가이슬러, 1842.

테오도르 호제만(1808~1875)
테오도르 호제만은 〈빨간 모자〉 〈재투성이 아가씨〉 〈백설 공주〉를 그림책으로 출판했다. 아이들이 이해하기 쉽도록 일상 세계를 동화 속에 담은 최초의 화가 가운데 하나이다.

〈백설 공주〉 테오도르 호제만, 1847.

〈장화를 신은 고양이〉 모리츠 폰 슈빈트, 1849.

〈오빠와 여동생〉 오토 슈펙터, 1857.

오토 슈펙터(1807~1878)

림 형제는 언론인이자 미술비평가이며 화가인 루트비히 피치에게 《그림 동화》에 실을 삽화를 그리도록 허락했지만 다른 화가에게 의뢰하는 일은 없었다.

이야기의 내용을 어떻게 그림으로 표현하는가, 그것은 화가가 그 이야기를 어찌 감상하고 해석했는가에 따라 다르다. 《그림 동화》는 화가에게 있어 그 가능성이 참으로 넓고 풍부하게 존재하며, 그것이 끊임없이 이어진 《그림 동화》 삽화 변천사가 되었다고 생각된다. 그 뒤 《그림 동화》에는 많은 화가들이 그린 삽화가 덧붙여져 《그림 동화》 그림책화도 점점 진행된다. 그리고 오늘날 책뿐만 아니라 영화나 비디오 나아가 CD, DVD라는 새로운 매체를 써서 영상화하고 있다.

19세기 삽화작가들

궁정화가 요한 하인리히 람베르크는 루트비히 그림과 같은 해에 《그림 동화》에 삽화를 그렸다. 18세기 끝무렵에서 19세기 전반에 걸쳐 많은 아이들 책을 쓴 J.A.C. 레르는 《어린이와 청소년을 위한 동화집》(1819)에서 그림 형제 동화를 인용하며 람베르크(1763~1840)의 동판화를 5장 첨부했다. 그 뒤 1837년까지 《그림 동화》 삽화는 독일에서는 오로지 루트비히의 작품뿐이었다.

1830년대 끝무렵부터 《그림 동화》 속 이야기가 처음으로 그림책으로 출판된다. 더욱이 그림책이라 해도 오늘날 같은 그림으로 이야기를 보여주는 게 아니라 삽화가 들어간 책이라는 뜻이다. 바이에른 국왕 궁전에서 일하던 프란츠 폰

루트비히 리히터(1803~1884)
리히터는 페르디난트 슈미트의 《아이들을 위한 동화책》에서 《그림 동화》의 이야기 삽화 6컷을 그렸다.

〈빨간 모자〉 루트비히 리히터, 1883.

《아이들을 위한 동화책》 속표지
페르디난트 슈미트

포치 백작은 1837년에 〈백설 공주〉를, 이듬해 〈헨젤과 그레텔〉을 단행본으로 출판했다. 그림 형제는 이 책을 괴팅겐 대학 칠교수 사건 다음 해에 포치 본인에게서 선물로 받아 무척 기뻐했다.

요한 리자는 《아라비안나이트 또는 유럽 민족의 가장 아름다운 동화와 전설》이라는 책 속에 《그림 동화》를 넣어 석판으로 그린 기괴한 삽화를 삽입한다. 〈백설 공주〉에서는 코가 엄청나게 길고 큰 난쟁이와 가련한 백설 공주가 대조적으로 그려져 있다.

테오도르 호제만도 《그림 동화》 속 이야기를 단행본(그림책)으로 펴냈다. 1840년에 〈빨간 모자〉, 1843년에 〈재투성이 아가씨〉, 1847년에는 〈백설 공주〉를 석판 인쇄로 만들었다. 그는 아이들이 이해하기 쉽도록 일상적인 세계를 동화 속에 집어넣은 화가들 가운데 하나이다.

칼 페터 가이슬러는 《착한 아이를 위한 동화 왕관》을 1843년에 출판했는데 《그림 동화》 이야기를 인용했다. 동판화로 몇 가지 장면을 그려 이야기 줄거리 전체를 하나의 그림으로 만들었다. 이 수법은 이미 오이겐 나폴레온 노이로이터가 1830년대에 썼다. 1836년에 그린 〈재투성이 아가씨〉는 많은 주목을 받아 비간트 출판사가 출판하려 했지만 그림 형제가 거절하는 바람에 실현되지 못

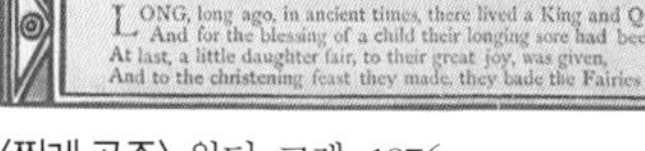

〈찔레 공주〉 월터 크렌, 1876.

〈헨젤과 그레텔〉 에른스트 크라이도르프, 1903.

했다. 이 그림은 뒤에 출판된 책에 쓰였다.

오토 슈펙터는 동물 그림을 즐겨 그려 빌헬름 하이의 《아이들을 위한 동화책》 삽화로 높은 평가를 받은 화가이다. 1847년 〈오빠와 여동생〉에 삽입된 석판화는 본디 영어판을 위해 만들어졌지만, 1857년 〈뮌헨 한 장 그림〉을 위해 이 그림들을 새로이 목판용으로 고쳐 그렸다.

〈뮌헨 한 장 그림〉은 아이들을 위한 예술적으로 뛰어난 한 장 그림 시리즈로 1848년에서 1898년까지 뮌헨의 브라운&슈나이더사(社)에서 간행되었다. 그 속에 《그림 동화》도 30여 장 들어 있다. 남독일 낭만파 화가의 대표적 존재인 모리츠 폰 슈빈트는 〈재투성이 아가씨〉, 〈노가주나무 이야기〉, 〈일곱 마리 까마귀〉, 〈찔레 공주〉 등 많은 이야기에 삽화를 그렸다. 뒤에 《그림 동화》에서 빠진 〈장화를 신은 고양이〉 한 장 그림에는 문장이 없다. 모든 이야기가 그림으로 표현되어 있다.

19세기 독일 삽화작가 가운데 가장 많은 독자에게 친숙한 루트비히 리히터는 특히 옛날이야기나 전설 삽화를 잘 그렸다. 루트비히 베히슈타인의 《독일 동화책》이나 므제우스의 《독일인 민화》, 《안데르센 동화집》에 삽화를 그렸다.

〈찔레 공주〉 하인리히 포겔러, 1897.

〈별 은하〉 하인리히 포겔러, 1907.

1846년에 출판된 베히슈타인의 《독일 동화책》은 리히터의 삽화 덕분에 1896년에는 45판까지 만들어졌다. 리히터는 페르디난트 슈미트의 《아이들을 위한 동화책》에서 《그림 동화》의 6개 이야기 삽화를 그렸을 뿐이지만 므제우스 책을 위한 판권이 끝나자 《그림 동화》에 쓸 수 있게 되었다.

그 시절 저작권은 저자가 죽은 뒤 30년까지 유지되었는데 1893년 《그림 동화》 판권이 끝나자 많은 그림 동화집들이 출판되었다.

20세기 《그림 동화》 삽화들

베게하우프트는 인쇄기술의 발달로 북아트의 질적 변화(품질 저하현상)가 나타나 그림이 회화적으로 변했다고 지적한다. 19세기 끝무렵부터 20세기에 걸쳐 이런 경향에 경종을 울리는 움직임이 나타나기 시작한다. 책은 종합예술작품이라는 생각이 영국에서 생기게 된다. 문자, 타이포그래피, 삽화(일러스트레이션), 장정, 제본, 종이, 이 모든 것이 조화를 이루지 않으면 안 된다는 생각이다(윌리엄 모리스나 월터 크렌 등이 실천). 그 결과 독일에서는 유겐트슈틸이라 불리는 새로운 미술양식이 태어났다(프랑스에서는 아르데코라 불린다). 이 운동

〈늑대와 일곱 마리 새끼염소〉 오토 우베로데, 1907.

속에서 동화는 중요한 역할을 한다. 게다가 독일에서 그림책은 예술작품이 아니면 안 된다고 주장하는 예술교육운동도 일어난다.

이런 운동을 배경으로 《청춘의 연못》이라는 제목으로 1899년부터 1903년까지 낡은 독일 예술과 문학의 보물창고를 찾아내는 시리즈가 간행된다. 또 빈의 예술가들이 《겔라하 청소년문고》 34권을 1901년에서 14년까지 출판했으며, 이 시리즈 4권에 46편의 그림 동화가 들어 있다.

1904년에는 요셉 숄츠 출판사에서 《독일의 그림책》이라는 제목으로 그림책 시리즈가 출판된다. 1930년까지 22권의 그림책이 간행되었으며, 저마다 《그림 동화》가 들어 있다. 권마다 16페이지로 이루어졌는데, 그 가운데 8페이지가 컬러 인쇄된 그림으로 다른 페이지는 단색 삽화가 들어 있다.

동식물을 의인화하여 독특한 세계를 그린 그림책작가 에른스트 크라이도르프는 〈헨젤과 그레텔〉에 두 가지 삽화를 그렸다. 유겐트슈틸의 대표적 화가 하인리히 포겔러는 1907년 여덟 가지 그림 동화에 1장씩 크고 아름다우며 조화로운 그림을 그렸다. 같은 해 헤센 주 출신 오토 우베로데가 그린 윤곽이 뚜렷한 판화 삽화가 많이 들어간 《그림 동화》가 출판되었다. 1909년에는 영국 화가 아서 래컴의 삽화를 쓴 《그림 동화》(40편)가 뮌헨 출판사에서 나와 호평을 받았다. 래컴의 삽화는 같은 시대 많은 화가에게 영향을 주었다. 또 한 사람 중요한 화가로 막스 슬레포크트가 있다. 인상파의 대표 화가 슬레포크트는 《그림

〈운 좋은 한스〉 막스 슬레포크트, 1918.

〈개구리 왕자〉 아서 래컴, 1920.

동화》에 200점이 넘는 삽화를 펜으로 그렸다. 메르헨 책 시리즈로 1918년 《독일 동화집》 제1권이 출판되어 6개의 그림 동화에 30개의 펜화가 더해졌다. 그 뒤 1924년까지 3권이 출판되었다.

또한 게르투르드 카스파리는 아이들을 대상으로 하여 〈백설공주〉를 평면적으로 단순한 윤곽의 카스파리풍의 그림책에 그려놓았다.

1920년대, 30년대에도 삽화가 들어간 여러 《그림 동화》가 출판되어 있었다. 그 가운데서도 주목해야 할 삽화가로서 한스 발스첵과 프리츠 크레델이 있다. 발스첵은 1925년에 조금은 특별하고도 이상한 그림을 실은 〈요린데와 요링겔〉이라는 책을 출판한다. 크레델은 〈용감한 꼬마 재봉사〉와 〈브레멘 음악대〉(1941)에 유머가 담긴 조화로운 색채의 그림을 실었다. 루트 코저 미하엘의 수채화 100개가 삽화로 실린 《그림 동화》(1937)는 아이들에게 인기가 많았으며 100만 부가 넘는 베스트셀러가 되었다.

선화(禪畫)의 장인 게르하르트 오버렌더도 《그림 동화》(1958~1963)에 한 페이지당 온갖 색을 칠한 삽화를 실었다. 그 그림의 구성은 독창적으로, 전쟁 뒤의 《그림 동화》 걸작이라 알려져 있다.

펠릭스 호프만은 그림책으로 〈늑대와 일곱 마리 새끼염소〉(1957)와 〈찔레 공주〉(1957) 등을 출판했다. 요셉 헬게바르토는 〈불량패〉, 〈여우와 늑대〉, 〈황금새〉(1969)에 무척 생동감 있는 그림을 실었다. 베르너 크렘케는 《그림 동화집 기념판》(1963)에 윤곽을 또렷이 드러낸 독특한 색채와 선으로 400개가 넘는 삽화를 그려냈다. 야누스 그라비앙스키, 한스 피셔도 1960년대에 《그림 동화》에 화려한 그림을 실어 인기를 얻었다.

1970년대 이후에도 센닥스, 스벤드 오토 S, 루트 휴르망, 토미 웅거러, 비네테 슈뢰더, 리스베스 스베르가 등, 여러 일러스트레이터가 《그림 동화》의 삽화나 그림책을 펴냈다.

그 시대 독일 아이들을 위한 동화책

독일에서 아이들을 위한 책이 점점 더 많이 출판되기 시작한 것은 1770년대에 들어서면서부터이다. 그 이전에도 아이들을 위한 책은 있었지만 1770년대가 되어 특히 '새로운 교육'에 열의를 보이는 사람들이 더 많아져 아이들을 위한 책이 더 많이 나오게 되었다. 이 시대 대부분의 아동문학자들은 문맹을 극복하는 것이 사회개혁의 전제이며, 그로 인해 이상적인 사회를 실현시킬 수 있으리라 믿고 있었다. 미신을 없애고 현실적으로 도움이 되는 것을 아이들에게 가르쳐 주는 게 더 중요하다고 생각한 것이다. 그 전형적인 예로, 농민의 아이를 대상으로 한 책을 들 수 있다. 최초 사가판(私家版)으로 나온 《농민의 친구》는 3년 뒤 1776년에 《아이들의 친구》로 출판되었다.

저자 프리드리히 에버하르트 프뢰벨은 문학자는 아니었지만, 동시대 많은 아동문학가들처럼 교육적 관점에서 아이들을 위한 책을 썼다. 프뢰벨은 이 책이 '초등교육서'와 성경 사이에 보이는 커다란 틈을 메울 수 있다고 말한다. 마침내 18세기 독일 아동문학은 이 '틈'으로부터 생겨났다고 말이지요. 《아이들의 친구》에는 전부 79편의 비교적 짧은 말씀과 이야기(대화문)가 누구라도 알아볼 수 있도록 실려 있다.

독일에서 처음으로 아이들을 위한 잡지가 나온 것도 1970년대의 일이다. 이 시대에는 이미 어른들을 위한 잡지는 많이 나와 있었고, 특히 부모나 교사를 위한 잡지(주간지)는 큰 인기를 얻고 있었다. 그리고 이 잡지에는 부록으로 아이들을 위한 페이지도 실려 있었다. 그런 가운데, 언어학자로서 저명한 요한 크

〈빨간 모자〉 루트 코저 미하엘

〈재투성이 아가씨〉 게르하르트 오버렌더

리스토프 아데룽게는 최초로 아이들을 독자로 생각하여 1772년 《아이들을 위한 라이프치히 주간지》를 8페이지로 주 2회 발행했다. 서점뿐만이 아니라 라이프치히의 신문판매점이나 우체국에서도 구입할 수 있는 시스템을 도입한 것이다. 게다가 석 달 동안 발행된 부분을 모아 각각 책으로 내서, 1774년까지 총 9권을 발행했다.

이 잡지의 간행 목적은 가난한 아이들을 도와주는 것이며, 근대적 현실에서 도움이 되는 교육을 하려 한 것이다. 내용은 이솝우화를 비롯한 교훈적 이야기, 프랑스어를 번역한 메르헨, 희극, 편지 형식의 이야기, 역사나 종교, 심지어 동식물, 지리, 박물학적 지식 등 아주 다양했지만 너무 지식 전달에만 치우쳐 2년 뒤 폐간되고 말았다.

《아이들의 친구》 탄생

그러나 잡지에 대한 수요는 많았고 아이들을 위해 필요하다 생각하는 사람이 많아서 다음 해에 작가 크리스티안 펠릭스 바이세가 같은 출판사에서 잡지

〈늑대와 일곱 마리 새끼 염소〉 펠릭스 호프만

《아이들의 친구》를 발행했다. 이 잡지는 아주 큰 인기를 얻어 1782년까지 계속 읽혀졌다. 그 뒤에도 아이들을 위한 다양한 잡지가 간행되었다. 그리고 잡지의 합본은 독일 아동문학의 단행본 출판을 낼 수 있게 해주었다.

잡지에 이어 베스트셀러도 등장하게 된다. 1779년 함부르크에서 출판된 《로빈슨 2세》는 아주 큰 인기작이 되었다. 대니얼 디포의 《로빈슨 크루소》보다도 더욱 가혹한 처지에 주인공을 밀어 넣은 이 번안작품은 거의 모든 유럽 국가 언어로 옮겨져 100년 뒤에는 100판이나 되었다. 작자는 요하임 하인리히 캄페라 하여 독일 최초 직업 아동문학작가로 불리는 사람이다. 살아 있을 때 《아동소문고》 전12권, 죽고 나서도 《캄페 아동문학전집》 전38권(1822)이 출판되었다. 그는 아이들의 나이(성장단계)에 충실한 내용이나 말투를 배려하여 독자 연령을 아이들의 책에 끌어들인 최초의 작가이기도 하다.

또한 이 시대에는 아이들을 위한 박물학적 그림책도 많이 출판되었다. 형 야코프가 빈 회의에서 만난 F.J. 베르토프는 《아이들을 위한 그림책》을 1790년부터 분책, 발행하여 2년 뒤에는 책의 형태로 제1권을 펴냈다. 그는 그 책 머리글

〈요정 룸펠슈틸츠헨〉 베르너 크렘케, 1963.

〈운 좋은 한스〉 한스 피셔, 1961.

에서 아이들을 위한 그림책 속 그림은 '아름답고도 올바르게 그려져야만 한다' 또한 '아이들은 장난감을 갖고 노는 것처럼 그림책과 아주 재미나게 놀 수 있어야만 한다' 말하고 있다.

아이들의 책에 대한 인식이 깊어지는 한편, 값싸고 간편한 책도 많이 출판되었다. 1787년 베를린 교육학자 프리드리히 게티케는 아이들의 책이 점점 더 많아지고 있는 상황을 비판했다. 또한 그 무렵 교육을 비판했던 익명의 논문에서도 아이들의 책이 문제가 되고 문학계 절반이 아이들처럼 되어 가고 있는 것에 슬퍼하고 있었다. 이는 그렇다 치더라도 오늘날 아동문학 거의 모든 장르가 18세기 끝무렵부터 19세기에 이르기까지 이미 나와 있었다는 것이다.

낭만주의 시인들은 독일민족 고유의 문학을 추구하고, 최초로 민간에 드러난 문자로서 메르헨에 깊은 관심을 보였지만, 캄페를 시작으로 많은 계몽주의 아동문학 작가들은 아이들의 눈을 현실로부터 멀어지게 한다는 이유로 메르헨에 대해 부정적인 태도를 보였다.

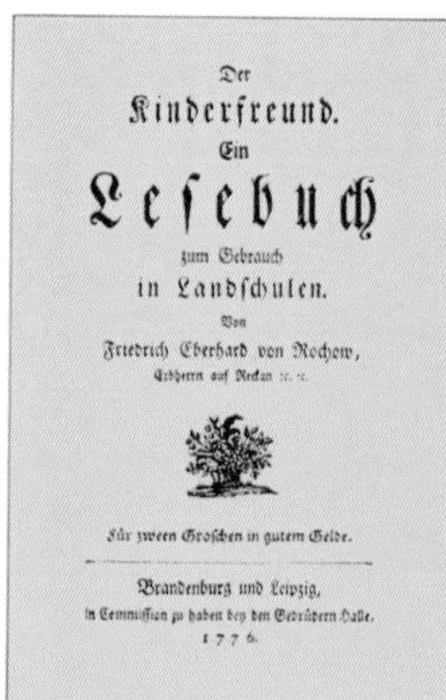

Der
Kinderfreund.
Ein
Lesebuch
zum Gebrauch
in Landschulen.
Von
Friedrich Eberhard von Rochow,
Erbherrn auf Reckan ic. ic.

Für zween Groschen in gutem Gelde.

Brandenburg und Leipzig,
in Commission zu haben bey den Gebrüdern Halle.
1776.

《아이들의 친구》 프뢰벨

프뢰벨
아이들을 위한 책을 교육적 관점에서 썼다.

Leipziger
Wochenblatt
für
Kinder.

Zweytes Bändchen.

Leipzig,
in der Crusiusischen Buchhandlung

《아이들을 위한 라이프치히 주간지》 1772. 2년 만에 폐간.

Der
Kinderfreund.
Ein Wochenblatt.

Fünfter Theil.
Zweyte verbesserte Auflage.

Leipzig,
bey Siegfried Lebrecht Crusius,
1777.

잡지 《아이들의 친구》 바이세 편집

《아이들을 위한 그림책》 F.J. 베르토프

SAMMLUNG ALTER KINDERBÜCHER
Joachim Heinrich Campe
Robinson der Jüngere
Ein Lesebuch für Kinder (1779).
Mit den Bildern von Ludwig Richter (1848)
WEISMANN VERLAG

공전의 히트작 캄페의 《로빈슨 2세》 표지(왼쪽) 복각판 표지(오른쪽)

Das Leben
und die ganz ungemeine
Begebenheiten
des Weltberühmten Engelländers,
ROBINSON
CRUSOE,
Von ihm selbst beschrieben, und, nach der dritten Engelländischen Edition, ins Teutsche übersetzt.

《로빈슨 2세》에 암시를 준 디포의 《로빈슨 크루소》(독일어판)

메르헨 거리

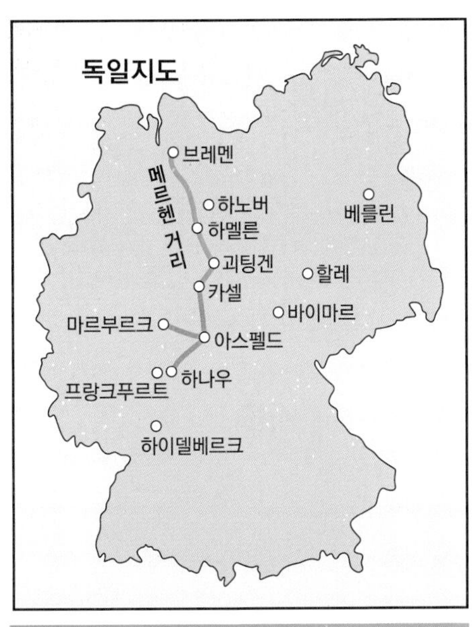

동화와 전설의 고향을 찾아서

그림 형제가 태어난 하나우에서 브레멘까지 메르헨 거리는 독일 중앙부 남쪽에서부터 북쪽까지 이어져 있다. 찬찬히 걸어가다 보면 마을과 거리를 따라 흐르는 강과 펼쳐진 들판에 그림 동화뿐만이 아니라 많은 민화와 전설의 세계가 흥미롭게 살아 숨쉬고 있음을 느끼게 된다.

하나우

그림 형제의 고향 하나우는 프랑크푸르트에서 동쪽으로 20킬로미터쯤 마인강이 흐르는 도시이다. 도시 안에는 《그림 동화》를 모티프로 한 동상이나 그림의 이름을 붙인 호텔, 쇼핑센터 등도 있어서 메르헨 거리 여행의 시작을 실감나게 해준다. 강가 필리프스 루헤 성에는 그림 형제에 대한 자료나 재미있는 그림들도 전시되어 있다. 골드슈미트 하우스에 있는 금은 세공품들도 흥미를 불러일으킨다.

도시 중심은 그림 형제 동상이 있는 마르크 광장 매주 수요일, 토요일에는 시장이 열려 야채나 과일, 꽃, 옷가지들을 판다.

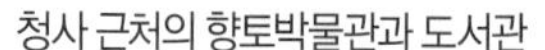

청사 근처의 향토박물관과 도서관

마르크 광장 주위의 아름다운 목조건물

겔른하우젠

겔른하우젠 언덕에는 돌길이 많아, 신성로마제국의 황제도시였다는 유래가 전해져 내려온다.

◀**슈타이나우 성** 하나우 백작의 여름 별관이었다.

▼**청사 앞 분수대** 개구리 왕자 동상이 있다.

슈타이나우

슈타이나우는 자연에 둘러싸인 조그만 마을이다. 아버지의 전임으로 이사를 온 그림 가족이 살았던 집, 암츠하우스는 현재 '메르헨의 집'이라 불리는 그림 박물관이 되었다.

브란덴슈타인 성 안에는 목재도구 박물관이 있다. 옛날이야기에 자주 나오는 물레나 절구, 부엌용품 등 실물을 직접 눈으로 볼 수 있다.

슐뤼히테른

베르크빈켈 박물관에는 그림 형제의 편지와 루트비히의 소묘 등이 전시되어 있으며, 산 위의 브란덴슈타인 성은 주변 경치가 매우 아름답다.

악마의 물방앗간
어느 농부가 물방앗간을 지으려고 했지만 돈이 없었다. 그러다 지나가던 나그네와 집짓기 대결을 벌여 나그네는 앞쪽을, 농부는 뒤쪽을 짓기로 했다. 그런데 사실은 악마인 나그네는 하룻밤 사이에 앞쪽을 다 지어버려 대결에서 진 농부는 죽음당해 시체도 찾을 수 없었다. 현재 물방앗간에는 창문이 네 개 있어 악마가 드나드는 문이라는 전설이 있다.

그레벤하인

'악마의 물방앗간'은 그레벤하인 마을 밖에서부터 시골길을 따라 5분쯤 가야 한다. 이 건물은 건축가 무트의 설계로 17세기 끝무렵에 지어진 것이다.

▲〈라우터바흐에서 양말을 잃어버렸네〉 동상

◀아스펠드의 마르크 광장 정면 건물 창문이 육각형으로 튀어나와 있다.

라우터바흐와 아스펠드

라우터바흐는 독일 도자기 발상지로도 유명하다. 아스펠드는 1512년에 세워진 청사를 시작으로 와인하우스 등 목조 건물들이 유명하다.

◀그림 형제가 다녔던 마버그 대학 강당 현재도 엄숙한 분위기이다.

▼사비니 교수가 살았던 옛집 건너편 루터 교회

마버그

전형적인 대학도시 마버그는 그림 형제 하숙집 근처나 사비니 교수가 살았던 집으로 가는 길이 예나 지금이나 변함없는 풍경이다. 산 위에 우뚝 솟은 헤센 후작의 성이나 13세기에 세워진 독일 최고 고딕 양식의 성 엘리자베스 교회 등을 볼 수 있다.

▲트라이저 광장 인근의 폐허가 된 교회

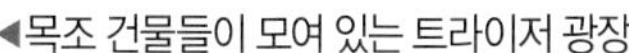

◀목조 건물들이 모여 있는 트라이저 광장

▶크늪 산지의 보리 농사

▼맛보기로 떼어주는 갓 구운 빵

슈발름슈타트

슈발름슈타트 중심에 트라이저라는 마을이 있다. 이 지역 민족의상에 빨간 모자가 들어 있어 '빨간 모자 이야기의 고향'이라고 불린다. 노이킬헨에는 1592년부터 1970년대까지 써왔던 물방앗간이 있는 박물관을 비롯해 옛 재료와 방법 그대로 빵을 굽는 곳 등 마을의 생활 모습들을 볼 수 있다.

공장 직송 맥주맛을 볼 수 있는 레스토랑

바우나탈

카셀 교외의 공업도시로서 도로테아 피만의 출생지가 아니라면 그냥 지나칠 수 있는 도시이다. 피만이 태어난 집은 크날휘테 맥주공장과 식당이다. 시가지 가운데, 안텐발테라 불리는 보행자 천국 '메르헨의 샘'에는 그림 형제에게 옛이야기를 들려주는 피만의 동상이 있다.

여름철 물쇼가 열린다.

그림의 직장이었던 빌헬름쇠헤 궁전을 바라본 풍경

도시 중심, 그림박물관이 있다.

카셀

그림 형제의 발자취를 쫓는 여행에서 메르헨 거리를 구경하며 돌아다니는 사람들에게는 최고의 도시이다. 그림박물관 말고도 빌헬름쇠헤 궁전, 미술관, 박물관, 공원 등 볼거리가 참 다채롭다.

▲홀레 할머니 연못
▶목조 건물이 쭉 늘어서 있는 에슈베게 광장

마이스나 산지 동쪽 산기슭 북상하는 벨라 강이 흐르고, 빈첸하우젠 성도 보인다.

마이스나 산지

카셀에서 흘다 강을 넘어 동쪽 일대에는 홀레 할머니의 이야기를 전해주는 마이스나 산지가 펼쳐져 있다. 그 주위에는 산기슭을 둘러싸듯 카우핑거 숲 자연공원 리조트, 성 안에는 홀레 할머니의 우물이 남겨져 있는 에슈게, 슈베르트의 보리수 모델이었던 나무가 있는 온천마을 바트 조덴 알렌도르프, 벨라 강을 내려다보는 빈첸하우젠, 브렘케 숲 속 야외극장에서 그림 동화극이 상영되는 그라이헨 등이 있다.

길거리 연극

한 뮌덴은 강의 도시 낚시하는 사람들이 많다.

한 뮌덴

도시의 모든 목조 건물들은 무려 700년이 넘는 것들이다. 역사적 건물들로는 베르헨 성, 웰펜 성, 시계장치 달린 청사, 성 브라지 교회 등이 있다.

대학 구내 노상 책 가판대

시청 앞 분수대의 '거위 돌보는 아가씨' 상

괴팅겐'

노벨수상자를 배출했던 독일에서도 유수한 대학도시 괴팅겐.

건물 벽면에서 그림 형제를 시작으로 그 집에 하숙했었던 유명한 이름들을 찾으면서 산책하는 것도 이 도시에서 즐길 수 있는 일들 가운데 하나이다.

라인하르트하겐

한 뮌덴에서 베저 강 서쪽을 따라 올라가면 강과 라인하르트 숲 사이에 있는 지역. 그 일대에는 녹음이 짙은 풀밭이 드넓게 펼쳐져 있고 풀을 뜯어먹는 젖소들의 모습이 보인다.

자바부르크

라인하르트의 원시림 한쪽에 깊은 숲 속에 있는 자바부르크. 그 모습은 이곳이 무대가 된 〈찔레 공주〉 이야기 속 이미지 그대로이다. 여행자들에게 인기가 좋아 여름에는 숙박 예약조차도 어려울 정도이다.

◀**사이보그 동물공원** 1571년에 세워진 유럽에서도 아주 오래된 공원 가운데 하나. 언덕에 보이는 것은 사이보그 성.

호프가이스마르

목조 건물들이 가득한 조그만 마을로, 자바부르크 주위 경관을 근거지로 하고 있는 곳. 이 일대에는 종교전쟁 때 위그노족이 살았던 마을이 남아 있다.

▶**들판에서 바라본 호프가이스마르 마을** 아주 작은 마을로, 작은 교회에 프랑스어 비석이 있다.

▲헥스터 하우젠 저택의 푸른 숲 '아케이드'
◀브라켈 청사 앞 샘물가에 있는 <브라켈에서 온 아가씨> 동상

헥스터와 브라켈

그림 형제가 동화수집을 했다고 전해지는 헥스터 하우젠 남작의 집, 현재 집주인과 감동적인 만남을 가질 수 있다.

우슬라

볼만한 곳은 없지만, 다행히 연합군에게도 무시당하여 재앙을 피한 덕분에 15세기 때의 건물이 남아 있다. 또한 박물관 전시물도 아주 풍부하다.

◀멘츠하우젠 호텔의 유서 깊은 목조 건물
▼목조 건물 다락방 모습

강과 가까운 공원에 있는 뮌하우젠 남작이 태어난 집 현재는 청사 겸 뮌하우젠 자료관이다.

허풍선이 남작 이야기 속 동상

뮌하우젠의 모험
남작이 요새에서 적을 물리치고 말에게 물을 먹이고 있었다. 말이 쉬지 않고 물을 마시자, 이상하여 뒤돌아보니 말 뒷몸이 사라져 버려 마신 물이 뒤로 계속 흐르고 있었다. 말이 요새에서 뛰어나올 때 문이 닫히면서 말의 몸 절반이 잘려나간 것이다. 잘린 뒷몸은 홀로 뛰어다니고 있었다.

자료 전시관

보덴베르더

보덴베르더는 베저 강을 따라서 목조 건물들이나 탑, 중세 모습을 오늘날 다시 색다르게 표현하고 있는 마을이다. 1720년 이곳에서 태어난 뮌하우젠 남작의 러시아전쟁, 터키전쟁에서의 체험담이 〈허풍선이 남작의 모험〉으로서 널리 알려졌다.

'하멜른의 피리 부는 사나이' 행사 행렬

야외 연극 5~9월 매주 일요일 12시에 시작된다.

뎀프터 하우스 베저 르네상스 양식

쥐 모양의 빵

오스타 거리에서 뮤지션들의 길거리 공연

연극 출연자들 모두 일반 시민들이다.

하멜른

피리 부는 사나이 전설 덕분에 유명해진 하멜른은 메르헨 거리 여행의 하이라이트. 전설에 대해 볼 곳 말고도 르네상스 양식의 화려한 집들, 교회, 성벽, 다리 등 마을 이곳저곳에 번영을 그리워하는 건물들을 볼 수 있다. 〈피리 부는 사나이〉 야외연극을 보러 무대 주위뿐만이 아니라 시내 이곳저곳이 관광객으로 가득하다.

베저 르네상스풍의 장식이 달린 건물

풍차 온갖 풍차들이 헤르멘의 바람을 맞고 있다.

민덴

베저 강과 미텔란트 운하가 만나는 도시. 시내에는 11세기 건축물 돔을 시작으로 볼 것들이 아주 많지만 그 전에 재미있고 즐거웠던 것은 운하를 따라 난 이른바 '풍차 거리'라 불리는 지역이다.

'작은 닌부르크' 동상

시내 중심 거리

뉘른베르크

베저 강을 시작으로 강가나 호수를 포함하여 연결하듯 만들어진 운하와 수로. 뉘른베르크는 조그만 물가 마을이다. 시내를 여행하다가 몇 개의 조그만 다리를 건너거나 도랑을 찾아가 보면 운치의 즐거움을 느낄 수 있다.

헨젤과 그레텔에 나오는 과자의 집 앞에 전기로 움직이는 인형이 빙글빙글 도는 메르헨 숲

페르덴

페르덴은 베저 강의 지류, 알러 강가, 말로 유명한 마을이다. 시내에는 말 박물관, 교외에는 마구간이 잔뜩 있고 많은 말들이 방목되고 있다. 말을 타기 위해 이곳을 오는 사람들도 꽤 있는 모양이다. 많은 마구간이 늘어서 있는 아우토반 입구 쪽에 있는 플라이트파크는 그림 동화 이야기를 주제로 한 메르헨 숲을 시작으로, 동식물원이나 옛 놀이 등을 즐길 수 있는 곳이 있다.

마을 중심 청사와 마르크 광장

시청 앞 '브레멘 음악대' 동상

제게 거리의 '돼지 기르는 왕자' 동상

브레멘의 역사는 8세기까지 거슬러 올라간다.

브레멘

그림 형제의 발자취와 이곳저곳 메르헨 고향을 찾아가 둘러본 여행도 이 브레멘에서 종점을 찍을 수 있다. 메르헨 세계에서는 〈브레멘 음악대〉로 유명해진 도시이지만 이야기 결말을 읽으면 알 수 있듯이 사실 음악대는 브레멘까지 가지 못한다. 그러나 이 이야기가 전해진 그 무렵부터 브레멘은 동경의 대상이었으며, 현재도 60여만 명이나 되는 인구를 가진 자유로운 도시이고 특별자치구이자 국제무역항이며, 또한 대학과 많은 역사적 유산을 가진 문화도시이기도 하다. 메르헨 거리 가운데 최고의 도시이다.

그림동화전집 I Ⅱ

차례

그림동화전집 Ⅱ

동화로 읽는 성자 이야기

마지막 판의 미수록작품들

그림동화전집 I

KHM 101

곰 가죽을 쓴 사나이

Der Bärenhäuter

옛날 어느 곳에 한 젊은이가 있었습니다. 그는 군대에 들어가 총알이 비 오듯 쏟아질 때에도 늘 앞장서서 용감하게 싸웠습니다. 그렇듯 전쟁 동안에는 모든 일이 잘 되어 갔는데, 평화 조약이 이루어지자 대장은 그를 제대시키면서 어디든지 가고 싶은 데로 떠나라고 말했습니다.

대장에게 그런 말을 들었지만 부모님이 돌아가셨으니 그에겐 고향이라 할 만한 곳도 없었습니다. 그래서 형들을 찾아가 다음 전쟁이 있을 때까지 먹고 잘 곳을 마련해달라고 부탁했습니다. 하지만 형들은 쌀쌀맞은 사람들이라 거절하면서 말했습니다.

"어찌할 수가 없구나. 너는 쓸모가 없어. 혼자 살아갈 생각을 해야지."

병사가 가지고 있는 것이라고는 총밖에 없었습니다. 그래서 그는 이 총을 메고 세상 어디든 나아가기로 했습니다.

병사는 어딘지 모르는 드넓은 황야에 이르렀습니다. 들판에는 나무가 원 모양으로 둥글게 난 곳이 한 군데 있을 뿐, 그 밖에는 아무것도 보이지 않았습니다. 병사는 이 나무 아래 우두커니 앉아서 제 신세를 곰곰이 생각했습니다.

'돈은 한 푼도 없고 배운 것이라고는 싸움 기술뿐이고. 그래서 이번에 평화조약이 이뤄지고 보니 나 같은 건 이제 아무 쓸모가 없구나. 굶어죽는 것은 뻔한 일이지.'

그때 갑자기 부스럭거리는 소리가 들렸습니다. 뒤를 돌아보니 낯선 사내가 눈앞에 서 있었습니다. 그 사람은 초록색 윗옷을 입고 병사를 위협했는데 발은 보기 흉한 말 다리를 하고 있었습니다.

"나는 자네가 무엇이 필요한지 잘 알고 있어. 내, 자네에게 돈과 보물을 주지. 자네가 겨우 옮길 수 있을 만큼의 보물을 말이야. 그러나 나도 돈을 헛되이 쓰면 안 되니까 자네가 겁을 먹을 것인지 아닌지를, 돈을 주기 전에 시험해 보아야겠네."

그 사나이가 말했습니다.

"병사와 두려움은 함께할 수 없는 법이죠. 좋습니다, 저를 시험해 보십시오."

병사가 말했습니다.

"좋아, 자네 뒤를 보게."

병사가 획! 돌아보니 큰 곰이 으르렁거리며 병사에게 덤벼들고 있었습니다.

"아이쿠, 이게 뭐야! 먼저, 코를 간지럽혀서 으르렁거리지 못하게 해줄까?"

병사는 말이 끝나기 무섭게 곰의 코를 노려 한 방 갈겼습니다. 곧 곰은 쓰러진 채 꼼짝도 하지 않았지요.

"자네, 용기가 없는 것은 아니군. 그러나 또 하나 해둘 일이 있어. 이것도 해주어야겠네."

낯선 사나이가 말했습니다.

"제가 죽어서 천국으로 가는 데에 방해가 되지 않는 일이라면."

병사가 이렇게 말한 까닭은 눈앞에 있는 사내가 어떤 사람인지 알아차렸기 때문입니다. 초록 윗옷을 입은 사람이 말했습니다.

"그건 자네 마음먹기에 달려 있지. 자네는 앞으로 7년 동안 절대 몸을 씻어서는 안 되네. 수염이나 머리카락에 빗을 대서도 안 돼. 손톱도 깎지 말고 주기도문도 외워서는 안 되네. 그리고 자네에게 이 초록 윗도리와 외투를 줄 테니 그동안 계속 입고 있어야 해. 그 7년 동안 만일 자네가 죽으면 자네는 내 것이 되는 거야. 하지만 만일 살아 있으면 자유로운 몸이 되어 평생 부자로 지낼 수 있지."

병사는 자기의 불쌍한 처지를 생각했습니다. 그리고 이제까지 죽을 고비를 수없이 넘겨 왔으니, 이번에도 용기를 내어 해보겠다고 각오하고 그가 이야기한 것을 받아들였습니다.

악마는 자기가 입고 있던 초록색 윗옷을 벗어 병사에게 주고는 말했습니다.

"이 윗도리를 몸에 걸치고 주머니에 손만 넣으면 언제라도 돈을 꺼낼 수가 있다네."

그리고 그는 곰 가죽을 벗어주면서 말했습니다.

"이건 자네 외투로 삼게. 앞으로 자네에게는 가죽이 침대이기도 해. 꼭 이 가죽 안에서 자야만 하네. 앞으로 자네는 이 외투를 본 따서 '곰 가죽을 쓴 사나이'라는 이름을 붙이게."

이 말만 남긴 뒤 악마는 연기처럼 사라져버렸습니다.

병사는 윗도리를 입고 바로 주머니에 손을 넣어보았지요. 정말 악마가 말한 그대로였습니다. 그래서 그는 곰 가죽을 뒤집어쓰고 세상으로 나갔지요. 병사는 곧 기쁜 마음을 가득 안고 제 기분 내키는 대로 재미있는 일이라면 뭐든지 했습니다. 돈에는 전혀 신경쓰지 않았지요. 처음 일 년은 그런대로 지낼 만했습니다. 그러나 2년째 되는 해에는 이미 괴물 같은 모습이 되었습니다. 머리카락은 얼굴 전체를 거의 뒤덮을 만큼 길어졌고 수염은 손으로 짠 모포 조각 같았습니다. 손가락은 쇠갈고리 발톱처럼 되었지요. 얼굴은 때가 잔뜩 끼어서 씨를 뿌리면 싹이 나올 것만 같았습니다. 그를 보면 누구나 도망갔지만 병사는 어디를 가나 7년 동안 죽지 않도록 자기를 위해 기도해 달라고 부탁하며 가난한 사람들에게 돈을 펑펑 나눠주었고, 또 무슨 일에서든 시원시원하게 돈을 냈기 때문에 이런 지저분한 모습이 되어도 크게 불편을 느끼는 일은 없었습니다.

4년째 되던 해, 병사는 어느 여관에 가게 되었습니다. 이 여관에서는 주인이 도저히 그를 손님으로 받아들이려 하지 않았습니다. 말이 놀랄까 봐 마구간 구석 자리조차도 내주려 들지 않았습니다. 하지만 곰 가죽을 쓴 그가 호주머니에 손을 넣어 금화를 한 줌 꺼내 주자, 그제야 여관 주인의 태도가 달라지더니 뒤채에 있는 방 하나를 내주었습니다. 하지만 여관 평판이 나빠지면 곤란하다고 하면서 병사가 절대로 남에게 모습을 나타내지 않겠다는 약속을 하게 했습니다.

곰 가죽을 쓴 남자가 해가 진 뒤 홀로 어서 7년이란 세월이 지나가기를 마음속으로 간절히 바라고 있을 때, 옆방에서 무엇인가 크게 탄식하는 소리가 들려왔습니다. 병사는 동정심이 많은 사람이었기에 얼른 옆방 문을 열어 보았습니다. 그곳에서는 한 노인이 머리를 두 손으로 감싸고 큰 소리로 울고 있었습니다. 그가 가까이 다가가자, 그 모습에 놀란 노인은 벌떡 일어나 달아나려고 했습니다. 그러나 사람 목소리임을 알고는 마음이 놓여서, 곰 가죽 사나이의 친절한 위로에 자기가 왜 그토록 슬퍼하는지를 속 시원히 털어놓았습니다.

노인 이야기를 들어보니, 노인은 재산이 차츰 줄어들어 자기는 물론 딸들도 먹고 살 수가 없게 되었고, 여관집 주인에게 돈을 치를 수도 없어 끝내 감옥에 가야만 한다는 것이었습니다. 그러자 곰 가죽을 쓴 사나이가 말했습니다.

"그뿐이라면 걱정하지 마십시오. 돈은 제가 넉넉히 가지고 있으니까요."

그는 그렇게 말하고는 여관집 주인을 불러 밀린 돈을 모두 치러주고, 이 불쌍한 노인의 호주머니에 금화가 가득 든 지갑을 넣어 주었습니다.

노인은 제 슬픔을 사라지게 해 준 고마운 병사에게 어떻게 은혜를 갚으면 좋을지 몰랐습니다. 그래서 이렇게 말했습니다.

"나와 함께 갑시다. 내 딸들은 모두 무척 아름답습니다. 그 가운데에서 한 아이를 골라 아내로 삼으시오. 당신이 내게 해 준 일을 딸들이 들으면 절대로 거절하지 않을 것입니다. 당신은 조금 이상한 모습을 하고 있지만 딸아이들이 다시 제 모습을 찾아 주리라 믿습니다."

병사는 노인의 말에 아주 기뻐하며 얼른 노인을 따라 나섰습니다. 이윽고 노인의 집에 도착했더니 맏딸은 곰 가죽을 쓴 사나이를 보자마자 그의 생김새에 놀라며 비명을 지르고 도망쳐 버렸습니다. 둘째 딸은 도망가지는 않았으나 그를 머리에서 발끝까지 훑어보더니 말했습니다.

"인간의 모습이 사라진 사람을 신랑으로 삼으라니 정말 너무하시네요. 그럴 바에야 예전에 얼굴을 면도질하며 사람 흉내를 내는 아주 이상한 곰을 본 적이 있는데, 차라리 그 곰을 신랑으로 삼겠어요. 그도 병사 털모자를 쓰고 흰 장갑을 끼고 있었거든요. 어차피 못생겼다면 그 곰이 훨씬 낫다고 생각해요."

그런데 언니들과 달리 막내딸은 이렇게 말했습니다.

"아버지, 이분은 아버지를 궁지에서 벗어나도록 도와주셨으니 틀림없이 좋은 사람일 거예요. 아버지는 그 답례로 딸을 아내로 주겠다고 약속하셨죠? 그렇다면 약속은 꼭 지켜야 해요."

안타깝게도 곰 가죽을 쓴 남자는 얼굴 전체가 더러운 털로 뒤덮여 있었지만, 만일 그렇지 않았더라면 그가 이 말을 들었을 때 속으로 얼마나 좋아했는지 얼굴만 보고도 알았을 것입니다.

병사는 자기 손가락에서 반지를 빼내어 그것을 둘로 쪼갰습니다. 그리고 막내딸에게 반을 주고 나머지 반은 자기가 가졌습니다. 병사는 딸에게 준 반지 반쪽에는 제 이름을 새기고, 그가 가진 반쪽에는 딸의 이름을 새겼지요. 그리고 이것을 소중히 간직해 달라고 딸에게 부탁했습니다. 그러고 나서 곰 가죽을 입은 남자는 막내딸에게 작별 인사를 했습니다.

"어차피 나는 앞으로 3년 동안은 세상 이곳저곳을 돌아다녀야 합니다. 3년이 지나고도 돌아오지 않으면 나는 죽은 것이니 계속 기다릴 필요 없어요. 하지만 하느님이 나를 살려둘 수 있도록 하느님께 기도해 주시오."

병사가 떠난 뒤 약혼녀인 딸은 가엾게도 검은 옷을 입고 지내며 신랑을 생각할 때마다 눈물을 흘렸습니다. 언니들로부터는 야단을 맞기도 하고 욕을 듣기도 했습니다.

"조심해야 해. 곰은 단것을 좋아한단다. 너, 신랑에게 사랑을 받기라도 하면 널 한입에 먹어 치울지도 몰라."

둘째 언니가 말했습니다.

"너, 무슨 일이든지 신랑이 하자는 대로 해야 한다. 안 그랬다가는 신랑이 무섭게 으르렁거릴 테니까."

큰언니가 말했습니다.

"하지만 결혼식은 참 재미있을 거야. 신랑이 곰이니까. 곰은 춤을 잘 추거든."

둘째 언니가 또 험담을 계속했습니다. 그래도 신부는 한 마디도 하지 않았고 언니들 말에 흔들리지도 않았습니다.

한편, 곰 가죽을 입은 사나이는 온 세상을 돌아다니며 하느님 뜻에 맞는 일을 하려고 했습니다. 가난한 사람에게는 돈을 많이 주고, 자기 대신 기도를 해 달라고 부탁했지요. 그러는 동안 마침내 7년이라는 오랜 세월의 마지막 날 새벽이 되었습니다. 그는 예전에 악마를 처음 만났던 그 벌판으로 가서 둥글게 자란 나무 아래에 앉아 있었습니다. 이윽고 바람 소리가 나는가 싶더니 악마가 병사 앞에 언짢은 표정으로 나타나서는 병사를 가만히 바라보고 있었지요. 악마는 낡은 윗옷을 벗어던지며 자기의 초록 윗도리를 돌려달라고 했습니다.

"아니, 아니, 아직은 안 돼."

곰 가죽을 쓴 사나이가 말했습니다.

"먼저 나를 깨끗하게 해주어야지."

악마는 하는 수 없이 물을 길어다 곰 가죽을 입은 남자의 묵은 때를 씻겨주고, 머리를 빗어 주고 손톱도 깎아주었습니다. 이렇게 되자 곰 가죽 사나이는 보기에도 늠름한 병사의 모습으로 되살아났을 뿐 아니라 예전보다 한결 더 아름다워졌습니다.

악마를 잘 물리쳤다는 생각에 곰 가죽 사나이는 기분이 가뿐해졌습니다. 그는 도시로 가서 멋진 벨벳 옷을 사 입고는 네 마리 말이 끄는 마차를 타고 신부 집으로 갔습니다. 누구도 그의 얼굴을 아는 사람이 없었습니다. 아버지는 그가 높은 신분의 연대장임에 틀림없다고 짐작하고는 딸들이 있는 방으로 안내했습니다. 병사는 두 언니들 사이에 앉았고, 언니들은 그의 멋진 모습에 반하여 그에게 포도주를 권하고 가장 맛있는 음식을 내놓았습니다.

약혼녀는 검은 옷을 입고 그의 맞은편에 앉아 있었는데 눈을 들지도 않고 말한 마디도 하지 않았습니다. 이윽고 병사가 아버지에게 딸 한 사람을 신부로 맞이하고 싶다고 말했습니다. 언니들은 재빨리 자기들 방으로 뛰어 들어갔습니다. 두 사람 모두 자기가 그의 신부가 되리라 잘못 알고는 예쁜 옷으로 갈아입으려 했던 것이지요.

병사는 약혼녀와 단둘이 있게 되자, 반쪽 반지를 꺼내어 그것을 포도주가 담긴 잔 안에 넣고 그 잔을 식탁 건너편 신부에게 주었습니다. 신부는 잔을 받아들었습니다. 그런데 포도주를 다 마시자 잔 바닥에 반쪽 반지가 있었기 때문에 가슴이 두근두근거렸습니다. 신부는 줄에 달아 목에 걸고 있던 반쪽 반지를 꺼내어 맞추어보았습니다. 아니나 다를까 두 쪽이 딱 맞았지요. 손님이 말했습니다.

"내가 당신과 결혼을 약속한 약혼자라오. 예전에 만났을 때에는 곰 가죽을 입고 있었지만 오늘은 하느님 은혜로 본디 인간 모습으로 돌아가 이렇게 깨끗한 몸이 되었소."

그는 신부 곁으로 가서 그녀를 안고 사랑이 가득 담긴 입맞춤을 했습니다. 곧 언니들이 예쁜 옷으로 갈아입고 나왔는데 이 멋있는 사람이 막냇동생 신랑이 되는 것을 본 것도 모자라, 그가 3년 전 곰 가죽을 입고 있던 남자라는 사실을 알고는 미친 듯이 화가 나서 밖으로 뛰쳐나갔습니다. 그리고 한 사람은 우물에 몸을 던지고, 다른 한 사람은 나무에 목을 매었습니다.

해가 진 뒤 누군가가 문을 두드렸습니다. 신랑이 열어 보니 그 앞에는 초록 윗도리를 입은 악마가 서 있었습니다.

"어때! 자네 영혼 하나 대신 두 개의 영혼이 내 것이 되었다네."

KHM 102

굴뚝새와 곰

Der Zaunkönig und der Bär

어느 무더운 여름, 곰과 늑대가 숲에서 한가로이 산책을 즐기고 있었습니다. 곰은 새의 아름다운 노랫소리를 듣고 물었습니다.

"늑대 형, 저렇게 노래를 잘 부르는 새는 대체 무슨 새일까?"

"저것은 새들의 왕이야. 그러니 꼭 인사를 해야 한단다."

사실 그 새는 굴뚝새였습니다.*1

곰이 말했습니다.

"그렇다면 저 새가 사는 궁전을 보고 싶은데. 나를 그곳으로 데려다 줘."

늑대가 말했습니다.

"그렇게 쉬이 볼 수 있는 곳이 아니야. 왕비님이 올 때까지 기다려야 해."

그로부터 얼마 뒤 왕비가 부리에 먹이를 물고 오고, 왕도 새끼 두 마리에게 먹이를 먹이려고 했습니다. 곰은 그 모습을 보자마자 곧바로 달려가 그들의 왕국을 보려 했지만 늑대가 곰의 소맷자락을 붙잡고 말했습니다.

"안 돼, 왕과 왕비가 다시 떠날 때까지 기다려야 해."

---

*1 굴뚝새는 독일어로 '울타리의 왕'이라고 불린다

그래서 곰과 늑대는 둥지가 만들어진 구멍을 잘 기억해두고 물러났습니다. 하지만 곰은 왕궁을 무척 구경하고 싶어서 참을 수가 없었기에 다시 굴뚝새 둥지로 가 보았습니다. 가 보니 정말로 왕과 왕비가 어딘가로 날아간 뒤였지요. 곰이 둥지를 슬쩍 들여다보자 새끼가 대여섯 마리 있었습니다.

"뭐야, 이게 궁전이라는 건가? 이토록 째째한 궁전도 다 있구나! 너희들은 왕자이기는커녕 시시한 녀석들이군."

곰이 큰 소리로 말했습니다.

이 말이 굴뚝새 새끼들 귀에 들어가자 새끼들은 매우 화가 나서 큰 소리로 떠들어댔습니다.

"아냐, 우린 그렇지 않아. 우리 아버지나 어머니는 신분 높은 훌륭한 분들이란 말이야. 이 못된 곰 녀석아, 가만 두지 않을 테니 두고 봐라."

곰과 늑대는 덜컥 겁이 났습니다. 둘은 휙! 방향을 바꾸어 저마다 굴 안으로 들어갔습니다. 그래도 화가 난 굴뚝새 새끼들은 언제까지나 시끄럽게 야단법석이었지요. 그들의 부모가 먹이를 가지고 돌아오자 새끼들은 이렇게 말했습니다.

"우리가 신분 높은 아이들인지 어떤지 아버지와 어머니가 똑똑히 정해주시기 전에는 배가 고파 죽는다 해도 파리 다리 같은 건 입에도 대지 않을 테니까 그렇게 아세요. 좀 전에 곰이 이곳에 와서 우리를 실컷 얕잡아봤어요."

그 말을 듣자 아버지 왕이 말했습니다.

"걱정 말고 진정하거라. 꼭 벌을 주고 말 테니."

그러고는 왕비와 함께 곰이 사는 동굴 앞으로 날아가 구멍 안을 들여다보고 소리쳤습니다.

"이 주둥이만 산 늙다리 곰아, 왜 우리 아이들을 얕잡아 보았지? 꼭 혼을 내주겠다. 피투성이 전쟁으로 큰 벌을 내리고야 말겠어!"

곰은 선전포고를 당한 것이나 마찬가지였습니다.

일이 이렇게 되자, 네 발 짐승들을 한 마리도 남김없이 불러모았습니다. 소, 나귀, 송아지, 사슴, 노루, 땅에 사는 네 발 짐승들은 모두 모였지요. 이에 굴뚝새는 하늘을 나는 것은 모두 불러모았습니다. 크고 작은 새는 물론, 모기와 말벌, 꿀벌, 파리까지 모두들 제 뜻과는 상관없이 모였습니다.

막상 싸움이 시작되려 하자, 굴뚝새는 간첩을 보내어 적을 지휘하는 대장이 누구인지 염탐케 했습니다. 이런 일에 가장 머리가 잘 돌아가는 모기가 적들이 모여 있는 숲 속으로 날아갔습니다. 이윽고 그곳에서 대장이 명령을 내릴 만한 나무를 찾아내어 그 나무 이파리 아래에 숨었습니다. 나무 앞에 서 있던 곰이 여우를 자기 앞에 불러내어 일렀습니다.

"여우야, 넌 모든 짐승들 가운데서 가장 꾀가 많으니까 네가 우리들을 지휘해라."

"알았어. 하지만 무엇으로 신호를 정할까?"

그 누구도 어떻게 하면 좋을지 몰랐습니다. 그러자 여우가 말했습니다.

"나는 덤불 같은 폭신폭신한 꼬리를 가지고 있잖아. 내 꼬리는 마치 모자의 빨간 깃털과 똑같이 생겼지. 그러니까 내가 이 꼬리를 똑바로 세우면 일이 잘 진행되고 있는 것으로 여기고 너희들은 앞으로 진군하면 돼. 만일 내가 꼬리를 밑으로 내리면 그때는 있는 힘을 다해 도망가는 거야."

모기는 이 말을 듣고 새들에게 돌아와 적의 비밀을 자세히 굴뚝새에게 모두 알려 주었습니다.

마침내 싸움이 시작되는 날, 해가 떠오르기를 기다리던 네 발 짐승들은 아침이 되자마자 와! 와! 땅을 뒤흔들며 곧장 밀어닥쳤습니다. 굴뚝새도 군대를 이끌고 하늘을 날아 진군해 왔습니다. 윙! 윙! 모두들 하나가 되어 힘차게 날아오는 모습은 아주 무서웠지요. 이렇게 땅 위 군대, 하늘 군대가 서로를 마주보고 밀어닥쳤습니다.

굴뚝새는 말벌을 보내 여우 꼬리 밑으로 가서 여우를 힘껏 쏘아주라고 일렀습니다. 그리하여 여우가 말벌에게 처음 한 방 쏘였을 때는 조금 움찔하면서 한쪽 다리를 들어올렸습니다. 하지만 밀려오는 아픔을 억지로 참고 꼬리는 꼿꼿이 세우고 있었지요. 두 번째로 쏘였을 때에는 너무 아픈 나머지 꼬리가 저절로 아래로 내려왔습니다. 하지만 세 번째에는 아무래도 참을 수가 없어서 깨갱 비명과 함께 꼬리를 사타구니 사이로 내려버리고 말았습니다. 이 모습을 본 짐승들은 자기들이 진 줄만 알고 저마다 제 굴로 들어갔습니다. 이로써 굴뚝새가 곰과의 싸움에서 이긴 것입니다.

왕과 왕비는 새끼들 쪽으로 날아가서 큰 소리로 외쳤습니다.

"애들아, 기뻐해라. 자, 자, 마음껏 먹어라! 우리가 싸움에서 이겼단다."

그런데 새끼들은 이렇게 말하는 것이었습니다.

"아직은 먹지 않겠어요. 먼저 곰이 둥지 앞으로 와서 사과하면서 우리가 신분이 높다는 사실을 인정해야 해요."

굴뚝새는 곰의 굴로 날아가서 소리소리 질렀습니다.

"야! 이 주둥이만 산 못된 곰아, 우리 아이들 둥지 앞으로 와서 얼른 사과하고 우리 아이들이 훌륭한 아이들이라고 말해! 시키는 대로 안 하면 네 늑골을 짓밟아버릴 테다."

곰은 몹시 겁이 나서 굴에서 슬그머니 기어 나와 굴뚝새 새끼들에게 용서를 빌었습니다. 그제야 어린 굴뚝새들은 기분이 풀어져 모두 모여서 먹고 마시며 밤늦게까지 재미나게 놀았답니다.

KHM 103

맛있는 죽

Der süße Brei

옛날 어느 곳에 무척 가난하지만 신앙심 깊은 소녀가 있었습니다. 소녀는 어머니와 단둘이 살았는데, 집 안 어디를 찾아보아도 먹을 것이 하나도 없었습니다. 그래서 소녀는 먹을 것을 찾기 위해 마을 밖 숲으로 갔습니다. 소녀는 숲 속에서 이제까지 한 번도 본 적 없는 할머니를 만났습니다. 이 할머니는 소녀의 걱정이 무엇인지 이미 알고 있었기에 소녀에게 작은 냄비를 하나 주었습니다. 이 냄비는 소녀가 "냄비야, 끓어라!" 말하면 맛있는 죽을 금세 만들었습니다. 그러고 나서 "냄비야, 멈춰라!" 말하면 죽 만들기를 그만 두었습니다.

소녀는 이 냄비를 어머니에게로 가지고 돌아갔습니다. 그리하여 이제 두 모녀에게 가난과 배고픔은 사라지고, 먹고 싶을 때는 언제라도 맛있는 죽을 먹을 수 있게 되었습니다.

어느 날 소녀가 집에 없을 때 어머니가 말했습니다.

"냄비야, 끓어라!"

냄비는 여느 때처럼 맛있는 죽을 만들어 주었습니다. 죽을 배불리 먹고 난 어머니는 이제 죽 만들기를 멈춰야 했습니다. 그런데 뭐라고 말해야 할지 몰랐습니다.

마법의 냄비는 계속 부글부글 끓고 있었지요. 죽이 냄비에서 넘쳐나도 냄비는 여전히 부글부글 끓고 있었습니다. 어느새 부엌은 온통 죽으로 가득 찼고 이윽고 집 안 전체가 죽으로 가득 차게 되었습니다. 게다가 이웃집까지도 가득 차고 거리도 온통 죽으로 가득 차게 되어 세상 사람들 모두가 죽을 먹어야만 했습니다.

이렇게나 큰일이 벌어지고 말았는데도 어떻게 해야 좋을지 그 누구도 알 수가 없었습니다. 마침내 죽이 흘러들어가지 않은 오로지 한 채의 집이 남았을 때 소녀가 돌아와서 단 한 마디를 했습니다.

"냄비야, 멈춰라!"

그러자 냄비는 더 이상 끓지 않게 되었습니다. 그러나 이 도시로 들어오려고 하는 사람은, 누구든 자기가 가는 길을 막고 있는 죽을 먹으면서 길을 가야만 했습니다.

KHM 104

지혜로운 사람들

Die klugen Leute

어느 날, 한 농부가 개암나무 지팡이를 구석에서 꺼내 와서는 아내에게 말했습니다.

"트리네, 나는 오늘부터 사흘 간 여행을 떠나려 하오. 만일 내가 없는 동안 소 장수가 와서 우리 집 소 세 마리를 사겠다고 하면 팔아도 좋소. 하지만 반드시 200탈러를 받고 내주어야 해요. 알겠소?"

아내가 대답했습니다.

"걱정 말고 다녀오세요. 그렇게 할 테니까요."

"정말로 괜찮을까? 당신은 어렸을 때 머리를 심하게 부딪쳐 아직도 다 낫지 않고 있으니 말이야. 알았소? 잘 들어둬요, 절대 바보 같은 행동은 마시오. 바보짓을 했다가는 당신 등에 시퍼런 멍이 들도록 마구 때려 줄 것이오. 시퍼렇다고 해서 그림물감을 칠한다는 소리가 아니라, 내가 지금 갖고 있는 이 개암나무 지팡이로 때릴 것이오. 한 번 생긴 멍은 아마 일 년이 지나도 안 없어질 것이오. 난 절대로 거짓말 같은 건 하지 않아요."

남편은 이렇게 으름장을 놓고는 여행을 떠났습니다.

이튿날 아침, 소 장수가 왔습니다. 부인이 말을 많이 할 필요도 없이, 소 장수는 소를 둘러보고는 가격을 듣자마자 이렇게 말했습니다.

"네, 드리겠습니다. 소 세 마리면 그쯤은 내야지요. 당장 데리고 가겠습니다."

소 장수는 사슬을 풀고는 소를 외양간에서 몰아냈습니다. 그가 막 대문을 빠져나가려 하는데, 부인이 그의 소맷자락을 잡고 말했습니다.

"먼저 200탈러를 주셔야지요. 돈을 받기 전에는 소를 드릴 수가 없어요."

"마땅한 말씀이십니다. 그런데 깜박 잊고 돈주머니를 안 가지고 왔지 뭡니까. 하지만 걱정 마십시오. 돈을 치를 때까지 확실한 담보를 남겨두고 갈 테니까요. 두 마리는 가져가겠지만, 한 마리는 이곳에 남겨두겠습니다. 훌륭한 생각이죠, 마나님."

참으로 좋은 생각이라고 농부의 아내는 크게 감탄했습니다. 아내는 남자에게 소 두 마리를 끌고 가게 하고, '내가 이렇게 똑똑하게 일을 처리한 것을 알면 남편이 얼마나 기뻐할까' 생각했습니다.

농부는 약속한 대로 사흘째 되는 날 돌아와서 아내에게 소들을 팔았는지 물었습니다.

"물론 팔았죠. 당신 말대로 200탈러에 팔았어요. 사실은 그만한 값이 안 되는데도 아무 군말 없이 가져갔어요."

"그 돈은 어디 있지?"

농부가 물었습니다.

"돈이라고요? 그런 건 없어요. 그 사람이 돈주머니를 깜박 잊고 왔다지 뭐예요. 하지만 곧 돈을 가져오겠대요. 소 장수는 우리한테 훌륭한 담보물을 맡겨 놓고 갔거든요."

아내가 말했습니다.

"무슨 담보물인데?"

"세 마리 소 가운데 한 마리를 남겨놓고 갔어요. 그 소는 그 사람이 소 값을 치르기 전에는 절대로 가져가지 못해요. 게다가 먹이를 적게 먹는 가장 작은 소를 맡겨 두었으니, 내가 얼마나 똑똑하게 일을 처리했는지 아시겠죠."

남편은 화가 머리끝까지 나서 그가 말했던 대로 아내를 흠씬 때려 주려고 지팡이를 높이 쳐들었다가 갑자기 지팡이를 내리며 말했습니다.

"하느님이 만드신 이 땅에 아장아장 걷고 있는 멍청한 거위 같은 여자들이 얼마나 있는지는 몰라도 당신 만큼 멍청한 여자는 어디에도 없을 거야. 하지만 당신이 가엾기도 해. 난 이제부터 큰 거리에 나가서 사흘 동안 돌아다니면서 당신보다 더 멍청한 사람이 있는지 찾아보고 오겠소. 만일 그런 사람을 만나면 당신을 용서해 주겠지만, 그렇지 못하면 당신을 시퍼렇게 멍이 들 때까지 때려 주겠소."

농부는 큰길로 나가서 돌 위에 걸터앉아 무슨 일이 벌어질까 기다리고 있었습니다. 그러자 건초더미를 실은 수레가 다가오는 게 보였습니다. 한 여인이 그 수레 한가운데에 서 있었습니다. 여자는 제 옆에 놓인 짚 다발에도 앉지 않고,

소 곁에서 걷지도 않고 소를 몰고 가지도 않았습니다.

'저 여인은 내가 찾고 있는 사람일지도 모른다.'

농부는 그렇게 생각하자마자 벌떡 일어나 수레 앞에서 이리저리 어슬렁거렸습니다.

"아저씨, 무얼 하고 있죠? 어디서 왔어요? 전혀 모르는 사람인데."

여자가 농부에게 물었습니다.

"난 천국에서 떨어졌소. 그런데 어떻게 해야 다시 돌아갈 수 있을지 몰라서 이렇게 어슬렁거리고 있답니다. 이보시오, 그 수레로 나를 천국까지 태워다 줄 수 없겠소?"

"안 돼요. 나는 길을 모르는 걸요. 하지만 당신은 하늘에서 오셨다니까, 내 남편이 어떻게 지내는지 말해 줄 수 있겠군요. 내 남편은 3년 전부터 천국에 계시는데, 아저씨는 틀림없이 제 남편을 만나 보셨겠지요?"

여자가 물었습니다.

"만났고말고요. 물론 보았습니다. 하지만 모든 사람이 다 잘 지낼 수 있는 것은 아니랍니다. 댁 남편은 양들을 돌보고 있는데, 그 양들이 늘 말썽을 부려요. 산 위로 훌쩍 뛰어오르는가 하면 들판에서 길을 잃기도 해서 남편이 그 뒤를 쫓아다니며 양들을 데려와야 하니까요. 게다가 가시에 걸려 옷도 다 해져서 금방이라도 벌거숭이가 될 것만 같아요. 천국에는 양복쟁이가 없어요. 당신도 옛이야기로 알고 있겠지만 성 베드로가 버티고 있어서 천국에 들여보내주지 않으니까요."

"그런 일은 전혀 몰랐어요. 이렇게 하면 어떨까요? 남편 외출복이 아직도 저희 집 옷장 속에 걸려 있는데, 그걸 가져올게요. 천국에서 그 옷을 입으면 크게 뽐낼 수 있을 거예요. 그걸 남편에게 전해줄 수 있겠죠?"

"그렇게는 안 돼요. 하늘에는 옷가지를 가져갈 수 없거든요. 옷 같은 건 문 앞에서 모두 빼앗긴답니다."

농부가 말했습니다.

"그럼 이렇게 하면 어떨까요? 어제 내가 밀을 팔아서 돈을 꽤 많이 받았는데, 그걸 남편한테 보내는 거예요. 당신이 돈지갑을 호주머니에 몰래 넣고 가면 아무도 모를 거예요."

여자가 말했습니다.

"하는 수 없군요. 그렇게 합시다, 그럼."

농부가 말했습니다.

"그럼 거기 잠시 앉아 계시면 집에 가서 지갑을 가져올게요. 곧 돌아오겠어요. 아, 그리고 내가 좀 전에 짚단 위에 앉지 않고 수레 위에 서 있었는데, 그건 소들이 짐을 더 빨리 끌게 하기 위해서였어요."

그렇게 말하고 여자는 재빨리 소들을 몰고 갔습니다. 농부는 홀로 중얼거렸습니다.

'이 여자는 틀림없이 바보일 거야. 돈을 가지고 온다면 내 아내는 운이 좋다고 할 수 있지. 얻어맞지 않아도 될 테니까 말이야.'

이윽고 여자가 돈을 가지고 뛰어왔습니다. 여자는 그 돈을 직접 그의 호주머니에 넣어 주고는 당신은 참 친절한 분이라며 고맙다는 말을 되풀이했습니다.

여자가 집에 다시 들어와 보니 아들도 밭에서 돌아와 있었습니다. 여자는 아들에게 뜻밖의 일을 알게 되었다며 오늘 있었던 일을 이야기했습니다.

"이렇게 남편에게 도움이 되는 일을 할 수 있다고 생각하니 얼마나 기쁜지 모르겠다. 가엾게도 아버지가 천국에서 그렇게 고생하며 지내실 줄 누가 상상이나 했겠니?"

그러나 아들은 이상하기 짝이 없었습니다.

"어머니, 하늘에서 날마다 내려올 수 있는 것은 아니겠죠. 저는 지금 당장 나가서 그 사람이 아직도 거기 있는지 찾아보겠어요. 만일 그 사람이 아직 그곳에 있으면 천국은 어떤 모습인지, 그곳이 어떻게 돌아가는지 듣고 싶어요."

아들은 말을 타고 서둘러 거리로 나갔습니다. 곧 아들은 농부를 발견했습니다. 마침 농부는 버드나무 아래에 앉아서 지갑 안의 돈을 세어보고 있던 참이었습니다.

"여보시오, 여기 근처에서 천국에서 온 사람을 보지 못하셨나요?"

젊은이가 농부에게 물었습니다.

"아, 그 사람이라면, 천국에 다시 돌아간다고 하면서 저 산 위로 올라갔소. 거기가 천국과 아주 가깝다면서. 말을 빨리 몬다면 그 사람을 따라잡을 수 있을지도 모르지."

"아이구, 온종일 일했더니 지칠 대로 지쳤어요. 여기까지 오는 데에도 녹초가 되었어요. 당신이 그분을 아시니까 부탁드리는데, 제 말을 타고 가서 그분더러 여기로 오시라고 말해 주시겠어요?"

농부는 '어이구, 등잔에 심지가 빠진 사람이 여기 또 있었구나' 생각했습니다.*2

"좋소, 그런 부탁쯤이야 기꺼이 들어드리지."

농부는 말이 끝나기가 무섭게 얼른 말을 타고 빠른 걸음으로 내달렸습니다. 바보 아들은 그 자리에 우두커니 앉아서 농부를 기다리고 또 기다렸습니다. 어느덧 날은 저물었지만 농부는 돌아오지 않았지요.

'틀림없어. 천국에서 온 사람은 이미 그곳으로 가 버려서 다시 돌아올 수 없나 봐.' 아들은 생각했습니다. '그래서 그 농부는 말을 아버지에게 갖다 주라고 그 사람에게 주었을 거야.'

아들은 집으로 돌아와 어머니에게 모든 이야기를 했습니다. 말은 아버지에게 보내주었으니 아버지가 천국에서 제 발로 뛰어다니지 않아도 될 거라고 말했습니다.

어머니가 말했습니다.

"정말 잘했다. 넌 아직 젊으니 두 발로 걸어 다니면 돼."

집으로 돌아온 농부는 타고 온 말을 담보물이 된 소 옆 마구간에 넣어두고 아내에게 와서 말했습니다.

"트리네, 당신은 운이 좋은 줄 알아. 당신보다 더 어리석은 바보를 두 사람이나 찾았거든. 이번에는 그냥 넘어가지만, 또 이런 멍청한 짓을 하면 그때는 정말 가만 두지 않을 거요."

그러고 나서 농부는 파이프에 불을 붙여 물고 안락의자에 편히 앉아서 말했습니다.

"좋은 장사였어. 말라깽이 소 두 마리 대신 윤기가 좔좔 흐르는 말에다 돈이 가득 든 지갑을 얻었으니 말이야. 바보 멍청이들 덕분에 늘 이렇게 짭짤한 수입을 올릴 수 있다면 바보들을 얼마든지 존경해 주겠어."

농부는 이렇게 생각했습니다. 하지만 당신은 이 영리한 농부보다는 어리석은 사람들이 더 마음에 들겠지요.

---

*2 등잔에 심지가 들어 있지 않다는 것은 머리가 텅 비었다는 뜻으로 바보를 말한다.

KHM 105

뱀 이야기 두꺼비 이야기

Märchen von der Unke

첫째 이야기

그 옛날, 어느 곳에 한 어린아이가 있었습니다. 날마다 한낮이 지나면 어머니는 이 아이에게 우유와 맛난 삼각 빵을 얹은 작은 접시를 주었습니다. 아이는 그 접시를 밖으로 가지고 나가 집 앞 마당으로 갑니다. 그리고 아이가 마당에 앉아 빵과 우유를 맛있게 먹기 시작하면 머리에 고리 모양이 달린 뱀이 갈라진 벽 틈 사이로 기어 나와 작은 머리를 우유 안에 들이밀고 함께 먹었습니다. 아이는 그것이 매우 기뻤습니다. 그래서 접시를 들고 여느 때처럼 자리에 앉았을 때, 뱀이 기어 나오지 않으면 아이는 뱀 노래를 불렀습니다.

"뱀아, 뱀아,
어서 나와라. 뱀아,
빵을 가져왔단다.
맛있는 우유도 함께 마시렴."

그러면 뱀이 재빨리 나와서 음식을 맛있게 먹는 것이었습니다. 그러고는 뱀도 제 비밀 창고에서 갖가지 예쁜 것들, 번쩍번쩍 빛나는 돌, 진주, 황금으로 된 장난감들을 아이한테 가져다주었습니다. 뱀도 은혜를 알았던 것이지요.

그런데 뱀은 우유만 마셨지 빵은 건드리지도 않았습니다. 그것을 보고 어느 날 아이는 자기 귀여운 숟가락을 집어 들고는 그것으로 뱀의 머리를 살짝 치며 말했습니다.

"이 녀석, 빵도 먹어."

부엌에 있던 어머니 귀에 아이가 누군가와 이야기하는 목소리가 들려왔습니다. 그리고 아이가 숟가락으로 뱀 머리를 톡톡 치는 것을 본 어머니는 장작을 들고 나와 그만 아무 죄 없는 뱀을 때려죽이고 말았습니다.

그때부터 아이가 점점 달라졌습니다. 뱀과 음식을 나누어 먹던 때에는 튼튼하게 잘 자라던 아이가 언제부터인가 그 예쁘고 빨간 뺨은 어딘가로 가버리고 몸도 여기저기 야위어갔습니다. 얼마 지나지 않아 밤이 되면 죽음의 새라 불리는 부엉이가 요란스럽게 울었습니다. 그리고 작은 부리울새가 죽은 사람 몸이나 관을 꾸미는 화환의 작은 가지 나뭇잎을 하나하나 모으기 시작했습니다. 그리고 얼마 뒤 아이는 관 속에 눕고 말았습니다.

둘째 이야기

부모 없는 한 아이가 도시 외곽 벽에 앉아서 실을 뽑고 있는데, 갑자기 머리에 고리가 달린 뱀이 벽 아래쪽 구멍에서 기어 나오는 것을 보았습니다. 그 아이는 재빨리 자기 파란색 비단 목도리를 옆에 펴 놓았습니다. 어느 뱀이나 좋아하는 것으로, 뱀은 반드시 그 위에 올라오려고 하기 때문입니다. 이 뱀 또한 그것을 흘끗 보더니 구멍으로 다시 들어가서 조그만 금관을 쓰고 나와 그것을 천 위에 놓고 재빨리 돌아갔습니다.

아이는 금관을 집어서 이리저리 살펴보았습니다. 그 금관은 가는 황금 실로 짠 것으로 번쩍번쩍 빛났습니다. 뱀이 두 번째로 왔습니다. 그런데 금관이 보이지 않자 이리저리 둘러보는가 싶더니 곧 벽 쪽으로 기어갔습니다. 그러고는 매우 슬퍼하며 귀여운 머리를 몇 번이고 힘껏 벽에 부딪치는 것이었습니다. 뱀은 마침내 죽고 말았습니다.

만일 아이가 금관을 그대로 거기에 두었더라면 어떻게 되었을까요? 뱀은 작은 보물을 더 많이 구멍에서 갖고 나오지 않았을까요?

셋째 이야기

"꾸륵 꾸륵."

빨간 배를 한 두꺼비가 소리를 지릅니다. 그러자 아이가 말합니다.

"이리 나와."

두꺼비가 어슬렁거리며 나오자 아이는 누이동생에 대해서 물어봅니다.

"너, 빨간 양말을 신은 내 동생 못 봤니?"

두꺼비가 말합니다.

"아니, 못 봤어. 그런데 왜 그런 걸 나한테 묻는 거야? 꾸륵 꾸륵 꾸륵."

KHM 106

불쌍한 방앗간 젊은이와 고양이

Der arme Müllerbursch und das Kätzchen

어느 물레방앗간에 할아버지가 살고 있었습니다. 할아버지에게는 아내도 없고 아이도 없어서 방앗간에는 세 젊은이만이 일을 하고 있을 뿐이었습니다. 이 셋이 방앗간에서 지낸 지 몇 년이 지난 어느 날 할아버지가 젊은이들에게 말했습니다.

"이제는 나도 늙어서 난로 뒤에 앉아 쉬고 싶구나. 너희는 저 멀리 여행을 떠나거라. 가장 좋은 말을 가지고 오는 사람에게 이 방앗간을 물려주겠다. 그 대신 이 방앗간을 물려받은 사람은 내가 죽을 때까지 나를 돌봐주어야 한다."

그런데 이 젊은이들 가운데 세 번째는 고작 심부름꾼이었을 뿐만 아니라 일도 제대로 못했기 때문에 방앗간이 그의 손에 들어가는 것은 아무도 찬성하지 않았습니다. 세 번째 젊은이 또한 방앗간을 욕심내지는 않았지요.

그렇게 세 사람은 함께 길을 떠났으나 마을 변두리에 이르자 둘은 아무것도 모르는 한스에게 말했습니다.

"넌 여기 있는 게 좋겠다. 너 같은 녀석은 평생 걸려도 짐말 하나 손에 넣지 못할 거야."

그럼에도 한스는 그들을 따라갔습니다. 날이 저물고 세 사람은 동굴에 이르러 그 안으로 들어가 아무렇게나 누워서 잤습니다.

영리한 두 사람은 한스가 잠들기를 기다렸다가 자기들만 밖으로 나오더니 한스를 남겨두고 어디론가 가버리고 말았습니다. 이로써 두 사람은 잘 됐다고 여겼지만 그게 아니었습니다. 일은 잘 풀리지 않았습니다.

해가 뜨고 한스가 눈을 떠 보니 깊은 동굴 안에 혼자 남겨져 있었습니다. 한스는 동굴 이곳저곳을 둘러보면서 소리쳤습니다.

“이거 난처한걸. 내가 도대체 어디 있는 거지?”

한스는 곧 동굴 밖으로 나와 숲 속으로 들어가서 생각했습니다.

‘나는 여기 홀로 남겨졌구나. 이젠 그 누구도 나를 상대하지 않으니 어떻게 말을 구한담?’

이렇게 생각하면서 터벅터벅 걷고 있는데 우연히 작은 얼룩고양이를 만났습니다. 얼룩고양이는 낯도 가리지 않고 그에게 가까이 다가와서는 친근하게 말을 걸었습니다.

“한스, 어딜 가는 거야?”

“뭐야, 고양이 주제에, 너한테 이야기해봤자 내게 아무런 도움도 되지 않을 걸.”

“아저씨가 무엇을 원하는지 정도는 이미 알고 있어요. 아저씨는 멋진 말을 갖고 싶은 거죠? 나를 따라와요. 그리고 제 하인이 되어 7년 동안 열심히 일을 해봐요. 그러면 제가 멋진 말을 한 마리 줄게요. 아저씨가 태어나서 한 번도 보지 못한 훌륭한 말을요.”

고양이가 말했습니다.

‘음, 이상한 고양이로군. 하지만 어디 정말인지 한 번 시험해 볼까? 이 녀석 말이 참말인지 아닌지 말이야.’

한스는 이렇게 생각했습니다.

고양이는 한스를 마법에 걸린 성으로 데리고 갔습니다. 성에는 고양이들이 잔뜩 있었는데, 모두 얼룩고양이 부하들이었습니다. 고양이들은 날렵하게 계단을 뛰어올라 순식간에 내려오며 즐겁게 놀고 있었습니다. 해가 지고 모두 식탁에 둘러앉자 고양이 세 마리가 아름다운 음악을 연주했습

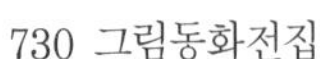

니다. 하나는 첼로를 켰고, 또 하나는 바이올린을, 세 번째 고양이는 나팔을 신나게 불어댔지요.

식사를 마치자 식탁이 치워지고 얼룩고양이가 말했습니다.

"이리 와요, 한스, 내 춤 상대가 되어줘요."

"싫어, 암고양이와 춤추기는 싫어. 아직 한 번도 고양이와 춤을 추어 본 적이 없단 말이야."

한스가 말했습니다.

"그러면 이 사람을 침대로 데려다 주어라."

얼룩고양이가 작은 고양이들에게 일렀습니다. 그러자 고양이 한 마리가 등잔불을 들고 한스를 침실로 데려가더니 다른 한 마리가 신을 벗겨주고, 또 다른 한 마리가 양말을 벗겨주었습니다. 마지막 한 마리는 등불을 불어 껐습니다.

이튿날 아침이 되자, 다시 작은 고양이들이 와서 한스가 침대에서 일어나는 것을 도와주었습니다. 한 마리는 한스에게 양말을 신기고 한 마리는 양말대님을 매어주고, 다른 한 마리는 구두를 가져오고 또 다른 한 마리가 얼굴을 씻겨주면, 남은 한 마리는 자기 꼬리로 젖은 얼굴을 정성껏 닦아주었습니다.

"너희들은 정말 감촉이 부드럽구나."

한스가 말했습니다.

비록 이런 극진한 대접을 받긴 했지만 아직 얼룩고양이를 섬겨야 하는 한스는 날마다 장작을 패야만 했습니다. 이 일을 하기 위해 한스는 은도끼를 받았지요. 또 은 쐐기와 은 톱도 받았습니다. 그리고 망치는 구리였습니다. 그는 이렇게 장작을 다루기도 하고, 집 안에서 맛있는 음식을 먹고 달콤한 음료수를 마시기도 했으나, 날마다 얼굴을 맞대는 것은 얼룩고양이와 고양이 하인들뿐이었습니다.

어느 날 얼룩고양이가 한스에게 말했습니다.

"밖으로 나가서 내 초원의 풀을 베어다가 햇볕에 말려 줘."

그러면서 은으로 만든 커다란 풀 베는 낫과 금으로 만든 숫돌을 주면서 일이 끝난 뒤에는 이것들을 모두 다시 가져와야 한다고 말했습니다. 한스는 밖으로 나가서 그의 주인이 시킨 일을 열심히 했습니다. 일을 마치자 한스는 낫과 숫돌과 건초를 집으로 가져와서는 얼룩고양이에게 돌려주면서 아직도 품삯을 줄 생각이 없는지 물어 보았습니다.

얼룩고양이가 말했습니다.

"안 돼. 한 가지 일을 더 해야만 해. 저기에 은으로 된 목재와 곱자, 필요한 것은 뭐든지 다 있는데 모두 은으로 만들어졌어. 저것들로 작은 집을 한 채 지어줘."

곧 한스는 작은 집을 지었습니다. 집을 다 만들고 나자, 한스는 다시 얼룩고양이에게 물었습니다. 할 일은 다 했는데 왜 준다고 했던 훌륭한 말은 주지 않느냐고 말이지요. 때는 마침 7년이 지나고 있었습니다. 그러나 한스에게는 고작 반 년 정도로밖에 여겨지지 않았습니다.

고양이는 자기 말을 보고 싶냐고 물었습니다.

"물론 보고 싶지."

한스가 말했습니다. 그러자 얼룩고양이는 작은 집 문을 열었습니다. 그런데 이게 웬일입니까? 문을 열자 말이 열두 마리나 있는 것이었습니다. 잘생긴 머리를 높이 쳐들고 윤기가 자르르 흐르는 털을 반짝반짝 빛내고 있는 그 멋진 모습이란! 한스의 심장은 기쁨으로 벅차올랐습니다.

얼룩고양이는 그에게 음식을 주면서 말했습니다.

"집으로 돌아가요. 오늘은 말을 내어주지 않을 거니까. 사흘 뒤에 내가 직접 말을 가져다줄게요."

이렇게 해서 마침내 한스는 길을 떠

날 수 있었습니다. 고양이는 방앗간으로 가는 길을 가르쳐 주었습니다. 그러나 얼룩고양이가 새 옷을 마련해 주지 않았기 때문에 본디 입고 있던 누더기 겉옷은 몹시 낡고 짧아져 있었습니다. 그 한 벌로 7년 동안이나 지내고 있었거든요.

한스가 집에 돌아갔을 때에는 나머지 두 젊은이도 먼저 돌아와 있었습니다. 두 사람 모두 말을 데리고 오기는 했으나 한 사람 말은 눈이 멀었고 또 다른 사람 말은 절름발이였습니다.

"한스야, 네 말은 어디 있지?"

"사흘 뒤에 올 거야."

이 말을 듣고 둘은 낄낄거리며 웃었습니다.

"역시 한스는 한스야. 넌 어디서 말을 데리고 올 작정이니? 틀림없이 훌륭한 말이겠지?"

한스는 방으로 들어갔습니다. 그러나 방앗간 주인은 옷이 너무 너덜너덜하니까 식탁에 오지 마라. 만일 다른 사람이 너를 보면 무슨 창피를 당할지 모른다고 말했습니다. 그래서 한스에게 음식을 조금 내어 주고 밖으로 나가서 먹게 했습니다. 이윽고 밤이 되어 잠자리에 들려고 했더니 나머지 두 사람이 한스에게는 잠자리를 주지 않았습니다. 그래서 한스는 어쩔 수 없이 거위 우리로 살금살금 들어가 단단한 짚 위에 누워 잠시 눈을 붙였습니다.

아침이 되어 눈을 뜨자 어느덧 사흘이라는 시간이 훌쩍 지나서 여섯 마리가 끄는 마차가 방앗간 앞에 도착했습니다. 윤이 자르르 흐르는 털, 이것이야말로 구경할 가치가 있는 훌륭한 말들이었습니다. 게다가 뒤따라오는 하인 한 사람은 따로 일곱 번째 말을 끌고 왔습니다. 이 말은 가엾은 한스에게 줄 말이었습니다. 곧 마차에서 아름다운 공주가 내리더니 방앗간으로 들어갔습니다. 이 공주는 바로 한스의 주인, 얼룩고양이였지요. 그녀가 본디 모습을 하고 한스에게 7년 동안의 보상을 하러 찾아온 것입니다.

공주는 방앗간 주인에게 젊은 일꾼은 어디 있느냐고 물었습니다. 그러자 방앗간 주인이 말했습니다.

"그 애는 이 방앗간으로 들여보낼 수가 없습니다. 옷이 너무 낡아서 지금 거위 우리에 있습니다."

그러자 공주는 그를 당장 데려오라고 말했습니다. 그래서 모두가 한스를 데

리고 왔습니다. 이미 한스의 옷은 넝마가 되어 알몸이 드러날 것만 같았기에 윗도리 앞을 꼭 붙잡고 있을 수밖에 없었지요. 그 모습을 본 공주의 시종이 멋진 옷을 꺼내 들고, 그를 씻기고는 옷을 갈아 입혔습니다. 그러자 한스는 어느 나라 왕으로 생각될 만큼 멋진 모습이 되었습니다.

그러고 나서 공주는 다른 젊은이들이 가져온 말들을 보자고 말했습니다. 거기에 끌려온 말은 하나는 눈이 멀고 하나는 다리를 절었습니다. 공주는 시종에게 일러서 일곱 번째 말을 데리고 오도록 했습니다. 방앗간 주인은 이 말을 보자마자 이토록 훌륭한 말은 이제까지 한 번도 본 적이 없다며 크게 감탄했습니다.

"이 말은 세 번째 젊은이의 말이에요."

공주가 말했습니다.

"그럼 방앗간은 한스의 것입니다."

방앗간 주인이 말했습니다.

공주는 약속한 말은 여기에 있다, 방앗간도 그대로 아저씨 것으로 해두는 게 좋겠다 말하고는 한스를 마차에 태우고 그곳을 떠났습니다.

한스와 공주는 한스가 은 도구를 사용해서 지은 작은 집으로 달렸습니다. 도착해보니 그 작았던 집은 커다란 궁전으로 변해 있었고 안에 있는 물건들은 모두 은과 황금으로 되어 있었습니다. 그곳에서 공주는 한스와 결혼식을 올렸고, 한스는 평생 동안 아무 부족함 없이 지낼 수 있을 만큼 어마어마한 부자가 되었습니다.

그러니까 어리숙한 바보라고 해서 버젓한 인물이 될 수 없다고 섣불리 말해서는 안 된답니다.

KHM 107

두 나그네

Die beiden Wanderer

산봉우리와 골짜기는 서로 만나는 법이 없지만, 수많은 사람들 사이에서는 착한 사람과 악한 사람이 함께 만나기도 합니다. 어느 날, 구두장이와 재봉사가 여행길에서 만난 일이 있었습니다. 재봉사는 자그맣고 예쁘장한 생김새에 다 늘 즐겁게 지냈지요. 재봉사는 맞은편에서 구두장이가 오는 것을 보고, 그가 맨 가죽 배낭으로 무슨 장사를 할 것인지 알고 있었기에 이런 노래를 부르면서 그를 놀렸습니다.

"이음새를 꿰매다오.
나에게 실을 끌고 와서, 실밥을 뽑아주오.

오른쪽과 왼쪽에 타르를 발라 늘어뜨려서
머리에 쾅쾅 못을 박아라."

구두장이는 농담을 그냥 웃으면서 흘려들을 수 없는 사람이었습니다. 화가 난 그의 얼굴은 마치 식초를 마신 사람처럼 잔뜩 찡그려졌지요. 금방이라도 재봉사 멱살을 움켜잡을 기세였습니다. 그러자 작은 재봉사는 웃으며 말했습니다.

"나쁜 뜻으로 한 말은 아니라네. 자, 한잔하고 화를 가라앉히게."

구두장이는 재봉사가 건네준 술을 한 모금 쭉 들이켰습니다. 그러자 이제까지 얼굴에 드리워졌던 소나기구름이 갑자기 스스륵 사라졌습니다. 그는 재봉사에게 술병을 돌려주며 말했습니다.

"아, 정말 잘 마셨네. 목이 마른 건 아니었네만, 내가 꽤 술을 잘 마셔서 말이야. 나도 모르게 많이 마셔버렸군. 자, 어떤가. 우리 함께 여행하지 않겠나?"

"좋아."

재봉사가 말했습니다.

"자네, 어디 큰 도시로 갈 생각은 없나? 큰 도시라면 일자리가 있을 테니까."

"나도 큰 도시로 가려던 참이었네."

구두장이가 말했습니다.

"작은 마을에선 일자리가 없어. 게다가 시골 사람들은 구두 없이 맨발로 다니기를 좋아하지."

그래서 둘은 함께 여행을 계속했는데, 마치 눈 속을 다니는 족제비들처럼 언제나 한 쪽 발을 다른 쪽 발 앞에 내놓고 서로 한 발 앞서거니 뒤서거니 하면서 걸었습니다.

두 사람에게는 충분한 시간이 있었지만 먹거나 쉬거나 할 틈은 거의 없었습니다. 도시에 이른 재봉사와 구두장이는 시내를 돌아다니며 일자리를 찾았습니다. 재봉사는 늘 즐겁게 일하고 기운찬데다가 예쁜 빨간 뺨을 지녔기 때문에 누구나 기꺼이 일을 시켰을 뿐만 아니라, 운이 좋으면 가게를 나올 때 주인집 딸이 문 앞에서 입맞춤을 해주는 일도 있었습니다. 구두장이와 다시 만날 때면 언제나 재봉사 주머니 안에 이런저런 물건들이 많이 들어 있었습니다. 초조해진 구두장이는 언짢은 표정으로 말했습니다.

"악당일수록 운이 더 좋은 법이지."

이렇게 비꼬지만 재봉사는 늘 웃으며 노래를 흥얼거렸고, 자기가 얻은 것은 무엇이든지 동료에게 나누어주었습니다. 주머니에서 몇 푼 짤랑거리는 소리가 들리면, 재봉사는 음식을 가져오게 하고는 유리잔들이 기쁨으로 춤을 출 만큼 신나게 식탁을 두들겼습니다.

"마음 편히 벌고 마음 편히 쓴다"가 재봉사의 입버릇이었습니다.

얼마 동안 여행을 하던 그들은 큰 숲에 이르렀습니다. 이 숲을 지나가면 왕이 있는 도시로 갈 수 있었습니다. 그런데 그곳으로 가는 길은 두 갈래로 나뉘어 있었습니다. 하나는 일주일이나 걸리는 길이고 다른 하나는 고작 이틀 걸리는 길이었지만, 그들은 어느 쪽이 지름길인지 알 수가 없었습니다. 둘은 떡갈나무 아래에 앉아 어떤 준비를 할까, 빵은 며칠 분을 갖고 갈까, 여러 가지 여행에 필요한 일을 상의했습니다.

"실제로 걷는 것보다 더 먼 거리라고 생각하지 않으면 안 되네. 나는 일주일치 빵을 가지고 가겠네."

구두장이가 말했습니다.

"뭐라고? 일주일치나 짐말처럼 끙끙대면서 빵을 짊어지고 간다고? 숲 속 아름다운 풍경도 보지 않을 셈인가? 나는 하느님을 믿고 아무 걱정 않기로 했네. 주머니에 있는 돈은 여름이건 겨울이건 똑같지만, 빵은 날이 더우면 마르고 곰팡이가 금세 슬지. 게다가 내 옷도 그때까지 버티지 못할 거야. 우리가 제 길을 찾지 못한다는 법이라도 있나? 이틀치 빵이면 충분할 거야."

재봉사는 이렇게 말하고 저마다 자기가 필요한 만큼의 빵을 챙겨 숲으로 들어갔습니다.

숲 속은 한적한 시골 교회처럼 조용했습니다. 바람 한 점 없었고 시냇물 흐르는 소리조차 들리지 않았으며, 새도 노래를 부르지 않고 잎이 우거진 큰 가지 사이로 햇빛 하나 들어오지 않았습니다. 구두장이는 한 마디도 하지 않았습니다. 무거운 빵이 등을 마구 짓눌렀기 때문에, 찡그린 얼굴 위로 땀이 줄줄 흘러내렸습니다. 이와 달리 재봉사는 기운이 넘쳤습니다. 이리저리 뛰어다니며 나뭇잎으로 피리를 만들어 불기도 하고 노래를 부르기도 하며 이렇게 생각했습니다.

'하늘에 계신 하느님은 내가 이렇게 즐겁게 지내는 것을 보고 무척 기뻐하

실 거야.'

이틀 동안은 이렇게 흘러갔습니다. 그런데 길을 나아간 지 3일째가 되었는데도 숲은 끝날 기색이 없는 것이었습니다. 가지고 왔던 빵도 다 먹어치우자 재봉사는 심장이 덜컥 내려앉는 듯했습니다. 그래도 용기를 잃지 않고 하느님과 제 운을 굳게 믿고 계속 걸어갔습니다. 3일째에 해가 저물자 그는 굶주린 배를 감싸 안고 나무 아래 누워 있다가 다음 날 아침에는 어제처럼 잔뜩 굶주린 채 일어났습니다. 4일째도 같았습니다. 구두장이는 쓰러진 나무 위에 걸터앉아 가져온 빵을 먹고 있었지만 재봉사는 손가락을 물고 구경만 할 뿐이었습니다. 그가 구두장이에게 빵 한 조각을 좀 떼어 달라고 부탁하자 그는 비웃으며 말했습니다.

"자네는 이제까지 계속 들떠 있었는데 한 번쯤은 혼이 나 보는 건 어때? 아침에 너무 빨리 지저귀는 새는 밤이 되면 매에게 혼쭐이 나는 법이지."

구두장이는 친구를 도와줄 마음이 전혀 없었습니다.

5일째 아침이 되자 재봉사는 가엾게도 일어날 수조차 없었고, 몹시 지쳐서 말 한마디도 할 수 없었습니다. 뺨은 하얗고 두 눈은 빨개졌지요. 이 모습을 보고 구두장이가 재봉사에게 말했습니다.

"오늘은 자네에게 내 빵을 주겠네. 하지만 그 대신 자네 오른쪽 눈을 도려내야겠어."

재봉사는 이렇게 엉뚱한 일이 벌어지고 말았는데도 어떻게든 목숨만은 이어가고 싶었기에, 어쩔 도리가 없이 눈물을 흘리고 나서는 얼굴을 구두장이 쪽으로 내밀었습니다. 그러자 돌처럼 차디찬 심장을 가진 구두장이는 날카로운 칼로 재봉사의 오른쪽 눈을 도려냈습니다. 재봉사는 어렸을 때 식료품을 넣어둔 작은 방에서 이것저것 꺼내어 먹었던 적이 있었는데, 그때마다 어머니는 크게 화를 내며 이렇게 말씀하시곤 했습니다.

'먹어야 할 때는 먹고, 고통을 받아야 할 때에는 고통을 받아라.'

한쪽 눈을 못 보게 되고 나자, 그 옛날 어머니 말씀이 다시 재봉사의 머릿속을 가득 채웠습니다.

값비싼 대가를 치른 빵을 먹고 난 그는 다시 걷기 시작했는데, 눈은 하나라도 그것으로 세상을 볼 수 있으니 좋다 단념하고는 자기의 불행을 잊어버렸습니다. 하지만 6일째가 되자 다시 엄청난 배고픔이 찾아왔지요. 이제는 제 심장마저 먹어버릴 것만 같았습니다. 해가 지자 그는 어느 나무 아래 쓰러진 채로 가만히 누워 있었고, 7일째 아침에는 몸이 마치 물에 젖은 솜뭉치 같아서 도저히 일어날 수가 없었습니다. 죽음의 신이 재봉사에게 달라붙은 것입니다. 이 모습을 보고 구두장이가 말했습니다.

"온정을 베풀어 다시 한 번 자네에게 빵을 주겠네. 하지만 이번에도 공짜는 아냐. 나머지 한쪽 눈을 도려내겠네."

이 말을 듣자 재봉사는 그동안 가볍기만 했던 자신의 생활을 깨닫고 하느님에게 용서를 빌었습니다.

"자네가 원하는 대로 하게. 나는 내가 받아야 할 고난을 다 받아내겠네. 그러나 잊지 말게나. 하느님도 자네 행동을 모두 지켜보시고 언젠가는 자네를 심판하실 테니까. 나는 이런 꼴을 당할 만큼 자네에게 나쁜 짓을 하지는 않았는데 자네는 터무니없이 나쁜 짓을 하고 있네. 나는 형편이 좋았을 때에는 내가 가지고 있던 것을 자네와 둘이서 나누었지 않나. 내 직업은 한 땀 한 땀 떠나가는 세밀한 일, 이제 눈이 없으니 바느질도 할 수 없겠군. 하는 수 없이 구걸을 해야겠지. 내가 눈이 멀고 나면 나를 이런 곳에 혼자 두고 가지 말게나. 그렇게 되면 나는 굶주리다 죽고 말 테니까."

그러나 구두장이는 자기 마음에서 이미 오래전에 하느님을 쫓아낸 사나이였으므로 작은 칼을 들고 재봉사의 왼쪽 눈마저 도려내버리고 말았습니다.

그리고 빵 한 조각을 재봉사에게 먹이고는 지팡이를 들게 하여 자기 뒤에서 따라오게 했습니다.

해가 질 무렵 그들은 숲에서 나왔습니다. 나와 보니 숲 밖 들판에는 교수대가 서 있었습니다. 구두장이는 눈먼 재봉사를 그리로 데리고 가서 눕혀 놓고는 홀로 제 갈 길을 가 버렸습니다. 불행한 재봉사는 피곤과 아픔과 배고픔에 지쳐 밤새도록 푹 잠이 들었습니다. 동이 틀 무렵 깨어났지만 자기가 어디 있는지 도무지 알 수 없었습니다.

교수대에는 불쌍한 죄인 두 사람이 대롱대롱 매달려 있었고 그들 머리에는 까마귀가 한 마리씩 앉아 있었습니다. 이때 한 죄인이 말했습니다.

"형씨, 일어났나?"

"응, 일어났어."

두 번째가 대답했습니다.

"그렇다면 자네한테 할 말이 있어. 오늘 밤 우리 머리 위 교수대에서 떨어진 이슬 말이야. 그것으로 눈을 씻으면 안 보이던 눈이 다시 떠진대. 이 사실이 널리 알려지면 많은 장님들 눈이 보이게 될 텐데. 참으로 불쌍하지, 그들은 이 사실을 전혀 모르고 있으니 말이야."

이 말을 듣고 재봉사는 곧바로 손수건을 꺼내서 풀 위에 놓았습니다. 수건이 이슬로 촉촉하게 젖을 때까지 기다렸다가 그것으로 두 눈을 씻어보았습니다. 그러자 교수형 당한 자가 한 말은 곧 그대로 이루어져, 두 눈구멍 속에 눈알이 가득 차오르는 것이었습니다.

얼마 뒤, 태양이 산 너머로 솟아오르는 게 재봉사의 눈에 보였습니다. 앞쪽에는 넓디넓은 땅에 왕의 대도시가 펼쳐져 있었는데 웅장한 문들과 수백 개의 뾰족탑들, 탑 꼭대기에 붙어 있는 황금 구슬과 십자가들이 햇빛을 받아 반짝반짝 빛나고 있었습니다. 그리고 바람에 흔들리는 나뭇잎을 하나하나 뚜렷이 구별할 수 있었고, 눈앞을 날아가는 온갖 새나 공중에서 춤추는 모기떼도 볼 수 있었습니다. 재봉사는 두근거리는 가슴을 안고 주머니 안에서 재봉바늘을 하나 꺼냈습니다. 그러고는 그 바늘 눈에 예전처럼 똑같이 실을 꿰어보았지요. 실이 너무도 쉽게 바늘 눈으로 들어가는 것을 본 재봉사는 무척 기뻐했습니다. 재봉사는 무릎을 꿇고 자기에게 내려진 은혜에 대한 감사를 하느님께 올리고 아침 기도를 읊었습니다. 재봉사는 시계추처럼 대롱대롱 매달려 바람 따라 이리저리 흔들리고 있는 불쌍한 죄인들을 위해서도 하느님께 기도하는 것을 잊지 않았습니다. 그러고 나서 짐 보따리를 등에 짊어지고는, 그동안 받았던 고통은 잊어버린 채, 다시 노래를 부르고 휘파람을 불면서 계속 걸어갔습니다.

그가 가장 먼저 만난 것은 드넓은 들판을 자유로이 뛰어다니는 갈색 암망아지였습니다. 재봉사는 망아지 갈기를 붙잡고 그것에 올라타 도시로 가려 했습니다. 그러자, 망아지는 제발 놓아 달라고 애원했지요.

"저는 아직 너무 어려요. 제아무리 가벼운 재봉사일지라도, 태우면 제 등은 부러지고 말 거예요. 제가 힘이 세어질 때까지 저를 놓아 주시겠어요? 어쩌면 보답할 수 있는 날이 올지도 모르니까요."

암망아지가 말했습니다.

"그래, 가거라. 보아하니 너도 자유로이 뛰어다니고 싶은 새끼 말이구나."

재봉사가 작은 나뭇가지로 암망아지 등을 다시 한 번 두드려주자, 망아지는 매우 기뻐하며 도랑을 훌쩍 뛰어넘어 들판 저 멀리 뛰어가 곧 모습이 보이지 않았습니다.

그런데 재봉사는 어제부터 아무것도 먹지 못했습니다.

"햇살은 나의 두 눈 속으로 가득 들어오지만, 먹을 게 없어 입에는 아무것도 들어오지 않는구나. 이 다음에 만나는 게 먹을 수 있는 것이라면 어떻게든지 먹어야겠는걸."

재봉사가 조용히 혼잣말을 하고 있는데 황새 한 마리가 매우 진지하게 어슬렁어슬렁 초원을 걸어오고 있었습니다.

"멈춰라, 멈춰!"

재봉사는 소리를 지르고는 황새 다리를 붙잡았습니다.

"네가 먹을 수 있는 것인지 아닌지는 모르겠지만 난 배가 너무 고파서 먹이를 고를 형편이 못 된다. 무조건 네 머리를 잘라내고 구워 먹어야겠다."

"그러지 마세요. 나는 신성한 새입니다. 누구 하나 내게 해를 끼치는 사람은 없어요. 우리는 인간에게 큰 도움을 주고 있거든요. 당신이 나를 죽이지 않고 그대로 살려준다면 언젠가는 그 보답을 해 드릴 수 있을 거예요."

"그래? 그럼 어쩔 수 없지. 가거라, 다리 긴 친구야."

재봉사는 말했습니다. 황새는 땅 위를 떠나 긴 다리를 늘어뜨린 채 우아하게 날아가고 말았습니다.

"이를 어쩐담? 배는 점점 더 고파지고 위는 갈수록 더 비어만 가니. 이제는 무엇을 만나든 끝장을 내야지."

재봉사는 다시 한 번 다짐을 했습니다.

이때 연못에서 오리 새끼가 두서너 마리 이쪽으로 헤엄쳐 오는 게 보였습니다.

"여러분, 딱 좋을 때 와주었군요."

재봉사는 이렇게 말하면서 그 가운데 한 마리를 잡아 목을 비틀려고 했습니다. 그러자 갈대숲에 숨어 있던 어미 오리가 요란스레 꽥꽥 울부짖으며 주둥이를 될 수 있는 대로 크게 벌리고 재빨리 헤엄쳐 와서는, 제발 자식들을 불쌍히 여겨 목숨만은 살려달라고 애원하면서 울었습니다.

"나리, 생각해 보신 적 있으십니까? 누가 당신을 납치하여 죽이려 든다면 당신 어머니가 얼마나 슬퍼하실까요?"

어미 오리가 말했습니다.

"알았어. 진정해. 네 아이들을 해치지 않을게."

착한 재봉사가 말했습니다. 그러고는 모처럼 잡았던 새끼 오리를 다시 물속으로 놓아 주었습니다.

재봉사가 고개를 돌려 보니 늙은 나무가 눈앞에 서 있었습니다. 나무는 속이 절반은 비어 있고, 벌들이 꿀을 모으기 위해 열심히 들락날락하는 게 보였습니다.

"착한 일을 했더니 보답을 받는구나. 벌꿀은 기운이 나게 해주겠지."

그렇게 말한 순간, 꿀벌 여왕이 날아와서 무섭게 협박을 했습니다.

"당신이 내 충직한 부하들을 건드리고 내 둥지를 망가뜨리기라도 한다면, 새빨갛게 달구어진 바늘 같은 우리 엉덩이 칼을 당신 피부에 1만 번이나 마구 찔러주겠어. 하지만 당신이 우리를 방해하지 않고 이곳에서 얌전히 물러나 준다면 머지않은 장래에 그 보답을 주지."

재봉사는 여기서도 어쩔 도리가 없다는 것을 알았습니다.

"접시 세 개가 텅 비고 네 번째 접시에도 아무것도 없으니 야단났군."

재봉사는 이렇게 말하면서 텅텅 빈 배를 움켜쥐고 터벅터벅 도시로 들어갔습니다. 때는 마침 한낮이라 여관에서는 이미 음식이 준비되어 있어서 곧 식탁에 앉을 수가 있었습니다. 배부르게 먹고 나자 재봉사는 말했습니다.

"이제는 일을 해야 할 차례야."

그는 거리를 돌아다니며 일거리를 찾는 동안 다행히도 먹고 자면서 일할 수 있는 양복점을 찾을 수 있었습니다. 그는 자기 일을 아주 철저하게 잘 배운 사람이어서 이윽고 옷을 잘 만들기로 매우 유명해졌습니다. 누구나 새 옷은 이 재봉사가 만들지 않으면 만족하지 못할 정도였지요. 그의 이름은 나날이 널리 알려졌습니다.

"내 기술이 그리 좋지도 않은데 장사는 잘 되네."

그가 이렇게 생각하는 가운데 마침내 왕이 이 재봉사를 궁정 재단사로 임명했습니다.

그러나 세상일이란 참으로 알 수 없는 것이지요? 바로 그날 그의 옛 친구인 구두장이 또한 궁정의 구두공이 되었습니다. 재봉사를 본 구두장이는 그가 멀쩡해진 두 눈을 지닌 것을 보고, 자기가 저지른 일에 가슴이 찔려 몹시 불안했습니다.

'녀석이 나에게 보복을 하기 전에 내가 먼저 함정을 파야지' 구두장이는 이런 생각을 했습니다. 하지만 남을 빠뜨리기 위해 함정을 파는 사람은 누구나 자기가 그 속으로 빠져버리는 법입니다.

해질 무렵 구두장이는 일을 끝마치고 사람 얼굴을 잘 구별할 수 없을 만큼 어둑어둑해지자 왕에게 남몰래 가서 말했습니다.

"임금님, 저 재봉사는 매우 거만하고 못된 사람으로, 멀고 먼 옛날에 없어진 황금 왕관을 가지고 올 수 있다고 허풍을 떨고 있습니다."

"거 참 재미있는 이야기로군."

왕은 그렇게 말하고서 이튿날 궁으로 재봉사를 불러 왕관을 다시 찾아오라고 명령했습니다. 만약 실패하면 이 도시에 다시 발을 들여놓을 수 없다고 덧붙였습니다.

'악당은 자기가 가지지 않는 것까지도 가지려 하는구나. 까다로우신 왕이 인간의 힘만으로는 도무지 할 수 없는 일을 내게 명령하시니, 내일까지 기다릴 것도 없이 당장 오늘 이 도시를 빠져나가야겠어.'

재봉사는 이렇게 생각하고 짐을 쌌습니다. 하지만 막상 도시 문을 나가다 생각해보니 몹시 슬퍼졌습니다. 모처럼 얻은 제 행운을 버리고, 그렇게 편하게 살았던 도시를 등지게 된 일이 너무도 억울하기 짝이 없었습니다.

재봉사가 이전에 오리들을 만났던 연못이 있는 곳까지 오자, 그가 살려주었던 새끼 오리들 어미가 마침 물가에 앉아 부리로 털을 다듬고 있었습니다. 어미 오리는 재봉사를 알아보고는 왜 그렇게 기운이 없느냐고 물었습니다.

"나한테 무슨 일이 있었는지 들으면 너라도 억울하게 생각할 거야."

그러면서 재봉사는 그동안의 일을 모두 이야기했습니다.

"그 정도 일이라면 우리가 도와줄 수 있어요. 그 황금 왕관은 이 연못 밑바닥에 뒹굴고 있어요. 곧 가지고 오겠습니다. 당신은 그동안 물가에 손수건이나 펼쳐 놓으세요."

어미 오리가 말했습니다.

어미 오리는 열두 마리 새끼들을 데리고 연못 깊은 곳으로 들어갔습니다. 5분쯤 지나자 어미 오리가 다시 위로 올라왔습니다. 어미 오리는 화환 모양 왕관에 몸을 넣어 왕관을 날개로 받치고, 어린 새끼들은 그 주위를 둘러싼 채 부리로 받치며 어미오리를 거들어 주었습니다. 오리들은 물가로 헤엄쳐 오더니 왕관을 손수건 위에 올려놓았습니다. 얼마나 멋진 왕관이었는지 그 이야기를 해도 여러분은 믿지 않을 것입니다. 해가 정면으로 비치자 아름다운 루비가 수십만 개나 달린 듯이 번쩍번쩍 빛나는 것이었습니다. 재봉사는 손수건에 왕관을 올려놓아 잘 싸매고는 왕에게로 가지고 갔습니다. 왕은 크게 기뻐하며 재봉사 목에 황금 목걸이를 걸어 주었습니다.

구두장이는 첫 번째 계획이 실패하자 두 번째 음모를 생각해내고는 왕 앞으로 가서 말했습니다.

"임금님, 재봉사가 또 건방진 소리를 지껄이고 있습니다. 임금님의 성 전체를 그 안에 들어 있는 것까지 모두, 움직일 수 있는 것은 물론 벽에 붙어 있는 것도 모두 남김없이, 벌집 밀랍으로 궁전 모형을 만들 수 있다고 터무니없는 말을 하고 있습니다."

왕은 재봉사를 불러 이 성 전체를, 그 안에 있는 것도 모두 빠짐없이 밀랍 모형으로 만들라고 명령하고는, 하나라도 부족한 게 있으면 평생 땅 밑 감옥에 갇혀 지내야 하리라 말했습니다.

'일이 점점 더 꼬이는군. 그런 일을 어찌 사람이 할 수 있단 말인가?'

재봉사는 그렇게 생각하고서 보따리를 꾸려 도시를 떠나고 말았습니다. 얼마 지나지 않아 속이 빈 나무 옆에 이르러 바닥에 주저앉아 고개를 떨구고 있었지요. 그때 벌들이 윙윙거리며 날아왔습니다. 벌들은 재봉사가 머리를 떨구고 있자, 목이 불편하냐고 물었습니다.

"아, 아니야. 그렇지 않아. 다른 걱정거리가 있어서 그래."

재봉사는 이렇게 대답하고는 왕이 명령한 일을 이야기했습니다. 벌들은 저희들끼리 웅웅 붕붕거리기 시작하더니 이윽고 여왕벌이 말했습니다.

"걱정 마시고 집으로 돌아가세요. 그리고 내일 이 시간에 큰 보자기를 들고 다시 이곳으로 나오면, 모든 일이 다 잘 되어 있을 겁니다."

그 말을 듣고 재봉사는 다시 도시로 돌아갔습니다. 벌들은 왕의 성으로 날아가 열린 창으로 날아들더니 구석구석 돌아다니며 물건이라는 물건은 모조리 정확하고 자세하게 살펴보았습니다. 그러고 나서 모두 돌아와서 밀랍으로 성의 모양을 본떠 만들었는데, 그 솜씨가 어찌나 빠른지 커다란 성이 눈앞에서 우뚝우뚝 자라나는 것 같았습니다. 그리하여 해가 질 무렵에는 멋진 성 하나가 세워져 있었습니다. 이튿날에는 재봉사가 밀랍성 앞으로 찾아와 그 훌륭한 모습을 멍하니 바라보고 있었습니다. 그 건물은 벽의 못 하나, 지붕 기와 한 장 모자란 것이 없었고, 그러면서도 그 아름다움이나 부드러움에 있어서 눈처럼 희고 꿀벌처럼 달콤한 향기가 났습니다. 재봉사는 그것을 자기가 가지고 온 보자기에 싸서 왕에게 가져갔습니다. 이를 보고 까다로운 왕도 크게 놀라서 가장 큰 방에 모형을 놓고, 재봉사에게는 그 답례로 돌로 지은 집을 한 채 주었습니다.

그러나 구두장이의 못된 짓은 멈추지 않았습니다. 세 번째로 왕을 찾아간 구두장이는 이렇게 말했습니다.

"임금님, 성 마당에 분수를 설치할 수 없다는 사실을 재봉사가 어디서 들었는지 성의 정원 한가운데에 사람 키만 한 분수를 올리되, 그것을 수정처럼 아름답게 만들어 보이겠다고 어처구니없는 말을 하고 있습니다."

왕은 재봉사를 불러와서 명령했습니다.

"그대가 약속한 대로 내일 내 집 정원에 물기둥이 솟구쳐 오르지 않으면 망나니를 시켜 그 자리에서 네 목을 베겠다."

가엾게도 재봉사는 곰곰이 생각할 틈도 없이 성문 밖으로 뛰쳐나갔습니다. 이번에는 하나라도 어긋나면 제 목숨이 달아나는 일이니, 그 슬픔과 두려움에 눈물이 하염없이 흘러내렸습니다. 이렇게 슬픔에 잠겨 걸어가자니 건너편에서 그가 자유로이 놓아 주었던 망아지가 달려왔습니다. 그동안 아주 크고 멋진 갈색 말이 되어 있었습니다.

"마침내 당신 은혜에 보답할 때가 왔습니다. 당신에게 무슨 일이 생겼는지 이미 잘 알고 있으니까요. 빠른 시일 내에 어떻게든 만들어 드릴 테니, 걱정 마시고 어서 타십시오. 이제는 당신 같은 사람이 둘이 타도 끄떡없으니까요."

말이 재봉사에게 말했습니다.

재봉사는 다시 용기를 되찾고 얼른 말에 올라탔습니다. 말은 곧장 도시 안으로 뛰어가 한눈도 팔지 않고 성 광장으로 갔습니다. 그리고 광장을 번개 같은 빠르기로 세 번 휙휙 돌더니 세 번째에는 탁 쓰러졌습니다. 그 순간 무엇인가 부서지는 듯한 무서운 소리가 나면서 광장 한가운데 땅이 총알처럼 빠르게 하늘로 날아올라가 성 밖으로 나갔고, 곧이어 빛나는 물기둥이 말에 탄 사람 높이까지 마구 뿜어 올라왔습니다. 수정처럼 맑은 물은 햇빛을 받아 아름답게 반짝거렸습니다. 왕은 이 광경을 보자 무척 놀라 우뚝 일어서서 모두가 보는 앞에서 재봉사를 껴안았습니다.

하지만 이 행운도 그리 오래 가지 못했습니다. 왕에게는 공주가 몇 사람 있어 날이 갈수록 점점 예뻐졌으나 왕자는 한 사람도 없었습니다. 이 사실을 이용할 생각으로 악당 구두장이는 네 번째로 왕 앞으로 나서서 말했습니다.

"임금님, 재봉사는 도무지 건방진 짓을 그만두지 않습니다. 이번에는 임금님께서 원하신다면 자기가 아들을 바람에 태워서 데려다 줄 수 있다고 주제넘은 소리를 한답니다."

왕은 재봉사를 불러내어 명령했습니다.

"네가 9일 안에 나에게 왕자를 데려올 수 있다면 내 큰딸을 아내로 주겠다. 어떠하냐?"

'상은 매우 크지만, 너무 높은 나무에 달린 열매야. 내겐 너무 높아. 그런 것을 따기 위해 더 높이 올라가면 가지가 부러져서 떨어지기 십상이지.'

재봉사는 집으로 가서 작업대 위에 걸터앉아 어찌하면 좋을지 깊은 생각에 잠겼다가 마침내 내뱉듯이 말했습니다.

"안 되겠다. 떠나자. 이런 곳에 더 머물다가는 도저히 조용히 살 수가 없어."

재봉사는 서둘러 짐을 꾸려 성문을 터벅터벅 걸어 나갔습니다. 초원에 이르자 오래된 친구 황새의 모습이 보였습니다. 황새는 마치 철학자처럼 생각에 빠진 얼굴로 이리저리 왔다 갔다 하고 있었는데, 때로는 걸음을 멈추고 개구리를 자세히 지켜보는가 하면 이윽고 그것을 꿀꺽 삼키기도 했습니다. 황새가 재봉사에게 다가와 인사를 했습니다.

"배낭을 메고 있군요. 어째서 이 도시를 떠나려는 거지요?"

재봉사는 왕의 말도 안 되는 요구를 이야기하고, 자기는 그 일을 도무지 해낼 수가 없다면서 운이 너무도 나쁘다고 한탄했습니다.

"그런 일로 끙끙거리지 마세요. 제가 곤경에서 당신을 구해 드리겠습니다. 벌써 오래전부터 저는 도시에 갓난아이들을 데려다 주고 있습니다. 그러니, 샘에서 어린 왕자를 데려올 수 있어요. 집으로 돌아가서 마음 놓고 계세요. 9일째 되는 날 왕의 성으로 가 있으면 내가 그리로 아기를 물고 가도록 하겠습니다."

황새가 말했습니다.

재봉사는 다시 집으로 돌아갔습니다. 그리고 9일째가 되자 시간 맞춰 성으로 갔지요. 이윽고 황새가 날아와 성 창문을 톡톡 두드렸습니다. 재봉사가 문을 열어 주었더니 황새가 조심스럽게 들어와서 매끄러운 대리석 바닥 위를 점잖게 쓱 지나갔습니다. 황새는 주둥이에 조그만 아이를 물고 있었습니다. 천사처럼 예쁜 아이는 귀여운 두 손을 왕비에게로 뻗었습니다.

황새는 아이를 왕비 무릎 위에 살포시 올려놓았습니다. 왕비는 그 아이를 안고 입맞춤을 하며 매우 기뻐서 정신이 아찔해지는 것만 같았습니다. 황새는 다시 날아가기 전에 어깨에서 주머니를 내려서 왕비에게 주었습니다. 그 안에는 오색찬란한 알사탕들이 가득 든 봉지가 있었는데, 어린 공주들이 사이좋게 나누어 먹었답니다. 첫째 공주는 하나도 얻지 못했지만 말이에요. 그러나 그 대신 언제나 함께 있으면 즐거운 재봉사를 남편으로 얻게 되었습니다.

"마치 큰 행운을 뽑은 것만 같구나. 어머니가 하신 말씀은 하나도 틀린 게 없어. 어머니는 하느님께 기대어 하느님이 주시는 것을 감사한 마음으로 받는 사람에게는 언제나 행운이 따른다고 늘 말씀하셨지."

재봉사는 그렇게 혼잣말을 했습니다.

구두장이는 재봉사가 결혼식 날 신고 춤을 출 구두를 만들어야만 했습니다. 그러고 나서 이 도시를 떠나 두 번 다시 돌아오지 말라는 명령을 받았습니다. 구두장이는 숲 속을 지나다 언젠가 지나쳤던 교수대가 있는 곳으로 갔습니다. 미칠 듯이 화도 나고 때마침 날씨까지 더워서 지칠 대로 지친 구두장이는 교수대 밑에 벌러덩 드러누웠습니다. 그리고 눈을 감고 잠을 청하려 하는데, 어느 틈엔가 까마귀 두 마리가 깍깍 소리를 지르면서 교수형 당한 죄인 머리에서 내려오더니 구두장이의 두 눈을 마구 쪼았습니다.

구두장이는 너무 아파서 미친 사람처럼 더 깊은 숲 속으로 뛰어 들어갔습니다. 아마도 그는 숲 속에서 굶어죽었음에 틀림없을 겁니다. 그 뒤로 그를 만난 사람도 없고 그의 소문을 들은 사람 또한 없었으니 말입니다.

KHM 108

고슴도치 한스

Hans mein Igel

어느 마을에 돈도 땅도 재산도 넉넉히 가지고 있는 한 농부가 있었습니다. 아무리 부자라고 해도 행복에는 모자라는 부분이 하나씩은 있기 마련인지 그는 아내와의 사이에 자식이 없었습니다. 가끔 다른 농부들과 함께 도시로 갈 때면, 이웃들은 그를 곧잘 놀려대면서 왜 자네는 아직 아이가 없느냐고 묻곤 했습니다. 마침내 농부도 화가 나서 집으로 돌아오면 늘 이렇게 말하곤 했습니다.

"아이를 갖고 싶어. 고슴도치일지라도."

얼마 뒤 아내는 남편 말대로 아이를 낳았습니다. 그런데 놀랍게도 그 모습이 위쪽은 고슴도치이고 아래쪽은 사람인 게 아닙니까? 아내는 이 아이를 보고 깜짝 놀라 소리쳤습니다.

"이를 어떡해요! 당신이 함부로 내뱉은 대로 되어버렸잖아요."

"이제 와서 뭘 어쩌겠소. 그래도 세례를 받아서 이 아이에게 이름을 붙여주어야겠는데, 대부가 될 사람을 쉽게 찾을 수는 없겠지?"

농부가 말했습니다.

"이 아이에게는 '고슴도치 한스'라는 이름밖에 붙일 수 없을 거예요."

아내가 걱정스럽게 말했습니다. 세례가 끝나자 목사가 걱정스러워하며 충고를 했습니다.

"이 아이는 가시투성이기 때문에 사람이 쓰는 침대에서는 잠잘 수가 없을 것입니다."

목사님 말에 아내는 난로 뒤에 짚을 푹신하게 깔아 놓고 한스를 그 위에 뉘었습니다. 아기 한스는 어머니 젖을 먹을 수도 없었습니다. 젖을 먹으려고 하면 가시가 어머니 젖을 찌를 것이기 때문이었지요. 이런 형편이었기에 고슴도치 한스는 부모님과 떨어져 난로 뒤에서 8년 동안 누워 지낼 수밖에 없었습니다. 아버지는 그 아이를 돌보는 일에 지쳐 힘들어하면서 차라리 아이가 죽어버렸으면 좋겠다고 생각했습니다. 그러나 고슴도치 한스는 꿋꿋이 살아남았지요.

어느 날 읍내에 장이 섰습니다. 농부는 장에 가기 전에 아내에게 무슨 선물을 원하느냐고 물었습니다.

“고기 조금하고 고급 밀 빵 대여섯 개, 그저 모두 살림에 필요한 것들이에요.”

아내가 말했습니다. 그 다음에는 하녀에게 물어보았습니다. 하녀는 신발 한 켤레와 발꿈치에 수가 놓인 양말을 갖고 싶다고 말했습니다. 농부는 마지막으로 물었습니다.

“고슴도치 한스야, 너는 뭘 갖고 싶으냐?”

그러자 한스가 말했습니다.

“아빠, 저는 백파이프를 하나 가지고 싶어요.”

장에 갔던 농부가 집에 돌아오자 아내에게는 그녀가 원하던 것을 건네주었습니다. 고기와 빵이었습니다. 하녀에게는 구두와 양말을, 그리고 마지막으로 난로 뒤에 가서는 고슴도치 한스에게 그가 가지고 싶어 했던 백파이프를 주었습니다.

한스는 백파이프를 받자 말했습니다.

“아빠, 부탁이니 대장간에 가셔서 내 수탉 발에 징을 박아다 주세요. 그러면 저는 그것을 타고 집을 떠나 어딘가로 가서 다시는 돌아오지 않을게요.”

아버지는 그것으로 한스와 인연이 끊어진다고 여기고 매우 기뻐하며 곧 수탉 발바닥에 말처럼 징을 박아주었습니다.

고슴도치 한스는 그 수탉에 올라타고는 길을 떠났습니다. 돼지들과 나귀들도 몇 마리 데리고 갔습니다. 한스는 이 동물들을 집과 멀리 떨어진 깊은 숲 속에서 기를 생각이었지요. 숲으로 들어가자 수탉은 한스를 태운 채 높은 나무로 올라야 했습니다. 한스는 나무 위에서 나귀들과 돼지들 망을 보았습니다. 그리하여 여러 해를 이렇게 지내는 동안 돼지와 나귀는 많이 늘어났으나 아버지에게 한스에 대한 소식은 전혀 전해지지 않았습니다.

한스는 나무 위에 앉아서 백파이프를 불어 음악을 연주하곤 했습니다. 그 음악은 매우 아름다웠지요.

어느 날 왕이 숲 속에서 길을 잃고 이리저리 헤매다가 한스의 아름다운 음악 소리를 들었습니다. 왕은 이상히 여기고, 하인에게 어디서 음악 소리가 들려오는지 찾아보라 일렀습니다. 하인은 그 근처를 모두 살펴보았으나, 나무 위에 앉아 있는 작은 짐승밖에는 눈에 띄지 않았습니다. 그 동물은 수탉처럼 생겼는데 등에 고슴도치가 한 마리 앉아서 백파이프로 음악을 연주하고 있었습니다. 왕은 하인에게 저 고슴도치는 무슨 까닭으로 그곳에 있는지, 그리고 궁전으로 돌아가는 길을 알고 있는가를 물어보도록 했습니다.

그러자 고슴도치 한스는 나무에서 내려와, 왕이 궁전에 이르렀을 때 가장 먼저 만나는 것을 자신에게 주겠다는 약속을 글로 써 준다면 숲을 빠져나가는 길을 가르쳐 주겠다고 말했습니다.

'그거야 어렵지 않지. 저 녀석은 글을 모를 터이니 적당히 써주면 될 거야.'

왕은 그렇게 생각하여 펜과 잉크를 가지고 뭔가를 썼습니다. 다 쓰고 나자 한스는 왕에게 길을 가르쳐 주었고 왕도 무사히 궁전으로 돌아갈 수 있었습니다.

그런데 멀리서 왕이 오는 것을 보고 그의 딸 공주가 기쁨에 가득 차 뛰어나오더니 왕에게 사랑스레 입을 맞추었습니다. 왕은 문득 고슴도치 한스와 약속한 일이 떠올라 숲 속에서 있었던 일을 공주에게 들려주었습니다. 이상하게 생긴 짐승이 수탉을 말처럼 타고 아름다운 음악을 연주하더라고 말이지요. 길을 찾기 위해 말도 안 되는 약속을 하긴 했지만, 그 녀석은 글을 읽을 줄 모르니 너무 걱정하지 말라고도 안심을 시켰습니다. 그 말을 듣고 공주는 기뻐하며, 자기는 절대 이상한 짐승 같은 사람에게는 시집 갈 걱정이 없어서 다행이라고 왕에게 말했습니다.

한편 고슴도치 한스는 여전히 나귀와 돼지들을 지키며 언제나 즐겁고 재미있게 나무 위에 앉아서 백파이프를 불었습니다. 그러자 또 다른 왕이 신하들을 데리고 한스가 있는 숲 속을 지나다 길을 잃어버리고 말았습니다. 매우 커다란 숲이라 집으로 돌아가는 길을 찾지 못하고 있었지요. 그러는 동안 이 왕 또한 멀리서 아름다운 음악 소리를 듣고 신하에게 그 소리의 정체가 무엇인지 알아보고 오라고 말했습니다. 신하가 나무 밑에 가서 보니 수탉이 앉아 있고, 그 위에는 고슴도치 한스가 타고 있는 게 눈에 띄었습니다. 신하는 그에게 그런 높은 곳에서 무엇을 하느냐고 물었습니다.

"나는 나귀와 돼지들을 지키고 있는데, 당신은 뭘 원하죠?"

신하는, 길을 잃어 다시 왕국으로 돌아갈 수 없을 것 같으니 길을 가르쳐 줄 수 있겠느냐고 말했습니다. 그러자 고슴도치 한스는 수탉을 탄 채 나무에서 내려와 늙은 왕에게 다가갔습니다. 그러고는 궁전에 도착했을 때 가장 먼저 만나는 것을 자신에게 주겠다는 약속을 한다면 길을 가르쳐 주겠다고 말했습니다. 왕은 곧바로 "좋다" 말하고는 고슴도치 한스에게 그렇게 해주겠다는 글을 써 주었습니다. 왕의 서명이 끝나자 그가 수탉을 타고 앞장서서 길을 가르쳐 주었기 때문에 왕은 무사히 제 성으로 돌아갈 수 있었습니다. 왕이 넓은 궁전 정원으로 들어섰을 때 성 안 사람들 모두의 기쁨은 이루 말할 수 없었습니다.

왕의 하나뿐인 아리따운 공주도 그가 무사히 궁으로 돌아온 것에 무척 기뻐하며 아버지 목에 매달려 입을 맞추었습니다. 공주가 이렇게 오랫동안 어디에 계셨느냐고 묻자, 왕은 길을 잃어 돌아오지 못할 뻔했는데, 어느 커다란 숲을 지나다보니 반은 고슴도치이고 반은 인간과 같은 이상한 것이 수탉 등에 타고서는 높은 나무 위에 앉아 아름다운 음악을 연주하고 있었다며, 이제까지의 일을 이야기했습니다. 한스와의 터무니없는 약속도 말해주었지요. 슬프게도 그가 가장 먼저 만난 것은 사랑하는 딸이었습니다. 왕은 너무도 마음이 아팠습니다. 언제 그 이상한 짐승이 와서 공주를 데려갈지 모르는 일이니까요. 그러나 공주는 이렇게 말했습니다.

"이 또한 아버지를 위한 일입니다. 그 짐승이 찾아오면 기꺼이 그를 따라가겠어요. 너무 걱정하지 마세요."

고슴도치 한스는 여전히 돼지들 망을 보고 있었습니다. 그동안 돼지들은 어찌나 새끼를 많이 낳았는지 온 숲이 돼지 투성이가 되었습니다. 이렇게 되자 고슴도치 한스도 더는 숲에서 살기가 싫어졌습니다. 그래서 그는 아버지에게 이런 편지를 보냈습니다.

"마을 사람들에게 온 마을 돼지우리들을 모두 비워달라고 해 주십시오. 그러면 제가 돼지들을 데리고 갈 테니, 돼지들을 잡을 생각이 있다면 누구나 와서 얼마든지 잡아가라고 말해주십시오."

그러나 아버지는 한스의 편지를 읽고 골치가 아파졌습니다. 고슴도치 한스는 이미 옛날에 죽었으리라 생각하고 있었기 때문입니다. 한스는 그런 일에는 상관없이 수탉 위에 올라타고 돼지 떼를 몰아 마을로 들어가서 사람들에게 마음껏 돼지를 잡게 했습니다. 돼지를 잡고 고기를 써는 소리가 어찌나 크고 요란했는지, 두 시간 떨어진 거리에서도 그 소리가 들릴 정도였습니다. 그 소동이

가라앉자 한스가 말했습니다.

"아버지, 대장간에 가셔서 제 수탉 발바닥에 다시 한 번 더 징을 박아다 주세요. 그러면 그것을 타고 이곳을 떠나 평생 돌아오지 않을게요."

아버지는 얼른 수탉 발바닥에 징을 박아다 주었습니다. 고슴도치 한스가 다시는 돌아오지 않겠다니 몹시 기뻤지요.

길을 떠난 고슴도치 한스는 약속한 것을 받기 위해 첫 번째로 만났던 왕의 궁전으로 수탉을 타고 달려갔습니다. 그곳에서는 왕이, 수탉을 타고 백파이프를 가진 자가 나타나면 모두 달려들어 총을 쏘고 칼로 덤벼 그를 성 안에 절대 들여놓지 말라고 미리 말해둔 터였습니다. 한스가 수탉을 타고 모습을 드러내자마자 수많은 왕궁 병사들이 칼과 총을 들고 그에게 덤벼들었습니다. 그러나 한스는 이에 아랑곳하지 않고 수탉을 툭 발로 차더니 훌쩍 날아올라 성문을 넘어 왕이 있는 방 창문 앞까지 갔습니다. 그리고 왕에게 말했습니다.

"어서 나에게 약속한 것을 주시오. 만약 주지 않는다면 당신과 공주의 목숨을 빼앗겠습니다."

그러자 왕이 공주에게 애원했습니다.

"저 사람에게로 가서 부디 내 목숨과 네 목숨을 살려다오."

어쩔 수 없이 공주는 하얀 옷을 입고, 아버지는 공주에게 여섯 마리 말을 맨 마차와 훌륭한 신하들, 그리고 돈과 보물을 선물로 주었습니다. 공주는 마차에 올랐습니다. 한스는 수탉과 백파이프를 가지고 그녀와 나란히 앉아서 왕에게 작별 인사를 하고 떠났습니다. 왕은 이제 두 번 다시 딸을 보지 못하리라 여겼습니다. 그러나 왕의 생각과는 전혀 다른 일이 벌어지고 말았습니다. 두 사람이 도시에서 꽤나 떨어진 곳에 오자 갑자기 한스가 마차에서 내리더니 공주의 아름다운 옷을 벗겨 그녀의 몸을 제 고슴도치 가시로 푹푹 찌르는 것이었습니다. 공주는 그만 피투성이가 되고 말았습니다.

"이게 당신들 거짓말에 대한 대가요. 가시오, 나는 당신이 필요 없습니다."

한스는 이렇게 말하고는 공주를 다시 성으로 돌려보냈습니다. 그 뒤로 공주는 평생 동안 사람들의 비난에 시달려야 했답니다.

고슴도치 한스는 백파이프를 들고 수탉을 탄 채 그가 길을 가르쳐 주었던 또 다른 왕이 사는 두 번째 왕국으로 여행을 계속했습니다. 이 왕은 만일 고슴도치 한스처럼 보이는 사람이 오면 총을 거두고 안전하게 성 안으로 들어오게 한 뒤, 만세를 부르며 왕의 궁전으로 안내하라고 예전부터 일러 놓았습니다.

마침내 한스를 만난 공주는 그의 이상한 모습에 깜짝 놀랐지만, 이제는 어쩔 수 없다 생각했습니다. 아버지가 그와 약속을 했으니까요. 고슴도치 한스는 공주의 환영을 받아 곧바로 결혼식을 올리고 왕의 식탁에 앉았습니다. 공주는 한스와 나란히 앉아 함께 먹고 마셨습니다.

그러는 동안 어느새 날이 저물어 두 사람은 잠자리에 들어가게 되었는데 공주는 한스의 몸에 난 가시털이 무서워서 견딜 수가 없었습니다. 그러자 한스는 아무 일도 일어나지 않을 것이니 무서워할 필요 없다고 공주를 다독였습니다. 그리고 늙은 왕에게는 부하 네 명을 시켜 침실 문 앞에 커다란 불을 활활 피워 놓아달라고 했습니다. 잠자리에 들기 전 고슴도치 가죽을 침대 앞에 놓아둘 텐데, 그때 신하들이 재빨리 불속에 던져 넣어야 한다고 말이지요.

12시를 알리는 시계종이 울리자 한스는 방 안으로 들어가 고슴도치 가죽을 벗어서 침대 앞에 놓았습니다. 그것을 보고 신하들이 재빨리 고슴도치 가죽을 집어다 불속으로 던졌습니다. 이윽고 가죽이 모조리 타버리자 한스는 마법에서 풀려나 침대에 본디 사람의 모습으로 누워 있었습니다. 하지만 그의 살갗은 불에 탄 듯이 석탄처럼 새까맸지요.

왕은 의사를 불러오라고 서둘러 사람을 보냈습니다. 의사가 와서 한스의 몸을 여러 고급 기름들로 씻기도 하고 향유를 바르기도 했습니다. 그러자 한스는 곧 창백하리만큼 새하얘져 어느 모로 보아도 무척이나 아름다운 젊은이 모습으로 변했습니다. 그 아름다운 모습을 본 공주는 기뻤습니다. 다음 날 두 사람은 일찍 일어나 즐겁게 먹고 마시며 다시 한 번 성대한 결혼식을 올렸습니다. 고슴도치 한스는 곧 왕으로부터 왕국을 물려받았지요.

몇 년이 지난 뒤 한스는 아내를 데리고 아버지를 찾아가 자기가 아버지의 아들이라고 말했습니다. 그러자 아버지는 자기에게는 아들이 없으며, 아들이 하나 있기는 있었으나 고슴도치처럼 온몸에 가시가 돋아나 있었고 더욱이 그는 이미 오래전에 어디론가 가버렸다고 말했습니다. 그래서 한스는 자기가 바로 그 아들이라고 밝혔고 늙은 아버지는 기쁨을 감추지 못했으며, 한스와 함께 왕국으로 가서 오래도록 행복하게 살았답니다.

KHM 109

슬픔은 하느님께

Das Totenhemdchen

어느 마을에 사는 한 어머니가 일곱 살 먹은 사내아이를 키우고 있었습니다. 그 아이는 어찌나 예쁘고 사랑스럽게 생겼던지 누구나 그 아이를 보면 귀엽다고 여기지 않을 수 없었습니다. 어머니도 물론 아이를 이 세상 그 누구보다도 사랑했습니다. 그런데 뜻하지 않게 아이가 갑자기 병이 들어서 하느님 곁으로 가버리고 말았습니다. 어머니는 도저히 슬픔을 참을 수 없어 밤낮으로 울기만 했지요.

아이의 장례식이 끝나고 얼마 되지 않았을 때였습니다. 밤만 되면 그 아이가 살아 있었을 때 앉아서 놀던 장소에 모습을 드러냈고 어머니가 울면 아이도 함께 따라 울었는데, 아침이 되면 아이는 흔적도 없이 사라지는 것이었습니다.

어머니는 언제까지나 울음을 그칠 수가 없었습니다. 그러던 어느 날 밤 아이가 관 속에 들어갈 때 입혀 주었던 하얀 수의를 입고 머리에는 화환을 쓰고 나타나, 어머니 침대 발치에 앉아서 말했습니다.

"어머니, 이제 그만 우세요. 그러지 않으시면 제가 관속에서 잠을 잘 수가 없답니다. 어머니 눈물이 모두 제 수의 위로 떨어져서 마르지를 않는 걸요."

어머니는 그 말을 듣고 깜짝 놀라 그 뒤부터는 절대로 울지 않았습니다. 그러자 그 다음 날 밤 아이가 다시 어머니를 찾아왔습니다. 손에는 조그만 촛불을 들고 있었지요.

"보세요, 어머니. 제 옷이 거의 말랐잖아요. 저도 이제 무덤 속에서 편히 쉴 수 있게 되었어요."

이 말을 듣자 어머니는 제 슬픔은 하느님께 맡기고 눈물을 꾹 참았습니다. 아이는 그때를 끝으로 다시는 어머니 앞에 나타나지 않고 땅 밑 작은 침대에서 편안하게 잠이 들었답니다.

KHM 110

가시덤불 속 유대인

Der Jude im Dorn

옛날 어느 곳에 큰 부자인 농부가 있었습니다. 그에게는 하인이 한 사람 있었지요. 하인은 일도 잘하고 정직해서 날마다 가장 먼저 잠자리에서 일어났고 저녁에는 누구보다 늦게 잠자리에 들었습니다. 그는 무엇인가 괴로운 일이 있어도 겉으로 드러내지 않고, 누구도 하려고 들지 않는 일도 별다른 불평 없이 잘 해치웠으며 늘 기쁜 마음으로 지냈습니다.

하인은 그렇게 일 년 동안 열심히 일했습니다. 그런데 주인은 그런 성실한 하인에게 품삯을 한 푼도 주지 않는 것이었습니다. 주인인 농부는 이렇게 생각했습니다.

'이게 가장 지혜로운 방식이다. 이렇게 하면 나는 돈을 아낄 수 있고, 녀석은 우리 집에서 떠나지 않고 언제까지나 저렇게 부지런히 일을 할 테니 말이야.'

하인 또한 아무 말도 하지 않고 두 번째 해도 첫 해처럼 자기가 할 일을 다 했습니다. 그 해 끝무렵이 되어도 품삯을 받지 않았지만 그는 마땅하다는 얼굴로 일을 계속했습니다.

삼 년이 지나자 주인도 너무했다는 생각이 들었는지 주머니에 손을 넣었지만 꺼낸 것은 아무것도 없었습니다. 그러자 마침내 하인이 입을 열었습니다.

"주인님, 저는 삼 년 동안 정직하게 일했습니다. 그러니 제가 받기로 되어 있는 것을 주십시오. 저는 이곳을 떠나 더 넓은 세상을 보고 싶습니다."

그러자 구두쇠는 이렇게 말했습니다.

"너는 참 착한 사람이다. 용케도 이제껏 열심히 일을 해 주었구나. 그 품삯을 넉넉하게 주지 않으면 안 되겠지."

그러고는 호주머니에 손을 넣어 고작 동전 세 닢만 하인에게 주었습니다.

"자, 일 년에 1헤렐*[1]씩이다. 엄청난 품삯이지. 자네, 다른 곳에서 일해도 이만큼 받을 수 있는 곳은 좀처럼 없을 걸."

하인은 돈에 대해서는 전혀 몰랐기에 그 돈을 호주머니에 넣고 생각했습니다.

*1 헤렐은 독일의 옛날 화폐.

‘자, 이제 호주머니가 가득 찼으니 괜한 신경 써가면서 고된 일을 할 필요는 없지.’

곧 하인은 여행을 떠났습니다. 산을 오르내리면서 마음껏 노래도 부르고 달리기도 했습니다. 그러는 동안 이런 일이 있었습니다. 어딘가 숲 속을 지날 때였습니다. 한 작은 난쟁이 꼬마가 눈앞에 나타나서 그에게 물었습니다.

“지금 어딜 가시는 길인가요? 무척 기분 좋아 보이시는군요. 아무런 걱정도 없으신가 봐요.”

“걱정할 일이 뭐 있겠어? 나는 돈이 많단다. 삼 년 동안의 품삯이 내 호주머니에 들어 있는걸.”

“대체 그게 얼마나 되는데요? 당신의 보물은.”

꼬마가 하인에게 물었습니다.

“얼마냐고? 헤렐이 세 개나 돼. 정말 엄청나지?”

"내 말 좀 들어봐요. 난 무일푼이야. 당신의 3헤렐을 나한테 줄 수 없소? 나는 너무 늙어서 일을 하고 돈을 벌 수가 없어. 거기에 비하면 당신은 젊어요. 자기 빵을 버는 일쯤, 당신에게는 쉬운 일일 거요."

늙은 난쟁이 꼬마가 말했습니다.

하인은 마음씨가 착했기 때문에 늙은 난쟁이 꼬마가 가엾게 여겨졌습니다.

"에라! 모두 줘버리자. 나는 괜찮아."

하인은 이렇게 말하고 자기가 가지고 있던 3헤렐을 꼬마 손에 건네주었습니다.

"당신의 착한 마음씨는 잘 알았으니, 당신이 바라는 것 무엇이든지 세 가지를 들어주겠소. 1헤렐에 하나씩이지. 소원은 꼭 그대로 이루어질 거요."

꼬마가 말했습니다.

"아하, 당신은 마법을 쓸 수 있는 사람이군. 좋아요. 그렇다면 내가 겨누는 것은 무엇이든 맞힐 수 있는 총을 줘. 두 번째는 바이올린이 좋아. 내가 그것을 켜기만 하면 누구든 춤을 출 수밖에 없는 그런 멋진 바이올린 말이야. 그리고 세 번째는 내가 부탁을 하면 누구든 그 부탁을 물리치지 못하도록 해 주었으면 좋겠어."

"모두 이루어질 거요."

꼬마는 그렇게 말하고 덤불 속에 손을 넣었습니다. 그런데 이게 어떻게 된 일인가요? 그곳에 미리 준비라도 해 놓은 것처럼 바이올린과 총이 떡하니 놓여 있는 게 아니겠습니까. 꼬마는 하인에게 이 물건들을 주고서 말했습니다.

"그리고 당신이 언제 무엇을 부탁하든 그 누구도 거절하지 못할 거요."

"됐다, 됐어. 자, 이제 무엇을 빌어볼까?"

하인은 혼잣말을 하며 들뜬 기분으로 걸어갔습니다. 얼마 안 가서 기다란 염소수염을 단 유대인을 만났습니다. 유대인은 걸음을 멈추고 나무 꼭대기에 앉아 있는 새의 아름다운 노랫소리에 귀를 기울이고 있었습니다.

"신께서 하시는 일은 정말 굉장해! 저렇게 작은 새가 어쩜 저리 아름다운 소리를 낼 수 있는지! 저게 내 것이라면 얼마나 좋을까? 누군가 저 녀석 꼬리에다 소금을 뿌릴 수 있는 사람은 없을까?"*2

---

*2 이는 저 새를 잡을 수 있는 사람은 없을까 하는 뜻이다.

"뭐야, 시시하게. 저런 조그만 새라면 곧 밑으로 떨어트릴 수 있지."

유대인의 모습이 우습다는 듯 피식대던 하인은 신비한 총을 꺼내어 새를 겨누었습니다. 그러자 한 점의 틀림도 없이 새는 가시덤불 속으로 툭 떨어졌습니다.

"사냥개야, 가서 새를 꺼내와!"

하인이 유대인에게 말했습니다.

"이거, 정말 놀랐는걸. 그래도 사냥개라는 말은 뺍시다. 그 말을 취소하신다면 제가 바로 새를 가져오지요. 당신이 저 새를 쏘았으니까요."

유대인은 이렇게 말하고서 땅에 엎드려 덤불 속으로 기어들어갔습니다. 그런데 유대인이 가시덤불 한가운데 들어가자 착한 하인은 갑자기 짓궂은 장난기가 고개를 들어 바이올린을 어깨에서 내려서 켜기 시작했습니다. 그러자 유대인은 곧바로 두 다리를 들어올려 자기도 모르게 신나게 춤을 추기 시작했습니다. 하인이 바이올린을 켜면 켤수록 유대인의 춤 솜씨는 더욱 좋아지고, 가시덤불 가시가 그의 누더기 외투를 찢고 염소수염을 빗어 주며 온몸을 엉망으로 마구 할퀴었습니다.

"으악! 이봐요. 바이올린 같은 거 제발 켜지 말아요. 나는 춤을 추고 싶지 않으니까!"

'당신은 이제까지 여러 사람의 가죽을 벗겼지. 이번에는 자네가 당할 차례야.'

하인은 이렇게 생각했기 때문에 유대인이 하는 말은 듣지 않고 또다시 바이올린을 켰습니다. 유대인은 점점 더 높이 뛰어올라야만 했고, 옷은 갈기갈기 찢어져서 천이 마구 가시에 걸렸습니다.

"제기랄, 더는 견딜 수가 없소. 바이올린을 멈추시면 당신이 원하는 걸 모두 드리겠소. 금화가 가득 든 지갑이라도 드리겠습니다요."

유대인이 소리를 질렀습니다.

"그렇게 통이 크시다면 음악은 그만두지요. 하지만 칭찬은 해주어야겠소. 당신은 춤을 참 잘 추셨소."

하인은 이렇게 말하고는 유대인에게서 금화가 가득 든 지갑을 받아 들고 곧 자기 갈 길을 갔습니다.

유대인은 그 자리에 서서 하인의 뒷모습을 멍하니 바라보고 있었습니다. 그리고 그가 멀리 사라져 보이지 않을 때까지 말없이 있다가 있는 힘을 다해서 소리소리 지르며 떠들어댔습니다.

"야, 이 엉터리 악사야, 술집에서나 연주하는 별 볼 일 없는 깽깽아, 두고 봐! 내 신발창이 떨어져 나갈 때까지 너를 쫓아가서 잡고 말 테다. 입에 6파딩*3 을 넣어봐라, 그래봤자 너는 서푼어치밖에 안 돼."

언제까지고 입에서 나오는 대로 욕을 퍼붓고 나자, 기분이 조금 가라앉은 그는 도시로 가서 재판관에게 달려갔습니다.

"존경하는 재판관님, 저는 억울함을 호소하려고 왔습니다. 벌건 대낮에 악당에게 돈을 빼앗기는 못된 꼴을 당했습니다. 땅 위의 돌멩이조차 저를 불쌍하게 생각할 것입니다. 옷은 갈기갈기 찢기고 온몸을 할퀴기도 했습니다. 있는 돈

*3 파딩은 옛날 영국의 화폐 단위.

도 몽땅 빼앗겼습니다! 게다가 모두 금화였습니다. 재발, 그 못된 인간을 잡아 감옥에 처넣어 주십시오."

유대인이 말했습니다.

"그는 병사였나? 너를 칼로 그렇게 해코지를 했단 말이냐?"

재판관이 말했습니다.

"아닙니다! 그가 가지고 있던 것은 칼이 아니라, 등에는 총을 메고 목에는 바이올린을 걸고 있었습니다. 보면 금세 알 수 있습니다."

재판관은 사람들을 보내 하인을 뒤쫓게 했습니다. 착한 하인은 곧 그들에게 따라잡혔지요. 하인은 어슬렁어슬렁 걷고 있었거든요. 게다가 금화가 든 지갑까지 몸에 지니고 있었습니다. 하인은 사람들에게 붙잡혀 법정에 끌려나오자 이렇게 말했습니다.

"저는 저 유대인의 손가락 하나 건드리지 않았습니다. 돈도 제가 빼앗은 것이 아니라 그가 스스로 준 것입니다. 제게 바이올린 연주를 그만두면 돈을 준

다고 해서 그렇게 한 것뿐입니다."

"어림도 없는 소리! 저 녀석은 거짓말을 밥 먹듯이 하는군요."

재판관도 하인의 말을 믿지 못하고 이렇게 말했습니다.

"말도 안 되는 변명을 하는구나. 그런 짓을 할 만한 유대인은 어디에도 없다."

그러고는 거리에서 강도짓을 했다는 죄로 착한 하인을 교수형에 처하도록 했습니다. 하인이 끌려가자 유대인은 그에게 신나게 떠들어댔습니다.

"이 게으름뱅이야, 형편없는 악사야, 네가 받아 마땅한 대가를 받는구나."

하인은 목을 매는 형리들과 함께 침착하게 사다리를 올라갔으나, 마지막 계단에 오르자 갑자기 몸을 돌리며 재판관에게 말했습니다.

"죽기 전에 부탁이 한 가지 있습니다."

"좋다, 살려 달라는 부탁만 아니라면."

재판관이 말했습니다.

"살려 달라는 부탁은 안 합니다. 이 세상을 하직하는 마당에 마지막으로 한 번 바이올린을 연주하게 해 주십시오."

하인의 말에 유대인은 마치 괴물이라도 만난 듯이 요란스럽게 소리를 질렀습니다.

“어림없는 일입니다. 절대로 들어주면 안 됩니다.”

하지만 재판관은 이렇게 말했습니다.

“그 정도 짧은 기쁨조차 허락하지 않을 이유는 없지, 어디 한번 연주해 보아라.”

하인이 하는 말은 모두 마법의 힘을 갖고 있었기에 재판관은 그 부탁을 들어줄 수밖에 없었지요.

“제기랄, 빌어먹을. 제발 나를 묶어 주세요. 단단히 묶어 주세요.”

유대인은 크게 소리치며 이리저리 뛰어다녔습니다.

하인은 곧바로 바이올린을 벗어서 비스듬히 들고는 활을 주욱 켰습니다. 그 순간 재판관도, 서기들도, 사무원들도 모두 이쪽으로 비틀, 저쪽으로 비틀거리더니 유대인을 묶으려던 관리 손에서는 밧줄이 툭 떨어졌습니다. 그가 활을 두 번째로 주욱 켜니까 모두들 다리를 들어올려 춤을 출 자세를 취했지요. 세 번째 활을 타니까 모두 하나같이 높이 펄쩍 뛰어오르며 신나게 춤을 추기 시작했습니다. 재판관과 유대인이 앞쪽에 있던 탓에 가장 높이 뛰어오르며 춤을 잘 추었습니다.

그러는 동안 시장에 나온 사람들까지 모두 춤을 추기 시작했습니다. 늙은이, 젊은이, 뚱뚱이, 홀쭉이 할 것 없이 다 함께 어울려 춤을 추었습니다. 같이 따라온 개들마저 뒷다리로 서서 껑충껑충 뛰어다녔지요. 바이올린을 켜는 시간이 길어질수록 춤을 추는 사람들은 차츰 높이 올라가 서로 머리를 부딪쳐서 아프다고 야단들이었습니다. 그러자 재판관이 숨을 헐떡거리면서 말했습니다.

"목숨을 살려 줄 테니 제발 바이올린을 그만 켜라."

착한 하인은 그 말을 듣고 모두를 안쓰럽게 생각하여 바이올린 소리를 멈추고 교수대 사다리를 내려왔습니다. 하인은 땅바닥에 쓰러져 숨을 헐떡거리고 있는 유대인에게 다가가서 말했습니다.

"이 도둑놈아, 자백해라. 이 돈은 어디서 가져왔지? 어서 자백하지 않으면 다시 바이올린을 켜겠다."

유대인이 외쳤습니다.

"훔친 것입니다요, 훔친 것, 하지만 당신은 그것을 정직하게 벌었어요."

이 말을 듣고 재판관은 유대인을 교수대로 보내어 목을 매달았습니다.

KHM 111
솜씨 좋은 사냥꾼
Der gelernte Jäger

어느 마을에 자물쇠 만드는 법을 배운 한 젊은 직공이 있었습니다. 그는 이제 넓은 세상에 나가서 살아보고 싶다고 아버지에게 말했습니다.

"그래, 잘 생각했다."

아버지는 이렇게 말하고서 노잣돈을 조금 주었습니다. 집을 떠난 젊은이는 이리저리 돌아다니며 일거리를 찾았으나, 차츰 자물쇠 일거리는 들어오지 않았고 스스로도 그 일에 싫증이 나서 곧 사냥을 좋아하게 되었습니다.

그렇게 떠돌아다니는 동안 우연히 초록색 옷을 입은 사냥꾼을 만났습니다.

그 사냥꾼은 젊은이에게 어디서 왔으며, 어디로 갈 작정이냐고 물었습니다. 그러자 젊은이는, 자기는 자물쇠 기술자인데 이제 그 일에 싫증을 느껴 이제는 사냥을 하고 있다고 말했습니다. 그러고는 그 사냥꾼에게 자신을 제자로 삼아 줄 수 없느냐고 물었지요.

"좋지. 나와 함께 가겠다면."

젊은이는 그를 따라가 몇 년 동안 시중을 들면서 사냥을 배웠습니다. 몇 년 뒤, 직공은 또 제 솜씨를 시험하러 떠나기로 했습니다. 사냥꾼은 그동안의 보상이라며 공기총 한 자루밖에 주지 않았지만, 이 총은 신기한 힘을 지니고 있어서 쏘기만 하면 틀림없이 맞았습니다.

직공은 여행을 계속하는 동안 매우 큰 숲 속에 들어가게 되었습니다. 그런데 온종일 헤매고 다녀도 그 숲에서 빠져나올 수가 없었습니다. 해가 지자, 직공은 무서운 짐승들을 피하기 위해 높은 나무로 올라갔습니다. 깊은 밤이 되자, 저 멀리서 작은 불빛이 가물거리는 듯해 젊은이는 나뭇가지 사이로 그쪽을 바라보며 위치를 잘 살펴두었습니다. 그래도 안심이 되지 않아 나무에서 내려가기 전에 모자를 벗어서 불빛이 반짝이는 쪽으로 던져두었습니다. 나무에서 내려왔을 때 모자가 가리키는 쪽으로 갈 생각이었지요. 젊은이는 나무에서 내려오자마자 모자를 다시 집어 쓰고는 곧장 앞으로 걸어 나아갔습니다.

앞으로 갈수록 불빛은 더 커졌습니다. 가까이 가 보니 등불이라고 짐작한 것은 무서운 기세로 불타오르는 모닥불로, 그 옆에는 거인 셋이 둥글게 앉아 황소를 꼬챙이에 꿰어 굽고 있었습니다. 그 가운데 한 녀석이 말했습니다.

"고기가 잘 익었는지 맛을 좀 봐야겠다."

그러더니 고기 한 점을 찢어 입에다 넣으려는 순간 사냥꾼은 그 고기를 총으로 쏘아 떨어뜨렸습니다.

"뭐야, 바람 때문에 모처럼만의 고기가 날아가버렸어."

거인은 그렇게 투덜대며 다시 고기 한 점을 집어 들었으나, 먹으려는 순간 사냥꾼은 또다시 그것을 쏘아 떨어뜨렸습니다. 그러자 거인은 제 옆에 앉아 있던 거인 뺨을 갈기며 소리쳤습니다.

"왜 내 것을 낚아채는 거야!"

"나, 낚아채지 않았는데. 어떤 총 잘 쏘는 사람이 날려버렸겠지."

거인은 세 번째 고기를 집어들었지만, 사냥꾼이 또 총을 쏘아 날려 버렸기 때문에 그것도 손에서 떨어뜨리고 말았습니다. 그러자 거인들은 서로 이야기를 주고받았습니다.

"고기를 입으로 가져가는 순간 날려 버리다니, 총 솜씨가 아주 좋은 사람인 모양이야. 그런 명사수라면 우리에게 도움이 될 거야."

"어이 명사수 양반, 이리 와서 따뜻하게 불을 쬐고 고기도 맘껏 먹으시오. 오지 않겠다면 당신 목숨은 없어."

그들은 큰 소리로 말했습니다.

그래서 사냥꾼은 모닥불이 있는 곳으로 와서 제 훌륭한 사냥솜씨를 자랑했습니다. 이 총으로 겨누기만 하면 틀림없이 맞는다고 말이지요. 그러자 거인들은 자기들과 함께 있어준다면 좋겠다 말하며 이런 이야기를 해주었습니다. 숲 밖에 큰 호수가 있는데 그 뒤에 탑이 있으며, 그 탑 안에 아름다운 공주가 있는데 그 공주를 몰래 데려오고 싶다는 것이었습니다.

"좋아요, 내가 데려오겠소."

사냥꾼이 말했습니다. 거인들은 말을 이었습니다.

"그런데 그걸로 끝나는 게 아니네. 그곳에는 아주 작은 개가 있는데 누군가가 접근하기만 해도 그 녀석이 마구 깽깽거리는 거야. 이 녀석이 짖으면 궁전 사람들은 모두 깨어 일어나지. 자네가 그 강아지를 쏘아 죽일 수 있겠나?"

사냥꾼이 말했습니다.

"아, 할 수 있죠. 그야 쉬운 일이지."

사냥꾼은 배를 타고 호수를 건넜습니다. 그리고 조금만 가면 성에 다다를 순간이었습니다. 그런데 갑자기 거인들이 말했던 개가 달려와서 짖으려고 하는 것이었습니다. 그 순간 사냥꾼은 공기총을 잡고 개를 쏘아 죽였습니다. 그 모습을 지켜보던 거인들은 이미 공주를 손에 넣은 거나 마찬가지라며 크게 기뻐하였으나, 사냥꾼은 성 안 사람들에게 들키지는 않았는지 살펴봐야 한다며 거인들을 성 밖에 세워두었습니다. 사냥꾼이 부르면 들어오라는 것이었지요.

사냥꾼이 들어가니 성 안은 쥐 죽은 듯이 조용했습니다. 모두들 잠든 것이었습니다. 첫 번째 방문을 열자 칼이 한 자루 벽에 걸려 있었습니다. 칼은 은으로 만들어졌고, 그 위에는 황금별과 왕 이름이 새겨져 있었습니다. 그것과 나란히 그 옆 탁자 위에는 봉인된 편지가 한 통 놓여 있었습니다. 그 봉투를 뜯어서 읽어 보니, 이 칼을 손에 넣는 사람은 어떤 것이든 그 앞에 나타난 것의 목숨을 빼앗을 수 있다고 적혀 있었습니다. 사냥꾼은 벽에 걸린 칼을 집어 그것을 허리에 차고 앞으로 나아갔습니다. 그러고는 공주가 누워 있는 방으로 왔는데, 공주가 무척 아름다워 잠시 숨을 고르면서 그 모습을 뚫어져라 쳐다보며 생각했습니다.

'저렇게 순진한 처녀를 야만적인 거인들이 마음대로 하게 둘 수는 없어. 녀석들이 터무니없는 일을 꾸미고 있는 게 분명해.'

그러고서 주위를 둘러보니 침대 아래에 덧신 한 켤레가 있었습니다. 오른쪽에는 공주 아버지의 이름과 별이 하나, 왼쪽에는 공주의 이름과 별이 하나 붙어 있었지요. 공주는 목도리를 하고 있었는데, 비단 천에 금실로 수를 놓은 커다란 목도리로 오른쪽에는 공주 아버지의 이름이, 왼쪽에는 그녀의 이름이 모두 금박으로 박혀 있었습니다. 이것을 보자 사냥꾼은 가위를 꺼내 목도리 오른쪽 자락을 잘라서 배낭 속에 넣고, 그 다음에는 왕의 이름이 새겨진 오른쪽 덧신도 배낭 속에 넣었습니다. 공주는 누워서 자고 있었는데 자기가 입은 잠옷에 폭 파묻혀 있었습니다. 그래서 젊은이는 이 잠옷도 조금 잘라서 다른 것들과 함께 배낭에 넣었습니다. 이 모든 일을 하는 동안에도 공주 몸에는 조금도 손대지 않았습니다.

사냥꾼은 공주를 그대로 자게 놓아두고 그곳을 나왔습니다. 거인들은 사냥꾼이 공주를 데리고 온다고 여기고 계속 밖에서 기다리고 있었지요. 사냥꾼은 거인들에게 말했습니다.

"들어오시오, 공주는 이제 도망가지 못하도록 해 두었소. 그러나 나는 당신들에게 문을 열어줄 수는 없소. 문에 조그만 구멍이 있으니까 거기로 들어오시오."

이 말을 듣고 한 거인이 구멍 있는 곳으로 와서 머리를 디밀었습니다. 그러자 사냥꾼은 거인 머리카락을 움켜잡고 힘껏 잡아당긴 뒤 그 머리를 왕의 이름이 새겨진 칼로 한칼에 베고 나서 거인의 몸을 안으로 끌어당겼습니다. 그 다음에는 두 번째 거인을 불러 첫 번째와 마찬가지로 목을 베었고, 마침내는 세 번째 거인도 목을 베었습니다. 이로써 아름다운 공주를 무시무시한 거인들로부터 구해낸 것입니다. 사냥꾼은 거인들의 혀를 잘라 배낭 속에 넣고 생각했습니다.

'아버지에게 돌아가서 이제까지 내가 한 일을 알리고 다시 세상을 돌아다녀야겠다. 하느님이 내게 주신 운은 나를 따라와 줄 거야.'

아침이 되어 성안에 있던 왕은 눈을 뜨자 거인 셋이 죽어서 쓰러져 있는 것을 보았습니다. 그는 공주의 침실로 들어가 공주를 깨우며 거인들을 누가 죽였느냐고 물었습니다.

"모르겠어요, 아버님. 저는 자고 있었으니까요."

공주는 이렇게 말하고 일어나서 덧신을 신으려고 했습니다. 그런데 오른쪽 덧신이 없어져 있는 것입니다. 목도리도 오른쪽 자락이 잘려 나갔고, 잠옷도 한 조각이 없었습니다.

왕은 신하와 병사들은 물론 궁전 안 모든 사람들을 불러 모았습니다. 그러고는 누가 자기 딸을 마법의 손아귀에서 구해내 거인들까지 죽였는지 물었지요.

신하들 가운데에는 외눈박이에다 못생긴 대장 하나가 있었습니다. 그는 사람들 사이에서 모습을 드러내며 자기가 한 일이라고 거짓말을 했습니다. 그 말을 듣자 왕은 네가 이런 큰일을 해치웠다면 늘 해오던 약속대로 너에게 내 딸을 주겠다고 말했습니다.

그러자 공주가 말했습니다.

"아버지, 저는 이 사람의 아내가 되느니 차라리 저 넓은 세상에 나가서 여행을 하며 돌아다니겠어요."

그러자 왕은 크게 화를 내며 공주에게 화려한 옷을 벗고 농부의 옷으로 갈아입고 나가라 외쳤습니다. 그러고는 도자기 굽는 사람에게로 가서 옹기 장사를 시작하라 일렀습니다. 그래서 공주는 입고 있던 옷을 벗고 성을 나갔습니다. 그리고 도공을 찾아가서, 도자기를 잔뜩 빌려서는 해질 무렵까지 모두 팔고 나면 돈을 치르겠다고 약속했습니다.

왕은 딸에게 꼭 거리 모퉁이에 앉아서 팔아야만 한다고도 말했지요. 농부를 고용해서 짐마차로 그 도자기들을 깔아뭉개 모조리 부숴버릴 작정이었거든요. 이윽고 공주가 거리에 도자기들을 내놓자 짐마차가 여러 대 몰려와 물건을 모두 부숴버렸습니다.

공주는 울면서 말했습니다.

"이건 정말 너무해. 도공에게 돈을 어떻게 갚지?"

왕은 이렇게 해서라도 공주를 억지로 신하 대장과 결혼시키려고 했지만, 딸은 성으로 돌아가지 않고 다시 도공을 찾아가서 또 한 번 물건을 빌려줄 수 없느냐고 물었습니다. 그러자 도공은 지난번 외상값을 먼저 갚기 전에는 안 된다고 말했습니다. 그래서 공주는 하는 수 없이 아버지에게로 가서 큰 소리로 울며 자기는 세상 밖으로 나가고 싶다고 말했습니다. 그러자 아버지가 말했습니다.

"너를 위해 숲 속에 작은 집을 한 채 지어 주겠다. 너는 평생 그 작은 집에서 사람들에게 음식을 만들어주거라. 그러나 결코 돈을 받아서는 안 된다."

그렇게 작은 집이 만들어지자 문 밖에 간판이 내걸렸습니다. 그 간판에는 '오늘은 공짜지만 내일은 돈을 받아요!'라고 쓰여 있었습니다.

공주는 그곳에서 오래도록 지냈습니다. 곧 숲 속 작은 집에서 어느 아가씨가 맛있는 음식을 만들어준다는 소문이 널리 퍼졌습니다.

사냥꾼도 그 이야기를 들었습니다.

'그야말로 내게 딱 맞는 곳이군. 나는 한 푼도 없는 가난뱅이니까.'

그래서 사냥꾼은 뭐든지 맞출 수 있는 총과 세 거인을 베었던 칼이 들어 있는 배낭을 메고 숲으로 들어갔습니다. 곧 소문대로 '오늘은 공짜지만 내일은 돈을 받아요!'라는 간판이 걸린 작은 집을 발견했습니다.

사냥꾼은 칼을 어깨 위에 걸치고 집 안으로 들어가 먹을 것을 얻었습니다. 그는 마치 한 폭의 그림처럼 아름다운 공주를 넋을 놓고 바라보았지요. 공주가 사냥꾼에게 어디서 와서 어디로 가는지 물었습니다.

"그저 이곳저곳 세상을 떠돌아다니고 있습니다."

공주는 사냥꾼이 들고 있는 칼을 보고 어디서 구한 칼이냐고 물었습니다. 제 아버지 이름이 적혀 있어 신기하다고 말이지요. 그러자 사냥꾼이 당신은 이 나라 공주냐고 물었습니다.

"네, 그래요."

"제가 이 칼로 세 거인의 목을 베어버렸지요."

사냥꾼은 그 증거로 배낭 안에서 거인들의 혀를 꺼냈고, 덧신 한 짝과 공주의 목도리 천 조각도 꺼내서 보여주었습니다. 그러자 공주는 그렇다면 자기를 구해낸 것은 당신이었느냐고 외치며 크게 기뻐하는 것이었습니다.

곧 두 사람은 왕에게 가서, 세 거인을 죽인 사람은 외눈박이 대장이 아니라 바로 이 사냥꾼이라고 말했습니다.

왕은 사냥꾼이 가져온 증거들을 보고 그를 믿지 않을 수 없었습니다. 그리고 크게 기뻐하며 그에게 공주를 아내로 맞이하라고 했습니다. 그 말을 들은 공주는 진심으로 기뻐했습니다.

그러고 나서 사냥꾼에게는 마치 다른 나라 왕처럼 몸치장을 하게 하고 성대한 연회를 열어 그를 초대했습니다. 모두 식탁에 앉을 차례가 되자 대장은 공주의 왼쪽에, 사냥꾼은 오른쪽에 앉게 되었습니다. 대장은 사냥꾼을 어느 먼 나라 귀족이리라 여기고 있었습니다.

모두들 식사가 끝난 뒤 왕은 대장에게 수수께끼를 하나 내겠으니 풀어 보라고 말했습니다.

"누군가 세 거인을 자기가 죽였다 말하고 있네. 그런데 나중에 거인들을 살펴보니, 그들의 혀가 모두 잘려 있었지. 대체 그건 누가 잘라낸 걸까?"

그러자 대장이 대답했습니다.

"거인들은 본디 혀가 없었나보지요."

"그렇지 않아, 동물이라면 모두 혀가 하나씩은 있는 법일세."

왕이 이렇게 말하고 다시 말을 이어, 그렇다면 거짓말을 한 그 녀석은 어떤 꼴을 당해야 어울릴 것인가 물었습니다.

"그런 녀석은 갈가리 찢어 죽여야 할 것입니다."

왕이 말했습니다.

"너는 네 스스로 자신의 죄에 대한 판결을 했느니라."

대장은 감옥에 갇혀 그 뒤 온몸이 찢겨 죽었고, 공주는 사냥꾼과 행복한 결혼식을 올렸습니다. 그리고 사냥꾼은 아버지와 어머니를 모셔와 모두 함께 성에서 즐거운 나날을 보냈습니다. 늙은 왕이 세상을 떠난 뒤에는 사냥꾼이 왕이 되었답니다.

KHM 112

천국에서 가져온 도리깨

Der Dreschflegel vom Himmel

옛날 어느 농부가 쟁기와 황소 한 쌍을 이끌고 밭을 갈러 나갔습니다. 그런데 밭에 이르자 갑자기 이 두 마리 짐승의 뿔이 계속 자라나, 마을에 있는 어떤 문도 지날 수 없을 만큼 길어지고 말았습니다.

다행히 솜씨 좋은 백정이 와서 농부는 그에게 이 소들을 팔기로 했습니다.

둘의 거래는 이러했지요. 농부가 백정에게 순무 씨앗 한 말을 가지고 오면, 백정은 씨앗 하나당 1탈러를 주겠다는 것이었습니다. 아주 좋은 값으로 팔았다는 것은 이런 거래를 두고 한 말일 것입니다.

농부는 집으로 가서 순무 씨앗 한 말을 등에 짊어지고 왔습니다. 그런데 그만 자루에서 씨앗 한 알을 떨어뜨리고 말았습니다. 백정은 흥정했던 대로 한 알도 틀리지 않고 농부에게 돈을 냈지요. 씨앗 한 알을 떨어뜨리지 않았다면 1탈러를 더 받을 수 있었을 것입니다.

농부는 하는 수 없이 집으로 터덜터덜 돌아가고 있었

습니다. 그런데 이게 웬일인가요? 좀 전에 떨어뜨린 씨앗에서 커다란 나무가 자라 저 먼 하늘까지 닿아 있는 게 아닙니까? 이 신기한 나무를 보고 농부는 생각했습니다.

'이런 좋은 기회를 만났으니, 하늘나라 사람들은 위에서 무엇을 하고 있는지 녀석들 얼굴이나 들여다보고 와야지.'

농부는 나무를 타고 올라갔습니다. 얼마나 올라갔을까요. 어느새 농부는 하늘나라에 이르러 있었습니다. 구름 위에서는 천사들이 도리깨로 귀리를 타작하고 있었기에 농부는 그 모습을 가만가만 지켜보았습니다.

그렇게 멍하니 바라보고 있던 농부는 자기가 매달려 있는 나무가 조금씩 흔들리고 있다는 것을 깨달았습니다. 놀라서 아래를 내려다보니 어떤 사람이 나무를 쓰러뜨리려고 도끼질을 하고 있는 것이었습니다.

'여기서 떨어지면 호된 꼴을 당하지.'

뜻밖에 눈앞에 닥친 일에 어찌 하면 좋을지 아무리 머리를 굴려 보아도 이렇다 할 생각은 떠오르지 않았습니다. 생각을 거듭한 끝에 먼저 천사들 옆에 산처럼 쌓여 있는 귀리를 새끼줄로 엮었습니다. 그리고 천국 바닥 여기저기에 뒹굴고 있는 곡괭이와 도리깨를 집어 들고는 새끼줄을 타고 땅으로 내려왔지요. 그런데 공교롭게도 너무 깊은 구멍 속으로 내려오고 말았습니다. 그래도 그가 곡괭이를 가지고 온 것은 천만 다행이었습니다. 농부는 그것으로 땅을 파서 계단을 만들어 위로 올라와서는 사람들에게 천사들의 도리깨를 보여주었지요. 그 덕분에 누구도 그의 이야기를 의심할 수가 없었답니다.

KHM 113

왕의 두 아들

Die beiden Königskinder

옛날 어느 나라에 왕이 있었습니다. 왕에게는 아들이 하나 있었는데, 이 아이는 열여섯 살이 되는 해에 사슴에게 목숨을 빼앗길 운명이었지요. 어느덧 세월이 흘러 열여섯 살이 된 왕자는 사냥꾼들과 함께 숲으로 사냥을 나갔습니다.

멀리서 커다란 수사슴을 본 왕자는 재빨리 총을 쏘았으나 빗맞았습니다. 사슴은 그를 놀리듯 이리저리 뛰어다니더니 금세 어디론가 사라지고 말았답니다. 그런데 사슴이 사라진 자리를 보니 거인 하나가 서 있는 것이었습니다.

"이제야 너를 잡았다! 유리 구두가 여섯 켤레나 닳아 없어지도록 쫓았는데도 여태까지 붙잡을 수 없었는데 마침내 너를 잡았구나."

거인은 이렇게 말하며 왕자를 붙잡았습니다. 그러고는 왕자를 질질 끌다시피 하여 큰 강을 건너 어느 커다란 성 안으로 데려갔습니다. 거인 왕은 왕자와 함께 식사를 하며 이렇게 말했습니다.

"내겐 딸이 셋 있는데, 넌 오늘 밤 9시부터 내일 아침 6시까지 잠을 자지 말고 첫째공주를 밤새도록 지키거라. 매 시간을 알리는 종이 칠 때마다 내가 방 앞에 와서 너를 부를 텐데, 만일 한 번이라도 대답이 없다면 내일 아침에 네 목을 치겠다. 하지만 한 번도 빠짐없이 잘 대답한다면 딸아이를 네 아내로 주겠다."

왕자가 첫째공주와 함께 침실로 가 보니 커다란 성 크리스토퍼 석상이 서 있었습니다. 그런데 공주가 이 석상에게 이렇게 말하는 것이었습니다.

"9시가 되면 아버님이 오실 거야. 그리고 아침 6시가 될 때까지 매 시간마다 오셔서 왕자님을 부르실 거란다. 그러면 네가 왕자님 대신 대답해주렴."

성 크리스토퍼 석상은 마치 잘 알았다는 듯이 빠르게 고개를 끄덕이다가 차츰 느려지더니 이윽고 처음 봤을 때처럼 움직임이 멈추었습니다.

이튿날 아침이 되자 왕은 왕자를 불렀습니다.

"잘 해냈구나. 하지만 아직 내 딸을 줄 수는 없다. 오늘 밤에 둘째공주를 잘 지킨다면 그때 다시 생각해보도록 하지. 내가 매 시간마다 방 앞으로 가서 너를 부를 텐데, 만일 한 번이라도 대답이 없다면 내 앞에서 피를 흘리며 죽어갈 각오를 해야 할 거다."

그날 밤 왕자는 둘째공주와 함께 침실로 갔습니다. 그런데 둘째공주 침실에는 어젯밤에 본 것보다도 더 큰 성 크리스토퍼 석상이 서 있었습니다.

"아버님이 찾아오시면 네가 왕자님 대신 대답해주렴."

둘째공주가 석상에게 이렇게 말하자, 석상은 어제 본 것보다 더 빠르게 고개를 끄덕이더니 차츰 느려지면서 어느새 움직임이 멈추었습니다. 왕자는 침대 아래에 드러누워 팔베개를 한 채 쿨쿨 잠이 들고 말았습니다.

날이 밝자 왕이 왕자를 불러 말했습니다.

"잘하기는 했지만 아직 내 딸을 줄 수는 없다. 오늘밤은 막내공주의 방에서 보내야 한다. 매 시간마다 내가 직접 가서 너를 부를 텐데, 만일 한 번이라도 대답하지 않으면 날이 밝자마자 너를 죽여버리겠다."

저녁이 되자, 왕자는 막내공주와 함께 침실로 갔습니다. 막내공주 방에는 어제 본 것보다도 훨씬 큰 성 크리스토퍼 석상이 있었습니다. 공주가 석상에게 말했습니다.

"아버님이 찾아오시면 네가 왕자님 대신 대답해주렴."

그러자 커다란 크리스토퍼 석상이 고개를 위아래로 끄덕였습니다. 어떤 석상들보다도 빠르게 움직이던 석상은 반시간이 지나서야 겨우 움직임을 멈추었습니다. 왕자는 이번에도 마음을 푹 놓고 침대 아래에 드러누워 쿨쿨 잠이 들었지요.

다음 날 아침이 되자 왕이 왕자를 불러 말했습니다.

"어젯밤도 잘 해냈구나. 하지만 아직은 내 딸을 줄 수 없다. 나는 커다란 숲을 갖고 있는데, 이 숲 속 나무들을 저녁 6시가 되기 전에 모두 베어낸다면 딸을 줄지 한번 생각해 보지."

왕은 왕자에게 유리도끼와 유리 쐐기, 유리망치를 들려 숲으로 보냈습니다. 숲으로 들어간 왕자는 나무를 베려 했지만, 유리 도끼는 휘두르자마자 산산조각이 나버리고 말았습니다. 유리 쐐기를 잡고 유리 망치로 내려치자 그 또한 모두 모래알처럼 부서져버리고 말았지요.

'이번에야말로 죽는구나.'

몹시 낙담한 왕자는 그 자리에 주저앉아 엉엉 울었습니다.

한편, 해가 높이 떠오르자 왕은 세 딸을 불러 왕자에게 먹을 것을 가져다 주라고 말했습니다.

"싫어요!"

첫째와 둘째가 말했습니다.

"우리는 절대로 가지 않겠어요. 그는 마지막으로 막내를 지켰으니, 막내가 먹을 것을 가져다주어야 마땅하지 않겠어요?"

그리하여 막내공주는 왕자에게 줄 음식을 들고 숲으로 갔습니다. 엉엉 울고 있는 왕자를 본 막내공주가 그에게 무슨 일이냐고 물었습니다. 왕자는 이제 자신은 죽게 될 것이라며 좀처럼 울음을 그치려 들지 않았습니다. 공주가 이쪽으로 와서 음식을 좀 먹으라고 아무리 이야기를 해도 듣지 않았습니다.

"이제 곧 죽을 텐데 음식은 먹어서 무얼 하겠습니까. 목으로 넘어갈 것 같지도 않군요."

그러나 공주는 그리 쉽게 포기해서는 안 된다며 왕자를 위로했습니다. 공주가 그렇게 거듭 말하자 마침내 왕자도 그녀가 가져온 음식을 조금 먹었습니다. 이윽고 공주가 말했습니다.

"제 무릎을 베고 잠깐 쉬세요. 그러면 좋은 생각이 떠오를 거예요."

공주가 머리카락을 살며시 쓰다듬어주자 몹시 피곤했던 왕자는 곧 쿨쿨 잠이 들었습니다. 왕자가 깊이 잠든 것을 본 공주는 하얀 손수건을 꺼내어 매듭을 하나 묶더니 그것으로 땅을 세 번 치면서 이렇게 말했습니다.

"일꾼들아, 나오너라!"

그러자 공주의 말이 떨어지기가 무섭게 땅속에서 난쟁이들이 잔뜩 몰려나오는 게 아니겠습니까.

"무슨 일이십니까, 공주님?"

공주가 명령했습니다.

"세 시간 안에 이 숲의 나무들을 모두 베어서 산 위에 쌓아놓아라."

땅속 난쟁이들은 이리저리 돌아다니며 제 동료들을 모두 불러와 숲 속 나무들을 베기 시작했습니다. 세 시간이 채 되기도 전에, 커다란 숲에 있던 나무들은 몽땅 베어져 산 위에 차곡차곡 쌓였습니다. 난쟁이들이 일을 모두 마치자 공주는 다시 하얀 손수건을 꺼내어 매듭을 풀면서 말했습니다.

"일꾼들아, 돌아가라!"

그러자 순식간에 땅속 난쟁이들은 모두 사라져 버렸습니다.

이윽고 잠에서 깬 왕자는 나무가 모두 베어져 있는 것을 보고 놀라는 한편 크게 기뻐했습니다. 공주는 왕자에게 6시가 되면 오라고 말하고는 먼저 성으로 돌아갔습니다.

저녁이 되어 왕자가 성으로 돌아가자 왕은 그와 함께 식사를 하면서 물었습니다.

"숲 속 나무들은 모두 베었느냐?"

"네."

왕자가 대답했습니다. 하지만 왕은 이렇게 말했습니다.

"하지만 아직 내 딸을 줄 수 없다. 나는 커다란 연못을 갖고 있는데, 맑은 물이 가득했던 연못이 진흙으로 뒤덮여 마치 늪처럼 되어 버렸지. 내일 저녁이 되기 전까지 그 연못을 뒤덮은 진흙을 말끔하게 치우고 그 안에 온갖 아름다운 물고기들을 가득 채워놓아라."

이튿날이 되자 왕은 유리삽과 유리갈퀴를 주면서 6시까지 일을 끝내놓지 못하면 가만두지 않겠다고 으름장을 놓았습니다. 터덜터덜 연못가로 간 왕자가 첫 삽을 뜨려 하자 유리로 된 삽은 순식간에 깨져버리고 말았습니다. 갈퀴를 넣어보았지만, 유리갈퀴 또한 탁! 깨져버리고 말았지요. 맥이 풀린 왕자는 그 자리에 털썩 주저앉아버리고 말았습니다.

점심때가 되자 막내공주가 먹을 것을 들고 와서 일은 어떻게 되어 가느냐고 물었습니다. 왕자가 말했습니다.

"아무래도 내일이면 제 목을 잃게 될 것 같군요. 연장들이 이렇게 모두 부러져버리고 말았으니!"

왕자가 크게 탄식하자 공주는 음식부터 먹으라며 그를 달랬습니다.

"식사가 끝나면 좋은 생각이 떠오를 거예요."

왕자는 음식 몇 점을 겨우 넘겼습니다. 공주의 무릎을 벤 왕자는 이번에도 쿨쿨 잠이 들었지요. 왕자가 깊이 잠든 것을 본 공주는 하얀 손수건을 꺼내어 매듭을 묶은 다음 그것으로 땅을 세 번 탁! 탁! 탁! 치면서 말했습니다.

"일꾼들아, 나오너라!"

그러자 곧 땅속나라 난쟁이들이 우르르 나타나서 공주에게 무슨 일이냐고 물었습니다.

"세 시간 안에 연못을 맑은 거울처럼 비추어 볼 수 있도록 말끔하게 치우고, 온갖 물고기들로 채워놓아라."

난쟁이들은 더 많은 동료들을 불러 모아서 재빨리 진흙을 치우기 시작했습니다. 두 시간쯤 지나자 연못은 마치 거울처럼 아주 말끔해졌고 그 안에는 온갖 아름다운 물고기들이 유유히 헤엄치고 있었습니다. 일이 모두 끝나자 공주가 손수건 매듭을 풀면서 말했습니다.

"일꾼들아, 돌아가라!"

그러자 난쟁이들은 눈 깜빡할 사이에 모두 사라져버렸습니다.

이윽고 왕자가 눈을 떠보니, 놀랍게도 연못은 말끔히 치워져 있었습니다. 공주는 6시가 되거든 성으로 오라고 말하며 그곳을 떠났습니다. 왕자가 돌아오자 왕이 물었습니다.

"연못은 말끔히 치웠느냐?"

"네, 말씀하신 대로 모두 치웠습니다."

저녁을 먹으며 왕이 왕자에게 말했습니다.

"연못을 모두 치우긴 했지만 아직 내 딸을 줄 수는 없다. 가시덩굴들이 우거진 커다란 산이 하나 있는데, 그 가시덩굴들을 모두 베고 산을 깎아 그 누구도 상상할 수 없을 만큼 크고 으리으리한 성을 짓거라. 물론 성 안에는 필요한 모든 것이 갖추어져 있어야 한다."

다음 날 아침, 왕은 유리 도끼와 유리 송곳을 왕자에게 건네주면서 6시 전까지 성을 지어놓아야 한다고 일렀습니다.

왕자는 유리 도끼로 가시덤불을 베려고 했지만, 이번에도 금세 산산조각이나 바닥 여기저기에 유리조각이 흩어지고 말았습니다. 유리 송곳 또한 도무지 쓸모가 없었지요. 왕자는 크게 낙심했지만, 마음 한구석으로는 막내공주가 와서 자기를 도와주지 않을까 하는 기대를 품고 그녀를 기다렸습니다.

점심때가 되자 막내공주가 먹을 것을 가지고 왔습니다. 왕자는 공주에게 모든 사정을 이야기하고 맛있게 음식을 먹었습니다. 그리고 공주의 무릎을 벤 채 잠이 들었습니다. 왕자가 깊이 잠든 것을 본 공주는 하얀 손수건을 꺼내 매듭을 묶은 다음 그것으로 땅을 세 번 탁! 탁! 탁! 치면서 말했습니다.

"일꾼들아, 나오너라!"

그러자 땅속 난쟁이들이 여느 때처럼 줄지어 나와서 공주 앞에 섰습니다.

"세 시간 안에 이곳에 있는 가시덤불을 모두 베어내고, 산 위에다가 필요한 모든 것을 갖춘 커다란 성을 지어놓아라. 그 누구도 상상조차 할 수 없을 만큼 으리으리한 성이어야 한다."

난쟁이들은 뛰어가서 동료들을 모두 불러 모아 세 시간 안에 가시덤불을 모두 베어내고 으리으리한 성을 지어놓았습니다. 일이 모두 끝나자 공주가 손수건 매듭을 풀면서 말했습니다.

"일꾼들아, 돌아가라!"

그러자 난쟁이들은 순식간에 땅속으로 다시 사라져버렸지요.

왕자가 눈을 떠보니 가시덤불은 온데간데없고, 대신 엄청나게 커다란 성이 우뚝 솟아 있었습니다. 왕자는 막내 공주를 아내로 맞을 생각에 하늘을 나는 새처럼 마음이 들떴답니다. 곧 6시가 되어 그는 공주와 함께 성으로 돌아갔습니다. 왕이 물었습니다.

"정말로 성을 다 지었느냐?"

"네, 말씀하신 대로 모두 했습니다."

그런데 식사가 시작되자 왕은 이렇게 말하는 것이었습니다.

"막내는 두 언니가 먼저 결혼하기 전까지는 시집 보낼 수 없다."

왕자와 막내공주는 몹시 실망했습니다. 무슨 좋은 방법이 없을까 궁리하던 그는 마침내 막내공주와 함께 성에서 도망치기로 했습니다. 겨우 성을 빠져나온 둘은 무작정 걸어갔습니다. 얼마쯤 갔을까. 무심코 뒤를 돌아본 공주는 깜짝 놀랐습니다. 몹시 화가 난 아버지가 그들을 뒤쫓아오고 있었던 것입니다.

"어머, 어쩌면 좋지?"

아버지가 차츰 가까이 다가오자, 발만 동동 구르던 막내공주는 왕자를 가시덩굴로 변신시킨 뒤, 자기는 아름다운 장미꽃으로 변해 덩굴 한가운데 숨었지요.

거인 왕이 가보니 가시덤불과 장미 한 송이만이 있었습니다. 장미를 꺾으려 하자 가시들이 그의 손가락을 마구 찔러댔으므로, 왕은 다시 집으로 돌아갈 수밖에 없었습니다. 왕이 홀로 돌아오자 왕비가 왜 그들을 붙잡아오지 않았느냐고 물었습니다. 왕은 곧 둘을 따라잡긴 했는데, 갑자기 사라지더니 그 자리에 가시덤불과 장미꽃만 있었노라고 말했습니다. 왕비가 말했습니다.

"그 장미꽃을 꺾어 왔더라면 덩굴은 저절로 따라왔을 텐데요."

막내공주의 마법에 속은 것을 깨달은 왕은 장미를 꺾어오려고 다시 달려 나갔습니다. 그 사이에 두 사람은 저 멀리 들판까지 달아났지만, 순식간에 왕에게 따라잡히고 말았습니다. 아버지가 오는 것을 본 공주가 말했습니다.

"어머, 어쩌면 좋지?"

공주는 이번에도 신비한 마법으로 왕자를 교회로 변하게 하더니, 자신은 목사가 되어 교회 안으로 들어갔습니다. 왕이 가보니 교회가 하나 있고, 단 위에서는 목사가 설교를 하고 있었습니다. 왕은 자리에 앉아 열심히 설교를 듣고 다시 집으로 돌아왔습니다. 왕비가 왜 그들을 데려오지 않았느냐고 묻자 왕이 말했습니다.

"못 찾았소. 뒤를 쫓아가 곧 잡을 수 있을 만큼 가까워졌는데, 갑자기 둘 다 휙 사라지지 않겠소? 그런데 거기에 교회가 하나 있고 목사님이 설교를 하고 있지 뭐요."

그러자 왕비가 말했습니다.

"그 목사를 데려왔으면 교회는 저절로 따라왔을 텐데요. 아무래도 이번에는 제가 직접 나서야겠군요."

왕자와 함께 도망치던 공주가 문득 뒤를 돌아보니, 이번에는 저 멀리서 어머니가 쫓아오고 있는 게 보였습니다.

"이번에야말로 정말 큰일이에요!"

공주는 이렇게 말하더니 왕자를 커다란 연못으로 변하게 했습니다. 그리고 자기는 물고기로 변해 연못 안으로 퐁당! 들어갔습니다.

왕비가 가보니 그곳에는 커다란 연못이 있고, 그 안에는 물고기 한 마리가 팔딱팔딱 흥겹게 헤엄치며 물 위로 머리를 빼꼼 내밀고 있었습니다. 약이 오른 왕비는 물고기를 잡으려고 연못물을 모두 마시려 들었지만, 속이 메스꺼워지는 바람에 다시 토해내고 말았습니다.

"이제는 손 쓸 수가 없구나."

왕비는 이렇게 불평했지만, 언젠가 두 사람이 다시 돌아올지도 모른다고 생각했습니다. 그래서 연못으로 들어가 물고기로 변한 공주에게 호두 세 알을 건네주며 말했습니다.

"어려운 때가 닥치면 이것을 열어보아라. 틀림없이 도움이 될 것이다."

이렇게 해서 왕자와 공주는 다시 길을 떠났습니다. 열 시간쯤 걸어 왕자의 성 근처 마을에 이르자, 왕자가 말했습니다.

"이곳에서 잠시만 기다려요. 내가 먼저 성으로 들어가 마차와 시종들을 이끌고 당신을 맞으러 올게요."

죽은 줄로만 알았던 왕자가 무사히 성으로 돌아오자 성은 온통 기쁨으로 가득 찼습니다. 왕자가 말했습니다.

"제게는 사랑하는 여인이 있는데, 지금 성 밖 마을에 와 있답니다. 마차와 시종들을 주십시오. 그녀를 데리러 가야 합니다."

왕은 곧바로 호화로운 마차와 수많은 시종들을 내주었습니다. 왕자가 막 마차에 오르려고 할 때, 어머니가 나와 그의 볼에 입을 맞추었습니다. 그 순간, 왕자는 마법에라도 걸린 듯 이제까지 있었던 모든 일을 그만 잊어버리고 말았습니다. 그래서 하인들에게 일러서 마차에 맸던 말들을 모두 풀게 하고는, 어머니를 따라 다시 성 안으로 들어가버렸습니다.

한편, 마을에 남아 왕자가 오기만을 기다리던 공주는, 아무리 기다려도 누구 하나 오지 않자 성 방앗간에서 하녀로 일하기로 했습니다. 공주는 날마다 한낮이 되면 물가에 앉아 방앗간 도구들을 깨끗이 씻었습니다. 어느 날, 성에서 나와 물가를 산책하던 왕비가 소녀를 보고 말했습니다.

"참으로 부지런한 소녀로구나!"

소녀가 무척 마음에 든 왕비는 다른 사람들에게 소녀에 대해 이것저것 물어보았습니다. 그러나 그녀에 대해 아는 사람은 아무도 없었답니다.

그러던 사이 왕비는 아들의 신붓감을 찾아냈습니다. 멀고 먼 어느 나라 공주인 신부는 왕자와 결혼하기 위해 성으로 왔습니다. 그 모습을 보러 사람들이 구름떼처럼 모여들자 소녀는 방앗간 주인에게 자기도 구경하러 나가게 해달라고 부탁했습니다.

방앗간 주인이 허락하자, 소녀는 방으로 들어가 어머니가 준 호두 한 알을 깨물었습니다. 호두 안에는 무척이나 어여쁜 옷이 한 벌 들어 있었지요. 소녀는 그 옷을 입고 결혼식이 열리는 교회로 달려가 신랑과 신부가 있는 제단 맞은편에 섰습니다. 목사가 두 사람에게 축복을 내리려고 하는 순간, 소녀의 아름다운 옷을 본 신부는 결혼식을 멈추게 하더니 저 예쁜 옷을 갖기 전까지는 식을 올리고 싶지 않다고 말했습니다. 누가 뭐라 해도 고집을 꺾지 않았지요. 성으로 돌아간 신부는 소녀에게 사람을 보내 옷을 얼마에 팔겠느냐고 묻게 했습니다. 그러자 소녀는 이렇게 대답했습니다.

"이 옷은 팔지 않겠습니다. 하지만 오늘 밤, 왕자님 방 문 앞에서 자게 해주신다면 이 옷을 그냥 드리지요."

옷에 몹시 욕심이 난 신부는 그렇게 해주겠다고 약속했습니다. 그러나 왕자가 조금 걱정이 된 신부는 소녀가 오기 전에 하인들을 시켜, 미리 왕자에게 잠 오는 약을 먹여 깊이 잠들게 했습니다. 왕자의 방 문 앞에 앉은 소녀는 왕자에게 이제까지의 일들을 털어놓았습니다.

"저는 왕자님을 대신해서

커다란 숲의 나무를 모두 베고,
늪이 된 연못을 깨끗이 치우고,
가시덤불을 벤 자리에 으리으리한 성을 지었답니다.
제가 왕자님 대신 해주었던 일들을 모두 잊어버리셨나요?
아버지와 어머니가 우리를 뒤쫓아올 때,
왕자님은 가시덤불이, 저는 장미꽃이 되었고,
왕자님은 교회가, 저는 목사님이 되었고,
왕자님은 큰 연못이, 저는 그 안에서 이리저리 헤엄치는 물고기가 되었지요.
왕자님은 이 모든 일들을 잊어버리셨나요?"

소녀는 밤새도록 훌쩍훌쩍 울면서 방문 앞에 앉아 왕자에게 이야기했지만, 잠 오는 약에 취한 왕자에게는 그 소리가 전혀 들리지 않았습니다.

하인들은 잠을 자지 않고 그녀의 말을 모두 엿들었지만, 도무지 무슨 뜻인지 알 수가 없었습니다.

다음 날 아침, 자리에서 일어난 신부는 소녀에게 받은 옷을 입고 신랑과 함께 결혼식을 올리러 교회로 갔습니다. 그 사이에 소녀는 두 번째 호두 알을 깨물었습니다. 그 안에는 이전보다 더 아름다운 옷이 들어 있었습니다. 소녀가 그 옷을 입고 교회에 들어서자, 지난번과 똑같은 일이 벌어졌습니다. 예쁜 옷이 탐난 신부는 결혼식을 멈추었고, 소녀는 그날 밤도 왕자의 방 문 앞에서 보내도 된다는 허락을 받고 옷을 넘겨주었지요.

하지만 이번에도 미리 명령을 받은 하인들이 왕자에게 잠 오는 약을 먹였기 때문에 왕자는 깊이 잠들어버렸습니다.

이 사실을 모르는 소녀는 왕자의 방 문 앞에 앉아 구슬프게 이야기했습니다.

"저는 왕자님을 대신해서
커다란 숲의 나무를 모두 베고,
늪이 된 연못을 깨끗이 치우고,
가시덤불을 벤 자리에 으리으리한 성을 지었답니다.
제가 왕자님 대신 해주었던 일들을 모두 잊어버리셨나요?
아버지와 어머니가 우리를 뒤쫓아올 때,
왕자님은 가시덤불이, 저는 장미꽃이 되었고,
왕자님은 교회가, 저는 목사님이 되었고,
왕자님은 큰 연못이, 저는 그 안에서 이리저리 헤엄치는 물고기가 되었지요.
왕자님은 이 모든 일들을 잊어버리셨나요?"

그러나 방 안에서 아무런 대답이 없자 소녀는 하염없이 눈물만 흘리다 돌아갔습니다.

소녀를 가엾게 여긴 하인들은 왕자에게 전날 밤에 있었던 일들을 모두 전해주었습니다. 그러자 왕자는 마침내 지난 일들을 모두 기억해냈습니다. 마음이 몹시 아팠던 왕자는 곧바로 소녀에게 달려가고 싶었으나, 어머니인 왕비가 그의 방에 자물쇠를 채워놓아 쉽사리 나갈 수가 없었습니다.

다음 날이 되자, 왕자는 곧바로 사랑하는 소녀에게로 달려가서 무릎을 꿇고 용서를 빌었습니다. 소녀가 마지막 호두 알을 깨물자 그 안에는 이제까지 입었던 옷들보다 한결 더 아름다운 옷이 들어 있었습니다. 그 옷으로 갈아입은 막내공주는 왕자와 함께 마차를 타고 교회로 갔습니다. 그러자 많은 아이들이 모여들어 두 사람에게 꽃다발을 건넸고, 지나는 길마다 오색 리본들이 펄럭였지요. 둘은 하느님의 축복을 받으며 화려한 결혼식을 올렸습니다. 하지만 나쁜 어머니와 신부는 더는 그곳에 있을 수가 없어서 어디론가 떠나버렸답니다.

KHM 114

꾀 많은 재봉사 이야기

Vom klugen Schneiderlein

아주 먼 옛날 어느 나라에 매우 거만한 공주가 있었습니다. 공주를 아내로 삼고 싶다는 사람이 찾아오면, 공주는 어떤 문제를 내서 그 사람으로 하여금 맞추도록 했습니다. 그런데 공주는 그 누구든 문제를 맞추지 못하면 무턱대고 그를 업신여겨 성 밖으로 내쫓아버리고 말았습니다. 공주는 자기가 낸 수수께끼를 푸는 사람이 있으면 그가 누구든 상관없이 그의 아내가 되어 줄테니, 원하는 사람은 얼마든지 찾아오라는 포고문을 온 나라에 붙였습니다.

마지막으로 재봉사 세 사람이 한꺼번에 공주를 찾아온 일이 있었습니다. 그 가운데 나이가 많은 두 재봉사는 이제까지 재봉을 함에 있어 한 번도 실수를 한 적이 없다며 큰소리를 쳤습니다. 그리고 그 경험을 살려 오늘 밤도 수수께끼를 잘 맞힐 수 있을 것이라며 쉽게 말을 했습니다. 세 번째 재봉사는 덩치도 작고 그다지 보잘것없는 사람으로 자기가 하는 일조차 잘 알지 못하는 매우 젊은 사람이었는데, 이 남자는 이런 일이 아니면 무슨 행운이 오겠느냐면서 이곳에서 반드시 기회를 잡아야겠다고 생각하며 공주는 반드시 자기가 차지할 거라고 자신 있게 말했습니다. 그 말을 듣고 나이 많은 두 재봉사가 말했습니다.

"차라리 집이나 봐라. 너 같은 맹꽁이한테는 어림없는 일이야."

그러나 꼬마 재봉사는 그런 말은 귀에 담지 않았습니다. 그는 자기가 마음먹은 대로 혼자서라도 어떻게든 노력해보겠다 말하고는 마치 온 세계가 자기 것인 듯한 얼굴로 당당하게 궁으로 들어갔습니다.

이렇게 해서 세 사람은 한꺼번에 공주에게 제 이름을 알리고는, 자기들에게 수수께끼를 내달라고 했습니다. 그리고 덧붙여서 여기에 온 사람들은 태어나면서부터 지혜를 갖춘 사람들로, 말하자면 바늘귀에도 뀔 수 있을 만큼 날카로운 지성을 갖춘 사람들이라고 말했습니다. 그러자 공주는,

"내 머리카락에는 두 가지 색이 있는데 그게 무슨 색이죠?" 물었습니다.

"그까짓 수수께끼라면," 첫 번째 재봉사가 말했습니다. "거야, 사람들이 땡땡이라고 부르는 천처럼 검은색과 흰색으로 뒤섞였을 것입니다."

"틀렸어요." 공주가 빙그레 웃으며 말했습니다. "다음 사람이 말해 보세요."

그래서 두 번째 재봉사가 자신 있게 소리쳤습니다.

"검은색과 흰색이 아니라면, 제 아버님의 프록코트처럼 갈색과 붉은색이겠군요."

"아니오, 틀렸습니다." 공주가 고개를 살래살래 흔들며 말했습니다. "세 번째 사람이 말해 보세요. 보아하니 당신은 틀림없이 알고 있는 듯한 표정이네요."

그러자 꼬마 재봉사는 거리낌 없이 앞으로 나서며 말했습니다.

"공주님 머리카락은 금빛과 은빛으로 물들어 있습니다."

공주는 이 말을 듣자 얼굴에서 핏기가 사라지고 너무도 놀라서 자칫 쓰러질 뻔했습니다. 이 세상 그 누구도 이것만은 풀 수 없으리라고 굳게 믿고 있었는데 꼬마 재봉사가 맞추었기 때문이었습니다. 그러나 공주는 조금씩 마음이 가라앉자 이렇게 말했습니다.

"이것만으로는 나를 이겼다고 할 수 없어요. 한 가지 더 해야 할 일이 남아 있어요. 땅 밑 우리에 곰이 한 마리 있어요. 오늘 밤 당신은 그 곰과 함께 있어야 해요. 내일 내가 일어났을 때도 당신이 여전히 살아 있다면 당신은 내 신랑이 될 수 있어요."

공주는 이렇게 말하면 귀찮은 꼬마 재봉사를 떼어 버릴 수 있다고 생각했습니다. 그 무시무시한 곰은 자기 앞에 놓인 먹이는 이제까지 한 번도 살려둔 적이 없었거든요. 그러나 꼬마 재봉사는 겁내지 않고 태연하게 능청을 떨며 말했습니다.

"용기를 갖고 하면 반은 이미 제 것입니다."

마침내 해가 지고 꼬마 재봉사는 곰이 있는 곳으로 안내되었습니다. 곰은 여느 때처럼 꼬마에게 덤벼들며 손바닥으로 거세게 후려치려 했습니다.

"어어쿠, 부드럽게 나가자. 부드럽게." 재봉사가 곰을 달래듯 말했습니다. "억지로라도 얌전하게 만들어주지."

그러고는 마치 아무렇지도 않다는 듯 호주머니에서 호두를 꺼내어 이로 껍질을 깨뜨려 알맹이를 먹었습니다. (서양 호두는 우리나라의 호두와는 달라서 껍질이 그리 두껍지 않아 쉽게 깰 수 있습니다). 그것을 본 곰은 자기도 그렇게 먹어보고 싶어서 호두를 달라는 손짓을 해보였습니다. 꼬마 재봉사는 호주머니에 손을 넣어 곰에게 호두를 한 줌 건네주었습니다. 그러나 그것은 호두가 아니라 자갈이었습니다. 곰은 그것을 입안에 넣고 아무리 깨물어보았지만 한 알도 깨뜨릴 수 없었지요.

'제기랄, 이런 바보가 있나. 이 작은 호두 한 알도 깨부수지 못하다니.'

이렇게 생각한 곰은 꼬마 재봉사에게 부탁했습니다.

"제발 이 호두 녀석을 좀 깨뜨려줘."

'자기도 놀랐겠지. 바보 같은 녀석.' 재봉사가 속으로 중얼거렸습니다. '그렇게 큰 입을 하고 있는 주제에 그것 하나 깨뜨리지 못하다니.'

꼬마 재봉사는 곰이 입에 넣고 있던 자갈을 받아 재빨리 그것을 호두와 바꾸어 자기 입에 넣고 딱! 하는 소리와 함께 두 조각으로 깨뜨려버렸습니다.

"다시 한 번 해 볼게." 곰이 말했습니다. "네가 하는 것을 보니 나도 할 수 있을 것 같아."

그래서 재봉사는 곰에게 다시 자갈을 주었습니다. 곰은 있는 힘을 다하여 자갈을 깨물었습니다. 곰이 그것을 깨뜨릴 수 있으리라고는 여러분도 생각지 않겠지요?

곰에게 자갈을 건네주자마자 재봉사는 윗도리 밑에서 바이올린을 꺼내어 아름다운 음악을 연주하기 시작했습니다. 곰은 음악 소리를 듣자 몸이 근지러워 참을 수가 없었지요. 곰은 덩실덩실 춤을 추었습니다. 그런데 재봉사가 바이올린을 켜는 모습이 매우 마음에 들어 재봉사에게 이렇게 말했습니다.

"이봐, 그것을 켜는 게 어려운 일인가?"

"아니야. 어린애들도 할 수 있지. 보라고, 이렇게 왼손의 손가락을 줄 위에 놓고 오른손으로 부드럽게 활을 놀리면 된다고. 그럼 흥겨운 소리가 나는 거야."

"그렇게 켜는 거구나." 곰이 감탄했습니다. "나도 배우고 싶어. 그러면 기분이 좋을 때마다 신나게 춤을 출 수 있잖아. 자네는 어떻게 생각해? 내게 그 악기를 연주하는 법을 좀 가르쳐 줄 수 없겠나?"

"가르쳐 주지." 꼬마 재봉사가 말했습니다. "재능이 있다면 말이야. 잠깐 네 손바닥을 이리 내봐. 어쩜, 손톱이 정말 터무니없이 길구나. 손톱을 좀 깎아야 겠어."

재봉사는 곰의 손을 붙잡아 둘 수 있는 바이스를 가지고 왔습니다. 그러고는 나사로 곰의 손을 꽉 죄어놓고 말했지요.

"가위를 가져올 테니, 조금만 기다려."

재봉사는 곰이 실컷 으르렁거리거나 말거나 그냥 놔두고는 구석으로 가서 짚단 위에 벌렁 드러누워 쿨쿨 잠을 잤습니다.

공주는 밤이 되어 곰이 커다랗게 으르렁거리는 소리를 듣고는 곰이 맛있는 식사를 끝내고 나서 내는 즐거운 소리인 줄로만 생각했습니다. 아침이 되자 공주는 아무런 걱정 없이 즐거운 마음으로 잠자리를 나와 곰이 있는 우리로 갔습니다. 그러나 우리 앞에 보란 듯이 서 있는 꼬마 재봉사를 보고는 깜짝 놀랐습니다. 재봉사는 마치 물속 물고기처럼 아주 팔팔한 모습으로 서 있었습니다.

이렇게 되자 공주도 더는 어찌할 수가 없었습니다. 이미 여러 사람 앞에서 약속을 했기 때문이었지요. 왕은 마차를 불렀습니다. 공주는 싫어도 어쩔 수 없이 그 마차를 타고 꼬마 재봉사와 함께 교회에 가서 그와 결혼을 해야만 했지요.

두 사람이 마차에 오른 때였습니다. 꼬마 재봉사와 함께 공주의 수수께끼를 풀러 성으로 왔던 두 재봉사가 곰 우리로 가서 바이스에 꽉 조여 있던 곰의 손을 풀어주었습니다. 속이 검고 못된 두 재봉사는 꼬마 재봉사에게 행복을 빼앗긴 것만 같아 너무도 억울했기 때문이었지요.

곰은 미친 듯이 마차 뒤를 쫓아갔습니다. 공주는 곰의 숨소리와 으르렁거리는 소리를 듣자 무서워서 꼬마 재봉사에게 큰 소리로 말했습니다.

"어떻게 하면 좋죠? 곰이 쫓아오고 있어요. 당신을 납치해 갈지도 몰라요."

그러자 재봉사는 갑자기 물구나무를 서더니 두 다리를 창밖으로 내놓고 크게 소리쳤습니다.

"이 바이스가 보이나? 어서 우리로 돌아가지 않으면 다시 꽉 조여 놓을 테다!"

곰은 그것을 보더니 깜짝 놀라 휙 방향을 바꾸어 쏜살같이 도망가고 말았습니다.

마차가 교회에 이르렀습니다. 재봉사는 경건한 마음으로 공주가 내민 손을 잡고 교회로 들어가 결혼식을 올렸습니다. 이제 공주는 재봉사의 아내가 되었습니다. 꼬마 재봉사와 공주는 마치 들판 위를 날아다니는 종달새들처럼 행복한 나날을 보냈지요. 여러분 가운데 이 이야기를 믿지 못하는 사람이 있다면, 벌금으로 1탈러씩 받아야겠네요.

KHM 115

밝은 태양이 진실을 밝혀준다

Die klare Sonne bringt an den Tag

일거리를 찾아 세상을 돌아다니던 재봉사가 있었습니다. 그런데 어느 날부턴가 일자리를 찾을 수 없었습니다. 그래서 주머니에 동전 한 푼 없는 빈털터리가 되고 말았지요.

그러다 길에서 한 유대인을 만났습니다. 유대인은 돈을 많이 가지고 있으리라 생각한 재봉사는 마음속에서 하느님을 믿는 착한 마음을 내쫓아 버리고 그에게 달려들었습니다.

"당장 돈을 내놔. 안 그러면 죽여버리겠다."

그러자 유대인은 벌벌 떨면서 말했습니다.

"제발 목숨만 살려 주십시오. 저는 돈이 얼마 없습니다. 동전 여덟 개가 전부입니다."

"거짓말 하지마! 너는 돈을 많이 가지고 있을 거야. 가지고 있는 것을 몽땅 내놔!"

재봉사는 이렇게 말하면서 유대인을 마구 때렸습니다.

"밝은 태양이 세상에 진실을 알려줄 거요!"

마침내 유대인은 이런 마지막 말을 남기고 죽고 말았습니다.

재봉사는 얼른 그의 주머니를 뒤져 돈을 찾아보았지만 유대인이 말한 대로 주머니에는 동전 여덟 개밖에 없었습니다. 재봉사는 유대인을 덤불 뒤에다 숨겨 놓고는 다시 일감을 찾으러 계속 길을 나아갔습니다.

오랜 여행 끝에 재봉사는 마침내 어느 도시 장인(匠人) 밑에서 일자리를 구할 수 있었습니다. 그 장인에게는 예쁜 딸이 하나 있었지요. 재봉사는 이 딸을 사랑하게 되어 그녀와 결혼하여 사이좋고 행복하게 살았습니다.

시간이 흘러 아이가 둘이 되었을 때 장인 장모가 세상을 떠나고 말았습니다. 젊은 부부 둘이서 살림을 꾸려가야만 했지요. 그러던 어느 날 아침, 남편이 창가 식탁에 앉아 있었습니다. 그때 부인이 남편에게 커피를 가지고 왔습니다. 남편이 그것을 조그만 접시에 따라서 마시려 한 순간, 햇살이 환하게 그 접시를 비추었습니다. 접시에 반사된 빛은 벽 높은 곳까지 번쩍번쩍 비치며 동그라미를 만들었습니다. 재봉사가 그 빛을 올려다보며 말했습니다.

"오오, 그 녀석 진실을 밝히고 싶나 본데 그렇게는 안 될걸!"

"여보, 왜 그러세요? 그게 무슨 뜻이죠?"

아내가 물었습니다.

"이것만은 당신에게 말할 수 없소."

남편이 이렇게 말했지만 아내는 너무도 궁금해 견딜 수 없었습니다.

"여보, 나를 사랑한다면 말해 주세요. 다른 사람에게는 절대 말하지 않을 게요."

끈질기게 조르며 남편을 난처하게 만들었지요.

재봉사는 그만 어쩔 수 없이 털어놓고 말았습니다.

"내가 아직 떠돌아다니던 시절 돈이 모두 떨어져 빈털터리가 되었던 때가 있었소. 그때 지나가던 유대인의 돈을 뺏으려다 그만 그를 때려죽여버리고 말았지. 그 유대인이 죽기 전에 '밝은 태양이 진실을 밝혀줄 것이다' 했는데, 햇살이 그 일을 세상에 알리고 싶어서 벽에다 둥근 그림자를 만드는 것이오. 하지만 제아무리 태양이라 할지라도 마음대로 되지는 않을걸."

이야기를 털어놓은 재봉사는 이것을 누구에게도 말해서는 안 되며, 다른 사람에게 알려지면 목숨을 잃게 되니 반드시 약속을 지켜야 한다고 아내에게 부탁했고 그녀도 그렇게 하겠다고 다짐을 했습니다. 그런데 재봉사가 일을 시작하자 아내는 대부 할머니에게 가서 할머니만 알고 계시라며 이 이야기를 모두 털어놓았습니다. 그러자 사흘도 채 지나지 않아서 도시의 모든 사람이 이 사실을 알게 되었고 재봉사는 재판에 끌려가 처형당했습니다. 그러고 보니 밝은 태양이 진실을 세상에 알린 셈이 되었네요.

KHM 116

푸른 등불

Das blaue Licht

어느 나라에 충성스러운 병사가 있었습니다. 그 병사는 왕의 뜻을 받들어

전장에 나가 오랫동안 몸을 아끼지 않고 열심히 적들과 싸웠습니다. 그런데 전쟁이 끝나자, 병사는 이제까지 전쟁에서 입은 많은 부상 때문에 더는 왕을 섬길 수 없게 되었습니다. 그러자 왕은 병사에게 이렇게 말했습니다.

"그대는 그만 집으로 돌아가 쉬도록 하라. 이제 그대에게는 맡길 일이 없다. 돈도 더는 줄 수가 없게 되었구나. 나랏돈을 받을 수 있는 사람은 그만큼 나를 위해 일을 한 사람뿐이다."

병사는 앞으로 어떻게 하루하루를 보내야 좋을지 막막했습니다. 그는 깊은 생각에 잠긴 채 며칠 동안 길을 걷다가 조금씩 해가 질 즈음 어느 숲에 이르렀습니다. 날이 저물자 저 멀리서 불빛이 하나 보였습니다. 가까이 가보니 집 한 채가 나왔습니다. 그런데 이 집에는 마녀가 살고 있었으며, 병사가 그 사실을 알 리는 없었습니다.

"제발 부탁이니 하룻밤만 묵게 해 주십시오. 염치없지만 먹을 것과 마실 것도 좀 주시고요."

병사가 마녀에게 애원했습니다.

"그러지 않으면 배가 고파서 곧 죽어버릴지도 몰라요."

"농담 마시오!" 마녀가 말했습니다. "떠돌이 병사에게 누가 공짜로 먹을 것을 준단 말이오? 하지만 내가 하라는 대로 하면 자비를 베풀어 당신을 이 집에 묵을 수 있도록 해주지."

"무엇을 하라는 거죠?" 병사가 물었습니다.

"내일 우리 집 밭을 모두 일구는 것이오."

병사는 냉큼 그렇게 하겠다고 말하고 다음 날 온 힘을 다해 밭을 갈았습니다. 그런데 일이 어찌나 많은지 아무리 열심히 해도 저녁이 될 때까지 일을 모두 끝낼 수가 없었습니다. 늙은 병사는 일이 너무 많다고 마녀에게 투덜거렸습니다.

"알고 있어." 마녀가 말했습니다. "아무래도 오늘은 더는 할 수 없겠군. 하룻밤 더 묵게 해 줄 테니 그 대신 내일은 수레가 가득 찰 만큼 장작을 패 주구려."

다음 날 병사는 열심히 장작 더미를 만들었습니다. 그런데 그 일을 끝내고 나니, 며칠이 지나 있었습니다. 마녀는 하룻밤 더 묵게 해주겠다고 말했습니다.

"내일은 작은 일 하나만 해 주면 돼요. 집 뒤에 물이 없는 오래된 우물이 있는데, 그 속에 내가 등잔을 떨어뜨렸다오. 파란 불꽃이 꺼지지 않은 채 아직도 타오르고 있을 터이니, 그것을 다시 건져주면 되는 거요."

이튿날 노파 마녀는 병사를 우물가로 데리고 가서 그를 바구니에 넣고 아래로 내려보냈지요. 병사는 재빨리 푸른 불꽃 등잔을 찾아 들고 다시 끌어올려 달라고 크게 소리쳤습니다. 마녀는 병사가 탄 바구니를 끌어올렸습니다. 그러나 마녀는 바구니가 우물가 가까이에 이르자 손을 아래로 뻗어, 병사가 들고 있는 푸른 불꽃이 일렁이는 등잔을 낚아채려고 했습니다.

병사는 마녀의 속셈을 얼른 알아차리고 말했습니다.

"안 돼요. 이 등불은 내가 두 다리로 땅 위에 서기 전에는 절대 주지 않겠소."

그러자 마녀는 버럭 화를 내며, 가까스로 끌어올린 병사를 다시 우물 안으로 밀어 떨어뜨리고는 어디론가 가버렸습니다.

가엾게도 병사는 우물 바닥에 쿵 소리가 나도록 부딪히며 떨어졌지만 다행히 큰 상처를 입지는 않았습니다. 푸른 등불도 꺼지지 않고 켜져 있었지요. 그러나 이 상황에서 등불이 무슨 소용이 있단 말입니까. 그는 죽음을 피할 수 없다는 것을 알고 있었습니다. 온몸에 힘이 풀려 잠시 우두커니 앉아 있던 병사는 무심코 호주머니 속에 손을 넣어 보았지요. 무척 고맙게도 주머니 속에는 담배가 절반쯤 담긴 파이프가 들어 있었습니다.

'이 담배를 맛있게 피워서 이 세상 마지막 즐거움으로 삼아야겠군.'

병사는 그렇게 생각하며 파이프를 꺼내어 푸른 등불로 불을 붙인 뒤 뻐끔뻐끔 담배를 피웠습니다. 곧 담배 연기가 우물 바닥에 가득 퍼졌습니다. 그런데 문득 병사는 그 자욱한 연기 속에서 작고 검은 난쟁이가 하나 눈앞에 서 있는 게 보였습니다.

"나리, 무슨 일이시죠?"

난쟁이가 불쑥 물었습니다.

"무슨 일이라니?"

병사가 어리둥절한 얼굴로 물었습니다.

"저는 나리의 부름을 받고 왔습니다. 나리께서 바라시는 일은 무엇이든지 해 드려야 합니다."

난쟁이가 말했습니다.

"내가 바라는 일? 그래, 알았다!"

병사가 환하게 웃으며 말했습니다.

"그렇다면 먼저 나를 이 우물에서 나가게 해 다오."

난쟁이는 병사의 손을 잡고 다른 한손에는 푸른 등불을 든 채 땅 밑으로 난 길을 따라 오래도록 걸었습니다. 난쟁이는 가는 길에 마녀가 숨겨둔 보물을 모두 보여주었습니다. 병사는 땅 밑 여기저기에 있는 금화를 가지고 갈 수 있는 만큼 주머니에 가득 채웠습니다.

마침내 우물 밖으로 나온 병사는 큰 소리로 난쟁이에게 명령했습니다.

"자, 이번에는 어딘가로 달아난 늙은 마녀를 잡아서 꽁꽁 묶어 법정으로 데려가거라."

때마침 마녀가 들고양이 등에 타고 야옹야옹 소리를 내면서 바람처럼 빠르게 그들 곁을 지나갔습니다. 그러자 난쟁이가 쏜살같이 마녀를 따라갔습니다. 얼마 지나지 않아 난쟁이가 돌아와 병사에게 말했습니다.

"모두 잘 처리했습니다. 마녀는 벌써 교수대에 매달려 있습죠."

그러고는 덧붙였습니다.

"다른 분부는 없으십니까?"

"그래. 지금은 없다."

병사가 대답했습니다.

"집에 돌아가도 좋다. 하지만 내가 부르면 곧장 와 다오."

"나리께서 푸른 등잔불로 파이프에 불을 붙이시기만 하면 됩니다." 난쟁이가 말했습니다. "그러면 곧바로 나리 앞에 나타나겠습니다."

그렇게 말한 난쟁이는 어느 틈엔가 눈앞에서 사라져 버렸습니다.

병사는 자기가 떠나 왔던 마을로 되돌아갔습니다. 그는 멋진 옷을 맞추어 입고 가장 좋은 여관에 들어가 주인에게 방 하나를 매우 호화롭게 꾸며 달라고 말했습니다. 방이 모두 꾸며지자 병사는 그 방으로 짐을 옮기고는 검은 난쟁이를 불러내어 말했습니다.

"나는 왕께 내 모든 충성을 다했어. 그런데도 왕은 나를 쫓아내고 굶주리도록 내버려 두더군. 이제부터 그 앙갚음을 해야겠어."

병사가 화를 내며 말했습니다.

"그럼 저는 무엇을 하면 되나요?"

난쟁이가 물었습니다.

"밤이 깊어져서 공주가 침대에 누워 잠이 들면 냉큼 공주를 이리로 업어와 다오. 공주를 내 시녀로 삼아 온갖 일을 시킬 테야."

"그 일은 제게는 쉽지만, 주인님에게는 매우 위험한 일입니다. 만약 들키기라도 하면 목숨이 위험할 것입니다."

난쟁이는 그렇게 말하였으나 시계가 열두 시를 알리자 갑자기 문이 딱! 열리고 어느 틈엔가 난쟁이가 공주를 데려왔습니다.

"드디어 왔구나!"

병사가 기뻐서 소리치고는 공주에게 명령했지요.

"자, 부지런히 일을 시작해라! 가서 비를 가져와 저쪽 구석에서부터 깨끗이 방을 쓸어라."

청소가 끝나자 병사는 공주를 불러 앞에 앉히고는 제 두 다리를 공주 쪽으로 쭉 내밀며 말했습니다.

"신을 벗겨라."

그러더니 갑자기 벗긴 구두를 공주의 얼굴에 던져버렸습니다. 공주는 바닥에 떨어진 신발을 주워서 반짝반짝 빛이 나게 깨끗이 닦았습니다.

공주는 병사가 시키는 일이면 무엇이든 꾹 참으며 말없이 열심히 일했습니다. 새벽에 첫 닭 우는 소리가 나자 난쟁이는 공주를 다시 왕이 있는 궁전으로 데리고 가서 아무 일도 없었던 것처럼 공주를 침대에 눕히고는 어디론가 사라졌습니다.

이튿날 아침, 잠에서 깬 공주는 아버지에게 가서 말씀드렸습니다.

"아버지, 어젯밤 이상한 꿈을 꾸었습니다. 저는 번개처럼 빠르게 거리를 지나 어느 병사의 방으로 옮겨졌어요. 그리고 그 병사의 하녀가 되어 시중을 들었습니다. 방을 쓸기도 하고 구두도 닦으며 온갖 일을 해야만 했어요. 비록 꿈속이었지만 마치 그런 모든 일을 정말로 한 것처럼 몹시 피곤해요."

"그 꿈은 정말 있었던 일이었을지도 모르겠구나."

왕이 말했습니다.

"내가 좋은 수 하나를 알려주마. 주머니에다 완두콩을 가득 넣고 거기에 작은 구멍을 뚫어 놓거라. 늘 그 주머니를 잘 갖고 있으렴. 다음에 네가 또 끌려간다면 그 주머니에서 콩이 떨어져 길 위에 흔적을 남길 터이니, 네가 어디로 갔었는지 알 수 있을 게다."

그런데 왕이 이 이야기를 할 때 난쟁이는 남들 눈에 보이지 않게 구석에 숨어 있었지요. 그는 왕이 한 이야기를 모두 들었습니다. 밤이 되자 난쟁이는 다시 잠든 공주를 짊어지고 궁궐 밖 거리로 나왔습니다. 공주의 주머니에 들어있던 콩이 하나 둘 땅으로 떨어졌습니다. 하지만 꾀 많은 난쟁이가 미리 거리 이곳저곳에 완두콩을 잔뜩 뿌려놓았기 때문에 공주의 주머니에서 나온 완두콩은 아무런 소용이 없었습니다. 공주는 또다시 닭이 울 때까지 어쩔 수 없이 시종 일을 해야만 했습니다.

이튿날 아침이 되자 왕은 사람들을 밖으로 보내어 공주가 콩으로 표시한 길을 알아오게 했습니다. 그러나 거리마다 온통 가난한 집 아이들이 앉아서 콩을 줍고 있었습니다. 아이들은 잔뜩 신이 나서 떠들었습니다.

"야, 신난다. 어젯밤에는 완두콩 비가 내렸어."

"뭔가 다른 방법을 찾아야겠군."

왕이 공주에게 말했습니다.

"잠자리에 들 때 신발을 신고 있도록 하여라. 그러고 나서 그 집에서 돌아오기 전에 한 짝을 집 안 어딘가에 숨겨 놓아라. 내가 꼭 찾아내고야 말 테니."

검은 난쟁이는 이번에도 그 말을 엿들었습니다. 그래서 병사가 밤에 공주를 다시 데려오라고 말하자 왕의 교묘한 계획을 알려주었지요. 난쟁이는 우리가 손을 쓸 방법은 없을 것이라고 했습니다. 만일 공주의 신발이 병사의 집에서 발견된다면 큰일이었으니까요. 그러면서 이번 일은 그만 두는 게 좋겠다고 병사를 말렸습니다. 그러자 병사가 화를 내며 말했습니다.

"너는 내 말대로만 하면 돼."

그리하여 세 번째 밤에도 공주는 또다시 하녀처럼 일을 해야 했습니다. 하지만 공주는 병사의 방을 떠나기 전 구두 한 짝을 병사 침대 밑에 숨겨두었습니다.

다음 날 아침이 되자 왕은 도시를 샅샅이 뒤져 공주의 신발을 찾게 했습니다. 구두는 병사의 방에서 발견되었습니다. 병사는 난쟁이의 말대로 성문 밖으로 나와 피해 있었지만, 곧바로 추격자들이 뒤쫓아와서 병사를 잡아 마침내 감옥에 가두고 말았습니다. 병사는 다급하게 도망치느라 그만 가장 소중한 것을 잊고 왔습니다. 파란 등불과 금화였습니다. 그래서 그의 호주머니 안에는 달랑 금화 한 닢밖에 없었습니다.

병사는 사슬에 매여 감옥 창가에 서서 밖을 내다보았습니다. 그런데 문득 옛 동료 하나가 지나가는 게 보였습니다. 병사는 유리창을 세게 쾅쾅 두드렸습니다. 동료가 다가오자 병사가 말했습니다.

"자네, 미안하지만 내가 여관에 두고 온 작은 꾸러미 좀 가져다주지 않겠나.

대가로 1투카텐을 주겠네."

동료는 곧장 여관으로 뛰어가서 그가 부탁한 것을 가져다주었습니다. 병사는 홀로 있게 되기를 기다리다가 파이프에 불을 붙여 검은 난쟁이를 불러냈습니다.

"주인님, 이제 걱정하실 필요 없습니다."

난쟁이가 제 주인에게 말했습니다.

"어디든 그들이 가자는 대로, 무엇이든 하자는 대로 따르십시오. 오로지 푸른 등불만은 꼭 지니고 계셔야 합니다."

다음 날 병사에 대한 재판이 열렸습니다. 죽어야 할 만큼 나쁜 짓을 하지도 않았는데 재판관은 병사에게 사형을 내렸습니다. 병사는 밖으로 끌려 나갔지요. 병사는 이 세상을 떠나기에 앞서 마지막 부탁을 들어 달라고 했습니다.

"무슨 부탁이냐?"

왕이 물었습니다.

"죽기 전에 파이프 담배를 한 대 피우고 싶습니다."

"석 대까지는 피워도 좋다." 왕이 말했습니다. "하지만 내가 네 목숨을 살려주리라고는 기대하지 마라."

이 말을 듣자 병사는 파이프를 꺼내 푸른 불빛으로 불을 붙였습니다. 그 연기가 소용돌이치며 피어오르자마자 어느 틈엔가 난쟁이가 작은 곤봉을 들고 서 있었습니다.

"나리, 무엇이 필요하시죠?"

"저기에 있는 못된 재판관과 형리들을 모두 땅바닥에 때려 눕혀라. 나를 이렇게 가둔 왕도 가만 두어서는 안 된다."

이렇게 말하자마자 난쟁이는 마치 번개처럼 빠르게 이리저리 사람들 사이를 휘몰아치듯 돌아다녔습니다. 곤봉에 살짝만 닿은 사람들도 누가 되었든 땅바닥에 쓰러져 꼼짝하지 못했습니다. 왕은 잔뜩 겁에 질려 바닥에 엎드린 채 두 손을 싹싹 빌면서 목숨만이라도 살려달라고 애원했습니다. 그리고 목숨만은 잃고 싶지 않아서 병사에게 나라를 주고 공주도 병사의 아내로 주었습니다.

KHM 117
고집쟁이 아이
Das eigensinnige Kind

어느 마을에 아주 고집이 센 아이가 있었습니다. 그 아이는 어머니가 해달라고 하는 일은 절대 하지 않았지요. 그래서 하느님은 아이가 괘씸하여 큰 병이 들게 했습니다. 제아무리 솜씨 좋은 의사가 와도 도저히 손을 쓸 수 없어, 아이는 얼마 뒤 침대 위에서 숨을 거두고 말았습니다.

그런데 아이가 무덤에 묻히고 그 위에 흙이 뿌려지자 갑자기 아이의 귀여운 팔이 쑥 흙 위로 튀어나오는 것이었습니다. 모두가 깜짝 놀라 그 팔을 도로 밀어 넣고 다시 흙을 덮으려 했으나 아무 소용이 없었습니다. 귀여운 팔은 자꾸만 위로 올라왔습니다.

어머니는 하는 수 없이 회초리로 그 팔을 때려야만 했습니다. 어머니가 팔을 때리자 팔은 저절로 무덤 안으로 들어가 아이는 그제야 땅 밑에서 조용히 잠이 들었습니다.

KHM 118
세 군의관
Die drei Feldscherer

외과 군의관 세 사람이 세상 이곳저곳을 여행하고 있었습니다. 셋은 모두 자기들 의술이 세상에서 가장 뛰어나다 생각하고 있었습니다. 그들은 길을 가다 어느 여관에서 밤을 지내기로 했습니다. 여관 주인이 당신들은 어디에서 와서, 어디로 가는 길이냐고 물었습니다.

"우리는 아주 기술이 뛰어난 의사인데, 세상 이곳저곳을 두루 돌아다니고 있습니다."

"그렇다면 당신들이 할 수 있는 기술을 보고 싶은데요."

여관 주인이 말했습니다.

그러자 첫 번째 군의관은 제 손을 잘라 내일 아침에 다시 붙여 놓겠다고 말했습니다. 두 번째 군의관은 자기 심장을 떼어 내어 내일 아침에 다시 제자리에 돌려 놓겠다고 말했습니다. 세 번째 군의관은 자기 눈알을 두 개 모두 빼서 다시 제대로 끼워 넣겠다고 말했습니다.

"정말 그럴 수 있다면, 엄청난 솜씨라고 해야겠죠."

여관 주인이 말했습니다.

그런데 이 외과 의사들은 바르기만 하면 어떠한 상처도 나을 수 있는 신비로운 약을 늘 몸에 지니고 있었습니다. 그래서 이렇게 자신 있게 말할 수 있었던 것이지요. 세 사람은 그들이 말한 대로 손과 심장과 그리고 눈알을 몸에서 잘라내어 그것을 접시 위에 함께 얹어서 여관 주인에게 건넸습니다. 주인은 그 접시를 하녀에게 주면서 찬장에 잘 보관하라고 일렀습니다.

한편 이 하녀에게는 남몰래 매우 사랑하는 남자가 있었습니다. 그는 병사였지요. 여관 주인과 세 군의관을 비롯하여 집안사람들이 모두 잠들었을 무렵, 이 병사가 찾아와서는 먹을 것이 없느냐고 물었습니다. 그래서 하녀는 손과 심장, 눈알이 들어 있는 찬장을 열고 먹을 것을 병사에게 내주었습니다. 그런데 그를 만난 일이 너무도 기뻤던 나머지 그만 찬장 문 닫는 것을 잊어버리고 말았습니다. 병사와 하녀는 오랜 시간 나란히 앉아서 수다를 떨었습니다.

하녀는 그저 즐거웠고 그런 엉뚱한 일이 벌어지리라고는 상상도 못했지요. 집 안에 있던 고양이가 살며시 들어와 찬장이 열린 것을 보고는 세 군의관의 손과 심장, 눈알을 갖고 나가버린 것입니다.

병사가 식사를 마친 뒤에 하녀가 그릇을 치우고 찬장 문을 닫으려다가 보니 주인이 잘 보관하라고 주었던 그 접시가 텅 비어 있음을 알아차렸습니다. 하녀는 깜짝 놀라 병사에게 말했습니다.

"아, 이를 어째? 어떡하면 좋아? 손목이 없어졌어요. 심장과 눈알 두 개도 어디론가 사라지고 말았어요. 내일 아침이 되면 무슨 꼴을 당하게 될까요?"

"조용히 좀 해봐요. 당신이 궁지에 몰렸다면 내가 어떻게든 도와줄게요. 마을 밖에 있는 교수대에 도둑이 하나 매달려 있는데, 그 녀석 손을 잘라 오겠소. 어느 쪽 손이었지?"

병사가 말했습니다.

"오른쪽이에요."

이렇게 말하고서 하녀는 잘 드는 칼을 병사에게 건네주었습니다. 병사는 밖으로 나가 죽은 죄인의 오른손을 잘라 가지고 왔습니다. 그러고 나서는 이번에는 고양이를 붙잡아 양쪽 눈을 도려냈습니다. 이제 모자란 것은 심장뿐이었습니다.

"혹시 돼지를 잡은 일은 없소? 죽은 돼지가 지하실에 뒹굴고 있지 않소?"

"네, 그래요. 지하실에 있어요."

하녀가 말했습니다.

"알았소. 거 참, 잘 됐군."

병사는 이렇게 말하면서 아래로 내려가 돼지 심장을 가져왔습니다. 하녀는 그것들을 모두 한 접시에 담아 찬장에 넣었습니다. 그리고 병사가 돌아가자 시치미를 떼고 잠자리에 들었습니다.

아침이 되어 자리에서 일어난 군의관들은 손목과 심장과 눈알이 담긴 접시를 가지고 오라고 하녀에게 일렀습니다. 하녀는 접시를 찬장 안에서 꺼내왔습니다. 첫 번째 군의관이 도둑의 손목을 자기 팔에 갖다 대고 신비한 약을 바르자, 그 손목은 마치 그 자리에서 돋아난 것처럼 딱 붙었습니다. 두 번째 군의관은 고양이 눈알을 집어넣어 붙였고, 세 번째 군의관은 돼지 심장을 붙였습니다. 여관 주인은 옆에 서서 그 모습을 넋을 잃고 바라보고 있었지요. 그러고는 참으로 이런 신기한 기술은 한 번도 본 일이 없으며, 세상 사람들 모두에게 널리 알리자고 말했습니다. 곧 군의관들은 숙박비를 내고 떠났습니다.

그들은 여행을 계속했습니다. 그런데 돼지 심장을 붙인 군의관이 동료들과 함께 어울려 걷는 게 아니라 자꾸만 구석을 찾아가 마치 돼지처럼 킁킁거리며 여기저기 냄새를 맡는 게 아니겠습니까. 다른 두 사람은 그의 옷자락을 잡아 되돌아오게 하려고 애를 썼으나 아무 소용이 없었습니다. 세 번째 군의관은 손을 뿌리치고 더러운 쓰레기가 놓여 있는 곳으로 달려갔습니다.

두 번째 군의관 또한 이상하기는 마찬가지였습니다. 끊임없이 눈을 비비며 다른 군의관에게 이렇게 말하는 것이었습니다.

"친구, 어떻게 하면 좋지? 이건 내 눈알이 아니야. 아무것도 안 보여. 넘어지면 곤란하니까 누가 내 손을 잡아줘. 제발, 부탁이야."

이렇게 이상해진 세 사람은 해 질 녘이 되어서야 겨우 다른 여관에 다다를 수 있었습니다. 셋이 함께 식당에 들어가자 구석 자리 한 탁자에 어떤 부자가 앉아서 돈을 세고 있었습니다. 도둑 손을 가진 군의관이 신사 주위를 어슬렁거리며 팔을 몇 번 움찔거리더니, 신사가 뒤를 돌아보는 순간 산처럼 쌓인 돈 무더기에 손을 뻗쳐 금화를 한 줌 집어 들었습니다. 다른 군의관이 그것을 보고 말했습니다.

"친구, 뭘 하는 거야? 도둑질을 하면 안 되잖나. 창피한 줄 알라고!"

"어쩔 수가 없단 말이야. 나도 모르게 내 손이 저절로 꿈틀꿈틀 움직여 돈을 움켜쥐지 않고서는 견딜 수가 없어."

도둑 손 군의관이 말했습니다.

세 사람은 곧 잠자리에 들었습니다. 눕기는 했지만 눈앞에 뻗은 손조차 보이지 않을 만큼 주위는 아주 캄캄했습니다. 그런데 갑자기 고양이 눈을 가진 군의관이 동료들을 깨우고서 이렇게 말하는 것이었습니다.

"이보게들, 저것 좀 봐. 저기 하얀 생쥐 한 마리가 돌아다니는 게 보이나?"

두 사람은 잠자리에서 일어났지만 아무것도 보이지 않았습니다.

그러자 고양이 눈 군의관이 말했습니다.

"우리들 모두 뭔가 잘못되었어. 이건 좀 이상해. 우리가 맡겼던 것들을 돌려받은 게 아닌 것 같아. 다시 그 여관 주인에게 가야겠어. 그 녀석이 우리를 속였어."

그래서 세 군의관은 이튿날 아침, 다시 그 여관으로 갔습니다. 그러고는 돌려받아야 할 것들을 제대로 돌려받지 못했다며 여관 주인에게 마구 따졌습니다. 돼지 심장과 도둑 손, 그리고 고양이 눈을 받았다면서 말이지요.

여관 주인은, 그렇다면 하녀가 한 짓이 틀림없다며 하녀를 찾았습니다. 하지만 하녀는 이미 군의관들이 오는 것을 보고 뒷문으로 빠져나가 달아난 뒤였습니다.

그래서 세 군의관은, 여관 주인에게 돈이라도 많이 내놓지 않으면 지붕에 빨간 닭을 날아오르게 하겠다고 으름장을 놓았습니다. (집에 불을 질러 태우겠다는 뜻입니다.) 그 말을 듣고 겁이 난 주인은 집 안에 있는 돈을 모조리 긁어왔습니다.

그 돈을 가지고 세 사람은 떠났습니다. 돈은 셋이 평생 먹고 살 수 있을 정도로 넉넉했지만, 그 무엇보다도 자기들이 갖고 태어난 손과 심장, 그리고 두 눈이 더 필요했답니다.

KHM 119

슈바벤 일곱 사나이

Die sieben Schwaben

그 옛날, 슈바벤 사람 일곱이 모였습니다. 첫 번째는 슐츠였고, 두 번째는 야클리, 세 번째는 마를리, 네 번째는 예르클리, 다섯 번째는 미할, 여섯 번째는 한스, 일곱 번째는 파이틀리였습니다. 이 일곱 사람은 세상 이곳저곳을 돌아다니며 무언가 새로운 모험을 찾아 훌륭한 공을 해내려는 큰 뜻을 품고 있었습니다. 그들은 안전하게 다니기 위해 아주 튼튼하고 기다란 창 하나를 갖고 다녔는데, 너무도 크고 길어서 일곱 사람이 모두 함께 들고 다녀야만 했습니다. 누구에게도 져 본 적이 없고 가장 용감한 사나이 중의 사나이 슐츠가 일곱 가운데 대장을 맡아 창의 맨 위를 잡았고, 그 뒤를 이어 차례차례 한 줄로 서서 맨 끝을 파이틀리가 잡았습니다.

그런데 마침 건초를 만드는 7월 어느 날, 생각지 못한 큰 사건이 일어났습니다. 매우 먼 길을 걸어왔지만, 그날 밤에 묵기로 한 마을까지 가려면 아직도 갈 길이 많이 남아 있었습니다. 그러다 어느새 해 질 녘이 되고 말았지요. 어느 널따란 들판을 지나는데, 커다란 풍뎅인지 말벌인지 모를 어떤 것이 길에서 멀지 않은 곳인 가늘고 긴 풀 속 뒤쪽에서 날아왔습니다. 그 정체 모를 존재는 마치 싸움이라도 거는 듯 윙윙거리며 그들 곁을 지나갔습니다.

맨 앞 슐츠 대장은 깜짝 놀라 창을 떨어뜨릴 뻔했습니다. 온몸에 식은땀이 주르륵 흘러내렸습니다.

"이봐, 지금 그 윙 소리 들었어?"

슐츠 대장이 동료들에게 외쳤습니다.

"무슨 북소리를 들은 것 같은데!"

슐츠 대장 뒤에서 창을 잡고 있던 야클리는 대장 말을 듣고 보니 왠지 무슨 냄새가 콧속으로 스멀스멀 들어오는 것만 같아 말했습니다.

"화약 냄새와 총탄 냄새가 나는 걸 보니 무슨 큰일이 일어난 게 틀림없어."

이 말을 듣고 왈칵 겁이 난 슐츠 대장은 후다닥 도망치기 시작했습니다. 그는 울타리 너머 건초 더미 속으로 뛰어들었는데, 하필이면 그곳이 건초를 긁어모으다가 놓고 간 갈퀴 날 위였습니다. 갈퀴 자루가 갑자기 그의 얼굴 한가

운데로 쑥 튀어 올라 야무지게 딱! 한 대 후려쳤습니다.

"아이쿠 아파, 사람 죽겠네. 아이쿠 아파!"

슐츠 대장이 큰 소리로 비명을 질렀습니다.

"날 잡아가세요. 항복하겠습니다. 항복!"

그러자 다른 여섯 사람도 덩달아서 토끼처럼 깡충깡충 뛰어들며 외쳤습니다.

"대장이 항복한다면 저도 항복하겠습니다. 항복!"

하지만 그들을 묶어서 끌고 가려는 적군이 한 사람도 나타나지 않자 그때서야 자기들이 속았다는 사실을 깨달았습니다. 그러자 이 이야기가 까딱 잘못해서 다른 사람들한테 알려진다면 틀림없이 바보라는 놀림을 당할 테니 모두 입을 꾹 다물고 비밀로 하자고 약속했습니다.

그들은 다시 여행을 계속했습니다. 그들의 두 번째 모험은 처음 겪은 사건하고는 비교도 할 수 없을 만큼 위험했습니다. 며칠 뒤 모두 거친 들판을 지나게 되었는데, 그곳에는 토끼 한 마리가 따스한 햇볕을 쬐며 쿨쿨 잠들어 있었습니다. 그런데 토끼는 쿨쿨 자면서도 두 귀를 쫑긋 세우고 맑은 유리알 같은 커다란 눈을 동그랗게 뜨고 있는 것이었습니다.

이 토끼가 갑자기 무슨 행동을 할지 몰라, 일곱 사람 모두 겁이 나서 어떻게 해야 이 위험한 일을 잘 넘길 수 있을지 이야기했습니다. 모두들 달아나고 싶었지만, 이 괴물이 그들 뒤를 쫓아와 가죽 하나 남기지 않고 통째로 꿀꺽 삼켜 버릴까봐 너무도 걱정이 되어 섣불리 도망칠 수도 없었답니다.

일곱 사람들은 말했습니다.

"이렇게 된 이상 우리는 목숨 걸고서라도 싸워야 해. 마음을 굳게 먹는 것만으로도 절반은 이기는 거야."

슐츠 대장을 맨 앞으로 해서 가장 뒤쪽에 있는 파이틀리까지 일곱 사람은 들고 있는 창을 더욱 단단히 잡았습니다.

슐츠 대장은 아직은 창을 찌르고 싶지 않았습니다. 그런데 가장 뒤에 있는 파이틀리는 창을 던지고 싶어 안달이 나서 외쳤습니다.

"힘껏 찔러봐, 슈바벤 사람으로서 저 조그만 짐승도 찌르지 못할 바에는 확 죽어버려야 해."

그러자 파이틀리 약점을 잘 아는 한스가 말했습니다.

"저 녀석, 말은 잘하지만 용을 쫓을 땐 늘 꼴등이지."

미할이 외쳤습니다.

"용이 아니라도 악마가 오면 그러겠지."

이어서 예르클리가 말했습니다.

"악마가 아니라도 악마의 어머니, 아니면 악마의 의붓형이 오면 그러겠지."

그러자 좋은 생각이 떠오른 마를리가 파이틀리에게 말했습니다.

"가라, 파이틀리. 네가 앞장 서라. 그러면 내가 네 뒤에 설 테니."

파이틀리가 들은 척도 하지 않자 야클리가 말했습니다.

"슐츠가 맨 앞장을 서야 해, 그런 명예는 대장이 받아야 마땅하지."

그러자 슐츠 대장은 마음을 추스르고 진지하게 말했습니다.

"이제 용감하게 싸우러 나가자, 그러면 누가 정말 용감한 사람인지 알게 되겠지."

그들은 모두 함께 토끼에게 덤벼들었습니다.

슐츠 대장은 성호를 그으며 하느님께 간절히 도움을 청했습니다. 하지만 아무 소용이 없었습니다. 적에게 한 발 한 발 가까이 다가갈수록 겁이 나서 고작 이렇게 소리 지를 뿐이었습니다.

"쳐라, 쳐부숴라! 쳐라, 쳐부숴라!"

그 소리에 잠이 깬 토끼는 깜짝 놀라 재빨리 도망쳐 버렸습니다.

슐츠 대장은 토끼가 들판 너머로 쏜살같이 달아나는 것을 보고 기쁨에 가

득 차 큰 소리로 외쳤습니다.

"어럽쇼, 파이틀리. 저것 좀 봐, 저게 뭐야? 괴물이 아니라 겨우 토끼였잖아."

슈바벤 사람들은 계속 신나는 모험을 찾아 길을 가다 이윽고 모젤 강가에 이르렀습니다. 그 강은 온통 해초가 가득 떠 있고 물이 소리도 없이 흐르는 곳으로, 다리는 많지 않지만 배로 건널 수 있는 곳은 여러 군데 있었습니다. 슈바벤 일곱 남자들은 그 사실을 몰랐기에, 강 건너에서 일하고 있는 남자를 큰 소리로 불러 어떻게 하면 그곳으로 건너갈 수 있느냐고 물었습니다. 그 남자는 거리가 너무 멀기도 하고, 일곱 사람이 저마다 떠들어대는 슈바벤 사투리에 도무지 무슨 말을 하는지 잘 알아들을 수가 없었습니다. 그래서 그 고장 트리어 사투리로 물었습니다.

"뭐라고요? 무슨 말을 하는 거예요?"

그런데 슐츠 대장은 강 건너편에 있는 남자가 "강을 걸어서 건너와요." 이렇게 말하는 것으로 알아듣고는, 가장 앞에 선 사람이니만큼 먼저 모젤 강 속으로 걸어 들어갔습니다.

그러나 강을 건너던 슐츠 대장은 오래지 않아 진흙탕 속에 빠져 물결치는 파도 속으로 깊이 가라앉고 말았습니다. 그가 쓰고 있던 모자는 바람이 휙 불어와서 강 건너편으로 날아갔습니다. 이윽고 개구리 한 마리가 모자 옆에

앉더니 '개굴개굴' 울어댔습니다. 맞은편에 있던 나머지 여섯 사람들은 그 소리를 슐츠 대장이 '건너와, 건너와' 하는 소리로 알아듣고 말했습니다.

"슐츠 대장이 우리를 부르고 있어. 대장이 건너갈 수 있다면 우리도 못 건너갈 이유가 없지."

그리하여 너나 할 것 없이 앞다투어 강으로 뛰어드는 바람에 그대로 모두 물에 빠져 죽고 말았습니다. 개구리 한 마리가 여섯 사람 목숨을 빼앗은 셈이지요. 이 슈바벤 사람들 가운데 다시 집으로 돌아간 사람은 아무도 없었답니다.

KHM 120

세 직공

Die drei Handwerksburschen

뛰어난 실력을 가진 직공 셋이 있었습니다. 셋은 늘 함께 여행을 다니면서

같은 마을에서 일을 하기로 약속했습니다.

그러나 큰 마을로 간 세 사람은 주인들에게서 품삯을 받지 못해 옷은 너덜너덜해지고 먹을 것조차 구할 수 없게 되었습니다. 그러자 한 직공이 말했습니다.

"이제 어떻게 해야 할까? 이곳에 더 머물러 있으면 안 될 거 같아. 다시 여행을 떠나자. 새로운 마을에서 일자리를 찾지 못한다면 서로가 머물게 될 장소를 여관 주인에게 알려주고 그를 통해 소식을 주고받을 수 있도록 약속을 하는 거야. 그렇게 하면 떨어져 있어도 언젠가 다시 만날 수 있을 거야."

다른 두 사람도 그렇게 하는 것이 좋겠다고 생각했습니다.

셋은 여행을 떠났습니다. 길을 가다 부자처럼 옷을 잘 차려입은 사람과 마주치게 되었지요. 그가 당신들은 왜 여행을 하고 있냐고 물었습니다.

"우리는 직공들입니다. 일거리를 찾고 있지요. 이제까지는 늘 함께 일을 해왔지만 저마다 일거리를 찾지 못한다면 따로따로 여행을 떠나려 합니다."

"그럴 것 뭐 있소."

직공들의 이야기를 들은 남자가 말했습니다.

"내가 시키는 대로만 하면 돈도 일거리도 부족하지 않을 게요. 뿐만 아니라 사람들의 존경까지 받으며 마차를 타고 다닐 수 있을 것이오."

그러자 직공 하나가 말했습니다.

"우리의 영혼이 더럽혀지지 않고 천국으로 가는 데 아무런 문제가 없는 일이라면 기꺼이 하겠습니다."

"그런 건 걱정하지 마시오. 당신들에게 나쁜 일을 시키려는 건 아니니까."

부자가 말했습니다.

그런데 다른 직공이 부자의 발을 보니 한쪽은 말발굽이 있는 말의 다리이고 한쪽은 사람 다리인 게 아닙니까. 때문에 왠지 이 남자가 시키는 대로는 하고 싶지 않았습니다. 그는 부자로 변장한 악마였지요.

"안심하시오. 당신들은 걱정할 필요가 없소. 내가 노리는 것은 당신들 영혼이 아니라 다른 남자의 영혼이라오. 그의 영혼은 벌써 반쯤 내 것이 되었지. 난 이제 그가 죄를 좀 더 짓기만을 기다리고 있네."

그제야 세 직공은 안심하고 그의 밑에서 일하기로 했습니다.

악마는 세 사람이 해야 할 일을 말했습니다. 첫 번째 직공에게는 어떤 질문을 받건 '우리 세 사람 모두요' 대답할 것, 두 번째 사람은 '돈 때문이지요' 이렇게 말할 것, 세 번째 사람은 '마땅하지요' 해야 한다는 것이었습니다. 언제나 세 사람은 그 순서대로 차례차례 말해야 하며 다른 말은 한 마디도 해서는 안 되었습니다. 이를 어기는 날이면 가진 돈이 몽땅 사라지겠지만, 악마와의 약속을 잘 지키기만 하면 그들 주머니에는 늘 돈이 가득할 거라는 이야기였습니다.

악마는 세 직공이 함께 짊어져야만 겨우 가지고 갈 수 있을 만큼 많은 돈을 내주면서 마을에 있는 한 여관으로 들어가라 했습니다.

직공들이 그 여관으로 들어가자 여관 주인이 반가이 맞이하며 물었습니다.

"뭘 좀 드시겠습니까?"

그러자 첫 번째 직공이 대답했습니다.

"우리 세 사람 모두요."

주인이 말했습니다.

"알겠습니다. 저도 그럴 거라 생각했어요."

두 번째 직공이 말했습니다.

"돈 때문이지요."

"예. 그렇게 해드리죠."

여관 주인의 말을 듣고 세 번째 직공이 말했습니다.
"마땅하지요."
"그럼요, 마땅하고말고요."
여관 주인이 말했습니다.
세 사람은 맛난 음식을 먹으며 술을 마셨습니다. 매우 정성스러운 대접을 받았지요. 식사를 마치고 돈을 낼 때가 되자 여관 주인은 한 직공에게 계산서를 가져다주었습니다. 계산서를 받은 직공이 말했습니다.
"우리 세 사람 모두요."
그러자 두 번째 직공이 말했습니다.
"돈 때문이지요."
세 번째 직공도 말했습니다.
"마땅하지요."
그들의 말을 모두 들은 여관 주인이 말했습니다.
"세 분 모두 값을 치르시겠다니, 정말 마땅한 말씀입니다요. 돈을 내지 않는 사람에게는 그 어떤 음식도 줄 수 없으니까요."
직공들은 계산서에 쓰여 있는 것보다 훨씬 많은 돈을 내게 되었습니다. 다른 손님들이 그 모습을 보고 말했지요.
"저 사람들 머리가 좀 모자란 거 아니야?"
"손님 말씀처럼 똑똑한 사람들은 아닌 듯해요."
여관 주인이 손님들에게 말했습니다.
직공들은 그 여관에 한동안 머물렀습니다.
'우리 세 사람 모두요', '돈 때문이지요', '마땅하지요' 말고 다른 말은 한 마디도 하지 않았습니다. 하지만 여관에서 일어나는 일들은 빠짐없이 지켜보고 있었기에 여관에 대한 것들은 모두 잘 알고 있었지요.
그러던 어느 날 돈을 많이 가진 상인이 우연히 이 여관으로 오게 되었습니다.
"주인장, 내 돈을 좀 보관해 주시오. 저 바보 같은 세 직공들이 훔쳐 갈지도 모르니까 말이오."
여관 주인은 기꺼이 돈을 맡아 주었습니다. 그 상인의 여행 가방을 제 방으로 옮길 때 가방이 불룩하고 묵직한 까닭은 금화가 가득 들어 있기 때문임을 알아챘지요. 여관 주인은 세 직공들에게 아래층 방을 쓰라 하고 상인에게는 위층에 있는 가장 좋은 방을 내주었습니다.

한밤이 되어 모두들 깊이 잠들었으리라 생각한 여관 주인은 아내와 함께 도끼를 들고 위층으로 올라가 그 부자 상인을 죽여버렸습니다. 사람을 죽이고도 아무렇지 않게 다시 잠자리에 들었지요.

날이 밝자 큰 소동이 벌어졌습니다. 상인이 침대에서 죽은 채로 발견되었기 때문입니다. 상인은 너무 많은 피를 흘려 바닥이 온통 축축했습니다. 놀란 손님들이 모두 상인이 묵고 있던 특실로 달려오자 여관 주인이 말했습니다.

"저 미치광이 같은 세 직공이 죽였을 겁니다."

그러자 손님들도 그럴 것이라 말했지요.

"이런 끔찍한 짓을 할 사람은 그들 말고는 없어요."

여관 주인은 셋을 불러 물었습니다.

"당신들이 상인을 죽였습니까?"

"우리 세 사람 모두요."

첫 번째 직공이 말했습니다.

"돈 때문이지요."

두 번째 직공이 말했습니다.

"마땅하지요."

세 번째 직공이 말했습니다.

"여러분, 이들이 스스로 죄를 고백하는 걸 들으셨지요?"

여관 주인이 말했습니다.

이렇게 해서 세 직공은 꼼짝 없이 감옥에 갇혀 재판을 기다리게 되었습니다. 상황이 심각해지자 세 사람은 몹시 불안해졌지요. 그런데 그날 밤 악마가 찾아와 말했습니다.

"하루만 더 참게나. 그래야 행운을 놓치지 않지. 자네들은 머리카락 하나도 다치지 않을 테니, 걱정 말게."

다음 날 아침 그들은 법정으로 끌려갔습니다. 재판관이 물었습니다.

"너희들이 사람을 죽였는가?"

"우리 세 사람 모두요."

"그 상인을 왜 죽였는가?"

"돈 때문이지요."

"이런 못된 녀석들! 그런 큰 죄를 짓고도 아직도 뉘우치지 않았단 말인가?"

"마땅하지요."

"이 녀석들은 자신의 죄를 알면서도 뉘우치지 않는구나. 어서 끌고 나가서 처형하도록 하여라."

세 사람은 사람들이 빙 둘러싸고 있는 형장으로 끌려나갔습니다. 여관 주인도 사람들 틈에서 이 모습을 지켜보고 있었습니다. 형리들이 셋을 붙잡더니 사형 집행인이 시퍼런 칼을 들고 서 있는 교수대 위로 끌고 갔습니다. 그런데 마침 그때 적갈색 말 네 마리가 끄는 마차 한 대가 길에 떨어진 돌멩이를 스치며 불꽃을 튀길 만큼 쏜살같이 달려왔습니다. 누군가 마차 안에서 창문으로 손을 내밀어 하얀 천을 흔들고 있었습니다. 그러자 사형 집행인이 말했습니다.

"죄를 용서한다는 신호다."

마차 안 사람도 외쳤습니다.

"어서 형을 멈춰라! 형을 멈춰라!"

마차에서 내린 사람은 호화롭게 차려 입은 고상한 나리였습니다. 그런데 얼굴을 자세히 보니 셋에게 돈을 주었던 그 악마가 아니겠습니까.

"너희 셋은 죄가 없다. 이제 사실을 말해도 된다. 너희들이 보고 들은 것을 몽땅 털어놓아라."

그러자 가장 늙은 직공이 말했습니다.

"우리들은 그 상인을 죽이지 않았습니다. 살인자는 저기 구경하는 사람들 틈에 있습니다."

그리고 여관 주인을 가리키며 말을 이었습니다.

"여관 지하실로 내려가 보십시오. 지하실에는 여관 주인이 목숨을 빼앗은 다른 사람들의 시체가 아직도 많이 매달려 있을 겁니다."

그 말을 들은 재판관은 형리들을 여관 지하실로 보냈습니다. 정말 직공이 말한 대로였습니다. 형리들이 재판관에게 사실을 이야기하자 재판관은 여관 주인을 형장으로 끌고 가서 목을 베라 했습니다. 그 광경을 본 악마가 세 직공들에게 말했습니다.

"이걸로 나는 내가 바라던 영혼을 얻었다. 너희들은 이제 자유다. 앞으로는 돈 때문에 고생하는 일은 없을 것이다."

KHM 121

용감한 왕자

Der Königssohn, der sich vor nichts fürchtet

옛날 한 왕자가 있었습니다. 그는 궁전에서 지내는 일이 지겨워졌습니다. 게다가 왕자는 겁이 없었기 때문에 늘 이런 생각을 했습니다.

'넓은 세상으로 나가봐야겠어. 거기는 지루하지 않을 거야. 한 번도 보지 못했던 신기한 것들을 아주 많이 볼 수 있을 테니까.'

왕자는 부모님에게 작별인사를 하고 길을 떠나 아침부터 밤까지 어디로 가는 길이든 상관없이 앞으로만 나아갔습니다.

그렇게 걸어가다 보니 어느 거인 집 앞에 이르게 되었습니다. 왕자는 무척 피곤했으므로 그 집 문 앞에 앉아 쉬면서 주위를 둘러보았는데, 마당에 뭔가 흥미를 끄는 것이 눈에 들어왔습니다.

그것은 매우 큰 공과 사람 키만큼 크고 목각 인형처럼 생긴 원뿔 모양 기둥으로, 공을 굴려서 그 기둥을 쓰러뜨리는 마치 볼링과 같은 놀이도구였습니다. 왕자는 그 놀이가 무척 하고 싶어져서 원뿔 모양 기둥들을 나란히 세워놓고 공을 데굴데굴 굴렸습니다. 기둥이 쓰러지면 기분이 좋아 큰 소리로 와! 탄성을 지르며 기뻐했습니다. 집 안에 있던 거인이 시끄러운 소리를 듣고 창밖으로 머리를 내밀어 보니, 다른 사람들보다 그리 크지도 않은 녀석이 제 커다란 장난감으로 놀이를 하고 있는 것이었습니다. 거인이 외쳤습니다.

"이봐 꼬맹이, 어떻게 그렇게 큰 공을 굴릴 수 있지? 대체 어디서 그런 힘이 나오는 거야?"

거인의 외침에 왕자는 위를 올려다보았습니다. 그러고는 거인에게 말했습니다.

"오, 이런 멍청이. 너만 팔 힘이 세다고 생각했나 보지? 난 내가 하고 싶은 것은 뭐든지 할 수 있어."

거인이 집 밖으로 나와 왕자가 공을 굴려 기둥을 쓰러뜨리는 모습을 신기한 듯이 바라보며 말했습니다.

"그래? 그렇다면 생명의 나무에 가서 사과 한 개만 따다주겠나?"

"뭘 하려고?"

"내가 가지려는 게 아니라, 내 아내가 될 여자가 그걸 갖고 싶어 해. 나는 온 세상을 다 돌아다녀 봤지만 그 나무를 찾지 못했어."

왕자가 말했습니다.

"좋아, 내가 꼭 찾아다 줄게. 내가 사과를 따서 가지고 오겠다는데 누가 날 막겠어."

거인이 말했습니다.

"그 일이 그렇게 쉬울 것 같아? 그 나무가 있는 정원에는 쇠 울타리가 둘러쳐져 있고, 그 울타리 앞에는 사나운 짐승들이 정원을 지키고 앉아서 아무도 들여보내지 않는단 말이야."

"나는 꼭 들여보내 줄 거야."

"만일 네 말대로 정원에 들어가서 생명의 나무에 달린 사과를 보게 된다 하더라도 아직 네 것이 아니야. 그 사과 앞에는 고리가 걸려 있는데, 사과를 따려면 고리 속에 손을 넣어야 해. 그 일을 해낸 사람은 이제까지 아무도 없어."

왕자가 말했습니다.

"난 틀림없이 해낼 수 있어."

자신 있게 말하고 길을 떠난 왕자는 산과 골짜기를 넘어 들판을 가로지르고 숲을 몇 개씩이나 빠져나와 마침내 거인이 알려준 신기한 정원을 찾았습니다. 정말로 온갖 사나워보이는 짐승들이 정원을 둘러싸고 앉아 있긴 했지만 모두 고개를 숙이고 깊이 잠들어 있었습니다. 왕자가 다가가도 짐승들은 깨어나지 않았습니다. 왕자는 짐승들을 건너뛰고 울타리를 넘어서 정원에 들어갔습니다. 정원 한가운데에는 생명의 나무가 있었고, 가지에는 붉은 사과 여러 개가 탐스럽게 빛나고 있었습니다.

나무줄기를 타고 올라가 사과를 잡으려고 손을 뻗었더니 거인 말대로 사과 앞에 고리가 걸려 있는 게 보였습니다. 하지만 왕자는 힘들이지 않고 고리 속에 손을 넣어 사과를 딸 수 있었습니다. 그 순간 고리가 왕자의 팔을 단단히 조이며 갑자기 어마어마한 힘이 혈관을 타고 들어오는 것이 느껴졌습니다.

사과를 따고 나무에서 내려온 왕자는 또다시 울타리를 넘고 싶지 않았습니다. 그래서 큰 대문을 잡고 살짝 흔들어 보았더니 덜컹 소리를 내며 문이 활짝 열리는 것이었어요.

왕자가 밖으로 나오자 문 앞에 앉아 있던 사자가 갑자기 일어나 그에게 달려왔습니다. 하지만 사납게 덤벼드는 게 아니라 마치 주인을 대하듯 공손하게 따르는 것이었습니다.

왕자는 거인에게 약속했던 생명의 사과를 가져다주면서 말했습니다.

"이것 봐, 내가 이야기한 대로 손쉽게 사과를 따왔잖아?"

거인은 바라고 바라던 소원이 갑자기 이루어진 것을 무척 기뻐하며, 서둘러 아내가 될 여자를 찾아가 그녀가 그토록 갖고 싶어 하던 사과를 주었습니다. 하지만 어여쁘고 영리한 처녀는 거인 팔에 고리가 끼워져 있지 않은 것을 보고 말했습니다.

"당신 팔에 끼워져 있는 고리를 보여 주기 전까지는 당신이 이 사과를 가져왔다는 사실을 믿지 못하겠어요."

거인이 말했습니다.

"집에 가서 가져오면 돼."

거인은 마음속으로 왕자가 순순히 고리를 내놓지 않더라도 그까짓 나약한 인간에게서 억지로 빼앗아 오는 것쯤 쉬운 일이라 생각했습니다. 거인이 고리를 달라고 하자 왕자는 거절했습니다. 거인이 말했습니다.

"사과가 있는 곳에 고리도 있었을 텐데. 곱게 내놓지 않겠다면 어디 나와 한판 붙어 볼까?"

마침내 그들은 씨름으로 맞붙기로 하고 오랫동안 힘을 겨루었습니다. 왕자는 팔에 있는 고리의 영향으로 힘이 아주 세어졌기 때문에, 힘이라면 누구에게도 진 적이 없는 거인도 좀처럼 왕자를 이길 수 없었습니다. 그러자 거인은 한 가지 계략을 생각해 내고는 말했습니다.

"씨름을 했더니 너무 더운 걸. 너도 그렇지? 우리 다시 씨름을 시작하기 전에 강에 가서 수영으로 땀 좀 식히세."

왕자는 거인의 속임수인 줄은 꿈에도 모르고 그와 함께 강으로 가서 옷을 벗고 물속에 뛰어들었습니다. 물론 고리도 옷과 함께 놓아두었지요. 그 순간 거인은 고리를 집어 들고 쏜살같이 도망쳤습니다. 그러나 고리를 훔쳐가는 것을 눈치 챈 사자가 거인을 쫓아가 거인 손에서 고리를 획 낚아채서 본디 주인인 왕자에게 돌려주었습니다. 그러자 떡갈나무 뒤에 숨어 있던 거인은 왕자가 벗어놓았던 옷을 다시 입을 때를 노려 뒤에서 덮치며 왕자의 두 눈을 뽑아버리고 말았습니다.

가엾게도 왕자는 두 눈이 먼 채 어쩔 줄 몰라 하고 있었습니다. 그때 거인이 다가와서 마치 길 안내를 해주려는 듯이 왕자의 손을 잡고 높은 절벽 끄트머리로 데려갔습니다. 거인은 왕자를 그곳에 세워 놓으며 생각했습니다.

'두세 걸음만 앞으로 가면 떨어져 죽을 테니 그때 고리를 벗겨내야겠어.'

그러나 충직하고 의리 있는 사자는 제 주인이 그렇게 죽도록 내버려두지 않았습니다. 사자는 왕자의 옷을 꽉 입에 물고는 조금씩 자꾸 뒤로 잡아당겨 끌고 갔습니다.

거인은 왕자가 죽으면 고리를 훔쳐갈 생각으로 다시 그 자리로 왔다가 모처럼의 계략도 모두 헛수고가 된 것을 알았습니다.

"저렇게 나약한 인간 하나 해치우지 못하다니!"

그는 화가 나서 견딜 수가 없었습니다. 그래서 다시 한 번 왕자의 손을 움켜잡고 다른 길을 통해 더 높은 낭떠러지로 끌고 갔습니다. 하지만 이번에도 거인의 나쁜 속셈을 알아차린 사자가 또 한 번 주인의 생명을 구해주었습니다. 낭떠러지 맨 끝에 이른 거인이 왕자의 손을 놓고 또 홀로 남겨 두려 할 때 사자가 거인을 들이받는 바람에 거인은 아득한 저 아래 바닥으로 떨어져 죽어버리고 말았습니다.

충직하고 의리 있는 사자는 왕자를 낭떠러지에서 끌어내어 어떤 나무가 있는 곳으로 데리고 갔습니다. 그 나무 옆에는 투명하게 물속이 훤히 비치는 작은 개울이 흐르고 있었습니다.

왕자가 바닥에 털썩 앉자 사자는 옆에 엎드려 앞발을 개울물로 적셔 왕자의 얼굴에 뿌렸습니다. 물방울이 눈동자를 적시자마자 왕자의 눈이 조금 밝아졌습니다. 주위를 살펴보니 작은 새 한 마리가 보였습니다. 그 작은 새는 바로 옆을 스치며 날아가서는 나무줄기에 부딪쳤습니다. 하지만 그 새가 개울물 속으로 들어가 몸을 담그고 나서 다시 날아오르자 이번에는 어디에도 부딪치지 않고 나무와 나무 사이로 요리조리 잘 빠져 날아가는 것이었습니다.

왕자는 이것은 틀림없이 하느님의 뜻임을 알아차리고 몸을 굽혀 얼굴을 숙이고 개울물에 세수를 했습니다. 다시 몸을 일으켰을 때는 눈이 멀기 전보다도 오히려 더 밝고 맑게 보였습니다.

왕자는 이렇게 큰 은혜를 베풀어주신 하느님께 감사 기도를 드리고 어느새 자신의 부하가 된 사자와 함께 세상을 돌아다녔습니다. 그러던 어느 날, 마법에 걸린 성 앞에 이르게 되었는데 성문 앞에 한 처녀가 서 있었습니다. 그 여인은 몸가짐도 어여쁘고 얼굴도 고왔지만, 살빛은 아주 검었습니다. 처녀가 그에게 말을 걸었습니다.

"아, 당신이 제게 걸린 나쁜 마법을 풀어줄 수만 있다면 얼마나 좋을까요."

왕자가 물었습니다.

"그러려면 어떻게 해야 하나요?"

처녀가 말했습니다.

"마법에 걸린 성의 커다란 홀에서 사흘 밤을 보내야 합니다. 게다가 조금이라도 겁을 먹으면 안 돼요. 도깨비들이 당신을 아무리 괴롭히더라도 어떤 소리도 내지 않고 참아내면 저는 마법에서 풀려나게 된답니다. 저들이 당신을 죽이지는 못할 것입니다."

왕자가 말했습니다.

"하느님께서 저를 늘 돌봐주시니 조금도 두렵지 않습니다. 제가 그 나쁜 마법을 풀어드리겠습니다."

왕자는 서둘러 성으로 갔습니다. 날이 어두워지자 그는 커다란 홀에 앉아 도깨비들이 나타나기를 기다렸습니다. 밤이 깊어지자 고요하던 성이 갑자기 수런거리더니 작은 도깨비들이 곳곳에서 나타났습니다.

도깨비들은 마치 왕자가 보이지 않는 듯이 방 한가운데에 빙 둘러 앉더니 불을 피워 놓고 노름을 하기 시작했습니다. 노름에 진 도깨비가 말했습니다.

"이건 정당하지 않아. 우리 외에 누군가가 여기 있어. 그 놈 때문에 내가 진 거야."

"맞아! 난로 뒤에 있는 녀석! 내가 데리고 올 테니 기다려."

다른 도깨비가 말했습니다. 도깨비들의 고함이 차츰 커졌습니다. 누구라도 그 소리를 듣는다면 겁을 먹고 부들부들 떨었을 테지만, 왕자는 전혀 겁을 내지 않고 아주 태연히 앉아 있었습니다.

도깨비들이 바닥에서 풀쩍 뛰어올라 그에게 달려들었습니다. 도깨비들이 어찌나 많던지 힘센 왕자도 그들을 막을 수가 없었습니다. 도깨비들은 바닥에 앉아 있는 왕자를 이리저리 질질 끌어당기고 꼬집고 찌르고 때리며 마구 괴롭혔습니다. 하지만 왕자는 신음 하나 내지 않았지요.

날이 샐 무렵 그 많던 도깨비들은 모두 사라졌습니다. 왕자는 힘이 모두 빠져 꼼짝달싹도 할 수 없었지만, 날이 밝자 성문 앞에 있던 검은 얼굴의 처녀가 생명의 물이 담긴 작은 병을 들고 와서 그 물로 왕자를 씻겨 주었습니다. 그러자 왕자는 모든 아픔이 사라지고 상처도 말끔히 나으면서 새로운 힘이 혈관 속으로 밀려들어 오는 것 같았습니다. 처녀가 말했습니다.

"하룻밤은 다행히 잘 견뎌내셨네요. 하지만 아직 이틀이 더 남아 있어요."

처녀는 그 말만 남기고 그곳을 떠났는데 왕자가 그녀의 발을 쳐다보니 두 발이 모두 하얗게 변해 있었습니다.

그 다음 날 밤에도 도깨비들이 와서 노름을 하고 왕자에게 덤벼들더니 전날 밤보다 훨씬 더 심하게 때리고 괴롭혔습니다. 왕자는 온몸이 상처투성이가 되었지요. 그렇게 괴롭힘을 당하면서도 왕자가 아무 소리도 내지 않고 묵묵히 참아냈기에 도깨비들도 어쩔 수 없었습니다. 어느덧 동쪽 하늘이 붉어지자 또다시 처녀가 나타나 생명의 물로 왕자를 치료해 주었습니다. 게다가 처녀의 몸이 손가락 끝까지 거의 하얗게 변한 것을 본 왕자는 무척 기뻤습니다. 이제 하룻밤만 더 버티면 되었지만 마지막 날은 이제까지와는 비교도 할 수 없을 만큼 가장 끔찍한 밤이었습니다. 도깨비들이 다시 나타났습니다.

"아직도 여기 있는 게냐? 이번에는 네 숨이 멈출 때까지 마구 괴롭혀 줄 테다."

도깨비들이 소리소리 지르며 왕자를 찌르고 때려눕혔다가 이리저리 내던지고, 몸을 갈기갈기 찢어 버릴 것처럼 팔다리를 세게 잡아당겼습니다. 하지만 왕자는 도깨비들이 아무리 심하게 괴롭혀도 전과 같이 신음 하나 입 밖에 내지 않고 모두 참아냈습니다. 마침내 도깨비들이 사라졌습니다.

왕자는 정신을 잃고 엎드려서 꼼짝도 할 수 없었기 때문에 처녀가 들어왔는데도 돌아볼 수조차 없었습니다. 처녀는 그에게 생명의 물을 뿌려 적셔주었습니다. 그러자 어느새 온몸을 감싸고 있던 아픔이 사라지면서 상쾌한 느낌이 들었습니다. 마치 잠을 푹 자고 깨어난 것 같았지요.

눈을 떠 보니 왕자 옆에는 온몸이 눈처럼 새하얗고 햇살처럼 반짝거리는 아름다운 처녀가 서 있었습니다.

"일어나세요."

처녀가 말했습니다.

"이제 계단 위로 칼을 세 번 휘두르세요. 그러면 모든 것이 마법에서 풀려날 거예요."

왕자가 처녀 말대로 칼을 세 번 휘두르자 정말 온 성이 마법의 저주에서 풀려났습니다. 처녀는 부유한 왕국의 공주였던 것입니다.

커다란 홀 안에 시종들이 들어와서 식탁에 맛있는 음식을 가득 차렸습니다. 왕자와 공주는 식탁에 앉아 함께 먹고 마셨습니다. 그리고 바로 그날 저녁 성안 사람들 모두의 축하를 받으면서 성대한 결혼식을 열었답니다.

KHM 122

양배추를 먹은 당나귀

Der Krautesel

한 젊은 사냥꾼이 짐승이 다니는 길목을 지키러 숲으로 갔습니다. 이 젊은이는 언제나 즐겁고 기분이 좋은 사람이라 나뭇잎으로 신나게 피리를 불면서 흔들흔들 걸어가는데, 어느 못생긴 할머니가 다가오더니 그에게 말을 걸었습니다.

"안녕하신가, 젊은 사냥꾼 양반! 아주 즐겁고 흥겨워서 걱정거리 하나 없어 보이는구려. 하지만 나는 배가 고프고 목이 말라 죽을 것 같으니 날 좀 도와주시겠소?"

할머니를 가엾게 여긴 사냥꾼은 주머니에 손을 넣어 가지고 있던 빵을 알맞게 떼어 주었습니다. 사냥꾼이 길을 계속 가려고 하자 할머니가 그를 붙들며 말했습니다.

"내 얘기 좀 들어 보시우, 사냥꾼 양반. 자네 마음씨가 착해서 선물을 주려고 해. 길을 좀 더 가다 보면, 어떤 나무 위에서 새 아홉 마리가 망토 하나를 서로 자기 쪽으로 잡아당기려고 싸우고 있을 거요. 그러면 총을 겨누고 새가 모여 있는 한가운데를 쏴야 해요. 곧 새들은 망토를 떨어뜨릴 것이고, 새 한 마리도 총에 맞아 떨어져 죽을 건데, 그러면 당신은 그 망토를 가지면 돼요. 그것은 아주 신기한 망토인데 어깨에 걸친 뒤 가고 싶은 곳을 말만 하면 눈

깜짝할 사이에 원하는 곳에 데려다 준다우. 그리고 죽은 새 심장을 꺼내 한입에 삼켜요. 그렇게 하면 날마다 아침에 자리에서 일어나 보면 베개 밑에 금화 한 닢이 들어있을 테니까."

사냥꾼은 신기한 것을 알려준 할머니에게 고맙다고 인사하면서 마음속으로 생각했습니다.

'정말 멋진 일이야. 할머니 말대로 그런 일이 생긴다면 얼마나 좋을까?'

사냥꾼이 한 백 걸음쯤 갔을 때 머리 위 나뭇가지에서 짹짹거리는 시끄럽고 소란스러운 소리가 들려왔습니다. 위를 쳐다보니 새들이 천 하나를 가운데에 놓고 부리와 발로 잡아채고 끌어당기며 서로 차지하려고 다투고 있었습니다.

"정말 신기한 일이다. 할머니가 말한 그대로야."

사냥꾼은 어깨에서 총을 내려 겨냥한 뒤 새들이 모여 있는 한가운데를 향해 한 발을 쐈습니다. 새들은 깜짝 놀라 크고 날카로운 소리를 지르고 깃털을 흩날리며 재빨리 달아났지만, 한 마리는 떨어져 죽고 망토도 아래로 떨어졌습니다. 사냥꾼은 할머니가 일러준 대로 새의 배를 갈라 심장을 꺼내 통째로 꿀꺽 삼키고 망토는 집으로 가져갔습니다.

다음 날 아침이 되자 잠이 깬 사냥꾼은 할머니가 한 말이 사실인지 확인하고 싶었습니다. 그래서 베개를 들춰 보니 정말로 반짝거리는 금화가 눈에 들어왔습니다. 다음 날에도, 또 그 다음 날에도 아침에 일어날 때마다 베개 밑에 금화 한 닢이 놓여 있는 것이었습니다. 그렇게 금화가 제법 모이자 사냥꾼은 생각했습니다.

'이렇게 집에만 있으면 이 금화가 모두 무슨 소용이람? 이 금화로 여행을 떠나 세상 구경을 해야겠어.'

사냥꾼은 부모님에게 작별 인사를 한 뒤 배낭과 총을 둘러메고 넓은 세상으로 여행을 떠났습니다.

어느 날 사냥꾼은 울창한 숲을 지나게 되었습니다. 숲이 끝나자 넓고 푸른 초원이 나오더니 그의 눈앞에 크고 훌륭한 성 한 채가 나타났습니다.

두꺼운 성벽으로 둘러싸인 성 창문에서 한 할머니와 눈이 번쩍 떠질 만큼 아름다운 아가씨가 함께 창밖을 내려다보고 있었습니다. 그 할머니는 마녀였습니다. 마녀가 아가씨에게 말했습니다.

"저 숲에서 나오는 남자가 보이지? 저 남자 몸속에는 놀라운 보물이 숨어 있단다. 너는 저 사람을 속여서 사로잡은 뒤에 꼭 그 보물을 빼앗아야 한다. 알았니? 확실히 알아두렴. 그 보물은 저 사람에게는 너무 과분한 물건이야. 우리가 갖는 게 한결 잘 어울리지. 저 사람 몸속에는 새의 심장이 있어서 날마다 아침만 되면 그의 베개 밑에는 금화 한 닢이 놓여 있단다."

마녀는 제 딸인 아가씨에게 사냥꾼이 어떻게 보물을 몸속에 지니게 되었는지 알려주고 처녀가 앞으로 어떻게 해야 할지 일러주었습니다. 그리고 마지막으로 처녀를 위협하며 무서운 눈초리로 말했습니다.

"내 말을 듣지 않으면 넌 불행해질 거야."

성 앞으로 가까이 다가와 처녀를 본 사냥꾼은 이렇게 말했습니다.

"나는 이제까지 쉬지도 않고 오랫동안 이곳저곳을 돌아다녔는데 당신의 아름다운 성에 들어가 잠시 머물렀으면 좋겠소. 돈이라면 얼마든지 있다오."

하지만 사냥꾼이 이 성에 머무르고 싶었던 진짜 이유는 아름다운 처녀를 보았기 때문이었지요.

사냥꾼이 집 안으로 들어가자 처녀는 상냥하고 친절하게 인사하며 그를 깍듯하게 대접해 주었습니다. 사냥꾼과 마녀의 딸은 이내 사랑에 빠졌습니다. 사냥꾼은 이제 아름다운 그녀 말고 다른 것은 생각지 않았고 오로지 그녀의 눈만 바라보았으며, 그녀가 바라는 것은 무엇이든 기꺼이 할 마음이 생겼습니다. 그러자 마녀가 처녀에게 말했습니다.

"자, 이제 됐다. 드디어 새의 심장을 빼앗을 때가 왔구나. 저 사냥꾼은 새의 심장을 빼앗겨도 아무것도 느끼지 못할 것이다."

마녀와 처녀는 그에게 먹일 마법의 음료를 만들어 부글부글 끓였습니다. 마법의 음료가 다 끓자 마녀는 음료를 잔에 담아 처녀에게 주면서 사냥꾼에게 가져다주라고 했습니다. 처녀가 사냥꾼에게 다가가 말했습니다.

"오, 내 사랑, 건강에 좋은 음료예요. 한번 드셔보세요."

처녀에게서 잔을 받아 들고 마법의 음료를 쭉 들이킨 사냥꾼은 얼마 지나지 않아 새의 심장을 토해 냈습니다. 처녀는 몰래 그것을 주워 자기가 꿀꺽 삼켰지요. 그녀의 어머니인 마녀가 그렇게 하라고 시켰기 때문에 처녀도 어쩔 수 없었습니다.

그날부터 사냥꾼은 더 이상 자신의 베개 밑에서 금화를 찾을 수 없었습니다. 그 금화는 이제 처녀 베개 밑에 놓여 있었는데 아침마다 그녀의 어머니가 가져갔습니다. 그는 정말 바보처럼 그녀에게 푹 빠져 있어서 처녀와 시간을 보내는 일 말고는 아무것도 생각하지 못했습니다.

늙은 마녀가 처녀에게 말했습니다.

"새의 심장은 네 몸속에 있지만, 원하기만 하면 어디든지 갈 수 있는 망토도 빼앗아야 한다."

처녀가 말했습니다.

"더는 못하겠어요. 그 사람한테서 금화가 나오는 진귀한 새의 심장도 빼앗았잖아요."

"그 망토는 아주 귀한 물건이야. 이 세상 어디를 뒤져도 찾을 수 없는 놀라운 물건이지. 나는 그것을 가질 것이고, 또 가져야만 한다."

마녀는 처녀에게 신비한 망토를 빼앗을 수 있는 방법에 대해 이야기하며, 만일 자기가 시킨 대로 하지 않으면 그녀에게 좋지 않은 일이 생길 거라며 마구 윽박질렀습니다. 처녀는 어머니가 이른 대로 창가에 서서 몹시 슬픈 표정으로 먼 곳을 바라보았습니다. 사냥꾼이 물었습니다.

"왜 그리 슬픈 얼굴을 하고 있소?"

처녀가 말했습니다.

"아, 내 사랑. 저 맞은편에 석류석 산이 있는데 그곳에는 값진 보석들이 잔뜩 있답니다. 저는 그 산에 정말 가보고 싶은데 산길이 너무 험해 도저히 갈 수가 없으니 슬퍼서 견딜 수가 없어요. 하지만 누가 저 먼 곳에 있는 보석을 가져다 줄 수 있겠어요? 그런 생각을 하니 슬플 수밖에요. 날개가 있는 새라면 몰라도 사람은 절대로 못 가는 곳이거든요."

사냥꾼이 말했습니다.

"슬퍼하는 이유가 고작 그뿐이라면 내가 당신의 소원을 들어 주겠소."

사냥꾼이 처녀를 망토로 감싸 안고 석류석 산 위에 올라가고 싶다고 소원을 빌자마자 어느새 두 사람은 이미 석류석 산 위에 있었습니다. 그곳은 정말로 반짝반짝 빛나는 귀한 보석들이 여기저기 가득해서 그 광경을 보는 것만으로도 즐거웠습니다. 두 사람은 가장 아름답고 값진 보석들만 골라 모았습니다. 그런데 마녀가 이미 사냥꾼에게 마법을 걸어 놓았기 때문에 사냥꾼은 자꾸만 눈꺼풀이 무거워져서 처녀에게 이렇게 말했습니다.

"잠시 앉아서 쉬기로 하지요. 너무 피곤해서 도저히 서 있을 수가 없소."

두 사람은 자리에 앉았고 사냥꾼은 처녀의 무릎을 베고 쿨쿨 잠이 들었습니다. 그러자 처녀는 사냥꾼 어깨에서 망토를 벗겨 제 어깨에 두른 뒤 석류석과 보석들을 가지고 집으로 보내달라고 기도했습니다.

사냥꾼이 실컷 자고 일어나 보니 그의 곁에는 아무도 없었습니다. 사랑하는 여인이 그를 속이고 거친 산 위에 홀로 남겨둔 채 가버린 것이지요.

"오, 세상에 이보다 더 큰 배신은 없을 거야!"

사냥꾼은 그녀에게 배신을 당했다는 사실에 괴로워 그곳에 멍하니 앉아 있었습니다. 아무리 생각해봐도 앞으로 어찌해야 좋을지 가늠조차 할 수 없었지요. 그런데 이 산은 짐승처럼 사나운 거인들이 자리 잡고 살면서 제멋대로 휘젓고 다니는 곳이었습니다. 사냥꾼이 계속 고민하고 있는데 거인 셋이 성큼성큼 다가오는 게 보였습니다.

사냥꾼은 누워서 깊이 잠든 척했습니다. 거인들이 가까이 오더니 첫 번째 거인이 사냥꾼을 발로 툭 차면서 말했습니다.

"여기 누워 자는 땅벌레 같은 녀석은 뭐지?"

두 번째 거인이 말했습니다.

"그냥 밟아버려."

세 번째 거인은 뭐하러 그런 시시한 일을 하냐는 듯이 말했습니다.

"그런 수고를 할 필요가 뭐 있어? 살려 둬도 어차피 여기서는 버티지 못할 거야. 그리고 산꼭대기까지 올라가면 구름이 확 움켜잡아 먼 곳으로 데려가 버릴 텐데."

거인들은 이런 대화를 나누며 그의 곁을 지나갔습니다. 사냥꾼은 거인들이 하는 말을 잘 듣고 있다가 거인들이 사라지자마자 벌떡 일어나 산꼭대기로 올라갔습니다. 잠시 앉아 있으니 정말로 조용히 떠다니던 구름이 두둥실 다가와 그를 움켜잡고 어딘가로 데려갔습니다. 그리고 얼마 동안 하늘을 날다가 구름이 아래로 쑥 내려가더니 담장이 둘러쳐진 어느 커다란 채소밭에 그를 내려놓았습니다. 밭에는 온통 양배추와 채소가 가득했습니다. 사냥꾼은 밭 여기저기를 둘러보며 말했습니다.

"먹을 게 좀 있었으면 좋겠는데. 배가 고파서 더 걸을 수도 없어. 이곳은 사과나 배 같은 과일은 하나도 보이지 않고 온통 채소뿐이로군."

마침내 사냥꾼은 '도저히 못 견디겠어! 양배추라도 먹어야지. 맛은 없겠지만 기운은 좀 나겠지' 생각하고는 싱싱한 양배추를 골라 와작와작 씹어 먹었습니다. 그런데 두세 번 삼키자 갑자기 기분이 이상해지면서 몸이 어딘가 달라지는 듯한 느낌이 들었습니다. 그러다 얼마 지나지 않아 그의 다리가 네 개가 되고 머리가 커지면서 기다란 귀 두 개가 쑥쑥 자라나는 게 아니겠어요?

사냥꾼은 자신이 나귀로 변했다는 것을 깨닫고 너무도 깜짝 놀랐습니다. 하지만 그럼에도 배가 너무 고팠고 이제 나귀까지 되고 보니 물기를 담뿍 머금은 촉촉한 양배추가 정말 맛났습니다. 사냥꾼은 우적우적 게걸스럽게 양배추를 먹어댔고, 어느새 주위에 있던 다른 양배추도 마구 먹어치웠습니다. 그런데 다른 종류의 양배추를 조금 삼켰더니 또다시 몸이 변하는 게 느껴졌습니다. 다시 사람 모습으로 돌아온 것이었지요.

사냥꾼은 배가 부르자 바닥에 벌렁 드러누워 잠으로 피로를 풀었습니다. 다음 날 아침이 되어서야 일어난 사냥꾼은 당나귀로 변하는 양배추와 다시 사람으로 돌아갈 수 있는 양배추를 한 포기씩 따면서 생각했습니다.

'내 물건들을 다시 찾고 배신자들을 벌주는 데 큰 도움이 될 거야.'

사냥꾼은 양배추 두 포기를 배낭에 넣고 담장을 넘어 사랑하는 사람이 살고 있는 성을 찾아 길을 떠났습니다. 며칠을 쉬지 않고 돌아다닌 끝에 다행히 그 성을 찾을 수 있었습니다. 사냥꾼은 서둘러 얼굴을 검붉게 칠해서, 자신을 낳아준 어머니조차 자기를 알아보지 못할 만큼 아주 다른 모습으로 변장한 뒤에 성으로 들어가 하룻밤만 묵게 해 달라고 부탁했습니다.

"너무 피곤해서 더 이상 걸을 수가 없군요."

마녀가 물었습니다.

"당신은 누구며 무얼 하는 분인가요?"

그가 대답했습니다.

"나는 왕의 신하입니다. 왕께선 이 세상의 수많은 양배추 가운데 가장 맛좋은 양배추를 찾아오라고 하셨지요. 다행히도 그것을 찾아내어 왕께 가져가려 하는데 햇볕이 너무 뜨거워서 연약한 양배추가 모두 시들어 버리려고 하는군요. 그러니 어떻게 가져가야 할지 걱정입니다."

마녀는 세상에서 가장 맛 좋은 양배추라는 말을 듣자 그 양배추가 무척이나 먹고 싶어졌습니다.

"어디 그 맛있는 양배추 좀 먹어 봅시다."

"왜 안 되겠습니까. 한번 드셔보시지요."

그가 말했습니다.

"두 포기를 가져왔는데, 그 가운데 한 포기는 부인께 드리겠습니다."

사냥꾼은 배낭을 열어 당나귀로 변해 버리는 나쁜 양배추를 꺼내 주었습니다. 마녀는 그 사실은 꿈에도 모르고 새로 생긴 먹을거리가 무척 먹음직스러워 보여 입 안 가득 침이 고였습니다. 마녀는 직접 부엌으로 가서 기다리지 못하고 양배추 요리를 만들었습니다. 요리가 완성되자 마녀는 그 요리를 식탁 위에 올려놓을 때까지 기다리지 못하고 그 자리에서 몇 잎 뜯어 마구 입으로 밀어 넣었습니다. 마녀가 그 양배추를 꿀꺽 삼키자마자 아니나 다를까 사람 모습은 어디로 가고 그 자리에는 나귀 한 마리가 서 있었습니다. 나귀는 곧 마당으로 뛰쳐나갔지요.

하녀가 부엌에 들어왔다가 양배추 무침이 만들어져 있는 것을 보고 식탁에 가져다 두려고 하다가, 늘 그랬듯이 한번 맛을 보려고 몇 잎 뜯어 먹었습니다. 양배추 무침을 담은 접시는 바닥에 떨어졌고 하녀 또한 나귀가 되어 마녀에게 히힝히힝 달려갔습니다.

사냥꾼은 아름다운 처녀와 함께 앉아 있었습니다. 양배추 무침을 가져오는 사람이 아무도 없자 처녀가 말했습니다.

"양배추 무침이 어떻게 된 걸까?"

처녀도 세상에서 가장 맛있다는 양배추를 먹어보고 싶었습니다. 사냥꾼은 '양배추가 효력을 나타냈나 보군' 생각하며 말했습니다.

"제가 부엌으로 가서 알아보겠습니다."

그가 내려가 보니 나귀 두 마리가 마당을 신나게 뛰어다니고 있고 양배추 무침이 바닥 여기저기에 흩어져 있었습니다.

그가 말했습니다.

"이걸로 마침내 두 사람은 나귀가 되었군."

사냥꾼은 바닥에 떨어져 있는 양배추 무침을 주워 접시에 담아 처녀에게 가져갔습니다.

"제가 직접 양배추 무침을 가져왔습니다. 오래 기다리시지 않게 하려고요."

그것을 먹은 처녀 또한 당장 나귀로 변해 마당을 뛰어다녔습니다.

사냥꾼은 나귀로 변해버린 그들이 자기를 알아볼 수 있도록 얼굴에 칠한 검붉은 물감을 씻어내고 마당으로 내려가 말했습니다.

"너희들은 이제 나를 배신한 대가를 톡톡히 치를 것이다."

사냥꾼은 세 나귀를 모두 밧줄로 묶어 방앗간으로 끌고 갔습니다. 그가 문을 두드리자 방앗간 주인이 고개를 내밀고 무슨 일이냐고 물었지요. 사냥꾼이 말했습니다.

"나한테 고약한 짐승이 세 마리 있는데, 이제 더 키우고 싶지가 않습니다. 그러니 당신이 맡아서 먹이도 주고 잠잘 곳도 주시오. 내가 이르는 대로만 하시겠다면 당신이 원하는 만큼 값을 후하게 쳐드리겠소."

방앗간 주인이 말했습니다.

"그 정도라면 안 될 이유가 없지요. 그래 어떻게 하면 됩니까?"

사냥꾼은 마녀인 늙은 나귀에게는 날마다 매질을 세 번 하고 먹이는 한 번만 주며, 하녀인 중년 나귀에게는 매질 한 번 먹이 세 번, 처녀인 가장 어린 나귀에게는 매질은 하지 말고 먹이만 세 번 주라고 했습니다. 차마 사랑하는 여인을 때리라고는 할 수 없었던 것이지요. 그런 뒤 그는 성으로 돌아가 자신의 물건을 모두 되찾았습니다.

닷새쯤 지나자 방앗간 주인이 사냥꾼을 찾아와, 늙은 나귀에게 날마다 매질을 세 번 하고 하루 한 번만 먹이를 주었더니 곧 죽어버렸다고 알려 주었습니다. 그가 말을 이었습니다.

"다른 두 나귀는 아직 죽지 않았소. 하루 세 번씩 꼬박꼬박 먹이를 주고는 있지만, 얼마나 슬퍼하는지 오래 살지 못할 것 같습니다."

방앗간 주인의 말을 들은 사냥꾼은 두 나귀가 가엾게 느껴져서 쌓여있던 노여움도 어느새 스르르 풀려버렸습니다. 사냥꾼은 방앗간 주인에게 두 나귀를 다시 몰고 오라고 했습니다. 얼마 안 있어 방앗간 주인이 두 나귀를 끌고 오자 그는 사람으로 돌아갈 수 있는 좋은 양배추를 두 나귀에게 먹였고, 곧 두 나귀는 다시 사람으로 돌아왔습니다. 아름다운 처녀가 그의 앞에 무릎을 꿇고 말했습니다.

"오, 내 사랑. 당신에게 못된 짓을 한 것을 용서해 주세요. 어머니가 억지로 시키는 바람에 마음은 너무도 아팠지만 그렇게 할 수밖에 없었답니다. 저는 진심으로 당신을 사랑해요. 당신의 소원을 들어주는 망토는 성 안에 있는 옷장에 걸려 있고, 새의 심장은 마법의 음료를 마셔 토해 내겠어요."

그리하여 곧 사냥꾼과 아름다운 처녀의 성대한 결혼식이 열렸고 두 사람은 죽을 때까지 서로의 곁에서 행복하게 살았답니다.

KHM 123
숲 속의 할머니
Die Alte im Wald

옛날 아주 먼 옛날 어느 하녀가 주인집 식구들과 커다란 숲을 지나가고 있었습니다. 숲 한가운데 이르자 갑자기 나무덤불 속에서 산적들이 튀어나와 주인집 식구들을 눈에 띄는 대로 모조리 죽여 버렸습니다. 그리하여 모두들 억울한 죽임을 당하고 그곳에는 하녀만 동그마니 남았습니다.

하녀는 잔뜩 겁이 나서 마차에서 뛰어내려 얼른 나무 뒤에 몸을 숨겼습니다. 모두를 죽였다 생각한 산적들이 빼앗은 물건들을 몽땅 가지고 떠나버리자 나무 뒤에 숨어 있던 하녀는 서둘러 주인집 식구들에게 달려갔습니다. 하녀는 일가족이 모두 죽어버린 처참한 광경을 보고 몹시 슬퍼서 엉엉 울었습니다.

"이제 나는 앞으로 어떻게 살아가야 할까? 이 깊은 숲에서 빠져나가는 길도 모르겠고 이런 곳에서는 사람도 살고 있지 않을 테니 난 굶어 죽고 말 거야."

하녀는 숲 속을 이리저리 헤매며 빠져나갈 길을 찾아보았지만 아무래도 찾을 수가 없었습니다.

날이 저물자 지쳐버린 하녀는 가만히 나무 아래에 앉아 제 운명을 하느님께 맡기겠다고 기도드리고는 무슨 일이 일어나도 이곳에 그냥 그대로 있으리라 마음먹었습니다. 그런데 잠시 앉아 있으려니 작고 하얀 비둘기 한 마리가 번쩍번쩍 빛나는 황금 열쇠를 부리로 물고 날아와서는 하녀 손에 놓아주며 말했습니다.

"아가씨, 저기 커다란 나무가 보이지요? 그 나무줄기에 아주 조그만 자물쇠 하나가 달려 있는데 이 열쇠로 그 자물쇠를 열어 보세요. 그 안에는 당신이 먹을 만한 음식들이 잔뜩 들어 있으니 이제 배고파하지 않아도 될 거예요."

하녀가 비둘기 말에 따라 커다란 나무 앞으로 가서 자물쇠를 열어보니 정말로 먹음직스러워 보이는 음식들이 들어 있었습니다. 우유가 작은 접시에 담겨 있었고, 우유에 곁들여 먹을 하얀 빵까지 놓여 있어 하녀는 배불리 먹을 수 있었습니다. 하녀는 배가 부르자 이렇게 말했습니다.

"지금은 집에 있는 닭들이 잠을 자려고 횃대 위로 올라갈 시간이구나. 나도 너무 피곤하니 푹신한 침대에 누울 수 있으면 좋으련만."

그러자 열쇠를 주었던 작은 비둘기가 또 다른 황금 열쇠를 부리에 물고 날아와 말했습니다.

"이걸로 저 나무를 열어 보세요. 아주 편안한 침대가 있을 거예요."

나무를 열어보니 참으로 예쁘고 폭신한 작은 침대가 있었습니다. 하녀는 하느님께 밤새 자신을 지켜달라는 기도를 드리고 침대에 누워 곧 스르르 잠이 들었습니다. 다음 날 아침이 되자 작은 비둘기가 세 번째로 찾아왔는데 또 다른 열쇠를 가지고 왔습니다.

"저기 저 나무를 열어 보세요. 당신이 입을 아름다운 옷들이 있을 거예요."

나무를 열어 보니 황금과 보석으로 장식된 화려한 옷들이 있었습니다. 그 어떤 공주도 이토록 화려한 옷은 가지고 있지 않을 것만 같았습니다. 하녀는 그렇게 얼마 동안을 나무 옆에서 살았습니다. 작은 비둘기가 날마다 날아와 하녀에게 필요한 모든 것을 마련해 주었거든요. 조용하고 행복한 생활이었습니다.

어느 날 작은 비둘기가 날아와서 물었습니다.

"나를 위해 뭔가 해 줄 수 있나요?"

하녀가 말했습니다.

"그럼 당연하지."

작은 비둘기가 말했습니다.

"당신을 작은 집으로 데려다 드릴게요. 집 안으로 들어가면 재빨리 더 안쪽으로 들어가야만 해요. 부엌 한가운데에 할머니가 앉아 있다가 '안녕' 인사할 거예요. 하지만 할머니가 무슨 말을 해도 절대 아무 대답도 하지 말고 할머니 오른쪽으로 계속 들어가요. 그러다 보면 문이 하나 나올 거예요. 그 문을 열면 조그만 방으로 들어가게 되는데, 그 안에는 온갖 아름다운 반지들이 탁자 위에 잔뜩 놓여 있을 거예요. 반짝거리는 보석들이 박힌 멋진 반지들도 가득 있을 텐데 그런 것은 그대로 놓아두세요. 대신 그 반지들 가운데 아무 장식도 없는 반지가 하나 있을 테니, 그 반지를 찾아 최대한 빨리 제게 가져다주세요."

하녀는 작은 비둘기를 따라 조그만 집에 이르러 문을 열고 안으로 들어갔습니다. 부엌 한가운데에 한 할머니가 앉아 있다가 갑자기 집으로 들어온 하녀를 보고 눈을 둥그렇게 뜨며 말했습니다.

"안녕, 얘야."

하지만 하녀는 할머니에게 아무 대답도 하지 않고 오른쪽으로 계속 들어갔습니다.

"어디 가니?"

할머니가 큰 소리로 외치며 하녀의 치맛자락을 붙잡고 쭉 늘어지려 했습니다.

"여긴 내 집이다! 내 허락 없이는 아무도 들어갈 수 없어."

성난 할머니 말을 듣고도 하녀는 말없이 할머니 손을 뿌리치고 곧장 방으로 들어갔습니다. 비둘기 말대로 탁자 위에는 보석이 잔뜩 박힌 수많은 반지들이 눈앞에서 반짝반짝 빛나고 있었습니다.

하녀는 그 반지 속을 휘저으며 장식 없는 반지를 찾아보았지만 아무리 뒤져도 보이지 않았습니다. 그때 할머니가 방으로 살금살금 들어오더니 새장을 들고 빠져나가려는 것이 보였습니다. 하녀는 재빨리 할머니에게 달려가 손에서 새장을 빼앗아 들고 안을 살펴보았습니다. 새장 속에는 귀여운 새 한 마리가 앉아 있었는데, 바로 그 새가 비둘기가 가져다 달라고 했던 장식 없는 반지를 부리에 물고 있는 게 아니겠습니까.

하녀는 새에게서 반지를 빼앗아 들고 매우 기뻐하며 서둘러 나무로 달려갔습니다. 이제 곧 작고 하얀 비둘기가 와서 반지를 가져가리라 생각했지만 작은 비둘기는 꽤 오랜 시간이 지났는데도 좀처럼 오지 않았습니다.

그래서 하녀는 나무에 기대어 작은 비둘기를 기다리기로 했지요. 그렇게 몸을 편안히 기대고 있는데 그 나무가 갑자기 사람처럼 부드럽고 나긋나긋해지더니, 갑자기 나뭇가지들을 아래로 내려뜨려 하녀를 살포시 휘감는 것이었습니다. 그녀를 휘감은 것은 사람의 팔이었습니다. 깜짝 놀란 하녀가 뒤를 돌아보자 나무는 어느새 멋진 젊은이가 되어 있었습니다.

젊은이는 하녀를 감싸 안고 정답게 입을 맞추며 말했습니다.

"오오, 그대가 사악한 마법으로부터 나를 구해 주었소. 그 못된 할머니의 마법에서 풀어준 것이오. 그 할머니는 나쁜 마녀인데다가 악당이라오. 그 마녀가 나를 나무로 변하게 했고, 나는 날마다 오직 두세 시간만 작고 하얀 비둘기가 될 수 있었던 거라오. 그 할머니가 반지를 갖고 있는 한 나는 사람 모습을 되찾을 수 없었지."

젊은이와 마찬가지로 나무로 변해 있던 시종들과 말들도 어느새 마법에서 풀려나 왕자 옆에 서 있었습니다. 왕자와 하녀, 그리고 시종들은 다 함께 왕국으로 달려갔고, 왕자와 하녀는 결혼하여 오래오래 행복하게 살았답니다.

KHM 124

세 형제

Die drei Brüder

아들 셋을 둔 남자가 있었는데, 그가 가진 재산이라고는 살고 있는 집밖에 없었습니다. 그러니 그가 죽고 나면 세 아들 모두 그 집을 갖고 싶어 할 게 분명했습니다. 아들들을 하나같이 모두 사랑하는 아버지는 셋 가운데 누구의 마음도 상하지 않게 유산을 나누어 주려면 어떻게 해야 할지 답답하기만 했습니다. 집을 팔면 그 돈을 셋 모두에게 똑같이 나누어 줄 수 있겠지만 조상으로부터 대대로 물려받은 집인지라 팔고 싶지는 않았습니다. 생각을 거듭하다 마침내 좋은 생각이 떠오른 아버지가 아들들에게 말했습니다.

"너희들 모두 넓은 세상으로 나가 저마다 힘을 시험해 보고, 기술을 하나씩 배워 오너라. 다시 돌아왔을 때, 가장 멋진 기술을 익힌 사람에게 이 집을 물려주겠다."

세 아들 모두 자신에 차서 떠나겠다고 했습니다. 첫째는 편자를 박는 직공, 둘째는 이발사, 셋째는 검술 선생이 되려고 마음먹었지요. 그렇게 결심한 세 형

제는 집에 다시 모일 때를 정하고 저마다 가고 싶은 곳으로 길을 떠났습니다.

세 아들은 계획한 대로 잘되어 모두 좋은 스승을 만나 누구나 감탄할 만한 훌륭한 기술을 배울 수 있었습니다. 임금님 말의 편자를 박는 대장장이가 된 맏아들은 이렇게 생각했습니다.

'이렇게 훌륭한 기술을 익혔으니 집은 내가 물려받게 되겠지.'

신분 높은 나리들의 이발을 맡게 된 이발사 둘째도 이제 집은 제 것이 되리라 여겼습니다. 검술 선생이 된 셋째는 온몸 이곳저곳을 칼로 베이기도 했지만 제 것이 될 집을 생각하며 이를 악물고 참아냈습니다. '칼에 베이는 것 따위를 두려워한다면 결코 집을 물려받지 못할 거야' 이렇게 생각했지요.

드디어 다시 모이기로 약속한 때가 되자 세 아들은 아버지 집에 모두 모였습니다. 하지만 어떻게 해서 제 기술을 가장 잘 보여줘야 할지 몰라 세 형제는 이마를 맞대고 궁리했습니다.

그렇게 다 함께 모여 앉아 있는데 생각지도 못한 토끼 한 마리가 들판 너머로 달려오는 게 보였습니다. 이발사인 둘째가 말했습니다.

"저 토끼를 보니 내 솜씨를 뽐내기에 딱이네. 아버지, 제 솜씨를 잘 보세요."

둘째아들은 곧 대야에 물을 붓고 비누로 푹신해 보이는 거품을 만들었습니다. 토끼가 가까이 뛰어오자 곧바로 토끼를 쫓아 전속력으로 달리면서 토끼 얼굴에 비누 거품을 칠하고, 토끼의 짧은 수염을 멋지게 깎았습니다. 그렇게 달리면서 깎았는데도 토끼는 상처를 입기는커녕 털끝 하나 다치지 않았으니 정말 놀라울 따름이었지요.

아버지가 말했습니다.

"참 잘했구나. 다른 형제들이 이보다 더 나은 기술을 보여주지 못하면 집은 네게 물려주마."

조금 있으니 한 신사가 마차를 타고 전속력으로 달려왔습니다.

"아버지, 이번에는 제 기술이 얼마나 훌륭한지 보여드릴게요."

편자 직공인 첫째가 이렇게 말하고는 재빨리 마차 뒤를 쫓아가더니 달리는 말에서 편자 네 개를 떼어내고 새 편자 네 개를 다시 박았습니다. 그 손이 어찌나 빠른지, 편자가 바뀌었다는 것을 말조차 눈치채지 못할 정도였지요.

아버지가 말했습니다.

"대단하구나! 너도 동생만큼 멋진 솜씨를 익혔구나. 누구에게 집을 물려주어야 할지 정말 모르겠는걸."

그러자 셋째 아들이 말했습니다.

"아버지, 제 솜씨도 한번 보셔야지요."

때마침 비가 내리기 시작했습니다. 셋째가 허리춤에서 짧은 칼을 빼어 들고 머리 위에서 열십자 모양으로 빠르게 휘두르니, 놀랍게도 그에게는 비가 한 방울도 떨어지지 않았습니다. 빗발이 차츰 거세지면서 마침내 하늘에서 양동이로 마구 물을 퍼붓듯이 쏟아졌지만 셋째의 칼놀림은 더욱 빨라져서 마치 그만 지붕 아래 있는 듯이 옷깃 하나 젖지 않았습니다.

그 신기한 광경을 본 아버지가 깜짝 놀라서 외쳤습니다.

"정말 놀랍구나! 내가 이제까지 본 기술 가운데 가장 훌륭한 솜씨야! 집은 이제 네 것이다."

두 형들도 약속한 대로 아버지 말을 받아들일 수밖에 없었습니다. 세 형제는 사이가 좋았기에 모두 한 집에 살면서 자기 일을 열심히 했습니다. 그들은 기술을 잘 배웠고 솜씨도 무척 훌륭해서 많은 돈을 벌었습니다.

이렇게 세 형제는 나이 들어 늙을 때까지 행복하게 살았지요. 그러던 어느 날, 형제 하나가 병이 들어 죽자 나머지 두 형제도 몹시 슬퍼하다가 둘 다 갑작스럽게 병이 들어 함께 죽고 말았습니다. 세 형제 모두 자신의 분야에서 명인이었고 살아 있을 때도 무척 우애가 좋았기 때문에 셋은 한 무덤에 함께 묻히게 되었습니다.

KHM 125

악마와 악마의 할머니

Der Teufel und seine Großmutter

먼 옛날, 어느 나라에서 큰 전쟁이 일어나자 왕은 서둘러 많은 병사들을 모았습니다. 하지만 보수를 너무 적게 주었기 때문에 병사들이 그 돈으로 생활하기에는 몹시 힘들었습니다. 마침내 견디다 못한 병사 셋이 함께 도망칠 꾀를 냈습니다. 한 병사가 다른 둘에게 말했습니다.

"만일 달아나다가 붙잡히는 날에는 틀림없이 교수형을 당하고 말 텐데 어떻게 해야 들키지 않고 무사히 도망칠 수 있을까?"

그러자 다른 병사가 말했습니다.

"저기 무성한 보리밭을 좀 봐. 저곳으로 몰래 숨어들면 아무도 찾아내지 못할 거야. 군대는 보리밭에 들어올 수 없을 테고, 우리 부대는 내일이면 다른 곳으로 떠나야 하잖아."

세 병사는 조용히 보리밭으로 숨어들어 갔습니다. 그러나 생각했던 것과 달리 군대는 다음 날이 되어도 꼼짝하지 않고 계속 그 보리밭 주위에 진을 치고 있었지요. 그래서 셋은 이틀 밤낮을 꼬박 보리밭 속에 숨어 지내야만 했습니다. 그들 모두 오랜 시간 아무것도 먹지 못한 탓에 배가 너무 고파 거의 죽을 것 같았지만, 잡히면 교수형을 당할 게 뻔했으니 보리밭에서 나갈 수도 없었지요. 한 병사가 말했습니다.

"이러면 힘들여 도망친 게 아무 소용없잖아. 어쩌면 이 보리밭에서 비참하게 굶어 죽을지도 몰라."

그때였습니다. 어디선가 사나운 용이 매섭게 불을 뿜으며 하늘을 날아오르나 했더니 세 병사가 모여 있는 곳으로 내려왔습니다. 용이 병사들에게 왜 이런 곳에 숨어 있느냐고 묻자 그들이 말했습니다.

"우리 셋 모두 보수가 너무 적어 도망친 병사들입니다. 이곳에 계속 있다가는 굶어 죽을 게 뻔하고 그렇다고 보리밭을 나갔다가는 교수대에 매달릴 게 틀림없으니, 이러지도 저러지도 못하고 있습니다."

용이 말했습니다.

"너희들이 7년만 내 밑에서 하인으로 있겠다고 하면, 군대에 잡히지 않고 무사히 달아나도록 해 주겠다."

"살아나갈 방법이 없으니 당신 제안을 받아들일 수밖에 없겠군요."

세 병사가 말했습니다.

병사들의 말이 끝나자마자 용은 발톱으로 그들을 움켜쥐고 커다란 날개를 펴 군대 위를 날아가더니 보리밭에서 아주 멀리 떨어진 곳에 그들을 내려놓았습니다. 그런데 그 용은 다름 아닌 악마였습니다. 악마는 병사 셋에게 작은 채찍 하나를 주면서 말했습니다.

"이 채찍으로 어디든 내리치기만 하면 너희가 원하는 만큼 돈이 눈앞에 떨어질 것이다. 그러면 돈 많은 귀족처럼 호화롭게 살 수 있을 게야. 말도 기르고 마차도 탈 수 있지. 하지만 7년이 지나는 순간 너희들은 내 것이 될 것이다."

악마가 그들 눈앞에 계약서를 들이대며 이름을 쓰라고 강요하자 셋은 어쩔 수 없이 저마다 자기 이름을 썼습니다.

"7년째 되는 날 수수께끼를 하나 내겠다. 그것을 푼다면 너희들은 무조건 자유로운 몸이 될 것이다."

그렇게 말한 용은 하늘 높이 날아가더니 곧 사라져버렸습니다. 세 병사는 악마가 준 채찍을 들고 여행을 떠났습니다. 돈은 얼마든지 만들어낼 수 있었기 때문에 아주 비싸고 화려한 옷을 맞춰 입고 온 세상을 마음 내키는 대로 돌아다녔지요. 어디를 가나 들뜬 마음으로 귀족과 같은 생활을 했습니다. 멋진 말이 끄는 커다란 마차를 타고 다녔고, 마음껏 먹고 마시며 즐겁고 호사스럽게 지냈습니다. 그렇지만 나쁜 짓은 절대 하지 않았습니다.

셋에게 시간은 매우 빨리 흘러, 어느덧 7년째 되는 날이 다가오고 있었습니다. 두 병사는 악마가 찾아올 것을 몹시 걱정하며 두려워했지만 다른 한 병사

는 웬일인지 태연히 앉아 말했습니다.

"친구들, 그렇게 무서워할 것 없네. 나를 믿게나. 내가 수수께끼를 풀고 말겠어."

세 병사는 들판에 앉아 있었습니다. 둘은 악마가 무슨 수수께끼를 낼 것인가를 걱정하며 몹시 어두운 표정을 지은 채 앉아 있었지요. 그때 한 할머니가 다가와 왜 그렇게 슬픈 얼굴로 앉아 있느냐고 물었습니다.

"저희는 오늘 너무도 걱정스러운 마음을 감출 길이 없지만, 할머니께서 그 까닭을 아신다 해도 저희를 도와주실 방법은 없습니다. 할머니가 저희를 어떻게 도와주실 수 있겠어요?"

그러자 할머니가 말했습니다.

"혹시 알아? 내가 도움이 될지. 괜찮으니까 자네들 무슨 걱정을 그리 하는지 내게 속 시원히 털어보게나."

할머니 말을 들은 세 병사는 거의 7년 동안 악마의 하인이 되어 있었던 일, 악마가 자신들에게 돈을 원하는 만큼 쓰라고 준 사실, 하지만 그 대가로 세 병사의 영혼을 악마에게 바친다는 내용이 적혀 있는 계약서에 자신들 이름을 적었기 때문에 7년째 되는 날 악마가 내는 수수께끼를 풀지 못하면 자신들은 악마의 손에 떨어지고 만다는 이야기를 모두 할머니에게 털어놓았습니다. 그들 이야기를 들은 할머니가 말했습니다.

"도움을 받고 싶다면 너희들 가운데 하나가 숲으로 들어가야 해. 숲 속에 가면 마치 병풍처럼 깎아지른 암벽에서 바위가 무너져 떨어져 있는데 그 바위를 제 집처럼 꾸며놓고 살고 있는 곳이 있으니 그 집으로 가보게. 가기 싫어도 어쩔 수 없어, 그곳에 가야만 도움을 받을 수 있다네."

몹시 풀이 죽어 있던 두 사람은 '그런 곳으로 가봤자 도움이 될 리가 없다.' 생각하고는 그 자리에 힘없이 주저앉아 있었습니다. 하지만 밝은 기운을 가득 머금은 세 번째 병사는 망설임 없이 재빨리 일어나서 숲으로 들어갔습니다. 얼마나 걸었을까. 마침내 할머니가 이야기한 바위로 된 집을 발견했습니다.

집 안에는 할머니가 홀로 가만히 앉아 있었지요. 그녀는 바로 악마의 할머니였습니다. 할머니는 세 번째 병사에게 어디서 왔으며 무엇 때문에 이곳까지 찾아 왔느냐고 물었습니다. 병사는 그동안 있었던 일들과 악마와의 계약을 악마의 할머니에게 모조리 이야기했습니다. 그가 마음에 든 할머니는 병사를 가엾이 여겨 도와주겠노라 약속했습니다.

할머니는 집 안 구석 지하실로 내려가는 문 위에 놓인 커다란 바위를 치워 두고는 이렇게 말했습니다.

"저 아래 숨어 있으면 집 안에서 하는 말을 다 들을 수 있을 게다. 하지만 어떤 소리가 나더라도 꿈쩍도 하지 말고 여기 있어야만 해. 악마가 오면 너희 병사들에게 무슨 수수께끼를 낼 거냐고 물어봐 주겠네. 그 녀석은 내게는 무슨 말이든 다 하거든. 녀석이 하는 말을 잘 새겨들어 둬."

이윽고 밤 열두 시가 되자 용이 날아와 먹을 것을 달라고 보챘습니다. 할머니는 식탁에 식탁보를 깔고 술과 음식들을 정성껏 날라 상을 차렸지요. 용은 한 상 가득 차려진 것을 보고 기분이 꽤 좋았습니다. 그렇게 함께 먹고 마시며 이런저런 이야기를 나누면서 할머니는 악마에게 오늘은 어땠느냐, 얼마나 많은 영혼들을 잡았느냐고 물었습니다. 악마가 말했지요.

"오늘은 그리 많은 영혼을 잡진 못했어요. 하지만 7년 전에 잡았던 병사 셋이 이제 곧 제 손아귀에 들어올 거예요."

할머니가 말했습니다.

"그래, 병사 셋이라고? 하지만 그 녀석들이 네게서 날쌔게 도망칠 수도 있지 않느냐."

그러자 악마가 비웃으며 말했습니다.

"아니요, 그 녀석들은 틀림없이 제 거예요. 제가 내는 수수께끼를 풀어야만 저에게서 벗어날 수 있는데 그 바보 같은 녀석들은 절대 못 풀 거거든요."

할머니가 물었습니다.

"무슨 수수께끼지?"

"할머니한테만 말씀드리는 거예요. 한 녀석한테는 저 북쪽 넓은 바닷속에 죽어 있는 수컷 긴꼬리원숭이를 구워줄 거예요. 그러고 다른 녀석한테는 고래 갈비뼈로 은수저를 만들어 주고, 또 다른 녀석한테는 늙은 말이 쓰던 속이 빈 말발굽을 술잔으로 쓰게 할 거예요. 그 녀석들은 그것들이 무엇으로 만들어졌는지 결코 알 수 없을 테지요."

이윽고 악마가 잠자리에 들자 할머니는 지하실 문 위에 올려두었던 돌을 들어 올리고 병사를 나오게 했습니다.

"악마가 하는 말을 잘 들었지?"

"네, 잘 알아들었습니다. 큰 도움이 될 거예요. 할머니, 정말 감사합니다."

세 번째 병사는 몰래 창문을 넘어 서둘러 두 병사가 있는 곳으로 돌아왔습니다.

세 번째 병사는 다른 두 병사에게 숲 속 바위 집에서 악마의 할머니를 만난 일과 악마가 할머니의 꾐에 빠져 들려준 수수께끼의 답을 이야기해주었지요. 그러자 모두들 악마에게서 벗어날 수 있다는 생각에 기분이 좋아져, 마법 채찍을 신나게 휘둘러서 금화가 바닥 여기저기 데굴데굴 굴러다닐 만큼 돈을 잔뜩 만들어냈습니다.

얼마 뒤 약속한 7년째 날이 되자 악마가 나타나 셋의 이름이 적힌 계약서를 보여주며 말했습니다.

"이제부터 너희들을 지옥으로 데려가서 맛있는 식사를 대접하겠다. 식탁 위에는 무엇이 있고 무슨 고기를 먹게 될지 지금 여기서 맞힐 수 있다면, 너희들은 무조건 자유의 몸이 될 뿐 아니라 그 마법 채찍을 가져도 좋다."

첫 번째 병사가 말했습니다.

"저 북쪽 큰 바다에 긴꼬리원숭이 수컷 한 마리가 죽어 있는데, 그 원숭이를 구운 고기일 것입니다."

악마는 깜짝 놀라 뭔가 이상한데? 어떻게 맞힌 거지? 생각하며 "흠! 흠! 흠!" 헛기침을 하고는 두 번째 병사에게 물었습니다.

"그럼 쓰게 될 숟가락은 무엇으로 만든 것일까?"

두 번째 병사도 망설이지 않고 답했습니다.

"고래 갈비뼈로 만든 은수저를 주겠지요."

그러자 악마는 얼굴을 찡그리며 또다시 "흠! 흠! 흠!" 투덜거렸습니다. 그리고 끝으로 세 번째 병사에게 물었습니다.

"그럼 너희들이 마실 술잔은 어떤 것이지? 이것도 맞힐 수 있을까?"

세 번째 병사는 기다렸다는 듯이 곧바로 대답했습니다.

"늙은 말이 쓰던 말발굽을 술잔으로 쓰겠지요."

그의 말이 끝나기가 무섭게 악마는 화가 나서 크게 울부짖으며 어딘가로 멀리 날아가 버렸습니다. 악마는 이제 그들을 마음대로 할 수 없게 된 것이지요. 세 병사는 무척 기뻐하며 채찍으로 원하는 만큼 돈을 나오게 해서 아무런 부족함 없이 죽을 때까지 행복하게 살았답니다.

KHM 126

믿을 수 있는 페레난드 믿을 수 없는 페레난드

Ferenand getreu und Ferenand ungetreu

옛날, 어느 마을에 한 부부가 살고 있었습니다. 그들은 안타깝게도 부자일 때에는 아이가 없었다가 집이 가난해지자 사내아이가 태어났습니다. 하지만 선뜻 아이의 대부가 되겠다고 나서는 사람을 구하지 못하자 남편은 옆 마을로 가서 대부가 되어줄 사람을 찾아보겠다고 했습니다.

그렇게 길을 떠난 남편은 가는 길에 한 가난뱅이 사나이를 만났습니다. 가난뱅이 사나이가 어디로 가느냐고 묻자 남편은 태어난 아기의 대부가 될 사람을 구하러 간다고 말하며, 집이 몹시 가난해서 아기의 대부가 되겠다는 사람이 아무도 없다고 이야기했습니다. 그러자 가난뱅이 사나이가 말했습니다.

"오, 당신도 가난하고 나도 가난하니, 내가 당신 아기의 대부가 되어 드리겠습니다. 나는 보시다시피 매우 가난해서 아기에게 아무것도 해줄 게 없습니다. 그래도 좋으시다면 집에 가서 부인에게 아기를 데리고 교회로 오라고 하십시오."

얼마 지나지 않아 부인이 아기를 데리고 교회로 왔습니다. 가난뱅이 사나이는 벌써 와서 기다리고 있었습니다. 그는 대부로서 아기에게 '믿을 수 있는 페레난드'라는 이름을 지어 주었지요.

교회를 나서며 가난뱅이 사나이가 아기에게 말했습니다.

"이제 아저씨는 집으로 갈게. 나는 너무 가난해서 네게 아무것도 해줄 게 없단다. 그 대신 너도 아저씨에게 아무것도 해주지 않아도 돼."

아기에게는 그렇게 말했지만 아기 엄마에게는 열쇠를 하나 주면서, 집으로 돌아가거든 아기 아빠에게 전해주고 잘 간직하라고 일렀습니다. 아기가 열네 살이 되면 들판으로 보내야 하는데, 바로 이 열쇠로 그 들판에 있는 성에 들어갈 수 있다는 것이었습니다. 성 안으로 들어가기만 하면 그 안에 있는 모든 보물은 이 아이 것이었지요.

아이는 튼튼하게 자라 어느덧 일곱 살이 되었습니다. 어느 날 아이는 다른 소년들과 어울려 놀고 있었습니다. 그런데 다른 소년들은 대부로부터 많은 선물을 받았다며 앞다투어 자랑을 늘어놓았지만 페레난드만은 아무런 말도 할 수 없었습니다. 가난한 대부에게는 어떤 것도 받지 못했으니까요. 페레난드는 울면서 집으로 돌아와서는 아버지에게 물었습니다.

"저는 대부님한테서 받은 게 아무것도 없나요?"

아버지가 말했습니다.

"오, 있지. 아주 귀한 열쇠를 하나 받았단다. 들판으로 가서 성이 보이거든 이 열쇠로 성문을 열어 보렴."

이 말을 들은 페레난드는 열쇠를 들고 들판으로 서둘러 가보았지만 성을 보지 못했음은 물론, 그 누구에게도 성을 보았다는 이야기조차 들을 수 없었습니다.

어느덧 7년이 더 흘러 마침내 열네 살이 되자 페레난드는 다시 들판으로 가보았습니다. 그런데 이번에는 들판 어디에도 보이지 않던 성이 떡하니 한가운데에 서 있는 게 아닙니까! 아버지가 주신 열쇠로 성문을 열어 보니 성 안에는 아주 멋진 백마 한 마리가 있었습니다. 태어나서 처음으로 말을 갖게 된 소년은 매우 기뻐하며 그 말을 타고 아버지에게로 달려가서 말했습니다.

"아버지, 제게도 백마가 생겼어요. 백마를 타고 여행을 다녀올게요."

그렇게 페레난드는 여행을 떠났습니다. 이곳저곳 경치를 구경하며 길을 가고 있는데 길 위에 거위로 만든 깃털 펜이 한 자루 놓여 있는 게 보였습니다. 처음에는 그것을 주울까 말까 고민했지만, 곧 이런 생각이 들었지요.

'그대로 두자. 깃털 펜쯤이야 필요하면 어딜 가든 쉽게 구할 수 있잖아.'

그래서 그냥 지나치려는데 갑자기 뒤에서 그를 부르는 소리가 들려왔습니다.

"믿을 수 있는 페레난드야, 그 깃털 펜을 주워 가렴."

페레난드는 어디선가 들려오는 상냥한 목소리에 뒤를 돌아보았지만, 길에는 아무도 없었습니다. 어쩐지 이상한 생각이 들어 되돌아가 그 깃털 펜을 주웠습

니다.

그러고 나서 꽤 오랜 시간 말을 달리자 강이 나왔는데, 강가 진흙탕에 물고기 한 마리가 누워서 숨을 쉬지 못해 뻐끔뻐끔 헐떡거리고 있었습니다.

"조금만 기다려, 가엾은 물고기야. 물속으로 돌아갈 수 있도록 내가 도와줄게."

페레난드는 힘겹게 아가미를 펄떡거리는 물고기 꼬리를 잡아 멀리 물속으로 던져 주었습니다. 그러자 물고기가 물 위로 고개를 쏙 내밀고는 말했지요.

"저를 진흙 속에서 구해 주신 보답으로 신비한 호루라기를 하나 드릴게요. 힘들고 어려운 상황에 빠졌을 때 이 호루라기를 불면 제가 나서서 도와 드리겠습니다. 그리고 물속에 무엇인가를 빠뜨렸을 때도 호루라기를 불면 제가 찾아 드릴게요."

물고기에게서 호루라기를 받은 페레난드는 다시 말을 타고 여행을 계속했습니다. 그러다 길에서 한 남자를 만났습니다. 남자는 그에게 어디로 가느냐고 물었습니다.

"옆 마을에 갑니다."

"실례가 안 된다면 당신 이름을 알려주실 수 있나요?"

"제 이름은 '믿을 수 있는 페레난드'라고 합니다."

"오, 내 이름과 정말 비슷하군요. 나는 '믿을 수 없는 페레난드'라고 합니다."

그렇게 둘은 함께 길을 나아갔습니다.

이윽고 옆 마을에 다다른 둘은 하룻밤을 묵기 위해 함께 여관으로 들어갔습니다.

그런데 믿을 수 없는 페레난드는 상대가 생각하고 바라는 것을 모두 꿰뚫어 볼 수 있는 신기한 능력이 있었습니다. 그는 온갖 나쁜 마술을 부릴 줄 아는 사람이었거든요.

여관집 주인에게는 무척 아름다운 딸 하나가 있었습니다. 늘 해맑은 얼굴인 이 어여쁜 아가씨는 믿을 수 있는 페레난드를 보자마자 그에게 첫눈에 반해 버렸습니다. 그는 무척 잘생겼거든요. 소녀는 페레난드에게 어디로 가는 길이냐고 물었습니다.

"저는 세상 이곳저곳을 다니며 여행을 하고 있습니다."

페레난드의 말을 들은 소녀는 그와 늘 함께 하고 싶은 마음에 이곳에 계속 머무르는 게 어떻겠느냐고 물었습니다. 이 나라 왕이 시종과 마차 수행원을 구하고 있으니 그 일을 맡아보라는 것이었지요. 그러나 그는 무턱대고 왕에게 찾아가 일을 맡겨달라며 나서기가 곤란하다고 했습니다. 그러자 소녀가 말했습니다.

"그렇다면 제가 대신 말씀드릴게요."

소녀는 곧바로 왕에게 가서 아주 충직하고 일을 잘하는 시종이 될 수 있는 사람을 알고 있다고 말했습니다. 왕은 그 말을 듣자 몹시 기뻐하며 그를 데려오게 했습니다. 믿을 수 있는 페레난드가 마음에 든 왕은 그를 시종으로 삼으려 했지만, 페레난드는 자신의 멋진 말과 함께 있고 싶었기에 마차 수행원이 되기를 원했습니다. 그래서 왕은 하는 수 없이 믿을 수 있는 페레난드에게 마차 수행원 일을 맡겼습니다.

이 소식을 들은 믿을 수 없는 페레난드가 소녀에게 가서 말했습니다.

"어째서 믿을 수 있는 페레난드만 일을 얻을 수 있게 도와주고 나는 도와주지 않는 거죠?"

"그런 게 아니에요. 당신도 왕궁 일을 맡을 수 있도록 제가 대신 말씀드릴게요."

소녀는 이렇게 말했지만 마음속 생각은 달랐습니다.

'저 사람은 믿을 수 없으니까 친구로 삼기에는 조심해야겠어.'

소녀는 왕을 찾아가 시종을 할 사람을 구했다고 말했습니다. 왕은 그 말을 듣고 기뻐하며 믿을 수 없는 페레난드를 시종으로 들였습니다.

믿을 수 없는 페레난드는 아침마다 왕의 옷시중을 들게 되었습니다. 그런데 왕은 옷을 입을 때마다 늘 이렇게 한탄하는 것이었습니다.

"아아, 내가 너무도 사랑하는 그녀가 내 곁에 있다면 얼마나 좋을까!"

믿을 수 없는 페레난드는 믿을 수 있는 페레난드를 늘 시기하고 있었기 때문에, 어느 날 왕이 언제나처럼 사랑하는 여인을 떠올리며 한탄을 하자 이렇게 말했습니다.

"왕께서는 마차 수행원이 있지 않으십니까? 마차 수행원을 보내 그 여인을 모셔 오도록 하세요. 만일 그분을 모셔오지 못하면 마차 수행원의 목을 베시는 겁니다."

왕은 곧 믿을 수 있는 페레난드를 불러 자신이 사랑하는 여인이 있는 곳을 알려주며 그녀를 마차에 태워 데려오라고 말했습니다. 만일 데려오지 못하면 죽게 되리라는 무시무시한 엄포도 놓았지요.

믿을 수 있는 페레난드는 마구간으로 가서 슬피 울며 백마에게 하소연했습니다.

"아아, 난 정말 불행한 사람이야."

그때 누군가가 뒤에서 그를 불렀습니다.

"믿을 수 있는 페레난드, 왜 그렇게 슬피 울고 있나요?"

페레난드는 주위를 둘러보았지만, 마구간에는 자신과 백마 말고는 아무도 없었습니다. 이상하다 싶어 고개를 갸우뚱거리던 페레난드는 곧 다시 한탄했습니다.

"오, 내 멋진 백마야. 나는 널 너무도 사랑하고 아끼지만 이젠 어쩔 수 없구나. 곧 우리는 헤어져야만 한단다. 나는 얼마 안 있어 죽게 되었거든."

그때 다시 그를 부르는 소리가 들려왔습니다.

"믿을 수 있는 페레난드, 왜 그리 슬피 울고 있나요?"

그는 그제야 자기를 부른 게 백마라는 사실을 알아차렸습니다.

"이럴 수가. 너였구나, 백마야! 너 말을 할 수 있는 거니?"

페레난드는 말을 이었습니다.

"나는 한 번도 가본 적 없는 곳에 가서 왕의 신부를 데려와야만 한단다. 어떻게 해야 좋을까? 너는 그 방법을 알고 있니?"

그러자 백마가 말했습니다.

"왕에게 가서 고기를 가득 실은 배 한 척과 빵을 가득 실은 배 한 척이 있어야만 신부를 데려올 수 있다고 말하세요. 강에는 사나운 거인들이 잔뜩 살고 있어서 많은 고기를 가져가지 않으면 거인들에게 갈기갈기 찢겨 죽임을 당할 것이라고 말이지요. 또 무섭고 커다란 새가 강 위를 날아다녀서 빵을 주지 않으면 당신 눈알을 몽땅 쪼아 먹고 말 거예요."

믿을 수 있는 페레난드는 백마 말대로 왕에게 고기와 빵을 요구했습니다. 그러자 왕은 나라 안 모든 백정들을 불러 소와 돼지를 잡게 하고, 빵 만드는 사람들에게는 만들 수 있는 빵은 모두 굽게 해서 배 두 척에 가득 실었습니다. 배가 가득 차자 백마가 믿을 수 있는 페레난드에게 말했습니다.

"자, 이제 배에 오르세요. 그리고 강을 나아갈 때 거인들이 오거든 이렇게 말하세요.

'가만히, 가만히 있으렴, 귀여운 거인들아,
우리는 너희들을 잊지 않았어.
너희들에게 줄 선물을 가지고 왔단다.'

그리고 새들이 오면 이렇게 말하시고요.

'가만히 있으렴, 사랑스런 새들아,
우리는 너희들을 잊지 않았어.
너희들에게 줄 선물을 가지고 왔단다.'

이렇게 말하면 그들은 아무 짓도 하지 않을 거예요. 그리고 당신이 공주가 있는 성으로 무사히 들어갈 수 있도록 거인들이 도와줄 것입니다. 거인들을 몇 명 데리고 성 안으로 들어가면 아름다운 공주가 누워서 자고 있을 텐데, 절대 깨우지 말고 거인들을 시켜 침대째 들어서 배에 태워야만 합니다."

곧 모든 일이 백마가 말한 그대로 되었답니다. 믿을 수 있는 페레난드가 거인과 새들에게 배를 가득 채울 고기와 빵을 주자 거인들은 그 보답으로 공주를 침대째 배로 날라다 주었지요.

마침내 페레난드는 무사히 공주를 데리고 왕에게 돌아갈 수 있었습니다. 그러나 왕에게 간 공주는 성에 두고 온 문서가 없으면 함께 살 수 없다고 말했습니다. 그러자 믿을 수 없는 페레난드는 또다시 꾀를 내어 왕을 부추겨, 믿을 수 있는 페레난드에게 다시 공주의 성으로 가서 그 문서를 가져오라는 명령을 내리게 했지요. 물론 실패하면 죽여버리겠다는 말도 덧붙였습니다.

마구간으로 간 그는 크게 탄식하며 백마에게 말했습니다.

"오, 내 사랑하는 백마야, 불행하게도 난 또다시 길을 떠나게 되었구나. 이를 어찌 하면 좋단 말이냐?"

백마는 이번에도 고기와 빵으로 배 두 척을 가득 채우라고 말했습니다. 지난번과 같은 일이 되풀이되었지요. 배불리 먹은 거인들과 새들은 금세 온순해졌습니다.

성에 이르자 백마는 공주의 침실 탁자 위에 문서가 놓여 있을 것이라고 일러주었습니다. 믿을 수 있는 페레난드는 공주의 침실로 들어가 곧 문서를 손에 넣었습니다. 그런데 배를 타고 강을 건너다 그만 깃털 펜을 물속에 떨어뜨리고 말았지요. 그러자 백마가 말했습니다.

"이건 저도 도와 드릴 수 없는 일입니다."

무척 곤란해 하던 페레난드는 문득 자신에게 호루라기가 있다는 사실을 떠올렸습니다. 물고기를 구해줬던 일을 생각하며 호루라기를 꺼내 불었지요. 그랬더니 놀랍게도 갑자기 물고기가 입에 깃털 펜을 물고 물속에서 튀어올라 그에게 건네주는 것이었습니다.

페레난드는 무사히 문서를 가지고 궁정으로 돌아갔고, 곧 왕의 결혼식이 열렸습니다.

하지만 왕비가 된 그녀는 도저히 왕을 좋아할 수가 없었습니다. 왕에게는 코가 없기 때문이었지요. 대신 왕비는 믿을 수 있는 페레난드를 좋아하게 되었습니다.

하루는 궁정 대신들이 모두 모인 자리에서 왕비는 자기가 아주 신기한 마술을 할 줄 안다고 말했습니다. 사람의 목을 잘랐다가 다시 붙여 놓을 수 있다는 것이었지요. 왕비의 말에 모두가 깜짝 놀라며 그 마술을 보고 싶다고 했지만, 정작 제 목을 잘라보라고 나서는 이는 아무도 없었지요. 그러자 믿을 수 없는 페레난드는 또다시 나쁜 꾀를 내어, 믿을 수 있는 페레난드가 왕비의 마술을 돕도록 했습니다. 그런데 왕비가 믿을 수 있는 페레난드의 머리를 잘랐다가 제자리에 올려놓자 정말로 다시 붙는 것이었습니다. 오직 목에 붉은 실이 감겨 있는 듯한 자국만 보일 듯 말 듯하게 남아 있을 뿐이었습니다. 그러자 왕이 무척 놀라워하며 왕비에게 말했습니다.

"오, 정말 훌륭하구려. 어디서 그런 신기한 마술을 배웠소?"

"제가 스스로 터득한 마술이지요. 당신도 한번 해보시겠어요?"

왕비가 물었습니다.

"오, 좋소. 그렇게 하시오."

왕이 그렇게 말하자 왕비는 왕의 머리를 싹둑 잘랐습니다. 그런데 왕비는 자른 머리를 마치 잘 붙지 않아 다시 제자리로 올려놓을 수 없는 척하며 붙이려 하지 않았습니다. 끝내 머리와 몸통이 이어지지 못해 왕은 그렇게 죽어버리고 말았지요.

왕의 장례식이 끝난 뒤 마침내 왕비는 믿을 수 있는 페레난드와 결혼했습니다.

왕이 된 페레난드는 늘 자신의 백마를 타고 다녔습니다. 어느 날 그가 백마에 올라타자 백마는 예전에 커다란 성이 있던 들판으로 가서 빠르게 세 바퀴를 돌아달라고 부탁했습니다. 페레난드가 백마가 말한 대로 하자, 백마는 뒷발로 일어서며 곧 왕자로 변했답니다.

KHM 127

쇠난로

Der Eisenofen

간절히 소원을 빌면 이루어지던 때의 이야기입니다. 한 왕자가 늙은 마녀의 마법에 걸려 그만 숲 속 커다란 쇠난로 안에 갇히고 말았습니다. 난로 안에서 왕자는 자신을 꺼내줄 누군가를 몇 년이나 하염없이 기다렸지만 좀처럼 아무도 나타나지 않았답니다.

어느 날 한 공주가 숲에 들어왔다가 그만 길을 잃어버리고 말았습니다. 제 나라로 가는 길을 다시 찾을 수 없게 된 것이지요. 아흐레 동안이나 이리저리 숲 속을 헤매던 공주는 마침내 왕자가 갇혀 있는 쇠난로 앞에 이르렀습니다. 그런데 쇠난로 안에서 이런 목소리가 들려오는 것이었습니다.

"당신은 어디서 왔으며 어디로 가는 길인가요?"

공주가 슬픈 목소리로 말했습니다.

"나는 성으로 가는 길을 찾지 못해 다시는 집으로 돌아갈 수 없게 된 가엾은 공주랍니다."

그러자 쇠난로 속 목소리가 말했습니다.

"당신이 내가 바라는 것을 들어주겠다고 굳게 약속을 해준다면 나는 당신을, 그것도 지금 집으로 돌아갈 수 있도록 해드리겠습니다. 당신은 공주이지만, 나는 당신네 나라보다도 훨씬 큰 나라 왕자입니다. 나는 당신을 내 아내로 맞고 싶군요."
이 말을 들은 공주는 깜짝 놀랐습니다.
'하느님 맙소사, 쇠난로인 주제에 지금 뭐라는 거야! 공주인 나랑 결혼을 하겠다고?'
공주는 너무도 어이가 없었지만 아버지에게 얼른 돌아가고 싶은 마음에 어쩔 수 없이 쇠난로가 바라는 대로 하겠다고 약속했습니다. 쇠난로가 다시 말했습니다.
"반드시 주머니칼을 가지고 이곳으로 돌아와 쇠난로 여기저기에다 구멍을 뚫어주어야만 합니다."
그는 공주가 숲을 빠져나갈 수 있게 길 안내자를 붙여 주었습니다. 안내자는 아무 말 없이 공주와 나란히 걸으며 고작 두 시간 만에 그녀를 집으로 데려다 주었습니다.
공주가 무사히 돌아오자 성 안 사람들은 무척 기뻐했습니다. 슬픔에 잠겨 힘없이 앉아 있던 왕은 공주를 보자마자 달려나와 그녀의 목을 껴안으며 몇 번씩이나 입을 맞추었지요. 그러나 공주는 몹시 풀이 죽은 채로 이렇게 말했습니다.
"아바마마, 그동안 제가 숲 속에서 얼마나 험한 일을 겪었는지 아세요? 말하는 쇠난로를 만나지 않았더라면 그 울창하고 무서운 숲에서 다시는 집으로 돌아오지 못했을 거예요. 대신에 저는 그 쇠난로가 있는 곳으로 돌아가 그를 도와주고 아내가 되겠다고 약속해버리고 말았답니다."
그 말을 들은 왕은 거의 쓰러질 듯 깜짝 놀랐습니다. 공주는 하나밖에 없는 소중한 딸이었기 때문이지요. 왕은 성 안 사람들과의 오랜 의논 끝에, 아름답다고 소문난 방앗간 집 딸을 공주 대신 쇠난로에게 시집보내기로 결정했습니다. 성 사람들은 방앗간 집 딸에게 주머니칼 하나를 쥐여주면서 숲으로 들어가 쇠난로에 구멍을 뚫으라고 말했습니다.
숲으로 간 방앗간 집 딸은 성 사람들이 시킨 대로 쇠난로에 구멍을 뚫으려고 꼬박 스물 네 시간이나 칼로 쇠난로를 긁어댔지만 쇠는 조그만 손톱자국만큼도 벗겨지지 않았습니다. 이윽고 날이 밝자 쇠난로 속에서 누군가가 외치는 소리가 들렸습니다.
"날이 밝은 것 같네요."

그러자 방앗간 집 딸이 말했습니다.

"그런 듯해요. 저희집 방앗간에서 물레방아 도는 소리가 들리는 것만 같으니까요."

"그렇다면 당신은 방앗간 집 딸이로군요. 얼른 성으로 가서 공주님께 이곳으로 오라고 하세요."

하는 수 없이 성으로 돌아간 방앗간 집 딸은 왕에게 가서, 숲 속 쇠난로는 자기가 아니라 공주를 원한다고 이야기했습니다.

왕은 너무도 깜짝 놀랐고, 공주는 이제 꼼짝없이 쇠난로의 아내가 되어야만 한다는 생각에 그만 울음을 터뜨리고 말았습니다. 그러자 왕은 포기하지 않고 이번에는 방앗간 집 딸보다 더 예쁜 돼지치기 딸을 보내기로 했습니다. 그리고 공주 대신 쇠난로에게 시집가는 대가로 돈도 조금 주기로 했지요.

숲으로 간 돼지치기 딸 또한 스물 네 시간 동안이나 쇠난로를 마구 긁어댔지만 수고한 보람도 없이 쇠난로는 여전히 조그만 흠집조차 나지 않았습니다. 날이 밝아오자 난로 속에서 또다시 외치는 소리가 들려왔습니다.

"날이 밝은 것 같네요."

그러자 돼지치기 딸이 말했습니다.

"그런 듯해요. 저 멀리서 저희 아버지 뿔피리 소리가 들리는 것 같으니까요."

"그렇다면 당신은 돼지치기 딸이로군요. 곧장 성으로 가서 공주를 이곳으로 오라고 해요. 그리고 공주님께 이 말을 꼭 전해 줘요. 나와 약속을 했는데 공주님은 어떻게 도망칠 수가 있느냐고, 만일 공주님이 이번에도 스스로 오지 않는다면 온 나라가 무너지고 부서져 돌멩이 하나 남지 않을 것이라고요."

그 말을 전해들은 공주는 슬피 울었습니다. 하지만 이렇게 된 이상 싫어도 쇠난로와의 약속을 지키는 것 말고는 다른 방법이 없었지요. 공주는 아버지에게 작별 인사를 한 다음 주머니칼을 챙겨 숲 속 깊은 곳으로 들어갔습니다. 얼마 지나지 않아, 쇠난로가 있는 곳에 다다른 공주는 갖고 온 주머니칼을 꺼내 단단한 쇠난로를 득득 득득 긁기 시작했습니다. 그러자 흠집조차 나지 않던 쇠가 조금씩 물러지더니 겨우 두 시간 만에 조그마한 구멍이 뚫렸습니다. 공주가 안을 들여다보니, 황금과 보석이 가득 장식된 옷을 입어 반짝반짝 빛나는 무척 잘생긴 젊은이 모습이 보였습니다. 그 멋진 모습을 보자마자 젊은이를 좋아하게 된 공주는 더욱 열심히 득득 득득 쇠난로를 긁고 또 긁어서, 마침내 젊은이가 빠져나올 수 있을 만큼 큰 구멍을 뚫었습니다. 젊은이는 구멍에서 나와 말했습니다.

"이제 당신은 내 사람이고 나는 당신의 사람입니다. 나의 신부인 당신이 마침내 나를 구해 주었군요."

왕자는 곧바로 공주를 자기 나라로 데려가려고 했습니다. 그러나 공주는 한 번이라도 좋으니 아버지를 보고 오게 해 달라고 부탁했습니다. 왕자는 아버지와 세 마디 이상 말을 해서는 안 된다는 다짐을 받고는 그녀가 다녀오도록 허락해 주었습니다.

그러나 사랑하는 아버지에게 돌아간 공주는 이제 오랫동안 아버지를 볼 수 없다는 생각에 그만 세 마디 넘게 말을 하고 말았습니다. 그 순간 쇠난로는 그림자도 형태도 없이 유리 산 하나하나를 넘고, 닿기만 하면 잘려버리는 칼날이 가득한 들판을 넘어 저 멀리로 날아가 버렸습니다. 하지만 왕자는 이미 쇠난로에서 벗어났기 때문에 그 안에 갇혀 있지는 않았지요.

공주는 아버지와 작별 인사를 한 뒤 많지 않은 돈을 갖고 다시 숲으로 돌아갔습니다. 하지만 숲 속 어디에서도 쇠난로를 찾을 수 없었지요. 공주는 아흐레 동안이나 쇠난로를 찾아 헤맸습니다. 마침내 먹을 것이 모두 떨어지자 공주는 몹시 배가 고파 이제는 어찌해야 할지를 모르게 되었습니다. 하루하루 목숨을 이어가는 것이 부질없게 느껴졌습니다.

날이 저물자 공주는 작은 나무 위로 올라갔습니다. 사나운 짐승들이 언제 다가올지 몰라 무서웠기 때문에 그 위에서 밤을 보낼 생각이었지요. 그런데 밤이 깊어질 무렵 멀리서 작은 불빛이 보였습니다.

'저곳으로 가면 도움을 받을 수 있을지도 몰라.'

공주는 조그만 희망을 품고 나무에서 내려와 하느님께 기도를 드리며 그 작은 불빛을 따라 걸어갔습니다.

이윽고 그녀는 작고 낡은 오두막에 이르렀습니다. 집 주위는 풀이 무성했고 집 앞에는 장작더미가 산처럼 쌓여 있었습니다.

'왠지 이상한 곳에 온 것 같은데?'

이렇게 생각하면서 창문으로 집 안을 들여다보니 그곳에는 뚱뚱하고 작달막한 두꺼비들이 잔뜩 있었습니다. 두꺼비들 말고는 아무도 보이지 않았지요. 식탁 위에는 모두 은으로 만든 접시와 술잔들이 가득 놓여 있었고, 그 안에는 술과 고기가 가득 담겨 있었습니다. 공주가 용기를 내서 문을 똑똑 두드리자 뚱뚱한 두꺼비가 외쳤습니다.

"젊고 어린 처녀야,
재빠른 다리야
재빠른 강아지야,
깡충깡충 뛰어서
밖에 누가 왔는지 냉큼 보고 오려무나."

그러자 작은 두꺼비 한 마리가 나와 문을 활짝 열어 주었습니다. 공주가 안으로 들어가자 모두들 반갑게 맞으면서 편히 앉으라고 자리를 권했지요.

두꺼비들이 물었습니다.

"어디서 왔나요? 어디로 가시는 길인가요?"

공주는 이제까지 겪었던 모든 일들을 두꺼비들에게 이야기했습니다. 아버지에게 세 마디 이상 말해서는 안 된다는 약속을 어기는 바람에 왕자와 함께 쇠난로도 어딘가로 사라져 버렸으며, 쇠난로를 찾을 때까지 산을 넘고 골짜기도 넘어 언제까지라도 여행을 계속할 생각이라고 이야기했습니다.

그러자 나이 많은 두꺼비가 말했습니다.

"젊고 어린 처녀야,
재빠른 다리야
재빠른 강아지야,
깡충깡충 뛰어서
큰 상자를 가지고 오너라."

그러자 어린 두꺼비가 집 구석으로 뛰어가더니 상자 하나를 가지고 왔습니다. 그런 다음 두꺼비들은 공주에게 먹을 것과 마실 것을 내어 주었고, 부드러운 비단과 벨벳 이부자리가 깔린 아름다운 침대로 안내했습니다. 공주는 어찌나 피곤하던지 침대 속에 들어가 눕자마자 잠이 들었습니다.

날이 밝아 공주가 자리에서 일어나자 나이 든 두꺼비는 전날 가져온 상자에서 큰 바늘 세 개를 꺼내 주며 공주에게 가지고 가라 했습니다.

이는 높은 유리 산을 넘고, 닿기만 하면 잘리는 세 날카로운 칼날 위를 지나고, 커다란 강을 건널 때 필요하다는 말이었습니다. 이곳들을 지나기만 하면 공주가 찾던 사람을 만날 수 있을 거라고 이야기하며, 큰 바늘 세 개 말고도 쟁기 바퀴 하나와 호두 세 알을 함께 주면서 조심해서 지혜롭게 사용하라고 일렀습니다.

그리하여 공주는 큰 바늘 세 개와 쟁기 바퀴 하나, 호두 세 알을 가지고 길을 떠났습니다. 이윽고 매끄러운 유리 산 앞에 이르자 그녀는 바늘 세 개를 번갈아 꽂으며 그것을 디딤돌 삼아 천천히 산을 올랐습니다. 산을 다 넘자 공주는 바늘들을 바위에 잘 꽂아두고 그 장소를 똑똑히 기억해두었습니다. 그 다음 닿기만 해도 잘리는 날카로운 세 칼날 앞에 이르렀을 때는 쟁기 바퀴에 올라타서는 데굴데굴 그 위를 굴러갔습니다. 칼날들을 지나 마지막으로 커다란 강을 건너자 마침내 아름답고 큰 성이 모습을 나타냈습니다.

성으로 들어간 공주는 자신은 가난한 농부의 딸이라며 하녀로 일하게 해달라고 부탁했습니다. 물론 성 안에는 그녀가 쇠난로에서 구해 주었던 왕자가 살고 있다는 사실을 공주는 알고 있었지요. 공주는 얼마 안 되는 돈을 받으며 부엌 하녀로 일하게 되었습니다.

하지만 왕자는 벌써 다른 처녀를 곁에 두고 그녀와 결혼하려던 참이었습니다. 자신을 구해 준 공주는 이미 오래 전에 죽었으리라 여겼기 때문이었지요.

날이 저물자, 설거지를 끝낸 공주는 깨끗이 몸을 씻고 주머니에서 나이 든 두꺼비가 준 호두 세 알을 꺼냈습니다. 호두 알맹이를 먹으려고 한 알을 깨물어보자 놀랍게도 호두 속에는 아름다운 옷 한 벌이 들어 있었습니다.

하녀가 참으로 아름다운 옷을 갖고 있다는 소문은 빠르게 퍼져 신부의 귀에까지 들어갔습니다. 신부는 직접 공주를 찾아와, 너 같은 하녀에게는 어울리지 않는 옷이니 자기에게 팔라고 말했습니다. 공주는 팔고 싶지 않다고 거절했지요. 그러나 왕자의 방에서 하룻밤 자도록 허락만 해 준다면 옷을 그냥 드리겠다고 했습니다. 신부는 여태껏 살아오면서 이토록 아름다운 옷은 본적이 없었기에 그렇게 하라고 허락했습니다.

날이 저물자 신부가 신랑에게 말했습니다.

"부엌에서 일하는 하녀가 하룻밤만 당신 방에서 자고 싶다고 하네요."

"당신이 괜찮다면 나도 괜찮소."

왕자가 말했습니다. 그래도 조금 걱정이 된 신부는 신랑이 마시는 포도주에 몰래 잠 오는 약을 넣어두었습니다. 공주는 왕자가 자는 방으로 들어갔지만, 왕자는 이미 깊이 잠들어 있었습니다. 공주는 그의 곁에서 밤새 눈물을 흘리며 지새웠습니다.

"나는 그 캄캄하고 무서운 숲 속 쇠난로 속에 갇혀 있던 당신을 구해 주었어요. 그리고 매끈매끈 유리 산을 넘고, 살짝만 닿아도 잘려버리는 세 칼날 위를 지나 큰 강을 건너 이렇게 당신을 찾아왔지요. 하지만 당신은 내 말을 들어주지 않는군요."

방문 밖에 있던 시종들은 공주가 왕자 곁에서 밤새 울면서 하는 말을 모두 들었습니다. 아침이 되자 시종들은 왕자에게 그 이야기를 전했지요.

다음 날 저녁, 설거지를 하고 몸을 씻은 공주가 두 번째 호두를 깨물자 어제보다 한결 더 예쁜 옷이 들어 있었습니다. 그것을 본 신부는 또다시 그 아름다운 옷을 사고 싶은 마음이 들었습니다. 하지만 공주는 이번에도 돈을 바라지 않고, 다시 한 번 왕자 방에서 자게 해 달라고 부탁했습니다. 하지만 신부가 잠 오는 약을 먹인 탓에 왕자는 어떤 소리도 들을 수 없었지요. 공주는 아침이 밝아올 때까지 눈물을 흘리며 지새웠습니다.

"나는 숲 속 쇠난로 속에 갇혀 있던 당신을 구해 주었어요. 그리고 매끈매끈 유리 산을 넘고, 살짝만 닿아도 잘려버리는 세 칼날 위를 지나 큰 강을 건너 이렇게 당신을 찾아왔지요. 하지만 당신은 내 말을 듣지 않는군요."

방문 앞에 앉아 있던 시종들은 공주가 밤새 울면서 하는 말을 듣고, 다음 날 아침 왕자에게 공주의 이야기를 전했습니다.

세 번째 날 저녁, 설거지를 하고 몸을 씻은 공주가 세 번째 호두를 깨물자 그 속에는 이제까지 옷들과는 비교도 할 수 없을 만큼 아름다운 옷이 들어 있었습니다. 온통 황금으로 된 번쩍번쩍 빛나는 옷이었지요.

신부는 그 옷을 보자 몹시도 갖고 싶어 견딜 수 없었습니다. 그러자 하녀는 또다시 신랑 방에서 자게 해 준다면 이 옷을 그냥 주겠다고 했지요. 왕자는 이번에는 잠 오는 약을 탄 포도주를 마시지 않았습니다. 밤이 되자, 방으로 들어온 공주가 눈물을 흘리며 말했습니다.

"나는 숲 속 쇠난로 속에 갇혀 있던 당신을 구해 주었어요. 그리고 매끈매끈 유리 산을 넘고, 닿기만 해도 잘려버리는 세 칼날 위를 지나 큰 강을 건너 이렇게 당신을 찾아왔지요. 하지만 당신은 끝까지 내 말을 듣지 않는군요."

자는 척하면서 그 말을 모두 듣고 있던 왕자는 벌떡 일어나 말했습니다.

"당신이 진실로 나의 신부로군요. 당신은 내 사람이고 나는 당신 신랑입니다."

그날 밤 왕자는 가짜 신부가 잠자리에서 일어나 침실에서 나오지 못하도록 그녀의 옷을 모두 빼앗고, 공주를 데리고 마차에 올랐습니다. 큰 강은 배를 타고 건넜고, 닿기만 해도 잘리는 세 날카로운 칼날 위는 쟁기 바퀴를 타고 지났으며, 유리 산은 세 바늘을 하나하나 꽂으면서 넘었지요. 마침내 두꺼비들이 잔뜩 있던 낡고 작은 오두막에 다다른 왕자와 공주가 안으로 들어서자, 그리도 조그맣던 오두막은 순식간에 커다란 성으로 변했습니다. 두꺼비들에게 걸린 마법도 모두 풀렸지요. 그들은 모두 왕자와 공주들이었습니다. 모두들 기쁨에 가득 차 있었습니다.

곧 둘의 결혼식이 열렸고, 둘은 그 성에 머물렀습니다. 공주가 살던 성보다도 훨씬 큰 성이었어요. 하지만 늙은 아버지가 홀로 계실 것을 생각하자 무척 슬퍼진 공주는 마차로 아버지를 모시고 왔습니다. 그렇게 왕자와 공주는 두 왕국을 다스리면서 오래오래 행복하게 살았답니다.

저기 생쥐가 나왔으니
이야기는 이것으로 끝.

KHM 128

게으른 실 잣는 아내

Die faule Spinnerin

어느 마을에 한 부부가 살고 있었습니다. 그런데 아내가 어찌나 게으른지 도무지 일을 하려 들지 않았지요. 남편이 어느 만큼 실을 자으라고 하면 모두 끝내는 법이 없었고, 실을 잣는다 해도 얼레로 잘 감아 두지 않고 아무렇게나 둘둘 말아 놓기 일쑤였습니다. 남편이 왜 그렇게 했느냐고 핀잔을 주면 아내는 말만큼은 아주 잘해서 도리어 그에게 큰소리를 쳤지요.
"뭐예요 여보, 얼레도 없는데 실을 어떻게 잘 감아 두란 말이에요? 잔소리를 하기 전에 당신이야말로 숲에 가서 얼레나 만들어 와요."
남편이 말했습니다.
"그게 실을 자을 수 없는 이유라면, 내 얼른 숲에 가서 얼레로 만들 나무를 베어오겠소."
그러나 아무 일도 하기 싫었던 아내는 남편이 나무를 베어와 얼레를 만들어 줄까 봐 걱정이 되었습니다. 그렇게 되면 만들어 놓은 실을 모두 얼레에 감아 놓고 다시 새로 실을 자아야 하기 때문이었지요. 잠시 궁리하다 좋은 방법이 떠오른 아내는 조용히 남편 뒤를 쫓아 숲으로 갔습니다.
남편이 어느 나무 위로 올라가 얼레를 만들기에 알맞은 가지를 골라 도끼로 베려고 하자, 아내는 나무 아래 덤불 속으로 들어가 남편이 자신을 알아볼 수 없는 곳에 몸을 숨기고는 위를 보고 큰 소리로 외쳤습니다.

"얼레 만들 나무를 베는 자는 죽는다,
얼레질하는 자는 뻗는다."

그 말을 들은 남편은 깜짝 놀라 잠시 도끼를 내려놓았습니다. 그리고 그 말이 무슨 뜻인지 곰곰이 생각해 본 뒤, 이렇게 말했습니다.
"뭐야, 뭐가 어떻다고? 그 따위 말도 안 되는 소리에 겁먹을 필요는 없지."
그러면서 다시 도끼를 잡고 나뭇가지를 베려고 했지요. 그때 다시 덤불 속에서 외치는 소리가 들렸습니다.

"얼레 만들 나무를 베는 자는 죽는다,
얼레질하는 자는 뻗는다."

그 소리에 또다시 멈칫한 남편은 이번에는 덜컥 겁이 나서 어떻게 해야 좋을지 곰곰이 생각해 보았습니다. 하지만 잠시 시간이 지나고 나자 다시 용기가 생겼지요. 그래서 도끼를 잡고 나뭇가지를 베려고 했습니다. 그런데 이번에는 더욱 큰 소리로 외치는 것이었습니다.

"얼레 만들 나무를 베는 자는 죽는다,
얼레질하는 자는 모두 뻗는다."

그제서야 나무를 벨 기분이 싹 가신 남편은 서둘러 나무에서 내려와 성큼성큼 집으로 돌아갔습니다. 아내는 지름길로 힘껏 달려 남편보다 먼저 집에 도착해 있었지요.

남편이 방에 들어오자 아내는 아무 일도 없었다는 듯 천연덕스럽게 물었습니다.

"얼레 만들기 좋은 나무를 베어 왔나요?"

남편이 말했습니다.

"아니, 얼레질은 이제 다시는 안 하는 게 좋겠어."

그러고는 아내에게 숲에서 일어난 일을 모두 말해 주었습니다. 그때부터 남편은 아내에게 얼레질을 하라고 다그치지 않았습니다.

하지만 얼마 안 가서 남편은 다시 집 안이 엉망이라며 마구 짜증을 부리기 시작했습니다.

"여보, 실 뭉치를 이렇게 아무렇게나 둘둘 말아놓는 건 무척 보기 안 좋아."

아내가 말했습니다.

"얼레가 없으니까 그렇잖아요, 여보. 그럼 이렇게 할까요? 당신은 다락에 올라가 있고 나는 아래에 서서, 내가 위로 실 뭉치를 던지면 당신이 받았다가 다시 나한테 던지는 거예요. 그러면 어쨌든 실타래가 만들어지지 않겠어요?"

"그거 참으로 좋은 생각이군."

그렇게 주고 받고를 계속 하다 실타래가 모두 만들어지자 남편이 말했습니다.

"실타래가 다 만들어졌으니 이제 삶아야겠어."

"내일 아침 일찍 삶기로 해요."

아내는 그렇게 말하기는 했지만 은근히 걱정이 되었습니다. 그래서 새로운 꾀를 하나 생각해 냈지요. 다음 날 아침 일찍 일어난 아내는 불을 지피고 그 위에 솥을 걸었습니다. 그러고는 실타래 대신 실 보무라지 한 덩어리를 넣고 폭폭 삶아댔지요. 그런 다음 침대에 누워 있는 남편에게 가서 말했습니다.

"잠깐 볼 일이 생겨서 나갔다 와야겠어요. 솥을 불 위에 올려 두었으니까, 일어나서 실이 잘 삶아지는지 꼭 보셔야 해요. 때를 놓치지 않도록 조심하세요.

솥뚜껑이 들썩이는데도 들여다보지 않으면 애써 만든 실타래가 몽땅 보무라지가 되어 버리고 말 테니까요."

늦으면 큰일이라고 생각한 남편은 실이 잘 삶아질 때를 놓치지 않으려고, 솥뚜껑이 들썩이는 소리가 들리자마자 벌떡 일어나 재빨리 부엌으로 뛰어갔습니다. 그런데 솥을 열고 들여다보니 놀랍게도 실 보무라지가 가득 들어 있는 게 아닙니까. 아내에게 속은 가엾은 남편은 아무 말도 못한 채 입을 다물고 말았습니다. 자기가 때를 잘 맞추지 못하는 바람에 그렇게 되었다고 생각한 남편은 그 다음부터는 실에 대한 이야기나 실을 자아야 한다는 말은 조금도 입 밖으로 꺼내지 않았답니다. 그런데 이 아내는 정말이지 못된 여자가 아닐까요?

KHM 129

재주꾼 사형제

Die vier kunstreichen Brüder

옛날에 네 아들을 둔 가난한 사나이가 있었습니다. 아버지는 아들들이 모두 자라자 이렇게 말했습니다.

"아들들아, 이제 너희들은 세상으로 나가거라. 나는 너희들에게 줄 것이 아무것도 없구나. 모두 이곳을 떠나 멀리 다른 곳으로 가서 저마다 기술을 하나씩 배워 오너라."

그리하여 사형제는 먼 길을 떠날 채비를 하고 아버지와 작별 인사를 나눈 뒤 함께 성문 밖으로 나갔습니다. 얼마동안 가다가 네 갈림길이 나오자 첫째가 말했습니다.

"여기서 헤어지자. 하지만 4년 뒤 오늘 이 자리에서 다시 만나는 거다. 그동안 저마다 운을 시험해 보자."

마침내 그들은 서로 다른 길로 가게 되었습니다. 홀로 길을 가던 첫째는 한 낯선 남자를 만났는데 그는 첫째에게 어디로 가는 길이며, 무엇을 할 생각이냐고 물었습니다.

"저는 기술을 배울 생각입니다."

그러자 남자가 말했습니다.

"그럼 나와 함께 가서 도둑질을 배우지 않겠나?"

첫째가 대답했습니다.

"싫어요. 그건 떳떳한 일도 아니고, 도둑질을 하면 언젠가 교수대에 대롱대롱 매달리는 신세가 될 테니까요."

남자가 말했습니다.

"교수대 따위는 하나도 두려워할 필요가 없다네. 다른 사람은 절대 훔칠 수 없는 것을 훔칠 수 있는 기술을 자네에게 가르쳐 주지. 게다가 누구도 자네가 숨은 곳을 찾아낼 수 없을 걸세."

그 말에 넘어간 첫째는 남자에게서 도둑질을 배웠습니다. 그리고 곧 마음만 먹으면 무엇이든 훔쳐낼 만큼 교묘한 솜씨를 지니게 되었지요.

둘째 또한 무엇을 배우고 싶으냐 묻는 사람을 만났습니다.

"아직 잘 모르겠습니다."

둘째가 대답했습니다.

"그렇다면 나와 함께 가서 점성술을 배우지 않겠나. 그만큼 재미있는 직업도 없다네. 점성의 눈을 피할 수 있는 것은 아무것도 없으니 말일세."

마음이 끌린 둘째는 마침내 유능한 점성가가 되었습니다. 그가 공부를 마치고 길을 떠나려 하자 스승은 그에게 망원경을 하나 주면서 말했습니다.

"이 망원경으로 세상을 보면 땅에서나 하늘에서나 일어나는 모든 일을 볼 수 있다네. 자네 눈앞에서 숨길 수 있는 것은 아무것도 없지."

셋째는 어느 사냥꾼의 제자가 되었습니다. 사냥꾼이 사냥에 대한 모든 것들을 매우 자세히 가르쳐 주었기 때문에 그는 솜씨 좋은 사냥꾼이 되었지요. 헤어질 때 스승은 그에게 총 한 자루를 주면서 말했습니다.

"이 총으로 겨냥하고 쏘면 어떤 것이든 맞힐 수 있다네."

막내 또한 그에게 말을 걸면서 무엇을 할 생각인지 묻는 사람을 만났습니다.

"자네, 재봉사가 될 생각은 없나?"

"글쎄요."

막내가 말했습니다.

"아침부터 밤까지 구부리고 앉아 바늘로 이것저것 꿰매면서 다림질이나 할 생각은 없습니다."

남자가 말했습니다.

"그게 무슨 말인가. 섣불리 짐작하지 말게. 자네가 아는 재봉일은 그렇겠지. 하지만 나에게서는 완전히 다른 재봉 기술을 배우게 될 걸세. 그뿐만 아니라 어찌 보면 매우 고상하고 명예로운 직업이기도 하지."

그 말에 넘어간 막내는 그에게서 기초부터 차근차근 재봉 기술을 배워 나갔습니다. 마침내 일을 모두 배우고 떠나게 되자, 스승은 바늘 하나를 주면서 이렇게 말했습니다.

"이 바늘만 갖고 있으면 모든 것을 꿰맬 수 있다네. 달걀처럼 물렁하거나 무쇠처럼 딱딱한 것까지 말이야. 자네가 꿰맬 수 없는 것은 하나도 없다네. 게다가 이은 자리도 전혀 보이지 않지."

어느덧 약속했던 4년이 지나자 형제들은 헤어졌던 네 갈림길에 다시 모였습니다. 그들은 서로 얼싸안으며 입을 맞추고는 아버지가 있는 집으로 갔지요. 아버지는 매우 기뻐하면서 말했습니다.

"모두들 무사히 돌아왔구나."

형제들은 그동안 어떻게 지냈으며 저마다 무슨 기술을 배웠는지 차례차례 이야기했습니다. 그들은 마침 집 앞 커다란 나무 아래 둘러앉아 있었지요. 아버지가 말했습니다.

"이제 너희들이 뭘 얼마나 잘할 수 있는지 한번 시험해 보겠다."

아버지는 나무 위를 쳐다보면서 둘째 아들에게 물었습니다.

"이 나무 꼭대기 두 나뭇가지 사이에 되새 둥지가 하나 있는데, 그 안에 알이 몇 개 들어 있는지 말할 수 있겠느냐?"

그러자 점성가가 된 둘째 아들이 망원경을 들고 위를 쳐다보면서 말했습니다.

"다섯 개입니다."

아버지는 맏아들에게 말했습니다.

"알을 품은 어미새가 눈치채지 못하게 알을 꺼내오너라."

솜씨 좋은 도둑인 첫째는 나무 위로 올라가 알 다섯 개를 가져다 아버지에게 주었습니다. 알을 품고 있던 어미새는 그것을 알아채지 못하고 조용히 앉아 있었지요. 아버지는 그 알들을 탁자 네 귀퉁이에 하나씩 놓고 다섯 번째 알은 한가운데 놓았습니다. 그리고 셋째에게 말했습니다.

"한 방으로 이 다섯 개의 알들을 모두 둘로 쪼개 놓아라."

사냥꾼인 셋째는 갖고 있던 총을 꺼내 겨누었습니다. 아버지가 시킨 대로 단 한 방에 다섯 개 알들을 모두 맞혔습니다. 총알이 휘어져 날아가는 화약을 가지고 있음에 틀림없었습니다.

아버지가 막내에게 말했습니다.

"이제 네 차례다. 알을 다시 꿰매어 붙여 놓아라. 안에 들어 있는 새끼들까지 말이야. 총에 맞은 상처가 흔적도 남지 않도록 완벽하게 꿰매야 한다."

재봉사가 된 막내는 스승에게 받은 바늘을 꺼내 아버지 말대로 알과 새끼들을 모두 꿰맸습니다. 알을 다 꿰매자 도둑인 첫째가 다시 나무 위 둥지로 올라가, 여전히 눈치채지 못하고 앉아 있는 어미새 품 안에 알들을 가져다 놓았지요. 그러고 나서 2, 3일이 지나자 새끼들이 알에서 부화하여 밖으로 기어나왔습니다. 재봉사가 기운 새끼들 목에는 빨간 줄이 둘러 있었습니다.

아버지가 아들들에게 말했습니다.

"정말 장하다! 너희들 모두에게 침이 마르도록 칭찬할 수밖에 없구나. 다들 시간을 헛되이 보내지 않고 훌륭한 기술을 제대로 배웠어. 나로서는 누가 가장 훌륭하다고 말할 수가 없구나. 이제 기술을 실전에서 드러낼 기회가 오기만 하면, 누가 가장 훌륭한지 가려낼 수 있겠지."

얼마 뒤 그 나라에 커다란 소동이 벌어졌습니다. 공주가 하늘을 나는 용에게 납치된 것입니다. 그 일 때문에 밤낮으로 근심에 싸여 있던 왕은 마침내 공주를 구해오는 사람을 공주와 결혼시키겠다고 방방곡곡 알렸습니다. 사형제는 서로 이야기를 나누었습니다.

"우리 실력을 보여줄 좋은 기회인 것 같다."

그리고 함께 공주를 구하기 위해 떠나기로 했습니다.

"나는 공주가 어디 있는지 바로 알 수 있어."

점성가인 둘째가 말했습니다. 그는 망원경으로 이곳저곳 살펴보았습니다.

"보인다, 보여! 여기서 멀리 떨어진 바다 한가운데 커다란 바위가 하나 있는데 공주는 그 위에 앉아 있어. 그런데 용이 곁에서 지키고 있군."

둘째는 왕을 찾아가 배를 한 척 달라고 한 다음 형제들과 함께 바다를 건너 바위에 도착했습니다. 그곳에는 공주가 앉아 있고, 무시무시한 용이 공주의 무릎을 벤 채 잠을 자고 있었습니다. 사냥꾼인 셋째가 말했습니다.

"총을 쏠 수 없겠어. 잘못하면 저 아름다운 공주까지 총에 맞을지 몰라."

"그렇다면 내가 한번 운을 시험해 볼까."

도둑인 첫째가 말했습니다. 그는 살금살금 다가가 용의 머리 밑에서 공주를 살짝 빼내 왔습니다. 어찌나 재빠르게 행동했는지 용은 여전히 아무것도 모른 채 드르렁드르렁 코를 골고 있었지요. 형제들은 크게 기뻐하며 공주와 함께 서둘러 배에 올라타 드넓은 바다 위로 나아갔습니다.

하지만 잠에서 깨어나 공주가 사라진 것을 알게 된 용이 곧 뒤쫓아 날아오며 성난 콧김을 마구 내뿜었습니다. 용이 배 위를 한 바퀴 돌며 막 배 위를 덮치려 하자 사냥꾼은 재빨리 총을 겨누어 용의 심장 한가운데를 쏘았습니다.

총에 맞은 용은 떨어져 죽고 말았습니다. 그런데 덩치가 너무나 컸기에 배 위로 떨어지면서 그만 배를 산산조각 내버리고 말았지요. 네 형제와 공주는 다행히 널빤지 몇 개를 붙들었지만, 너른 바다 위를 그저 둥둥 떠다녀야만 했습니다. 다시 커다란 위험에 빠졌습니다. 재봉사는 재빨리 신기한 바늘로 붙들고 있던 널빤지들을 듬성듬성 꿰매 맞추었습니다. 그리고 그 위에 올라타 부서진 배의 조각들을 몽땅 모은 다음 능숙한 솜씨로 모두 붙여 놓았습니다. 배는 다시 제 모습을 갖추었고, 그들은 무사히 돌아갈 수 있었습니다.

딸을 다시 보게 된 왕은 매우 기뻐하며 네 형제에게 말했습니다.

"너희들 가운데 한 사람에게 공주를 아내로 주겠다. 누가 공주의 신랑이 될 것인지 너희들끼리 정하거라."

그러자 형제들 사이에 심한 말다툼이 벌어졌습니다. 서로 자기가 공주와 결혼해야 한다고 주장했기 때문입니다. 점성가인 둘째가 말했습니다.

"내가 공주를 찾아내지 않았더라면 다른 기술들은 모두 쓸모가 없었을 거야. 그러니 공주는 나와 결혼해야 해."

도둑인 첫째가 말했습니다.

"네가 찾았다 해도, 내가 용 밑에서 공주를 빼내 오지 않았더라면 무슨 소용이 있었겠어? 그러니 공주는 내 아내가 되어야만 해."

사냥꾼인 셋째가 말했습니다.

"내가 용을 총으로 쏘아 맞추지 못했더라면 공주는 물론이고 모두 갈가리 찢겨 죽고 말았을 거야. 그러니까 공주는 내 아내야."

재봉사인 막내가 말했습니다.

"내 바느질로 배를 다시 꿰매 맞추지 못했다면 모두들 가련히게 물에 빠져 죽고 말았을걸? 공주는 내 신부가 되어야 해."

그것을 듣고 왕이 판정을 내렸습니다.

"모두들 똑같이 이 공주를 아내로 맞을 자격을 갖췄구나. 하지만 공주는 하나인데 네 형제 모두에게 아내로 줄 수는 없으니 모두 공주와 결혼시키지 않겠다. 하지만 보답으로 왕국의 절반을 너희에게 나누어 주겠다."

형제들은 이 결정에 만족했습니다.

"우리끼리 서로 다투는 것보다 그렇게 하는 게 좋겠습니다."

이렇게 왕국의 절반을 얻은 사형제는 아버지를 모시고 행복하게 살았답니다.

KHM 130
외눈박이, 두눈박이, 세눈박이
Einäuglein, Zweiäuglein und Dreiäuglein

세 딸을 둔 여자가 있었습니다. 맏딸은 이마에 눈이 하나밖에 없어 '외눈박이'라 불렸고, 둘째 딸은 다른 사람들처럼 눈이 두 개였기 때문에 '두눈박이'로, 막내딸은 눈이 셋이었기 때문에 '세눈박이'라 불렸습니다. 막내딸의 세 번째 눈은 맏딸처럼 이마 한가운데 있었지요.

그런데 두눈박이는 다른 사람들과 생김새가 같았으므로 어머니와 언니, 동생은 두눈박이를 몹시 미워했습니다.

"너는 눈이 두 개여서 천박한 보통 사람들과 다를 게 없어. 아무래도 우리 집 식구 같지가 않아."

그들은 이렇게 말하면서 두눈박이를 구박했습니다. 옷도 낡은 옷만 입게 하고, 밥도 다른 식구들이 먹다 남긴 음식밖에 주지 않았지요. 두눈박이는 무척 마음이 아팠습니다.

어느 날 두눈박이는 들판으로 나가 염소를 지켜야 했습니다. 하지만 언니와 동생이 먹을 것을 조금밖에 주지 않아 몹시 배가 고팠지요. 두눈박이는 서러워서 언덕 위에 앉아 펑펑 울었습니다. 어찌나 울었던지 눈물이 냇물처럼 줄줄 흘러 떨어졌습니다.

그렇게 두눈박이가 슬피 울고 있는데 문득 고개를 들어 보니 옆에 한 부인이 서 있었습니다. 부인이 물었습니다.

"두눈박이야, 왜 우느냐?"

두눈박이가 말했습니다.

"어찌 울지 않을 수 있겠어요. 제가 다른 사람들처럼 눈이 두 개라고 언니도 동생도 어머니도 저를 싫어해서 이 구석 저 구석 내몰기만 하는 걸요. 옷도 낡은 것만 던져 주고 음식도 먹다 남긴 것만 준답니다. 그런데 오늘은 다른 날보다 더 적게 주어서 배가 정말 고파요."

이 부인은 요술쟁이였답니다. 요술쟁이 여인이 말했습니다.

"두눈박이야, 이제 배고플 일이 없을 테니 눈물을 닦고 내 말을 잘 들으렴. 염소에게 이렇게 말하는 거야.

'염소야, 음메 울어라, 식탁아, 상을 차려라.'

그러면 네 앞에 깨끗한 식탁보가 깔리고 그 위에 맛있는 음식이 가득 차려진 작은 식탁이 나타날 거야. 너는 마음껏 먹기만 하면 되지. 그리고 양껏 먹어 배가 부르다면 이렇게 말하렴.

'염소야, 음메 울어라, 식탁아, 상을 물려라.'

그러면 눈앞에서 식탁이 사라질 게다."

이렇게 말하고 요술쟁이 부인은 사라져버렸습니다.

'부인 말이 정말인지 한번 시험해 봐야겠어. 너무 배가 고프니까 말이야.'

이렇게 생각한 두눈박이는 부인이 일러준 대로 말했습니다.

"염소야, 음메 울어라, 식탁아, 상을 차려라."

그 말을 하자마자 하얀 식탁보가 덮인 작은 식탁이 나타났습니다. 식탁 위에는 나이프와 포크, 은수저와 접시가 놓여 있었고, 먹음직스럽게 차려진 맛난 요리가 있었는데 마치 부엌에서 막 가져온 것처럼 모락모락 김이 피어오르고 따뜻했지요. 두눈박이는 짧게 기도를 올렸습니다.

"하느님 아버지, 정말 감사합니다."

그러고는 손을 뻗어 맛있게 먹었습니다. 배가 부르자 요술쟁이 부인이 가르쳐 준 대로 말했습니다.

"염소야, 음메 울어라, 식탁아, 상을 물려라."

그러자 식탁과 그 위에 있던 모든 것들이 한순간에 사라져 버렸습니다.

'정말 멋진 일이야.'

이렇게 생각한 두눈박이는 무척이나 행복하고 기분이 좋았습니다.

날이 저물어 염소들을 몰며 집으로 돌아온 두눈박이는 언니와 동생이 질그릇에 담아 갖다 놓은 음식을 보았지만 손도 대지 않았습니다. 다음 날도 두눈박이는 염소를 데리고 밖으로 나갔지만, 건네받은 빵 몇 조각도 그대로 놓아둔 채였습니다.

처음 한두 번은 언니도 동생도 이상하게 여기지 않았지만 두눈박이가 날마다 그러자 자매들 눈에 띌 수밖에 없었습니다.

"두눈박이가 아무래도 수상해. 번번이 음식을 그대로 놓아두잖아. 다른 때 같으면 뭐든지 깨끗하게 먹어 치웠는데. 아무래도 이상하단 말이야. 우리가 주는 음식을 먹지 않아도 되는 무엇인가를 발견한 게 틀림없어."

그래서 두눈박이가 염소를 풀밭으로 몰고 나갈 때 외눈박이가 따라가서 무슨 일이 있는지, 누가 먹을 것과 마실 것을 가져다주는지 잘 살펴보기로 했습니다.

다음 날, 두눈박이가 집을 나서려 하자, 외눈박이가 오더니 말했습니다.

"염소를 잘 지키고 제대로 먹이는지 들판에 따라가서 지켜보아야겠어."

외눈박이가 무슨 생각을 하는지 알아차린 두눈박이는 염소들을 풀이 무성한 곳으로 몰고 가서 말했습니다.

"이리 와서 앉아, 외눈박이 언니. 내가 노래를 불러 줄 테니."

외눈박이가 옆에 털썩 앉았습니다. 그녀는 익숙하지 않은 길을 걸은 데다가 햇볕이 뜨거워 몹시 피곤했습니다. 두눈박이는 노래를 불렀습니다.

"외눈박이 언니야, 깨어 있니? 외눈박이 언니야, 자고 있니?"

외눈박이는 하나밖에 없는 눈을 감고 쿨쿨 잠들어 있었습니다. 들킬 염려가 없을 만큼 깊이 잠든 것을 확인한 두눈박이는 이렇게 외쳤습니다.

"염소야, 음메 울어라, 식탁아, 상을 차려라."

그러고는 식탁에 앉아 배가 부를 때까지 먹고 마신 다음 다시 외쳤습니다.

"염소야, 음메 울어라, 식탁아, 상을 물려라."

모든 것이 눈 깜짝할 사이에 사라졌습니다. 두눈박이는 외눈박이를 깨우며 말했습니다.

"외눈박이 언니, 내게는 염소를 지키겠다고 했으면서 그렇게 잠들어 버리면 어떻게 해. 염소가 어디로 가버릴지도 몰라요. 자, 이제 집에 가요."

두 사람은 집으로 돌아왔습니다. 두눈박이는 또 자기 밥그릇에 손도 대지 않았지요. 그러나 외눈박이는 두눈박이가 밥을 먹지 않는 이유를 어머니에게 말해줄 수가 없었습니다. 그래서 용서해 달라면서 사실대로 말했습니다.

"깜빡 잠이 들고 말았어요."

다음 날 아침 어머니가 세눈박이에게 말했습니다.

"이번에는 네가 따라가서 두눈박이가 밖에서 무엇을 먹는지, 누가 먹을 것과 마실 것을 가져다주는지 잘 보고 오너라. 틀림없이 몰래 음식을 먹을 게다."

두눈박이가 나가려 하자, 세눈박이가 와서 말했습니다.

"염소를 잘 지키고 풀을 충분히 먹이는지 보러 나도 따라갈래."

하지만 세눈박이가 무슨 생각을 하는지 알아차린 두눈박이는 염소들을 풀이 무성한 곳으로 몰아 놓고 말했습니다.

"세눈박이야, 우리 저기에 앉자꾸나. 내가 노래를 불러 줄게."

세눈박이가 옆에 털썩 앉았습니다. 한참을 걸어 온 데다가 햇볕이 뜨거웠기 때문에 몹시 피곤했습니다. 두눈박이는 지난번처럼 노래를 불렀습니다.

"세눈박이야, 깨어 있니?"

그러고는 이어서 "세눈박이야, 자고 있니?" 불러야 할 것을 그만 잘못해서 "두눈박이야, 자고 있니?" 부르고 말았습니다. 그러고는 계속해서 그렇게 노래를 불렀습니다.

"세눈박이야, 깨어 있니? 두눈박이야, 자고 있니?"

그러자 세눈박이는 두 눈이 감기며 스르륵 잠들었습니다. 하지만 노래에 나오지 않은 세 번째 눈은 잠이 들지 않았습니다.

세눈박이는 잠들지 않은 세 번째 눈도 감고 있었습니다. 잠든 것처럼 보이게 하려고 꾀를 부린 것이지요. 눈을 가늘게 뜨고 있었으므로 모든 것을 다 지켜볼 수 있었습니다. 세눈박이가 깊이 잠들었다고 생각한 두눈박이는 주문을 외웠습니다.

"염소야, 음메 울어라, 식탁아, 상을 차려라."

그리고 실컷 먹고 마신 다음 식탁을 사라지게 했지요.

"염소야, 음메 울어라, 식탁아, 상을 물려라."

세눈박이는 이 광경을 모두 지켜보았습니다. 아무것도 모르는 두눈박이가 세눈박이를 깨우며 말했습니다.

"아이 참, 세눈박이야, 그새 잠이 들었니? 그래 가지고 어떻게 염소를 지키겠다고! 자, 이제 그만 돌아가자."

그들은 집으로 돌아갔습니다. 이번에도 두눈박이는 아무것도 먹지 않았습니다.

세눈박이가 어머니에게 말했습니다.

"두눈박이가 어째서 아무것도 먹지 않는지 알아냈어요. 밖에 나가더니 염소에게 이렇게 말하지 않겠어요.

'염소야, 음메 울어라, 식탁아 상을 차려라.'

그러면 작은 식탁이 눈앞에 나타나는데 그 식탁에는 훌륭한 음식들이 가득 차려져 있어요. 우리가 집에서 먹는 것보다 훨씬 맛난 음식들이었지요. 그리고 배불리 먹고 나면 이렇게 말했어요.

'염소야, 음메 울어라, 식탁아, 상을 물려라.'

그럼 거기에 있던 것들이 눈 깜짝할 사이에 몽땅 사라져버려요. 제 눈으로 똑똑히 보았답니다. 두눈박이가 뭔가 주문 같은 노래를 불러서 내 두 눈을 잠들게 했지만, 이마 위에 있는 눈은 다행히도 깨어 있었거든요."

그러자 질투심 많은 어머니가 외쳤습니다.

"우리보다 더 좋은 것을 먹는다고? 내가 그렇게 내버려둘 것 같아?"

어머니는 칼을 가져와 염소의 심장을 푹 찔렀습니다. 염소는 털썩 쓰러져 죽고 말았지요. 그것을 본 두눈박이는 슬픔에 가득 차서 밖으로 뛰쳐나가 언덕에 걸터앉아 훌쩍훌쩍 울었습니다. 그러자 전에 만났던 그 요술쟁이 부인이 옆에 나타나 물었습니다.

"두눈박이야, 왜 울고 있니?"

"어떻게 울지 않을 수 있겠어요!"

두눈박이가 대답했습니다.

"부인이 알려 주신 주문을 외울 때마다 맛있는 음식을 차려 주었던 염소를 어머니가 찔러 죽여 버렸는걸요. 이제 저는 또다시 배고프고 슬프게 지낼 수밖에 없게 되었어요."

그러자 요술쟁이 부인이 말했습니다.

"두눈박이야, 좋은 것을 가르쳐 줄게. 언니와 동생에게 죽은 염소의 내장을 달라 해서 현관문 앞 땅속에 묻으렴. 그럼 행운이 찾아올 게다."

그 말을 남기고 부인은 사라져 버렸습니다. 집으로 돌아온 두눈박이는 언니와 동생에게 말했습니다.

"부탁이니까 내게 염소고기를 좀 나눠줘. 좋은 부위를 달라는 게 아니야. 내장이면 충분해."

자매는 깔깔 웃으며 말했습니다.

"내장이라면 가져가도 좋아."

밤이 되자, 두눈박이는 자매들에게 받은 염소 내장을 요술쟁이 부인이 일러준 대로 현관문 앞에 몰래 묻었습니다.

다음 날 아침, 가족들이 잠에서 깨어나 현관 밖으로 나갔더니, 그 자리에는 놀랍게도 눈부시게 화려한 나무 한 그루가 서 있었습니다. 은으로 된 나뭇잎이 무성했으며, 가지마다 황금 열매가 주렁주렁 달려 있었습니다.

이보다 더 아름답고 값진 것은 세상에 또 없을 것만 같았습니다. 식구들은 나무가 밤새 어디서 왔는지 알지 못했지만, 두눈박이는 염소 내장에서 자란 나무라는 것을 곧바로 알아차렸습니다. 바로 내장을 묻었던 자리에 나무가 서 있었기 때문이지요. 어머니가 외눈박이에게 말했습니다.

"외눈박이야, 나무에 올라가 저 열매를 좀 따다주렴."

외눈박이는 나무에 올라가 사과처럼 생긴 황금 열매 한 개를 잡으려고 손을 뻗었지만, 열매가 달린 작은 가지는 갑자기 쑥 올라가 버렸습니다. 그 뒤에도 황금 사과에 손을 뻗을 때마다 나뭇가지가 움직이는 바람에 도무지 딸 수가 없었습니다. 외눈박이는 나뭇가지를 따라 몸을 이리저리 움직여 보았지만 아무리 해도 열매를 딸 수가 없었습니다.

그러자 어머니가 말했습니다.

"세눈박이야, 네가 올라가 보렴. 눈이 세 개니 외눈박이보다 주위를 더 잘 살펴볼 수 있을 게다."

외눈박이가 나무에서 주르르 내려오자 세눈박이가 올라갔습니다. 하지만 세눈박이도 언니와 다를 게 없었습니다. 아무리 잘 살펴도 황금 사과는 그녀 손을 피해 자꾸만 뒤로 물러났지요. 나무 아래에서 안절부절못하며 잔소리를 해대던 어머니는 더는 참지 못하고 마침내 직접 나무 위로 올라갔습니다. 하지만 외눈박이, 세눈박이와 마찬가지로 열매를 잡기는커녕 허공에다 헛손질만 할 뿐이었습니다. 그러자 두눈박이가 말했습니다.

"내가 한번 올라가 볼게. 어쩌면 딸 수 있을지도 모르잖아."

그러자 언니와 동생이 소리쳤습니다.

"눈이 두 개밖에 없는 주제에 네가 할 수 있을 것 같아?"

그런데 두눈박이가 나무 위로 올라가자 황금 사과들은 뒤로 물러나기는커녕 스스로 내려와서 두눈박이 손 안으로 들어오는 게 아니겠습니까. 두눈박이는 황금 사과를 하나씩 따서 앞치마에 가득 담아 아래로 내려왔습니다. 하지만 어머니는 그녀에게서 사과들을 모조리 빼앗아 가버렸습니다.

엄마도 외눈박이도 세눈박이도 두눈박이에게 열매의 보답으로 잘 대해주기는커녕 그녀 혼자만 황금 사과를 따온 걸 시샘해서 오히려 이전보다 더 심하게 차갑고 쌀쌀맞게 굴었습니다.

그러던 어느 날이었습니다. 모두들 나무 옆에 모여 있는데, 말을 탄 젊은 기사가 다가왔습니다.

그 모습을 본 언니와 동생이 외쳤습니다.

"빨리 숨어, 두눈박이야. 어서 이 속으로 들어가란 말이야. 네가 있으면 우리까지 창피하잖아."

그러면서 가엾은 두눈박이를 나무 옆에 있던 빈 통 안에 황급히 밀어 넣었습니다. 두눈박이가 따온 황금 사과도 함께 밀어 넣었지요.

가까이 다가온 기사는 아주 잘생긴 젊은이였습니다. 말을 멈춘 기사는 금과 은으로 된 나무에 감탄하며 두 자매에게 물었습니다.

"이 아름다운 나무의 주인은 누구입니까? 저에게 나뭇가지 하나를 꺾어다 주실 분이 있는지요? 그렇게 해주신다면 원하는 것을 모두 드리겠습니다."

그러자 외눈박이와 세눈박이는 이 나무가 자기들 것이니 가지를 꺾어다 주겠다고 말했습니다. 둘은 나무에 올라가 가지를 꺾으려고 온갖 애를 썼지만, 번번이 나뭇가지와 열매들이 그녀들 손을 피하는 바람에 꺾을 수가 없었습니다. 기사가 말했습니다.

"거 참 이상하군요. 당신들 나무라면서 나뭇가지 하나 꺾지 못하다니."

자매는 계속 나무가 자신들 것임이 틀림없다고 우겼습니다. 그런데 두 자매가 그렇게 말하고 있을 때 통 안에 있던 두눈박이가 황금 사과를 두세 개 집어 기사의 발아래로 굴려 보냈습니다. 외눈박이와 세눈박이가 거짓말을 해서 화가 났기 때문이었습니다.

기사는 굴러온 사과들을 보고 깜짝 놀라 어디서 나온 것이냐고 물었습니다. 그러자 외눈박이와 세눈박이는 사실 자매가 하나 더 있는데, 다른 천박한 사람들처럼 눈이 둘뿐이라 모습을 나타내지 않는다고 말했습니다.

그 말에 두눈박이가 어떻게 생겼는지 보고 싶어진 기사가 소리쳤습니다.

"두눈박이 아가씨, 어서 이리 나와요."

두눈박이는 가만히 통 안에서 나왔습니다. 기사는 두눈박이의 아름다움에 깜짝 놀라 말했습니다.

"두눈박이 아가씨, 나뭇가지를 좀 꺾어다 주실 수 있겠습니까?"

두눈박이가 대답했습니다.

"네, 그럼요. 저 나무는 제 것인걸요."

그러고는 스르륵 나무 위로 올라가 무척이나 아름다운 은색 잎과 황금 열매가 달린 나뭇가지 하나를 꺾어서 기사에게 내밀었습니다. 기사가 물었습니다.

"두눈박이 아가씨, 대신 제가 뭘 드리면 되겠습니까?"

두눈박이가 대답했습니다.

"저는 이른 아침부터 밤늦게까지 배고프고 목마른 채 살아간답니다. 너무나 슬프고 비참하지요. 그러니 저를 데려가 이곳을 떠나게 해주신다면 정말 행복할 거예요."

기사는 두눈박이를 자기 말에 태우고 아버지 성으로 데려가 아름다운 옷을 입힌 다음 마음껏 먹고 마시게 해 주었습니다. 성에서 머물며 점점 더 두눈박이를 좋아하게 된 기사는 마침내 그녀와 결혼식을 올렸습니다. 모두 기뻐하는 가운데 성대한 잔치가 벌어졌습니다.

한편 멋진 기사가 두눈박이를 말에 태워 데려가자 다른 두 자매는 두눈박이의 행운이 몹시 샘이 났습니다.

'그래도 이 신기한 나무는 여전히 우리 곁에 남아 있어.'

그들은 이렇게 생각했습니다.

'비록 우리는 황금 사과를 하나도 따지 못하지만 누군가 이 신기한 나무 앞에 멈추어 섰다가 나무를 칭찬하려고 우리에게 올 수도 있잖아. 아직 포기하기엔 일러. 우리에게도 언젠가 행운이 올 거야!'

하지만 다음 날 아침에 일어나 보니 그 신기한 황금 사과나무는 감쪽같이 사라지고 없었습니다. 그들의 희망도 함께 사라져버린 셈이었습니다.

두눈박이가 침실에서 창밖을 내다보니 황금 사과나무가 서 있는 게 아니겠어요? 두눈박이는 이루 말할 수 없이 기뻤습니다. 나무는 두눈박이를 따라온 것입니다. 두눈박이는 기사와 함께 행복하게 지냈습니다.

그러던 어느 날 가난뱅이 여자들이 두눈박이가 사는 성으로 찾아와 구걸을 했습니다. 바로 두눈박이의 언니 외눈박이와 동생 세눈박이였습니다. 그들은 이 집 저 집 빵을 구걸하며 돌아다녀야 할 정도로 가난해지고 말았던 것입니다.

두눈박이는 자매들에게 잘 찾아왔다고 말하고 여러 가지로 친절하게 돌보아주었습니다. 마침내 두 자매는 지난날 두눈박이에게 저질렀던 잘못을 진심으로 뉘우쳤답니다.

KHM 131

어여쁜 카트리넬리에와 핍 팝 폴트리

Die schöne Katrinelje und Pif Paf Poltrie

"안녕하세요, 호렌테 어르신."
"고맙다, 핍 팝 폴트리."
"어르신의 따님을 제게 주시겠습니까?"
"암, 그러고말고. 어머니 마르코(우유)와 오빠 호엔슈톨츠(뽐내는 자)와 언니 케제트라우트(치즈를 좋아하는)와 어여쁜 카트리넬리에가 바란다면야 그렇게 할 수 있고말고."

"그럼 마르코 어머니는 어디에 계시나요?"
"외양간에서 젖소 젖을 짜고 있지."

"안녕하세요, 마르코 부인."
"고맙다, 핍 팝 폴트리."
"부인, 따님을 제게 주시겠어요?"
"암, 그러고말고. 호렌테 아버지와 호엔슈톨츠 오빠와 케제트라우트 언니와 어여쁜 카트리넬리에가 바란다면야 그렇게 할 수도 있지."

"그럼 호엔슈톨츠 형님은 어디에 있나요?"
"헛간에서 장작을 패고 있지."

"안녕하세요, 호엔슈톨츠 형님."
"고맙다, 핍 팝 폴트리."
"형님, 여동생을 제게 주시겠어요?"
"암, 그러고말고. 호렌테 아버지와 마르코 어머니와 케제트라우트 누나와 어여쁜 카트리넬리에가 바란다면야 그렇게 할 수 있지."

"그럼 케제트라우트 누님은 어디에 있나요?"

"밭에서 양배추를 거두고 있지."

"안녕하세요, 케제트라우트 누님."
"고맙다, 핍 팝 폴트리."
"누님, 동생을 제게 주실 수 있나요?"
"암, 그러고말고. 호렌테 아버지와 마르코 어머니와 호엔슈톨츠 오빠와 어여쁜 카트리넬리에가 바란다면야 그렇게 할 수도 있지."

"그럼 어여쁜 카트리넬리에는 어디에 있나요?"
"방에서 동전을 세고 있지."

"안녕하세요, 어여쁜 카트리넬리에."
"안녕하세요, 핍 팝 폴트리."
"내 아내가 되어 주지 않겠어?"
"좋아요, 호렌테 아버지와 마르코 어머니와 호엔슈톨츠 오빠와 케제트라우트 언니가 원한다면야."
"어여쁜 카트리넬리에, 지참금은 얼마나 가져올 거야?"
"현금으로 동전 열네 닢, 꾸어준 돈 은전 세 닢 반, 말린 사과 반 파운드, 당근과 우엉 한 줌."
"이만하면 어때요, 대단한 지참금 아녜요?"
"그런데 핍 팝 폴트리, 당신 직업은 무엇이지요? 재봉사인가요?"
"그보다 더 좋죠."
"구두장이?"
"그보다 더 좋은 것."
"농부?"
"그보다 더 좋은 것."
"목수?"
"그보다 더 좋은 것."
"대장장이?"
"그보다 더 좋은 것."

"방앗간 주인?"
"그보다 더 좋은 것."
"그렇다면 혹시 빗자루 만드는 사람?"
"그래요, 맞았어요. 멋진 직업 아닌가요?"

KHM 132

여우와 말

Der Fuchs und das Pferd

어느 농부에게 밤낮을 가리지 않고 일하는 충직한 말 한 마리가 있었습니다. 그러나 그 말이 늙어서 더는 일할 수 없게 되자 주인은 말에게 먹을 것을 주기 아깝다고 생각했습니다.

"말아, 네가 이미 쓸모가 없어졌다는 것은 알고 있지만 그동안의 정을 봐서 하는 말이다. 네가 사자를 이리 데려올 정도로 힘이 세다는 것을 보여준다면 이곳에 그냥 두겠다. 하지만 그렇지 못하다면 바로 마구간을 떠나야 한단다."

그러고는 먼 들판으로 쫓아 버렸습니다. 말은 몹시 슬퍼하며 비바람이라도 피할 만한 곳이 있는지 찾아보려고 숲으로 걸어 들어갔습니다. 그런데 가는 길에 여우를 만났습니다. 여우가 말했습니다.

"왜 그렇게 풀이 죽어 있는 거야?"

말이 대답했습니다.

"구두쇠인 주인과 나처럼 충성스런 짐승은 한 집에 살 수 없는 것 같아. 우리 주인은 내가 그동안 얼마나 자기를 위해 열심히 일해 주었는지 모조리 잊어버린 것 같아. 이제 내가 나이가 들어 더는 밭을 갈 수 없는 몸이 되었다고 그냥 날 내쫓았어. 먹이를 주지 않으려고 말이야."

"무작정 말 한마디 없이 쫓아냈다고?"

"남도록 해주는 조건이 있긴 한데, 도무지 가망이 없어. 글쎄, 내가 사자를 주인이 있는 곳으로 데려갈 만큼 힘이 세다는 걸 보여주면 나를 집에 두겠다는 거야. 하지만 내가 그럴 수 없으리란 것을 잘 알고 한 말이지."

그러자 여우가 말했습니다.

"그거라면 내가 도와줄게. 여기에 네 다리를 쭉 뻗고 누워 있어. 죽은 듯이 꼼짝도 하지 말고."

말은 여우가 시키는 대로 했습니다. 그러자 여우는 그곳에서 조금 떨어진 동굴에 사는 사자를 찾아가 말했습니다.

"저기 밖에 말 한 마리가 죽어 있어요. 동굴에서 나와 저와 함께 가지 않으실래요? 푸짐하게 드실 수 있을 거예요."

사자는 여우를 따라 말이 누워 있는 곳으로 갔습니다. 그러자 여우가 말했습니다.

"여기는 편안하게 식사를 하기에 좋지 않아요. 이렇게 하면 어떨까요? 제가 말꼬리를 사자님 몸에 묶겠습니다. 그렇게 하면 사자님은 동굴로 끌고 가서 편안히 드실 수 있을 거예요."

여우의 제안이 마음에 든 사자는 여우가 자신의 몸에 말을 단단히 묶을 수 있도록 가만히 서 있었습니다. 여우는 말꼬리를 사자 다리에 빙빙 감아서 묶었지요. 아무리 힘을 주거나 흔들어도 풀어지지 않도록 단단히 잘 동여맸습니다. 마침내 일이 끝나자 여우는 말의 어깨를 두드리며 말했습니다.

"이봐, 백마, 얼른 일어나 끌어! 끌고 달리라고!"

그러자 갑자기 말이 벌떡 일어나 사자를 묶은 채 질질 끌며 달려갔습니다.

놀란 사자가 울부짖었습니다. 그 소리가 얼마나 컸던지 숲 속의 새들이 벌벌 떨면서 푸드덕 날아오를 정도였습니다. 하지만 말은 사자가 울부짖건 말건 상관치 않고 그대로 들판을 지나 주인 집 문 앞까지 사자를 질질 끌고 왔습니다.

이것을 본 주인은 생각을 고쳐먹고 말에게 말했습니다.

"우리 집에 있어라. 잘 먹여주겠다."

그러고는 말이 죽을 때까지 배불리 먹이며 잘 보살펴 주었답니다.

KHM 133

춤을 너무 춰서 닳아버린 구두

Die zertanzten Schuhe

어느 나라에 열두 공주를 둔 왕이 있었습니다. 공주들은 모두 무척이나 아름다웠습니다. 그녀들은 커다란 방에 침대를 나란히 놓고 모두 한 방에서 잤는데, 잠잘 때가 되어 공주들이 방으로 들어가면 왕은 방문을 닫고 빗장을 질렀습니다. 그런데 다음 날 아침 왕이 방문을 열어 보면 공주들의 구두 바닥이 춤을 너무 춰서 해진 것처럼 열두 켤레 모두 닳아 있는 것이었어요. 어째서 그런 일이 생기는지 알 수 없었답니다.

왕은 공주들이 밤에 어디서 춤을 추고 오는지 알아내는 사람에게는 그가 선택한 공주를 아내로 삼게 해주며 자기가 죽은 뒤에는 왕위를 물려주겠다고 선언했습니다. 그러나 사흘 밤낮이 지나도록 알아내지 못하면 사형에 처하겠다고 단단히 일렀습니다.

얼마 안 있어 한 왕자가 나타나 공주들이 가는 곳을 알아내겠다며 나섰습니다. 왕자는 성에서 극진한 대접을 받았고, 날이 저물자 공주들 침실 옆방으로 안내되었습니다. 그 방에는 왕자가 잘 침대가 마련되어 있었지만 왕자는 잠을 잘 수 없었습니다. 그녀들이 어디로 가서 춤을 추고 오는지 잘 살펴야만 했으니까요. 공주들이 몰래 다른 짓을 하거나 밖으로 빠져나갈 수 없도록 넓은 방의 문도 활짝 열어 놓았답니다.

하지만 왕자는 눈꺼풀이 마치 납덩이처럼 무거워지는 바람에 그만 쿨쿨 잠이 들고 말았습니다. 다음 날 아침 일어나 보니 열두 공주는 이미 춤을 추고 온 뒤였습니다. 구두 밑창은 모두 닳아 구멍까지 뚫려 있었지요. 두 번째 밤과 세 번째 밤에도 같은 일이 되풀이되었고 마침내 왕자의 머리는 가차 없이 잘리고 말았습니다. 그 뒤로도 많은 사람들이 해보겠다고 나섰지만 모두 목숨만 잃고 말았습니다.

그러던 어느 날, 전쟁터에서 부상을 입어 더는 싸울 수 없게 된 가엾은 병사 한 사람이 왕이 사는 도시로 터벅터벅 힘들게 걸어오고 있었습니다. 길을 가다가 한 할머니를 만났는데 그 할머니는 병사에게 어디로 가는 길이냐고 물었습니다.

"저도 잘 모르겠습니다."

그리고 병사는 농담 삼아 한마디 덧붙였습니다.

"그 소문난 공주들이 어디서 구두가 닳도록 춤을 추는지 알아내서 왕이 되고 싶기도 하지만……."

"그렇게 어려운 일은 아니야."

할머니가 말했습니다.

"밤에 공주들이 가져다주는 포도주를 마시지 말고 깊이 잠든 척만 하고 있으면 돼."

그러고는 망토를 한 벌 주면서 이렇게 말했습니다.

"이 망토를 걸치면 자네 모습이 보이지 않게 되니 열두 공주 뒤를 가만히 따라갈 수 있을 게야."

뜻밖에 놀라운 말을 듣게 된 병사는 농담 삼아 이야기했던 일을 다시금 진지하게 생각해 보게 되었습니다. 그래서 용기를 내어 왕 앞에 나아가 자기가 한번 해보겠다고 나섰습니다.

병사 또한 이제까지 도전했던 다른 사람들처럼 좋은 대접을 받고, 왕족이 입는 옷도 입었습니다. 날이 저물어 잠잘 시간이 되자 공주들 옆방으로 안내되었지요. 그가 잠자리에 들려고 하자 첫째 공주가 포도주 한 잔을 가져다주었습니다. 하지만 병사는 턱 아래에 미리 손수건을 대어 포도주를 흘려보냈기 때문에 한 방울도 마시지 않았습니다. 그런 다음 그는 침대 위에 누워 잠시 가만히 있다가 이윽고 깊은 잠에 빠진 것처럼 드르렁드르렁 코를 골았습니다.

열두 공주는 옆방에서 그 소리를 듣고 깔깔 웃었습니다. 첫째 공주가 말했습니다.

"저 사람도 목숨이 아깝지 않은가 봐."

그러고는 모두 침대에서 일어나 옷장을 활짝 열어젖히고, 함과 궤짝에서 아름다운 옷을 꺼내 입고 거울 앞에서 화장을 했습니다. 모두들 빨리 춤추러 가고 싶어 깡충깡충 방 안을 뛰어다니기까지 했지요. 그런데 막내 공주는 문득 이상한 생각이 들었습니다.

"왜 이렇지? 언니들은 기뻐하는데 나는 어쩐지 이상한 기분이 들어. 뭔지 모르겠지만 우리들에게 안 좋은 큰일이 닥칠 것만 같아."

"너는 왜 이리 겁이 많니, 하얀 기러기처럼 벌벌 떠는구나."

첫째 공주가 말했습니다.

"얼마나 많은 남자들이 도전했다가 실패하고 목숨을 잃었는지 벌써 잊었니? 저런 촌뜨기 병사는 포도주에 수면제를 넣지 않았더라도 잠을 이기지 못할 게 뻔해."

공주들은 모든 준비가 끝나자 병사를 한번 살펴보았습니다. 두 눈을 꼭 감은 채 꼼짝도 않는 그를 보자 이 정도면 괜찮겠다고 그녀들은 안심했지요. 첫째 공주가 자기 침대가 있는 곳으로 가서 침대를 톡톡 두드리자 침대가 갑자기 바닥 아래로 스르르 내려가며 커다란 구멍이 나타났습니다. 첫째 공주를 시작으로 공주들은 차례차례 구멍을 통해 아래로 내려갔습니다.

이 모든 광경을 지켜보던 병사는 재빨리 일어나 할머니가 준 망토를 걸치고 막내 공주의 뒤를 따라 구멍으로 내려갔습니다. 서둘러 따라 내려가던 병사는 계단 중간쯤에서 막내 공주 옷자락을 자기도 모르게 살짝 밟고 말았습니다. 막내 공주가 깜짝 놀라서 외쳤어요.

"언니, 누가 내 옷을 붙잡았어!"

그러자 첫째 공주가 말했습니다.

"바보같이 굴지 마. 옷자락이 고리에 걸린 것뿐이잖아."

계단을 모두 내려가자 멋진 나무들이 나란히 줄지어 서 있는 아름다운 가로수길이 나왔습니다. 나뭇잎은 모두 은으로 되어 있어 눈부시게 반짝반짝 빛났습니다.

'이 나뭇잎을 증거로 가지고 가야겠어.'

병사는 이렇게 생각하고 나뭇가지 하나를 꺾었습니다. 나뭇가지가 부러지면서 '딱!' 크게 소리가 나는 바람에 막내 공주가 다시 깜짝 놀라 외쳤습니다.

"아무래도 이상해, 언니들 딱! 소리 못 들었어?"

첫째 공주가 말했습니다.

"그건 우리가 왕자님들을 만나러 온 것을 환영하는 축포야."

은빛 가로수길을 지나자 이번에는 나뭇잎이 모두 황금으로 되어 있는 터널로 들어갔습니다. 그리고 투명하게 비치는 다이아몬드 잎이 무성한 나무들 사이로 난 길을 지났지요. 그때마다 병사는 공주들을 쫓아가며 나뭇가지를 꺾었는데, '딱!' 소리가 날 때마다 막내 공주는 깜짝 놀라 기겁을 했습니다. 그럴 때마다 첫째 공주는 기쁨의 총소리라고 우겼습니다.

그 길을 계속 나아가자 큰 강이 나왔습니다. 강에는 작은 배 열두 척이 떠 있고, 배에는 멋진 왕자들이 한 명씩 올라타서 열두 공주를 기다리고 있었습니다. 왕자들은 저마다 공주들을 배에 태웠습니다. 병사는 막내 공주와 함께 배에 올랐지요. 왕자가 말했습니다.

"오늘은 어찌된 일인지 보통 때보다 배가 훨씬 무겁네요. 앞으로 나아가려면 온 힘을 다해 노를 저어야겠는데요."

그러자 막내공주가 말했습니다.

"날씨가 더워서 그런가 봐요. 오늘은 정말 덥군요."

이윽고 강 저편에서 불빛이 휘황찬란한 아름다운 성이 나타났습니다. 성안에서는 북이며 트럼펫 등을 연주하는 흥겨운 음악 소리가 울려 퍼져 나왔습니다.

왕자들은 배를 건너편 강가에 대고 성안으로 들어가서 함께 배를 타고 온 공주와 저마다 춤을 추기 시작했습니다.

망토를 뒤집어 쓴 병사도 보이지 않는 몸으로 그들 틈에 들어가 함께 춤을 추었답니다. 한 공주가 포도주가 담긴 술잔을 집자 병사가 그 포도주를 얼른 마셔 버렸기 때문에 공주가 입에 가져갔을 때는 잔이 비어 있었습니다. 그러자 막내 공주는 아무래도 이상하다며 몹시 불안해했지만 첫째 공주가 이런저런 말들로 그녀를 안심시켰습니다.

그들은 다음 날 새벽 3시까지 춤을 추었습니다. 구두가 모두 닳아서 더는 춤출 수가 없었습니다. 왕자들은 그녀들을 다시 배에 태워 강 건너에 내려주었습니다.

병사는 이번에 첫째 공주의 배에 올라탔습니다. 강을 건넌 공주들은 강가에서 왕자들과 작별 인사를 하면서 내일 밤 다시 오겠다고 약속했습니다. 침실로 통하는 계단에 이르자, 병사는 공주들을 앞질러 뛰어가 얼른 망토를 벗어 던지고 아무 일도 없었다는 듯 침대에 누웠습니다. 열두 공주들이 피곤한 몸으로 지친 다리를 질질 끌며 느릿느릿 방으로 올라오자 병사는 공주들이 모두 들을 수 있을 만큼 큰 소리로 드르렁드르렁 코를 골았습니다. 공주들이 말했습니다.

"거 봐. 저 병사는 걱정할 필요가 없다니까!"

그러고는 아름다운 옷과 장신구들을 벗어서 치운 다음 춤을 춰서 닳아빠진 구두들을 침대 아래에 벗어 놓고 곧바로 잠자리에 들었습니다. 다음 날 아침이 되었지만 병사는 아무런 말도 하지 않았습니다. 하지만 두 번째 날과 세 번째 날 밤도 공주들을 따라가서 그녀들의 행동을 모두 지켜보았습니다. 모든 것이 첫 번째 날 밤과 마찬가지였지요. 공주들은 날마다 구두 밑창이 떨어져 나갈 때까지 왕자들과 함께 춤을 추었습니다.

세 번째 날에 병사는 그들이 마시던 술잔을 하나 몰래 들고 왔습니다. 왕에게 답을 말해야 할 시간이 되자 병사는 나뭇가지 세 개와 술잔을 주머니에 넣고 왕 앞으로 나아갔습니다. 열두 공주는 문 뒤에 숨어서 병사가 무슨 말을 하는지 가만히 엿듣고 있었습니다.

왕이 물었습니다.

"내 열두 딸들이 어디서 구두가 닳도록 춤을 추는지 알아냈는가?"

병사가 말했습니다.

"공주님들은 지하 성에서 열두 왕자와 함께 춤을 추었습니다."

그러고는 그가 본 일들을 모두 이야기했습니다. 그 증거로 나뭇가지 세 개와 술잔을 꺼내 보여 주었지요.

왕은 딸들을 불러 병사의 말이 사실이냐고 물었습니다. 증거품을 본 공주들은 거짓을 말해봤자 아무 소용없다고 생각해서 사실대로 모두 털어놓았습니다. 그러자 왕은 병사에게 어느 공주를 아내로 삼고 싶으냐고 물었습니다.

"저는 나이가 적지 않으니 첫째 공주를 아내로 주십시오."

이렇게 해서 그날 병사와 첫째 공주의 결혼식이 치러졌습니다. 왕은 자신이 죽으면 왕국을 사위가 된 병사에게 물려주겠다고 약속했습니다. 그러나 지하 성의 왕자들은 모두 열두 공주들과 함께 춤을 춘 날만큼 더 마법에 걸린 채로 있어야만 했답니다.

KHM 134

여섯 하인

Die sechs Diener

먼 옛날 나이 많은 여왕이 살았습니다. 여왕은 사실 사악한 마녀였지만 그녀의 딸은 세상에서 가장 아름다운 아가씨였지요. 여왕은 어떻게 하면 사람들을 불러들여 그 목숨을 빼앗을까만 생각했습니다. 그래서 공주와 결혼하고 싶다는 구혼자가 나타나면 먼저 자기가 내주는 과제를 풀어야 하며, 풀지 못하면 죽을 것이라고 말했습니다.

공주의 아름다움에 눈이 먼 많은 젊은이들이 그녀를 아내로 맞이하기 위해 굳은 결심을 하고 나섰지만, 여왕이 내놓은 과제를 풀지 못하여 무릎이 꿇린 채 인정사정없이 목이 잘려 죽고 말았습니다.

한 왕자가 그 공주가 무척이나 아름답다는 소문을 듣고 아버지인 왕에게 말했습니다.

"아버님, 공주에게 청혼할 수 있도록 보내주십시오."

그러나 왕은 단호하게 아들을 말렸습니다.

"절대 안 된다. 그건 죽으러 가는 것이나 마찬가지야."

그 말을 들은 왕자는 그만 병이 들어 자리에 누워 버렸습니다. 죽을 것만 같은 큰 병에 걸려 7년이나 몸져누워 있었지만, 어떤 의사도 손을 쓸 수가 없었지요. 이제 더는 어쩔 도리가 없음을 깨달은 왕은 가슴이 찢어질 듯 아파하며 아들에게 말했습니다.

"정 그렇다면 가서 네 운을 시험해 보아라. 나도 이제 더는 말릴 수가 없구나."

그 말을 들은 왕자는 침대에서 벌떡 일어나 언제 병에 걸렸냐는 듯이 기쁜 마음으로 기운차게 말에 올라 타 길을 떠났습니다.

왕자가 어느 거친 들판으로 말을 몰고 가는데 커다란 건초 더미 같은 게 저 멀리 보였습니다. 그런데 가까이 다가가 보니 그것은 사람의 배였습니다. 팔다리를 쭉 뻗고 누운 사람의 배가 마치 작은 산처럼 보였던 것이지요. 이 뚱보는 왕자를 보더니 벌떡 일어나며 말했습니다.

"하인이 필요하시거든 저를 써주십시오."

왕자가 물었습니다.

"너처럼 뚱뚱하고 둔한 녀석이 무슨 도움이 된단 말이냐?"

"제가 뚱뚱하다고요? 오늘은 뚱뚱한 편에 들어가지도 않아요. 저는 마음만 먹으면 지금보다 3,000배는 더 커질 수도 있답니다."

그러자 왕자가 말했습니다.

"그게 정말이라면 쓸모가 있겠구나. 나를 따라오너라."

뚱보는 왕자를 따라나섰습니다. 그런데 얼마를 더 걸어가니 한 남자가 잔디밭에 귀를 바싹 댄 채 땅에 엎드려 있는 게 아니겠습니까. 왕자가 그 사람에게 가까이 다가가 물었습니다.

"지금 뭘 하고 있나?"

"귀로 소리를 듣고 있습니다."

남자가 말했습니다.

"무엇을 그리 열심히 듣는 거지?"

"오늘 세상에서 일어난 일이라면 뭐든 듣고 있습니다. 제 귀는 풀이 자라는 소리까지도 놓치지 않거든요."

왕자가 물었습니다.

"그렇다면 아름답다고 소문이 널리 퍼진 공주를 둔 늙은 여왕의 궁전에서 무슨 소리가 들리는지 알려줄 수 있는가?"

그러자 그가 대답했습니다.

"휙! 하는 소리가 들립니다. 칼을 휘둘러 구혼자의 머리를 자르는 소리로군요."

왕자가 말했습니다.

"쓸모가 있겠구나. 나를 따라오너라."

길을 계속 걷고 있는데 문득 눈앞에 발목 두 개가 보였습니다. 정강이 같은 것도 보였지만, 아무리 멀리 내다보아도 그 끝이 보이지 않았지요. 한참을 더 걸어가니 몸통이 나타나고, 더 걸어가니 드디어 머리가 보였습니다. 왕자가 감탄하며 말했습니다.

"참으로 놀랍구나, 이렇게 큰 사람은 처음 본다. 마치 밧줄처럼 길구나!"

누워 있던 키다리가 일어나 말했습니다.

"제가 길다구요? 이건 아무것도 아닙니다. 제가 마음만 먹으면 3,000배는 더 길어질 수 있답니다. 세상에서 가장 높은 산보다 더 크지요. 저를 데리고 가시겠다면 기꺼이 왕자님을 위해 일하겠습니다."

왕자가 말했습니다.

"나를 따라오너라. 쓸모가 있을 것 같군."

그들이 계속해서 길을 가다 보니 한 남자가 길가에 앉아 있는데 두 눈에 눈가리개를 하고 있었습니다.

왕자가 물었습니다.

"눈이 부셔서 눈가리개를 했나?"

남자가 말했습니다.

"아닙니다. 제 눈빛은 매우 강해서 쳐다보는 것마다 산산조각내기 때문에 이 눈을 가린 거랍니다. 그래도 제 도움이 필요하시다면 왕자님을 위해 기꺼이 일하겠습니다."

왕자가 말했습니다.

"쓸모가 있겠군. 따라오너라."

다섯 사람이 앞으로 나아가자 햇볕이 쨍쨍 내리쬐는데도 추워서 온몸을 부들부들 떨며 드러누워 있는 남자를 만났습니다. 왕자가 물었습니다.

"햇살이 이토록 따뜻한데 자네는 어찌 그리 몸을 떨고 있는가?"

남자가 답했습니다.

"제 몸은 태어났을 때부터 다른 사람들과 달랐지요. 날이 더우면 더울수록 추위를 느껴 그 냉기가 뼛속까지 파고듭니다. 그런가 하면 날이 추워질수록 몸은 더워진답니다. 저는 얼음 속에 있으면 더워서 견딜 수가 없고, 불 속에 있으면 추워서 견딜 수가 없지요."

왕자가 말했습니다.

"그것 참 이상하구나. 하지만 너도 쓸모가 있겠구나. 나를 위해 일하고 싶다면 따라오너라."

그러고 나서 또 한참 길을 가는데 이번에는 목을 길게 빼고 주위를 둘러보면서 산 너머를 기웃거리는 한 남자가 보였습니다. 왕자가 물었습니다.

"무얼 그리 열심히 보나?"

남자가 말했습니다.

"저는 천 리를 내다볼 줄 아는 눈을 가졌습니다. 온갖 숲과 들, 골짜기와 산은 물론이고 온 세상을 다 꿰뚫어 볼 수 있습니다."

왕자가 말했습니다.

"나를 위해 일하고 싶다면 따라오너라. 네 능력이 필요한지도 모르겠구나."

왕자는 이렇게 만난 여섯 하인들을 이끌고 나이 많은 여왕이 살고 있는 나라로 들어갔습니다. 여왕을 만난 왕자는 자신의 신분을 밝히지 않은 채 말했습니다.

"여왕폐하의 아름다운 공주님과 결혼을 허락해 주십시오."

여왕인 마녀는 이렇게 잘생긴 젊은이가 자기가 친 그물에 또 걸렸구나 싶어 크게 기뻐하면서 말했습니다.

"내가 주는 세 가지 과제를 모두 풀면 내 딸의 남편이 될 수 있다."

"첫 번째 과제는 무엇입니까?"

왕자가 물었습니다.

"저 붉은 바닷속에 빠뜨린 내 반지를 찾아오너라."

왕자는 하인들이 있는 곳으로 돌아가 말했습니다.

"첫 번째 과제는 붉은 바닷속에 빠진 반지를 가져오라는 것인데 이거 참 쉽지가 않구나. 어찌하면 좋을까?"

그러자 천 리를 내다보는 남자가 말했습니다.

"제가 반지가 어디에 있는지 보고 오겠습니다."

그러고는 잠시 바닷속을 들여다보더니 말했습니다.

"저 아래 뾰족한 바위 옆에 걸려 있군요."

이번에는 키다리가 왕자와 다섯 하인들을 어깨에 태우고 성큼성큼 걸어 천리안이 말한 곳으로 간 다음 말했습니다.

"물에 잠겨 있어서 보이지 않는걸. 눈에 보인다면 꺼내 올 텐데."

"그쯤이야. 내게 맡겨 둬."

이렇게 외친 뚱보가 바닷속에 입을 넣고는 크게 벌렸습니다. 넘실거리던 파도가 깊은 바다 밑바닥으로 떨어지듯이, 바닷물이 순식간에 그의 입속으로 빨려들어 갔습니다. 뚱보가 바닷물을 몽땅 마시자, 드러난 바다 밑은 마치 초원처럼 보송보송 말라 있었습니다. 키다리는 몸을 살짝 구부려 바위 옆에 걸려 있던 반지를 집어 들었습니다. 반지를 받아 든 왕자는 무척 기뻐하며 여왕에게 갖고 갔습니다. 그러자 여왕이 깜짝 놀라 말했습니다.

"그래, 바로 이 반지야. 첫 번째 과제는 운 좋게도 잘 풀었다. 이제 두 번째 과제를 주겠다. 저기 이 성 앞 초원에 살찐 황소 300마리가 풀을 뜯고 있는 게 보이지? 저 소들의 가죽과 털은 물론이고 뼈와 뿔까지 남김없이 먹어 치우게. 그리고 성 아래 지하실에 있는 포도주 삼백 통을 모조리 마시는 거야. 만일 황소 털 하나, 포도주 한 방울이라도 남기면 자네 목숨은 없을 줄 알게."

왕자가 물었습니다.

"손님을 초대하면 안 될까요? 모처럼의 만찬인데 홀로 먹으면 맛이 없거든요."

여왕이 음흉하게 웃으며 말했습니다.

"그렇다면 딱 한 사람만 허락해주지. 그 이상은 안 돼."

하인들이 있는 곳으로 돌아간 왕자는 뚱보에게 이렇게 말했습니다.

"오늘 내 손님이 되어 실컷 먹어 보게나."

뚱보는 몸을 3,000배나 크게 불리더니 황소 300마리를 털 한 오라기 남기지 않고 날름 먹어 치워버렸습니다. 그러고도 아직 배가 고픈지 후식으로 먹을 것이 더 없느냐고 물었지요. 포도주는 술잔에 따르지도 않고 통째 들어 벌컥벌컥 단숨에 마셔버렸습니다. 마지막 한 방울까지 싹싹 긁어 핥아먹었지요.

식사가 끝나자 왕자는 여왕을 찾아가 어려웠던 두 번째 과제를 풀었다고 이야기했습니다. 여왕은 깜짝 놀라서 말했습니다.

"이제껏 그 과제를 푼 사람은 아무도 없었는데……. 그러나 아직 마지막 과제가 남아 있다."

'아무리 해도 이번 과제는 풀어내지 못할걸. 네 녀석 목을 반드시 자르고 말테다.'

마녀는 이렇게 생각하며 말했습니다.

"오늘 밤 내 딸을 네 방으로 보낼 터이니 두 팔로 딸을 꼭 껴안고 있어야 한다. 하지만 잠들지 않도록 조심해야 할 게야. 12시가 되면 내가 갈 것이다. 그때 내 딸이 너의 품 안에 없다면 목이 잘릴 각오를 해야 할 게다."

'이번 과제는 참으로 쉽구나. 눈을 똑똑히 뜨고 있어야지.'

왕자는 그렇게 생각했지만, 만일을 위해 하인들을 불러 여왕이 낸 과제를 이야기하며 이렇게 말했습니다.

"나쁜 계략이 숨어 있을지도 모르니 조심하는 게 좋겠어. 공주가 내 방에서 빠져나가지 못하도록 모두 잘 지키도록 해."

밤이 되자 여왕은 딸을 데려와서 왕자의 품에 안겨주었습니다. 그러자 키다리가 두 사람을 칭칭 감았고, 뚱보는 온몸으로 문을 틀어막고 서서 그 누구도 들어올 수 없게 했습니다.

둘은 가만히 앉아 있었습니다. 공주는 아무 말도 하지 않았습니다. 그렇지만 창문으로 들어온 달빛이 공주의 얼굴을 비추자 놀랄 만큼 아름다운 그녀의 모습이 드러났지요. 왕자는 공주의 얼굴을 뚫어져라 바라보며 기쁨과 사랑스러움으로 가슴이 두근거렸습니다. 공주에게서 조금도 눈을 뗄 수 없었지요. 하지만 11시가 되자 여왕이 마법을 걸었기 때문에 모두들 그만 잠이 들고 말았습니다. 그 순간 공주도 사라져 버리고 말았습니다.

모두들 잠에 빠져 있었지만 12시를 알리는 종이 울리기 15분 전이 되자 마법의 힘이 풀려 잠에서 깨어났습니다. 공주가 사라진 것을 깨달은 왕자가 부르짖었습니다.

"오, 이럴 수가! 이제 나는 죽은 목숨이로구나!"

충실한 하인들도 한탄을 했습니다. 그런데 귀 밝은 하인이 말했습니다.

"가만, 모두 조용히 해봐. 무슨 소리가 나는지 들어 봐야겠어."

그는 잠시 귀를 기울이더니 이렇게 말했습니다.

"공주님은 여기서 300시간쯤 떨어진 바위 안에 갇혀 자신의 신세를 원망하며 한숨짓고 있어요. 키다리야, 너라면 금세 다녀올 수 있겠지? 몸을 길게 늘이면 두세 걸음 만에 그곳에 닿을 거야."

"그래, 하지만 눈가리개가 함께 가야 바위를 깨뜨릴 수 있겠어."

키다리는 눈가리개를 어깨에 태우고, 손바닥을 뒤집는 짧은 시간 만에 마법에 걸린 바위 앞에 닿았습니다. 키다리는 눈가리개의 가렸던 눈을 풀어 주었습니다. 그가 주변을 쓰윽 둘러보기만 했는데 바위는 순식간에 산산조각이 나버렸습니다. 키다리는 바위 속에서 나온 공주를 팔에 안고 눈 깜짝할 사이에 왕자에게 데려다 주고 나서, 부서진 바위들 사이에 남아 있던 눈가리개도 데려왔습니다. 이렇게 해서 12시를 알리는 종이 울리기 전에 모두들 아무 일도 없었던 것처럼 앉아 있을 수 있었습니다.

12시를 알리는 종이 땡땡 울리자 입가에 비웃음을 가득 머금은 여왕이 살그머니 방 안으로 들어왔습니다. 마치 '이번에야말로 네 녀석 목숨은 내 것이다' 이렇게 말하려는 듯 한없이 얄미운 얼굴이었습니다. 딸이 틀림없이 300시간 떨어진 바위 안에 갇혀 있을 거라 믿었기 때문이지요. 그런데 이게 웬일입니까. 바위 안에 있어야 할 딸이 왕자의 팔에 얌전히 안겨 있는 게 아니겠습니까. 그것을 본 여왕은 깜짝 놀랄 수밖에 없었습니다.

"나보다 더 대단한 녀석이 있구나."

그리하여 마녀는 꼼짝없이 공주를 내주어야 할 처지가 되었습니다. 마녀는 딸의 귀에 대고 속삭였습니다.

"너 스스로 남편을 고르지 못하고, 저렇게 신분이 낮은 녀석에게 시집 가야 하다니. 몹시 부끄럽겠구나."

늘 자신이 가장 잘났다며 말하던 콧대 높은 공주는 그 말을 듣고 자존심이 상해 몹시 화가 나서 괜스레 왕자에게 나쁜 마음을 품었습니다. 다음 날 아침 하늘이 밝아오자 공주는 마차 300대에 겨우 실을 만큼 많은 장작을 모아 성 앞에 쌓아 놓았습니다. 그러고는 왕자가 세 가지 어려운 과제를 풀긴 했지만, 이 장작더미 속에 앉아서 불을 붙여도 평온한 자세로 나오지 않고 버텨야만 그의 아내가 되겠다고 왕자에게 이야기했습니다.

아무리 충직한 하인이라 해도 왕자를 위해 대신 불에 타죽으려 하지는 않을 것이고, 또 이 남자가 자기를 아무리 사랑한다 해도 불 속에 앉아 있지는 못할 테니 이로써 결혼 이야기는 없었던 일로 할 수 있겠다고 생각한 것이지요.

그때 하인들이 말했습니다.

"우리 모두 조금씩 왕자님을 위해 일을 했지만, 추위를 많이 타는 덜덜이만은 아직 아무런 일도 못했습니다. 이제 그가 나서야 할 차례입니다."

그러면서 그를 장작더미 한가운데 앉히더니 장작에 불을 붙였습니다. 불길은 활활 피어올라 무려 사흘 동안 타들어 갔습니다. 마침내 불길이 모두 사그라진 다음 들여다보니 덜덜이가 잿더미 한가운데에 앉아 사시나무 떨듯이 덜덜 떨고 있었습니다. 그가 말했습니다.

"이런 추위는 난생 처음이야. 조금만 더 있었다가는 얼어 죽을 뻔했어."

이렇게 해서 아름다운 공주는 더 이상 핑곗거리를 찾지 못하고 젊은이를 남편으로 맞게 되었습니다. 둘은 결혼식을 올리려 교회로 떠났지요. 그러자 여왕이 말했습니다.

"나는 너무 부끄러워서 도저히 참을 수 없다."

여왕은 곧바로 군사들에게 공주의 뒤를 쫓아가라 명령했습니다. 그리고 방해가 되는 것들은 모두 죽이더라도 딸을 다시 데려오라 말했지요. 하지만 어떤 작은 소리라도 들을 수 있는 귀 밝은 하인이 여왕이 내린 명령을 몽땅 듣고 말았습니다.

"어떻게 할까?"

그는 뚱보에게 물었습니다. 뚱보는 어떻게 하면 좋을지 방법을 알고 있었지요. 전에 삼켰던 바닷물을 아주 조금씩 마차 뒤로 뱉어내자 곧 커다란 호수가 생겨났습니다. 그들을 뒤쫓던 군사들은 모두 호수에 갇혀 빠져 죽어버리고 말았지요. 그 소식을 들은 마녀는 갑옷으로 무장한 기병들을 보냈습니다. 하지만 기병들의 쩔렁거리는 갑옷 소리를 들은 귀 밝은 하인은 얼른 눈가리개의 안대를 풀어버렸습니다. 그가 슬쩍 쳐다보기만 했는데도 기병들은 유리처럼 산산조각이 나버렸습니다.

그래서 왕자와 공주는 아무런 방해도 받지 않고 교회에 이르렀습니다. 마침내 두 사람의 결혼식이 무사히 끝나자 여섯 하인들은 작별 인사를 하며 말했습니다.

"이제 주인님 소원이 이루어졌군요. 우리는 필요 없게 되었으니 저마다 길을 떠나 자신의 운을 시험해보겠습니다."

왕자의 성에서 반시간쯤 떨어진 곳에 마을이 하나 있었는데, 그곳에 돼지를 치는 사람이 살고 있었습니다. 그곳에 이르자 왕자가 신부에게 말했습니다.

"이제 내가 어떤 사람인지 알았겠지? 나는 왕자가 아니라 돼지를 치는 사람이라오. 저기 돼지 떼와 함께 있는 사람이 내 아버지이지요. 당신도 아버지를 도와 돼지들을 돌보아야 하오."

그러고는 공주를 데리고 여관으로 들어갔습니다. 몰래 주인 부부를 불러 밤에 공주의 옷을 치워달라고 일러두었지요. 다음 날 아침 일어난 공주는 자신의 옷이 보이지 않자 몹시 당황했습니다. 여관 안주인이 낡은 치마와 낡은 털신 한 켤레를 마치 엄청난 선심을 쓰는 듯이 주면서 말했습니다.

"주고 싶지는 않지만 당신 남편을 봐서 주는 거야."

공주는 자신의 남편이 정말 돼지를 치는 사람이라 믿고 남편과 함께 돼지를 돌보았습니다.

'그동안 내가 가장 잘났다 생각하고 거만하게 굴었으니 이런 벌을 받는 거야.'

공주는 그렇게 여겼답니다. 하지만 일주일이 지나자 발이 아파서 더는 일할 수가 없게 되었습니다. 그때 몇몇 사람들이 찾아와 그녀에게 남편이 어떤 사람인지 아느냐고 물었습니다. 공주가 말했습니다.

"물론 알지요. 제 남편은 돼지를 돌보는 사람이랍니다. 리본과 실끈으로 장사를 하기 위해 조금 아까 시장에 나갔지요."

그러자 사람들이 말했습니다.

"저희들을 따라오십시오. 그분께 데려다 드리겠습니다."

사람들은 공주를 성으로 데리고 올라갔습니다. 성 안에 들어가니 자신의 남편이 왕의 옷을 입고 서 있었습니다.

그러나 공주는 왕자를 알아보지 못했지요. 왕자가 공주를 와락 끌어안고 입을 맞추며 말했습니다.

"내가 당신 때문에 몹시 괴로움을 겪었으니, 당신도 나 때문에 괴로움을 겪게 한 것이오."

그러고 나서 성에서 성대한 결혼식을 열었습니다. 이 이야기를 들려준 사람은 자기도 그 결혼식을 보고 싶었다고 말하고 있습니다.

KHM 135

하얀 신부와 검은 신부

Die weiße und die schwarze Braut

한 여인이 친딸과 의붓딸을 데리고 소에게 여물로 줄 풀을 베기 위해 들판으로 나갔습니다. 그때 하느님께서 볼품없는 가난한 사람으로 변장하고는 터벅터벅 그들에게 다가와 물었습니다.

"마을로 가려면 어디로 가야 하나요?"
어머니가 대답했습니다.
"그런 건 직접 찾아보세요."
친딸이 덧붙여 말했습니다.
"길을 못 찾을 것 같아 걱정된다면 안내하는 사람과 함께 다니지 그러세요?"
그러자 의붓딸이 이렇게 말했습니다.
"가엾은 분이시네요! 제가 모셔다 드릴 테니 저를 따라오세요."
어머니와 친딸에게 화가 난 하느님은 두 사람에게 새까만 밤처럼 까맣고 보기 싫게 변하라고 마법을 걸었습니다. 하지만 의붓딸에게는 축복을 내려 주었습니다. 마을 가까이에 왔을 때, 하느님은 의붓딸에게 말했습니다.
"소원이 있으면 세 가지만 말해 보아라. 무엇이든 내가 들어주겠다."
소녀가 말했습니다.
"저는 해님처럼 아름답고 깨끗해지고 싶어요."
의붓딸이 그렇게 말하자마자 온몸이 백옥처럼 하얗고 아름답게 변했습니다.
"그 다음에는 아무리 써도 속이 비지 않는 지갑을 갖고 싶어요."
하느님은 그 소원도 들어주면서 말했습니다.
"가장 좋은 것을 잊지 않도록 하여라."
그래서 소녀가 말했습니다.
"세 번째 소원은, 제가 죽은 뒤에는 하늘나라로 가는 것이에요."
그 소원 또한 들어준 뒤 하느님은 소녀와 헤어졌습니다.
어머니가 친딸과 함께 집에 돌아와 보니, 두 사람은 숯처럼 새까맣고 보기 싫게 변했는데 의붓딸은 하얗고 아름다워져 있었습니다. 그것을 본 어머니는 의붓딸을 미워하는 마음이 더 깊어져서 어떻게든 의붓딸을 괴롭혀주어야겠다고 생각했습니다.
이 의붓딸에게는 레기너라는 오빠가 있었는데, 그녀는 오빠와 사이가 매우 좋아 자신에게 일어난 일은 언제나 오빠에게 모두 털어놓았답니다.
어느 날 레기너가 말했습니다.
"나는 내 동생이 정말 귀엽고 사랑스러워. 언제라도 볼 수 있게 네 모습을 그림으로 그렸으면 좋겠는데 내 부탁을 들어 주겠니?"
누이동생이 말했습니다.

"하지만 다른 사람에게는 절대 보여 주지 마세요."

오빠는 누이동생의 초상화를 그려서 자기 방에 걸어 놓았습니다. 오빠는 왕의 마차를 끄는 마부였기 때문에 왕이 사는 궁에서 살았습니다. 오빠는 날마다 이 초상화 앞에 서서 하느님께 사랑하는 여동생이 늘 행복하기를 기도 올렸지요.

그 무렵 오빠가 모시는 왕은 왕비가 죽어서 곁에 아무도 없었습니다. 왕비는 무척이나 아름다운 여인으로 이 세상에 그토록 아름다운 여인은 또 없을 거라 여겼기 때문에 왕은 더더욱 슬픔에 잠겨 있었습니다. 그런데 궁전에서 일하는 시종들이 마부가 날마다 아름다운 여인의 초상화 앞에 서 있는 것을 보고 샘이 나서 이 사실을 왕에게 일러바쳤습니다.

왕이 마부에게 초상화를 가져오게 해서 보았더니 그림 속 여인은 놀랍게도 죽은 왕비와 쏙 빼닮아 있었습니다. 아니, 왕비보다도 한결 아름다웠지요. 왕은 그림 속 여인에게 반해버려서 만나보지 않으면 죽을 것만 같았습니다. 그는 마부를 불러 그림의 주인공이 누구인지 물었습니다. 마부가 자기 여동생이라고 대답하자 왕은 그림 속 여인을 자신의 아내로 맞이해야겠다고 마음을 굳히고, 마부에게 말 네 마리가 끄는 마차와 호화로운 황금 옷을 내주며 동생을 데려오도록 했습니다.

레기너가 집에 와서 이 소식을 전하자 누이동생은 무척이나 기뻐했습니다. 그러나 새까맣게 변한 친딸은 이 이야기를 듣자 너무나 샘이 나고 화가 나서 어머니에게 말했습니다.

"어머니는 내게 이런 행운도 가져다주지 못하는데 어머니 마술은 무슨 소용이 있나요?

어머니가 말했습니다.

"좀 가만히 있어라. 엄마가 그 행운이 곧 너에게로 오도록 할 테니."

그러고는 마술을 부려 마부의 눈을 흐리게 하여 반쯤 보이지 않게 했습니다. 의붓딸 귀에는 마개를 씌워 반쯤 들리지 않게 했지요.

그런 뒤 그들은 모두 함께 마차에 올랐습니다. 화려한 왕비 옷을 입은 의붓딸이 가장 먼저 타고, 그 다음 어머니와 친딸이 탔습니다. 레기너는 마부가 앉는 앞자리에 앉아 말을 몰았습니다. 얼마 동안 달렸을까요, 레기너가 외쳤습니다.

“귀여운 동생아, 뭐라도 좋으니 몸을 잘 덮으렴.
비에 젖지도 말고 바람이 싣고 온 먼지를 뒤집어쓰지도 말고
아름다운 모습으로 임금님께 가야지.”

의붓딸이 물었습니다.
“오빠가 뭐라고 했나요?”
어머니가 대답했습니다.

"오빠는 네가 입은 번쩍번쩍 빛나는 금빛 드레스를 벗어서 동생에게 주라고 하는구나."

의붓딸은 금빛 드레스를 벗어 새까만 동생에게 주고, 자기는 대신 거친 회색 옷을 받아 입었습니다. 마차는 계속 달렸고, 얼마 뒤에 오빠가 또다시 외쳤습니다.

"귀여운 동생아, 뭐라도 좋으니 몸을 잘 덮으렴.
비에 젖지도 말고 바람이 싣고 온 먼지를 뒤집어쓰지도 말고
아름다운 모습으로 임금님께 가야지."

의붓딸이 물었습니다.

"오빠가 뭐라고 했나요?"

어머니가 대답했습니다.

"오빠가 네가 쓰고 있는 번쩍번쩍 빛나는 금빛 모자를 벗어 동생에게 주라고 하는구나."

의붓딸은 금빛 모자를 벗어 친딸에게 주고 자신은 아무것도 쓰지 않았습니다. 마차는 쉬지 않고 달렸습니다. 얼마 뒤 다시 오빠가 외쳤습니다.

"귀여운 동생아, 뭐라도 좋으니 몸을 잘 덮으렴.
비에 젖지도 말고 바람이 싣고 온 먼지를 뒤집어쓰지도 말고
아름다운 모습으로 임금님께 가야지."

의붓딸이 물었습니다.

"오빠가 뭐라고 했나요?"

어머니가 대답했습니다.

"잠깐 마차 밖을 한번 내다보라는구나."

마침 그때 마차는 깊은 강물이 흐르는 다리 위를 달리고 있었습니다. 그 말을 듣고 의붓딸이 일어나 마차 밖으로 몸을 내밀자 모녀는 갑자기 달려들더니 의붓딸을 뒤에서 세게 밀어 강물 속으로 떨어뜨렸습니다.

의붓딸이 물속으로 가라앉자마자 눈처럼 하얀 오리 한 마리가 거울처럼 투

명하고 잔잔한 수면 위로 두둥실 떠오르더니 강물을 따라 헤엄쳐 내려갔습니다. 오빠는 아무것도 눈치채지 못하고 계속 마차를 몰아서 마침내 궁전에 도착했습니다. 어머니의 마술에 걸려 눈이 흐려진 오빠는 앞이 잘 보이지 않았습니다. 하지만 금빛 드레스가 번쩍번쩍 빛나는 것만은 어렴풋이 보였기 때문에 그녀가 자신의 동생이라 믿고 왕에게 데려갔습니다.

왕은 자신의 신붓감이라고 마부가 데려온 여인이 매우 못생겼음을 알자 몹시 화가 나서 마부를 살무사와 독사들이 우글거리는 구덩이 속에 가두라고 명령했습니다. 그렇지만 늙은 마녀는 마법으로 왕의 마음을 사로잡을 방법을 이미 알고 있었지요.

마녀가 마법을 부려 왕의 눈을 홀리자 왕은 어머니와 딸을 궁전에 머물도록 허락했습니다. 의붓딸의 까맣고 못생긴 얼굴도 왕 눈에는 아름답게만 보였기 때문에 왕은 마녀의 친딸과 결혼하고 말았습니다.

어느 날 밤이었습니다. 새까만 신부가 왕의 품속에 안겨 있는데, 하얀 오리

한 마리가 하수구 도랑을 타고 부엌으로 헤엄쳐 들어오더니 부엌일을 돕는 소년에게 말했습니다.

"착한 소년아, 내 깃털을 말릴 수 있도록
불을 피워 주겠니?"

부엌일하는 소년은 오리가 말한 대로 아궁이에 불을 피워 주었습니다. 그러자 오리는 아궁이 곁에 와 앉더니 푸드덕 푸드덕 물기를 털고 주둥이로 깃털을 다듬었습니다. 오리는 따스한 불빛에 기분 좋게 몸을 녹이며 물었습니다.

"우리 오빠 레기너는 뭘 하고 있니?"

소년이 대답했습니다.

"살무사와 뱀들이 우글거리는 구덩이에 갇혀 있단다."

오리가 또 물었습니다.

"새까만 신부는 뭘 하고 있니?"

소년이 대답했습니다.

"왕의 품속에 따뜻하게 안겨 있지"

오리가 말했습니다.

"아아, 불쌍하구나!"

그러고는 하수구 도랑으로 사라졌습니다.
다음 날 저녁에도 오리는 또다시 나타나 똑같은 질문을 소년에게 던졌습니다. 그 다음 날도 마찬가지였지요. 소년은 더는 잠자코 있을 수 없어 왕을 찾아가 이 모든 사실을 털어놓았습니다.

그러자 왕은 직접 자기 눈으로 오리를 보려고 다음 날 저녁 부엌으로 내려왔습니다. 그리고 오리가 하수구 도랑을 타고 올라와 고개를 내밀자 칼을 빼어 오리 목을 내리쳤습니다. 그런데 그 순간 오리는 어여쁜 여인으로 변했습니다. 그 여인은 마부가 그린 그림 속 여인과 꼭 닮아 있었지요.

왕은 크게 기뻐하며, 온몸이 강물로 젖은 여인에게 아름다운 옷을 가져와 입혔습니다. 여인은 자기가 새어머니의 나쁜 꾀에 속아서 어떻게 강물로 내던져졌는지를 모두 이야기했습니다. 그리고 무엇보다 먼저 오빠를 뱀 구덩이에서 꺼내달라고 왕에게 부탁했습니다.

왕은 여인의 부탁을 들어주고 나서 늙은 마녀의 방으로 갔습니다.

왕이 물었습니다.

"이런 여자는 어떤 벌을 받아야 마땅하겠소?"

그러면서 오리였던 여인에게 들은 일을 몽땅 이야기했습니다. 마녀는 오늘의 행복에 취해 자신이 저지른 짓인지도 알아차리지 못하고 이렇게 말했습니다.

"그런 여자는 발가벗겨서 못이 잔뜩 박힌 통 속에 넣은 다음, 말이 그 통을 매달고 온 세상을 끌고 돌아다니게 하는 게 마땅합니다."

마녀가 말한 바로 그 벌이 마녀 자신과 친딸에게 내려졌습니다. 왕은 하얗고 아름다운 의붓딸과 다시 결혼했고, 오빠에게는 그 보답으로 많은 상을 내렸답니다.

KHM 136

철의 사나이 한스

Der Eisenhans

성 근처에 커다란 숲을 가진 왕이 있었습니다. 그 숲에는 온갖 동물들이 자유로이 뛰놀고 있었지요.

어느 날 왕은 작은 사슴을 한 마리 잡아오라고 사냥꾼을 숲으로 보냈는데 명령을 받고 숲으로 들어간 사냥꾼이 다시는 돌아오지 않았습니다.

"무슨 일을 당한 게 틀림없다."

왕은 그렇게 말하면서 다음 날 사냥꾼 둘을 보내 그를 찾아보도록 했지만 두 사냥꾼도 돌아오지 않았습니다. 그래서 사흘째 되는 날 사냥꾼들을 많이 불러모아 말했습니다.

"세 사람을 모두 찾을 때까지 온 숲을 샅샅이 뒤지도록 하여라."

하지만 그 수많은 사냥꾼들 가운데 단 한 사람도 숲에서 돌아오지 않았습니다. 그들이 데리고 갔던 사냥개들 또한 다시는 모습을 보이지 않았답니다.

그 뒤로 그 숲에 들어가려는 사람은 아무도 없었습니다. 그러자 숲은 사람 흔적 하나 없이 깊은 정적에 휩싸였습니다. 때때로 독수리나 커다란 매가 숲 위를 날아가는 게 보일 뿐이었습니다.

이렇게 여러 해가 흐르던 어느 날 이웃나라에서 온 사냥꾼이 왕을 찾아와 일자리를 구하러 왔다며 자기가 그 위험한 숲에 들어가보겠다고 나섰습니다. 하지만 왕은 허락하지 않으려 했습니다.

"그 숲은 무시무시한 곳이다. 그대도 다른 사람들과 똑같은 일을 당해 두 번 다시 돌아오지 못할까봐 걱정이 되는구나."

사냥꾼이 말했습니다.

"임금님, 저는 목숨 걸고 이 일을 해내고 말겠습니다. 본디 저는 무서움을 털끝만큼도 느끼지 못하니 괜찮을 겁니다."

사냥꾼은 자신의 개와 함께 숲으로 들어갔습니다. 얼마나 걸었을까요. 개가 사슴 발자국의 냄새를 맡더니 그것을 뒤따라갔습니다. 그러나 채 몇 걸음 가기도 전에 깊은 연못이 나와 더 앞으로 나아가지 못하고 서 있었습니다. 갑자기 팔 하나가 물속에서 쑥 튀어 나오더니 개를 움켜잡고는 물속으로 질질 끌고 들어가는 게 아니겠습니까. 이 광경을 지켜본 사냥꾼은 숲 밖으로 나가 세 사나이를 데리고 와서 연못물을 모두 퍼내게 했습니다. 마침내 연못 바닥이 드러났는데 그 밑바닥에는 야만인 같은 모습을 한 남자가 누워 있었습니다. 그의 몸은 녹슨 쇠처럼 검붉었고 얼굴을 덮은 긴 털이 무릎까지 늘어져 있었지요.

사냥꾼과 남자 셋은 이 야만인을 밧줄로 꽁꽁 묶어 성으로 끌고 갔습니다. 성 안 사람들은 잡혀온 그를 보고 깜짝 놀랐습니다. 왕은 그 남자를 쇠창살로 만든 감옥에 가둬 넓은 마당에 놓아 둔 뒤 만일 누구라도 감옥 문을 열어주는 사람이 있다면 사형에 처하겠노라 엄명을 내렸습니다. 감옥 열쇠는 왕비가 직접 보관토록 했지요. 그 뒤로 누구나 마음 놓고 숲으로 들어갈 수 있게 되었습니다.

왕에게는 여덟 살 난 왕자가 있었습니다. 어느 날 왕자가 마당에 나와 황금 공을 가지고 놀고 있었는데 황금 공이 데굴데굴 구르더니 그만 야만인이 갇혀 있는 감옥 속으로 들어가고 말았습니다. 왕자가 달려가 말했습니다.

"내 공을 돌려줘."

"이 문을 열어주기 전에는 안 돼."

야만인이 말했습니다.

"그럴 수는 없어. 아버지께서 절대 열지 말라고 하셨단 말이야."

왕자는 그렇게 말하고 자기 방으로 돌아가 버렸지만, 다음 날 아침이 되자 다시 감옥으로 찾아가 공을 달라 했습니다. 야만인이 말했습니다.

"이 문을 열어줘."

그러나 왕자는 열어 주지 않았습니다. 사흘째 되는 날, 왕은 사냥을 나갔고 그때 왕자가 다시 와서 말했습니다.

"난 열어 주고 싶어도 열 수가 없어. 열쇠가 없거든."

야만인이 말했습니다.

"열쇠는 네 어머니 베개 밑에 있으니까 갖고 오는 건 아주 쉽단다."

왕자는 황금 공을 꼭 되찾고 싶다는 생각에 그만 아버지가 말한 것도 잊어버리고 열쇠를 찾아 가지고 왔습니다.

왕자는 열쇠로 감옥 문을 열려다가 문틈에 손가락이 끼이기도 했지만 포기하지 않고 힘겹게 감옥 문을 열었습니다. 문이 열리자 야만인은 밖으로 나와 황금 공을 돌려주더니 재빨리 도망쳐 버렸습니다. 왕자는 공을 되찾은 건 좋았지만 그가 도망가기에 겁이 덜컥 나서 야만인에게 크게 소리쳤습니다.

"아, 가면 안 돼. 이봐. 그렇게 가버리면 내가 혼난단 말이야."

이렇게 말하며 왕자는 엉엉 울었습니다. 그런데 야만인이 돌아오더니 왕자를 번쩍 안아 어깨 위에 앉히고는 그대로 숲 속으로 들어가버렸습니다.

성으로 돌아온 왕은 감옥이 텅 빈 것을 보자 왕비에게 어찌된 일이냐고 물었습니다. 아무것도 모르는 왕비는 베개 밑을 찾아보았으나 열쇠는 온데간데

없었습니다. 왕비는 왕자를 불렀지만 아무런 대답이 없었지요. 왕은 사람들을 보내 왕자가 어디 있는지 찾아보게 했지만 왕자를 찾을 수 없었습니다. 마침내 왕은 야만인이 왕자를 데리고 갔다는 걸 깨달았습니다. 왕과 왕비는 왕자를 잃어버려 큰 슬픔에 잠겼습니다.

숲으로 돌아간 야만인은 왕자를 어깨에서 내려놓으며 말했습니다.

"이제 다시는 아버지와 어머니를 보지 못할 것이다. 하지만 나를 풀어 주었으니 내 곁에 있게 해주겠다. 뭐든지 내가 시키는 대로만 하면 행복하게 지낼 수 있을 게다. 돈이나 황금이라면 얼마든지 갖고 있거든. 이 세상 그 누구보다도 많이 가지고 있을 거야."

그는 왕자에게 푹신한 이끼로 잠자리를 마련해 주었습니다. 소년은 그 위에서 편안하게 잠이 들었습니다. 다음 날 아침 야만인은 소년을 어느 샘으로 데려가 말했습니다.

"이것 좀 보렴. 이 황금 샘은 수정처럼 맑고 깨끗하단다. 너는 여기 앉아서 아무것도 샘 속에 떨어지지 않도록 잘 지키고 있어야 한다. 무엇인가 떨어진다면 부정을 타게 되니까. 저녁마다 네가 내 명령을 잘 따르고 있는지 보러 오겠다."

소년은 샘 가장자리에 앉아서 샘을 지켜보았습니다. 때로는 황금 물고기가 보이기도 했고 때로는 황금 뱀이 모습을 드러내기도 했습니다. 물속에 아무것도 떨어지지 않도록 잘 지켜보고 있는데 갑자기 손가락이 참지 못할 만큼 아파져 소년은 무심코 손가락을 물속에 담그고 말았습니다. 재빨리 다시 꺼냈지만, 손가락은 이미 황금으로 변해 있었습니다. 아무리 닦아내려 애를 써도 황금색은 조금도 벗겨지지 않았습니다. 날이 저물자 야만인이 돌아와 소년을 바라보며 물었습니다.

"샘물에 무슨 일이 있었느냐?"

"아뇨, 아무 일도 없었어요."

소년은 황금색으로 변한 손가락을 슬며시 등 뒤로 감추고 대답했지만 이를 눈치챈 야만인이 말했습니다.

"샘물에 손가락을 담갔구나. 이번에는 그냥 넘어가겠지만 다음부터는 아무것도 떨어뜨리지 않도록 조심해야 한다."

다음 날 이른 아침부터 소년은 샘 가장자리에 앉아 샘을 지켰습니다. 그런데 또 손가락이 아파서 머리에 손가락을 갖다 대고 문질렀는데 운 나쁘게도 머리카락 한 가닥이 샘물 속으로 떨어지고 말았습니다. 소년은 재빨리 머리카락을 꺼냈지만, 머리카락은 벌써 황금으로 변해 버렸습니다. 저녁에 샘으로 온 야만인은 이미 무슨 일이 일어났는지 다 알고 있었습니다. 그가 말했습니다.

"머리카락을 샘물에 빠뜨렸구나. 이번 한 번 더 봐주겠지만, 이런 일이 세 번째로 일어나면 샘은 부정을 타고 만단다. 그렇게 되면 너를 내 곁에 둘 수가 없다."

사흘째 되는 날도 소년은 샘가에 앉아 있었습니다. 손가락이 아무리 아파도 꼼짝하지 않았습니다. 하지만 오랜 시간 앉아 샘을 지켜보는 일은 몹시 지루했지요. 그래서 물에 비친 자기 얼굴을 말끄러미 바라보았습니다. 그러다 더 가까이에서 보고 싶어서 고개를 깊이 숙이는 바람에 소년의 긴 머리카락이 어깨에서 흘러내리면서 그만 물속으로 풍덩 빠지고 말았습니다. 소년은 재빨리 벌떡 일어났지만, 이미 머리카락이 모두 황금으로 변해 태양처럼 반짝반짝 빛나고 있었습니다. 이 가엾은 소년이 얼마나 놀랐을지는 여러분도 상상이 가겠지요?

소년은 야만인에게 들키지 않으려고 수건을 머리에 감았습니다. 하지만 야만인은 이미 모든 것을 꿰뚫어보고 있었습니다.

"수건을 벗어봐라."

소년이 수건을 벗자 황금 머리카락이 물 흐르듯 어깨 위로 사라락 떨어졌습니다. 소년은 야만인에게 거듭 용서를 빌었으나 소용없었습니다.

"시험에 합격하지 못했으니 더는 이곳에 머물 수 없다. 세상에 나가면 가난함이 어떤 것인지 뼈저리도록 느끼게 될 것이다. 하지만 너는 본디 마음씨가 착하고 갇혀 있던 나를 도와주었으니 보답을 하나 해주겠다. 언제든 곤경에 빠지면 숲으로 와서 '철인 한스!' 이렇게 크게 외쳐라. 그러면 내가 너를 도와주겠다. 내 힘은 굉장히 세다. 네가 상상하는 것보다 더 어마어마하지. 그리고 금과 은 따위는 넘칠 정도로 많이 가지고 있다."

왕자는 숲을 떠나 길이 있건 없건 상관없이 계속 앞으로 걸어나갔습니다. 그리고 마침내 어느 큰 도시에 이르렀습니다. 왕자는 일자리를 찾아보았지만 어떤 일도 구할 수 없었습니다. 딱히 먹고살 만한 기술도 없었으니까요. 그래서 왕자는 어느 궁전에 가서 자기에게 일자리를 줄 수 있겠느냐고 물었습니다.

궁전 하인들은 왕자에게 무슨 일을 시켜야 할지 몰랐지만, 그가 마음에 들었으므로 한동안 머물러도 좋다고 했습니다. 그러다 조수가 필요하게 된 요리사가 왕자에게 할 일을 주었습니다. 장작과 물을 나르고 재를 쓸어 담는 일이었습니다.

어느 날, 공교롭게도 왕자 말고는 음식을 나를 사람이 없었기 때문에 요리사는 왕자에게 왕의 식탁에 요리를 나르도록 했습니다. 왕자는 자신의 황금 머리카락을 보이기 싫어서 챙이 넓은 모자를 쓰고 있었습니다. 이를 본 왕은 이제까지 그런 예의 없는 사람은 본 적 없었기에 놀라 물었습니다.

"왕의 식탁에 올 때에는 모자를 벗는 게 예의라는 것을 모르나?"

왕자가 말했습니다.

"오, 임금님. 저는 머리에 심한 부스럼이 있어서 모자를 벗을 수 없습니다."

그러자 왕은 요리사를 불러 어떻게 저런 지저분한 소년에게 일을 시킬 수 있느냐고 꾸짖었습니다. 소년을 바로 쫓아 버리라 하였지요. 하지만 요리사는 왕자를 가엾게 여겨 정원사 조수와 바꿔 일하게 해주었습니다.

이제 소년은 바람이 불건 비가 오건 험한 날씨에서도 정원에서 나무를 심고 물을 주며 땅을 파고 갈면서 견뎌내야 했습니다.

어느 여름날이었습니다. 소년이 홀로 정원에서 일을 하는데 날이 너무 뜨거워 시원한 바람이라도 좀 쐬려고 모자를 벗었습니다. 햇빛이 왕자의 머리카락을 비추자 머리카락이 반짝반짝 눈부시게 빛나면서 그 빛이 공주 침실까지 뻗어나갔습니다. 공주는 어디서 이런 밝은 빛이 나는지 보려고 자리에서 벌떡 일어나 창문을 내다봤습니다. 왕자를 본 공주는 소리쳐 불렀습니다.

"거기 있는 소년아, 꽃을 한 다발 가져다주겠니?"

소년은 재빨리 모자를 쓰고 주변에 핀 야생 들꽃을 꺾어 꽃다발을 만들었습니다. 그것을 들고 공주님 방으로 가려 계단을 오르는데 정원사와 마주쳤습니다. 정원사가 말했습니다.

"어떻게 공주님께 그런 꽃들을 가져다 드릴 수 있느냐. 서둘러 다른 꽃들을 가져오너라. 가장 예쁘고 귀한 꽃들로 골라 와야 한다."

소년이 대답했습니다.

"아, 아니에요. 들꽃이 향기가 한결 강하니까 공주님도 좋아하실 거예요."

소년이 방으로 들어오자 공주가 말했습니다.

“모자를 벗어라. 내 앞에서 모자를 쓰고 있다니 참으로 예의가 없구나.”
소년이 말했습니다.
“머리에 심한 부스럼이 있어서 모자를 벗을 수 없습니다.”
하지만 공주는 손을 뻗어 모자를 움켜잡더니 벗겨버렸습니다. 그러자 소년의 황금 머리카락이 어깨 위로 흘러내렸습니다. 반짝반짝 눈부시게 빛나는 아름다운 머리카락이었습니다.
소년은 달아나려 했지만, 공주는 그의 팔을 붙들고 금화 한 줌을 주었습니다. 소년은 그 금화를 들고 방을 떠났습니다. 소년은 본디 욕심이 없었기에 금화를 정원사에게 주면서 말했습니다.
“이 돈으로 잔난감을 사서 아저씨 아이들에게 선물로 주세요.”
다음 날도 공주는 또 소년을 불러 들꽃 한 다발을 가져오라고 했습니다. 소년이 꽃다발을 들고 다가오자 공주는 소년의 모자를 잡아 벗기려 했습니다. 그렇지만 소년은 두 손으로 모자를 꼭 붙들고 있었지요. 공주는 또다시 금화 한 줌을 주었고, 소년은 이것 또한 자기가 갖지 않고 정원사에게 아이들 장난감을 사라면서 주었습니다. 사흘째 되는 날에도 똑같은 일이 벌어졌습니다. 공주는 소년의 모자를 벗길 수 없었고 소년은 금화를 받지 않았습니다.
그로부터 얼마 뒤 전쟁이 일어났습니다. 온 나라가 전쟁터가 되었지요. 왕은 군사를 모았지만, 적이 매우 막강한 데다 군인들이 아주 많았기 때문에 제대로 맞서 싸울 자신이 없었습니다.
정원에서 일하던 소년은 젊은이가 되었습니다. 젊은이는 전쟁터에 나가는 이들에게 말했습니다.
“저도 이제 다 자랐으니 전쟁터에 나가 싸우고 싶습니다. 부디 제게 말 한 마리만 주십시오.”
그 말을 들은 병사들은 웃으며 말했습니다.
“우리가 떠나고 나서 말이 있는지 찾아보아라. 너를 위해 마구간에 한 마리쯤 남겨 둘 테니까.”
모두들 떠나자 젊은이는 마구간으로 가서 남아 있는 말을 끌어냈는데 그 말은 한쪽 다리를 절룩거렸습니다. 그렇지만 젊은이는 말에 올라타고는 야만인과 함께 지냈던 숲으로 떠났습니다. 그 숲에 이르자 젊은이는 나무들 사이를 쩌렁쩌렁 울릴 만큼 크게 “철인 한스!” 세 번 소리쳐 불렀습니다. 곧바로 야만인이 나타나 물었습니다.

"무엇을 원하느냐?"

"천 리를 달릴 수 있는 튼튼한 말이 필요해요. 전쟁에 나가고 싶거든요."

"좋다, 네가 원하는 것보다 훨씬 좋은 말을 주겠다."

야만인은 숲으로 돌아갔고 조금 지나자 마부 한 사람이 숲에서 말을 끌고 나왔습니다. 말은 커다란 콧구멍으로 씩씩거리면서 거센 콧김을 뿜어내는 폼이 무척 사나워서 다루기 어려워 보였습니다.

그 뒤로 한 무리 군사들이 줄지어 오고 있었습니다. 모두 철갑옷으로 무장을 했는데, 그들이 들고 있는 창과 칼이 햇빛을 받아 번쩍번쩍 빛났습니다.

젊은이는 자신이 타고 왔던 절름발이 말을 마부에게 주고 사나운 말에 올라 탔습니다. 그리고 군대를 이끌고 전쟁터로 달려갔습니다. 전쟁터에 도착해 보니 왕의 군사들은 거의 다 쓰러져 있었고, 얼마 남지 않은 병사들도 더 이상 싸울 수가 없어 후퇴를 해야 할 형편이었습니다. 젊은이가 철갑 부대를 이끌고 쏜살같이 돌격해, 폭풍처럼 적군을 공격하여 자신에게 맞서는 자는 닥치는 대로 베어버렸습니다. 적들은 달아나려 했지만 젊은이가 계속 적을 몰아붙여 마침내 승리를 거두었습니다. 그러고 나서 젊은이는 곧바로 왕에게 가지 않고 군사들을 이끌고 옆길로 돌아서 다시 숲으로 가 철인 한스를 불렀습니다.

"무엇을 원하느냐?"

철인 한스가 물었습니다.

"당신 말을 가져가고 제 절름발이 말을 돌려 줘요."

젊은이는 절름발이 말을 타고 성으로 돌아왔습니다.

왕도 성으로 돌아왔습니다. 공주는 아버지를 반갑게 맞이하며 승리를 축하했습니다. 왕이 말했습니다.

"승리를 안겨 준 사람은 내가 아니라 어떤 낯선 기사란다. 군사를 이끌고 와서 나를 도와주었지."

공주는 그 낯선 기사가 누구인지 알고 싶었지만 왕도 알 수 없었습니다.

"그 기사는 적을 무찌르고 난 뒤 사라져 다시는 눈앞에 나타나지 않았단다."

공주는 정원사에게 그를 도와주던 젊은이에 대해 물어보았습니다. 정원사가 웃으면서 말했습니다.

"그 녀석은 방금 절름발이 말을 타고 돌아왔습니다. 하인들이 '우리 절름발

이 기사가 돌아왔구나!' 외치며 놀려 주었지요. 사람들이 '그동안 덤불 뒤에서 잠이라도 자다 왔지?' 물으니까 그 녀석 하는 말이 '나는 최선을 다했습니다. 내가 없었더라면 큰일 났을 거예요.' 이러지 뭡니까. 그래서 다들 한바탕 웃음바다가 되고 말았지요."

왕이 공주에게 말했습니다.

"전쟁에 이겼으니, 사흘 동안 큰 잔치를 벌여야겠다. 잔칫날에 네가 황금 사과를 던지려무나. 어쩌면 그 낯선 기사가 올지도 모르지."

잔치가 열린다는 소식이 알려지자 젊은이는 숲으로 가서 철인 한스를 불렀습니다.

"무엇을 원하느냐?"

철인 한스가 물었습니다.

"공주가 던지는 황금 사과를 잡고 싶습니다."

"그 사과라면 이미 네 손에 있는 거나 마찬가지다."

철인 한스가 대답했습니다.

"붉은 갑옷과 늠름한 밤색 말을 주겠다."

잔칫날이 되자 젊은이는 갑옷을 입고 말을 몰고 가 기사들 틈에 끼었습니다. 하지만 그의 얼굴을 알아보는 사람은 아무도 없었습니다. 공주가 앞으로 나와 기사들에게 황금 사과 한 개를 던지자 다른 누가 황금 사과를 잡을 틈도 없이 젊은이가 가장 빨리 잡았습니다. 젊은이는 사과를 잡자마자 곧바로 말을 몰고 사라져버렸습니다.

두 번째 날에는 철인 한스가 하얀 갑옷과 하얀 말을 주었습니다. 이번에도 젊은이가 사과를 잡았는데 그는 또다시 아무 망설임 없이 눈 깜짝할 사이에 사과를 들고 사라지고 말았습니다. 왕은 화가 나서 말했습니다.

"괘씸한 일이다. 내 앞에 나타나 이름조차 대지 않고 사라지다니."

왕은 사과를 잡은 기사가 다시 도망을 치거든 그를 쫓아가 잡아 오라는 명령을 내렸습니다. 만일 고분고분 따라오지 않거든 칼과 창을 쓰더라도 반드시 데려오라고 말했습니다.

세 번째 날에 젊은이는 철인 한스로부터 검은 갑옷과 검은 말을 받았고, 또다시 황금 사과를 잡았습니다. 그리고 그대로 말을 달려 사라지려는데 왕의 부하들이 그를 뒤쫓아왔습니다. 한 사람은 젊은이의 바로 옆까지 쫓아와서 칼끝으로 다리에 상처를 입혔습니다. 그럼에도 젊은이는 그대로 말을 달려 도망가 버렸습니다. 하지만 말을 심하게 몰았기 때문에 그만 투구가 머리에서 떨어지고 말았습니다. 뒤를 쫓던 왕의 부하들 모두 그의 황금 머리카락을 보고 말았습니다. 그리고 왕에게 돌아가 그 사실을 보고했습니다.

다음 날 공주는 정원사에게 정원에서 일하는 조수에 대해 물었습니다.

"그 녀석은 정원에서 일하고 있습니다. 그런데 참으로 이상한 녀석입니다. 그 녀석도 어제 그 잔치에 갔다가 밤에 돌아왔는데 자기가 황금 사과 세 개를 얻었다면서 제 아이들에게 보여 주지 뭡니까."

왕은 젊은이를 불러오라고 했습니다. 젊은이는 이번에도 머리에 모자를 쓰고 있었습니다. 그것을 본 공주가 성큼성큼 그에게 다가가 모자를 휙 벗겼습니다. 그러자 황금 머리카락이 젊은이 어깨 위로 스르륵 흘러 내렸는데 반짝반짝 눈부시게 아름다워 모두들 깜짝 놀랐습니다.

왕이 물었습니다.

"날마다 다른 갑옷을 입고 잔치에 와서 황금 사과 세 개를 모두 잡은 기사가 자네인가?"

젊은이가 대답했습니다.

"그렇습니다. 그리고 그 사과들은 여기 있습니다."

젊은이는 주머니에서 황금 사과를 꺼내 왕에게 주었습니다.

"임금님께서 증거가 더 필요하시다면 임금님 부하들이 저를 쫓아오면서 칼로 찔렀던 다리에 난 상처를 보여 드릴 수도 있습니다. 또한 저는 임금님께서 승리를 거두도록 도와드렸던 그 기사이기도 합니다."

"그렇게 훌륭한 공을 세운 사람이라면, 그저 정원사 일이나 거드는 평범한 조수일 리가 없네. 말해 보게, 아버님이 누구신가?"

"제 아버님은 한 나라의 왕이시고, 저는 황금을 얼마든지 가지고 있습니다."

"잘 알겠네."

왕이 말했습니다.

"그대에게 신세를 졌으니, 무언가 보답을 했으면 하는데 말해 보게. 내가 무엇을 해주었으면 좋겠나?"

젊은이가 대답했습니다.

"그러시다면, 공주님을 아내로 맞이하고 싶습니다."

그러자 공주가 웃으며 말했습니다.

"아무 거리낌이 없는 분이로군요. 저는 당신의 황금 머리카락을 보았을 때부터 단순히 정원 일이나 거드는 사람이 아니라는 것을 이미 알고 있었답니다."

그러고는 젊은이에게 다가가 입을 맞추었습니다.

젊은이와 공주의 결혼식 날 왕자의 아버지와 어머니인 이웃 나라 왕과 왕비도 참석했습니다. 사랑하는 아들을 다시 볼 수 있으리라는 희망을 포기하고 살아왔던 젊은이의 부모는 아들을 다시 만나자 기뻐서 어쩔 줄 몰랐습니다.

이렇게 모두들 결혼 축하연에 앉아 있는데, 갑자기 음악 소리가 뚝 멈추고 연회장 문이 활짝 열리더니 한 늠름한 왕이 위세를 떨치듯 수행원을 잔뜩 거느리고 들어섰습니다. 그는 젊은이에게 다가와 얼싸안고 말했습니다.

"내가 바로 철인 한스다. 마법에 걸려 야만인으로 변해 있었지만, 그대가 나를 구해 주었다. 내가 지닌 재산과 보물은 이제 모두 그대에게 주겠다."

KHM 137

새까만 세 공주

Die drei schwarzen Prinzessinnen

동인도가 수많은 적들에게 포위된 적이 있었습니다. 적군은 금화 600냥을 받기 전에는 이 도시에서 떠나지 않겠다고 했습니다. 그래서 도시에서는 그만큼의 돈을 내는 사람에게 시장 자리를 주겠다며 둥둥 북을 두드려 곳곳에 알렸습니다.

이 도시에 가난한 어부가 아들과 함께 살았습니다. 어느 날 어부 앞에 적군이 나타나 금화 600냥을 몸값으로 주고 아들을 데려가 버렸습니다. 어부는 그 돈을 받자마자 도시의 높은 사람들에게 가져다주었고, 곧 적들은 물러갔지요. 가난했던 어부는 이제 시장이 되었습니다. 그리고 얼마 지나지 않아 어부는 그를 '시장님'이라고 부르지 않는 사람은 누구라도 교수형에 처한다는 명령을 도시 전체에 내렸습니다.

한편 어부의 아들은 간신히 적들 손에서 도망쳐 나와 어느 높은 산 커다

란 숲으로 들어갔습니다. 산이 입을 쩍 벌리자 마법에 걸린 눈부신 성이 나타났습니다. 아들이 성으로 들어가 보니 의자도 식탁도 모두 검은 천으로 덮여 있었습니다. 그때 하얀 얼굴에 온통 검은 옷을 입은 세 공주가 나타났습니다. 해치지 않을 테니 무서워하지 말라며 아들을 안심시킨 그들은 어부의 아들만이 자기들을 구해낼 수 있다고 말했습니다. 그러자 그는 어떻게 하면 되는지 방법만 알면 기꺼이 돕겠다며 공주들 이야기를 들어보았습니다. 공주들은 그에게 1년 동안 자기들에게 말을 걸어서도 안 되고 쳐다봐서도 안 된다는 말과 함께 필요한 것이 있으면 자신들이 대답할 수 있는 때에 말을 하라고 했습니다.

그는 얼마 동안 그곳에 머물렀지만 아버지가 보고 싶어졌습니다. 그래서 아들이 아버지를 보러 가겠다 말하자 공주들은 그에게 돈주머니와 옷을 주면서 일주일 뒤에 돌아오라고 했습니다.

그 말이 끝나자마자 아들의 몸이 위로 붕 떴는가 싶더니 어느새 동인도에

와 있었습니다. 그는 곧바로 아버지의 오두막을 찾아가 보았지만 웬일인지 집 안에는 아무도 없었습니다. 집 주위 어디에도 아버지의 모습이 보이지 않자 그는 사람들에게 가난한 어부가 어디로 갔는지 물어보았습니다. 그러자 사람들은 소스라치게 놀라며, 그를 가난한 어부라고 부르면 교수대에 매달릴 것이라고 말했습니다. 아들은 아버지를 찾아가 물었습니다.

"가난한 어부가 어떻게 여기 계시나요?"

아버지가 말했습니다.

"그렇게 부르지 말거라. 도시의 높은 사람들이 그 말을 들으면 너를 교수대로 보낼 것이다."

그러나 그는 계속 가난한 어부라는 말을 썼기 때문에 끝내 교수대로 끌려가게 되었습니다. 교수대 앞에 선 아들이 말했습니다.

"오, 나리들, 지난날 제가 살았던 오두막에 다녀올 수 있도록 허락해 주십시오."

오두막집에 간 그는 아버지와 고기를 잡을 때 입던 옷을 입고 돌아와 사람들에게 말했습니다.

"이래도 제가 가난한 어부의 아들이 아니라고 하시겠습니까? 이 옷을 입고 저는 아버지와 어머니에게 빵을 구해다 드리곤 했습니다."

그러자 사람들은 그가 누구인지 알아보고 크게 사과하며 집으로 돌려보냈습니다. 집에 간 아들은 그동안 있었던 일을 부모님께 모두 이야기했습니다. 어느 높은 산 숲 속에 들어갔는데 갑자기 산이 열리면서 마법에 걸린 성이 나왔고, 그 안은 모든 게 검은 천으로 뒤덮여 있었으며, 얼굴만 빼고 모두 검은 공주 셋이 자기들을 구해 달라 했다는 이야기까지 빠짐없이 말해주었지요. 이런 이야기를 들은 어머니는 아무래도 불길한 느낌이 들어, 제단에 올려두었던 신성한 양초를 가져가 세 공주 얼굴에 그 촛농을 떨어뜨리라고 말했습니다.

성으로 돌아간 아들은 무서웠지만 잠든 공주들 얼굴에 촛농을 떨어뜨렸습니다. 그러자 반쯤 하얗게 변한 공주들이 벌떡 일어나 큰 소리로 외쳤습니다.

"이 나쁜 놈, 피를 부르는 복수를 하고야 말겠다. 이제 우리를 구할 수 있는 사람은 없어졌다. 그리고 앞으로도 없을 것이다. 우리에게는 일곱 사슬에 묶인 세 오빠가 있는데 이제 오빠들이 너를 갈기갈기 찢어버릴 것이다."

그 순간 성이 큰 소리를 내며 세차게 울렸습니다. 아들은 재빨리 창문으로 뛰어내려 성을 빠져나왔지만 다리가 부러지고 말았지요. 성은 전처럼 땅속으로 가라앉았고, 산은 다시 굳게 닫히고 말았습니다. 그 저주받은 성이 어디 있었는지 아는 사람은 아무도 없답니다.

KHM 138

크노이스트와 세 아들

Knoist und seine drei Söhne

베렐과 조이스트 사이 어느 곳에서 크노이스트라는 사나이가 살았습니다. 그에게는 아들이 셋 있었는데, 맏이는 눈이 안 보이는 장님이고 둘째는 한쪽 다리를 절룩이는 절름발이며 막내는 실오라기 하나 걸치지 않은 벌거숭이였습니다.

하루는 셋이 들판에 나갔는데 토끼 한 마리가 보였습니다. 그러자 장님인 맏이가 토끼를 쏘고, 절름발이가 뛰어서 가져오고, 벌거숭이가 주머니에 넣었습니다.

세 형제는 길을 가다가 어마어마하게 큰 강물을 만났습니다. 강물이 길을 가로막고 있었는데, 그 위에는 배 세 척이 떠 있었습니다. 한 척은 물이 새고, 한 척은 가라앉았으며, 한 척은 바닥이 없었습니다. 세 형제는 바닥이 없는 배를 타고 물을 건넜습니다.

그렇게 계속 길을 가다 보니 무지무지하게 큰 숲이 나왔습니다. 숲 속에는 어마어마하게 커다란 나무가 있었고, 그 나무 안에는 으리으리하게 큰 성당이 있었으며, 성당 안에는 소나무로 만들어진 성당지기와 회양목으로 된 신부가 있었습니다. 이 둘은 몽둥이로 성수를 뿌리며 말했습니다.

> 성수를 피할 수 있는 자는
> 복을 받으리로다.

KHM 139

브라켈에서 온 아가씨

Das Mädchen von Brakel

브라켈에서 온 아가씨가 힌넨 산 아래 성 안나 성당을 찾았습니다. 그녀는 남편을 얻게 해 달라고 기도하러 갔다가, 예배당 안에 아무도 없다 생각하고는 이런 노래를 불렀습니다.

"오, 성녀 안나시여, 남편을 얻도록 도와주소서.
성녀님은 누구인지 아시겠지요.
주트머 성문 밖에 사는 금발머리 총각이에요.
잘 아시는 분입니다."

제단 뒤에 서 있던 예배당지기가 그 노래를 듣자 큰 목소리로 외쳤습니다.

"그 사람은 안 될걸, 그 사람은 안 될걸."

그러자 아가씨는 어머니인 성녀 안나 옆에 서 있는 아기 마리아가 그렇게 외쳤다 생각하고는 잔뜩 화가 나서 소리쳤습니다.

"쉿, 이 바보야, 어머니가 말씀하실 때는 입을 다물고 있어야지."

KHM 140

머슴

Das Hausgesinde

"당신 어딜 가는 길인가요?"

"발페에 가던 길이에요."

"나도 발페에 가는데, 댁도 발페로 가는군요. 그렇다면 함께 갑시다, 함께."

"당신에게도 남편이 있어요? 이름은 뭐예요?"

"캄이라고 해요."

"내 남편도 캄인데, 댁의 남편도 캄이군요. 나도 발페로 가는데, 댁도 발페에 가는군요. 그렇다면 함께 가요, 함께 가."

"댁에도 아이가 있겠지요? 아이 이름은 뭐예요?"

"부스럼쟁이 그린트라고 해요."

"내 아이도 부스럼쟁이 그린트인데, 댁의 아이도 부스럼쟁이 그린트군요. 내 남편도 캄, 댁의 남편도 캄, 나도 발페에 가는데, 댁도 발페에 가는군요. 그렇다면 함께 가요, 함께 갑시다."

"댁도 아이를 눕히는 요람이 있겠지요? 뭐라 부르나요?"

"히포다이게(암컷 산양)라고 해요."

"내 요람도 히포다이게인데, 댁의 요람도 히포다이게로군요. 내 아이도 부스럼쟁이 그린트, 댁의 아이도 부스럼쟁이 그린트, 내 남편도 캄, 댁의 남편도 캄, 나도 발페에 가는데, 댁도 발페에 가는군요, 그렇다면 함께 가요, 함께 가."

"댁도 머슴을 두셨겠지요? 이름이 뭐예요?"

"마흐미어 스레히트(잘해줘)라고 해요."

"내 머슴도 마흐미어 스레히트인데, 댁의 머슴도 마흐미어 스레히트로군요. 내 요람도 히포다이게, 댁의 요람도 히포다이게, 내 아들도 부스럼쟁이 그린트, 댁의 아이도 부스럼쟁이 그린트, 내 남편도 캄, 댁의 남편도 캄, 나도 발페에 가는데, 댁도 발페에 가고요. 그렇다면 함께 가요, 함께 가."

KHM 141

양과 물고기

Das Lämmchen und Fischchen

옛날 매우 사이가 좋은 어린 오누이가 있었습니다. 친어머니를 일찍 여읜 오누이에게는 새어머니가 있었는데, 새어머니는 이 오누이를 좋아하지 않아서 늘 뒤에서 남몰래 괴롭혔습니다.

어느 날, 오누이가 다른 아이들과 함께 집 앞 풀밭에서 놀고 있었습니다. 풀밭 옆에는 연못이 하나 있는데, 신기하게도 연못 한쪽이 집의 한 면과 이어져 있었습니다. 아이들은 풀밭을 마음껏 뛰어다니며 술래잡기 놀이를 했는데, 그럴 때면 늘 이런 노래를 불렀습니다.

“에네케, 베네케, 날 살려줘.
살려주면 내 작은 새를 줄게.
작은 새가 지푸라기를 물어오면,
암소에게 지푸라기를 줄 거야.
암소는 우유를 줄 거야.
그러면 우유를 빵장수에게 주어.
빵장수가 과자를 구워주면,
고양이에게 과자를 줄 거야.
고양이가 쥐를 잡아오면,
굴뚝에 매달아
토막토막 자른다!”

아이들은 둥그렇게 빙 둘러 서 있다가, ‘자른다!’라는 말이 떨어지면 술래는 도망가고 다른 아이들은 그를 쫓아가 잡았습니다. 아이들이 재미있게 뛰노는 모습을 창문으로 내다보던 새어머니는 어쩐지 화가 났습니다. 마법을 부릴 줄 아는 새어머니가 오누이에게 마법을 걸어 오빠는 물고기로, 누이동생은 어린 양으로 변하게 했습니다. 조그만 물고기는 연못 속을 이리저리 돌아다녔고, 어린 양은 풀밭 위를 느릿느릿 돌아다녔습니다. 그들은 슬퍼서 아무것도 먹지 않았고, 풀포기 하나 건드리지 않았습니다.

그렇게 오랜 시간이 지났습니다. 어느 날 집에 손님들이 오게 되자 나쁜 새어머니는 ‘좋은 기회가 왔다’ 생각하며 요리사를 불러 말했습니다.

“저 풀밭에 있는 양을 잡아서 손님들을 대접하세요. 그 밖에는 대접할 게 없으니.”

요리사는 어린 양을 부엌으로 끌고 가서 네 다리를 끈으로 꽁꽁 묶었습니다. 어린 양은 몹시 무서웠지만 꾹 참았습니다. 요리사가 양을 죽이려 칼을 꺼내 하인 방에 들어가서 날카롭게 갈고 있는데, 왠 물고기 한 마리가 하수도 물속을 왔다 갔다 하며 그를 올려다보는 것이었습니다. 바로 어린 양의 오빠였습니다. 물고기는 요리사가 동생을 끌고 가는 것을 보고는 연못에서 헤엄쳐 집까지 들어왔던 것입니다. 그러자 어린 양이 물고기를 내려다보며 외쳤습니다.

"아. 저 깊은 물속에 있는 오빠,
내 마음이 얼마나 아픈지 몰라!
요리사가 칼을 갈고 있어요.
내 심장을 찌를 작정이에요."

물고기가 말했습니다.

"아, 그 위에 있는 어린 누이야,
이 깊은 물속에 있지만
내 마음이 얼마나 아픈지 너는 모를 거야!"

요리사는 어린 양과 물고기가 말을 한 데다 그토록 애절하게 주고받는 이야기를 듣고는 깜짝 놀라, 이것은 본디부터 양이었던 게 아니라 집 안에 있는 나쁜 새어머니가 마법을 걸어 변하게 한 것이 틀림없다고 생각했습니다. 그래서 요리사는 양에게 말했습니다.

"진정해라, 널 죽이지 않겠다."

그러고는 다른 짐승을 잡아 손님들을 대접할 요리를 만들었습니다. 양은 착한 농부의 아내에게 데려다 주었습니다. 요리사는 보고 들은 것을 농부의 아내에게 모두 이야기해 주었습니다. 다행스럽게도 이 농부의 아내는 양이 된 누이 동생의 유모로 있었던 사람이었습니다. 어린 양이 누구인지 금세 알아차린 농부의 아내는 양을 데리고 어느 지혜로운 여인을 찾아갔습니다. 여인이 무언가 주문을 외우자 어린 양과 물고기는 본디 사람의 모습으로 돌아왔습니다. 여인은 오누이를 커다란 숲 속 어느 작은 집으로 데려다 주었습니다. 그들은 그곳에서 단둘이 서로 의지하며 즐겁고 행복하게 살았답니다.

KHM 142

지멜리 산

Simeliberg

아득한 옛날 두 형제가 있었습니다. 형은 부자였지만 동생은 가난했지요. 부자인 형은 가난한 동생에게 아무것도 나누어 주지 않았습니다. 그래서 동생은 곡물을 팔며 하루하루를 간신히 살아가야만 했습니다. 하지만 그것도 장사가 잘 안 돼서 아내와 자식들에게 빵 한 조각조차 사줄 수 없을 때가 많았습니다.

어느 날 가난한 동생이 수레를 끌고 숲을 지나고 있을 때였습니다. 옆으로 커다란 민둥산이 보였습니다. 한 번도 본 적 없는 산이었기 때문에 깜짝 놀라 걸음을 멈추어 바라보고 있는데, 험상궂게 생긴 건장한 사내 열두 명이 오고 있는 것이었습니다. 도둑들이라 생각한 동생은 재빨리 수레를 덤불 속으로 밀어 넣고 나무 위로 올라가 무슨 일이 벌어질지 지켜보았습니다. 열두 사내들은 산 앞에서 걸음을 멈추고는 큰 소리로 외쳤습니다.

"젬지 산아, 젬지 산아, 열려라!"

그러자 민둥산 한가운데가 쩍 소리를 내며 열리는 게 아니겠습니까. 열두 사내들이 안으로 들어가자 산은 곧 다시 닫혀버렸고, 얼마 지나지 않아 산이 또 열리면서 사내들이 무거운 자루를 가득 짊어지고 나왔습니다. 다시 밖으로 나온 그들이 말했습니다.

"젬지 산아, 젬지 산아, 닫혀라!"

그러자 산은 도로 닫히고 들어가는 입구조차 보이지 않게 되었습니다. 열두 사내들이 눈앞에서 사라지자마자 가난한 동생은 나무에서 내려왔습니다. 민둥산 안에 무엇이 숨겨져 있는지 궁금해 견딜 수가 없었던 그는 민둥산 앞으로 가서 말했습니다.

"젬지 산아, 젬지 산아 열려라!"

그러자 산이 입을 쩍 벌리며 열렸습니다. 동생이 안으로 들어가 보니 금과 은으로 가득 찬 동굴이 있었고, 뒤쪽에는 진주며 반짝이는 보석들이 마치 곡식을 부어 놓은 듯이 한 무더기 쌓여 있었습니다. 가난한 동생은 어떻게 해야 할지, 이 보물들을 가져가도 좋을지 알 수가 없었습니다. 마침내 그는 진주와 보석들은 그대로 놓아두고 주머니마다 금을 가득 채웠습니다. 그리고 밖으로 나온 그는 열두 사내들과 마찬가지로 주문을 외웠습니다.

"젬지 산아, 젬지 산아, 닫혀라!"

산이 또다시 닫히고 주위가 조용해지자 그는 손수레를 끌고 집으로 돌아왔습니다. 금을 한가득 손에 넣은 동생은 이제 아무런 걱정을 할 필요가 없었습니다. 아내와 자식들에게 빵뿐만 아니라 포도주까지 사줄 수 있었으니까요. 그는 즐겁고 정직하게 살면서 가난한 사람들을 도와주고 누구에게나 선행을 베풀었습니다. 그러다 돈이 떨어지자 동생은 형에게 바가지를 빌려 다시 민둥산으로 가서 금을 가져왔습니다. 그렇지만 이번에도 보석들은 하나도 건드리지 않았지요. 그는 세 번째로 금을 가져오기 위해 바가지를 빌리러 다시 형네 집으로 갔습니다. 부자 형은 오래전부터 동생의 갑작스럽게 늘어난 재산과 훌륭한 살림살이에 샘이 나 있었습니다. 동생이 어떻게 해서 부자가 되었는지, 바가지로 뭘 하는지 무척 궁금했던 형은 꾀를 내어 바가지에 끈끈한 송진을 발라 두었습니다. 동생이 바가지를 돌려주었을 때 금화 몇 개가 붙어 있는 것을 본 그는 동생을 찾아가 물었습니다.

"바가지에 뭘 담았지?"

"밀과 보리요."

동생이 말했습니다. 그러자 형은 바가지에 붙어 있던 금화를 보여주며 사실대로 말하지 않으면 관가에 알리겠다고 협박했습니다. 동생은 어쩔 수 없이 그동안 있었던 일들을 모두 털어놓았습니다. 부자 형은 이야기를 듣자마자 마차에 말을 매어 산으로 달려갔습니다. 이참에 다른 보물들까지 몽땅 가져오려는 속셈이었지요. 산 앞에 이르자 그가 외쳤습니다.

"젬지 산아, 젬지 산아, 열려라!"

산이 열리자 그는 안으로 들어갔습니다. 눈앞에 온갖 보물들이 널려 있자 무엇부터 집어야 할지 오랫동안 결정을 내리지 못했습니다. 형은 마침내 반짝이는 보석을 담을 수 있는 만큼 많이 주워 담았습니다. 주머니 가득 보물을 담은 뒤 산을 나가려던 형은 순간 주문이 무엇이었는지 기억이 나지 않았습니다. 온통 보물에만 정신이 팔려 나갈 방법을 잊어버렸던 것입니다.

"지멜리 산아, 지멜리 산아, 열려라!"

그러나 주문이 틀렸기 때문에 산은 꼼짝 않고 문을 열어 주지 않았습니다.

그는 덜컥 겁이 났습니다. 곰곰이 생각하면 할수록 머릿속이 온통 뒤죽박죽 헷갈리기만 했습니다. 이제 보물이고 뭐고 다 소용 없었습니다. 이윽고 저녁때가 되자 산이 열리며 열두 명의 도둑들이 들어오더니 그를 보자마자 와아 웃음을 터뜨리며 외쳤습니다.

"생쥐 같은 녀석, 이제야 잡았다. 이미 두 번이나 왔다 갔다는 사실을 우리가 모를 줄 알았더냐! 이제는 다시 나가지 못할 게다."

"두 번 들어온 건 제가 아니라 제 동생이었습니다."

그가 억울하다는 듯 큰 소리로 외쳤습니다.

형은 제발 살려 달라며 울고 빌었지만, 도둑들은 그의 목을 그 자리에서 댕강 베어 버리고 말았습니다.

KHM 143

여행

Auf Reisen gehen

머나먼 옛날 가난한 여인에게 아들이 하나 있었습니다. 아들은 무척 여행을 떠나고 싶어했습니다. 그래서 어머니가 이렇게 말했습니다.

"어떻게 여행을 가겠다고 그러니? 돈 한 푼 없는데."

아들이 말했습니다.

"괜찮아요. 어떻게든 갈 수 있을 거예요. 늘 '많지 않아요, 많지 않아요, 많지 않아요.' 이렇게 말할 작정이에요."

아들은 여행을 떠났습니다. 늘 말버릇처럼 "많지 않아요, 많지 않아요, 많지 않아요." 중얼거리며 얼마동안 걸어갔지요. 어부들이 고기를 잡고 있는 곳에 이르자 그가 말했습니다.

"신께서 지켜주시기를! 많지 않아요, 많지 않아요, 많지 않아요."

"이 녀석, 무슨 말이냐, 많지 않다니?"

어부들이 그물을 올려 보니 그가 말한 것처럼 고기가 많이 잡혀 있지 않았습니다. 그러자 어부 하나가 젊은이를 몽둥이로 때리며 말했습니다.

"어디 한번 실컷 맞아보거라."

"그럼 뭐라 말해야 하나요?"

젊은이가 물었습니다.

"그야 물론 '많이 잡아요, 많이 잡아요.' 해야지."

젊은이는 "많이 잡아요, 많이 잡아요." 이렇게 중얼거리며 한참을 걸어가다가, 교수대 옆을 지나게 되었습니다. 마침 불쌍한 죄인들이 교수대에 매달려 처형되려던 참이었습니다. 그래서 젊은이가 말했습니다.

"안녕하세요! 많이 잡아요, 많이 잡아요."

"이 녀석, 무슨 말이냐, 많이 잡으라니? 세상에는 아직 나쁜 놈들이 많다는 말이냐? 이 정도로는 충분치 않다는 게냐?"

그는 또다시 흠씬 두들겨 맞았습니다.

"그럼 뭐라고 해야 하나요?"

"그야 '저 영혼을 불쌍히 여기소서!' 이렇게 말해야지."

젊은이는 "저 영혼을 불쌍히 여기소서!" 중얼거리며 다시 한참을 걸어갔습니다. 그러다 어느 도랑 옆을 지나게 되었는데, 그곳에서 백정이 말가죽을 벗기고 있었습니다. 젊은이가 말했습니다.

"안녕하세요! 저 영혼을 불쌍히 여기소서!"

"뭐라고? 이 나쁜 녀석!"

백정은 가죽 벗기는 갈고리로 젊은이의 귀싸대기를 후려갈기는 것이었습니다. 젊은이는 순간 너무 아파서 눈앞이 캄캄해질 지경이었습니다.

"그럼 뭐라고 말해야 하나요?"

"그야 '썩은 살코길랑 도랑 속에 두세요.' 해야지."

젊은이는 계속해서 "썩은 살코길랑 도랑 속에 두세요, 썩은 살코길랑 도랑 속에 두세요." 중얼거리며 걸어갔습니다. 그러다 이번에는 짐을 가득 실은 마차 옆을 지나게 되었습니다. 그가 말했습니다.

"안녕하세요! 썩은 살코길랑 도랑 속에 두세요."

그때 갑자기 마차가 뒤집히더니 도랑 속으로 쿵 엎어져 버리고 말았습니다. 마부는 채찍으로 젊은이를 마구 후려쳤습니다.

온몸 가득 상처를 입은 소년은 마치 짐승처럼 엉금엉금 기어서 어머니에게 돌아갔습니다. 그 뒤로 소년은 다시는 여행을 떠나지 않았답니다.

KHM 144

당나귀 왕자

Das Eselein

옛날 한 왕과 왕비가 살았습니다. 부자인 데다 원하는 것은 무엇이든지 가질 수 있었지만 그들에게는 자식이 없었습니다. 왕비는 밤낮으로 신세 한탄을 했습니다.

"나는 아무것도 자라지 않는 밭이나 다름없어."

그러던 어느 날 마침내 하느님께서 소원을 들어주셔서 왕비는 아기를 갖게 되었습니다. 그런데 태어난 아기를 보자 깜짝 놀랄 수밖에 없었습니다. 사람 모습이 아닌 당나귀 새끼였던 것입니다. 이 모습을 본 어머니는 당나귀를 아기로 갖느니 차라리 아이가 없는 편이 낫겠다고 슬퍼하며 큰 소리로 울부짖었습니다. 그러면서 이런 아이는 고기밥이나 되게 물속에 던져 버리라고 말했습니다.

"안 되오, 하느님이 주셨으니 소중한 나의 아들이오. 또한 내가 죽은 뒤에는 왕국을 물려주어 왕의 자리에 오르도록 왕관을 쓰게 하겠소."

왕이 말했습니다. 그리하여 부부는 당나귀를 키우게 되었습니다. 당나귀 왕자는 무럭무럭 자라 어느새 두 귀가 쫑긋하게 길어졌습니다. 사람의 모습과는 매우 달랐지만 활발한 성격으로 이리저리 뛰어다니며 잘 놀았고, 무엇보다 음악을 좋아했습니다. 당나귀 왕자는 어느 유명한 음악가를 찾아가 말했습니다.

"당신처럼 류트를 잘 탈 수 있게 가르쳐 주세요."

"왕자님, 그건 어렵습니다."

음악가가 말했습니다.

"왕자님은 손가락이 너무 커서 류트에는 어울리지 않습니다. 류트 줄이 끊어지고 말 거예요."

하지만 아무리 말려도 당나귀 왕자는 가르쳐달라고 끈질기게 졸랐습니다. 왕자는 끈기 있게 열심히 배운 끝에 마침내 스승만큼 류트를 잘 탈 수 있게 되었습니다.

그러던 어느 날 왕자가 생각에 잠겨 거닐다 작은 샘 옆을 지나게 되었습니다. 샘을 들여다보니 거울처럼 맑은 물속에 당나귀 모습을 한 제 자신이 보였습니다. 그 모습을 보고 몹시 슬퍼진 왕자는 충실한 하인 한 사람을 데리고 무작정

길을 떠나기로 했습니다. 여기저기를 떠돌아다니던 당나귀 왕자와 하인은 나이 많은 왕이 다스리고 있는 나라에 이르렀습니다. 왕에게는 무척 아름다운 외동딸이 있었습니다. 당나귀 왕자가 말했습니다.

"우리 이곳에 머물도록 하자."

그리고 성문을 두드리면서 외쳤습니다.

"길 가는 나그네인데, 들어갈 수 있도록 성문을 열어 주시오."

그러나 굳게 닫힌 문은 열리지 않았습니다. 그러자 당나귀 왕자는 류트를 들고 두 앞발로 아름다운 곡을 연주했습니다. 한 번도 들어보지 못한 무척이나 아름다운 곡이었습니다. 문지기는 눈이 휘둥그레져서 재빨리 왕에게 달려가 말했습니다.

"문밖에 어린 당나귀가 앉아서 류트를 타는데, 솜씨가 무척 좋습니다."

"그 연주자를 성 안으로 들여보내도록 하라."

왕의 명령으로 당나귀가 성으로 들어오자 모두 피식피식 비웃었습니다. 당나귀에게 하인들 자리에 앉아 식사를 하라고 하자 왕자는 크게 화를 내면서 말했습니다.

"나는 비천한 당나귀가 아니라, 고귀한 집안의 후손입니다."

그러자 그들이 말했습니다.

"그렇다면 기사들 옆에 앉게나."

"싫소. 나는 임금님 옆에 앉겠습니다."

왕은 웃음을 터뜨리며 기분 좋게 말했습니다.

"그렇다면 원하는 대로 하게나. 이쪽으로 오게."

그러고는 물었습니다.

"내 딸을 어떻게 생각하는가?"

당나귀는 고개를 공주 쪽으로 돌리고 찬찬히 훑어보더니 고개를 끄덕이며 말했습니다.

"이토록 아름다운 여인은 이제껏 본 적이 없습니다."

"그렇다면 공주 옆에 앉도록 하여라."

왕이 말했습니다.

"알겠습니다."

그는 공주 옆에 앉아서 먹고 마셨는데 그 모습이 매우 우아하고 예절이 발

랐습니다. 점잖은 당나귀는 꽤 오랫동안 왕궁에 머물렀습니다.

그러던 어느 날 '이게 다 무슨 소용이람. 집으로 돌아가야겠다.' 이런 생각이 문득 들었기에 왕자는 고개를 푹 숙인 채 왕 앞으로 나아가 떠나야겠다는 말을 전했습니다. 당나귀 왕자를 어여삐 여기던 왕이 놀라서 물었습니다.

"무슨 일이냐? 마치 식초를 먹은 것처럼 시디신 얼굴을 하고 있구나. 내 곁에 계속 머물러 있어라. 원하는 게 있다면 무엇이든 주겠다. 황금을 원하느냐?"

"아닙니다."

당나귀가 고개를 저었습니다.

"보석이나 장신구를 원하느냐?"

"아닙니다."

"내 왕국의 절반을 원하느냐?"

"그렇지 않습니다."

왕이 또 한 번 물었습니다.

"너를 만족케 해 줄 수 있는 게 무엇인지 알았으면 좋겠구나. 그렇다면 내 예쁜 딸을 아내로 맞고 싶은 게냐?"

"네, 그렇습니다."

당나귀가 대답했습니다.

"따님을 아내로 맞고 싶습니다."

기분이 좋아진 당나귀는 기쁜 마음을 감출 수 없었습니다. 그것이야말로 왕자가 바라던 일이었기 때문이지요. 이윽고 성대하고 눈부신 결혼식이 열렸습니다. 저녁때가 되어 신부와 신랑이 침실로 안내를 받아 들어가자, 왕은 당나귀가 이번에도 우아하고 예의바르게 행동하는지 알고 싶어서 시종 하나를 시켜 침실에 미리 숨어 있게 했습니다. 침실에 둘만 남자 신랑은 조심스레 문에 빗장을 걸고 주위를 살펴 둘뿐이라는 사실을 확인하고는, 갑자기 당나귀 가죽을 벗고 아름다운 왕자의 모습을 드러냈습니다.

"내가 누구인지 보시오."

그가 말했습니다.

"이게 내 참된 모습이오. 당신에게 어울리지 않는 사람은 아니지요?"

신부는 뛸 듯이 기뻐하며 그에게 입을 맞추었습니다. 그리고 그를 진심으로 사랑하게 되었습니다. 다음 날 아침 왕자는 벌떡 일어나 다시 짐승 가죽을 뒤집어썼습니다. 당나귀 가죽 속에 이런 아름다운 왕자가 숨어 있을지 그 누구도 상상할 수 없었겠지요. 왕이 공주 부부의 방으로 들어왔습니다.

"허어, 당나귀 사위가 벌써 일어났구먼!"

그리고 딸에게 말했습니다.

"사람을 남편으로 맞이하지 못해 서럽겠구나."

"아니에요, 아버지. 저는 이이를 세상에서 가장 멋진 남편으로 섬기고 사랑하겠습니다. 평생 이 마음을 간직하겠어요."

왕은 의아하게 여겼습니다. 곧 침실에 숨어 있던 시종이 와서 모든 사실을 밝히자 왕이 말했습니다.

"그럴 리가 없다."

"그렇다면 오늘 밤에 직접 확인해 보십시오. 폐하, 이러면 어떻겠습니까. 임금님께서 당나귀 가죽을 몰래 빼내어 불 속에 던져 버리신다면, 그는 진짜 모습을 드러내지 않을 수 없을 것입니다."

"좋은 생각이다."

그날 밤 왕은 둘이 잠든 방으로 살짝 들어갔습니다. 달빛이 비치는 침대에는 처음 보는 늠름한 젊은이가 자고 있었습니다. 왕은 당나귀 가죽이 바닥에 떨어져 있는 것을 보자 재빨리 집어 들고 나와서는 활활 타오르는 불 속에다 던져버렸습니다. 그리고 재가 되어 없어질 때까지 지켜보았지요. 왕은 젊은이가 어떻게 할지 보고 싶었기 때문에 밤을 꼬박 새우며 기다렸습니다.

젊은이는 아침 첫 햇살을 맞으며 자리에서 일어나 당나귀 가죽을 찾았습니다. 그러나 당나귀 가죽은 어디에도 없었습니다. 깜짝 놀란 그는 기운이 쏙 빠진 채 말했습니다.

"이제 이곳을 떠날 수밖에 없구나."

그가 문 밖으로 나가자 그곳에 서 있던 왕이 말했습니다.

"여보게, 어디를 그리 바쁘게 가려는 건가. 무슨 생각을 하는 건가? 여기 있게나, 이렇게 멋진 젊은이가 내 곁을 떠나게 놔둘 것 같은가? 내 왕국 절반을 주겠네. 그리고 내가 죽은 뒤에는 왕국 전체를 다스려 주게."

젊은이가 말했습니다.

"저도 시작이 좋으면 끝도 좋기를 바라고 있었습니다. 임금님 곁에 머무르겠습니다."

나이 든 왕은 그에게 왕국 절반을 주었고, 1년 뒤 왕이 세상을 떠나자 그가 왕국 전체를 다스리게 되었습니다. 그의 아버지가 세상을 뜬 뒤에는 아버지의 왕국까지 다스리게 되어 온갖 부와 영광을 누리면서 행복하게 살았답니다.

KHM 145

은혜를 모르는 아들

Der undankbare Sohn

옛날에 한 남자가 아내와 함께 자기 집 문 앞에 앉아 구운 닭을 먹으려던 참이었습니다. 그때 늙은 아버지가 오는 게 보였습니다. 남자는 재빨리 닭을 숨겼습니다. 아버지와 나누어 먹기 아까워서였지요. 노인은 아들 집에 와서 겨우 물 한 모금만 얻어 마시고 가 버렸습니다.

아들은 노인이 간 것을 확인하자마자 숨겨 놓았던 닭을 다시 식탁 위에 꺼내 놓으려고 했습니다. 그런데 먹음직스러웠던 닭이 커다란 두꺼비로 변해 있는 게 아니겠어요? 두꺼비는 그의 얼굴로 기어올라 앉더니 찰싹 들러붙어 도무지 떨어지질 않았습니다. 누가 떼어내려고 하면 이번에는 그 사람 얼굴 위로 기어오르기라도 하려는 듯이 매섭게 노려보았습니다. 그래서 그 누구도 두꺼비를 건드릴 엄두를 내지 못했습니다.

은혜를 모르는 아들은 날마다 이 두꺼비를 먹여 살려야만 했습니다. 그러지 않으면 그의 얼굴을 뜯어 먹어버릴 테니까요. 그리하여 이 배은망덕한 아들은 두꺼비를 얼굴에 붙인 채 안절부절못하며 쉴 새 없이 세상 이곳저곳을 떠돌아다녀야만 하는 신세가 되고 말았답니다.

KHM 146

순무

Die Rübe

옛날 어느 곳에 두 형제가 살았습니다. 둘 다 군인이었는데, 형은 부자였고 동생은 가난했습니다. 동생은 가난한 처지에서 벗어나기 위해 군대를 나와 농부가 되었습니다. 얼마 안 되는 땅을 열심히 갈고 일구어 무씨를 심었습니다.

얼마 지나지 않아 싹이 터서 자랐는데 무들 가운데 하나가 남달리 크고 튼실했습니다. 이 무는 멈추지 않고 쑥쑥 자라 계속 커졌습니다. '순무의 여왕'이라 부를 수 있을 정도였지요. 이토록 크고 통통한 무는 이제껏 본 적도 없고 앞으로도 다시 볼 수 없을 것만 같았습니다.

얼마나 크게 자랐는지 그 순무 한 개만으로도 온 수레가 가득 채워졌습니다. 이 무거운 수레를 끌려면 황소를 두 마리나 매어야만 했지요. 농부는 어찌 해야 할지 막막했습니다. 이 커다란 무가 행운을 불러올지 불행이 될지 모를 일이었기 때문이지요. 마침내 그는 결정을 내렸습니다.

'팔려면 돈을 얼마나 받아야 할까, 먹어버리면 작은 무와 다를 게 없지 않은가. 아! 그래, 임금님께 바치는 게 가장 좋겠다.'

그는 무를 수레에 싣고 황소 두 마리를 매어 궁으로 끌고 갔습니다. 왕에게 순무를 바치자 왕이 말했습니다.

"온갖 신기한 물건을 다 보았지만, 이렇게 큰 순무는 처음 보는구나. 특별한 씨앗이라도 심었는가? 아니면 그대가 운이 좋아서 저절로 생긴 것인가?"

"아닙니다."

농부가 대답했습니다.

"저는 그런 행운을 지닌 사람이 아닙니다. 그저 가난한 병사일 뿐이온데, 하루하루 살아가기 힘들어서 군복은 벗어 던지고 땅을 갈고 있사옵니다. 임금님께서도 아실지 모르지만, 제 형은 부자이옵니다. 하지만 저는 가진 게 없어 그 누구도 거들떠보지 않지요."

왕은 그가 불쌍하다고 여겼습니다.

"그대는 이제 가난에서 벗어날 것이다. 네 형처럼 부자가 될 수 있도록 선물을 주겠다."

왕은 그에게 많은 금과 밭, 목초지와 양 떼를 주었고 동생은 곧 형과는 비교할 수 없을 만큼 큰 부자가 되었습니다.

형은 동생이 무 한 개로 이런 큰 재산을 얻었다는 이야기를 듣자 샘이 나 견딜 수가 없었습니다. 어떻게 하면 동생보다 더 큰 재산을 얻을 수 있을까 골똘히 생각하던 형은 한결 더 똑똑하게 굴기로 했습니다. 그래서 가지고 있던 금을 모두 마차에 싣고 왕에게 가지고 갔습니다. 그 보잘것없는 무 한 개로 동생에게 그렇게 많은 재산을 주었으니 자기에게는 훨씬 더 큰 선물을 내려주시리라 생각했던 것입니다.

그의 선물을 받아 든 왕은 이 세상에서 가장 귀하고 훌륭한 커다란 순무 말고는 마땅한 상이 떠오르지 않는다고 말했습니다. 그래서 부자 형은 금 대신 동생의 순무를 마차에 싣고 집으로 돌아와야만 했습니다.

화가 머리끝까지 난 형은 누구에게 분풀이를 해야 좋을지 몰랐습니다. 그러다 마침내 동생을 죽이자는 나쁜 생각을 하기에 이르렀습니다. 그는 살인자들을 고용해 숨어 있으라 한 뒤 그 길로 동생을 찾아가 말했습니다.

"아우야, 숨겨진 보물이 있는 곳을 내가 알고 있다. 우리 둘이 찾아서 나누어 갖자."

동생은 기꺼이 어떤 의심도 없이 따라나섰습니다. 하지만 그들이 밖으로 나오자 살인자들이 동생을 덮쳤습니다. 동생을 꽁꽁 묶어서 나무에 매달려고 하는데, 그 순간 멀리서 큰 노랫소리와 말발굽 소리가 들려왔습니다. 와락 겁이 난 살인자들은 동생의 머리를 자루 속에다 쑤셔 넣고 나무 위에다 걸쳐 놓은 채 달아나버렸습니다. 동생은 겨우 자루에 구멍을 내어 고개를 밖으로 내밀 수 있었습니다.

말을 탄 나그네는 다름 아닌 여행 중인 학생이었습니다. 학생은 즐겁게 노래를 부르며 숲길을 지나고 있었습니다. 나무 위에 매달려 있던 동생은 지나가는 학생을 소리쳐 불렀습니다.

"안녕하시오."

학생은 여기저기 두리번거렸지만 어디서 목소리가 들려오는지 알 수 없었습니다. 그래서 이렇게 말했습니다.

"날 부르는 사람이 누구요?"

동생은 나무꼭대기에서 고개를 더 내밀면서 말했습니다.

"고개를 들어 여기 지혜의 자루 속에 담겨 있는 나를 보시오. 나는 짧은 시간에 위대한 지혜를 배우게 되었다오. 내 지혜에 비하면 학교에서 배우는 것은 덧없이 스쳐 지나가는 바람에 지나지 않아요. 나는 곧 있으면 모든 지혜를 배워 내려갈 것이오. 그럼 나는 누구보다도 현명한 사람이 되겠지. 별들과 황도십이궁을 알게 되었고, 모든 바람의 움직임과 바닷속의 모래를 알게 되었으며, 병을 치료하는 방법과 약초들의 효능, 온갖 새와 바위들에 대해서도 깨닫게 되었다오. 당신도 여기 한번 들어와 보면 이 지혜의 자루 속에서 얼마나 많은 지혜들이 흘러나오는지 느낄 수 있을 것이오."

"당신을 만나다니 정말 행운입니다. 저도 그 자루 속에 잠깐 들어갈 수 있을까요?"

그러자 나무 위에 있던 동생은 그리 탐탁지 않은 말투로 말했습니다.

"당신이 대가를 지불하고 좋은 말로 부탁한다면야 잠깐 동안은 들어오게 해 줄 수도 있소. 하지만 한 시간은 더 기다려야 할 거요. 아직 배울 게 남아 있으니 말이오."

학생은 기다렸습니다. 그러나 시간이 지날수록 기다림이 너무 길게 느껴졌습니다. 끝내는 지혜에 대한 갈증이 너무 커져서 빨리 그 자루에 들어가고 싶다며 애걸복걸하기에 이르렀지요. 나무 위 동생은 마지못해 승낙하는 척했습니다.

“그러면 내가 지혜의 집에서 나올 수 있도록 밧줄을 잡고 자루를 내려 주시오. 그러고는 당신이 들어가시오.”

학생은 그를 내려 주었습니다. 자루를 풀어 동생을 꺼내 준 학생은 얼른 지혜의 자루에 들어가고 싶어 했습니다.

“빨리 나를 저 위로 올려주세요.”

학생은 곧바로 자루 속으로 들어가려고 했습니다.

“잠깐!”

그가 말했습니다.

“그렇게 해서는 안 되오.”

그는 학생 머리를 움켜잡고 거꾸로 자루 속에 처박아버렸습니다. 그런 다음 자루를 묶어 지혜를 갈망하는 젊은이를 나무에 매달아 놓고는 앞뒤로 흔들며 말했습니다.

“어떤가, 친구? 벌써 지혜가 머릿속으로 들어오는 느낌이 들지 않는가? 더 똑똑해질 때까지 얌전히 앉아 좋은 경험을 많이 하도록 하게.”

그 말과 함께 동생은 학생의 말을 타고 그곳을 떠나버렸습니다. 그래도 마음이 약한 동생은 한 시간 뒤에 사람을 보내 그를 내려주었답니다.

KHM 147

젊어진 노인

Das junggeglühte Männlein

하느님께서 아직 땅 위를 돌아다니시던 때의 이야기입니다. 어느 날 저녁 하느님께서는 성 베드로와 함께 대장장이 집에서 하룻밤을 묵게 되었습니다. 그때 늙고 병든 불쌍한 거지가 대장장이 집을 찾아와 구걸을 했습니다. 안쓰러운 마음이 든 베드로가 말했습니다.

“하느님, 저 불쌍한 사람이 스스로 밥벌이를 할 수 있도록 병을 고쳐 주십시오.”

하느님이 대장장이에게 부드럽게 말했습니다.

“자네 화로와 석탄을 빌려 주게나. 저 늙고 병든 사람을 젊고 건강하게 만들어 주고 싶으니.”

대장장이는 선뜻 하느님 말을 따랐습니다.

성 베드로는 세차게 풀무질을 했고, 석탄불이 활활 타오르자 하느님은 병들고 구걸하는 노인을 들어 화로의 시뻘건 불길 속 한가운데에다 밀어 넣었습니다. 노인은 마치 아름다운 장미꽃처럼 빨갛게 달아오르면서 큰 소리로 하느님을 찬양했습니다. 하느님은 빨갛게 달구어진 노인을 다시 물통 속에 푹 잠기게 집어넣었습니다. 그리고 노인의 몸이 알맞게 식자 그를 축복해 주었지요. 얼마 지나지 않아 놀랍게도, 피부가 보들보들하고 건강한 스무 살 젊은이가 물통 안에서 이내 튀어나오는 것이었습니다.

이 모습을 하느님 곁에서 자세히 지켜보던 대장장이는 모두를 저녁 식사에 초대했습니다. 그에게는 늙고 반 장님에다 곱사등이인 장모가 있었지요. 장모는 이제 막 젊어진 청년에게 다가가 그의 몸을 이리저리 살펴보며 불이 몹시 뜨거웠느냐고 물었습니다. 청년이 말했습니다.

"아뇨, 일찍이 그처럼 기분이 좋았던 적은 없었습니다. 불길 속이 마치 시원한 이슬인 것만 같아 참으로 편안했어요."

젊은이가 한 말은 밤새도록 늙은 여인의 귓가에 쟁쟁하게 울렸습니다. 다음날 아침 하느님과 성 베드로가 고맙다는 인사를 하고 길을 떠나자, 대장장이는 자기도 늙은 장모를 젊어지게 할 수 있을 것만 같았습니다. 하느님께서 무엇을 어떻게 하시는지 하나도 빠짐없이 자세히 봐 두었을 뿐만 아니라, 순서 또한 똑똑히 잘 외워두었기 때문이었지요. 그래서 장모를 불러 열여덟 처녀처럼 팔팔하게 뛰어다니고 싶은지 물었습니다. 젊어진 청년이 본디 늙고 병든 노인이었다는 사실을 알고 있던 장모는 기쁨에 찬 목소리로 말했습니다.

"진심으로 바라고 있네."

마침내 대장장이는 불을 벌겋게 피워 놓고 그 안에 노파를 밀어 넣었습니다. 그런데 불 속으로 들어간 노파는 몸이 타들어가는 고통에 이리저리 몸을 뒤틀며 끔찍하게 비명을 질러댔습니다.

"가만히 좀 계세요. 이제 마음 놓고 풀무질을 하려는데 왜 펄쩍펄쩍 뛰면서 소리를 지르고 그러세요."

그러면서 대장장이는 다시 풀무질을 했고, 마침내 장모의 누더기가 활활 타오르기 시작했습니다. 그런데 편히 누워 있어야 할 늙은 장모가 쉴 새 없이 고래고래 소리를 질러대는 게 아니겠습니까.

대장장이는 '뭔가 잘못된 것 같은데' 생각하고는 얼른 장모를 꺼내어 물통에 집어넣었습니다. 그런데 어찌나 큰 소리로 아우성을 치는지, 위층에 있던 아내와 처제가 그 소리에 깜짝 놀라 계단을 뛰어 내려왔습니다. 노파는 활활 타오르는 불에 잔뜩 졸아든 몸으로 물통 속에서 처절하게 울부짖고 있었습니다. 얼굴이 어찌나 쪼글쪼글 주름이 잡혔던지 사람의 몰골이 아니었지요.

대장장이 아내와 처제는 마침 임신 중이었는데, 그 끔찍한 모습에 너무도 놀란 나머지 그날 밤 둘 다 갑작스레 아기를 낳고 말았습니다. 그런데 이 두 아이는 사람이 아니라 원숭이 모습이었습니다. 아이들은 세상 밖으로 나오자마자 그대로 숲 속으로 뛰쳐나가 원숭이들의 선조가 되었답니다.

KHM 148
하느님의 짐승과 악마의 짐승
Des Herrn und des Teufels Getier

세상의 모든 동물을 창조하신 하느님은 그 가운데서 늑대를 골라 마치 개처럼 언제나 데리고 다녔는데, 오직 하나 염소를 만드는 일은 잊으셨습니다. 그러자 악마도 짐승을 하나 만들어보고 싶다는 생각에 길고 멋진 꼬리가 달린 염소를 만들었습니다. 초원으로 풀을 뜯으러 간 염소들은 꼬리가 너무 길어서 삐쭉삐쭉 나와 있는 가시덤불에 걸리기 일쑤였기 때문에, 이리저리 얽힌 꼬리를 풀어내느라 갖은 애를 써야만 했습니다. 마침내 그런 일에 짜증이 난 악마는 모든 염소 꼬리를 물어뜯어 잘라 버렸습니다. 그래서 염소 꼬리는 오늘날까지도 그렇게 뭉툭한 모양을 하고 있는 것이지요.

그제야 악마는 마음 놓고 염소들이 혼자 풀을 뜯고 다니도록 내버려 둘 수 있었습니다. 그런데 하느님께서 그 모습을 보고 있자니 난폭한 염소들이 과일나무도 갉아 먹고, 귀한 포도 넝쿨도 해치고, 여러 연약한 식물들도 망가뜨리는 것이었습니다. 이를 안타까워하던 하느님이 선하고 자비로운 마음으로 염소들이 뛰노는 곳에 늑대들을 풀어 놓자, 늑대들은 곧바로 염소들을 물어 죽여 버리고 말았습니다. 이를 본 악마가 하느님 앞으로 나아가 말했습니다.

"당신께서 만드신 짐승이 내가 만든 짐승을 찢어 죽였소."

하느님이 말했습니다.

"그대는 어쩌자고 그런 해로운 짐승을 만들었는가!"

악마가 말했습니다.

"그럴 수밖에 없었습니다. 제 창조물도 있어야 하지 않겠습니까. 내가 만들었으니 나와 다를 수는 없지요. 하여간 비싼 값을 물어주셔야 합니다."

"떡갈나무 잎이 떨어지면 바로 물어주겠네. 그때 오면 틀림없이 줌세."

떡갈나무 잎이 모두 떨어지자마자 악마가 찾아와 얼른 빚을 갚으라며 재촉했지만 하느님은 이렇게 말했습니다.

"콘스탄티노플 근처 교회에 커다란 떡갈나무가 있는데, 그 나무는 아직도 잎이 달려 있다네."

매우 화가 난 악마는 온갖 욕설을 퍼부으며 떡갈나무가 있는 곳으로 길을 떠났습니다. 떡갈나무를 찾으려고 여섯 달 동안이나 황야를 헤맸지만 끝내 찾지 못하고 다시 돌아올 수밖에 없었는데, 그 사이에 그만 떡갈나무들에는 다시 푸른 이파리들이 돋아나고 말았습니다. 그래서 하는 수 없이 돈을 받는 것을 단념해야만 했지요. 그러나 화풀이할 곳을 찾지 못한 악마는 아직 남아 있는 염소들 눈을 몽땅 뽑아 버리고는 그 대신 제 눈을 박아 넣어버렸습니다.

그래서 염소들은 모두 악마의 눈과 누군가에게 물어뜯긴 듯한 꼬리를 갖게 되었으며, 악마도 때때로 염소 모습으로 나타난다고 합니다.

KHM 149

수탉이 나른 들보

Der Hahnenbalken

옛날에 한 마술사가 사람들이 어마어마하게 많이 모인 자리에서 신기한 마술을 보여 주고 있었습니다. 그는 수탉도 불러냈는데, 그 닭은 제 몸보다 크고 무거운 들보를 마치 깃털이나 되는 것처럼 가볍게 나르고 있었습니다. 그런데 구경꾼 중에는 네잎 클로버를 찾은 덕택에 똑똑해진 한 소녀가 있었지요. 그 소녀 눈에는 마술사의 속임수가 뻔히 보일 수밖에 없었습니다. 소녀는 들보가 지푸라기라는 사실을 알아채고는 큰 소리로 외쳤습니다.

"여러분, 저 수탉은 들보가 아니라 지푸라기를 나르고 있는 거예요. 안 보이세요?"

그러자 무척 무거워 보이던 들보가 갑자기 지푸라기로 변해버리고, 모든 게 속임수임을 알게 된 사람들은 마구 욕을 하고 창피를 주어 마술사를 쫓아내 버렸습니다. 마술사는 잔뜩 화가 나서 조용히 혼잣말로 중얼거렸습니다.

"흥! 꼭 앙갚음하고 말 테다."

얼마 뒤 결혼을 하게 된 소녀는 곱게 꾸미고 사람들과 커다란 행렬을 지어 들판 너머 교회로 나아가고 있었습니다. 그런데 갑자기 어딘가에서 밀려온 물이 크게 불어나더니 넘실거리는 개울이 나타나는 게 아니겠습니까. 건널 수 있는 다리도 발판도 없었습니다. 깜짝 놀란 신부는 재빨리 치마를 걷어 올리고는 개울을 건너려고 했습니다. 그렇게 물속에 들어가 있는데, 한 남자가 옆에서 비웃듯이 외쳤습니다. 다름 아닌 소녀에게 창피를 당했던 그 마술사였습니다.

"허, 참! 여기가 개울도 아니고, 왜 저러고 있는 거지? 눈은 어디다 두고 다니는 거야?"

마술사의 말에 신부는 두 눈을 크게 뜨고 앞을 바라보았습니다. 그러자 자기가 치마를 걷어 올리고 푸르른 밭 한가운데 서 있는 게 아니겠습니까. 사람들도 모두 그 모습을 보고는 핀잔을 주며 비웃었기 때문에, 신부는 쫓기듯 그 자리에서 도망치고 말았습니다.

KHM 150
거지 할멈
Die alte Bettelfrau

먼 옛날에 어떤 할멈이 있었습니다. 여러분도 여기저기에서 구걸을 다니는 할멈을 본 적이 있겠지요. 이 할멈도 그렇게 구걸을 다니는 거지였습니다. 할멈은 무언가를 얻을 때면 늘 이렇게 말했답니다.

"복 받으실 겁니다."

이 거지 할멈이 어느 집 문가에 왔을 때, 한 친절한 소년이 불 옆에 서서 몸을 녹이고 있었습니다. 소년은 문 옆에 서서 몸을 덜덜 떨고 있는 불쌍한 할멈에게 친절하게 말했습니다.

"할머니, 이리 와서 몸 좀 녹이세요."

할멈은 불가로 다가갔습니다. 그런데 너무 가까이 다가가는 바람에 낡은 누더기에 그만 불이 붙어버리고 말았습니다. 그러나 할멈은 따스한 불에 정신이 팔려 미처 알아차리지 못했습니다. 옆에 서 있던 소년만이 그것을 보았지요.

소년은 틀림없이 불을 껐겠죠? 만일 물이 없었다면, 몸속 물을 모두 눈물로 짜내야만 했을 거예요. 그렇게 되면 눈물이 두 줄기 작은 시내가 되어 옷에 붙은 불을 끌 수 있었을 테니까요.

KHM 151

세 게으름뱅이

Die drei Faulen

어느 왕에게 세 아들이 있었습니다. 왕은 세 아들을 똑같이 사랑해서 자신이 죽은 뒤 어느 아들에게 왕위를 물려주어야 할지 몰랐습니다. 죽을 때가 되자 왕은 세 아들을 침대 머리맡에 불러 말했습니다.

"아들들아, 내가 생각해 둔 것을 지금 알려주겠다. 너희들 가운데 가장 게으른 사람이 내 뒤를 이어 왕이 되도록 하여라."

그러자 맏아들이 말했습니다.

"아버지, 그렇다면 왕국은 제 것입니다. 저는 잠을 자려고 누웠을 때 빗방울이 눈 속으로 떨어져도, 눈을 감기가 귀찮아서 그대로 눈을 뜨고 잠이 들어버릴 만큼 게으르답니다."

둘째가 말했습니다.

"아버지, 왕국은 제 것입니다. 저는 몸을 녹이려고 난롯가에 앉아 있을 때, 발꿈치에 불이 붙어도 다리를 움츠리는 것이 귀찮아 그대로 앉아 있을 만큼 게으르거든요."

셋째 아들이 말했습니다.

"아버지, 왕국은 제 것입니다. 교수형을 당할 처지가 되어 목에 밧줄을 감고 있는데, 누가 날카로운 칼을 손에 쥐여 주며 밧줄을 자르라고 해도 손을 올리기가 귀찮아 그대로 교수형을 당할 만큼 게으르답니다."

아버지가 그 말을 듣더니 셋째에게 말했습니다.

"네가 가장 게으르니 내 뒤를 이어 왕이 되어라."

KHM 151a

꾀부리는 열두 하인

Die zwölf faulen Knechte

온종일 아무 일도 하지 않고 빈둥거리던 게으름뱅이 열두 하인이 저녁때가 되었는데도 꼼짝도 하지 않고 풀밭에 누워 저마다 제 게으름을 자랑하고 있었습니다. 첫 번째 하인이 말했습니다.

"너희들이 아무리 게으르다 해도 내 게으름은 절대로 못 당할걸. 내가 늘 하는 일은 내 몸을 돌보는 거야. 나는 먹기도 많이 먹지만 마시는 건 더 많이 마시지. 네 끼 식사를 하고는 다시 배가 고파질 때까지 아무것도 먹지 않아. 그래서 참 건강하지. 아침 일찍 일어나는 것 따윈 내 알 바가 아니야. 점심 무렵에는 여기저기 쉴 곳을 찾아다녀. 주인이 부르면 못 들은 척하고, 다시 부르면 한참을 꼼지락거리다가 일어나는데 그것도 몹시 느릿느릿 굼벵이 걸음으로 가는 거야. 그러니 그럭저럭 견디면서 살 만한 거지."

두 번째 하인이 말했습니다.

"나는 말을 돌보는 일을 하는데 귀찮아서 재갈을 풀어 주지 않아. 가끔 마음이 내키지 않을 땐 여물을 주지도 않고 주인에게는 벌써 먹였다고 말하지. 대신 귀리통 위에서 죽치고 4시간을 자는 거야. 그 뒤 한쪽 발을 뻗어 말 몸뚱이를 몇 번 쓸어주면 말 손질과 빗질이 끝나는 것이 되지. 이것저것 번거롭게 할 필요가 뭐 있겠어? 하지만 이런 일들조차도 내겐 너무 귀찮아."

세 번째 하인이 말했습니다.

"뭣 하러 투덜대면서 귀찮게 일 같은 것을 한담? 그래 봤자 따로 나오는 것도 없는데. 나는 따스한 햇볕 아래 드러누워 잠만 자고 있었어. 빗방울이 떨어져도 일어날 필요가 있나? 하느님 뜻대로 계속 비가 내리게 내버려 두었지. 그런데 빗발이 차츰 세지는 거야. 나중에는 어찌나 거세게 쏟아 붓는지 머리카락이 뜯겨져 떠내려가고 머리 이곳저곳에 구멍이 나더군. 그쯤이야 반창고 몇 개로도 충분하지. 나는 그런 상처가 이미 여러 개야."

네 번째 하인이 말했습니다.

"나는 무슨 일을 시작하기 전에 한 시간쯤 꾸벅꾸벅 졸면서 힘을 아껴. 그런 다음 느긋하게 일을 시작하는데, 주위에 나를 도와줄 사람이 없느냐고 묻

지. 힘든 일은 다 남에게 맡기고 나는 구경만 해. 하지만 그마저도 내게는 너무 벅차."

다섯 번째 하인이 말했습니다.

"겨우 그 정도 가지고 뭘 그래? 마구간에서 똥을 퍼다 마차에 실어야 한다고 생각해 봐. 나는 누워만 있다가 늘쩡늘쩡 일을 시작해. 갈퀴에다 조금 퍼서 반쯤 들어 올렸다가 15분 쉬고, 그 다음 완전히 들어 올려 갈퀴를 비우지. 그날 하루는 마차 한 대분만 다 채우기만 해도 충분한 일이야. 나는 일만 하다 죽을 생각은 없으니까."

여섯 번째 하인이 말했습니다.

"다들 창피한 줄 알라고. 나는 일 따위 전혀 겁내지 않아. 3주 동안 드러누운 채로 옷도 벗지 않는걸. 신발 끈은 뭣 하러 묶겠어? 난 신발 따위 신지 않아. 계단을 올라갈 때는 한쪽 발을 첫 계단에 올려놓고는 느릿느릿 다른 쪽 발을 겨우 끌어 올리며, 어디서 쉬어야 좋을지 남은 계단을 세어 본다고."

일곱 번째 하인이 말했습니다.

"나에게는 절대 있을 수 없는 일이야. 주인이 내가 하는 모든 일을 하나하나 감시하거든. 하지만 주인도 온종일 집에만 있는 건 아니야. 그렇다고 해서 내가 게으름을 피우는 것도 아니지. 될 수 있는 만큼 빨리 뛰어다니는데, 그게 다른 사람이 봤을 때는 기어 다니는 것 같을 뿐인 거야. 내가 앞으로 나아가려면 힘센 장정 넷이 온 힘을 다해 밀어야 해. 한번은 여섯이 나란히 누워 자고 있기에 나도 그들 옆에 끼어 함께 잠이 들었는데, 도저히 나를 깨울 수가 없어서 나를 떠메고 집까지 데려다 주어야만 했다니까."

여덟 번째 하인이 말했습니다.

"그러고 보면 그나마 팔팔한 놈은 나뿐인 것 같군. 나는 길을 가다가 앞에 돌멩이가 있으면 다리를 들어 올려 넘어가는 게 귀찮아서 그대로 땅바닥에 드러누워 버려. 그러다 비가 내려서 온몸이 진흙과 오물로 범벅이 되어도 햇빛이 다시 말려 줄 때까지 그대로 누워 있지. 기껏해야 햇빛이 고르게 비치도록 몸이나 뒤척거릴 뿐이지."

아홉 번째 하인이 말했습니다.

"그게 뭐 그리 대단하다고! 오늘 내 눈앞에 빵이 있었는데도 집어드는 게 귀찮아서 하마터면 굶어 죽을 뻔했어. 그 옆에는 맥주도 있었는데 컵이 너무 크고 무거워서 도무지 들어 올리고 싶지가 않더라니까. 차라리 목이 마른 편이 낫지. 돌아눕는 것조차도 내게는 아주 힘든 일이라 온종일 통나무처럼 그대로 누워 있었어."

열 번째 하인이 말했습니다.

"나는 게으름 피우다가 손해만 봤어. 다리가 부러지고 장딴지도 퉁퉁 부어버렸다니까. 우리 셋이 길 위에 누워 있었는데, 나는 다리를 쭉 뻗고 있었지. 그때 마차 한 대가 달려오더니 커다란 바퀴가 내 다리 위로 지나가버리는 거야. 다리를 움츠릴 수도 있었겠지만 마차 오는 소리를 미처 못 들었지 뭐야. 모기들이 귀 주위에서 윙윙거리다 콧속으로 들어와 입으로 다시 나가기도 했지만, 뭣하러 그 버러지들을 쫓으려고 힘을 들이겠어."

열한 번째 하인이 말했습니다.

"어제 나는 일을 그만두었어. 주인 책을 잔뜩 들고 이리 갔다 저리 갔다 하는 일을 더는 하고 싶지 않더라니까. 온종일 했는데도 끝내지를 못했어. 사실은 주인이 그만두라고 했지만 말이야. 주인 옷을 빨래하기가 귀찮아서 먼지 속에 처박아 두었더니 좀이 슬었거든. 그러니 당연한 일이지."

열두 번째 하인이 말했습니다.

"오늘 나는 마차를 몰고 들판을 달려야만 했어. 하지만 그 일이 너무 귀찮아서 마차 위에다 짚으로 잠자리를 만들고는 그 안에서 푹 잠이 들었지. 그 바람에 손에서 고삐가 빠져나갔어. 눈을 떠보니 말은 어디로 갔는지 보이지도 않고, 마구도 없어졌더군. 등에 매어 둔 밧줄도, 목걸이도, 굴레도, 재갈도 없는 거야. 지나가던 사람들이 모두 가져간 모양이야. 게다가 마차는 웅덩이에 빠져 꼼짝도 하지 않더군. 나는 마차를 세워 두고 다시 짚더미 위에 벌렁 드러누워 버렸어. 마침내 주인이 와서 웅덩이에서 마차를 끌어내야만 했지. 주인이 오지 않았더라면 나는 계속 마차 위에 누워서 여태까지도 한숨 푹 자고 있었을 거야."

KHM 152

양 치는 소년

Das Hirtenbüblein

옛날에 무엇을 물어보아도 언제나 슬기로운 대답을 하여 유명해진 양치기 소년이 있었습니다. 그 소문은 임금님 귀에까지 들어갔지만 이를 믿지 않았던 왕은 소년을 불러 말했습니다.

"내가 묻는 세 가지 질문에 지혜롭게 대답한다면, 너를 아들로 삼고 궁에서 함께 살게 해주겠다."

소년이 물었습니다.

"세 가지 질문은 무엇입니까?"

왕이 말했습니다.

"첫 번째 질문을 하겠다. 바다에는 물이 모두 몇 방울이나 있느냐?"

양치기 소년이 대답했습니다.

"임금님, 땅 위 강물이란 강물은 한 방울도 바다로 흘러들지 못하도록 모두 막아 주십시오. 그래야 바다에 얼마나 많은 물방울이 있는지 세어서 임금님께 말씀드릴 수가 있으니까요."

왕이 말했습니다.

"그래, 좋아. 다음 질문을 하겠다. 하늘에는 별들이 모두 몇 개나 있느냐?"

양치기 소년이 말했습니다.

"커다란 종이 한 장을 주십시오."

하얀 종이를 받은 양치기 소년은 펜을 들어 아주 작은 점을 종이가 꽉 차도록 찍기 시작했습니다. 거의 보이지도 않게 작을 뿐더러 모두 셀 수도 없을 만큼 많아서 들여다만 보아도 눈이 어질어질 거렸습니다. 소년이 말했습니다.

"하늘에는 이 종이 위에 찍힌 점만큼이나 수많은 별이 있습니다. 세어 보시지요."

그렇게나 수많은 점을 셀 수 있는 사람은 아무도 없었습니다. 왕이 말했습니다.

"마지막 질문을 하겠다. 영원을 초로 계산하면 얼마나 되느냐?"

양치기 소년이 말했습니다.

"포메라니아 다이아몬드산 저 깊은 곳까지 올라가려면 한 시간, 산 한쪽 끝에서 다른 한쪽 끝까지 가는 데 한 시간, 속으로 내려가는 데 한 시간 걸리옵니다. 이 산에 100년마다 작은 새 한 마리가 날아와 부리를 가는데, 이 산이 모두 갈아 없어졌을 때 영원 첫 1초가 지난 것입니다."

왕이 말했습니다.

"마치 모든 것을 꿰뚫어보는 현자처럼 세 가지 질문에 잘 대답하는구나. 이제부터는 궁에서 나와 함께 살도록 하여라. 너를 친자식으로 생각하겠다."

KHM 153

별 은화(銀貨)

Die Sterntaler

먼 옛날, 한 소녀가 있었습니다. 아버지와 어머니를 모두 여의었을 뿐만 아니라 몹시 가난해서 들어가 있을 방은커녕 잠잘 침대조차 없었습니다. 끝내는 몸에 걸친 옷과 손에 든 빵 한 조각밖에 남지 않았는데, 그 빵도 어느 인정 많은 사람이 불쌍한 마음에서 준 것이었습니다.

하지만 소녀는 마음씨가 착한 데다 믿음도 깊었습니다. 그러나 누구 하나 소녀를 따스하게 감싸주지 않았기에 소녀는 오로지 하느님만을 의지한 채 들

판으로 나갔습니다. 그러다 어느 불쌍한 사내를 만났습니다. 그 사내가 말했습니다.

"먹을 것이 있으면 좀 다오. 배가 몹시 고프구나."

소녀는 가지고 있던 빵을 모두 사내에게 내밀며 말했습니다.

"하느님의 축복이 있기를!"

다시 길을 떠나는데 이번에는 한 아이를 만났습니다. 그 아이가 울먹이면서 말했습니다.

"머리가 추워서 견딜 수가 없어요. 머리를 덮을 수 있는 것을 좀 주세요."

소녀는 모자를 벗어 주었습니다. 한동안 가다 보니 또 어떤 아이를 만났는데, 가엾게도 조끼도 없이 오들오들 떨고 있었습니다. 소녀는 얼른 제 조끼를 벗어 주었습니다. 조금 더 가자 다른 한 아이가 치마를 달라고 해 그것도 벗어 주었지요. 마침내 어느 숲 속에 이르렀는데, 그 사이 날이 어두워져 있었습니다. 그때 또 한 아이가 오더니 속옷을 달라고 부탁하는 것이었습니다. 마음씨 착한 소녀는 생각했습니다.

'캄캄한 밤이니 아무도 보지 못할 거야. 그러니 속옷을 벗어주어도 괜찮겠지.'

그러고는 속옷마저 벗어 주었습니다. 모든 것을 나누어준 소녀는 이제 아무것도 가진 게 없었습니다. 그때 갑자기 조용하던 하늘에서 별들이 우수수 떨어져 내리는 게 아니겠습니까. 떨어진 별을 집어 보니 반짝반짝 빛나는 단단한 은화들이었습니다. 게다가 조

금 전에 속옷을 벗어 주었는데도 소녀는 어느새 새 속옷을 입고 있었습니다. 그것도 가장 고운 면으로 짠 속옷이었지요. 소녀는 그 은화들을 모아 행복하게 살았답니다.

KHM 154

훔친 동전

Der gestohlene Heller

옛날에 한 아버지가 아내와 아이들과 함께 점심 식사를 하고 있었습니다. 손님으로 찾아온 친구도 있는 자리에서 모두들 맛있게 음식을 먹고 있었는데 정오를 알리는 종소리가 들렸습니다. 그때 갑자기 닫혀 있던 문이 저절로 열리면서 눈처럼 하얀 옷을 입고 창백한 얼굴을 한 어린아이가 들어오는 것이 손님 눈에 보였습니다.

아이는 주위를 돌아보지도 않고 아무 말 없이 곧장 옆방으로 들어갔습니다. 그러고는 어느새 다시 나오더니 조용히 문밖으로 사라지는 것이었습니다. 둘째 날에도 셋째 날에도 아이는 변함없이 왔다가 곧 사라졌습니다. 마침내 손님은 아버지에게 점심때마다 방으로 들어가는 그 예쁜 아이가 누구냐고 물었습니다. 그러자 아버지가 말했습니다.

"무슨 말을 하는 겐가, 나는 보지 못했네. 누구 아이인지도 모르겠고."

다음 날에도 아이가 다시 오자 손님은 아버지에게 저 아이라며 가리켰습니다. 그러나 아버지는 물론, 어머니와 아이들도 자신들의 눈에는 아무것도 보이지 않는다고 했습니다. 아이가 언제나처럼 옆방으로 들어가자 손님은 자리에서 일어나 살짝 방문을 열고 안을 들여다보았습니다. 아이는 방바닥에 앉아 손가락으로 열심히 마루 틈새를 파헤치고 있었습니다. 그러나 손님이 보는 것을 알아차린 아이는 곧 사라져버리고 말았습니다. 손님은 자기가 본 것을 이야기하며 아이의 생김새를 자세히 설명했습니다. 그러자 어머니가 그 애가 누구인지 알아차리고는 말했습니다.

"오, 이럴 수가! 그 아이는 한 달 전에 죽은 우리 아이예요."

그들이 서둘러 마루청을 들어내 보자 동전 두 닢이 나왔습니다. 언젠가 어머니가 불쌍한 사람에게 주라고 아이에게 그 동전을 주었는데, 아이는 '과자를 사먹어야지' 생각하고는 마루 틈새에 감춰 놓았던 것입니다. 그래서 무덤에서도 마음 편히 쉴 수 없었던 아이는 점심때마다 그 동전들을 찾으러 왔던 것이지요. 마침내 부모가 그 돈을 가난한 사람에게 주었더니, 그 뒤로는 그 누구도 아이의 모습을 볼 수 없었습니다.

KHM 155

신부 고르기

Die Brautschau

한 젊은 목동이 있었습니다. 그는 무척 결혼하고 싶었지만 알고 지내는 세 자매가 모두 하나같이 예뻐서 누구를 고를지, 누가 더 좋은지 결정을 내리지 못하고 있었습니다. 마침내 젊은이는 어머니에게 도움을 청했습니다. 그러자 어머니가 말했습니다.

"세 아가씨를 모두 초대하여 앞에 놓인 치즈를 어떻게 먹는지 눈여겨보아라."

젊은이는 어머니가 시키는 대로 했습니다. 첫 번째 처녀는 치즈를 껍질째 꿀꺽 삼켜버렸습니다. 두 번째 처녀는 얼른 껍질을 벗겨 냈지만, 먹을 만한 것이 껍질에 많이 붙어 있는데도 성급하게 그냥 버리는 것이었습니다. 세 번째 처녀는 너무도 깔끔하게 치즈 껍질을 벗겨 냈습니다. 껍질에 붙어 있는 치즈가 많지도 적지도 않았지요. 목동이 이 일을 어머니에게 모두 이야기하자, 어머니가 말했습니다.

"세 번째 처녀를 아내로 맞아라."

젊은 목동은 세 번째 처녀를 아내로 맞아 즐겁고 행복하게 살았습니다.

KHM 156
부지런한 하녀
Die Schlickerlinge

옛날에 아름답지만 몹시 게으른 처녀가 있었습니다. 처녀는 실을 자으라고 하면 하기 싫은 마음에, 아마에 조그마한 매듭만 있어도 뭉치째 땅바닥에 던져 버리곤 했습니다. 그런데 이 처녀에게는 부지런한 하녀가 하나 있었습니다. 하녀는 처녀가 내팽개친 아마를 모아 깨끗이 손질하여 곱게 실을 자은 뒤 예쁜 옷을 짜 입었습니다. 어느 날 한 청년이 게으른 처녀에게 청혼하여 결혼식을 올리게 되었습니다.

결혼식 전날 밤이 되자 모두들 신혼집 앞에서 즐겁게 축하를 해주었습니다. 부지런한 하녀도 아름다운 옷을 입고 흥겹게 춤을 추고 있었지요. 그 모습을 본 신부가 말했습니다.

"아, 엉긴 아마로 지은 옷을 입고, 어쩜 저렇게 신나게 놀 수 있담."

신랑은 신부의 말을 듣고 무슨 소리냐고 물었습니다. 그러자 신부는 하녀가 입고 있는 옷이 자기가 버린 아마로 지은 것이라고 말했습니다. 신부의 말을 들은 신랑은 신부는 게으르고, 가엾은 하녀는 부지런하다는 사실을 알 수 있었습니다. 그래서 신랑은 신부를 그 자리에 내버려두고는 하녀에게 가서 자기의 아내가 되어달라고 말했답니다.

KHM 157
아빠 참새와 네 마리 새끼 참새
Der Sperling und seine vier Kinder

아빠 참새가 새끼 네 마리를 제비 둥지에서 키우고 있었습니다. 그런데 새끼들이 채 날 수 있게 되기도 전에 어떤 못된 개구쟁이들이 둥지를 부숴 버리고 말았습니다. 새끼들은 다행히 바람을 타고 실려가 무사할 수 있었지만 아빠 참새는 너무나 마음이 아팠습니다. 세상을 살아가면서 겪게 될 이런저런 위험과 좋은 가르침을 들려주기도 전에 사랑하는 새끼들을 세상에 내보내야 했기 때문이었지요.

가을이 되어 보리밭에 여러 참새들이 모이게 되었습니다. 바로 그곳에서 네 마리 새끼 참새들을 다시 만난 아빠 참새는 기쁨에 가득 차 새끼들과 함께 집으로 돌아왔습니다.

"오, 얘들아, 너희들에게 가르침을 주기도 전에 그렇게 바람에 실려 보낸 뒤로 여름 내내 얼마나 걱정을 했는지 모른다. 내 말 잘 들어라. 아버지가 하는 말을 잘 지켜 미리 조심해야 한다. 어린 새들은 큰 위험에 빠지기 쉬우니까 말이야."

그러면서 맏이 새끼 참새에게 여름을 어디서 보냈으며, 또 무엇을 먹고 살았는지 물었습니다.

"저는 정원에서 살았는데, 버찌가 익을 때까지 애벌레와 온갖 곤충들을 잡아 먹었어요."

아빠 참새가 말했습니다.

"얘야, 그런 맛 좋은 음식이 나쁘진 않지만 큰 위험이 따를 수도 있단다. 앞으로는 조심해라. 그리고 무엇보다 사람들이 조그만 구멍이 뚫린 기다란 초록색 막대기를 들고 정원을 돌아다닐 때는 정말 조심해야 해."

"알았어요, 아버지. 그 구멍에는 밀랍으로 초록색 이파리를 붙여 놓았지요?"

"그걸 어디서 보았니?"

"어느 상인의 정원에서요."

새끼 참새가 말했습니다.

"오, 얘야, 상인들이란, 정말 약삭빠른 사람들이야! 그런 위험한 곳에 있었다니, 너도 세상 물정을 충분히 배웠겠구나. 배운 것을 잘 이용하되, 너무 자만하지는 마라."

그 다음 둘째 새끼 참새에게 물었습니다.

"너는 어디에 있었느냐?"

"궁정에 있었어요."

새끼 참새가 대답했습니다.

"그곳은 우리처럼 어리숙한 새들이 있을 곳이 아니란다. 금과 벨벳, 비단, 무기, 갑옷, 새매, 올빼미, 송골매가 있으니까 말이야. 귀리를 키질하거나 도리깨질을 하는 마구간에 살아라. 그러면 날마다 맛있는 곡식을 먹으며 행복하게 살 수 있어."

"네, 아버지."

새끼 참새가 물었습니다.

"그런데 마부들이 그물과 가죽 끈을 지푸라기에 묶어 올가미를 만들면 어떻게 하나요? 그 때문에 많은 새들이 목 졸려 죽기도 했어요."

"어이쿠, 저런. 그걸 어디서 보았느냐?"

아빠 참새가 물었습니다.

"궁정 마부들에게서요."

"오, 얘야, 궁정 하인들은 정말 나쁜 녀석들이야! 궁정에서 깃털 하나 떨어뜨리지 않고 나리들 주위에만 있었다면 꽤나 잘 배웠다고 할 수 있단다. 앞으로도 이 험난한 세상을 잘 헤쳐 나갈 수 있을 거야. 그렇지만 늘 주위를 살피면서 조심하여라. 똑똑한 개도 늑대들에게 물리는 일이 때때로 있으니까 말이다."

아버지는 셋째 새끼 참새에게 물었습니다.

"너는 어디서 운을 시험해 보았느냐?"

"저는 마찻길이나 큰길가를 돌아다녔는데, 그럭저럭 밀알이나 보리알을 찾을 수 있었어요."

"그래, 괜찮은 식사로구나."

아빠 참새가 말했습니다.

"하지만 그곳에서도 늘 조심하고 주위를 잘 살펴야 한단다. 특히 허리를 구부려 돌멩이를 집어 드는 사람이 있거든 얼른 도망가야 해."

"정말 그래요."

새끼 참새가 물었습니다.

"하지만 가슴이나 주머니에 미리 돌멩이를 넣어 가지고 다니면 어떻게 하나요?"

"넌 그런 걸 어디서 보았니?"

"광부들에게서요. 아버지, 그들은 언제나 암석돌멩이들을 가지고 다녀요."

"광부들이라, 그들은 꾀가 많은 녀석들이다! 광부들 주위에 있었다면 보고 들은 게 제법 되겠구나. 그곳도 나름대로 괜찮지만 꼭 몸조심해야 한다. 수많은 참새들이 광부와 땅의 요정 손에 죽었단다."

마침내 아버지는 막내 새끼 참새에게 물었습니다.

"우리 연약한 울보 막내야, 너는 떠나지 말고 내 곁에 있어라. 세상에는 거칠고 사나운 새들이 아주 많단다. 날카롭게 구부러진 부리와 기다란 발톱을 가지고 불쌍한 작은 새들만 노리고 있다가 꿀꺽 삼켜 버리지. 너는 우리처럼 작은 새들과 어울려 평화로운 숲과 마을에서 거미나 애벌레들을 골라 먹으면 오랫동안 행복하게 살 수 있을 게다."

"아버지, 남을 해치지 않으면 오랫동안 부족함 없이 살 수 있을 거예요. 저는 숲과 마을에 사는 모든 새를 창조하시고 돌봐주시는 하느님께서 아침저녁으로 우리에게 꼭 맞는 양식을 주시리라 믿고 있어요. 그러니 매도 올빼미도 수리도 소리개도 저를 해치지 못할 거예요. 하느님께서는 어린 까마귀의 비명과 기도도 들으십니다. 그분 뜻이 아니면 참새 한 마리도, 굴뚝새 한 마리도 땅 위에 떨어지지 않을 테니까요."

"그런 건 어디서 배웠느냐?"

새끼 참새가 말했습니다.

"세찬 바람에 휩쓸렸을 때 저는 교회로 떨어졌어요. 그래서 교회 창문에 붙은 파리와 거미들을 잡아먹으며 여름을 보내는 동안 신부님 설교를 듣게 되었죠. 우리 참새들의 아버지 하느님께서 여름 내내 저를 돌봐주시고 모든 불행과 무서운 새들로부터 지켜주셨어요."

"정말이구나! 얘야, 교회로 들어가 거미와 윙윙대는 파리를 없애는 데 도움을 주고, 마치 어린 까마귀처럼 하느님을 찬양하고, 자신을 영원한 창조주 하느님께 맡긴다면 비록 온 세상이 사납고 무서운 새들로 가득 차 있더라도 너는 잘 살아 나갈 수 있을 게다.

왜냐하면 하느님께 모든 것을 맡기는 자,
말없이 고통을 참고 기다리고 기도하는 자,
남을 배려하고 온건한 자,
신앙을 지키고 양심이 깨끗한 자,
그러한 사람을 하느님은 지켜 주시고 보호하시니까."

KHM 158

허풍선이 나라 이야기

Das Märchen vom Schlaraffenland

허풍선이 나라가 있던 시절, 그곳에 갔더니 로마와 교황궁이 가느다란 비단실에 흔들거리며 매달려 있었고, 발 없는 사나이가 말보다도 더 빨리 달렸으며 날카로운 칼이 강 위 다리를 둘로 잘라 버리는 것이었습니다. 그리고 은빛 코를 가진 어린 나귀가 두 마리 빠른 토끼 뒤를 쫓아갔고, 커다란 보리수에는 따끈따끈 핫케이크가 한가득 열려 있는 것을 보았습니다. 잔뜩 허리가 굽은 숫염소가 마차 100대쯤 되는 식용기름과 마차 60대분의 소금을 옆구리에 매달고 나르는 것도 보았습니다. 이 정도의 거짓말도 충분치 않다고요?

나는 허풍선이 나라에서 쟁기가 말이나 소도 없이 스스로 밭을 가는 모습을 보았고, 한 살밖에 안 된 어린아이가 맷돌 4개를 레겐스부르크에서 트리어로, 트리어에서 슈트라스부르크로 던지는 것을 보았으며, 매가 무척 시원하다는 듯 기분 좋은 얼굴로 라인 강 위를 이리저리 헤엄치는 것도 보았습니다. 물고기들이 소란을 피우자 그 소리가 하늘 높이 울려 퍼졌고, 달콤한 벌꿀이 깊은 골짜기에서 높은 산 위로 물처럼 졸졸 흘렀습니다. 참으로 신기하지 않나요?

또 까마귀 두 마리가 초원에서 한가로이 풀을 뜯고 있었고, 모기 두 마리가 튼튼한 다리를 만들고 있는 것도 보았습니다. 비둘기 두 마리가 늑대를 마구 쥐어뜯고, 어린아이 둘이 두 마리 염소를 내던지고, 개구리 두 마리가 서로 도리깨질을 하고 있었습니다. 쥐 두 마리가 주교를 축복하고 있는 것을 보았고, 고양이 두 마리가 손톱으로 곰 혓바닥을 할퀴고, 달팽이 한 마리가 사납게 뛰어가서는 무시무시한 사자 두 마리를 때려죽이는 것도 보았습니다. 여자들 수염을 깎고 있는 이발사도 있었고, 갓난아기 둘이 제 어머니에게 조용히 하라고 말하기도 합니다. 또 사냥개 두 마리가 물속에서 돌절구를 건져 오는 것을 보았는데, 늙어서 이제는 쓸모없어진 말이 거기에 서 있다가 잘했다고 칭찬을 하더군요. 마당에서는 말 네 마리가 온 힘을 다해 타작을 하고 있었고, 염소 두 마리가 난로에 불을 피우자 붉은 암소는 가마 속에 빵을 집어넣고 있었습니다.

그때 수탉이 큰소리로 울었습니다.

"꼬끼오, 이 이상한 이야기는 여기까지야, 꼬끼오."

KHM 159

디트마르센의 거짓말

Das Dietmarsische Lügenmärchen

여러분에게 재미있는 이야기 하나 들려드릴게요.

어느 신기한 나라에서 노릇노릇 잘 구워진 닭 두 마리가 놀랄 만큼 빠른 속도로 하늘 높이 날아가는 것을 보았습니다. 그런데 배는 천국 쪽을, 등은 지옥 쪽을 향하고 있었지요. 그리고 대장장이의 모루와 맷돌이 무척 느릿느릿 조용히 라인 강을 헤엄쳐 건너갔고, 성령 강림절이 되자 개구리 한 마리가 얼음 위에 오도카니 앉아서 쟁기 날을 갉아먹고 있었답니다.

또 친구 네 명이 토끼를 잡으려고 목발을 짚기도 하고 대나무로 만든 말을 타고 집 밖으로 나왔습니다. 한 녀석은 귀머거리, 또 다른 한 녀석은 장님, 또 한 녀석은 벙어리, 또 다른 녀석은 앉은뱅이였지요. 그런데 어떻게 해서 토끼를 잡았는지 여러분은 들었어요? 장님이 가장 먼저 들판을 달려 나아가는 토끼를 보았고, 벙어리가 앉은뱅이에게 큰 소리로 전하자 앉은뱅이가 달려가 토끼 목덜미를 잡았어요.

땅에다 배를 띄우고 싶었던 친구들은 커다란 배에 돛을 달고는 바람을 타고 넓디넓은 밭을 건너갔답니다. 그런데 높은 산을 지나다가, 그만 불쌍하게도 모두 익사하고 말았어요. 참으로 불쌍하지요. 게에게 쫓기던 토끼는 꽁지가 빠지게 도망가고, 높은 지붕 위에는 커다란 암소가 올라가 드러누워 있었습니다.

그 나라에서는 파리가 여기 염소만 하더라니까요. 그런데 이 재미난 거짓말들이 몽땅 날아가 버리게 창문을 좀 열어주실래요?

KHM 160

수수께끼 동화

Rätselmärchen

세 여자가 꽃으로 변해 들판에 피어 있었습니다. 그 가운데 한 여자는 밤에 집으로 돌아가서 편안한 밤을 보낼 수 있었습니다. 그런데 어느 날 동이 틀 무렵 들판 친구들에게 돌아갈 시간이 되자, 여자가 남편에게 말했습니다.

"오늘 아침에 당신이 들로 나와서 기도하며 나를 꺾으면 나는 마법이 풀려 앞으로도 계속 당신과 함께 있을 수 있을 거예요."

남편은 아내 말대로 들에 나가 그녀를 꺾었습니다.

그런데 꽃들이 모두 똑같이 생겨 도무지 구별이 되지 않았는데 어떻게 남편은 제 아내를 알아볼 수 있었을까요?

답은 이렇습니다.

"아내는 집에서 밤을 보냈기 때문에 들판에 있던 다른 두 꽃들과는 달리 이슬이 떨어져 있지 않았지요. 그래서 남편은 아내를 알아볼 수 있었답니다."

KHM 161

흰눈이와 빨강 장미

Schneeweißchen und Rosenrot

남편을 잃은 가난한 여인이 사람 사는 곳에서 떨어진 작은 집에 살고 있었습니다. 집 앞 정원에는 아름다운 장미나무 두 그루가 있었는데, 한 나무에는 하얀 꽃이, 또 다른 나무에는 빨간 꽃이 피었습니다. 여자에게는 이 두 송이 장미와 꼭 닮은 아이 둘이 있었습니다. 한 아이는 '흰눈이', 또 다른 아이는 '빨강 장미'로 불렸답니다.

둘은 이 세상 어떤 아이들보다 깊은 믿음과 고운 마음씨를 지녔으며 부지런하고 끈기가 있었습니다. 그 둘 가운데서도 흰눈이가 빨강 장미보다 좀 더 참하고 상냥했습니다. 빨강 장미는 들판을 뛰어다니며 꽃을 찾고 나비 쫓기를 좋아했지만, 흰눈이는 집에서 어머니 곁에 앉아 집안일을 거들거나 재미있는 책을 읽어 주기도 했습니다. 두 자매는 어찌나 사이가 좋은지 함께 밖으로 나갈 때면 늘 손을 잡고 정답게 다녔습니다.

"우리 서로 헤어지지 말자."

흰눈이가 그렇게 말하면 빨강 장미는 이렇게 말하곤 했습니다.

"살아 있는 동안에는 절대로 헤어지지 말자."

어머니가 덧붙여 말했습니다.

"누가 무엇을 갖게 되건 둘이서 똑같이 나누어 가져야 한다."

둘은 때때로 숲 속을 돌아다니며 먹음직스러워 보이는 빨간 딸기를 따 모았습니다. 그러나 그들을 해치는 짐승은 하나도 없었습니다. 오히려 다정하게 둘 곁으로 모여들었지요. 토끼는 흰눈이와 빨강 장미 손에서 양배추 잎사귀를 받아먹었고, 노루는 그 곁에서 풀을 뜯었으며, 큰 사슴은 아주 즐겁게 뛰어다녔습니다. 새들은 나뭇가지에 앉아 알고 있는 노래는 모두 불렀지요. 생각지 못한 사고를 당하는 일도 없었습니다. 너무 늦게까지 숲에 머물다가 그만 어두운 밤이 되고 나면, 둘은 포근한 이끼 위에 나란히 누워 아침이 될 때까지 잠을 잤습니다. 어머니는 그것을 알고 있었지만 아무 걱정도 하지 않았습니다.

어느 날 둘이 숲에서 밤을 보내고 부드러운 아침 햇살에 일어나 보니 하얗게 빛나는 옷을 입은 예쁜 아이가 그들 곁에 앉아 있었습니다. 아이는 자리에서 일어나 둘을 매우 다정하게 바라보기만 하고는 아무 말 없이 숲 속으로 사라졌습니다. 주위를 둘러본 두 자매는 그제야 자신들이 절벽 바로 옆에서 잠을 잤다는 사실을 깨달았습니다. 어둠 속에서 몇 걸음만 더 앞으로 나아갔어도 둘은 그 절벽 아래로 떨어질 뻔했던 것입니다. 나중에 이 이야기를 들은 어머니는 그 빛나는 아이가 착한 아이들을 지켜 주는 천사일 것이라고 말했습니다.

흰눈이와 빨강 장미는 늘 오두막을 깔끔하게 청소해 놓았습니다. 깨끗한 집안을 들여다보면 절로 기쁨이 우러나오는 것만 같았지요. 여름에는 빨강 장미가 집을 돌보았는데, 아침마다 어머니가 일어나시기 전에 꽃다발을 만들어 침대 머리맡에 놓아두었습니다. 그 어여쁜 꽃다발에는 장미나무 두 그루에서 하나씩 꺾은 장미 두 송이도 들어 있었습니다. 겨울에는 흰눈이가 불을 피우고 아궁이에다 솥을 걸어 놓았습니다. 솥은 놋쇠로 만들어졌는데, 어찌나 깨끗이 닦았는지 마치 금처럼 반짝반짝 빛났습니다. 눈발이 세차게 날리는 밤이 되면 어머니가 말했습니다.

"흰눈아, 가서 문 빗장을 걸고 오너라."

그러고는 모두들 따뜻한 화로 옆에 둘러앉았습니다. 그러자 어머니는 안경을 쓰고 커다란 책을 읽어 주었고, 두 소녀는 흥미진진하게 귀 기울이면서도 손으로는 실을 잣고 있었습니다. 그들 옆에는 양 한 마리가 누워 있었고, 뒤에는 하얀 비둘기가 고개를 날개 속에 푹 파묻고 앉아 있었습니다.

어느 날 밤, 세 사람이 다정하게 모여 있자, 누군가가 문을 두드렸습니다. 안으로 들어오고 싶어하는 것 같았습니다.

"빨강 장미야, 어서 가서 문을 열어 주렴. 쉴 곳을 찾는 나그네인가 보다."

어느 불쌍한 사람이 왔으려나 생각한 빨강 장미는 얼른 문 앞으로 가서 빗장을 열었습니다. 그러자 나그네가 아닌 커다란 곰이 두툼한 머리를 문 속으로 쓰윽 들이미는 것이었습니다. 빨강 장미는 큰 소리로 비명을 지르며 얼른 뒤로 물러섰습니다. 양은 음메 울고, 비둘기는 파드득 날아올랐으며, 흰눈이는 어머니 침대 뒤로 숨었습니다. 곰이 놀라게 해서 미안하다는 듯 입을 열었습니다.

"무서워하지 말아요, 아무 짓도 안 할 테니까. 너무 추워 몸이 꽁꽁 얼어붙을 것만 같아서 몸을 좀 녹이고 싶었어요."

"저런, 가엾기도 하지. 이리 들어와서 불 옆에 앉거라."

어머니가 곰에게 말했습니다.

"그렇지만 털에 불이 붙지 않도록 조심해야 한다."

그런 다음 큰 소리로 말했습니다.

"흰눈아, 빨강 장미야, 이리 나오너라. 곰은 우리를 해치지 않을 거야. 무서워하지 말려무나."

두 소녀가 모습을 드러내자 양과 비둘기도 조금씩 가까이 다가왔습니다. 이제 모두들 그가 무섭지 않았습니다. 그러자 곰이 말했습니다.

"얘들아, 내 몸 털에 붙은 눈을 좀 털어주지 않으련."

소녀들은 빗자루를 가져와 곰의 털가죽을 깨끗이 쓸어주었습니다. 그러자 곰은 불가에 몸을 쭉 펴고 누워 아주 기분 좋게 잠이 들었습니다. 얼마 지나지 않아 곰과 두 소녀는 매우 친해져서 이 둔하고 커다란 손님에게 스스럼없이 장

난을 치게 되었습니다. 손으로 털을 잡아당기거나 간질이고 발을 등 위에 올리기도 했으며, 마치 빵가루라도 되는 듯이 곰을 이리저리 굴리기도 했습니다. 그뿐만 아니라 개암나무 가지를 들고 등을 때리기도 했는데, 갑자기 곰이 으르렁거리면 두 소녀는 깔깔 웃었습니다. 마음씨 착한 곰은 이 모든 장난을 너그럽게 받아 주었지요. 때때로 장난이 너무 짓궂을 때면 이렇게 외치기도 했습니다.

"날 좀 살려다오, 얘들아. 흰눈아, 빨강 장미야, 너희들 신랑감이 맞아 죽을지도 몰라."

잠잘 시간이 되자 모두들 잠자리에 들었을 때 어머니가 곰에게 말했습니다.

"편안한 마음으로 화롯가 옆에 누우렴. 그러면 아무리 추워도 괜찮을 테니까."

다음 날 동이 트자마자 두 소녀는 곰을 밖으로 내보내 주었습니다. 곰은 폭신폭신하게 잔뜩 쌓인 눈을 밟으며 어슬렁어슬렁 숲 속으로 사라졌습니다. 이때부터 곰은 날마다 저녁만 되면 늘 같은 시간에 집으로 찾아와 화롯가에 누워 두 소녀가 원하는 대로 즐겁게 놀아 주었습니다. 두 소녀는 이 시커먼 친구가 찾아오기 전까지는 문에 빗장을 걸어두지 않을 만큼 곰과 가까워졌습니다.

어느덧 봄이 되어 바깥이 온통 아름다운 초록빛으로 물든 어느 날 아침, 곰이 흰눈이에게 말했습니다.

"난 이제 이곳을 떠나야 한단다. 여름 내내 돌아오지 않을 거야."

"어디로 가는데?"

흰눈이가 물었습니다.

"숲으로 들어가 내 보물을 지켜야만 해. 나쁜 난쟁이들에게 빼앗기지 않도록 말이야. 겨울이 되어 땅이 꽁꽁 얼면 난쟁이들은 땅속에 갇히지만, 날씨가 따뜻해지고 햇볕에 땅이 녹으면 마구마구 땅을 뚫고 올라와 내 보물을 찾아 훔쳐 간단다. 그들은 훔친 것을 동굴에다 감추어 놓는데, 그 보물을 다시 꺼내오기란 정말 쉬운 일이 아니거든."

흰눈이는 곰과 헤어지는 게 몹시 슬펐습니다. 흰눈이가 문 빗장을 벗겨 주자마자 곰은 불쑥 밖으로 뛰쳐나갔습니다. 그러다 문에 난 못에 곰가죽이 조금 찢어졌는데, 흰눈이는 그 틈으로 반짝이는 금을 본 듯했습니다. 그러나 제 눈을 의심했지요. 곰은 서둘러 뛰어가더니 어느새 나무들 사이로 사라졌습니다.

얼마 뒤 어머니는 아이들에게 숲에 가서 땔나무를 주워오라고 아이들을 숲

으로 보냈습니다. 두 사람이 깊은 숲 속으로 들어가자 커다란 나무가 바닥에 쓰러져 있는 게 보였습니다. 그런데 나무줄기 옆 수풀 사이에서 무언가 깡총깡총 뛰고 있는 것이 있었습니다. 그것이 무엇인지 알아볼 수 없었지만 조금 더 가까이 다가가 보니 매우 길고 하얀 수염이 달린 노인 난쟁이였습니다. 난쟁이는 수염 끝이 나무 틈새에 끼어 마치 밧줄에 매인 불쌍한 강아지처럼 이리 뛰고 저리 뛰고 있을 뿐 어찌할 수가 없었습니다. 난쟁이는 빨갛게 이글거리는 눈으로 소녀들을 노려보면서 외쳤습니다.

"뭘 멍하니 보고 서 있는 거야! 빨리 와서 도와주지 못해?"

"어쩌다 이렇게 되었나요, 난쟁이 아저씨?"

빨강 장미가 물었습니다.

"무엇을 하고 있는 거예요?"

난쟁이가 말했습니다.

"뭐든지 알고 싶어 하는군! 이 나무를 쪼개 부엌에서 쓸 장작을 만들려고 했어. 굵은 그루터기나 통나무를 때면 우리가 먹을 음식이 타버리잖아. 우리 같은 난쟁이들은 너희들처럼 뭐든 먹어치워 버리는 야만인들보다 훨씬 적게 먹거든. 다행히 쐐기를 잘 박아 놓았으니 모든 게 술술 풀리겠다 싶었는데, 저 빌어먹을 쐐기가 미끈미끈한 바람에 느닷없이 다시 툭 튀어나오더니 나무가 오므라져서 내 멋진 수염이 끼었지 뭐냐. 수염이 박혔으니 자리를 뜰 수도 없고. 그런데 너희들은 돼먹지 않게 허여멀건 낯짝으로 비웃고 있다니! 쳇, 버르장머리 한번 좋구나!"

두 소녀는 갖은 애를 다 썼지만 난쟁이 수염을 다시 빼낼 수는 없었습니다. 아주 단단하게 박혀 있었으니까요.

"뛰어가서 사람들을 불러올게."

빨강 장미가 말했습니다.

"지금 제정신이냐?"

난쟁이가 투덜거렸습니다.

"그래, 너희 둘로도 모자라서 사람들을 더 불러올 속셈이냐. 더 좋은 생각은 없어?"

"너무 걱정하지 마세요."

흰눈이가 말했습니다.

"좋은 생각이 있어요."

그러고는 주머니에서 작은 가위를 꺼내 난쟁이의 수염 끝을 잘라냈습니다. 난쟁이는 나무에서 벗어나자마자 나무뿌리 사이에 손을 넣어 자루를 꺼냈습니다. 그 자루에는 금화가 가득 들어 있었습니다. 난쟁이는 그 자루를 들어 올리며 투덜댔습니다.

"이 못된 녀석! 내 멋진 수염을 싹둑 잘라버리다니! 악마에게 물려 나가라!"

난쟁이는 자루를 훌쩍 둘러메고는 아이들을 두 번 다시 돌아보지도 않고 숲 속으로 사라져 버렸습니다.

그리고 얼마 뒤, 흰눈이와 빨강 장미는 반찬거리로 물고기를 잡으러 강으로 갔습니다. 강에 점점 다다르니 커다란 메뚜기 같은 것이 물속으로 뛰어들려는 듯이 펄떡거리고 있었습니다. 달려가 보니 예전에 숲에서 만났던 멋진 흰 수염을 가진 난쟁이였습니다.

"어딜 가시려는 건가요?"

빨강 장미가 말했습니다.

"설마 물속으로 뛰어들려는 건 아니죠?"
"내가 바보인 줄 알아?"
난쟁이가 버럭 소리를 질렀습니다.
"저 빌어먹을 물고기가 물속에서 나를 잡아당기고 있잖아!"
난쟁이는 강가에 앉아서 낚싯줄을 드리우고 있었는데, 갑자기 바람이 부는 바람에 그만 수염이 낚싯줄과 엉켜버린 것입니다. 그 뒤에 바로 커다란 물고기가 물렸는데, 힘이 약한 난쟁이는 물고기를 끌어당길 수가 없었습니다. 오히려 물고기가 난쟁이를 끌어당기고 있는 형편이었지요. 난쟁이는 풀줄기와 갈대를 꼭 붙들고 있었지만 아무 소용이 없었고, 물고기가 움직이는 대로 이리저리 따라 움직일 뿐, 금세라도 물속으로 끌려들어갈 것만 같았습니다. 두 소녀는 난쟁이를 꼭 붙들고 있는 힘껏 수염을 줄에서 풀어 주려고 했지만, 수염과 줄이 너무 단단히 얽혀 있어서 다른 방법이 없었습니다. 그래서 흰눈이는 또다시 가위를 꺼내어 난쟁이의 수염을 잘라내 버리고 말았습니다. 난쟁이는 이미 한 번 잘렸던 수염이 조금 더 없어지는 것을 보고는 크게 화를 냈습니다.
"이 녀석들! 내 얼굴을 망칠 셈이냐! 수염 끝을 잘라낸 것도 모자라서 가장 멋진 부분까지 싹둑 잘라버리다니! 이제 얼굴을 들고 다니지도 못하겠어. 다 필요 없어! 저 멀리 꺼져버려!"
난쟁이는 갈대숲 속에 숨겨 두었던 진주가 든 자루를 들고서는, 고맙다는 한마디 말도 없이 질질 끌면서 어느 바위 뒤로 사라져버렸습니다.
그 일이 있은 지 얼마 지나지 않아 두 소녀는 어머니의 심부름으로 실과 바늘, 레이스실과 리본을 사러 마을로 갔습니다. 고을로 가는 길은 커다란 바윗덩어리들이 흩어져 있었습니다. 걷고 있는 동안에 커다란 새가 하늘 위를 유유히 날고 있는 게 보였습니다. 새는 천천히 그들 머리 위를 맴돌다가 차츰 아래로 내려오더니 마침내 가까이 있는 바위 위에 내려앉았습니다.
그러자 곧이어 째지는 듯한 애처로운 비명이 들렸습니다. 깜짝 놀라 달려가 보니 이미 두 소녀가 구해 주었던 그 흰 수염 난쟁이가 이번에는 독수리에게 잡혀 있는 것이었습니다. 두 소녀는 불쌍하게 여겨 난쟁이를 꽉 붙들고 독수리와 밀거니 당기거니 힘겨루기를 했습니다. 독수리는 마침내 잡았던 먹이를 놓아주었습니다. 난쟁이는 처음에는 벌벌 떨고 있었지만 무서움이 가시자마자 째지는 목소리로 고함을 질렀습니다.

"너희들, 나를 좀 더 조심스럽게 다룰 수는 없어? 내 멋진 옷이 너희들이 마구 잡아당기는 바람에 여기저기 찢어지고 구멍이 나 버렸잖아. 이런 쓸모없는 녀석들 같으니라고!"

난쟁이는 보석이 든 자루를 들고 또다시 바위 아래 제 동굴로 들어갔습니다.

소녀들은 은혜도 모르는 난쟁이의 행동에 이미 익숙해져 있던 터라, 아무렇지 않게 그곳을 떠나 고을로 갔습니다. 어머니가 사오라고 한 물건들을 모두 사 들고 집으로 돌아오는 길에 다시 그 들판을 지나게 되었는데, 뜻하지 않게 흰수염 난쟁이를 또 만나게 되었습니다. 이렇게 늦은 시각에 설마 누가 오리라고는 생각지 못한 난쟁이가 깨끗한 곳에다 자루에 들어 있던 보석들을 모두 펼쳐 놓고 하나하나 살펴보고 있었던 것입니다. 반짝이는 보석들이 저녁 햇살을 받아 온갖 색을 뽐내며 영롱하고 찬란하게 빛났기에 두 소녀는 그 자리에 멈추어 서서 그 아름다운 모습을 멍하니 바라보고 있었습니다.

"이 얼간이들아, 뭘 그렇게 입을 떡 벌리고 서 있는 거야!"

난쟁이가 버럭 소리를 질렀습니다. 그의 잿빛 얼굴은 화를 참지 못하고 점차 주홍색으로 변해가고 있었습니다. 난쟁이가 소녀들에게 심한 욕설을 퍼부으려는 순간 어디선가 으르렁거리는 커다란 소리가 들리며 아주 크고 검은 곰이 숲에서 뛰쳐나왔습니다. 난쟁이는 깜짝 놀라 앉은 자리에서 펄쩍 뛰어올랐습니다. 하지만 곰이 매우 가까이 다가왔기 때문에 자기 동굴로 쏙 들어가 버릴 수도 없었지요.

난쟁이는 잔뜩 겁에 질려 외쳤습니다.

"아이고, 곰 나리. 제 보물을 몽땅 드리겠으니 제발 목숨만은 살려 주십시오. 아름다운 보석들이 이렇게나 많이 있습니다. 제발 살려주세요. 저처럼 작고 빼빼 마른 놈이 먹을 게 뭐가 있겠습니까? 이빨 사이에 끼지도 못할 텐데요. 저기 저 못된 여자애들을 잡으세요. 어린 메추라기처럼 통통하고 연하니, 아주 맛있게 드실 수 있을 거예요."

곰은 난쟁이 말에 아랑곳하지 않고 그를 앞발로 한 대 쾅 내리쳤습니다. 나쁜 난쟁이는 그 자리에서 목숨을 잃고 말았습니다.

겁에 질린 소녀들이 달아나자 곰이 그들 뒤에서 다정스레 불렀습니다.

"흰눈아, 빨강 장미야, 무서워하지 마. 기다려 줘, 함께 가자."

두 소녀는 그 목소리를 들은 적이 있었기 때문에 걸음을 멈추었습니다. 곰이 소녀들 가까이 다가가자 갑자기 곰 가죽이 스르르 벗겨지면서 잘생긴 젊은이로 변했습니다. 그는 온통 금으로 만든 눈부신 옷을 입고 있었습니다.

"나는 왕자란다."

그가 말했습니다.

"내 보물을 훔쳐 간 못된 난쟁이가 내게 마법을 거는 바람에 사나운 곰이 되어 숲 속을 돌아다녀야만 했단다. 이제 난쟁이가 죽어서 마법에서 풀려날 수 있게 되었지. 나쁜 난쟁이가 마침내 마땅한 벌을 받았구나."

흰눈이는 멋진 왕자님과, 빨강 장미는 그의 동생과 결혼했습니다. 두 부부는 난쟁이가 동굴에 모아 두었던 많은 보물을 사이좋게 나누어 가졌습니다. 나이 든 어머니도 오랫동안 딸들 곁에서 행복하게 살았답니다. 어머니는 장미나무 두 그루를 창 앞에다 옮겨 심었는데, 해마다 이 두 나무에는 이루 말할 수 없을 만큼 아름다운 꽃들이 피어났습니다. 바로 하얀 장미와 빨강 장미였답니다.

KHM 162

지혜로운 하인

Der kluge Knecht

주인이 일을 시키면 꼭 그대로만 하지 않고 자신의 재치로 일을 척척 해내는 하인이 있다면 그 주인은 얼마나 행복할까요?

그런 지혜로운 하인이 있었으니, 그가 바로 한스였습니다. 어느 날 주인은 잃어버린 소를 찾아오라며 한스를 내보냈습니다. 그런데 한참을 기다려도 한스가 돌아오지 않았지요. 주인은 이렇게 생각했습니다.

'한스는 충실하니까 아무리 힘들어도 꾀는 부리지 않을 거야.'

그러나 아무리 기다려도 한스가 돌아오지 않자 주인은 무슨 일이 일어났을까 걱정되어 그를 찾으러 나섰습니다. 오랜 시간 동안 한스를 찾아다니던 주인은 넓은 들판에서 한스를 발견했는데 한스는 이리저리 들판을 뛰어다니고 있었습니다. 그를 따라잡은 주인이 물었습니다.

"한스, 내가 찾아오라던 소는 찾았는가?"

"아니요, 주인님."

그가 말했습니다.

"아직 찾지 못했습니다. 그리고 찾아보지도 않았습니다."

"그럼 대체 무엇을 찾고 있었나, 한스?"

"더 좋은 것을 찾고 있었습니다. 운 좋게 찾아내기도 했고요."

"그것이 뭔가?"

"지빠귀 세 마리입니다."

하인이 대답했습니다.

"그래, 그것들은 어디에 있지?"

주인이 물었습니다.

"한 마리는 날고 있는 것이 눈에 보이고 있고, 또 한 마리는 울고 있는 소리가 들립니다. 다른 한 마리는 지금 쫓고 있습니다."

지혜로운 하인이 대답했습니다.

자, 여러분. 여러분도, 이야기를 본받아서 주인이 무슨 명령을 내리든 신경쓰지 말고 여러분 머릿속에 떠오르는 대로, 마음 내키는 대로 행동하세요. 그러면 영리한 한스처럼 지혜롭게 행동할 수 있을 테니까.

KHM 163

유리관

Der gläserne Sarg

가난한 재봉사 같은 사람은 출세하여 명예를 드높일 수 없다고 섣불리 말해서는 안 됩니다. 어떤 일을 하기 전에는 먼저 이것이 좋은 기회인지, 잘 이용할 수 있는지 꼭 살펴야만 합니다.

옛날에 매우 침착하면서도 재빠른 어린 재봉사가 있었습니다. 재봉사는 어느 날 여행을 떠나 커다란 숲에 들어가게 되었는데, 그만 길을 잃고 말았습니다. 컴컴한 밤이 되자, 온몸의 털이 곤두설 정도로 무시무시한 곳에서 잠잘 곳을 찾는 수밖에 다른 방법이 없었습니다. 부드러운 이끼 위에서 잠들 수 있다면 더할 나위 없겠지만, 여러 사나운 짐승들이 무서워 마음이 편치 않았던 재봉사는 어쩔 수 없이 나무 위에 올라가 밤을 보내기로 했습니다. 그는 높은 떡갈나무를 찾아 꼭대기까지 올라갔습니다. 그리고 무거운 다리미를 가지고 온 것을 하느님께 감사드렸지요. 그것이 없었더라면 나무 꼭대기 위로 거세게 불어대는 바람에 휩쓸려 날아가 버렸을 테니까요.

캄캄한 어둠 속에서 몇 시간을 보내자니 겁이 나서 온몸이 덜덜 떨리기도 했지만, 어느덧 익숙해지고 나자 그리 멀지 않은 곳에 불빛이 반짝이는 게 보였습니다. 사람이 사는 집이라면 나무 위보다는 마음 편히 잘 수 있겠다 생각한 재봉사는 조심스레 나무에서 내려와 불빛을 향해 걸어갔습니다.

이윽고 대나무와 갈대로 엮은 작은 오두막이 보이기 시작했습니다. 그가 용기를 내어 문을 두드리자 끼익 소리를 내며 문이 열리고, 쏟아져 나오는 불빛 속에 알록달록 색색가지 천으로 이어 맞춘 옷을 입은 난쟁이 할아버지가 모습을 드러냈습니다.

"넌 누구냐, 무슨 일이지?"

난쟁이가 낮은 목소리로 조용히 물었습니다.

"저는 가난한 재봉사입니다."

그가 말했습니다.

"이 사나운 숲에서 길을 잃어버리는 바람에 밤이 깊었는데도 지낼 곳을 찾지 못하고 있습니다. 부디 하룻밤만 이곳에서 신세를 질 수는 없을까요?"

"자네 갈 길이나 계속 가게. 떠돌이하고는 어울리고 싶지 않아. 미안하지만 다른 곳에 가서 알아보게나."

노인이 퉁명스레 말했습니다.

노인은 그 말만 하고 다시 집 안으로 들어가려 했습니다. 그러자 재봉사는 다급하게 그의 옷자락을 꼭 붙들고 애절하게 부탁했습니다. 재봉사의 간절한 마음이 전해졌는지 노인은 마침내 고집을 꺾고 한껏 부드러워진 태도로 그를 오두막 안으로 들였습니다. 노인은 그에게 먹을 것을 주고 한쪽 구석에 매우 편안해 보이는 잠자리도 만들어 주었습니다.

너무 피곤했던 재봉사는 다음 날 아침까지 기분 좋게 잠을 잤습니다. 아마도 무척이나 시끄러운 소리에 놀라 잠이 깨지 않았더라면 온종일 자고 있었을지도 모릅니다. 끔찍한 비명과 울부짖음이 얇은 벽을 뚫고 들려왔습니다. 자기도 모르게 용기가 생긴 재봉사는 벌떡 일어나 재빨리 옷을 주워 입고 밖으로 뛰쳐나갔습니다.

멀리 나갈 것도 없이 오두막 바로 앞에서 커다란 검은 황소와 아름다운 수사슴이 아주 격렬한 싸움을 벌이고 있었습니다. 두 짐승이 서로 어찌나 무섭게 덤벼대는지, 그들 발길질에 바닥이 흔들렸고 온 주위는 비명으로 쩌렁쩌렁 울렸습니다. 오랫동안 누가 이길지 모를 만큼 둘 모두 힘이 대단했지만 마침내 수사슴이 황소 몸을 뿔로 들이받았습니다. 황소는 끔찍한 울부짖음과 함께 바닥을 크게 울리며 쓰러졌고, 몇 차례 더 수사슴의 공격을 받더니 그 자리에서 죽어버리고 말았습니다.

재봉사는 깜짝 놀라 그 자리에 멍하니 서 있었습니다. 그런데 수사슴이 단숨에 달려와 재봉사가 도망칠 겨를도 없이 그를 커다란 뿔로 번쩍 들어 올리는 게 아니겠습니까. 수사슴은 그를 태운 채 매우 빠르게 나무와 바위를 뛰어넘고 산과 계곡을 지나 초원과 숲을 달려 나아갔습니다. 그가 할 수 있는 일이라고는 그저 두 손으로 사슴 뿔을 꼭 부여잡고 제 운명을 하늘에 맡기는 것뿐이었습니다. 마치 하늘을 나는 것만 같았지요. 마침내 수사슴은 어느 암벽 앞에서 멈추더니 재봉사를 땅 위에 조심히 내려놓았습니다. 살아 있었다기보다는 오히려 죽어 있는 것만 같았던 재봉사는 정신을 차리기까지 꽤나 오랜 시간이 걸렸습니다.

그가 차츰 기운을 되찾자, 옆에서 기다리고 있던 수사슴이 뿔로 암벽에 나 있는 문을 쿵쿵 힘껏 두드렸습니다. 문이 활짝 열리는 순간, 안에서 거센 불길이 터져 나오고 잇따라 엄청난 증기가 뿜어져 나왔습니다. 뿌연 연기가 재봉사 눈을 가리는 바람에 그는 그만 수사슴을 놓치고 말았습니다. 재봉사는 어떻게 해야, 어디로 가야 이 외딴 곳을 벗어나 사람이 사는 곳으로 갈 수 있을지 도저히 알 수가 없었습니다.

그가 어찌해야 좋을지 몰라 그저 멍하니 서 있는데 암벽 속에서 외치는 소리가 들려왔습니다.

"무서워하지 말고 들어오세요. 아무 일도 없을 거예요."

그는 우물쭈물 망설였지만, 어떤 알 수 없는 힘에 이끌려 부드러운 목소리를 따라 안으로 들어갔습니다. 철문을 지나니 엄청나게 넓은 연회장이 나왔습니다. 천장과 벽, 바닥이 모두 번쩍번쩍 빛나는 직사각형 대리석으로 잘 다듬어져 있고 돌 하나하나마다 알 수 없는 기호들이 가득 새겨져 있었습니다. 그는 놀라움으로 가득 차 곳곳을 두리번거리며 신기한 그 기호들을 바라보다 곧 다시 밖으로 나가기 위해 발걸음을 돌렸습니다. 그러자 다시 한 번 목소리가 들렸습니다.

"넓은 방 한가운데 있는 돌 위로 올라가보세요. 커다란 행운이 기다리고 있을 거예요."

마음속 가득했던 두려움이 어느새 사라진 재봉사는 목소리를 따라 돌 위로 올라섰습니다. 발을 내딛자마자 아래에 있던 바위가 흔들거리더니 서서히 가라앉았습니다. 저 아래 깊숙한 곳으로 한참을 내려간 뒤 다시 단단한 땅에 이르러 주위를 둘러보니 조금 전에 보았던 곳처럼 넓디넓은 방이었습니다. 이곳에는 온갖 아름답게 빛나는 것들이 벽마다 가득 채워져 있어 감탄하지 않을 수 없었습니다. 오목하게 패인 벽 여기저기에는 색색의 알코올과 연기가 가득한 투명한 유리병들이 몇 개씩이나 놓여 있었으며, 바닥에는 커다란 유리상자 두 개가 서로 마주보도록 놓여 있었습니다. 더욱 자세히 보고 싶다는 생각에 그 가운데 하나로 다가가 보니 그 안에는 성처럼 보이는 아름답고 멋

진 건물이 들어 있었습니다. 건물 주위를 농가들과 마구간, 헛간들이 에워싸고 있었는데, 모두 작지만 매우 정교하고 아름다워서 아주 솜씨 좋은 조각가가 엄청난 공을 들여 만든 것만 같았습니다.

다시 그 부드러운 목소리가 들려오지 않았더라면 이 아름다운 것들을 보느라 재봉사는 자기 말고도 누군가 있다는 사실조차 알아차리지 못했을 것입니다. 목소리는 그에게 몸을 돌려 맞은편 유리 상자를 보라며 재촉했습니다. 그가 유리 상자 앞으로 단숨에 달려가 그 안을 들여다보니 그 안에는 무척 아름다운 소녀가 누워 있는 게 아니겠습니까. 그는 깜짝 놀라 멍하니 그 모습을 바라보고만 있었습니다. 소녀는 자는 듯 누워 있었는데, 길게 드리운 금발이 값진 망토처럼 소녀를 덮고 있었습니다. 두 눈은 굳게 감겨 있었지만 분홍빛을 띠고 있는 생기 있는 얼굴과 숨 쉴 때마다 오르내리는 리본을 보니 살아 있는 게 틀림없었습니다. 재봉사가 두근거림을 참지 못하고 있는데, 갑자기 소녀가 눈을 번쩍 떴습니다. 소녀는 눈앞에 있는 그를 보고 조금 놀라는가 싶더니 곧 기쁨이 가득 담긴 환호성을 지르는 것이었습니다.

"이게 웬일이에요."

소녀가 부르짖었습니다.

"마침내 풀려날 수 있게 되었군요! 제가 이 감옥에서 어서 빨리 나갈 수 있도록 도와주세요. 이 유리상자를 열어주시면 저는 풀려날 수 있어요."

재봉사는 망설이지 않고 그 유리상자 문을 활짝 열었습니다. 소녀는 유리 뚜껑을 들어 올리자마자 밖으로 뛰쳐나오더니, 재빨리 넓은 방 구석으로 달려가서 넓고 긴 망토로 몸을 감쌌습니다. 그런 다음 옆에 있던 돌 위에 앉아 재봉사를 부르더니 그의 입술에 다정하게 입맞춤을 하며 말했습니다.

"당신은 제가 오랫동안 기다리고 기다리던 구세주입니다. 자비로우신 하느님이 당신을 잘 이끌어 주셔서 제 기나긴 고통은 마침내 끝나게 되었습니다. 이제부터 당신의 행복이 시작될 거예요. 당신은 하늘이 정해준 제 남편이십니다. 저는 당신을 사랑할 것이며, 앞으로 온갖 보물을 가득 얻어 누구도 방해하지 못할 기쁨 속에서 살아가게 될 것입니다. 이제 제 이야기를 해드릴게요.

제 아버지는 부유한 백작이셨답니다. 부모님 모두 제가 어렸을 때 돌아가셔서 그분들이 남기신 마지막 뜻에 따라 오빠가 저를 맡아 키웠어요. 우리는 무척 사이가 좋았지요. 서로 생각하는 것도, 좋아하는 것도 똑같아서 우리 둘은 절대 결혼하지 말고 마지막까지 함께 살자고 말할 정도였답니다. 우리 집에는 늘 손님이 끊이지 않았어요. 이웃들과 친구들도 자주 찾아왔고, 우리는 손님들을 무척 반갑게 맞았지요.

어느 날 저녁이었어요. 한 낯선 사람이 말을 타고 성에 들어와서는, 밤이 깊어 다음 마을까지 갈 수 없으니 하룻밤 묵게 해 달라고 부탁했습니다. 우리는 친절하고 정중하게 편히 쉬다 가라며 그의 부탁을 들어주었고, 그도 아주 품위 있게 행동하며 저녁식사를 하는 동안 온갖 재미난 이야기들을 들려주었어요. 오빠는 그가 매우 마음에 들었는지 며칠 더 우리 집에 머물러 달라고 부탁했고, 그는 몇 번 사양하더니 마침내 승낙했지요. 우리는 식탁에서 일어나 낯선 그 사람에게 방을 안내해 주었어요.

저는 잘 시간이 한참 지났다는 사실을 깨닫고는 몹시 피곤해져서 얼른 부드러운 깃털 이불 속으로 들어갔답니다. 그런데 얼마나 잤을까, 한 번도 들어보지 못한 아름다운 음악 소리가 저를 깨웠어요. 처음에는 어디서 들려오는 소리인지 알 수 없었지요. 그래서 옆방에서 자는 하녀를 부르려고 했어요. 그런데 웬일인지 가슴 위로 악마가 올라가 있는 것처럼, 어떤 알지 못할 힘이 저를 짓눌러 아무 말도 할 수 없는 게 아니겠어요? 그러더니 목소리가 하나도 나오지 않는 거예요. 그때 희미한 램프 불빛 속에서 그 낯선 손님이 꼭 잠긴 문 두 개를 지나 제 방으로 들어오는 게 보였어요. 그는 저에게 다가와 자유로이 부릴 수 있는 마법으로 아름다운 음악 소리를 만들어 저를 깨운 것이라고 말했어요. 그리고 저에게 몸과 마음을 다 바쳐 청혼하기 위해 모든 자물쇠를 뚫고 들어왔다고 말하는 것이었어요.

하지만 전 그가 마법을 부린다는 사실이 너무너무 무서웠어요. 그래서 아무 말도 하지 않았지요. 그러자 그는 잠시 그 자리에 꼼짝 않고 서 있는가 싶더니 제가 계속 입을 다물고 있자, 크게 화를 내면서 제게 복수를 하겠다고 냅다 소리를 지르고는 다시 방에서 나가버렸어요.

저는 너무 무섭고 조마조마한 마음에 쉽사리 잠을 이루지 못하다 새벽이 되어서야 겨우 잘 수 있었지요. 눈을 뜨자마자 저는 서둘러 오빠를 찾아갔답니다. 지난 밤에 일어났던 일을 말하려고요. 그런데 오빠는 방에 없었어요. 하인이 말하기를, 오빠는 날이 새자마자 손님과 함께 사냥을 나갔다는 거예요.

그 순간 좋지 않은 예감이 들었어요. 저는 재빨리 옷을 갈아입고 말에 안장을 얹게 했지요. 그리고 하인 한 사람만 데리고 숲으로 전속력을 다해 달렸어요. 그렇게 쉬지 않고 달려가니, 몇 분 지나지 않아 아름다운 수사슴을 줄로 묶어 끌고 오는 손님과 마주치게 되었어요. 저는 그에게 오빠는 어디에 있는지, 사슴은 또 어떻게 잡았는지 물었어요. 그런데 그 말을 하자마자 사슴의 커다란 눈에서 눈물이 주르륵 흐르는 거예요. 이 못된 마법사는 내 물음에는 대답도 않고 큰 소리로 웃음을 터뜨렸어요. 저는 몹시 화가 나서 만일을 대비해 준비해 간 권총을 꺼내 그에게 쏘았는데, 그 총알이 그의 가슴에서 맞고 다시 튕겨 나오더니 제가 탄 말 머리에 박혀버리고 말았어요. 쓰러지는 말과 함께 저도 땅으로 떨어졌고, 그가 무슨 말인지 몇 마디 중얼거리자 그대로 정신을 잃어버리고 말았지요.

그런데 다시 눈을 떠 보니까 땅 아래 동굴 유리관 속에 제가 누워 있는 거예요. 그 마법사는 어둠 속에서 모습을 드러내더니 이렇게 말했어요. 네 오빠는 수사슴으로 만들었고, 성은 주위에 있는 것들까지 모두 작게 만들어 다른 유리 상자 안에 넣었으며 사람들은 모조리 연기로 만들어 유리병 속에 가두었다고요. 그러면서 지금이라도 자기를 따른다면 모든 것을 되돌려주겠다 했지요. 하지만 저는 그의 말대로 할 수 없었어요. 제가 계속 아무 말이 없자 그는 더욱 화를 내며 저를 이 감옥에다 남겨 두고 사라져 버린 거랍니다. 저는 이 감옥에 남아 깊은 잠에 빠지고 말았습니다.

저의 마음 언저리를 스치고 지나간 환상 속에서 한 멋진 청년이 와서 저를 구해 주는 모습이 무엇보다 저를 편안하게 해주었지요. 그렇게 깊은 잠 속을 헤매다 오늘 눈을 떠 보니 당신이 보였고, 제 꿈이 이루어졌음을 알았어요. 이제 제가 꿈에서 본 다른 광경들도 모두 다 이루어질 수 있도록 저를 도와주세요. 가장 먼저 성을 찾아야만 해요. 성이 들어 있는 유리 상자를 저기 넓은 바위 위에 올려놓아주시겠어요?"

재봉사가 그 유리 상자를 올려놓자마자 바위는 소녀와 젊은이까지 함께 싣고 위로 빠르게 솟구치더니, 천장 구멍을 지나 위쪽 연회장에 이르러 멈추었습니다. 그러자 그들은 쉽게 바깥으로 빠져나올 수 있었습니다. 소녀가 유리 상자 뚜껑을 열자마자 참으로 놀라운 일이 벌어졌지요. 성과 집, 농장들이 엄청나게 빠른 속도로 쑥쑥 커지더니 곧 본디 크기로 돌아가는 것이었습니다. 그들은 다시 땅 아래 동굴로 돌아가 이번에는 연기로 채워진 유리병들을 바위 위에 얹어 위로 가져왔습니다. 소녀가 유리병 뚜껑을 하나하나 열자마자 푸른 연기가 서서히 피어오르며 수많은 사람들로 변했습니다. 소녀는 자신의 이웃들과 하인들 모습을 알아보고는 뛸 듯이 기뻐했습니다. 그리고 황소 모습을 한 마법사를 쓰러트린 소녀의 오빠도 사람 모습으로 돌아와 숲에서 다시 나타났지요. 소녀는 오빠에게 달려가 서로 부둥켜안고 기쁨의 눈물을 흘렸습니다. 바로 그날 운 좋은 재봉사와 아름다운 소녀의 성대한 결혼식이 열렸습니다. 둘은 매우 행복하게 살았답니다.

KHM 164

게으름뱅이 하인츠

Der faule Heinz

하인츠는 게으름뱅이입니다. 그가 날마다 하는 일이라고는 제 염소를 풀밭으로 몰고 가는 것뿐이지만, 하루 일을 마치고 저녁때 집으로 돌아오면 깊은 한숨을 내쉬며 이렇게 말하곤 했습니다.

"아, 정말 힘들기 짝이 없구나. 늦가을이 될 때까지 날마다 염소들을 몰고 들판으로 나가야 한다니, 정말 귀찮은 일이야. 마음 편히 드러누워 잠을 잘 수만 있다면! 하지만 그럴 수는 없지. 염소가 어린 나무들을 해치거나 생울타리를 뚫고 정원으로 들어갈 수도 있으니, 두 눈 똑바로 뜨고 끊임없이 감시해야 한단 말이야. 어쩌면 도망가 버릴지도 모르니까. 이러니 어떻게 편히 쉬며 인생을 즐길 수 있겠어?"

그는 가만히 앉아서 어떻게 하면 이 고생에서 벗어날 수 있을까 곰곰이 생각했습니다. 오랜 시간 궁리를 해 보았지만 도무지 좋은 방법이 떠오르지 않았지요. 그러자 갑자기 하인츠의 눈에서 비늘 같은 것이 떨어졌습니다.

"그렇지!"

그가 소리쳤습니다.

"뚱뚱이 트리네와 결혼하는 거야! 그녀도 염소를 한 마리 가지고 있으니까 그녀가 내 염소를 함께 끌고 다닐 수 있잖아. 그럼 난 더 고생할 필요가 없을 거야."

하인츠는 천천히 몸을 일으켜 지친 팔다리를 이끌고 길을 건너갔습니다. 뚱뚱이 트리네 부모님이 사는 곳까지는 그리 멀지 않았습니다. 그녀의 집 안으로 들어가자마자 그는 당당하게 말했지요. 부지런하고 지혜로운 따님과 결혼하고 싶다고요. 그러자 트리네의 부모님은 오래 생각하지 않고 허락을 했습니다.

"끼리끼리 아주 잘 어울릴 걸세."

얼마 지나지 않아 뚱뚱이 트리네는 하인츠의 아내가 되었습니다. 그녀는 하인츠의 바람대로 염소 두 마리를 함께 몰고 나갔습니다. 하인츠는 아무 일도 하지 않았지요. 때때로 아내와 함께 나갈 때면 이렇게 말했습니다.

"내가 당신과 함께 나온 이유는 좀 이따가 휴식을 더욱 기분 좋게 누리기 위해서야. 이렇게라도 하지 않으면 전혀 쉬는 것 같지 않으니까 말이야."

하지만 뚱뚱이 트리네의 게으름도 그에 못지않았습니다.

어느 날 트리네가 말했습니다.

"사랑하는 하인츠, 왜 우리는 이 좋은 청춘을 이렇게 망치며 고생만 하는 걸까요? 아침마다 시끄러운 염소들 울음소리 때문에 마음 놓고 잘 수가 없어요. 두 마리 염소를 이웃에게 주는 편이 더 낫지 않을까요? 그 대신 이웃 사람은 우리에게 벌통을 줄 거예요. 그것만 있으면 집 뒤뜰 양지 바른 곳에 놓아두고 우리는 아무 일도 하지 않으면 되잖아요. 벌들은 지켜 볼 필요도 없고 들로 데리고 나갈 필요도 없으니까요. 자기 마음대로 벌통에서 나갔다가 꿀을 모아서는 다시 벌통으로 돌아오니 얼마나 편하겠어요."

"당신은 정말 생각이 깊은 여자로군. 좋아요, 그렇게 합시다. 게다가 벌꿀은 염소젖보다 한결 맛도 좋고 영양도 풍부할뿐더러 오랫동안 보관할 수도 있으니까 말이오."

하인츠가 말했습니다.

이웃 사람은 염소 두 마리를 받는 대신 기꺼이 벌통을 주었습니다. 벌들은 지치지도 않는지 아침 일찍부터 저녁 늦게까지 계속 윙윙거리며 벌통을 맛있는 꿀로 가득 채웠습니다. 가을이 되자 하인츠는 한 단지 가득 꿀을 딸 수 있었습니다.

그들은 꿀단지를 침실 벽 쪽에 달린 선반 위에다 올려놓았습니다. 누군가 훔쳐가거나 혹시나 쥐가 몰래 먹을까봐 걱정이 된 트리네는 튼튼한 개암나무 회초리를 침대 옆에 놓아두고 잠을 잤습니다. 그러면 애써 일어날 필요도 없이 침대에 누운 채 손을 뻗어 불청객을 쫓아버릴 수 있을 테니까요.

게으른 하인츠는 점심때가 되기 전에는 결코 침대를 떠나는 것이 싫었습니다. 그러고는 늘 이렇게 말했습니다.

"일찍 일어나봤자 쓸데없이 양식만 축낼 뿐이지."

어느 날 아침이었습니다. 해가 훤하게 떠오른 한낮인데도 이불 속에 누워 빈둥거리던 하인츠가 슬쩍 눈을 떠 아내에게 말했습니다.

"여자들은 단것이라면 홀딱 빠진단 말이야. 당신이 꿀을 훔쳐 먹나 본데, 몽땅 먹어 치우기 전에 새끼가 딸린 거위하고 바꾸는 게 좋겠어."

트리네가 말했습니다.

"거위를 지킬 아이를 낳기 전까지는 안 돼요. 나더러 거위 새끼들을 돌보란 말이에요?"

하인츠가 말했습니다.

"여보, 어느 아이가 거위를 돌보겠소. 요즘 아이들은 어른들 말을 잘 안 듣는단 말이야. 자기들이 부모보다 똑똑하다고 생각하면서 제 뜻대로만 하려고 들잖아. 예의 하인 하인츠와 마찬가지로 말이야. 소를 찾으라고 했더니 세 마리 지빠귀를 쫓아다닌 하인 이야기도 있지 않소."

트리네가 말했습니다.

"오, 내가 시키는 말을 듣지 않으면 그 녀석도 편치는 않을걸요. 회초리를 들어 마구 때려줄 테니까요. 보세요, 하인츠."

흥분한 트리네는 쥐를 쫓으려고 놓아둔 회초리를 움켜잡더니 소리쳤습니다.

"보세요, 이렇게 후려갈기겠어요."

트리네가 손에 든 회초리를 휙휙 휘두르자, 꿀단지가 그만 그 회초리에 맞아 침대 위로 툭! 떨어지더니 벽으로 튕겨 나가 산산조각이 나 버리고 말았습니다. 맛있는 꿀이 단지 안에서 흘러나와 바닥을 가득 적셨습니다.

"새끼 딸린 거위가 저 꼴이 되어 버렸군. 이제는 거위 새끼들을 지킬 필요도 없게 되어 좋은 일이고, 단지가 우리 머리 위로 떨어지지도 않았으니 얼마나 다행이야. 이 사실을 그대로 받아들이기로 해요."

하인츠가 말했습니다.

그때 깨진 조각 하나에 아직 꿀이 남아 있는 것을 본 하인츠는 그 조각을 집어 들고 매우 즐거운 듯이 말했습니다.

"여보, 꿀이 조금 남아 있구려. 먼저 맛을 보기로 합시다. 몹시 놀랐으니까 먹고 나서 잠시 쉬기로 합시다. 여느 때보다 조금 늦게 일어난들 무슨 일이야 생기겠소. 해는 아직 기니까."

"그래요. 언제 가도 늦지 않으니까요. 왜, 그런 이야기도 있잖아요. 옛날에 달팽이가 결혼식에 초대받아 길을 떠났는데, 그 사이에 태어난 아이 세례식 날에 도착했대요. 그러고 나서 집 앞 울타리를 넘으면서 걸려 넘어지면서 '이래서 서두르면 손해라니까' 그렇게 말했다잖아요."

트리네가 말했습니다.

KHM 165

괴물새 그라이프

Der Vogel Greif

아주 먼 옛날, 어떤 왕이 있었습니다. 그러나 그가 어느 나라를 다스렸는지, 또 그의 이름이 무엇이었는지 아무도 모릅니다. 왕에게는 딸만 하나 있었는데, 늘 몸이 아팠습니다. 어떤 이름난 의사도 이 가엾은 공주의 병을 고칠 수 없었지요. 그러던 어느 날 왕은 공주가 사과를 먹으면 건강해지리라는 예언을 들었습니다. 그래서 왕은 딸의 병을 고쳐줄 수 있는 사과를 가지고 온 사람을 사위로 맞이하고 왕의 자리도 물려주겠다고 온 나라에 알렸습니다.

이 말이 어떤 농부의 귀에도 들어갔습니다. 이 사람에게는 아들이 셋 있었습니다. 그래서 농부는 큰아들에게 말했습니다.

"얼른 정원에 가서 빨갛게 익은 먹음직스런 사과를 한 바구니 가득 따서 궁전으로 가져가거라. 어쩌면 공주가 그 사과를 먹고 병이 나을지도 모르니까. 그러면 너는 왕이 되는 거란다."

큰아들은 가장 빨갛고 먹음직스러워 보이는 사과들을 바구니에 가득 채워 길을 떠났습니다. 얼마쯤 걸어가다가 키가 작고 머리가 하얀 난쟁이를 만났는데, 난쟁이는 큰아들이 들고 있는 바구니에 무엇이 들었느냐고 물었습니다. 이름이 '유레'인 큰아들이 대답했습니다.

"개구리 다리야."

난쟁이가 말했습니다.

"그래? 그럼 그렇게 되어 있거라."

난쟁이는 이 말만을 남기고는 제 갈 길을 가 버렸습니다. 마침내 성 앞에 다다른 유레는 공주가 먹고 건강해질 수 있는 사과를 가져왔다고 알렸습니다. 그런데 바구니를 열자, 이럴 수가! 사과가 아니라 개구리 다리가 가득 들어 있는 게 아니겠습니까. 그 수많은 다리들은 아직도 살아 꿈틀거리고 있었습니다. 깜짝 놀란 왕은 크게 화를 내며 그를 내쫓아버렸습니다.

집으로 돌아온 유레는 아버지께 자신에게 있었던 일을 모두 말했습니다. 그래서 아버지는 이번에는 이름이 '제메'인 둘째 아들을 보냈습니다. 하지만 제메도 유레와 똑같은 일을 당했습니다. 그도 난쟁이를 만났고, 난쟁이는 바구니에 무엇이 들어 있느냐고 물었습니다. 제메가 말했습니다.

"돼지털이요"

이 말을 듣고 난쟁이가 말했습니다.

"그럼 그렇게 되어 있거라."

그가 성 앞에 이르러 공주가 먹고 건강해질 수 있는 사과를 가져왔다고 말하자, 문지기들은 이미 한 녀석이 와서 자기들을 바보로 만들고 갔으니 들여보내줄 수 없다고 말했습니다. 그래도 제메는 성 앞을 떠나지 않고 계속해서 주장했습니다. 긴 시간 옥신각신한 끝에 문지기들은 그제야 겨우 그를 믿고 왕 앞으로 데려다 주었습니다. 그러나 아니나 다를까, 바구니에 잔뜩 들어 있는 것은 사과가 아니라 돼지털이었습니다. 화가 머리끝까지 난 왕은 제메를 호되게 매질하여 내쫓았습니다.

집으로 돌아온 제메는 무슨 일이 있었는지 아버지에게 모두 이야기했습니다. 그러자 막내 사내아이가 나왔습니다. 이 아이는 언제나 남들로부터 바보 한스라고 불리고 있었는데 이 아이가 아버지에게 자기도 사과를 가지고 가도 좋은지 물었습니다.

"글쎄, 너 같은 녀석이 잘도 해내겠다. 똑똑한 형들도 못 해내는 일을 네가 어떻게 할 수 있겠느냐? 자칫 잘못하다간 죽임을 당할 수도 있어."

그래도 한스는 물러서지 않았습니다.

"그래도 가고 싶어요. 가보겠어요."

"이 바보 녀석아, 언제쯤 철이 들래? 좀 더 똑똑해질 때까지 기다려라."

아버지는 그렇게 꾸지람하고 돌아섰지만 한스는 아버지 옷자락을 붙들고 애원했습니다.

"아버지, 그래도 저는 가고 싶어요. 가보겠어요."

"할 수 없구나. 가 보아라. 하지만 곧 돌아오고 말 거다."

아버지가 어쩔 수 없다는 듯 고개를 저으며 말했습니다. 그러자 한스는 매우 기뻐하며 껑충껑충 뛰었습니다.

"정말 바보 같구나. 어쩜 저렇게 날이 갈수록 바보가 되는지."

아버지가 한심하다는 듯 말했지만 한스는 기뻐서 어쩔 줄 몰라 했습니다. 그날 밤 한스는 날이 밝으면 성으로 떠날 생각에 쉽사리 잠을 이룰 수가 없었습니다. 깜박 잠이 들었는가 싶으면 아름다운 소녀와 성, 금과 은 따위 온갖 아름다운 것들이 꿈에 나타났습니다. 날이 밝자 한스는 아침 일찍 길을 떠났습니다. 이번에도 회색빛 옷을 입은 더러운 난쟁이가 나타나 바구니에 무엇이 담겨 있느냐고 물었습니다. 한스는 공주의 병을 낫게 할 사과가 들어 있다고 대답했지요.

"그래?"

난쟁이가 말했습니다.

"그럼 그렇게 되어 있거라."

하지만 궁궐 문지기들은 도무지 한스를 들여보내 주지 않았습니다. 벌써 두 사람이나 사과를 가져왔다고 해 놓고는 한 사람은 개구리 다리를, 또 다른 사람은 돼지털을 가져왔더라는 것이었습니다. 한스는 틀림없이 이 세상에서 가장 좋은 사과들을 가지고 왔다고 끝까지 말했습니다. 그가 무척 간절하게 애원하자 문지기들은 거짓말을 할 사람이 아니겠다 싶은 마음에 마침내 한스를 안으로 들여보내주었습니다. 그들의 생각은 옳았습니다. 한스가 왕 앞에서 바구니를 열자 번쩍번쩍 빛나는 황금빛 사과들이 가득 들어 있었으니까요.

왕은 크게 기뻐하며 서둘러 딸에게 그 사과를 가져다주도록 하고, 마음을 졸이며 무슨 일이 일어나는지 소식을 기다렸습니다. 그런데 소식을 들을 필요도 없이 건강한 모습을 한 딸이 왕에게로 달려왔습니다. 공주가 사과를 베어 물자마자 얼굴빛이 좋아지더니 침대에서 벌떡 일어난 것입니다. 왕의 기쁨은 이루 다 말할 수 없을 정도였습니다. 그제야 한스의 모습을 자세히 살펴보게 된 왕은 어쩐지 딸을 그의 아내로 주고 싶지 않았습니다. 그래서 꾀를 내어, 물에서보다 땅에서 더 빨리 달릴 수 있는 나룻배를 만들어 와야만 딸을 줄 수 있다고 말했습니다. 한스는 그렇게 하겠다고 대답한 다음 서둘러 집으로 돌아가 무슨 일이 있었는지 모두 이야기했습니다.

그러자 아버지는 큰아들 유레에게 숲으로 가서 그런 배를 만들어 오라고 했습니다. 그는 휘파람을 불며 열심히 만들었습니다. 한낮이 되자, 회색빛 난쟁이가 와서는 무엇을 만들고 있느냐 물었습니다. 유레가 대답했습니다.

"나무주걱이요."

난쟁이가 말했습니다.

"그럼 그렇게 되어 있거라."

해가 질 무렵 유레는 배가 다 되었다고 생각했습니다. 그런데 막상 타려고 하자 모든 것이 나무주걱이 되어 있었습니다.

다음 날에는 제메가 숲으로 갔지만 유레와 똑같이 황당한 일을 겪어야만 했습니다.

셋째 날에는 바보 한스가 숲으로 갔습니다. 그는 온 숲이 울릴 만큼 힘차게 쾅쾅 망치질을 하며 열심히 배를 만들었습니다. 노래도 부르고 휘파람도 불며 참으로 즐겁게 일했지요. 햇볕이 가장 뜨거운 한낮이 되자 이번에도 난쟁이가 나타나 무엇을 하느냐고 물었습니다.

"물 위에서보다 땅 위에서 더 빨리 달리는 나룻배를 만들고 있습니다."

그러면서 이 배를 모두 만들면 공주를 아내로 얻게 될 것이라는 말도 덧붙였습니다. 난쟁이가 말했습니다.

"그럼 그렇게 되어 있거라."

한스는 태양이 황금빛으로 변해 가는 저녁이 되어서야 나룻배를 다 만들 수 있었습니다. 그는 그 배에 올라타 왕궁으로 노를 저었습니다. 배는 바람처럼 빠르게 달려 앞으로 나아갔습니다.

왕은 멀리서 이 신기한 모습을 보았지만 그래도 딸을 주고 싶지 않은 마음에 다시 한 번 조건을 내걸었습니다. 아침 일찍부터 밤늦게까지 백 마리 토끼를 돌보아야 한다는 것이었습니다. 만약에 한 마리라도 없어지면 딸은 줄 수 없다고 말했습니다. 이번에도 한스는 그 말을 순순히 받아들였습니다. 다음 날 한스는 토끼 백 마리를 이끌고 초원으로 나가 한 마리도 도망가지 못하도록 잘 지키고 있었습니다.

그런데 얼마 뒤 성에서 일하는 하녀가 와서는 성에 손님이 왔으니 어서 토끼 한 마리를 달라고 했습니다. 하지만 이미 그녀의 속셈을 눈치챈 한스는 내일 아침에 대접하라는 말을 하고는 한 마리도 줄 수 없다고 했지요. 그러나 하녀는 좀처럼 물러서지 않았습니다. 끝내 둘 사이에 싸움이 일어나자 한스는 공주가 직접 온다면 토끼를 주겠다고 말했습니다. 하녀가 성으로 돌아와 공주에게 이 말을 전하자 공주는 한스에게 가보기로 했습니다. 그 사이 난쟁이가 또 한스 앞에 나타나더니 그에게 무엇을 하고 있느냐고 물었습니다.

"토끼 백 마리를 지키고 있는데, 한 마리도 도망가지 못하도록 잘 지켜야 공주와 결혼도 하고 왕도 될 수 있답니다."

"좋아."

그러자 난쟁이가 말했습니다.

"이 피리를 너에게 주지. 만약 토끼가 한 녀석이라도 달아나려고 하거든 이 피리를 불어봐. 그러면 저절로 돌아오게 될 테니까."

공주가 와서는 빨리 토끼를 내놓으라고 하자 한스는 그녀의 앞치마에 토끼를 넣어 주었습니다. 하지만 공주가 백 걸음쯤 갔을 때 한스가 피리를 불자, 이제껏 얌전히 있던 토끼가 갑자기 껑충 뛰어내리더니 재빨리 토끼들이 모인 곳으로 돌아오는 것이었습니다. 저녁때가 되자 한스는 다시 한 번 피리를 불어 토끼들이 모두 모여 있는지 잘 세어보고는 성으로 데리고 갔습니다. 왕은 이번에도 한스가 그의 조건을 잘 지킨 것을 보고 크게 놀랐습니다. 그럼에도 왕은 아직 딸을 한스에게 주고 싶지 않았기에 이번에는 한스에게 괴물 새 그라이프의 꼬리 깃털을 한 장 뽑아와야만 한다고 했습니다.

궁을 나와 길을 떠난 한스는 곧장 앞으로 나아가 저녁때쯤 어느 성에 이르렀습니다. 마땅히 머물 곳을 찾지 못한 한스는 성으로 들어가 하룻밤만 묵게 해 달라고 부탁했습니다. 왜냐하면 그 무렵에는 여관이라는 것이 없었기 때문입니다. 그러자 성의 주인은 친절하게도 방을 안내해주며 어디로 가는 나그네냐고 물었습니다.

"괴물 새 그라이프에게 갑니다."

"그래요? 괴물 새 그라이프에게 간다고요? 내가 알기로 그 새는 모르는 것이 없다고 하던데. 실은 내가 오늘 금고 열쇠를 잃어버렸거든요. 그라이프에게 그 열쇠가 어디 있는지 물어봐 주실 수 있겠는지요?"

한스가 대답했습니다.

"오, 그럼요. 물어봐 드리겠습니다."

아침이 되자 일찍 한스는 다시 길을 떠났습니다. 그러다 또 다른 성에 이르러 그곳에서도 하룻밤 묵게 되었습니다. 그가 괴물 새를 찾아가는 길이라고 하자, 사람들은 영주의 딸이 병이 들었는데 온갖 방법을 써도 아무 소용이 없으니 어찌 해야 좋을지 그 새에게 물어봐 달라고 부탁했습니다. 한스는 기꺼이 그렇게 하겠다 말하고는 다시 발걸음을 재촉했습니다.

이윽고 한스는 어느 강에 이르렀는데, 나룻배는 한 척도 보이지 않고 그 대신 엄청나게 큰 남자가 사람들을 번쩍 들어서 강을 건너게 해 주는 일을 하고 있었습니다. 거인이 한스에게 어디로 가는 길이냐고 물었습니다.

"괴물 새 그라이프에게 갑니다."

한스가 그렇게 대답하자 남자가 말했습니다.

"그렇다면 내가 왜 사람들을 들어서 강을 건너게 해주는 일을 해야만 하는지 좀 물어봐 주시겠소?"

한스가 대답했습니다.

"오, 그럼요, 기꺼이 물어봐 드리지요."

거인은 한스를 제 어깨 위에 태우고 강을 건너게 해 주었습니다. 얼마나 걸었을까요? 한스는 마침내 괴물 새 그라이프 집에 다다를 수 있었습니다. 하지만 집에는 괴물 새의 아내만 있고 그라이프는 없었습니다. 그녀가 한스에게 무엇 때문에 왔느냐고 묻자 한스는 괴물 새의 꼬리 깃털을 가지러 왔다며 이제까지의 일을 모두 이야기했습니다. 그러면서 금고 열쇠를 잃어버린 영주가 있는데 그 열쇠가 어디 있는지 물어보아야 하고, 또 다른 영주의 어린 딸은 병들었는데 어떻게 해야 다시 건강해질 수 있는지, 그리고 여기서 멀지 않은 강에서 사람들을 들어서 강을 건너게 해주어야만 하는 거인이 있는데 어째서 그가 그런 일을 해야 하는지 물어보아야 한다고 했습니다. 그러자 그라이프의 아내가 말했습니다.

"당신은 참 착한 분이로군요. 하지만 너무 위험해요. 기독교인은 괴물 새 그라이프와는 이야기를 할 수 없거든요. 냄새만 맡아도 모두 한 입에 꿀꺽 잡아먹어버리니까요. 그래도 좋다면 남편이 곧 돌아올 테니, 침대 밑에 숨어 있도록 하세요. 밤이 되어 그가 곤히 잠들면 몰래 꼬리 깃털을 뽑을 수 있을 거예요. 그리고 당신이 알고 싶어 하는 것들은 내가 물어봐줄게요."

한스는 그녀에게 감사 인사를 한 뒤 침대 밑으로 들어갔습니다. 저녁때가 되자 괴물 새 그라이프가 집으로 돌아왔습니다. 괴물 새는 방에 들어서면서 아내에게 말했습니다.

"여보, 어디서 기독교인 냄새가 나는 것 같지 않아?"

그녀가 말했습니다.

"아마 그럴 거예요. 여기 왔다 갔으니까요."

그라이프는 더 이상 아무 말도 하지 않았습니다. 한밤이 되어 괴물 새가 코를 드르렁드르렁 골자 한스는 손을 위로 뻗어 조심스레 꼬리 깃털을 뽑았습니다. 그러자 갑자기 괴물 새가 벌떡 일어나며 말했습니다.

"여보, 아무래도 기독교인 냄새가 나는 것만 같아! 게다가 누가 내 꼬리를 잡아당겼어."

아내가 말했습니다.

"틀림없이 꿈을 꾼 거예요. 오늘 기독교인 하나가 왔었다고 말했잖아요. 참, 그 사람이 내게 이런저런 이야기를 했어요. 어떤 영주가 금고 열쇠를 잃어버렸는데 도무지 찾을 수가 없다지 뭐예요."

"아니, 그런 바보들이 있나."

괴물 새 그라이프가 말했습니다.

"그 열쇠는 헛간문 뒤 장작더미 아래에 있는데."

"또 이런 말도 했어요. 영주의 어린 딸이 병이 들었는데, 누구도 낫게 할 방법을 모른대요."

"아니, 그런 바보들이 있나."

괴물 새 그라이프가 말했습니다.

"지하실 계단 아래에 개구리 한 마리가 있는데, 그 녀석이 영주의 딸 머리카락으로 집을 지었거든. 그 머리카락을 되찾아오면 병이 나을 텐데."

"또 이런 이야기도 했어요. 어떤 강이 있는데, 거인이 사람들을 들어서 강을 건너게 해주는 일을 하고 있대요. 아무리 생각해봐도 그 이유를 모르겠다고 하네요."

"아니, 그런 바보가 있나."

괴물 새 그라이프가 말했습니다.

"누구든 강 한가운데다 내려놓으면, 더는 건너게 해줄 필요가 없을 텐데."

다음 날 아침 일찍 괴물 새가 잠에서 깨어 밖으로 나가자마자 침대 밑에 숨어 있던 한스는 기어 나왔는데 아름다운 깃털 한 장을 가지고 있었습니다. 그는 괴물 새의 말을 하나도 빠짐없이 잘 듣고 있었기에 모두 알고 있었지만, 그라이프의 아내는 그가 잊어버리지 않도록 다시 한 번 이야기해 주었습니다.

한스는 다시 공주가 있는 성으로 길을 떠났습니다. 그가 가장 먼저 만난 것은 거인이었는데, 물가를 지나가는 그를 보자마자 괴물 새가 뭐라고 말했는지 물었습니다. 한스는 거인에게 자기를 들어서 강 건너에 내려주면 자유로워질 수 있는 방법을 알려주겠다고 말했습니다. 거인은 재빨리 한스를 들어 강을 건너게 해주었지요. 강 건너편에 다다른 한스는 거인에게 누구든 강 한가운데에 내려놓으면 그 귀찮은 일을 더는 하지 않아도 된다고 말했습니다. 그 말을 들은 거인은 몹시 기뻐하며 감사의 뜻으로 한스를 다시 한 번 강을 건너게 해주겠다고 말했습니다. 그러나 갈 길이 바쁜 한스는 정중하게 거절하고 서둘러 길을 떠났습니다.

이번에는 어린 딸이 병들어 있는 성에 이르렀습니다. 한스는 걸을 수 없는 그녀를 어깨 위에 태우고 지하실 계단을 조심스레 내려가 계단 가장 아래에 있는 개구리집을 찾아내어 딸에게 주었습니다. 그러자 딸은 어깨에서 훌쩍 내려오더니 한스보다 먼저 계단을 뛰어올라갔습니다. 금세 건강해진 것입니다. 그녀의 부모는 크게 기뻐하며 한스에게 금과 은은 물론 그가 마음에 들어 하는 것은 무엇이든지 다 주었습니다.

또 다른 성에 도착한 한스는 괴물 새 말대로 곧장 헛간으로 가 보았습니다. 아니나 다를까, 문 뒤 장작더미 아래에는 성주가 그토록 찾던 열쇠가 숨겨져 있었습니다. 한스가 그 열쇠를 가져다주자 성주는 크게 기뻐하며 그 보답으로 한스에게 금고에 쌓여 있던 많은 금을 비롯해 젖소와 양, 염소 같은 동물들을 선물로 주었습니다.

한스는 이제껏 가져보지 못했던 돈과 금, 은은 물론 젖소, 양, 염소까지 모두 갖게 되었습니다. 큰 부자가 된 한스는 이 모든 재물을 들고 왕에게 갔습니다. 그러자 왕은 이 모든 것을 어디서 얻었느냐고 물었지요. 한스는 괴물 새 그라이프가 원하는 것을 모두 주더라고 말했습니다. 한스가 무척 부러웠던 왕은 자신도 괴물 새를 찾아 길을 떠났습니다. 어느덧 강에 이르자, 그는 거인에게 강을 건널 수 있게 해달라고 말했습니다. 그런데 이 왕이야말로 한스 이후 맨 처음으로 온 사람이었기 때문에 거인은 그를 강 한가운데에 내려놓고 가버리고 말았습니다. 왕은 물에 빠져 죽고 말았습니다. 그래서 한스는 공주와 결혼하여 매우 지혜로운 왕이 되었답니다.

KHM 166

아주 힘이 센 한스

Der starke Hans

옛날 옛날 어느 곳에 남편과 아내가 있었습니다. 둘에게는 아들이 하나 있었고, 이 세 사람은 마을에서 멀리 떨어진 골짜기에서 살고 있었습니다. 어느 날 어머니가 장작으로 쓸 전나무 가지를 주우러 숲 속으로 가면서 이제 겨우 두 살배기 어린 한스를 데리고 갔습니다. 마침 따스한 봄철이었기에 갖가지 아름다운 색깔의 꽃들이 여기저기 피어 있었습니다. 꽃들을 본 아이가 무척 좋아하였으므로 어머니는 어느덧 점점 더 깊은 숲 속으로 들어가게 되었습니다.

그러자 갑자기 덤불 속에서 산적 둘이 튀어나오는 게 아니겠습니까. 그들은 어머니와 아이를 붙잡아 깊은 숲 속으로 끌고 들어갔습니다. 그곳은 누구 하나 들어간 적이 없는 어두컴컴한 숲 속이었습니다. 불쌍한 여인은 자신과 아이를 놓아 달라고 간절히 애원했지만 도둑들의 마음은 돌덩이와 같았습니다. 여인이 아무리 울며불며 사정해도 들은 척도 하지 않고 마냥 몰아치며 끌고 갔습니다.

두 시간이 넘도록 쉬지도 않고 나무들과 수풀 가시덤불을 이리저리 헤치고 나아가니 마침내 문이 달린 암벽이 나왔습니다. 산적들이 문을 두드리자 마치 기다렸다는 듯 문이 활짝 열렸습니다. 어둑어둑하고 긴 통로를 지나야 했으나 이윽고 커다란 동굴이 나왔습니다. 그곳에서는 화덕에서 활활 타오르고 있는 불길이 어두운 동굴 안을 훤히 비추고 있었습니다. 동굴 벽에 매달려 있는 여러 가지 칼들과 사람 죽이는 데 쓰는 흉측한 무기들이 불빛을 받아 번쩍거렸고, 방 한가운데에는 검은 탁자가 놓여 있었는데, 도둑 넷이 둘러앉아서 카드놀이를 하고 있었습니다. 상석에는 두목이 앉아 있었습니다. 두목은 여인을 보고 다가오더니 무서워하지 말라면서, 자기들은 어떤 해도 끼치지 않을 것이며, 집안일만 잘 봐주면 잘 대해 주겠다고 말했습니다. 그는 먹을 것을 주면서 아이와 나란히 잘 수 있는 침대로 안내해 주었습니다.

여인은 여러 해 동안 도둑들과 함께 지냈습니다. 그동안에 한스도 몸집이 크고 강하게 잘 자랐습니다. 어머니는 한스에게 이야기를 들려주기도 하고, 동굴에 있는 옛날 기사들의 이야기책으로 글자 읽는 법을 가르쳐 주기도 했습니다.

한스가 아홉 살이 되던 해, 소년은 전나무 가지로 만든 단단한 곤봉을 침대 밑에 몰래 숨겨 놓았습니다. 그리고 어머니에게 말했습니다.

"어머니, 이제는 제 아버지가 누구인지 말씀해 주세요. 꼭 알고 싶어요."

그러나 어머니는 입을 꾹 다물고는 아무 대답도 하지 않았습니다. 아들이 위험을 무릅쓰고 집으로 돌아가려고 할까 봐 걱정이 되었기 때문입니다. 짐승 같은 산적들이 한스를 절대로 곱게 보내주지 않으리라는 것을 잘 알고 있었기 때문이지요. 하지만 한스가 아버지를 못 본다고 생각하니 어머니는 가슴이 미어터질 것만 같았습니다. 밤이 되어 산적들이 일을 마치고 집으로 돌아오자 한스는 곤봉을 꺼내 들고 두목 앞에 서서 말했습니다.

"내 아버지가 누구인지 알아야겠다. 말하지 않으면 당신을 때려눕히겠어."

두목은 껄껄 웃으면서 주먹으로 한스의 뺨을 철썩 세게 내리쳤습니다. 그러자 한스는 힘없이 탁자 아래로 공처럼 데굴데굴 굴러 떨어지고 말았습니다. 한스는 말은 하지 않았지만 속으로 이렇게 생각했습니다.

'일 년만 더 기다렸다가 다시 덤벼 봐야지. 그때는 성공할지도 몰라.'

일 년 뒤 한스는 다시 침대 밑에서 곤봉을 꺼내 새삼 쳐다보면서 말했습니다.

"참 믿음직한 곤봉이야."

이윽고 밤이 되어 산적들은 은신처로 돌아왔습니다. 그리고 늘 그랬던 것처럼 포도주를 마시기 시작하여, 잔을 거듭함에 따라 고개를 푹 늘어뜨린 채 꾸벅꾸벅 졸았습니다. 바로 그때 한스가 곤봉을 꺼내들고는 다시 한 번 두목 앞으로 가서 대체 내 아버지가 누구냐고 물었습니다. "또 그 얘기야?" 두목은 또 다시 따귀를 철썩 세차게 갈겼지만 굴러 떨어진 한스는 이번에는 물러서지 않았습니다. 곧바로 다시 일어난 한스는 곤봉으로 두목과 산적들을 움직일 수 없을 만큼 흠씬 두들겨 팼습니다. 구석에 서 있던 어머니는 아들의 용감하고도 씩씩한 모습에 매우 놀랐습니다. 산적들을 모두 쓰러뜨린 한스는 어머니에게 말했습니다.

"어머니, 이제 저의 진심을 아셨죠? 이제 제 아버지가 누구인지 알려주세요."

어머니가 말했습니다.

"한스야, 가서 아버지를 꼭 찾아보자꾸나."

어머니가 쓰러진 두목에게서 동굴 문 열쇠를 꺼내왔고, 한스는 커다란 자루를 가져와서는 금과 은을 비롯해 귀한 물건들을 한 자루 가득 쓸어 담았습니다.

이렇게 해서 어머니와 아들은 어두운 동굴에서 벗어났습니다. 밝은 곳으로 나오자 그때서야 세상을 처음 본 한스는 푸른 숲이며 온갖 꽃들과 새들, 하늘 위에 떠 있는 아침 해를 보고 눈이 휘둥그레졌습니다. 한스는 가던 걸음도 멈추고 마치 바보처럼 넋을 잃고 아름다운 풍경을 바라보고만 있었습니다.

어머니는 집으로 가는 길을 찾아보았습니다. 그렇게 두세 시간쯤 걸어가다가 다행히 한스와 어머니는 아버지와 함께 셋이서 살던 외딴 골짜기의 그리운 작은 집을 찾을 수 있었습니다. 문가에 서 있던 아버지는 아내를 알아보았고, 한스가 제 아들이라는 말을 듣고는 기쁨의 눈물을 흘렸습니다. 아버지는 둘 다 죽었으리라 생각했던 것이지요. 한스는 겨우 열두 살인데도 아버지보다 머리 하나가 더 컸습니다. 가족이 함께 작은 집으로 들어갔습니다. 그런데 한스가 짊어지고 있던 자루를 난로 곁 의자 위에 내려놓자마자 집이 우지끈 소리를 내며 무너지는 게 아닙니까. 의자가 부서지고 마룻바닥이 꺼지더니 무거운 자루가 저 깊은 지하실까지 떨어졌습니다.

"이럴 수가! 이게 무슨 일이냐? 집이 부서져 버렸구나!"

아버지가 깜짝 놀라서 외쳤습니다.

"걱정 마세요, 아버지."

한스가 대답했습니다.

"자루에는 새집을 짓고도 남을 만큼 많은 재물이 들어 있으니까요."

아버지와 한스는 물론 바로 새집을 짓기 시작했습니다. 가축과 땅도 사들여 농사를 시작하였습니다. 한스가 밭을 갈았는데, 그가 쟁기를 밀면서 땅을 갈아엎을 때에는 황소가 쟁기를 끌 필요가 없을 정도였습니다. 이듬해 봄이 되자 한스가 말했습니다.

"어머니, 아버지. 돈은 두 분이 모두 가지세요. 이제 저는 먼 곳으로 나가보려 해요. 제게 100킬로그램쯤 되는 쇠 지팡이 하나를 만들게 해 주세요."

원하던 지팡이를 받은 한스는 집을 떠나 여행길에 올랐습니다. 어느새 깊고 어두운 숲에 이르렀는데 그때 어디선가 우지직, 딱딱 하는 소리가 들렸습니다. 주위를 둘러보니 밧줄처럼 뒤틀린 전나무 한 그루가 보였습니다. 나무 위를 쳐다보니 한 커다란 사나이가 전나무 두 그루를 덥석 움켜잡고는 마치 버드나무

가지를 다루듯이 비틀고 있었습니다.

"이봐요!"

한스가 외쳤습니다.

"그 위에서 뭘 하고 있어요?"

사나이가 말했습니다.

"어제 잔가지를 좀 모았는데 그것을 묶을 밧줄을 꼬고 있소."

'그거 정말 재미있군. 힘이 정말 센데!' 한스는 이렇게 생각하고는 그에게 소리쳤습니다.

"이런 일은 그만두고 나와 함께 가지 않겠소?"

사나이는 아무런 망설임 없이 나무 아래로 내려왔습니다. 한스도 작은 키는 아니었지만, 그 사나이는 한스보다도 딱 머리 하나 더 컸습니다.

"이제부터 당신을 '전나무를 꼬는 사람'이라 부르겠소."

한스가 그에게 말했습니다. 둘은 함께 길을 떠났습니다. 그러다 어디선가 망치질을 하는 듯한 소리가 들렸습니다. 어찌나 힘차게 두드리는지 한 번 칠 때마다 땅이 흔들거렸습니다. 그 소리를 따라가자 곧 커다란 바위 앞에 이르렀는데 한 거인이 그 앞에 서서 바위를 주먹으로 내리치고 있었습니다. 그때마다 커다란 바위 조각이 잘게 부서져 떨어져 나갔습니다. 한스가 무엇을 하고 있느냐고 묻자 그가 말했습니다.

"밤에 자고 싶은데, 곰이니 늑대니 하찮은 짐승녀석들이 내 주위에 슬금슬금 다가와 킁킁대고 기웃거려 도무지 잠을 잘 수가 있어야 말이지. 그래서 집을 만들어 그 안에서 편히 쉬려는 거요."

'저 사람도 쓸모가 있겠군.'

이렇게 생각한 한스는 그에게 말했습니다.

"자, 이런 힘든 일은 그만두고 나와 함께 갑시다. 이제부터 당신을 '바위를 깨는 사람'이라 부르겠소."

거인도 따라나서자 셋이 된 그들은 정해진 길 없이 숲 속 이곳저곳을 헤매며 길을 갔습니다. 덩치 큰 그들과 마주친 야생 짐승들은 모두 몸을 잔뜩 움츠린 채로 저마다 달아나기에 바빴지요. 저녁때가 되자 그들은 어느 낡고 사람이 살지 않는 성으로 들어가게 되었습니다. 조심스레 계단을 올라가 넓은 방으로 들어선 그들은 너무나 피곤해서 그대로 쓰러져 잠이 들었습니다.

다음 날 아침 한스가 정원으로 내려가 보니, 그곳은 온통 가시덤불이 우거져 황폐하기 짝이 없었습니다. 한스가 그렇게 정원을 돌아다니고 있자, 갑자기 멧돼지 한 마리가 나타나 한스에게 덤벼들었습니다. 하지만 그는 쇠 지팡이를 갖고 있었기에 한 대 후려갈겨 멧돼지를 금세 쓰러뜨릴 수 있었습니다. 한스는 멧돼지를 어깨에 둘러메고 성으로 돌아와서 꼬챙이에 꿰어 구웠습니다. 그리고 그 고기를 모두 함께 먹으니 기분이 좋고 배가 불렀습니다. 그래서 그들은 아침마다 번갈아가며 둘이 사냥을 나가고 한 사람은 집에 남아서 요리를 하기로 했습니다. 고기는 한 사람이 4킬로그램씩만 먹기로 했지요. 첫날은 '전나무를 꼬는 사람'이 성에 남았고, 한스와 '바위를 깨는 사람'이 사냥을 나갔습니다.

어느 날 '전나무를 꼬는 사람'이 한창 요리를 하던 때였습니다. 어디선가 늙어서 얼굴이 쭈글쭈글한 난쟁이가 나타나더니 다짜고짜 자기도 고기를 달라고 하는 것이었습니다.

"썩 꺼져! 이 뻔뻔스러운 녀석아! 콩알만 한 게 고기를 먹어 뭘 하려고!"

그가 버럭 소리 질렀습니다. 그런데 놀랍게도 그 작고 약해 보이는 난쟁이가 달려들어 주먹으로 퍽퍽 후려갈기니 '전나무를 꼬는 사람'은 힘 한 번 제대로 써보지 못하고 그만 바닥에 풀썩 쓰러져 숨을 헐떡일 뿐이었습니다. 난쟁이는 그에게 온갖 분풀이를 하고 나서야 그 자리를 떠났습니다. 둘이 사냥에서 돌아오자 '전나무를 꼬는 사람'은 늙은 난쟁이에 대해서는 물론 난쟁이에게 얻어맞았다는 말조차 하지 않았습니다.

'이 녀석들도 집에 있다 보면 그 못된 늙은 난쟁이와 겨루게 되겠지.'

이렇게 생각한 것입니다. 그 생각만으로도 기분이 풀리는 듯했습니다. 다음 날에는 '바위를 깨는 사람'이 집에 남아 있었습니다. 그도 '전나무를 꼬는 사람'과 똑같은 일을 당했습니다. 고기를 주지 않자 난쟁이에게 호되게 얻어맞고 말았지요. 다른 두 사람이 저녁때가 되어 성으로 돌아가자 '전나무를 꼬는 사람'은 '바위를 깨는 사람'이 무슨 일을 당했는지 굳이 듣지 않아도 잘 알 수 있었습니다. 그러나 어느 누구도 전혀 내색조차 하지 않았습니다. '내일은 한스도 따끔한 맛을 보겠지' 생각하고 있었으니까요.

그 다음 날 집에 남은 한스는 부엌에서 솥 국물 위에 떠 있는 거품을 걷어내고 있었습니다. 이날도 모습을 드러낸 난쟁이는 그에게도 고기 한 조각을 달라고 말했습니다. 한스는 생각했습니다.

'불쌍한 녀석이니 내 몫을 나누어 주어야겠다. 그래야 다른 사람 몫이 적어지지 않을 테니까.'

그러고는 솥에서 고기 한 조각을 꺼내어 건네주었습니다. 난쟁이는 고기를 날름 먹어치우고는 부족하다는 듯 더 달라고 했습니다. 마음씨 착한 한스는 더욱 큰 고깃덩이를 주면서 이제 이걸로 만족하라고 말했습니다. 그러나 난쟁이는 들은 척도 하지 않고 더 달라고 졸랐습니다.

"이 녀석아, 뻔뻔스러운 것도 정도가 있지."

한스는 그렇게 말하며 아무것도 주지 않았습니다. 그러자 이 버르장머리 없는 난쟁이는 이번에도 크게 화를 내며 한스에게 와락 달려들었습니다. '전나무를 꼬는 사람'과 '바위를 깨는 사람'을 쓰러트린 것처럼 그도 맥없이 쓰러지리라 여겼던 것이지요. 하지만 난쟁이는 사람을 잘못 보았습니다. 한스는 그다지 큰 힘을 들이지 않고 그를 몇 대 갈겨 주었고 이에 놀란 난쟁이는 성 계단 밑으로 펄쩍 뛰어 달아났습니다. 그 뒤를 쫓아가려던 한스는 그만 난쟁이 발에 걸려 넘어지고 말았습니다. 한스가 다시 일어났을 때 난쟁이는 이미 저만치 숲 속으로 달아난 뒤였습니다. 한스는 포기하지 않고 그 뒤를 따라 숲 속으로 들어갔습니다. 그러자 난쟁이는 바위 동굴 속으로 쏙 들어가 버렸습니다. 한스는 어쩔 수 없이 성으로 돌아올 수밖에 없었지만 그 동굴이 어디에 있는지는 잘 기억해 두었습니다.

사냥을 마치고 성으로 돌아온 두 사람은 한스가 말짱한 것을 보고 이상스레 여겼습니다. 틀림없이 난쟁이에게 잔뜩 맞았으리라 생각하고 있었으니까요. 한스는 둘에게 무슨 일이 있었는지 이야기했습니다. 그러자 그제야 그들도 자기들에게 일어났던 일을 털어놓았습니다. 한스가 웃으며 말했습니다.

"너희들이 고기를 주지 않은 건 현명했어. 하지만 이렇게 덩치 큰 사람들이 그렇게나 조그만 난쟁이에게 두들겨 맞다니 정말 창피한 일 아닌가."

셋은 난쟁이를 꼭 혼내주어야겠다는 생각에 바구니와 밧줄을 가지고 한스가 이야기한 바위 동굴로 갔습니다. '전나무를 꼬는 사람'과 '바위를 깨는 사람'은 한스를 바구니에 태워 동굴 아래로 내려 보냈습니다. 물론 쇠 지팡이도 함께 말이죠. 밑바닥까지 이르러 한스는 여기저기를 둘러보았지만 바위투성이 동굴 속에는 여닫이문 하나만이 보일 뿐이었지요. 그는 그 문을 활짝 열었습니다. 그러자 무슨 일인지, 마치 한 폭의 그림처럼 아름다운 소녀가 매우 슬픈 얼굴을 하고 앉아 있는 게 아닙니까. 그 옆에는 못된 난쟁이가 앉아 있었는데, 한스를 보고는 긴꼬리원숭이처럼 하얀 이빨을 드러냈습니다. 더욱 자세히 보니 그 옆에 소녀가 사슬에 묶여 있었습니다. 한스는 마치 구해달라는 듯 자기를 애처로이 바라보는 소녀가 몹시 불쌍했습니다.

'나쁜 난쟁이에게서 저 소녀를 꼭 구해 줘야지.'

한스는 이렇게 생각하고 난쟁이에게 지팡이를 크게 휘둘렀습니다. 그러자 한 대 쳤을 뿐인데도 난쟁이는 저만치 보기 좋게 나가 떨어져버리고 말았습니다. 그렇게 난쟁이가 죽자마자 소녀의 몸을 칭칭 감고 있던 사슬이 툭툭 끊어졌습니다. 소녀를 더욱 가까이서 본 한스는 그녀의 아름다움에 그만 넋을 잃고 말았습니다. 그녀가 말하기를 자신은 왕의 딸이며, 어느 난폭한 백작이 자기 말을 듣지 않는다며 유괴하여 이 바위동굴 속에다 가두어 놓고 난쟁이를 시켜 감시했다는 것이었습니다. 그녀는 눈물을 흘리면서, 난쟁

이가 온갖 방법으로 자신을 괴롭히며 들볶았다고 말했지요. 한스는 소녀를 바구니에 태워 위로 올려 보냈습니다. 빈 바구니가 다시 내려왔지만 어쩐지 한스는 두 친구를 믿을 수 없었습니다.

'전에 난쟁이에 대해 아무 말도 하지 않고 나를 속였으니, 이번에도 무슨 꿍꿍이가 있을 게 틀림없어.'

그는 잠시 생각하는가 싶더니 바구니에 지팡이만 넣고는 위로 올려 보내 보았습니다. 생각했던 대로, 잘 올라가던 바구니가 아니나 다를까 중간쯤에서 갑자기 툭 떨어지는 것이었습니다. 정말 다행이었습니다. 한스가 둘을 믿고 바구니에 타고 있었더라면 저 위에서 떨어져 꼼짝없이 죽고 말았을 테니까요. 한스는 이 깊은 동굴 속에서 빠져나가기 위해 무엇을 어떻게 해야 할지 이 궁리 저 궁리를 해보았지만 마땅히 뾰족한 수가 떠오르지 않았습니다.

"이 어두운 땅속에서 굶어 죽어야 하다니, 정말 비참한 일이야."

한스는 이러지도 저러지도 못한 채 왔다 갔다 하기만 했습니다. 그러다 문득 이렇게 가만히 있어서는 안 되겠다는 생각이 들어 그 소녀가 앉아 있던 방으로 들어가 보았습니다. 그런데 죽어 있는 난쟁이 손가락에서 반지가 번쩍거리며 빛나는 것이었습니다. 그가 난쟁이에게서 반지를 빼내 제 손에 끼고 무심결에 반지를 돌렸더니, 갑자기 머리 위에서 무슨 소리가 들렸습니다. 시끌시끌한 소리에 위를 쳐다보니 조그만 공기의 요정들이 둥실둥실 떠 있는 게 아니겠습니까. 요정들은 그를 주인님이라 부르며 소원이 무엇인지 물었습니다. 한스는 처음에는 깜짝 놀라 아무 말도 못했지만, 조금 뒤에 자기를 동굴 위로 올려 달라고 말했습니다. 요정들은 재빠르게 움직였습니다. 한스는 마치 날개가 돋아 하늘을 날아오르는 것만 같았지요.

한스가 동굴 위로 나와 보니 아무도 보이지 않았습니다. 성으로 가 보았지만 마찬가지였습니다. '전나무를 꼬는 사람'과 '바위를 깨는 사람'은 한스를 내버려둔 채 아름다운 소녀만을 데리고 도망친 것이었습니다. 하지만 한스에게는 신기한 반지가 있었습니다. 그가 서둘러 반지를 돌리자 공기의 요정들이 나타나 두 녀석이 바다 위에 있다고 알려 주었습니다. 한스는 바닷가에 닿을 때까지 달리고 또 달렸습니다. 겨우 도착해 보니 바다 위 저 멀리에 작은 배 한 척이 떠있고 그 안에 못된 친구들이 앉아 있었습니다. 화가 머리끝까지 난 한스는 생각할 것도 없이 재빨리 지팡이를 들고 물속으로 뛰어들어 헤엄쳐 나아갔습니다. 한스의 쇠 지팡이는 매우 크고 무겁기 때문에 그 또한 거의 물에 빠져죽을 뻔했지만, 그 순간 반지를 돌려 요정들의 도움으로 번개처럼 빠르게 배위로 오를 수 있었습니다. 그는 지팡이를 휙휙 휘둘러 나쁜 친구들에게 마땅한 대가를 치르게 하고는 물속으로 둘을 던져 버렸습니다.

그리고 잔뜩 겁에 질려 벌벌 떨고 있던 소녀를 다시 구해 부모에게 데려다주고 얼마 뒤 그녀와 결혼할 수 있었답니다. 그들의 결혼식은 가장 화려하고 아름다웠습니다.

KHM 167

천국으로 간 가난한 농부

Das Bürle im Himmel

옛날 어느 곳에 한 믿음 깊은 가난한 농부가 죽었습니다. 그리고 천국 문 앞으로 왔습니다. 때마침 부자도 함께 천국으로 들어가려 문 앞에 섰습니다. 성 베드로가 열쇠를 가지고 와서는 문을 열고 부자를 들여보냈습니다. 그런데 베드로는 옆에 있던 농부를 보지 못했는지 바로 천국의 문을 닫아버리는 것이었습니다. 부자가 문 안으로 들어가자마자 환영을 받는지 음악이 울려퍼지고 노래를 부르는 소리가 문밖에 있는 농부의 귀에 들렸습니다.

마침내 안이 조용해지고 또 문이 열리더니 성 베드로가 나와서 가난한 농부를 하늘나라로 들어오게 했습니다. 농부는 자신도 틀림없이 음악 연주와 노랫소리로 환영받으리라 생각했지만, 모든 것이 고요하기만 했습니다. 물론 다들 매우 정답게 그를 맞았고 천사들도 반겨 주었지만, 누구도 노래를 불러 주지는 않았습니다.

농부는 성 베드로에게 자기는 왜 그 부자처럼 노래와 음악 연주로 환영받지 못하느냐고 물었습니다. 이래서는 말만 천국이지 자신이 살던 세상과 똑같이 불공평하다고 말했습니다. 그러자 성 베드로가 말했습니다.

"아니, 그렇지 않네. 자네도 다른 사람들처럼 소중한 사람일세. 부자도, 자네도 모두 함께 천국의 기쁨을 누리게 될 거야. 하지만 자네처럼 가난한 농부는 날마다 수도 없이 천국으로 오지만, 저런 부자는 백 년에 하나 올까 말까 하거든."

KHM 168

말라깽이 리제

Die hagere Liese

게으른 하인츠와 뚱뚱한 트리네는 무엇이 어떻게 되든 편한 쪽을 골랐지만, 말라깽이 리제는 그들과는 생각이 아주 달랐습니다. 리제는 아침부터 저녁까지 몸이 지치도록 일했고, 남편인 키다리 렌츠에게도 일을 몽땅 시켰기 때문에 그는 자루 세 개를 짊어진 당나귀보다 더 무거운 짐을 날라야 했습니다. 하지만 그들이 아무리 부지런히 일해도 고생만 할 뿐, 아무런 소용이 없었습니다. 부부는 여전히 가난했고 아무것도 얻지 못했습니다.

어느 날 저녁 둘은 침대에 들었는데, 어찌나 피곤하던지 팔다리 하나 움직일 수조차 없었지요. 그런데도 둘은 이런저런 생각에 쉽게 잠을 이룰 수가 없었습니다. 리제가 남편 옆구리를 팔꿈치로 쿡 찌르며 말했습니다.

"여보, 내 생각 좀 들어보세요. 만약에 내가 금화 한 닢을 줍고 또 누군가 금화 한 닢을 준다면, 나는 금화 한 닢을 더 빌릴 거예요. 당신도 금화 한 닢을 내게 주어야 하고요. 그렇게 해서 금화 네 닢이 모이면 어린 암소 한 마리를 살 거예요."

남편도 좋은 생각이라고 여겼습니다.

"당신에게 주어야 할 돈을 어디서 구할 수 있을지는 모르겠지만, 당신이 그 돈을 모아서 암소 한 마리를 살 수만 있다면 당신 말대로 하는 게 좋지."

그러고는 덧붙여 말했습니다.

"그 암소가 송아지를 낳으면 얼마나 좋을까. 그러면 나도 때때로 우유를 마시고 기운을 차릴 수 있을 텐데."

"당신은 우유를 마시면 안 돼요."

아내가 말했습니다.

"송아지에게 먹여야지요. 그래야 통통하게 자라서 좋은 값에 팔 수 있잖아요."

"물론 그렇지."

남편이 대답했습니다.

"하지만 조금 마시는 거야 나쁠 건 없잖아."

"당신이 소에 대해서 뭘 안다고 그래요?"

아내가 말했습니다.

"해가 되건 안 되건 그렇게는 못하겠네요. 무슨 일이 있든지 우유 같은 거 한 방울도 주지 않을 테니까요. 당신은 키다리인데다가 아무리 먹어도 끝이 없으므로 제가 땀을 흘려서 번 것을 몽땅 먹어치울 생각이죠?"

남편이 말했습니다.

"조용히 못 하겠어? 안 그러면 뺨을 꼬집어 줄 테야."

"뭐라고요?"

아내가 소리쳤습니다.

"지금 겁주는 거예요? 이 먹보에다 얼간이, 게으름뱅이."

리제는 남편의 머리털을 잡아당기려고 했습니다. 그러나 키다리 렌츠는 벌떡 일어나더니 한 손으로 말라깽이 리제의 깡마른 두 팔을 움켜잡고, 다른 손으로는 아내가 욕을 하건 말건 그녀가 지쳐서 잠이 들 때까지 머리를 베개에 대고 푹 눌렀습니다.

이 부부가 다음 날 아침에 일어났을 때 말다툼을 계속했을까요? 아니면 리제가 줍고 싶다고 생각한 금화를 찾으러 나갔을까요? 저도 잘 모르겠네요.

KHM 169

숲 속의 집

Das Waldhaus

어느 가난한 나무꾼이 아내와 세 딸과 함께 마을과 멀리 떨어진 숲가의 작은 오두막에서 살고 있었습니다. 어느 날 아침 나무꾼은 언제나처럼 일을 나가면서 아내에게 말했습니다.

"점심 도시락은 큰아이를 시켜서 숲으로 가져오게 해요. 그러지 않으면 일을 제대로 끝낼 수가 없거든. 그리고 아이가 길을 잃지 않도록 기장을 한 주머니 가져가서 길 위에다 뿌려 놓겠소."

해님이 숲 위 한가운데로 모습을 드러냈을 때 맏이는 수프가 든 단지를 들고 집을 나섰습니다. 그런데 들과 숲에 사는 참새며 종달새, 되새, 지빠귀, 검은 방울새들이 이미 기장을 쪼아 먹은 뒤라 큰딸은 도저히 길을 찾을 수가 없었습니다. 그래도 딸은 어떻게 되겠지 하고 계속 걸어갔습니다.

그러는 동안에 해가 져서 컴컴한 밤이 되고 말았습니다. 어둠 속 나무들이 바스락바스락 소리를 내고 부엉이가 부엉부엉 을씨년스럽게 울어댔지요. 큰딸은 점점 불안해졌습니다. 그때 저 멀리 나무들 사이로 불빛이 반짝이는 게 보였습니다.

'저 집에서 하룻밤 묵을 수 있을지도 몰라.'

큰딸은 희망을 안고 희미한 불빛을 좇아 걸어갔습니다. 얼마 지나지 않아 집이 한 채 보였습니다. 창문으로 밝은 불빛이 새어 나오고 있었습니다. 큰딸이 문을 두드리자 안에서 노인의 쉰 목소리가 들려왔습니다.

"들어와요!"

큰딸은 어둑어둑한 토방을 지나 방문을 똑똑 두드렸습니다.

"어서 들어오라니까요!"

같은 목소리가 말했습니다. 맏이가 문을 열어 보니 머리가 하얗게 센 노인이 얼굴을 손으로 괸 채 탁자에 앉아 있었습니다. 하얀 수염은 탁자를 지나 바닥에 닿을 정도로 길었습니다. 난롯가에는 동물 세 마리가 있었는데, 암탉과 수탉 그리고 얼룩소였습니다. 큰딸은 노인에게 사정을 이야기하고 하룻밤 묵기를 부탁했지요. 그러자 노인이 말했습니다.

"귀여운 암탉아,
귀여운 수탉아,
귀여운 얼룩소야,
너희들은 어떻게 생각하니?"

"둑스!"

동물들이 대답했습니다. 아마도 '좋아요!' 라는 말인 듯했습니다. 왜냐하면 노인이 이렇게 말했으니까요.

"이 집에는 무엇이든 다 있으니 부엌으로 가서 우리에게 저녁을 지어주렴."

부엌으로 가 보니 모든 재료들이 넘칠 만큼 많았기에 큰딸은 맛있는 음식을 만들었습니다. 하지만 동물들 생각은 하지 않았습니다. 식탁 위에 가득 담은 접시를 늘어놓고 백발노인 곁에 앉아 실컷 먹었습니다. 배가 부르자 맏이가 말했습니다.

"이젠 졸리네요. 제가 잘 수 있는 침대는 어디 있나요?"

동물들이 말했습니다.

"너는 할아버지와 함께 먹었다.
너는 할아버지와 함께 마셨다.
우리들 생각은 전혀 하지 않고.
그러니까 네 잠자리는 네가 찾으렴."

그러자 노인이 말했습니다.

"2층으로 올라가면 침대가 둘 있는 방이 있을 게다. 깃털 이불을 잘 털고 하얀 마 요를 깔도록 해라. 나도 이젠 올라가서 잘 테니까."

큰딸은 위로 올라갔습니다. 그리고 침대보를 털고 그 위에 깨끗한 요를 깔아놓고는 한쪽 침대에 들어가 노인을 기다리지도 않고 먼저 잠들어 버렸습니다. 조금 뒤 노인이 들어와 맏이의 얼굴을 등잔불로 비추어 보고는 고개를 절레절레 흔들었지요. 그는 큰딸이 깊이 잠든 것을 다시 한 번 확인하고는 바닥의 함정을 열어 침대를 지하실로 떨어뜨려버렸습니다.

한편 밤늦게 집으로 돌아온 나무꾼은 온종일 굶었다며 아내에게 불평을 했습니다.

"나는 모르는 일이에요. 틀림없이 큰애한테 점심을 들려서 보낸 걸요. 애가 길을 잃었나 봐요. 내일이면 돌아오겠죠."

아내가 말했습니다.

다음 날 나무꾼은 날이 새기도 전에 일어나 숲으로 갈 준비를 하면서 이번에는 둘째에게 점심을 들려 보내라고 일렀습니다.

"이번에는 납작콩을 한 주머니 가져가겠소. 기장보다 커서 더 잘 보일 테니 설마 길을 잃어버리지는 않겠지."

나무꾼이 말했습니다.

점심때가 되자 둘째는 음식을 들고 나갔습니다. 그러나 납작콩 또한 이미 사라지고 없었습니다. 숲 속 새들이 벌써 아침에 하나도 남김없이 모두 쪼아 먹어버린 것이지요. 둘째도 길을 잃고 숲을 헤매다 밤이 되고 말았습니다. 그리고 첫째와 마찬가지로 노인이 사는 집에 이르렀습니다. 들어오라는 소리가 나자 소녀는 안으로 들어가서는 먹을 음식과 잠자리를 부탁했습니다. 하얀 수염 노인이 다시 동물들에게 물었습니다.

"귀여운 암탉아,
귀여운 수탉아,
귀여운 얼룩소야,
너희들은 어떻게 생각하니?"

"둑스!"

동물들이 또다시 대답했습니다. 모두 전날 밤과 똑같은 일이 벌어졌습니다. 둘째는 맛있는 요리를 만들어 노인과 함께 먹고 마셨지만, 동물들에게는 눈길 한번 주지 않았습니다. 둘째딸이 어디서 자면 되겠느냐고 물으니 동물들이 말했습니다.

"너는 할아버지와 함께 먹었다.
너는 할아버지와 함께 마셨다.
우리들 생각은 전혀 하지 않았지.
네 잠자리는 네가 알아서 하렴."

둘째가 잠이 들자 노인이 방으로 들어왔습니다. 노인은 둘째를 찬찬히 바라보다 이내 고개를 절레절레 젓고는 다시 침대를 지하실로 떨어뜨렸습니다.

그 다음 날 아침에 나무꾼은 아내에게 말했습니다.

"오늘은 막내를 시켜 점심을 보내주구려. 착하고 온순한 아이니까 길을 제대로

찾을 수 있을 거야. 여기저기 쏘다니는 말괄량이 언니들과는 다르니까 말이야."

하지만 어머니는 막내까지 보내고 싶지는 않았기에 이렇게 말했습니다.

"내가 가장 귀여워하는 우리 막내까지 잃어버리라고요?"

"걱정 말아요. 막내는 똑똑하고 생각이 깊으니까 길을 잃어버리지 않을 거요. 이번에는 완두콩을 잔뜩 뿌려 놓겠소. 완두콩은 납작콩보다 크니까 길을 잘 가르쳐 줄거요."

나무꾼이 말했습니다.

하지만 막내가 바구니를 팔에 끼고 밖으로 나갔을 때는 이미 숲 속 비둘기들이 뿌려놓은 완두콩을 모두 쪼아 먹은 뒤였습니다. 막내는 어디로 가야 할지 길을 알 수가 없었습니다. 막내는 아버지가 얼마나 배가 고프실까, 내가 집에 돌아가지 않으면 다정한 어머니가 얼마나 슬퍼하실까 이런 걱정과 근심으로 견딜 수가 없었습니다.

마침내 날이 어두워지자 저 멀리 불빛이 보였습니다. 막내는 숲 속의 집으로 부지런히 걸어갔습니다. 그리고 무척 상냥하고 정중하게 하룻밤 묵게 해달라고 부탁했습니다. 하얀 수염 노인이 다시 동물들에게 물었습니다.

"귀여운 암탉아,
귀여운 수탉아,
귀여운 얼룩소야,
너희들은 어떻게 생각하니?"

"둑스!"

동물들이 대답했습니다. 그러자 막내딸은 난롯가 동물들 곁으로 다가가 암탉과 수탉의 매끄러운 깃털과 얼룩소 뿔 사이를 다정스레 쓰다듬어 주었습니다. 그리고 막내는 할아버지가 시키는 대로 맛있게 요리를 하여 식탁 위에 가득 음식을 차려 놓고 말했습니다.

"이 귀여운 동물들도 아직 먹지 못했는데 어떻게 저만 음식을 먹겠어요. 밖에 먹을 게 잔뜩 있으니 먼저 동물들 먹이를 주고 싶어요."

막내는 밖으로 나가 보리를 가지고 와서는 암탉과 수탉 앞에 뿌려 주었고, 소에게는 향긋한 건초를 한 아름 가져다주었습니다.

"자, 맛있게 먹으렴."

막내가 말했습니다.

"목이 마를 테니 시원한 물도 가져다줄게."

그러고는 물을 한 통에 가득 들고 왔습니다. 암탉과 수탉은 물통 가장자리로 훌쩍 뛰어올라 부리를 물속으로 넣었다가 고개를 높이 쳐들었습니다. 얼룩소도 머리를 잔뜩 적시며 한 모금 크게 들이켰습니다. 동물들이 맛있게 먹는 모습을 흐뭇하게 바라보던 막내는 동물들이 다 먹은 것을 확인한 뒤에 자기도 식탁으로 가서 할아버지 곁에 앉아 할아버지가 남겨 놓은 음식을 맛있게 먹었습니다. 배가 부른 암탉과 수탉은 머리를 날개 사이로 집어넣었고 얼룩소는 눈을 껌벅거렸습니다. 막내가 말했습니다.

"이제 우리 모두 쉬는 게 좋지 않을까요?"

"귀여운 암탉아,

귀여운 수탉아,
귀여운 얼룩소야,
너희들은 어떻게 생각하니?"

"둑스!"
동물들이 대답했습니다.

"당신은 우리와 함께 잘 먹었다.
당신은 우리와 함께 잘 마셨다.
우리를 귀여워해주고 잘 보살펴주었으니,
당신도 편히 쉬십시오."

그래서 막내는 계단을 올라갔습니다. 깃털이불을 털고, 깨끗한 요를 펴서 정성스레 잠자리 준비를 했습니다. 그리고 얼마 지나지 않아 노인이 들어와서는 한쪽 침대에 누웠습니다. 노인의 하얀 수염이 발목까지 내려왔습니다. 막내는 다른 침대에 앉아서 여느 때와 같은 기도를 하고 누워 곧 잠이 들었습니다.

그렇게 마음 편히 곤하게 자던 한밤에 갑자기 집 안을 울리는 요란한 소리에 잠자던 막내의 눈이 번쩍 떠졌습니다. 집 안 구석구석에서 삐걱삐걱 우드득 와지끈 소리가 들려왔고, 문들이 활짝 열렸다 다시 세차게 벽에 부딪히면서 꽈당 소리를 냈습니다. 들보들이 마치 금방이라도 뽑힐 듯이 요란한 소리를 냈고 계단도 와르르 무너져 내리는 것만 같았습니다. 그러다 마침내 천장이 무너지는 것 같은 큰 소리가 났습니다. 그러더니 어느새 다시 잠잠해졌을 뿐 아니라, 아무 일도 일어나지 않았기 때문에 막내는 다시 잠을 청했습니다.

다음 날 아침 밝은 햇살에 눈을 뜬 소녀는 도대체 무엇을 보았을까요? 숲 속의 조그만 방이 성에나 있을 듯한 커다란 방으로 변했기 때문이었습니다. 주위에는 왕궁에서나 볼 수 있는 번쩍번쩍 빛나는 호화로운 물건들뿐이었습니다. 벽에는 초록 비단 바탕에 황금 꽃들이 가득 수놓아져 있었고, 상아로 만들어진 침대 위 이불은 붉은 벨벳이었으며, 침대 옆 의자 위에는 진주구슬이 박힌 실내화 한 켤레가 놓여 있었습니다. 막내는 이 모든 것들에 깜짝 놀라 홀린 듯이 멍하니 바라보다 틀림없이 꿈일 거라고 생각했습니다. 그런데 옷을 멋지게 차려 입은 하인 셋이 들어오더니 무슨 시키실 일이 없느냐고 묻는 것이었습니다. 막내가 말했습니다.

"괜찮으니 다들 가 계세요. 얼른 할아버지께 수프를 끓여 드린 다음 귀여운 암탉과 귀여운 수탉과 귀여운 얼룩소에게 먹이를 줘야 하니까요."

막내는 할아버지가 벌써 일어나셨으리라 생각하고는 옆 침대로 눈길을 돌렸습니다. 그런데 그 침대에는 하얀 수염의 할아버지가 아니라 낯선 남자가 누워 있는 것이었습니다. 그런데 찬찬히 살펴보니 젊고 잘생긴 젊은이였습니다. 잠이 깬 청년이 벌떡 일어나며 막내에게 말했습니다.

"나는 왕자입니다. 나쁜 마녀의 저주를 받아 백발노인이 되어 숲에서 살았지요. 암탉과 수탉, 얼룩소 모습으로 변한 하인 셋 말고는 그 누구도 내 곁에 둘 수 없었지요. 사람뿐만 아니라 동물들에게도 상냥한 마음씨 착한 사람이 우리를 찾아와야 마법이 풀리기 때문에 오랫동안 기다리고 있었는데, 착한 소녀인 당신 덕분에 우리는 지난 밤 12시에 마법에서 풀려났고, 낡은 오두막은 다시 궁전으로 변한 것입니다. 그리고 저는 마음씨 착한 당신과 결혼하고 싶습니다. 저와 결혼해 주시겠습니까?"

두 사람은 자리에서 일어났습니다. 왕자는 세 하인을 시켜 소녀의 아버지와 어머니를 결혼식에 초대했습니다.

"그런데 제 언니들은 어디 있는 거죠?"

막내가 물었습니다.

"둘은 지금 지하실에 갇혀 있어요. 그 두 사람은 내일 숲으로 데려가서 숯쟁이 집에서 하녀로 일하게 할 거랍니다. 불쌍한 동물들도 잘 보살피는 착한 마음씨를 지니게 될 때까지 말이에요."

KHM 170

기쁨도 괴로움도 함께 나누며

Lieb und Leid teilen

옛날 먼 옛적에, 시비 걸기 좋아하는 재봉사가 있었습니다. 그의 아내는 마

음씨가 착하고 신앙심이 깊으며 부지런했습니다. 그러나 남편은 그런 아내가 도무지 마음에 들지 않았습니다. 그래서 아내가 무슨 일을 하든 늘 투덜거리고 잔소리를 해댔으며 심지어는 손찌검까지 했습니다. 마침내 못된 재봉사 이야기는 영주의 귀에까지 들어갔습니다. 영주는 재봉사의 나쁜 버릇을 고쳐주려고 그를 감옥에 가두어버렸습니다.

재봉사는 얼마동안 감옥에서 물과 빵만 먹고 지내다가 이윽고 자유의 몸이 되었습니다. 하지만 다시는 아내를 때리지 않고 서로 기쁨과 괴로움을 함께 나누며 부부다운 행복한 삶을 살겠다는 서약을 해야만 했습니다.

남편은 한동안은 아내와 다툼도 일으키지 않고 잘 지냈습니다. 하지만 시간이 지나자 옛 버릇이 슬금슬금 튀어나오더니 아내에게 다시 시비를 걸기 시작하는 것이었습니다. 하지만 아내를 때리지 않기로 굳게 서약을 했기 때문에 그는 대신 머리끄덩이를 잡고 쥐어뜯었습니다. 아내는 재빨리 몸을 피해 안마당으로 뛰쳐나갔지만 남편은 마당에까지 끈떡지게 아내를 쫓아다니며 자와 가위는 물론, 손에 잡히는 대로 물건을 마구 집어 던져댔습니다. 그러다가 아내를 맞히면 껄껄 웃었고, 맞히지 못하면 미친 사람처럼 화를 내며 고래고래 욕설을 퍼부었습니다. 난폭하게 굴던 남편은 이웃사람들이 아내를 도우러 달려 나오자 그제야 얌전해졌습니다. 재봉사는 다시 관청에 불려가 전에 했던 맹세를 상기하도록 주의를 받았습니다.

재봉사가 말했습니다.

"존경하는 나리님들, 저는 서약을 어기지 않았습니다. 아내를 때리지 않았을 뿐만 아니라, 기쁨과 괴로움을 함께 나누었는걸요."

재판관이 말했습니다.

"네 아내가 서약을 어겼다며 다시 너를 고소했는데, 어찌 그런 말을 할 수가 있느냐."

"저는 아내를 때리지 않았습니다. 그저 머리 모양이 이상했기에 손으로 머리를 조금 빗겨 주려고 했을 뿐이었지요. 그런데 아내가 저를 피해 달아나는 게 아닙니까. 저를 내버리려 한 것이지요. 제가 아내를 뒤쫓아간 것은 아내로서 할일을 다하도록 하기 위해서였고, 마침 손에 잡히는 물건을 던진 것은 아내가 자기 의무를 깨우치길 바라는 좋은 뜻에서 한 일이었습니다. 제가 던지는 것이 아내에게 맞으면 그때마다 저는 기뻐하고 아내는 슬퍼했습니다. 맞히지 못하면 아내는 기뻐했지만 저는 괴로워했기 때문이지요."

그러나 재판관은 납득하지 못하고 너무나 어이없어하며, 재봉사에게 마땅한 형벌을 주었습니다.

KHM 171

새들의 왕, 굴뚝새

Der Zaunkönig

아주 먼 옛날, 소리마다 뜻이 있던 시절의 이야기입니다. 그때 대장장이 망치 소리는 이렇게 부르짖듯이 울렸습니다.

"나를 단련해 줘! 나를 단련해 줘!"

목수의 대패질 또한 대패가 크게 외치는 듯이 이렇게 들렸지요.

"쓱쓱 밀어! 그래, 그렇게 쓱쓱 밀어!"

물레방아가 쿵덕쿵쿵덕쿵 돌아갈 때는 또 이런 소리가 들렸습니다.

"제발, 하느님 도와주세요! 아이쿠, 제발 도와주세요 하느님!"

방앗간 주인이 남들을 잘 속이는 사람이라면 물레방아는 이렇게 말했습니다. 처음 물이 들어올 때는 마치 정통 독일 말을 하듯이 느릿느릿 "누구지? 누구지?" 묻다가 나중에는 빠른 말투로 "주인이지! 주인이지!" 답했으며, 마지막에는 알아들을 수 없을 정도로 매우 재빠르게 "뻔뻔하게 훔치네, 뻔뻔하게 훔치네, 1/18에서 3/6" 이렇게 외쳤습니다.

이제는 그저 짹짹, 끼익끼익, 삐삐 같은 의미 없는 소리로 들리거나 또 어떤 때는 아무런 뜻도 없는 노랫소리처럼 들리지만, 그 시절에는 새들 또한 모두 저마다 누구나 이해할 수 있는 말을 가지고 있었답니다.

그러던 어느 날 새들은 자기들을 이끌어 줄 지도자가 있으면 좋겠다는 생각을 하게 되어 그들 사이에서 왕을 뽑기로 했습니다. 하지만 물떼새만은 반대를 했지요. 이제껏 자유롭게 살았으니 죽을 때도 자유롭게 죽기를 바란 것입니다. 그래서 안절부절못하며 이리저리 날아다니며 외쳤지요.

"난 어디로 가지? 난 어디로 가지?"

그러고는 물떼새는 인적 드문 쓸쓸한 늪지대에 틀어박혀 다시는 새들 무리 앞에 모습을 나타내지 않았답니다.

햇살이 화사하게 비치는 5월 아침, 마침내 새들의 왕을 뽑기 위해 숲과 들에 사는 온갖 새들이 한자리에 모여들었습니다. 독수리와 되새, 올빼미와 까마귀, 종달새와 참새…… 수많은 새들의 이름을 하나하나 다 늘어놓을 수는 없지만 뻐꾸기도 왔고, 자기가 늘 뻐꾸기보다 며칠 먼저 운다며 뻐꾸기의 심부름꾼이라 말하는 오디새(후투티)도 왔습니다. 그리고 아직 이름조차 없는 작디작은 새 한 마리도 무리에 끼어 있었지요. 암탉은 웬일인지 이번 일에 대해 아무것도 모르고 있었기에 새들이 매우 많이 모여들자 눈이 휘둥그레지며 말을 했습니다.

"무슨 일이죠? 왜 다들 모인 거예요?"

암탉이 놀라서 꽥꽥거리자 수탉이 사랑하는 암탉을 진정시키며 새들이 모인 이유를 설명해 주었습니다.

한편, 새들은 이야기를 나눈 끝에 가장 높이 나는 새를 왕으로 뽑기로 했습니다. 그러자 덤불 속에 앉아 있던 청개구리가 그 말을 듣고 개굴개굴 울어댔습니다.

"안 돼, 안 돼, 안 돼!"

청개구리는 새들이 눈물 흘릴 일이 벌어질까봐 걱정되었던 것입니다. 하지만 까마귀는 이리저리 날아다니며 말했지요.

"시시해. 아무렴 어때!"

다른 생각을 하는 새도 있었지만 결국 왕 뽑기는 순조롭게 착착 진행되었습니다.

새들은 마침 오늘이 하늘을 날기 딱 좋은 날씨라며 곧바로 시합을 하자고 말했습니다. 그래야 시합이 끝난 뒤에 "더 높이 날 수도 있었는데 해가 지는 바람에 올라가지 못했잖아" 이렇게 핑계 대는 새가 없을 테니까요. 마침내 신호가 떨어지자 새들은 모두 하늘로 힘차게 날아올랐습니다. 푸드덕푸드덕 날개 치는 소리가 요란하게 울리고 들판은 먼지로 뒤덮였지요. 마치 검은 구름이 날아오르는 것 같았습니다. 작은 새들은 금세 뒤로 처지며 힘에 겨워 다시 땅에 내려앉았습니다. 좀 더 큰 새들은 한결 오래 버텼지만, 독수리와 어깨를 나란히 할 수 있는 새는 아무도 없었지요. 독수리는 해님의 눈을 쫄 수 있을 만큼 높이 날아올랐습니다. 다른 새들이 모두 저 아래 뒤처진 것을 본 독수리는 '누가 더 높이 날 수 있겠어? 이제 내가 왕이야' 생각하고는 다시 내려가기 시작했습니다. 아래에 있던 새들도 모두 입을 모아 외쳤지요.

"독수리님이 우리의 왕이에요. 당신보다 더 높이 날 수 있는 새는 없어요."

그때, 이름도 없는 작은 새가 독수리의 가슴 깃털 속에서 쏙 빠져나오며 소리쳤습니다.

"나만 빼고!"

독수리 가슴 속에서 쉬고 있던 작은 새는 조금도 지치지 않았기 때문에 곧장 위로 솟구쳐 날아 올라갔습니다. 어찌나 높이 올라갔던지, 의자에 앉아 계신 하느님 모습까지 볼 수 있을 정도였지요. 이쯤 올라갔으면 되었다고 생각한 작은 새는 날개를 모으고 내려앉으며 가느다란 목소리로 아래쪽을 향해 외쳤습니다.

"내가 왕이야! 내가 왕이라고!"

"네가 우리의 왕이라고?"

새들이 벌컥 화를 내며 소리쳤습니다.

"감히 그런 잔꾀를 부리다니!"

새들은 이번에는 다른 조건을 내걸었습니다. 땅속 가장 깊이 숨어들 수 있는 새를 왕으로 뽑기로 했던 거지요. 거위는 넓고 납작한 가슴을 땅바닥으로 들이밀며 온몸을 부딪쳤고, 수탉은 재빨리 뾰족한 부리로 구멍을 파내려갔습니다. 가장 운이 나빴던 새는 오리였어요. 오리는 도랑으로 뛰어들었다가 그만 다리를 삐는 바람에 가까운 연못으로 뒤뚱뒤뚱 걸어가며 소리를 질러댔습니다.

"말도 안 돼! 말도 안 돼!"

그런데 조금 전의 이름 없는 작은 새는 쥐구멍을 찾아 기어 내려가서는 가느다란 목소리로 외쳤습니다.

"내가 왕이야! 내가 왕이야!"

"뭐라고? 네가 우리의 왕이라고?"

새들은 전보다 더욱 화를 내며 외쳤습니다.

"우리에게 그런 속임수가 통할 것 같아?"

새들은 몹시 화가 나서, 작은 새를 방금 전의 쥐구멍 속에 가두어 놓고 굶겨 죽이기로 했습니다. 문지기로 뽑힌 올빼미는 무슨 일이 있어도 이 얄미운 악당이 나오지 못하도록 지켜야만 했습니다. 자칫하다간 자기 목숨이 위험할 판이었지요.

새들은 왕 뽑기 시합 때문에 기를 쓰고 날아다니느라 녹초가 되었습니다. 저녁때가 되자 아내와 아이들을 데리고 저마다 잠을 자러 갔습니다. 하지만 올빼미는 홀로 커다란 눈을 부릅뜬 채 딴짓도 못하고 쥐구멍만 지켜보고 있어야 했지요. 그러나 올빼미도 힘들긴 마찬가지였습니다.

'한쪽 눈을 감아볼까? 다른 쪽 눈으로 똑똑히 지키면 저 작은 악당은 절대 빠져나올 수 없을 거야!'

이렇게 생각한 올빼미는 한쪽 눈을 감은 채 다른 쪽 눈으로 꿋꿋하게 쥐구멍만을 노려보았습니다. 작은 새가 고개를 빼꼼 내밀고 슬쩍 달아나려고 하면 올빼미가 곧바로 달려와 앞을 막아섰고, 그때마다 작은 새는 겁을 먹고 고개를 도로 움츠렸습니다. 그런 다음 올빼미는 한쪽 눈을 다시 뜨고 다른 쪽 눈을 감았습니다. 그렇게 밤새 번갈아 눈을 떴다 감았다 하던 올빼미는 자기도 모르게 그만 한 쪽 눈을 감다가 다른 쪽 눈 뜨는 것을 잊어버리고 말았습니다. 두 눈이 모두 감기는 순간 올빼미는 스르르 잠이 들어버렸고, 작은 새는 올빼미가 잠들었음을 알아차리자마자 재빨리 구멍을 빠져나가 쏜살같이 달아났습니다.

그날부터 올빼미는 도저히 낮에 나다닐 수 없게 되었습니다. 다른 새들 눈에 띄면 모두 몰려와 깃털을 마구 쥐어뜯어 놓을 테니까요. 그래서 이때부터 올빼미는 밤에만 날아다니게 되었고, 그런 몹쓸 구멍을 파 놓은 쥐들을 미워하며 쫓아다니게 되었답니다. 구멍에서 달아난 이름 없는 작은 새도 잡히면 언제 목숨을 잃을지 몰라 벌벌 떨며 모습을 잘 드러내지 않았습니다. 산울타리 속에 꼭꼭 숨어 있다가 주위에 아무도 없다 싶으면 불쑥 외치곤 했지요.

"내가 왕이야!"

그래서 다른 새들은 이 작은 새를 '울타리의 왕'*1이라 부르며 놀리는 것이랍니다.

하지만 '울타리의 왕', 굴뚝새에게 복종하지 않게 되어 가장 기뻐한 새는 종달새였습니다. 그래서 해가 비치는 날이면 종달새는 하늘 높이 자유롭게 날아오르며 이렇게 외친답니다.

"아, 아름다워! 정말! 정말! 눈부시게 아름다워!"

---

*1 굴뚝새를 독일말로는 이렇게 부른다.

KHM 172
가자미
Die Scholle

물고기들은 물고기나라에 질서가 없다는 사실이 늘 못마땅했습니다. 사람들처럼 배려심 있는 물고기는 하나도 없었지요. 누구도 서로에게 주의를 기울이지 않고 저마다 마음대로 왼쪽 오른쪽 마구 헤엄을 쳤으며, 예의 없는 어떤 물고기는 여럿이 뭉쳐 있는 물고기떼 사이를 헤치며 지나가거나 때로는 길을 막아서기도 했습니다. 힘센 물고기는 약한 물고기를 꼬리로 한 대 냅다 후려쳐 멀리 밀어내거나 다짜고짜 한입에 꿀꺽 삼켜 버리기도 했습니다.

"왕이 법과 정의로 우리를 다스려 준다면 얼마나 좋을까."

물고기들은 한결같이 그렇게 말하며, 가장 빨리 물살을 가로지를 수 있으며 약한 물고기들을 도와줄 수 있는 착한 물고기를 왕으로 뽑기로 의견을 모았습니다.

그리하여 온갖 물고기들이 줄지어 바닷가에 모였습니다. 꼬치고기가 꼬리로 신호를 보내자 모든 물고기들이 한꺼번에 출발했습니다. 꼬치고기가 화살처럼 쏜살같이 달려 나갔고, 그와 함께 청어, 줄망둑어, 농어, 잉어를 비롯해 하나하나 이름을 모두 말할 수 없을 만큼 수많은 물고기들이 헤엄쳐 나갔습니다. 가자미 또한 목적지로 있는 힘껏 헤엄치고 있었지요.

그때 갑자기 누군가 크게 외쳤습니다.

"청어가 맨 앞이다! 청어가 일등이야!"

"누가 일등이라고?"

한참 뒤에 처져 있던 납작한 가자미가 뿌루퉁한 얼굴로 크게 소리쳤습니다.

"누가 일등이라고?"

"청어, 청어가 일등이야."

물고기들이 입을 모아 대답했습니다.

"벌거숭이 청어 말이야?"

샘이 난 가자미가 샐쭉하게 외쳤습니다.

"그 벌거숭이 청어?"

그날 뒤로 가자미는 청어를 놀린 벌을 받아 입이 비뚤어지고 말았답니다.

KHM 173

해오라기와 오디새

Rohrdommel und Wiedehopf

"소들에게 풀을 먹이려면 어디가 가장 좋을까?"

어느 주인이 나이가 지긋한 목동에게 물었습니다.

"바로 이곳입니다, 주인님. 여기는 풀이 지나치게 많거나 너무 적지도 않고 딱 알맞습니다. 이런 곳이 아니면 소를 잘 키울 수가 없지요."

"그 이유가 뭔가?"

주인이 다시 물었습니다.

"저어 멀리 초원에서 누군가를 부르는 듯한 슬픈 목소리가 들리시나요?"

목동이 물었습니다. 목동이 가리키는 초원에서는 쓸쓸한 바람소리가 들려왔습니다.

"저 소리는 한때 목동이었던 해오라기의 울음입지요. 해오라기와 오디새는 본디 목동이었답니다. 주인님께 이야기를 하나 들려 드리지요.

어느 날 해오라기는 온갖 싱싱한 풀과 아름다운 꽃들이 가득한 푸른 초원에서 소 떼를 돌보고 있었답니다. 그런데 어찌된 일인지 초원에서 자라는 풀과 꽃들을 먹은 소들은 날이 갈수록 제멋대로 굴고 성격이 거칠어져 갔습니다. 한편, 오디새는 풀이 자라기는커녕 모래 바람만 거칠게 휘몰아치는 메마르고 높은 땅으로 소 떼를 몰고 갔지요. 그러자 소들은 나날이 비쩍 야위어서 기운이 없어졌습니다.

해가 저물어가자 목동들은 저마다 소 떼를 몰고 집으로 돌아오려 했습니다. 그런데 해오라기는 소들을 도무지 모을 수가 없었습니다. 소들이 모두 제멋대로 달아나 버렸기 때문입니다. 해오라기는 '얼룩소야, 이리 온!' 목이 터져라 외쳐댔지만 아무 소용없었습니다. 암만 불러대도, 버릇이 없어진 소들은 듣는 둥 마는 둥 했습니다.

오디새 또한 자기 소들을 일으켜 세우려 했지만, 소들은 그 자리에 누워 꼼짝도 못했습니다. 오디새가 돌보는 소들은 아무것도 먹지 못해 맥이 빠져 일어설 기운도 없었던 것이지요. '일어나, 일어나, 일어나!' 오디새가 제아무리 외쳐도 아무 소용없었습니다. 소들은 거친 모래바닥 위에 힘없이 축 늘어져 있을 뿐이었습니다.

무엇이든 절도를 지키지 않으면 이런 일이 일어나는 법이지요. 해오라기와 오디새는 이제 더는 소 떼를 몰지 않지만, 오늘까지도 해오라기는 '얼룩소야, 이리 와!' 외치고, 오디새는 '일어나, 일어나, 일어나!' 외치고 있답니다."

KHM 174
부엉이
Die Eule

수백 년 전 일입니다. 사람들이 지혜가 있거나 약삭빠르지 않고 그저 순수하기만 하던 시절의 이야기입니다. 한 작은 도시에 참으로 이상한 일이 벌어졌습니다.

사람들이 수리부엉이라 부르는 커다란 부엉이 한 마리가 한밤에 마을 근처 숲에서 나와 헤매다 우연히 어느 농부의 헛간에 들어갔습니다. 동이 터왔지만 부엉이는 헛간에서 나갈 수가 없었습니다. 부엉이가 밖으로 나가려고 모습을 드러낼 때마다 다른 새들이 부엉이를 보고 소스라치게 놀라며 마구 비명을 질러대는 바람에 부엉이도 덜컥 겁이 났기 때문이었습니다.

마침 한 하인이 아침 일찍 짚을 가지러 헛간에 들어갔습니다. 그는 구석에 앉아 있는 매우 큰 부엉이를 보고 간담이 서늘해졌습니다. 얼마나 놀랐던지, 허겁지겁 주인에게 달려가 태어나서 이제껏 한 번도 본 적 없는 무시무시하고 커다란 괴물이 헛간에 있더라고 알렸습니다. 커다란 눈을 이리저리 무섭게 굴리고 있는 모습이 누구든 거침없이 한입에 꿀꺽 삼켜버릴 기세더라고 말이지요.

그러자 주인이 말했습니다.

"자네가 들판에서 힘들게 지빠귀를 쫓아다닌 일은 나도 잘 알고 있네. 그렇지만 자네야 죽은 암탉을 보아도 겁을 내며 다가가기 전에 막대기부터 가져오는 사람이 아닌가. 그러니 어떤 괴물인지는 내 눈으로 직접 보아야만 믿겠네."

주인은 이렇게 말하며 아주 용감하게 헛간으로 들어가 여기저기 두리번거렸습니다. 하지만 태어나서 처음 보는 그 괴상하고 무시무시한 짐승을 직접 눈으로 보자 하인 못지않게 엄청난 두려움에 휩싸이고 말았습니다. 쏜살같이 헛간 밖으로 뛰쳐나온 주인은 곧바로 이웃사람들에게 달려가, 정체를 알 수 없는 위험한 짐승이 우리 집 헛간에 있는데 그 괴물을 물리치도록 도와달라고 애원했습니다. 그 괴물이 헛간 밖으로 나오기라도 하는 날에는 마을 전체가 위태로워질 수도 있다고 하면서요.

곧 거리마다 엄청난 소동과 아우성이 일어났습니다. 마을 사람들은 창과 갈퀴, 낫이나 도끼 등을 손에 쥐고 모여들었습니다. 마치 곧 전쟁이라도 벌이려는 사람들 같았지요. 사람들은 촌장을 앞세우고 광장에 모여 대열을 갖추고는 괴물이 나타났다는 헛간으로 나아가 이곳저곳을 빈틈없이 에워쌌습니다. 그 가운데 용감한 사람 하나가 앞으로 나서서 창을 겨누며 헛간 안으로 들어갔지만 곧이어 비명을 지르며 죽은 사람처럼 하얗게 질린 얼굴로 뛰쳐나왔습니다. 그는 너무 놀라 말도 제대로 하지 못했습니다. 다른 두 사람이 '도대체 뭐길래 그러지?' 주춤주춤 안으로 들어갔지만 앞의 사람과 다를 게 없었지요. 그러자 마침내 전쟁에서 큰 공을 세워 널리 이름난 건장하고 힘센 사나이가 앞으로 나서며 말했습니다.

"그저 바라보고만 있으면 저 괴물을 어떻게 쫓아낸단 말입니까. 이런 때일수록 우리 모두 정신을 똑바로 차려야 합니다. 모두 계집아이처럼 겁쟁이가 되어 버렸나 보군요. 직접 나서서 괴물을 물리치려는 사람은 하나도 없으니 말입니다. 부끄럽지도 않습니까."

그 사나이는 꼭 전쟁터에라도 나가려는 듯 갑옷과 칼과 창을 단단히 갖추었습니다. 사람들은 사나이의 목숨을 걱정하면서도 한편으로는 모두 그의 용기를 칭찬했습니다. 이윽고 헛간 문이 활짝 열리자 커다란 대들보 위 한가운데에 앉은 부엉이가 보였습니다. 사나이는 사다리를 가져오게 하여 올라갈 준비를 했습니다. 모두들 그에게 먼 옛날 용을 물리쳤던 성 게오르크처럼 사나이답게 해치워버리라며 소리쳐댔습니다.

마침내 그가 사다리 꼭대기에 올라섰습니다. 부엉이는 사나이가 자기를 잡으려 한다는 사실을 알아챘지만, 산처럼 잔뜩 모여든 사람들이 고함을 질러대는 바람에 크게 놀란 나머지 어디로 빠져나가야 할지 몰라 당황했습니다. 부엉이는 커다란 눈동자를 이리저리 굴리며, 깃털을 곧추세우고 날개를 활짝

펴더니 부리를 딱딱 부딪치며 거친 소리로 '부우엉 부우엉' 울어댈 뿐이었습니다.

"찔러! 칼로 찔러버려!"

사람들이 용감한 영웅에게 소리쳤습니다. 그가 대꾸했습니다.

"멀리서 보고만 있으니까 그리 쉽게 말하는 거요. 내가 지금 서 있는 이곳에 누구든 한번 올라와 보시오. 그러면 찌르라는 소리를 함부로 내뱉지 못할 테니."

그는 그렇게 말하면서도 한 번 더 용기를 내어 한 발짝 더 올라섰습니다. 그런데 조금 더 가까이에서 부엉이를 보게 되자 불현듯 두려움이 더해지더니 온몸이 와들와들 떨려오는 것이었습니다. 마침내 그는 반쯤 넋이 나간 모습으로 뒤로 물러나고야 말았습니다.

이제 목숨을 걸면서까지 위험 속으로 뛰어들려는 사람은 아무도 없었습니다. 사람들은 입을 모아 이렇게 말했습니다.

"저 괴물은 그저 입을 뻐끔거리고 입김을 내뿜는 것만으로도 우리 가운데서 가장 힘센 사나이를 겁주고 저렇게 벌벌 떨게 만들었어. 그런데 어떻게 우리 같은 평범한 사람들이 목숨 걸고 나설 수가 있겠어?"

하지만 마을 전체가 이대로 끝장나는 것을 가만히 볼 수도 없는 노릇이었지요. 모두 머리를 맞대고 고민했지만 도무지 뾰족한 수가 나오지 않았습니다. 그러다가 마침내 좋은 방법을 떠올린 촌장이 말했습니다.

"마을 공동 재산으로 이 헛간과 안에 들어 있는 곡식이나 짚, 건초 값을 주인에게 치른 다음, 헛간을 통째로 저 무시무시한 괴물과 함께 차라리 태워버리면 어떨까요? 그러면 어느 누구도 목숨을 걸 필요가 없지요. 이런 일에 돈을 아껴서는 안 됩니다. 한 푼 아끼려다 더 큰 재앙이 일어나니까요."

모두 촌장의 의견에 찬성했습니다. 그래서 사람들은 헛간 네 귀퉁이에 불을 질렀고, 불쌍한 부엉이는 타죽고 말았습니다. 내 말이 믿어지지 않으면 직접 가서 물어보세요.

KHM 175

달

Der Mond

아득한 옛날, 밤이면 늘 깜깜하기만 할 뿐, 달도 떠오르지 않고 별도 반짝이지 않아 하늘이 마치 새까만 천으로 뒤덮여 있는 것만 같은 나라가 있었습니다. 세상이 만들어질 때만 해도 밤에는 불빛이 필요 없었습니다.

어느 날, 오랫동안 부지런히 일하며 실력을 쌓던 젊은이 넷이 저마다 자기 분야에서 최고가 되기 위한 수행의 길을 떠났습니다. 넷은 곧 다른 나라에 이르렀는데, 이 나라에서는 날이 저물어 해가 산 뒤로 모습을 감추자 어느 떡갈나무 꼭대기에 걸린 빛나는 구슬이 멀리까지 부드러운 빛을 흘려보내 주는 것이었습니다. 그 구슬은 비록 태양처럼 강렬하게 내리쬐지는 않았지만, 새까만 밤에도 모든 것이 똑똑히 보이고 구별될 만큼은 밝았습니다. 발걸음을 멈추고 가만히 서서 구슬을 바라보던 젊은이들은 마침 수레를 끌고 지나가던 농부에게 저것이 뭐냐고 물었습니다.

"달이라고 합니다."

농부가 말했습니다.

"마을 이장님이 3탈러를 주고 사와서는 저 떡갈나무 꼭대기에 걸어 놓았지요. 날마다 기름을 붓고 깨끗이 닦아 손질해 놓으면 늘 밝게 타오른답니다. 마을 사람들은 달을 손질해주는 대가로 우리에게서 일주일에 1탈러씩 이장님께 드리지요."

농부가 가고 난 뒤 젊은이들 가운데 하나가 말했습니다.

“이 등잔은 여러모로 쓸모가 있겠어. 우리 고향에도 저만치 큰 떡갈나무가 있으니 거기 매달아 놓으면 될 거고. 밤에 새까만 어둠 속을 더듬거리지 않고 돌아다닐 수 있으면 얼마나 멋질까!”

“이렇게 할까?”

두 번째 젊은이가 말했습니다.

“저 달을 몰래 내린 다음 말이 끄는 수레에 싣고 가는 거야. 여기 사람들이야 다른 달을 사면 될 테니까.”

세 번째 젊은이가 말했습니다.

“나는 나무를 무척 잘 타니까 내가 올라가서 가지고 내려올게.”

네 번째 젊은이는 말을 맨 수레를 끌고 왔습니다. 세 번째 젊은이가 나무에 기어 올라가더니 달에다 구멍을 뚫고 밧줄에 꿰어 아래로 내려 보냈습니다. 넷은 빛나는 구슬을 마차 위에 싣자마자, 도둑질한 것을 사람들이 눈치채지 못하도록 천을 덮어씌워 가렸습니다. 이리하여 어느 누구에게도 들키지 않고 자기들 나라로 달을 가져온 젊은이들은, 키 큰 떡갈나무 꼭대기에 그 구슬을 고정해놓았습니다. 그러자 새로운 등잔에서 새하얀 불빛이 쏟아져 나와 온 들판을 아름답게 비추고, 어두웠던 집과 방 안, 거리 이곳저곳을 빛으로 가득 채우자 아이, 어른 너나 할 것 없이 무척 기뻐했답니다. 난쟁이들도 바위 동굴에서 뛰어나왔고, 빨간 옷을 입은 작은 요정들은 서로서로 손을 맞잡고 둥글게 동그라미를 그리며 초원에서 빙글빙글 돌며 춤을 추었습니다. 네 젊은이는 달에 기름을 부어주고 심지를 다듬는 삯으로 사람들에게 일주일에 1탈러씩을 받았습니다. 어느덧 세월이 흘러 그들 모두 할아버지가 되었습니다. 그런데 그 가운데 한 사람이 큰 병으로 몸져누웠습니다. 그는 죽음이 다가오자, 달의 4분의 1은 자기 몫이니 무덤에 함께 묻어 달라고 말했습니다. 그가 죽자 이장은 나무 위로 올라가 나무 자르는 가위로 달을 잘라내어 그의 관 속에 넣어 주었습니다. 달빛은 약해졌지만 확 느껴질 만큼은 아니었지요. 또 한 사람이 죽자 그의 관에도 달 4분의 1을 넣어 주었습니다. 그러자 달빛은 더욱 줄어들었으며, 세 번째 사람이 죽은 뒤에는 달빛이 한결 더 약해졌답니다. 그 사람 또한 자기 몫을 가져갔기 때문이지요. 마침내 네 번째 사람과 그의 몫의 달이 땅에 묻히자 마을은 다시 예전처럼 새까만 어둠에 잠겼습니다. 사람들은 밤에 등불 없이 나갈 때면 ‘쿵!’ 소리를 내며 서로 머리를 부딪치기 일쑤였지요.

그런데 이 달 조각들은 땅속 나라로 들어오자 다시 하나의 달로 합쳐졌습니다. 땅속 나라는 늘 캄캄한 어둠이 다스렸는데, 달빛 때문에 죽은 사람들이 웅성거리며 깊은 잠에서 깨어나고 말았습니다. 그들은 옛날처럼 다시 볼 수 있게 되자 깜짝 놀랐답니다. 정말 달빛이라 다행이었습니다. 그동안 눈들이 약해진 터라 강렬한 햇빛이었다면 모두 견디기 어려웠을 테니까요. 하나 둘 자리에서 일어난 그들은 살아 있을 때처럼 왁자지껄 떠들며 다시 즐겁게 지냈습니다. 어떤 무리는 노름판을 벌이거나 떠들썩하게 춤을 추고, 어떤 패들은 술집으로 몰려가 부어라 마셔라 하다가 잔뜩 술에 취해 티격태격 싸움까지 벌였지요. 그러다 끝내 몽둥이를 들고 서로 치고받는 지경까지 이르렀습니다. 이런 소란은 차츰 더 심해져서 마침내는 하늘나라에까지 들리게 되었습니다.

하늘나라 문을 지키는 성 베드로는 땅속 나라에 폭동이 일어났다고 생각했습니다. 그래서 나쁜 악마들이 천국으로 마구 몰려와 하느님에게 보살핌을 받는 사람들의 보금자리를 위협할까 걱정되어 하늘나라 군대를 불러 모았지요. 그런데 아무리 기다려도 적들이 쳐들어오지 않자, 성 베드로는 몸소 말 등에 올라타고 하늘 문을 지나 땅속 나라로 내려가 보았답니다. 성 베드로는 땅속의 소란을 보고 죽은 사람들에게 조용히 무덤 속으로 돌아가 누우라고 일렀습니다. 그러고는 달을 가지고 올라와 하늘 위에 걸어 두었답니다.

KHM 176
목숨
Die Lebenszeit

하느님께서는 세상을 창조하시고 모든 생물의 수명을 정해 주시기로 했습니다. 그때 나귀가 와서 물었습니다.

"하느님, 저는 얼마나 살게 될까요?"

하느님이 말씀하셨습니다.

"30년이다. 이만하면 되겠느냐?"

그러자 나귀가 대답했습니다.

"아이고, 하느님. 30년은 너무 깁니다. 저의 애처로운 삶을 한 번 생각해 주세요. 저는 이른 아침부터 밤늦게까지 힘겹게 무거운 짐을 나르고, 그것도 모자라 곡식 자루를 방앗간까지 끌고 가야 하지요. 덕분에 사람들은 맛있는 빵을 먹을 수 있지만, 제게는 손찌검과 발길질만 날아올 뿐입니다. 사람들은 '이랴! 이랴!' 거칠게 몰아대며 저를 마구 부려먹지요. 하느님. 그러니 제발 그 기나긴 시간을 좀 줄여 주세요."

나귀를 가엾게 여긴 하느님은 나귀에게서 18년을 줄여 주셨습니다. 나귀가 만족스러워하며 나가자, 이번에는 개가 나타났습니다.

"너는 얼마나 살고 싶으냐?"

하느님이 개에게 물으셨습니다.

"나귀는 30년이 너무 길다고 하더구나. 하지만 너는 좋아할 거 같구나."

"하느님, 그것이 참으로 하느님께서 원하시는 건가요?"

개가 말했습니다.

"제가 얼마나 많이 뛰어다녀야 하는지 한번 생각해 주세요. 제 다리는 그렇게 오랫동안 버틸 수가 없습니다. 게다가 늙으면 기력이 떨어져 제 마음대로 짖지도 못하겠지요. 물어뜯을 이빨이 없어지기라도 하면, 이 구석 저 구석 끙끙거리며 돌아다닐 수밖에 없답니다."

하느님은 그 말 또한 옳다 여기고 개에게서 12년을 빼 주셨습니다. 이어서 원숭이가 찾아오자 하느님이 말씀하셨습니다.

"너는 마땅히 30년을 살고 싶을 거 같구나. 나귀나 개처럼 일할 필요도 없고, 언제나 즐겁게 사니까 말이야."

원숭이가 말했습니다.

"아, 하느님, 그건 당치 않습니다. 겉보기엔 그럴듯하지만 속사정은 다르답니다. 옥수수 죽이 비처럼 쏟아진다 해도 숟가락이 있어야 떠먹는 법이지요. 사람들은 제가 이상한 흉내를 내거나 우스꽝스런 표정을 짓고 장난을 쳐야만 좋아한답니다. 때때로 누가 사과를 건네주어도 막상 깨물어 보면 그저 시큼하기 짝이 없어요. 익살 뒤에는 얼마나 큰 슬픔이 감추어져 있는지요! 30년 동안이나 어릿광대짓을 해야 한다면 도저히 견딜 수 없을 거예요!"

자비로운 하느님은 원숭이에게서 10년을 깎아 주셨습니다. 마침내 사람 차레가 되었습니다. 즐겁고 건강하며 활기찬 사람은 하느님께 수명을 정해 주십사 부탁했습니다. 그러자 하느님이 말씀하셨습니다.

"30년을 살게 해 주마. 이만하면 넉넉하겠느냐?"

"겨우 그 만큼만요?"

사람이 아쉬운 듯이 말했습니다.

"집을 지어 아궁이에 불을 지피고, 심어둔 나무에 꽃이 피고 열매가 달려 이제야 겨우 삶을 어떻게 즐기면서 살아갈까 생각하는 참인데 벌써 죽어야 한다니요! 하느님, 제발 수명을 늘려 주세요."

"그럼 나귀의 18년을 네게 더해 주겠다."

하느님이 말씀하셨습니다.

"그걸로도 부족해요."

사람이 불만스럽게 말했습니다.

"그럼 개의 12년을 더 얹어 주마."

"그래도 너무 적어요."

마침내 하느님이 말씀하셨습니다.

"좋다. 그렇다면 원숭이의 10년까지 네게 더해 주겠다. 그렇지만 더는 안 되느니라."

사람은 어쩔 수 없이 돌아갔지만, 그의 얼굴은 불만으로 가득했습니다.

이렇게 해서 사람은 70년을 살게 된 것이랍니다. 처음 30년은 본래 사람의 시간이라 쏜살같이 매우 빠르게 지나가지요. 이때는 건강한 몸으로 명랑하고 즐겁게 일하며 삶의 기쁨을 느낍니다. 그 다음 나귀의 18년이 이어지는데, 이때에는 늘 힘겹게 무거운 짐들을 잇달아 등에 짊어져야 한답니다. 곡식을 나르고 다른 사람들을 먹여 살려야 하지만, 그 충성스런 고생의 대가로 얻는 것이라고는 손찌검과 발길질뿐이지요. 그 뒤 이어지는 개의 12년은 물어뜯을 이빨도 없이 구석에 앉아 끙끙거리며 보내게 된답니다. 그리고 마침내 원숭이의 10년을 살다 삶을 마감하게 되는데, 얼간이가 되어 바보 같은 짓이나 저지르다가 아이들 놀림감이 되고 마는 것이지요.

KHM 177

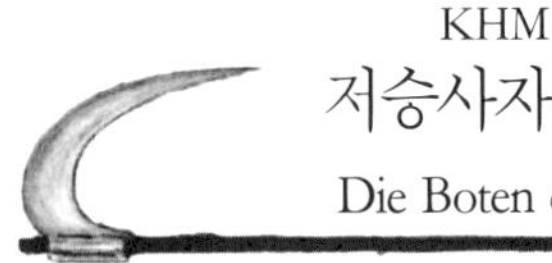

저승사자의 약속

Die Boten des Todes

아득한 옛날, 한 거인이 한길을 어슬렁어슬렁 걸어가고 있었습니다. 그때 갑자기 웬 사나이가 불쑥 튀어나오면서 커다란 소리로 외쳤습니다.

"당장 멈춰라! 한 발짝도 움직이지 마라!"

하지만 거인은 피식 웃으면서 아니꼽다는 투로 말했습니다.

"뭣이 어째, 이 난쟁이 녀석아! 너 같은 놈은 내 손가락 하나로도 마구 으깨버릴 수 있단 말이야. 어딜 감히 내 앞길을 막겠다고? 그따위 건방을 떠는 네깟 놈은 누구냐?"

"나, 나는 저승사자이시다."

사나이가 엄숙하게 말했습니다.

"감히 내게 맞설 수 있는 놈은 이 세상에 아무도 없어. 너는 내 명령에 잘 따라야만 하리라!"

그러자 거인은 흥! 코웃음을 치더니 저승사자에게 달려들었습니다. 둘은 긴 시간을 세차게 싸웠는데, 마침내 거인이 왼손으로 저승사자를 꽉 누른 채 오른쪽 주먹으로 크게 한 방 내갈기자 저승사자는 돌덩이 옆에 나가떨어지고 말았습니다. 그리고 거인은 다시 어슬렁어슬렁거리며 자기 갈 길을 걸어갔습니다. 쓰러져버린 저승사자는 일어설 힘조차 없어 옴짝달싹 못하며 처량한 목소리로 말했습니다.

"내가 이렇게 쓰러져 있으면 이제 세상은 어떻게 된단 말인가?"

기가 푹 죽은 저승사자는 중얼거렸습니다.

"이렇게 되면 죽는 사람이 없게 될 터이고, 온 세상은 마침내 사람들로 꽉꽉 들어차 서 있을 자리조차 없게 되겠지."

그때였습니다. 건강하고 팔팔한 어느 젊은이가 노래를 부르며 저승사자 쪽으로 걸어오고 있었습니다. 여기저기 둘러보던 젊은이는 반쯤 정신을 잃은 채 쓰러져 있는 저승사자를 보고는 불쌍한 생각이 들어 성큼성큼 다가와 저승사자의 몸을 안아 일으켜 주었습니다. 그리고 가지고 있던 병을 열어 저승사자 입에 마실 것을 흘려 넣어 주고는, 그가 다시 기력을 차리고 일어날 때까지 돌봐주었습니다. 마침내 정신을 차리고 몸을 일으킨 저승사자가 물었습니다.
"자네가 정성스럽게 도와준 덕분에 겨우 일어날 수 있게 되었네. 정말 고맙군. 고마워. 그런데 내가 누구인지 알고나 도와 준 겐가?"
젊은이가 대답했습니다.
"음…… 아무리 생각해도 당신이 누구인지 모르겠습니다."
"나는 저승사자다. 어느 누구라도 봐 주는 법이 없지. 자네 또한 사정을 봐줄 수 없으니 무사할 순 없지. 하지만 날 도와주었으니 그 보답을 하고 싶네. 내가 자네를 저승으로 데리러 갈 때는 느닷없이 불쑥 찾아가지 않고 그 전에 미리 기별을 하겠네. 내 약속하지."
그러자 젊은이가 숙연한 표정으로 말했습니다.
"으음. 당신이 언제 찾아올지 알려주신다면 큰 도움이 되겠군요. 어쨌든 그동안은 마음 편히 지낼 수 있을 테니까요."
낙관적인 젊은이는 흥겹게 콧노래를 부르며 발걸음을 옮겼습니다. 그는 저승사자의 약속을 믿고 하루하루를 즐겁고 기쁜 마음으로 살았습니다. 그러나 젊음과 건강은 영원하지 않았지요. 이윽고 젊은이에게도 병과 고통이 찾아와 밤낮으로 시달리며 편히 살 수가 없었습니다.
"하지만 오늘은 죽지 않을 거야."
그는 병석에 누워 혼잣말을 했습니다.
"저승사자가 나를 데려가기 전에 꼭 미리 기별을 해 주겠다고 약속했으니까. 이 괴로운 날들만 어서어서 지나갔으면 좋겠어."
어느덧 시간이 흘러 건강을 되찾자 그는 다시 즐겁게 삶을 누렸습니다. 그러던 어느 날, 누군가가 그의 어깨를 톡톡 두드렸습니다. 뒤를 돌아보니 바로 저승사자였습니다. 저승사자가 단호한 목소리로 말했습니다.
"이제 날 따라오게. 세상과 작별할 시간이야."
남자는 화를 내며 따졌습니다.
"뭐라고요, 약속을 어길 작정인가요? 틀림없이 나를 찾아오기 전에 미리 알려주겠다고 약속했잖아요. 그런데 나는 아무런 소식도 받지 못했다고요."
"아니, 이 사람아. 거짓말 말게!"
저승사자가 벌컥 화를 내며 더 큰 목소리로 말했습니다.
"내가 미리 알려주지 않았다고? 열병이 찾아와 자네를 툭툭 차고 뒤흔들어 자리에 드러눕게 하지 않던가? 어지럼증이 와서 몸을 가누기 힘들었지 않던가? 솔솔 바람에도 팔다리가 마디마디 쿡쿡 쑤시지 않던가? 귀에서 웅웅 소리가 나고 울리지 않던가? 치통 때문에 볼이 부어올라 아프지 않던가? 눈이 침침해지지 않던가? 이 모든 걸 떠나서 형제여, 날마다 잠을 잘 때면 내 생각이 나지 않던가? 밤에 누워 있노라면 마치 죽은 것 같이 느껴지지 않았느냐는 말일세. 생각을 잘 해보라고."

저승사자의 말 한마디 한마디가 옳았습니다. 그러니 끝내 뭐라 대꾸할 말을 찾지 못한 젊은이는 운명을 받아들여 얌전히 저승사자를 따라갔습니다.

KHM 178

신기료장이 프림 아저씨

Meister Pfriem

심술쟁이 프림 아저씨는 키도 작고 몹시 말랐지만 늘 기운이 넘쳐 잠시도 가만히 있지를 못하는 사람이었습니다. 하늘로 들린 들창코가 쑥 튀어나왔을 뿐만 아니라 온 얼굴이 얽은 곰보였습니다. 게다가 마치 시체처럼 얼굴은 창백하고, 잿빛인 머리는 까치둥지처럼 덥수룩했으며, 조그만 눈은 쉬지 않고 이리저리 번개처럼 번득거렸습니다. 그는 모든 일마다 잔소리를 해댔고, 남의 실수는 무조건 트집 잡기 바빴으며, 무슨 일이든지 제가 더 잘 알고 옳다며 우겨대곤 했습니다. 거리를 거닐 때면 두 팔이 빠질 듯이 세차게 휘젓고 다녔는데, 어찌나 세게 흔들었는지 한번은 물을 길어 나르는 소녀의 물통을 하늘 높이 날려 버려 자기가 물을 흠뻑 뒤집어쓴 적도 있었지요. 프림 아저씨는 몸을 부들부들 떨며 소녀에게 소리쳤습니다.

"이런 멍청이, 누가 뒤에 오고 있는지 보이지도 않는단 말이야?"

프림 아저씨의 직업은 신기료장이였습니다. 그는 일할 때면 어찌나 힘차게 실을 쑥쑥 잡아 뽑는지, 멀리 떨어져 있지 않으면 그 주먹에 얻어맞기 일쑤였지요. 어떤 견습생도 프림 아저씨 아래에서는 한 달도 버티지 못했습니다. 아무리 일을 잘 해도 트집만 잡혀 혼날 뿐이니 마땅한 일이었지요! 바느질 땀이 고르지 못하다느니, 한쪽 신발이 조금 더 길다느니, 뒤축이 다른 것보다 높다느니, 가죽을 충분히 두들기지 않았다느니 온종일 끝없는 잔소리에 구둣방은 떠들썩했습니다. 그걸로도 모자라 프림 아저씨는 늘 견습생에게 이렇게 잔소리를 하곤 했습니다.

"아니 아니, 이놈아! 그렇게 하는 게 아니야. 가죽을 어떻게 두들겨야 부드러워지는지 내가 확실히 알게 해주지."

그러고는 가죽 혁대를 풀어 견습생의 등짝을 몇 번이나 세게 후려갈겼습니다. 또한 그는 모든 제자들을 게으름뱅이라 불렀습니다. 자신도 일을 썩 잘하는 것도 아니었는데 말이지요. 15분도 채 가만히 앉아 있지를 못하니 일은 좀처럼 진척되지 못했습니다.

프림 아저씨는 아내가 아침 일찍 일어나 불을 피우고 있으면, 귀신같이 알아채고는 침대에서 벌떡 일어나 맨발로 부엌으로 뛰어 들어가서 고래고래 소릴 질렀습니다.

"아침부터 황소라도 구워먹을 작정이야? 땔나무는 어디서 공짜로 나오는 줄 알아?"

하녀들이 빨래통 옆에 모여 앉아 깔깔 웃으며 이야기를 나누고 있으면 곧바로 욕설이 날아왔습니다.

"저 멍청이들이 꽥꽥거리며 수다를 떨어대느라 제 할 일도 잊어버리고 있군 그래. 빨래에 묻은 오물을 깨끗하게 씻어내지 못할 거면서 새 비누는 뭣 하러 쓰는 거야? 다 쓸데없는 짓이지. 게다가 저 게으름뱅이들은 멀쩡한 손을 아낀답시고 내 소중한 옷들을 박박 문지르려 들지도 않고, 제대로 일도 못하니 부끄러운 줄 알기나 하는가?"

그러고는 성질을 못 이겨 후다닥 뛰어가다가 잿물이 가득 담긴 양동이를 걷어차는 바람에 온 부엌이 그만 거품투성이가 되어 버렸습니다.

한번은 이웃에서 새집을 짓는데 프림 아저씨는 창가로 달려가 한참을 살펴보더니 이렇게 구시렁거렸습니다.

"또 빨간 모래 벽돌로 벽을 쌓고 있네! 저건 끝내 마르지 않을걸. 저런 집에 살면 틀림없이 병이 들고 말 거야. 저런 저런, 벽돌은 저렇게 쌓으면 안 되지! 모르타르를 바른다고 되나, 쯧쯧. 저기에다가는 모래가 아니라 자갈을 넣어야지. 이제 곧 사람들 머리 위로 집이 무너지는 꼴을 보겠군! 두고보라고!"

참견을 끝낸 프림 아저씨는 다시 제자리로 돌아가 구두를 몇 바늘 꿰매고는 참을 수 없는지 그만 벌떡 일어나서 앞치마를 벗어던지며 소리쳤습니다.

"아무래도 내가 가서 한마디 해줘야겠어!"

그는 목수들이 모여 있는 곳으로 헐레벌떡 달려가 큰 소리로 외쳤습니다.

"이게 대체 뭐 하는 거요, 먹줄 친 대로 잘라야지. 그래 가지고 대들보가 똑바르게 될 것 같소? 언젠가 와르르 무너지고 말지!"

그러고는 목수의 손에서 도끼를 낚아채 어떻게 자르는지 시범을 보이려던 그 찰나에 때마침 진흙을 가득 실은 마차가 덜그덕덜그덕 지나가자 도끼를 내던지고는 쏜살같이 농부에게 달려가 소리쳤습니다.

"이봐, 당신 제정신이 아니로군! 누가 이런 무거운 마차에다 이렇게 어리고 나약한 망아지를 매어 끌게 한단 말이요? 불쌍하기도 하지! 당장 눈앞에서 고꾸라질 것만 같지 않소!"

농부가 아무런 대꾸도 하지 않자 프림 아저씨는 화가 머리끝까지 잔뜩 나서는 씩씩거리며 구둣방으로 돌아왔습니다. 이제 겨우 일을 다시 시작하려는데, 견습생이 구두 한 짝을 내밀었습니다.

"이건 또 뭐야?"

프림 아저씨는 구두를 보자마자 제자를 잡아먹을 듯이 버럭 고함을 내질렀습니다.

"구두창은 이렇게 널찍하게 자르는 게 아니라고 했잖아! 대체 누가 이따위 구두를 사겠어? 누구 발바닥에 맞겠느냐고. 왜 내가 가르쳐 준 대로 못 만드는 거야?"

견습생이 대답했습니다.

"주인님, 이 구두가 아무짝에도 쓸모없다는 건 맞는 말씀일지도 모릅니다. 그렇지만 이 구두는 주인님께서 직접 가죽을 잘라서 만드시다 놓고 가신 겁니다. 아까 밖으로 서둘러 뛰쳐나가실 때 작업대 아래에 던져 놓으셨던 것을 저는 주워다 드린 것뿐이지요. 하긴, 하늘에서 내려온 천사라 해도 주인님 마음에 드시진 않을 테지만요."

어느 날 밤, 프림 아저씨는 죽어서 천국으로 가는 꿈을 꾸었습니다. 긴 시간 끝에 하늘 문에 이르자마자 그는 다급하게 '쾅! 쾅!' 하늘 문을 두드리며 말했습니다.

"문에 초인종도 없다니, 참으로 이상한 곳이군. 문을 두드리다가 뼈가 다치겠어."

성 베드로는 누가 저토록 사납게 들어오고 싶어 하는지 보려고 문을 열었습니다.

"아, 당신이로군, 프림 씨."

베드로가 말했습니다.

"당신이라면 들여보내줄 수는 있지만, 경고해 두겠는데 당신 버릇은 모두 버리고 들어와야 하네. 하늘나라에서는 어떤 것을 보더라도 트집을 잡아서는 안 되네. 이를 어기면 좋지 않은 일이 일어날 걸세."

프림 아저씨는 썩 내키지 않았지만 이내 마음을 잡고 대답했습니다.

"그런 거라면 걱정하지 않으셔도 됩니다. 저는 예의바른 사람이니까요. 그리고 이곳은 고맙게도 모든 게 완벽한 아름다운 곳일 터이니 땅 위에서처럼 트집 잡을 일이 있겠습니까."

자신 있게 큰소리치며 성 베드로와 약속을 하고 안으로 들어간 프림 아저씨는 넓고넓은 하늘나라를 이리저리 거닐었습니다. 오른쪽, 왼쪽, 주위를 둘러보며 때로는 고개를 가로젓기도 하고, 무언가 중얼중얼 혼잣말을 하기도 했습니다. 그러다가 두 천사가 들보를 낑낑거리며 나르고 있는 것을 보았습니다. 그것은 제 눈에 들보가 있음에도 다른 사람 눈에서 티끌을 찾고 있는 사람의 눈에 들어 있던 들보였습니다. 그런데 천사들은 들보를 세로로 길게 들고 가는 게 아니라 비스듬하게 옆으로 들고 가고 있었습니다.

'어쩜 저렇게 멍청할 수가 있지?'

프림 아저씨는 이렇게 생각했지만, 입을 꾹 다물어 아무 말도 하지 않고 자신을 다독였습니다.

'똑바로 세워서 나르건 비스듬하게 나르건 결국은 마찬가지야. 가져다 놓기만 하면 되니까. 어디 부딪치는 데도 없는걸.'

곧이어 다른 두 천사가 샘물을 나무로 된 통에 붓고 있었습니다. 그런데 통에는 구멍이 숭숭 나 있어서 여기저기로 물이 새어 나오는 게 아니겠어요? 그렇게 천사들은 땅에 비를 내리게 하고 있었습니다.

"저런 바보 같은!"

자신도 모르게 불쑥 말이 튀어 나왔지만, 그는 다행히 정신을 가다듬고 생

각을 고쳐먹었습니다.

"어쩌면 심심풀이로 저러고 있는지도 모르겠군. 재미가 있으면 저렇게 쓸데없는 짓을 할 수도 있겠지. 암. 여기 하늘나라에서는 딱히 할 일이 없으니 모두 게을러질 뿐이로군."

프림 아저씨는 그렇게 혼잣말을 하며 계속 걸어갔습니다. 그러다 깊은 웅덩이 속에 처박힌 수레를 본 프림 아저씨는 수레 옆에 서 있는 남자에게 말을 걸었습니다.

"저렇게 마구 짐을 실었으니 놀라운 일도 아니지. 그런데 당신은 거기서 무얼 하고 있소?"

"기도드리고 있소."

남자가 말했습니다.

"길을 잘못 들어섰지만 여기까지는 그래도 안전하게 수레를 끌고 올라올 수 있었지요. 여기서는 천사들이 나를 이렇게 처박혀 있게 내버려 두지는 않을 것이오."

남자의 말이 끝나자마자 정말로 천사가 나타나더니 수레 앞에 말 두 필을 매어 주었습니다.

"그것 참 다행이군, 다행이야."

프림 아저씨는 고개를 끄덕이며 말했습니다.

그러나 한편으로는 이렇게 생각했습니다.

"하지만 말 두 필로는 절대 수레를 끌어올릴 수가 없을 텐데. 적어도 네 필은 매어야 쑥쑥 빠지지."

아니나 다를까 프림 아저씨의 생각대로 다른 천사가 또 말 두 마리를 데리고 나타났습니다. 그런데 천사들은 말을 수레 앞에다 매는 것이 아니라 뒤에다 매는 것이 아닙니까! 마침내 프림 아저씨는 참지 못하고 '멍청하기는!' 불쑥 내뱉고 말았습니다.

"도대체 뭘 하시는 겁니까? 세상이 생겨난 뒤 이때까지 이런 식으로 마차를 끌어내는 사람은 어디에도 없었을 겁니다! 그러면서도 뭐든지 아는 척, 잘난 척들을 하고 있으니!"

프림 아저씨가 계속해서 잔소리를 늘어놓으려는 순간 하늘나라에 사는 사람 하나가 그의 목덜미를 덥석 움켜잡더니 세차게 문 밖으로 밀어 버렸습니다. 프림 아저씨는 지상으로 떨어지면서도 마차를 보기 위해 문으로 다시 한 번 고개를 들이밀었습니다. 그런데 날개 달린 말 네 마리가 마차를 공중으로 들어 올리고 있었습니다.

그 순간 프림 아저씨는 벌떡 일어나며 잠을 깼습니다.

"하늘나라는 땅 위하고는 많이 다르군."

그는 혼자 중얼거렸습니다.

"어느 정도는 나도 너그러이 봐줄 수 있지만, 말을 마차 앞뒤로 한꺼번에 매다는 꼴은 도저히 참을 수가 없었다고! 더구나 말은 다리가 넷이나 있어 뛰어다닐 수 있는데 날개를 두 개나 또 달아놓다니, 정말 멍청하지 뭐야. 그나저나 이제 일어나야지. 안 그랬다가는 집 안이 온통 쑥대밭이 되고 말 테니까. 내가 아직 살아 있다니, 정말 다행이군, 다행이야."

KHM 179

샘물가 거위지기 소녀

Die Gänsehirtin am Brunnen

옛날 옛적, 한 할머니가 산 속 외딴 곳 작은 집에서 거위 떼와 함께 살고 있었습니다. 집 주위는 널따란 숲이 에워싸고 있어서 할머니는 아침마다 지팡이를 짚고 비틀비틀 숲에 들어가서는 그 나이에도 무척 부지런히 일했습니다. 거위들을 먹이기 위해 풀을 베고, 손이 닿는 야생 열매들까지 잔뜩 따서는 등에다 짊어지고 집으로 돌아왔습니다. 금방이라도 그 무거운 짐에 깔릴 듯이 보였지만, 다행히도 늘 무사히 집으로 돌아올 수 있었습니다. 오가는 길에 누군가를 만날 때면, 할머니는 무척 상냥하게 인사를 건넸습니다.

"안녕하시우? 오늘은 날씨가 정말 좋구려. 내가 이렇게 풀단을 잔뜩 지고 질질 끌다시피 걸어가니까 많이 놀라셨나 본데, 사람은 누구나 저마다 자신의 짐을 져야 하는 법이라오."

하지만 사람들은 할머니를 만나는 것을 좋아하지 않았기에 차라리 길을 돌아도 피해 가고 싶었습니다. 늘 어린 아들을 데리고 다니던 어느 아버지는 할머니를 만날 때면, 작은 소리로 이렇게 속삭였습니다.

"저 할머니를 조심하렴. 속이 엉큼한 마녀란다. 그러니 절대로 방심해선 안 된다."

어느 날 아침, 잘생긴 젊은이가 숲 속을 지나고 있었습니다. 햇살은 숲을 밝게 비추고, 새들은 노래하며, 시원한 산들바람은 나뭇잎을 쓰다듬듯이 사이를 스쳐 지나갔습니다. 젊은이는 즐겁고 신이 났습니다. 길을 가면서 어떤 사람도 마주치지 않았는데, 문득 땅바닥에 무릎을 꿇고 앉아 조그만 낫으로 풀을 베고 있는 늙은 마녀가 눈에 띄었습니다. 큰 자루는 벌써 꽉 찼고, 그 옆에는 들에서 딴 배와 사과가 가득 든 바구니가 두 개나 놓여 있었습니다.

젊은이가 말했습니다.

"할머니, 이걸 다 어떻게 나르시려고요?"

"그럼 어떡하겠수? 젊은 나리."

할머니는 말을 이었습니다.

"부잣집 도련님들이야 이런 말 들어본 적이 없겠지만, 농부들 말에 이런 격언이 있다우.

두리번거리지 마라
너의 등은 휘어 있으니.

그래, 나를 도와주시려고?"

젊은이가 자리를 떠나지 않고 서 있는 것을 보며 할머니가 말했습니다.

"젊은이야 아직 등도 곧고 다리도 튼튼하니까 이쯤은 쉬운 일일 테지. 내가 사는 집도 여기서 그리 멀지 않고. 내 집은 저 산 뒤 넓은 들판이 있는 곳이라오. 자네라면 눈 깜빡할 사이에 넘어갈 수 있을 게야."

젊은이는 할머니가 가여워졌습니다.

"제 아버님은 농부가 아니라 부유한 백작입니다. 하지만 농부만 짐을 나를 수 있는 건 아니지요. 제가 할머니 짐을 대신 짊어지고 가겠습니다."

"젊은이가 그렇게 해 준다면야 나야 좋지. 한 시간쯤이면 집에 갈 수 있을 테니 자네에게는 그리 힘든 일도 아니겠지! 저기 저 사과와 배도 날라 주게나."

할머니가 말했습니다. 한 시간이나 걸린다는 말에 젊은 백작은 조금 의심스러웠지만 할머니는 그를 놓아주지 않았습니다. 재빨리 자루를 들어 젊은이의 등에 올려놓고는 양쪽 팔에 바구니를 들려주는 것이었습니다.

"자 봐요. 무척 가볍지?"

할머니가 말했습니다.

"글쎄요. 그다지 가볍지는 않습니다."

젊은 백작은 이렇게 대답하며 힘이 드는 듯 얼굴을 찌푸렸습니다.

"자루가 돌멩이가 잔뜩 든 것처럼 무겁군요. 사과와 배도 마치 납덩이같고요.

F. Hofmann X.A
RS

거의 숨도 쉬지 못하겠어요."

젊은이는 짐을 모두 내려놓고 싶었지만 할머니는 허락하지 않았습니다. 할머니는 오히려 호되게 야단치며 말했습니다.

"이보우, 나 같은 늙은이도 늘 지고 다니는데, 젊은이가 되어 가지고 이런 작은 짐 하나 못 들다니. 다들 허풍만 늘어놓다가 막상 하게 되면 꼭 이렇게 꽁무니를 뺀다니까."

할머니가 말을 이었습니다.

"뭘 그렇게 꾸물꾸물거리고만 있수? 어서 걸음을 옮기라니까. 한번 짐을 들었으면 끝까지 날라야지."

젊은이는 하는 수 없이 짐을 짊어진 채 걷기 시작했습니다. 평지를 걷는 동안에는 그런대로 견딜 만했습니다. 그러나 산비탈에 들어서자 돌멩이들은 마치 살아 있는 것처럼 발 아래로 굴러 내려와, 도무지 걷기 힘들어 견뎌낼 수가 없었습니다. 이마에서는 구슬같은 땀방울이 주르륵 흘러내리고, 등에서는 식은 땀이 흘렀습니다. 그가 말했습니다.

"할머니, 도저히 더는 못 가겠어요. 조금만 쉬었다 가요."

"쉬지 말고 어서 가."

할머니가 단호하게 대답했습니다.

"집에 도착하면 얼마든지 쉬어도 되겠지만, 지금은 오로지 앞으로 가야만 해. 어서어서 걸으라고. 누가 알아? 무슨 좋은 일이 있을지."

"할머니, 정말 너무하시는군요."

백작은 이렇게 말하고 짐을 벗어 던지려고 했습니다. 그러나 아무리 애를 써도 내려놓을 수가 없었습니다. 짐들이 마치 등에다 뿌리를 박은 듯이 찰싹 들러붙어 있어, 몸을 비틀어도 보고 빙빙 돌아도 보았지만 도무지 떼어낼 수가 없었습니다. 할머니는 낄낄 웃으며 지팡이를 짚고 몹시 재미나다는 듯이 폴짝폴짝 뛰었습니다.

"이보게, 그렇게 화내지 말게나."

할머니가 말했습니다.

"젊은이 얼굴이 수컷 칠면조처럼 새빨개졌군. 조금만 더 참게. 집에 도착하면 멋진 선물을 주겠네."

젊은이는 운을 하늘에 맡긴 채 할머니의 뒤를 졸졸 따라갈 수밖에 없었습니다. 그런데 할머니 발걸음은 차츰 더 가벼워지고, 그의 짐은 점점 더 무거워지기만 하는 것 같았습니다. 그때, 갑자기 할머니가 훌쩍 뛰더니 젊은이의 등짐 위에 덜렁 올라앉았습니다. 할머니는 나뭇가지처럼 말랐는데도 그 어떤 뚱뚱한 사람보다도 더 무겁게 느껴졌습니다. 젊은이는 무릎이 후들후들 떨렸지만, 할머니가 회초리나 쐐기풀로 그의 다리를 철썩철썩 때리는 바람에 잠시 쉬지도 못하고 앞으로 나아가지 않을 수 없었습니다.

계속 끙끙거리면서 산을 올라간 그는 쓰러지기 바로 전에 가까스로 할머니 집에 도착할 수 있었습니다. 거위들은 할머니를 보고 목을 쑥 내밀고 날개를 활짝 편 채로 달려오며 꽥꽥 소리를 질러댔습니다. 그 뒤에는 나이 든 여자 하나가 손에 회초리를 들고 집에서 나오고 있었습니다. 키도 크고 튼튼해 보였지만 캄캄한 밤처럼 어두운 낯빛에 못생긴 여자였지요. 그녀가 할머니에게 말했습니다.

"어머니, 왜 이렇게 늦게 오셨어요. 무슨 일이라도 있으셨어요?"

"그럴 리가 있겠니, 얘야. 난 괜찮단다."

할머니가 대답했습니다.

"짐이 무거워 곤란했던 참에 이 친절한 나리가 내 짐을 들어다 주셨단다. 어디 그뿐인 줄 아니? 내가 피곤해하니까 업어주시지 뭐냐. 서로 농담을 주고받으며 와서 길도 그리 멀지 않았고 무척 재미있었단다."

그제야 짐 위에서 주르륵 내려온 할머니는 젊은이의 등에서 짐을 내려 주고 팔에서 바구니를 받아 들었습니다. 그러고는 젊은이를 매우 친근한 눈빛으로 바라보며 말했습니다.

"이제 문 앞 나무의자에 앉아 좀 쉬게. 젊은이가 수고한 만큼 후한 선물을 주겠네."

그러고 나서 할머니는 거위지기 처녀에게 말했습니다.

"얘야, 너는 얼른 집 안으로 들어가거라. 젊은 남자와 함께 있는 것은 좋지 않단다. 혹시나 저 젊은이가 너를 사랑하게 되면 어쩌려고 그러니. 기름을 불 속에 들이부어서야 되겠느냐?"

그 말을 들은 젊은 백작은 울어야 할지 웃어야 할지 알 수가 없었습니다. 그는 생각했습니다.

'말도 안 되는 소리! 저렇게 못생긴 여자라면 30년이나 더 젊다 해도 내 마음

을 움직일 수 없을걸.'

할머니는 거위들을 마치 자식이나 되는 듯이 쓰다듬어 주고는 딸과 함께 집 안으로 들어갔습니다. 젊은이는 사과나무 아래에 앉았다가 곧 길게 드러누웠습니다. 따스하고 부드러운 사람이 불어왔고, 넓게 펼쳐진 푸른 풀밭에는 앵초와 백리향을 비롯한 온갖 야생화들이 가득 피어 있었습니다. 풀밭 한가운데로는 맑은 시냇물이 졸졸 흐르고, 그 물결 위로는 햇살이 반짝반짝 빛나고 있었습니다. 하얀 거위들은 이리저리 뛰어다니기도 하고, 강물에 들어가 첨벙첨벙 소리를 내기도 했습니다.

"무척 아름다운 곳이구나. 하지만 너무 피곤해서 눈을 뜨고 있지 못하겠어. 한숨 자야겠다. 거센 바람이 불어와 다리를 떼어 가지야 않겠지. 어찌나 녹초가 됐는지, 다리가 마치 재가 되어 버린 것처럼 부석거려……."

젊은 백작이 잠시 잠들었는데 할머니가 와서 그를 흔들어 깨웠습니다.

"이봐 젊은이, 어서 일어나게. 여기 더 머물 수는 없어. 오늘 자네를 꽤 고생시키기는 했네만 목숨은 붙어 있지 않나. 이제 그 보답을 주겠네. 자네에겐 돈 따위는 필요하지 않을 테니 다른 것을 주겠어."

그러면서 할머니는 그의 손 위에 작은 상자를 놓아 주었습니다. 큰 에메랄드를 잘라 만든 상자였습니다.

"소중히 간직하게. 이 상자는 자네에게 틀림없이 행운을 가져다줄 게야."

젊은 백작은 벌떡 일어났습니다. 그러자 갑자기 기분이 좋아지고 몸에 전처럼 다시 힘이 솟는 느낌이었습니다. 그는 할머니에게 선물을 주어 고맙다 인사하고 길을 떠났습니다. 그 아리따운 딸에게는 끝내 눈길조차 주지 않았지요. 그렇게 한참을 걸어갔는데도 멀리서 거위들이 즐겁게 꽥꽥거리는 소리가 들려왔습니다.

젊은 백작은 드넓은 산 속을 사흘이나 헤매고 돌아다닌 뒤에야 가까스로 그곳을 빠져나올 수 있었습니다. 처음 보는 큰 도시에 닿은 그는 왕의 성으로 안내되었습니다. 성 안으로 들어가니 왕과 왕비가 왕좌에 앉아 그를 맞이했습니다. 젊은 백작이 무릎을 꿇고 주머니에서 에메랄드 상자를 꺼내 왕비의 발치에 놓자 왕비는 그에게 상자를 가지고 가까이 오라고 했습니다. 젊은 백작은 왕비의 손에 살며시 상자를 놓아주었습니다. 그런데 왕비가 상자를 열고 안을 들여다본 순간, 마치 죽은 듯 바닥에 쓰러지는 게 아니겠습니까! 왕의 시종들이 젊은 백작을 붙잡아 감옥으로 끌고 가려는 순간 왕비가 곧 정신을 차리고는 눈을 뜨며 그를 놓아주라고 외쳤습니다. 그러더니 단둘이서 할 이야기가 있다며 모두들 나가 있으라고 말했습니다.

단둘이 남자 왕비는 비통하게 울기 시작했습니다.

"나를 둘러싸고 있는 이 화려한 영광과 명예가 다 무슨 소용이란 말이오! 나는 아침마다 슬픔과 걱정 속에서 눈을 뜬다오. 나에게는 세 딸이 있었다오. 그 가운데서도 막내딸은 온 세상 사람들이 믿지 못할 만큼 아름다웠지. 눈처럼 새하얗고, 사과처럼 붉으며, 머리카락은 마치 반짝이는 햇살 같았다오. 그 아이가 울면 눈에서 눈물 대신 온갖 보석과 진주가 떨어졌지. 그 아이가 열다섯 살이 되었을 때 임금님께서 이 세 딸아이들을 불렀다오. 막내가 들어설 때 사람들이 그 아름다움에 놀라 눈이 휘둥그레지는 것을 당신도 보았더라면……. 마치 해님이 떠오르는 듯했다오. 임금님께서 말씀하셨소.

'사랑하는 나의 딸들아, 언제 내 마지막 날이 올지 모르니 내가 죽은 뒤에 너희에게 저마다 무엇을 물려줄지를 오늘 이 자리에서 정하려 한다. 물론 너희 모두가 나를 사랑한다는 건 잘 알지만, 그래도 나를 한결 더 사랑하는 사람에게 가장 좋은 것을 주겠다.'

딸들은 모두 자기가 아버지를 누구보다도 사랑한다고 말했다오. 그러자 임금님께서 말씀하셨소.

'나를 얼마나 사랑하는지 자세히 말할 수 있겠느냐? 그래야 내가 너희들의 마음을 더 잘 알 수 있을 것 같구나.'

맏딸이 말했다오.

'저는 아버지를 세상에서 가장 달콤한 사탕만큼 사랑해요.'

둘째 딸은 이렇게 말했다오.

'제가 가진 옷들 가운데 가장 아름다운 옷만큼 사랑해요.'

그런데 막내는 잠자코 있기만 했다오. 그러자 아버지가 물었소.

'이제 네 차례란다, 내 아름다운 딸아. 너는 나를 얼마나 사랑하느냐?'

'잘 모르겠어요.'

막내가 대답했다오.

'얼마나 사랑하는지 견줄 데가 없어요. 이 세상에 있는 무엇보다도 아버님을 사랑하니까요.'

하지만 왕은 계속 무엇이든지 말해 보라고 재촉했다오. 마침내 막내가 말했소.

'아무리 훌륭한 음식이라도 소금이 없으면 맛이 나지 않지요. 그러니 저는 아버님을 소금만큼 사랑합니다.'

이 말을 들은 임금님은 무척 화를 내며 소리쳤지요.

'나를 소금만큼 사랑한다면, 나 또한 너의 사랑에 소금으로 보답해야겠구나.'

그러고는 두 언니에게는 왕국을 반씩 나누어 주셨지만, 막내에게는 소금 한 자루를 등에 지워서 시종 두 명을 시켜 거친 숲 속으로 데려가게 했소. 우리 모두가 막내를 용서해 달라고 빌며 애원했지만 임금님의 노여움은 식을 줄을 몰랐다오."

왕비는 그때를 떠올리며 눈물을 흘리고는 다시 말을 이었습니다.

"그 아이가 우리 곁을 떠나면서 얼마나 울었던지! 길이 온통 그 아이의 눈에서 떨어진 진주들로 뒤덮였지. 그 뒤 임금님께서는 그 아이의 사랑을 이제야 깨달았다고 후회하시며 온 숲을 샅샅이 뒤져 그 가여운 아이를 찾게 했지만, 누구도 그 아이를 찾아내지 못했다오. 나의 소중한 막내딸이 사나운 짐승들에게 잡아먹혔을지도 모른다 생각하면 너무나도 슬퍼서 정신을 차릴 수가 없을 지경이라오. 때때로 그 아이가 아직 살아서 동굴에 숨어 있거나 어느 마음씨 착한 사람을 만나 집에서 지내고 있을지도 모른다는 간절한 희망을 품고 스스로를 위로하기도 한다오. 그런데 당신이 준 에메랄드 상자를 열어보니 내 딸아이의 눈에서 떨어졌던 것과 똑같은 진주가 들어 있는 게 아니겠소? 그것을 보는 순간 심장이 멈추는 줄 알았다오. 도대체 이 진주를 어디서 얻었는지 말해 주시오."

젊은이는 숲 속에 사는 어느 할머니에게서 진주를 얻었다고 털어놓았습니다. 그 할머니는 어찌나 기분을 언짢게 하는지 마녀가 틀림없지만, 왕비의 따님에 대해서는 듣지도 보지도 못했다고 이야기했습니다. 왕과 왕비는 즉시 그 할머니를 찾아가기로 했습니다. 진주가 있었던 곳이니 딸의 소식도 들을 수 있을 것이라 여긴 것이지요.

막내 공주의 소식에 성안이 왈칵 뒤집힌 바로 그때 할머니는 깊은 숲 속 외딴 집에서 물레를 돌리며 실을 잣고 있었습니다. 날은 이미 어두워졌고, 아궁이에서 타오르고 있는 나뭇조각들이 은은한 불빛을 내고 있었습니다. 그런데 갑자기 주위가 소란스러워졌습니다. 초원에 있던 거위들이 쉰 목소리로 꽥꽥거리며 집으로 돌아오는 소리였습니다.

곧이어 딸이 들어왔지만, 할머니는 수고했다는 자상한 말도 없이 고개만 조금 까딱할 뿐이었습니다. 딸 또한 자리에 앉아 제 물레를 잡고 어린 소녀처럼 날렵하게 물레를 돌렸습니다. 둘은 두 시간 동안 함께 앉아 있으면서도 서로 말은 한 마디도 나누지 않았습니다. 그때 문득 창가 쪽에서 바스락바스락거리는 소리가 나더니 불처럼 이글거리는 두 눈동자가 안을 들여다보고 있었습니다. 늙은 부엉이였습니다. 부엉이가 '부엉 부엉 부엉' 세 번 울자 할머니가 위를 흘낏 쳐다보더니 말했습니다.

"자, 이제 나갈 시간이 되었구나. 어서 일을 시작해야지."

어머니의 말을 들은 딸은 자리에서 일어나 밖으로 나갔습니다. 초원을 몇 개나 지나가더니, 골짜기가 나올 때까지 걷고 또 걸어 마침내 어느 샘에 도착했습니다. 그 샘 옆에는 늙은 떡갈나무 세 그루가 서 있었습니다.

어느 새 크고 둥근 달님이 산 위에 둥실 떠올라 있었습니다. 어찌나 달빛이 밝은지 떨어뜨린 바늘이라도 금방 찾을 수 있을 정도였지요. 딸은 얼굴에 쓰고 있던 가죽을 벗어 허리를 굽히고 샘물로 얼굴을 닦아냈습니다. 세수가 끝나자 소녀의 얼굴을 감추던 가죽을 달빛에 말리기 위해 물속에 담갔다가 풀밭 위에 펼쳐 놓았습니다.

그런데 이게 어찌된 일입니까! 어쩌면 저토록 모습이 달라졌을까요! 여러분도 이처럼 아리따운 소녀는 한 번도 보지 못했을 겁니다! 회색 가발을 벗자 햇살처럼 눈부신 황금 머리카락이 출렁출렁 물결치며 마치 망토처럼 온몸을 감싸고 흘러 내렸습니다. 두 눈은 하늘에 반짝이는 별 같았고, 두 뺨은 잘 익은 사과처럼 발갛게 빛났습니다.

아름다운 처녀는 몹시 슬퍼 보였습니다. 처녀가 슬픔을 이기지 못하고 자리에 앉아 서럽게 울자 그 아름다운 눈에서는 눈물이 방울방울 두 뺨과 기다란 머리카락을 타고 땅으로 떨어졌습니다. 옆에 서 있는 나뭇가지 속에서 '바스락 뚝딱!' 소리가 나지 않았더라면 오래도록 그렇게 앉아 있었을 것입니다. 나뭇가지가 부서지는 소리를 듣자마자 그녀는 사냥꾼의 총소리를 들은 사슴처럼 깜짝 놀라 자리에서 일어났습니다. 때마침 다행히도 구름이 달을 가리자, 처녀는 눈 깜짝할 사이에 다시 낡은 가죽을 뒤집어쓰고는 바람에 꺼지는 촛불처럼 사라져 버렸습니다.

처녀는 겁에 질려 사시나무처럼 바르르 떨면서 집으로 달려갔습니다. 할머니가 문 앞에 서 있는 것을 본 그녀가 방금 무슨 일이 있었는지 모두 말하려 하자 할머니는 다정하게 웃으며 말했습니다.

"난 벌써 모든 걸 알고 있단다."

할머니는 소녀를 다정히 감싸 안은 채 방으로 데리고 들어가서는 불길 속으로 장작을 새로 던져 넣었습니다. 그런 다음에는 이제까지 그래왔던 것처럼 다시 물레 앞으로 가서 앉지 않고, 빗자루를 가져와 방을 쓸고 닦으며 청소를 시작했습니다.

"먼지 하나 없이 깨끗하게 쓸고 닦아야만 해."

할머니가 어리둥절해하는 딸에게 말했습니다.

"그런데 어머니, 왜 이 늦은 시간에 청소를 시작하시나요? 무슨 일 있으세요?"

"지금이 몇 시인지 아느냐?"

할머니가 물었습니다.

"아직 자정은 되지 않았지만 열한 시는 이미 지났을 거예요."

딸이 대답했습니다.

"기억나지 않니?"

할머니가 말을 이었습니다.

"3년 전 오늘, 네가 나를 찾아왔던 바로 그 시각이야. 기억 안 나니? 근데 이제 시간이 다 되었다. 우리는 이제 더는 함께 있을 수가 없단다."

그러자 딸은 깜짝 놀라며 말했습니다.

"아니, 잠깐만요 어머니, 저를 쫓아내시려고요? 싫어요! 저는 어디로 가라고요? 제게는 찾아갈 친구도, 돌아갈 고향도 없는걸요. 저는 어머니가 하라는 대로 다 했어요. 어머니도 제가 하는 일이라면 잘한다고 뭐든지 좋다고 하셨잖아요! 제발 저를 내보내지 말아주세요."

그러나 할머니는 앞으로 무슨 일이 일어날지 딸에게 말해 주려고 하지 않았습니다.

"나는 여기에 더 이상 머무를 수 없단다."

할머니가 소녀에게 말했습니다.

"하지만 내가 이 집을 떠나기 전까지 온 집 안을 깨끗하게 치워 놓아야 하니까 내가 하는 일을 방해하지 마라. 너는 걱정하지 않아도 된단다. 곧 네가 들어가 살 수 있는 집을 찾게 될 테니까. 게다가 그동안 수고한 대가를 줄 터인데, 틀림없이 네 마음에 쏙 들 게야."

"그렇지만 대체 무슨 일이 일어날 것인지 말씀 좀 해 주시겠어요?"

처녀가 다시 한 번 물었습니다.

"한 번 더 말하마. 일하는 데 방해하지 마라. 아무 말도 하지 말고 방으로 들어가 오늘까지 얼굴에 써 온 가죽을 벗고, 네가 이곳에 올 때 입고 왔던 비단 옷을 입어라. 그리고 내가 부를 때까지 방에서 얌전히 기다리고 있어라."

한편, 왕과 왕비는 젊은 백작과 함께 이 외딴 곳에 사는 할머니를 찾기 위해 길을 떠났습니다. 밤이 되자 숲에서 그들과 떨어지게 된 백작은 하는 수 없이 홀로 어둠 속을 걸어가야만 했습니다.

다음 날 아침이 되어 주위를 둘러보니, 그때 그 길을 제대로 찾은 것 같아 그는 계속 걸어 나아갔습니다. 다시 어둠이 내리자 백작은 나무 위로 올라가 잠을 자려고 했습니다. 컴컴한 숲에서 다시 길을 잃을까봐 걱정되었기 때문입니다. 달님이 환하게 빛나고 있을 때였습니다. 누군가가 산에서 조심조심 내려오고 있었습니다. 손에 회초리를 들고 있지는 않았지만, 할머니 집에서 보았던 그 거위지기 여자인 것을 곧 알아볼 수 있었습니다.

"저기 있구나!"

백작은 자기도 모르게 크게 외쳤습니다.

"그 마녀의 딸이 오는구나. 하나는 잡았으니 늙은 마녀도 내 손으로 잡아야지. 놓치지 않겠어."

그렇게 샘으로 다가온 그 여자는 가죽을 벗더니 얼굴을 씻었습니다. 젊은이는 그 광경을 보고 크게 놀라 숨이 멎을 것만 같았습니다. 황금빛 머리카락을 출렁이는 처녀의 모습은 이제껏 보아온 그 어떤 것보다도 아름다웠습니다. 백작은 처녀의 아름다움에 너무 놀란 나머지 거의 숨도 쉬지 못할 지경이었지요. 그는 그 거위지기 여자를 좀 더 가까이에서 보려고 울창한 나뭇잎 사이로 고개를 쭉 뺀다가 그만 나뭇가지 하나를 '딱!' 부러뜨리고 말았습니다.

그 순간, 처녀는 재빨리 가죽을 다시 뒤집어쓰더니 사슴처럼 달아나 버렸습니다. 때마침 달도 구름 뒤로 숨어버려서 그는 처녀를 놓치고 말았습니다.

처녀가 사라지자마자 젊은 백작은 나무에서 내려와 빠르게 그 처녀의 뒤를 쫓아갔습니다. 그런데 얼마 가지 않아 왕과 왕비가 힘없이 터벅터벅 초원을 걸어오는 게 보였습니다. 그들은 멀리 할머니의 집에서 새어 나오는 불빛을 보고 그쪽으로 가는 길이었습니다.

백작이 그들에게 달려가 샘물가에서 본 놀라운 일을 이야기하자 왕과 왕비는 그 처녀가 잃어버린 자신들의 딸이 틀림없다고 말했습니다. 그들은 기쁨에 가득 차 계속 걸어나가, 금방 할머니 집 가까이에 이르렀습니다.

거위들은 할머니 집을 빙 둘러싸고 날개 밑에 고개를 파묻은 채 잠이 들어 있었습니다. 그들이 다가가도 단 한 마리도 꼼짝하지 않았습니다. 세 사람이 두근거리는 마음으로 창문을 들여다보니 할머니가 조용히 물레를 돌리며 앉아 있었습니다. 고개를 이따금 끄덕거리긴 했지만, 뒤를 돌아보지는 않았습니다. 방 안은 매우 깨끗했습니다. 마치 발에 먼지를 묻히지 않고 다니는 작은 안개 요정이 사는 곳 같았지요. 그런데 그 아름다운 거위지기 소녀는 어디에도 보이지 않았습니다.

한동안 방 안을 살펴보던 그들이 조용히 창문을 두드리자, 할머니는 마치 그들을 기다리고 있던 사람처럼 자리에서 일어나더니 상냥한 목소리로 말했습니다.

"어서 들어오세요. 기다리고 있었습니다."

그들이 들어서자 할머니가 말했습니다.

"3년 전에 그토록 착하고 사랑스런 따님을 매정하게 내쫓지 않았더라면 이 먼 길을 오지 않아도 되었을 테지요. 따님은 아무런 해도 입지 않았습니다. 3년 동안 이곳에 머무르면서 거위를 돌보며 살고 있었지요. 여기 있는 동안 그 아이는 어떤 나쁜 짓도 배우지 않았고 맑고 착한 마음씨를 고이 간직해 왔습니다. 하지만 당신들은 날마다 커다란 걱정 속에서 지냈을 터이니 충분히 벌을 받은 셈이로군요."

그런 다음 방으로 가서 소녀를 불렀습니다.

"얘야, 이리 나오렴."

이윽고 방문이 열리며 눈부신 황금 머리카락을 늘어뜨리고 예쁜 비단 옷을 입은 공주가 별과 같은 눈을 반짝반짝 빛내며 밖으로 나왔습니다. 그런 그녀의 모습은 마치 하늘에서 내려온 천사 같았습니다.

공주는 곧바로 아버지와 어머니에게 다가가 목을 얼싸안고 입을 맞추었습니다. 매우 기쁜 나머지 모두가 하염없이 눈물을 흘렸습니다. 눈물을 멈추고 나서야 옆에 서 있던 젊은 백작을 본 공주의 얼굴은 마치 장미처럼 발갛게 물이 들었습니다. 공주 자신도 왜 그러는지 알 수가 없었습니다. 왕이 말했습니다.

"사랑하는 나의 딸아, 왕국은 이미 언니들에게 모두 물려주어, 너에게 무엇을 주어야 할지 모르겠구나."

"공주에게는 아무것도 필요 없답니다."

할머니가 말했습니다.

"아름다운 공주가 당신들을 그리워하며 흘린 눈물을 제게 선물로 주었으니까요. 공주의 눈물은 모두 진주이지요. 바닷속 진주보다 더욱 아름답고, 당신의 왕국보다도 한결 값진 것이지요. 그리고 나를 위해 일해 준 대가로 이 집을 줄 겁니다."

할머니는 그 말을 남기고 사라져 버렸습니다. 그러자 갑자기 벽에서 '우지끈 뚝딱' 소리가 조그맣게 들리는가 싶더니, 작은 집이 순식간에 눈부시고 멋진 궁전으로 변해 있었습니다. 호화로운 식탁에는 먹음직스러운 음식이 차려져 있고, 시종들은 바삐 움직이고 있었습니다.

이야기는 여기서 끝이 아닙니다. 그러나 이 이야기를 들려주신 우리 할머니께서 기억이 희미해지시는 바람에 그만 뒤의 내용을 잊어버리셨답니다. 저는 그 아름다운 공주가 백작과 결혼한 뒤, 화려한 궁전에서 하느님께서 허락하신 날들을 매우 행복하게 살았으리라 생각합니다.

숲 속 조그만 외딴 집에서 길렀던 눈처럼 하얀 거위들이 그 할머니가 데리고 살던 소녀들이었는지 (그렇다고 나쁘게 생각하지는 말아주세요.), 아니면 사람의 모습으로 변해 시녀가 되어 젊은 왕비 곁에 머물렀는지 저는 잘 모르지만, 아마도 그랬으리라 여기고 있습니다.

확실하게 말할 수 있는 건, 그 할머니는 사람들 생각처럼 심술궂은 마녀가 아니라 마음씨 따뜻한 요술쟁이라는 사실입니다. 어쩌면 그 할머니는 아름다운 공주가 태어날 때 눈물 대신 진주가 떨어지도록 축복해준 사람일지도 모르지요. 만일 오늘날에도 이런 일이 다시 일어난다면 가난한 사람들도 금세 부자가 될 수 있겠지만 과연 어떨까요?

KHM 180

이브의 아이들

Die ungleichen Kinder Evas

아름다운 낙원에서 쫓겨난 아담과 이브는 풀 한 포기 나지 않는 거친 땅에 집을 짓고 먹고살기 위해 이마에 땀을 뻘뻘 흘리며 일을 해야만 했습니다. 아담은 밭을 갈고 이브는 털실을 뽑았습니다. 이브는 해마다 아이를 낳았는데, 모두 생김생김이 서로 달라 예쁜 아이도 있었고 못난 아이도 있었습니다.

수많은 날들이 지나자 하느님은 둘에게 천사를 보내 어떻게 사는지 한번 보러 가겠다는 말을 전했습니다. 이브는 하느님께서 그처럼 은혜를 베푸심에 기뻐하며 집 안 구석구석을 깨끗이 청소한 뒤 꽃으로 장식하고 마루에는 골풀을 깔았습니다. 그런 다음 잘생긴 아이들만 불러 얼굴과 몸을 씻기고 머리를 빗긴 다음 새로 빤 옷을 입혀 주며, 하느님이 오시면 예의 바르고 얌전해야 한다고 단단히 일렀습니다. 점잖게 절을 하고 공손하게 손을 내밀어야 하며, 하느님이 물으실 때는 지나치지 않으면서도 똑똑하게 대답해야 한다고 말했습니다. 하지만 못난 아이들에게는 아예 모습을 보이지 말라고 일렀지요. 그래서 한 아이는 건초 더미 속에, 또 한 아이는 지붕 아래에, 세 번째 아이는 짚단 속에, 네 번째 아이는 난로 속에, 다섯 번째 아이는 지하실에, 여섯 번째 아이는 큰 나무통 속에, 일곱 번째 아이는 포도주통 속에, 여덟 번째 아이는 낡은 털가죽 속에, 아홉 번째 아이와 열 번째 아이는 옷을 만들려고 모아 두었던 천 무더기 속에, 그리고 열한 번째와 열두 번째 아이는 신발을 만들려고 모아 두었던 가죽 속에 숨겼습니다. 이렇게 하느님을 맞이할 준비가 모두 끝나자마자 문을 두드리는 소리가 났습니다. 아담이 문틈으로 밖을 내다보니 하느님이었습니다. 아담은 매우 공손하게 문을 열고 하느님을 안으로 모셨습니다. 줄지어 서 있던 잘생긴 아이들이 절을 하면서 공손하게 두 손을 내밀며 무릎을 꿇었습니다.

하느님께서 아이들에게 하나하나 축복을 내려주었습니다. 첫 번째 아이의 머리 위에 손을 얹고 말했습니다.

"너는 힘센 왕이 되어라."

두 번째 아이에게는,

"너는 영주가 되어라."
세 번째 아이에게는,
"너는 백작이 되어라."
네 번째 아이에게는,
"너는 기사가 되어라."
다섯 번째 아이에게는,
"너는 귀족이 되어라."
여섯 번째 아이에게는,
"너는 상인이 되어라."
여덟 번째 아이에게는
"너는 학자가 되어라."
인자하신 하느님께서는 아이들 모두에게 아낌없이 축복을 내려주셨습니다. 이를 본 이브는 이렇게 생각했습니다.
'못난 아이들도 데려와야겠어. 어쩌면 하느님께서 그 아이들에게도 축복을 내려주실지 몰라.'
그래서 이브는 건초와 짚단, 난로 등 아이들을 숨겨 놓은 이곳저곳으로 달려가 모두 데려왔습니다. 거칠고 더러우며, 온몸이 검댕 투성이인 아이들이 차례차례 들어왔습니다. 하느님께서는 빙긋 미소를 지으며 아이들을 하나하나 바라보시더니 말했습니다.
"너희들도 축복을 해주마."
그러고는 첫 번째 아이의 머리 위에 손을 얹고 말했습니다.
"너는 농부가 되어라."
두 번째 아이에게는,
"너는 어부가 되어라."
세 번째 아이에게는,
"너는 대장장이가 되어라."
네 번째 아이에게는,
"너는 무두질장이가 되어라."
다섯 번째 아이에게는,
"너는 베를 짜는 사람이 되어라."

여섯 번째 아이에게는,
“너는 신기료장수가 되어라.”
일곱 번째 아이에게는.
“너는 재봉사가 되어라.”
여덟 번째 아이에게는,
“너는 옹기장이가 되어라.”
아홉 번째 아이에게는,
“너는 마부가 되어라.”
열 번째 아이에게는,
“너는 뱃사공이 되어라.”
열한 번째 아이에게는,
“너는 우편배달부가 되어라.”
열두 번째 아이에게는,
“너는 평생 하인으로 일하여라.”
옆에서 이 모든 말을 들은 이브가 말했습니다.
“하느님, 어쩌면 그토록 불공평하십니까! 이 아이들도 제가 낳은 자식들입니다. 그러니 모두에게 똑같이 은혜를 베풀어 주셔야 마땅하지 않겠습니까.”
하느님께서 이브에게 말씀하셨습니다.
“이브야, 잘못 생각하고 있구나. 온 세상은 너의 자식들로 채워져야 한단다. 또 그럴 수밖에 없지 않느냐. 그러나 모두 영주가 되고 왕이 된다면, 대체 누가 곡식을 기르며 타작을 하고 가루로 빻아 빵을 굽겠느냐? 또 누가 쇠로 기구를 만들고, 옷감을 짜고, 가구를 만들고, 집을 짓고, 석탄을 캐고, 풀을 베겠느냐? 사람이 만들어지려면 팔과 다리가 몸을 지탱해줘야만 하듯이, 세상 사람 모두가 잘 살아가려면 저마다 자기 일을 맡아서 그 자리를 지켜줘야 한단다.”
이브가 말했습니다.
“아, 하느님, 용서해 주십시오. 제가 너무 생각이 짧았습니다. 부디 제 자식들로 하느님의 거룩한 뜻을 이루소서.”

KHM 181

연못 속 요정

Die Nixe im Teich

옛날 어느 방앗간 주인이 아내와 함께 즐겁게 살아가고 있었습니다. 부부는 많은 돈과 땅을 갖고 있었고 해가 갈수록 재산이 늘어갔습니다. 그러나 불행이란 하룻밤 사이에 닥치는 법이지요. 재산은 순식간에 불어났던 것처럼 해가 갈수록 빠르게 줄어들더니, 마침내 방앗간조차 제 것이라 부를 수 없는 딱한 형편이 되어버리고 말았습니다. 그는 날마다 걱정에 싸여 하루 일을 끝내고 잠자리에 누워도 도무지 편히 쉬지를 못했습니다. 마음이 편치 않아 이리 뒤척 저리 뒤척거리기만 했지요.

어느 날 아침, 방앗간 주인은 날이 밝기도 전에 자리에서 일어나 밖으로 나갔습니다. 맑은 새벽 공기를 마시면 조금이나마 마음이 가벼워질까 생각한 것이지요. 그가 방앗간 주위의 둑을 걸어가고 있는데 막 눈부신 아침 햇살이 펴져 나왔습니다.

그때 '퐁당!' 연못 속에서 작은 소리가 났습니다. 뒤를 돌아보니 아름다운 여인이 천천히 물속에서 떠올랐습니다. 곱디고운 손에 살짝 붙들린 긴 머리카락이 어깨를 지나 양 옆으로 부드럽게 흘러내리며 하얀 몸을 덮고 있었습니다. 그녀는 연못에 사는 물의 요정이었습니다. 방앗간 주인은 너무나 무서운 나머지 달아나지도 못하고 그 자리에 가만히 서 있었습니다. 요정은 부드러운 목소리로 그의 이름을 부르며 왜 그렇게 슬픈 표정을 짓고 있느냐 물었습니다. 방앗간 주인은 입이 좀처럼 떨어지지 않았지만, 요정의 상냥한 말투에 용기가 났습니다. 그래서 간신히 예전에는 늘 행복하고 하는 일마다 잘 돼서 부자로 살았는데, 이제는 몹시 가난해져서 어찌 살아야 좋을지 걱정이라는 이야기를 했습니다.

"너무 걱정하지 마세요."

요정이 말했습니다.

"제가 당신을 예전보다 더 부유하고 행복하게 만들어 드리겠어요. 대신 그 전에 당신 집에서 태어날 것을 제게 주겠다고 약속하셔야 합니다."

'강아지나 고양이겠지, 달리 또 뭐가 있겠어?'

이렇게 생각한 방앗간 주인은 요정이 바라는 대로 하겠다고 말했습니다. 그러자 요정은 다시 물속으로 들어갔고, 방앗간 주인은 잔뜩 부푼 기대를 안고 즐거운 마음으로 집으로 돌아갔습니다. 그런데 그가 방앗간에 채 들어가기도 전에 대문에서 하녀가 뛰어나오며 이렇게 외치는 게 아니겠습니까.

"주인님! 마님이 방금 건강한 사내아이를 낳으셨어요! 이 얼마나 기쁜 일이에요."

그 말을 들은 순간, 방앗간 주인은 마치 벼락을 맞은 듯이 그 자리에 서서 꼼짝할 수가 없었습니다. 그 약삭빠른 요정이 아기가 태어날 것을 미리 알고 그를 속인 걸 알아차렸기 때문이지요. 남편은 고개를 떨군 채 침대에 누워 있는 아내에게로 다가갔습니다. 그의 어두운 얼굴을 본 아내가 물었습니다.

"이렇게 귀여운 아기가 태어났는데 당신은 왜 기뻐하시지 않나요?"

그는 좀 전에 있었던 일과 요정과의 터무니없는 약속에 대해 모두 털어놓았습니다.

"자식을 잃어야 한다면 행복과 부가 무슨 소용이 있겠소. 이제 나는 어떻게 해야 한단 말이오."

축하를 해 주려 찾아온 친척들도 그의 이야기를 듣자 어찌할 바를 몰라 아무 말 못하고 걱정스레 그 자리를 지킬 뿐이었습니다.

그러는 동안 방앗간 주인집에는 다시 행운이 찾아왔습니다. 하는 일마다 잘 되고 크고 작은 상자들에는 저절로 돈이 채워지더니, 하룻밤 지나면 전날 쓴 돈이 도로 채워져 있었습니다. 얼마 지나지 않아 그는 전보다 훨씬 부자가 되었습니다. 그러나 마냥 기뻐할 수만은 없었습니다. 요정과 했던 약속이 늘 그의 마음을 괴롭혔기 때문이지요. 연못가를 지날 때면 금세라도 요정이 나타나 아들을 내놓으라고 소리소리 지를 것만 같았습니다. 그래서 그는 아들을 연못 근처에 얼씬도 못하게 했습니다.

"아들아, 조심해라. 연못물을 살짝이라도 건드린다면 물속에서 손이 불쑥 튀어나와 너를 붙잡아 끌고 들어갈지도 모른단다."

한 해 한 해 시간이 흘러가도 요정이 모습을 나타내지 않자, 방앗간 주인은 마음을 놓기 시작했습니다.

어느덧 자라서 의젓한 청년이 된 아이는, 한 사냥꾼 밑에서 사냥을 배웠습니다. 수련을 마치고 솜씨 좋은 사냥꾼이 되자, 그 마을 영주가 그를 고용했습니다. 그러다 청년은 마을에 사는 아름답고 마음씨 고운 처녀를 사랑하게 되었습니다. 이를 눈치챈 영주는 그에게 작은 집을 선물했고, 두 사람은 결혼하여 서로를 깊이 사랑하면서 조용하고 행복하게 살았습니다.

그러던 어느 날, 사냥꾼은 사슴을 쫓아 숲을 지나 들판으로 가게 되었습니다. 탕! 총을 쏘아 사슴을 쓰러뜨린 그는 사슴의 내장을 꺼낸 뒤 손에 묻은 피를 씻기 위해 물가로 갔습니다. 그런데 이 연못이 그에게 얼마나 위험한 곳인지 미처 알아차리지 못했지요. 사냥꾼이 물에 손을 담그자 물의 요정이 연못 위로 나타나더니, 깔깔깔 웃으며 젖은 팔로 그를 얼싸안고 물속으로 쑥 잡아당겼습니다. 그러자 여러 개로 갈라진 물결이 사냥꾼을 덮쳐버렸습니다.

저녁때가 되어도 사냥꾼이 돌아오지 않자 그의 아내는 조마조마해졌습니다. 아내는 남편을 찾으러 밖으로 나갔습니다. 늘 남편에게서 자기는 물의 요정을 조심해야 하며, 연못 근처에 가서는 안 된다는 이야기를 수도 없이 들었던 탓에 그녀의 마음은 점점 더 불안해졌습니다. 그래서 서둘러 물가로 달려가 보니 아니나 다를까, 그곳에는 남편의 사냥가방만 덩그러니 놓여 있는 게 아니겠습니까. 이제 남편에게 무슨 나쁜 일이 생겼다는 걸 의심할 여지가 없었습니다.

아내는 두 손을 움켜잡고 슬피 울며 사랑하는 사람의 이름을 애타게 불렀지만 아무런 소용이 없었습니다. 연못 건너편으로 가서 다시 남편을 불러보고 물의 요정에게 욕을 퍼부어 보았지만 그 어떤 대꾸도 없었습니다. 잔잔한 거울 같은 연못에 비친 반달만 꼼짝 않고 그녀를 올려다볼 뿐이었습니다.

가엾은 아내는 연못을 떠나지 못했습니다. 빠른 걸음으로 쉬지 않고 연못 주위를 빙글빙글 돌았습니다. 때로는 아무 말 없이, 때로는 사납게 소리를 지르며, 또 소리 없이 흐느껴 울기도 하며 걷고 또 걸었습니다. 그러다 마침내 온 힘이 다 빠져버린 여인은 땅바닥에 쓰러져 깊이 잠들고 말았습니다. 아내는 이런 꿈을 꾸었습니다.

꿈속에서 그녀는 불안에 떨며 커다란 암벽 사이를 기어오르고 있었습니다. 가시 덩굴이 발을 휘감으며 마구 찔러대고, 빗줄기가 얼굴을 세차게 때렸으며, 바람이 그녀의 긴 머리카락을 휘어 감으며 잡아 뜯었습니다. 간신히 암벽 꼭대기로 올라가자 이제까지와는 전혀 다른 풍경이 펼쳐졌습니다. 하늘은 푸르고, 산들산들 바람은 부드러웠습니다. 길게 뻗은 내리막길 저편에 보이는 푸

른 초원 위에는 아름다운 꽃들이 색색으로 피어 있고, 그 위에 아담한 오두막이 한 채 서 있었습니다. 언덕을 내려가 오두막 문을 열어보니 집 안에는 머리가 하얀 할머니가 앉아 있었습니다. 할머니가 그녀를 다정하게 바라보며 이리 오라는 듯 손짓하는 순간, 가엾은 여인은 잠에서 깨고 말았습니다.

벌써 날이 밝아오고 있었습니다. 꿈에서 본 곳으로 가 보려 마음먹은 여인은 곧바로 산을 오르기 시작했습니다. 모든 게 꿈에서 본 것과 똑같았습니다. 머리가 하얀 할머니는 상냥한 미소로 그녀를 맞으며, 앉으라고 의자를 내주었습니다.

"이렇게 외딴 곳까지 찾아오다니, 무슨 안 좋은 일이라도 당했나보구려."

여인이 남편에게 닥친 끔찍한 불행을 모두 이야기하자, 할머니가 그녀를 위로하며 말했습니다.

"자자, 진정하고 울음을 그쳐요. 당신을 도와줄 테니. 이 황금 빗을 받아요.

보름달이 뜨면 그 연못으로 가서 물가에 앉아 이 빗으로 당신의 긴 머리를 빗도록 해요. 그런 다음 빗을 연못가에 내려놓으세요. 어떤 일이 벌어질지 지켜보면 알 겁니다."

여인은 연못이 있는 곳으로 돌아왔습니다. 하지만 보름달이 될 때까지, 시간은 몹시도 더디게만 흘러갔습니다. 마침내 환하게 빛을 내는 둥근 달이 하늘에 둥실 걸리자 날마다 하늘만 바라보던 여인은 서둘러 연못가로 달려가 앉아서 길고 검은 머리를 황금 빗으로 빗기 시작했습니다. 머리를 모두 빗고 난 여인은 연못가에 빗을 내려놓았습니다. 그런데 얼마 지나지 않아 연못 속에서 퐁당퐁당 소리가 나더니, 물결이 높이 치솟아 올랐습니다. 물결은 연못가로 쑥 뻗어오더니 빗을 가져가 버렸습니다. 빗이 연못 밑바닥에 닿을 즈음 거울이 깨져버리듯 연못물이 두 갈래로 갈라지면서 사냥꾼 머리가 물 위로 올라왔습니다. 그러나 그는 아무 말도 하지 않고 입을 꼭 다문 채 슬픈 눈으로 아내를 바라볼 뿐이었습니다. 그녀가 남편을 구해냈다 생각한 순간, 또다시 큰 물결이 입을 벌리며 매섭게 밀려오더니 남편의 머리를 덮쳐 버렸습니다. 순식간에 모든 것은 사라져 버리고 말았습니다. 연못은 아무 일도 없었던 듯이 잔잔하기만 했고 그 위로 보름달만 환하게 빛나고 있었습니다.

실망한 여인은 어둡고 막막한 마음으로 집에 돌아왔습니다. 그런데 잠이 들자마자 다시 할머니의 오두막이 보이는 게 아니겠습니까. 이튿날 아침, 또 한 번 길을 나선 그녀가 할머니에게 남편 잃은 슬픔을 하소연하자, 할머니는 황금 피리를 주면서 말했습니다.

"다시 보름달이 떠오르면 연못가에 앉아서 이 피리로 아름다운 곡을 불어 봐요. 곡이 끝나면 연못가 모래 위에 피리를 내려놓고 기다려요. 그러면 무슨 일이 일어나는지 알게 될 거예요."

또다시 보름달이 떠오르자 여인은 할머니 말대로 했습니다. 피리를 모래 위에 내려놓은 순간, 연못 깊은 곳에서 퐁당퐁당 소리가 들려오더니 물결이 높이 솟구치며 다가와 피리를 가져가 버렸습니다. 곧이어 물이 갈라지고 남편이 보였습니다. 그러나 이번에는 머리만 보이는 게 아니라 몸도 반쯤 위로 올라왔습니다. 그는 그리움으로 가득 찬 표정을 지으며 아내에게 두 팔을 벌렸지만, 곧 두 번째 거센 물결이 일렁여 그를 덮치더니 남편은 다시 물속으로 사라지고 말았습니다.

"아, 이게 다 무슨 소용이람."

가엾은 여인이 말했습니다.

"사랑하는 남편을 잠시 볼 수 있을 뿐, 다시 눈앞에서 사라져 버리고 마는 걸. 아아, 이제 내가 할 수 있는 일은 없어."

그녀는 안타까움과 슬픔으로 마음이 무너져버리는 것만 같았습니다. 그런데 그날 밤, 할머니의 집이 또 꿈속에 나타났습니다. 여인이 찾아가자, 이번에는 할머니가 황금 물레를 주며 이렇게 말했습니다.

"아직은 끝난 게 아니라오. 다음 보름달이 뜨면 연못으로 이 물레를 가지고 가요. 실이 더는 감기지 않을 때까지 물레를 돌린 다음, 연못가에 세워놓으면 다시 남편을 볼 수 있을 거예요."

여인은 시키는 대로 했습니다. 보름달이 모습을 나타내자마자 황금 물레를 물가로 가지고 가서 아마를 몽땅 쓸 때까지 실을 자아 물레에 감아놓았습니다. 그리고 그 물레를 연못가에 세워 놓았는데, 순간 연못 저 깊은 곳에서 이제까지 들려왔던 소리보다 훨씬 커다란 소리가 나며 어마어마하게 큰 물결이 밀어닥치더니 물레를 가져가 버렸습니다. 곧 물줄기와 함께 남편의 머리와 온몸이 불쑥 솟아올랐습니다. 그는 재빨리 물가로 뛰어내린 다음, 아내 손을 잡고 힘껏 내달렸습니다. 하지만 멀리 달아나기도 전에 무시무시한 소리와 함께 연못 물이 모두 빠져나온 듯한 큰 물줄기가 모든 것을 덮쳐버릴 기세로 들판 멀리까지 몰려나왔습니다. 달아나던 남편과 아내는 죽음이 눈앞에 다가온 것만 같았습니다. 겁에 질린 여인은 할머니에게 도와 달라고 외쳤습니다.

그러자 갑자기 아내는 두꺼비로, 남편은 개구리로 변해버렸습니다. 그들을 쫓아오던 물줄기는 비록 그들을 죽이지는 못했지만 서로 갈라놓을 수는 있었습니다. 둘은 헤어진 채 멀리멀리 떠내려 가버렸습니다.

그 많던 물이 모두 빠지고 마른 땅이 드러나자 그들은 마침내 사람 모습을 되찾을 수 있었습니다. 하지만 서로가 어디에 있는지는 알 수 없었습니다. 주위에는 온통 낯선 사람들뿐이었고, 그들의 고향을 아는 이는 누구도 없었습니다. 둘 사이에는 높은 산과 깊고 깊은 골짜기들이 가로놓여 있었습니다. 부부는 저마다 먹고 살기 위해 어쩔 수 없이 양 떼를 지켜야만 했습니다. 그렇게 긴 세월 동안 양 떼를 지키며 들판을 걷고 숲 속을 돌아다녔지만, 아무리 많은 시간이 흘러도 그들의 가슴속에는 여전히 슬픔과 그리움이 가득했습니다.

여러 해가 지난 어느 날, 땅 위에 다시 따뜻한 봄이 찾아왔습니다. 둘은 저마다 양 떼를 몰고 밖으로 나갔습니다. 그런데 우연히 맞은편에 서로가 보이는 게 아닙니까. 남편은 먼 산비탈에 또 다른 양 떼가 있는 것을 보고 그곳으로 제 양 떼를 몰았습니다. 골짜기에서 다시 만난 그들은 아직 서로를 알아보지는 못했지만, 더는 외톨이로 지내지 않아도 된다는 생각에 기뻤습니다. 그때부터 그들은 날마다 함께 만나 나란히 양 떼를 몰았습니다. 그리 많은 말을 주고받지는 않았지만 함께 있는 것만으로도 위안이 되는 것만 같았습니다.

보름달이 둥실 뜬 어느 날 저녁, 양들이 모두 잠이 들자 양치기는 주머니에서 피리를 꺼내 애절하고 아름다운 곡을 불었습니다. 그런데 곡을 모두 불고 나니 양치기 여인이 너무나도 서럽게 울고 있는 게 아니겠습니까. 그가 물었습니다.

"왜 그리 슬피 우나요?"

여인이 대답했습니다.

"제가 이 곡을 마지막으로 불었던 날도 이렇게 보름달이 비추고 있었지요. 그때 제 피리 소리를 듣고 사랑하는 남편이 물 밖으로 떠올랐었답니다."

찬찬히 여인을 바라보던 그는 마치 눈앞을 가리고 있던 장막이 떨어져 나가는 것만 같았습니다. 이 양치기 여인이 그토록 사랑하는 제 아내라는 사실을 이제야 깨달은 것입니다. 여인도 그를 마주 바라보았습니다. 달빛이 그의 얼굴을 환하게 비추자 그녀 또한 남편을 알아볼 수 있었습니다. 둘은 서로를 얼싸안고 입을 맞추었습니다. 마치 천국에 있는 듯했겠지요. 그들이 얼마나 행복했는지는 말할 필요도 없을 것 같네요.

KHM 182

난쟁이의 선물

Die Geschenke des kleinen Volkes

재봉사와 금 세공사가 함께 여행을 떠났습니다. 어느 날 저녁 해님이 산 뒤로 숨어버렸을 때 저 멀리서 아름다운 음악 소리가 들려왔습니다. 가까이 다가갈수록 그 소리는 점점 더 또렷하게 들렸는데, 한 번도 들어 본 적 없는 음악소리였습니다. 하지만 가만가만 듣고 있자니 왠지 기분이 좋아졌습니다. 둘은 피곤함도 잊어버린 채 소리가 들려오는 곳으로 걸어갔습니다. 두 사람이 언덕에 이르렀을 때는 어느새 달이 둥실 떠올라 있었습니다.

달빛 속에서는 한 무리 난쟁이들이 남자 여자 할 것 없이 서로 손을 맞잡고 즐겁게 흥이 나서 빙글빙글 춤을 추고 있었습니다. 그들은 신기하면서도 무척 즐거운 노래를 부르고 있었는데 바로 나그네들이 들었던 그 음악 소리였습니다.

두 사람은 난쟁이 무리에 조금 더 가까이 다가갔습니다. 둥그렇게 모여 있는 난쟁이들 한가운데에 다른 난쟁이들보다 조금 큰 노인이 앉아 있었는데, 그는 가슴 위까지 하얀 수염을 길게 늘어뜨리고 알록달록한 옷을 입고 있었습니다. 눈이 마주치자 재봉사와 세공사는 깜짝 놀라 그 자리에 멈추어 선 채 춤추는 난쟁이들을 바라보았습니다. 노인이 그 둘에게 원 안으로 들어오라며 손짓을 하자, 난쟁이들은 기꺼이 길을 열어 주었습니다. 등이 낙타처럼 굽은 금 세공사는 망설임 없이 원 안으로 들어갔습니다. 재봉사는 조금 망설였지만 춤추는 모습들이 참으로 즐거워 보여 용기를 내어 금 세공사 뒤를 따랐습니다. 곧 다시 둥근 원이 만들어지고 난쟁이들은 껑충껑충 뛰면서 춤추고 노래했습니다.

그런데 그때, 노인이 허리에 차고 있던 넓은 칼을 꺼내 쓱쓱 갈기 시작했습니다. 칼이 날카롭게 갈아지자 노인은 낯선 재봉사와 세공사를 뚫어지게 쳐다보았습니다. 그들은 너무도 겁이 났지만, 노인은 두려움에 떨 틈조차 주지 않고 금 세공사를 확 붙잡더니 매우 재빠른 솜씨로 눈 깜짝할 새에 세공사의 머리카락과 수염을 빡빡 깎아 버렸습니다. 재봉사 또한 순식간에 똑같은 모습이 되고 말았지요. 일을 마친 노인은 마치 얌전히 있어줘서 고맙다는 듯 빙긋 미소를 지으며 두 사람 어깨를 톡톡 두들겼습니다. 그들은 그제야 안심할 수 있었습니다. 노인은 그들 옆에 산처럼 쌓인 석탄 더미를 가리키며 호주머니에 담으라는 시늉을 해보였습니다. 그들은 석탄을 어디에 써야 할지 몰랐지만 노인이 시키는 대로 주머니에 집어넣고 하룻밤 묵을 곳을 찾아 다시 터벅터벅 길을 떠났습니다.

그들이 골짜기에 이르렀을 즈음, 근처 교회에서 열두 시를 알리는 종이 울렸습니다. 그러자 갑자기 노랫소리가 멈추더니 모든 게 사라져버렸습니다. 그저 달빛만이 조용한 언덕을 비출 뿐이었습니다.

묵을 곳을 찾아든 두 나그네는 저마다 외투를 덮고 짚단 위에 누웠습니다. 너무 피곤했던 둘은 석탄을 꺼내는 것도 잊어버린 채 깜빡 잠이 들어버리고 말았습니다. 그런데 무엇인가 몸을 무겁게 짓누르는 듯해 잠에서 깨어났습니다. 주머니를 살펴본 둘은 제 눈을 믿을 수가 없었습니다. 주머니는 석탄이 아닌 순금으로 가득 차 있는 게 아니겠습니까. 다행히 그들의 머리카락과 수염 또한 다시 전처럼 자라나 있었습니다. 그들은 이제 부자나 다름없었습니다. 욕심쟁이 금 세공사는 재봉사보다 석탄을 더 집어넣었으므로 한결 많은 금을 갖게 되었습니다. 하지만 욕심이란 많이 가질수록 더욱더 커지는 법, 금 세공사는 재봉사에게 이곳에서 하루만 더 머무르다가 저녁때가 되면 다시 언덕 위 노인에게 가서 보물을 더 잔뜩 받아오자고 말했습니다. 재봉사는 그 제안을 거절했습니다.

"난 이만큼도 충분해. 이제 양복점 주인이 되어서 사랑하는 그녀와 결혼해 행복하게 살 테야."

그렇지만 재봉사는 금 세공사를 위해 하루 더 머무르겠다고 했습니다. 마침내 저녁때가 되자 금 세공사는 석탄을 더 많이 짊어지고 올 수 있도록 어깨 위에 자루를 몇 개 둘러메고 언덕으로 떠났습니다. 그날 밤처럼 난쟁이들이 노래를 부르며 춤을 추고 있었습니다. 노인은 다시 그의 머리와 수염을 빡빡 깎은 뒤 석탄을 가져가라는 손짓을 해보였습니다. 그는 망설이지 않고 자루마다 넣을 수 있을 만큼 석탄을 꾹꾹 눌러 담고는 아주 기쁜 마음으로 돌아와 외투를 덮고 잠자리에 누웠습니다. 그가 말했습니다.

"금이 아무리 무겁게 짓눌러도 나는 참아 내고 말 테야."

그리고 아침이 되면 엄청난 부자가 되어 있으리라는 달콤한 상상을 하며 스르륵 잠이 들었습니다. 다음날 아침, 그는 눈을 뜨자마자 벌떡 일어나 모든 자루를 뒤져보았습니다. 하지만 아무리 손을 집어넣어 살펴보아도 새까만 석탄밖에는 나오지 않았습니다.

'하지만 어제 얻은 금이 남아 있으니까.'

혹시나 하는 마음에 재빨리 금이 들어 있던 자루를 뒤져 보니 그 또한 몽땅 석탄으로 변해 있었습니다. 소스라치듯 놀라며 검댕이가 잔뜩 묻은 손으로 이마를 탁 치는 순간, 그는 자신이 수염자리는 물론 머리까지 온통 빤질빤질 매끈매끈하다는 사실을 깨달았습니다. 그의 불행은 거기서 끝나지 않았습니다. 자세히 보니 굽은 등에 달린 혹만큼이나 큰 혹이 가슴에도 또 하나 튀어나와 있는 게 아니겠습니까? 금 세공사는 자기가 너무 욕심을 부려 벌을 받았다는 사실을 깨닫고는 큰 소리로 엉엉 울었습니다. 그 소리에 잠이 깬 재봉사는 이 가엾은 친구를 위로하며 말했습니다.

"자네는 내 길동무였으니, 내 보물을 함께 나눠 쓰면서 나와 함께 살도록 하세."

재봉사는 약속을 지켰습니다. 그러나 불쌍한 금 세공사는 평생 혹 두 개를 달고 대머리에 모자를 푹 눌러쓰고 다녀야만 했답니다.

KHM 183

거인과 재봉사

Der Riese und der Schneider

허풍이 몹시 심한 데다 솜씨도 없는 재봉사가 있었습니다. 밖으로 나가 숲 속 여기저기를 구경하고 싶었던 재봉사는 일이 끝나자마자 곧바로 길을 떠났습니다.

"어슬렁어슬렁 정처없이 길을 떠나네.
다리를 건너고 통나무도 건너서
저기에 갔다가 여기로 왔다가
가고 싶은 곳 어디든."

마침내 바깥으로 나오니 저 푸른 하늘 너머 아득히 먼 곳에 가파른 산 하나와 그 앞에 펼쳐진 무시무시한 검은 숲이 보였습니다. 숲 위로 하늘을 찌를 듯 높이 솟아 있는 탑을 본 재봉사가 크게 외쳤습니다.

"어렵쇼! 저게 도대체 뭐지?"

궁금해서 견딜 수 없었던 그는 탑으로 힘차게 달려갔습니다. 탑 가까이 다가가 보니 떡 벌어진 입을 다물 수가 없었습니다. 탑에 다리가 달려 있는 게 아니겠습니까. 커다란 탑은 한달음에 가파른 산을 훌쩍 뛰어 넘더니, 곧 엄청나게 큰 거인이 재봉사 눈앞에 모습을 드러냈습니다.

"이 파리 다리통만 한 녀석, 여기서 뭘 하는 거야!"

거인이 산속 가득 천둥이 울리는 듯한 큰 목소리로 외치자, 재봉사는 기어들어가는 목소리로 겨우 대답했습니다.

"숲 속에서 빵 하나라도 사 먹을 돈을 벌 수 있지 않을까 싶어 둘러보던 참입니다."

"그렇다면 내 밑에서 일하지 않겠는가?"

거인이 말했습니다.

"그럴 수 있다면야 좋지요. 급료는 얼마나 받을 수 있나요?"

"급료가 어떻게 되냐고? 잘 듣게. 1년에 365일을 주지. 윤년이 되는 해에는 하루 더 얹어주고, 이러면 되겠나?"

재봉사는 그렇게 하겠다고 대답했지만 마음속으로는 이렇게 생각했습니다.

'누울 자리를 보고 발을 뻗어야지. 얼른 도망칠 방법을 찾아야겠다.'

거인이 말했습니다.

"꼬맹아, 가서 물을 한 단지 길어 오너라."

"겨우 물 한 단지를 길어오느니 차라리 샘을 통째로 가져오는 게 낫지 않을까요?"

허풍쟁이 재봉사는 이렇게 물으며 단지를 들고 물을 길러 갔습니다.

"뭐야? 샘을 통째로 가져온다고?"

거인이 중얼거렸습니다. 조금 우둔하고 어리숙한 거인인지라 어쩐지 이 재봉사가 슬그머니 무서워졌습니다.

"저 녀석은 마법을 부릴 줄 아는지도 몰라. 조심해야겠어. 나한테 어울리는 하인이 아닌가봐."

재봉사가 물을 길어 오자 거인은 그에게 숲에 가서 장작을 베어 오라고 말했습니다.

"차라리 온 숲의 나무를 모조리 쓸어 가지고 오는 게 낫지 않을까요?"

"온 숲을 쓸어 오자
어린 나무도 늙은 나무도
거친 나무도 매끈매끈 나무도
몽땅 쓸어 오자."

재봉사는 그렇게 말하며 나무를 베러 갔습니다.

"뭐라고?

온 숲을 쓸어 오자.
어린 나무도 늙은 나무도
거친 나무도 매끈매끈 나무도
몽땅 쓸어 오자.

라니? 그리고 샘까지 통째로?"

귀가 얇은 거인은 조용히 중얼거렸습니다. 조금 전보다 재봉사가 더욱 무서워졌습니다.

"저 녀석은 마법을 부릴 줄 아는지도 몰라. 조심해야겠어. 나한테 어울리는 하인이 아닌가봐."

재봉사가 장작을 가져오자 거인은 저녁거리로 멧돼지를 한두 마리 잡아 오라고 말했습니다.

"차라리 총 한 방으로 숲에 있는 멧돼지들을 모조리 잡아 오는 게 낫지 않을까요?"

재봉사가 거만하게 물었습니다.

"뭐라고?"

겁쟁이 거인이 몹시 놀라 소리쳤습니다.

"오늘은 그냥 참고 잠이나 자자."

하지만 거인은 어찌나 겁이 나던지 밤에 도저히 한숨도 잘 수가 없었습니다. 하루라도 빨리 저 마법사 하인을 떼어버리고 싶었던 그는 이 궁리 저 궁리를 했습니다.

때가 되면 좋은 생각이 떠오르는 법입니다. 다음 날 아침, 거인과 재봉사는 수많은 버드나무로 에워싸인 늪으로 갔습니다. 거인이 말했습니다.

"이봐, 재봉사. 버드나무 가지 위로 한번 올라가 봐. 네 힘으로 얼마나 구부러뜨릴 수 있는지 보고 싶어서 그래."

재봉사는 날렵하게 나무 위로 올라가 숨을 깊이 들이쉬었습니다. 나뭇가지가 휠 만큼 숨을 한가득 들이쉬었지요. 하지만 더는 참지 못하고 숨을 내쉬자 재봉사의 몸은 그만 붕 튕겨 오르고 말았습니다. 주머니에 다리미를 넣어 오지 않았기 때문이었지요. 거인은 그의 모습이 보이지 않을 정도로 멀리 날아가 버리자 무척 기뻐했습니다.

어쩌면 재봉사는 다시 땅으로 떨어지지 못해 오늘도 저 하늘 위 어딘가에 떠 있을지도 모릅니다.

KHM 184

못

Der Nagel

어느 상인이 장에 물건을 팔러 나갔습니다. 어찌나 장사가 잘되었던지 가지고 간 물건들은 몽땅 팔렸고 돈 자루에는 짤랑 짤랑 금화와 은화가 가득 찼습니다. 날이 어두워지기 전에 돌아가려던 그는 타고 온 말에 돈 자루를 싣고 집으로 떠났습니다. 그는 점심 때 어느 도시에 들러 잠깐 쉬었습니다. 그리고 다시 길을 떠나려 하자 여관집 하인이 말을 끌어다주며 말했습니다.

"나리, 말 왼쪽 뒷발 편자에 못 하나가 빠져 있습니다요."

상인이 말했습니다.

"그냥 두게. 아직 여섯 시간을 더 가야 하지만 그쯤이야 버티겠지. 난 빨리 가야 한다네."

오후가 되자 상인은 다른 여관에 들렀습니다. 그가 말에게 먹이를 주고 있는데, 하인이 들어와서 말했습니다.

"나리, 말 왼쪽 뒷발 편자가 빠져 있습니다요. 대장장이에게 데려갈까요?"

상인이 말했습니다.

"그냥 두게. 아직 한두 시간 더 가야 하는데, 그쯤이야 버티겠지. 난 빨리 가야 하네."

상인은 말을 타고 다시 길을 재촉했습니다. 그런데 얼마 못 가서 말이 절뚝거리더니 금세 비틀거렸습니다. 마침내 말은 다리가 부러지며 털썩 주저앉아 버렸습니다. 상인은 하는 수 없이 말을 그 자리에 내버려두고, 돈 자루를 내려 자기 어깨에 둘러멨습니다. 그렇게 한참 터벅터벅 걸은 상인은 밤이 깊어서야 겨우 집에 도착할 수 있었습니다. 그는 혼잣말로 이렇게 중얼거렸습니다.

"이게 다 그 빌어먹을 못 때문이야."

'급히 먹는 밥에 목이 멘다'는 속담을 독자는 기억하시지요.

KHM 185

어느 불쌍한 소년의 죽음

Der arme Junge im Grab

아주 먼 옛날 어느 마을에 양치기 소년이 살았습니다. 가엾게도 아버지 어머니를 모두 여윈 소년은 영주의 명령으로 부잣집에 맡겨졌습니다. 그러나 이 부잣집 부부는 마음씨가 고약한 사람들이었습니다. 엄청나게 돈이 많으면서도 욕심 많고 인색한 데다, 누가 제 집 빵을 한 입이라도 먹으면 불같이 화를 냈습니다. 그래서 불쌍한 소년은 늘 조금밖에 먹지 못해 배고픔에 시달려야 했고 언제나 심한 매질을 당하며 지냈습니다.

어느 날 소년은 집 주인 명령으로 어미 닭과 병아리들을 지키고 있었습니다. 그런데 어미 닭이 병아리들을 데리고 나무 울타리 너머로 나가버렸습니다. 그때 어디선가 매가 쏜살같이 날아오더니 어미 닭을 하늘 높이 낚아채 가 버리는 게 아니겠습니까? 소년은 있는 힘을 다해 소리쳤습니다.

"도둑이야, 도둑! 저 도둑놈!"

하지만 아무리 소리를 친들 매가 잡아간 제 먹이를 다시 돌려줄 리가 없었습니다. 소년의 고함을 듣고 달려온 집 주인은 암탉이 없어졌다는 사실을 알고는 몹시 화를 냈습니다. 어찌나 소년을 두들겨 때렸는지, 2, 3일 동안 자리에 누워 꼼짝도 할 수 없었습니다. 소년은 이제 어미 닭 없는 병아리들을 지켜야만 했습니다. 일은 더 힘들어졌습니다. 병아리들은 저마다 이리 갔다 저리 갔다 뿔뿔이 흩어져 버리고 한 자리에 얌전히 있는 법이 없었습니다. 좋은 수가 없을까 이리저리 궁리하던 소년은 한 가지 꾀를 냈습니다. 매가 병아리들을 채어가지 못하도록 병아리 다리에 실을 매달아 한 줄로 줄줄이 묶는 것입니다. 그러나 이것은 크나큰 실수였습니다.

며칠 뒤 병아리들을 따라 이리저리 뛰어다녀 배도 고프고 몹시 피곤했던 소년은 깜빡 잠이 들고 말았습니다. 그때 매가 날아와 병아리 하나를 낚아챘는데, 한 줄로 묶여 있던 탓에 그만 나머지 병아리들마저 줄줄이 딸려가고 말았습니다. 때마침 집으로 돌아와 그 모습을 본 집 주인은 무척 화를 내며 소년을 인정사정없이 두들겨댔습니다. 소년은 또다시 며칠 동안 자리에 누워 있어야 했습니다.

소년이 겨우 두 다리로 설 수 있게 되자 집 주인이 그에게 말했습니다.
"너처럼 멍청한 녀석은 이 세상 어디에도 없을 거다. 고작 닭 지키는 일도 할 줄 모르다니. 심부름꾼이나 하도록 해라."
집 주인은 소년에게 포도가 가득 담긴 바구니와 편지를 주면서 판사에게 가져다주라고 했습니다. 가엾은 소년은 길을 가다 몹시도 배가 고프고 목이 말라 더는 서 있기도 힘들었기에 포도 두 송이를 꺼내 먹어 버렸습니다. 소년이 판사에게 바구니를 가져다주자, 판사는 편지를 읽고 포도송이를 세어 보더니 이렇게 말했습니다.
"두 송이가 모자라는구나."
소년은 너무나 배가 고프고 목이 말라 두 송이를 먹어 버렸다며 사실대로 털어놓았습니다. 판사는 집 주인에게 소년이 먹어버린 만큼 포도를 한 번 더 보내 달라는 편지를 써 주었습니다. 소년은 다시 한 번 편지와 포도를 가지고 판사에게 가야만 했습니다. 그러나 이번에도 무척 배가 고프고 목이 말라 어쩔 수 없이 또 포도 두 송이를 먹어 버리고 말았습니다. 그렇지만 이번에는 먼저 바구니에서 편지를 꺼내 바위 아래에 숨겨 놓고 그 위에 앉아서 포도를 먹었습니다. 그렇게 하면 판사가 편지를 볼 수 없으니 들키지 않으리라 생각했던 것입니다. 하지만 판사는 두 송이가 없어진 걸 눈치챘습니다.
소년이 말했습니다.
"아니, 어떻게 아셨어요? 이번에는 편지를 바위 아래에 숨겨 놓았는데요."
소년의 순수함에 판사는 웃을 수밖에 없었습니다. 그리고 주인 남자에게 이 딱한 소년을 더 잘 돌보아 주라는 편지를 써 보냈습니다. 먹고 마실 것을 부족하지 않게 해주고, 옳고 그름을 똑똑히 알도록 잘 가르쳐 주라는 내용이었지요.
"무엇이 옳고 그른지 잘 가르쳐 주겠다."
냉혹한 주인 남자가 말했습니다.
"잘 들어라, 먹을 것을 얻으려거든 일을 해야 하고, 잘못을 저지르면 매를 맞아야 한다."
다음 날 그는 소년에게 더 힘든 일을 맡겼습니다. 짚을 잘라 말에게 먹일 여물을 만드는 일이었습니다. 주인 남자가 소년에게 으름장을 놓았습니다.
"5시간 뒤에 돌아오마. 그때까지 시킨 만큼의 짚을 다 썰어 놓지 않으면 다시는 팔다리를 움직이지 못할 정도로 흠씬 때려줄 테다."

주인 남자는 아내와 함께 시종과 하녀까지 모두 데리고 시장으로 갔습니다. 소년에게는 작은 빵 한 조각만 남겨 놓았을 뿐이었지요. 소년은 작두 앞에 앉아 온 힘을 다해 일했습니다. 그러다가 너무 더워서 윗도리를 벗어 짚단 위에 던져 놓았습니다. 시간 안에 일을 끝마치지 못할까봐 걱정이 된 소년은 쉬지도 않고 서걱서걱 부지런히 건초를 썰었습니다. 그런데 너무도 열심히 썬 나머지 자기도 모르는 사이에 지푸라기 위에 벗어놓았던 윗도리까지 썰고 말았습니다. 나중에야 이 일을 알아차렸지만 이미 잘린 윗도리를 다시 되돌릴 수는 없었습니다.

소년이 큰 소리로 부르짖었습니다.

"아, 나는 이제 끝장이야. 저 고약한 주인아저씨가 돌아와서 이 모습을 보면 나를 때려죽이고 말 거야. 차라리 스스로 목숨을 끊어버리는 게 낫겠어."

소년은 언젠가 안주인이 했던 말이 떠올랐습니다.

"침대 밑 단지에는 독약이 들어 있다."

침대 밑으로 기어 들어간 소년은 단지 안에 있는 것을 몽땅 먹어치워버렸습니다. 그런데 사실 그 안에는 꿀이 들어 있었답니다. 누가 꿀을 훔쳐 먹을까 걱정스러웠던 안주인이 거짓말을 해두었던 것입니다.

소년이 말했습니다.

"정말 이상하네. 사람들은 죽음이 쓰다고 하던데, 나는 이렇게 달기만 하니 말이야. 주인아주머니가 그렇게 자주 죽고 싶다 말하고 다닌 것도 그리 놀라운 일은 아니구나."

소년은 의자에 앉아 몸을 축 늘어뜨리고는 죽기만을 기다렸습니다. 그런데 힘이 없어지기는커녕, 마치 보약을 먹은 듯이 자꾸만 기운이 솟아나는 게 아니겠습니까. 소년이 말했습니다.

"내가 먹은 건 독약이 아닌가 봐. 하지만 언젠가 주인아저씨가 장롱 안에 파리약 한 병을 감추어 놓았다고 했었지. 그거라면 죽을 수 있을 거야."

하지만 그것은 파리약이 아니라 헝가리산 포도주였습니다. 소년은 장롱 안에서 주인아저씨의 약병을 꺼내 남김없이 마셔 버렸습니다.

"이 독약도 달콤한데."

얼마 지나지 않아 술기운이 머리 위로 올라오면서 정신이 몽롱해지고 눈앞

이 흐릿해지자 소년은 마침내 죽음이 가까이 다가오고 있다고 생각했습니다.

"이제는 정말로 죽을 수 있을 것 같아. 묘지로 나가서 내가 묻힐 무덤을 찾아 봐야겠어."

비틀비틀 걸어 묘지에 이른 소년은 조금 전에 파 놓은 듯한 무덤 구덩이로 들어가 벌렁 누워버렸습니다. 정신이 차츰 희미해져 갔습니다. 때마침 근처 음식점에서 결혼 축하 잔치가 벌어지고 있어 주위는 몹시 시끌시끌했습니다. 음악 소리를 들은 소년은 자신이 이미 하늘나라에 와 있는 것이리라 여겼습니다. 의식을 잃어버린 소년은 안타깝게도 다시는 눈을 뜨지 못했습니다. 이글이글 타는 듯한 독한 포도주와 차가운 밤이슬이 소년의 생명을 앗아가 버린 것입니다. 그리하여 소년은 스스로 찾아가 누운 무덤에 그대로 머물게 되었습니다.

부잣집 주인은 소년이 죽었다는 소식을 듣고 깜짝 놀랐습니다. 법정에 끌려갈까 봐 너무나 두려운 나머지 기절까지 할 정도였습니다. 마침 아궁이 옆에서는 그의 아내가 기름을 잔뜩 뿌린 프라이팬을 들고 있었습니다. 남편이 쓰러지는 것을 본 그의 아내가 프라이팬을 내팽개치고 그를 도와주러 달려오는 바람에 프라이팬에 불이 붙어 순식간에 불길이 온 집 안을 삼켰습니다. 몇 시간 뒤에는 몽땅 재가 되어 버리고 말았지요. 이 심술궂은 부부는 가까스로 살아남았지만 하루하루 마음 편한 날 없이 양심의 가책에 시달리며 가난하고 비참하게 남은 삶을 보냈답니다.

KHM 186

진실한 신부

Die wahre Braut

옛날에 한 어여쁜 소녀가 있었습니다. 어머니가 일찍 세상을 떠나신 뒤로 소녀는 새어머니에게 온갖 구박을 받으며 살았습니다. 새어머니가 시키는 일이면 아무리 힘든 일이어도 싫은 기색 하나 없이 온 힘을 다했지만, 암만 애를 써도 이 마음씨 고약한 여인을 만족시킬 수는 없었습니다. 소녀가 열심히 일하면 일할수록 새어머니는 더 많은 일을 시켰고 늘 어떻게 하면 소녀를 더 괴롭힐 수 있을까만 궁리했습니다.

그러던 어느 날 새어머니가 소녀에게 말했습니다.

"여기 있는 깃털 12파운드를 모두 잘게 뜯어 놓아라. 오늘 저녁까지 끝내지 못하면 실컷 두들겨맞을 줄 알아라. 그러면 하루 종일 빈둥거리며 놀 생각은 못하겠지?"

가여운 소녀는 깃털더미 앞에 주저앉아 일을 시작했습니다. 눈물이 주룩주룩 두 뺨을 타고 흘러내렸습니다. 이렇게 많은 일을 하루 안에 끝내기란 어려웠기 때문이지요. 게다가 산처럼 가득 쌓인 깃털을 앞에 놓고 한숨을 쉬거나 애타는 마음에 두 손을 탁 치기라도 하면, 깃털들이 휙 흩어져 날아가 버렸기에 다시 주워서 새로 시작해야만 했습니다. 소녀는 탁자 위에 팔꿈치를 올려놓고 두 손으로 얼굴을 감싼 채 자기도 모르게 소리쳤습니다.

"나를 가엾게 여기는 사람은 이 세상에 아무도 없는 걸까?"

그때 어디선가 상냥한 목소리가 들려왔습니다.

"걱정하지 말아라, 얘야. 내가 널 도와주겠다."

소녀가 고개를 들어 보니 한 할머니가 옆에 서 계셨습니다. 할머니는 소녀의

두 손을 다정하게 잡으며 말했습니다.

"널 괴롭히는 일이 무엇인지 어서 말해보렴."

할머니의 따뜻한 말에 소녀는 힘든 일이 끊이지 않는 자신의 고된 처지를 이야기하면서 주어진 일을 도저히 끝낼 수 없을 것 같다고 하소연했습니다.

"오늘 저녁까지 이 깃털들을 모두 뜯어놓지 않으면 새어머니가 저를 호되게 때릴 거예요. 절대 그냥 넘어가는 법이 없는 분이시거든요."

소녀는 서러움에 다시 눈물을 흘렸습니다. 친절한 할머니가 말했습니다.

"걱정하지 말고 잠시 쉬렴. 그동안 내가 대신 일을 해 주겠다."

소녀는 침대에 누워 곧 쿨쿨 잠이 들었습니다. 할머니가 깃털들을 한데 모아 훅! 입김을 불자 손 한 번 대지 않았는데도 그 많던 깃털들이 속 시원히 모두 뜯겨 날아오르는 게 아니겠습니까. 소녀가 잠에서 깨어 보니 눈처럼 새하얗고 커다란 깃털 더미가 탑처럼 우뚝 쌓여 있고, 방 안은 깨끗하게 청소가 되어 있었습니다. 할머니는 이미 사라지고 안 계셨습니다. 소녀는 하느님께 감사하며 해가 질 때까지 자리에 앉아서 쉬었습니다. 저녁이 되자 방에 들어온 새어머니는 소녀가 일을 모두 끝낸 것을 보고 깜짝 놀랐습니다. 그녀가 말했습니다.

"자, 봐라. 부지런히 하면 이렇게 할 수 있지 않느냔 말이다. 그런데 왜 다른 일들은 하려 하지 않고 팔짱만 끼고 앉아 있지? 뻔뻔한 것 같으니!"

방에서 나가면서 새어머니는 혼잣말로 중얼거렸습니다.

"그냥 밥을 먹여줄 순 없지. 더 어려운 일을 시켜야겠어."

다음 날 아침 새어머니는 소녀를 불러서 말했습니다.

"여기 숟가락을 하나 줄 테니, 정원에 있는 커다란 연못물을 한 방울도 남기지 말고 깨끗이 퍼내도록 해라. 저녁때까지 끝내지 않으면 어떻게 되는지, 너도 잘 알고 있겠지."

소녀가 숟가락을 받아 들어 자세히 보니 구멍이 숭숭 나 있었습니다. 구멍이 없더라도 이 조그만 숟가락으로 그 큰 연못물을 모두 퍼내기란 아무리 생각해도 말도 안 되는 일이었습니다. 그런데도 소녀는 연못가로 가서 무릎을 꿇고 일을 시작했습니다. 연못으로 굵은 눈물이 뚝뚝 떨어졌지요. 그러자 친절한 할머니가 다시 모습을 드러냈습니다. 소녀가 왜 그토록 슬퍼하는지 이야기를 들은 할머니가 말했습니다.

"걱정하지 않아도 된단다, 얘야. 저기 덤불 속에 가서 한숨 자려무나. 그동안 내가 일을 해 놓을 테니."

할머니는 홀로 남자 연못물을 손으로 살짝 건드렸습니다. 그러자 연못물이 안개처럼 높이 피어오르더니 구름 속으로 섞여 들어가 버렸습니다. 물이 점점 줄어들었습니다. 해가 지기 전에 잠에서 깬 소녀가 연못으로 가 보니 이미 물은 모두 사라지고 진흙 속에서 팔딱거리는 물고기들밖에 보이지 않았지요. 소녀는 새어머니에게 가서 일을 모두 끝냈다고 말했습니다.

"더 일찍 끝냈어야지."

새어머니는 그렇게 말하면서도 화가 머리끝까지 나서 얼굴이 새파래졌습니다. 그리고 소녀에게 또 무슨 일을 시킬까 궁리했습니다. 이튿날 아침이 되자 새어머니가 소녀에게 말했습니다.

"저기 아무것도 없는 땅에다 아름다운 성을 세워 놓아라. 저녁때까지는 끝내야 한다."

소녀가 깜짝 놀라 말했습니다.

"제가 어떻게 그런 큰일을 하루만에 할 수 있겠어요?"

"말대꾸하지 마라!"

새어머니가 빽 소리를 질렀습니다.

"넌 구멍 난 숟가락으로도 그 많은 연못물을 몽땅 퍼냈으니 하루 만에 성도 지을 수 있을 게다. 오늘 안으로 꼭 성에 들어가 보고 싶구나. 만일 조금이라도 부족한 게 있거나 부엌과 지하실이 제대로 갖춰져 있지 않으면 무슨 일을 당할지 잘 알고 있겠지."

못된 새어머니는 소녀를 매섭게 밖으로 내몰았습니다. 골짜기에는 바위들이 마치 성처럼 겹겹이 솟아 있었는데, 그 가운데 가장 작은 바위조차 소녀의 힘으로는 도저히 움직일 수가 없었습니다. 소녀는 그 자리에 털썩 주저앉아 눈물을 흘렸습니다. 그러나 마음 한구석에는 그 마음씨 고운 할머니가 다시 나타나 자기를 도와주지 않을까 하는 바람이 있었습니다. 할머니 모습을 떠올리자 소녀의 바람대로 할머니가 그 앞에 모습을 드러냈습니다. 할머니는 소녀를 따뜻하게 위로하며 말했습니다.

"얘야, 저기 그늘에 가서 한숨 자거라. 내가 성을 지어 놓을 테니. 마음에 들면 그 성에 들어가 살아도 된단다."

소녀가 그늘로 가자 할머니는 회색 바위를 살짝 건드렸습니다. 그러자 바위들이 스르륵 움직이더니 땅 위로 차곡차곡 쌓였습니다. 마치 거인들이 돌벽을 쌓는 것만 같았습니다. 그리고 그 위로 하나 둘 건물이 솟아올랐습니다. 마치 보이지 않는 무수히 많은 손이 돌들을 하나하나 쌓아올리는 것처럼 보였지요. 땅에서는 우르릉 요란한 소리와 함께 커다랗고 둥근 기둥이 저절로 솟아오르더니 나란히 줄 맞추어 섰고, 지붕 위에는 기와들이 질서정연하게 깔렸습니다. 점심때가 되자 탑 꼭대기에는 벌써 황금 옷을 나풀거리는 처녀 모습을 한 풍향계가 빙글빙글 돌아가고 있었습니다.

저녁때가 되자 성 안까지 아름다운 모습을 갖추었습니다. 할머니가 어떻게 그 모든 일을 할 수 있었는지는 알 수 없었지만 방 벽마다 아름다운 비단과 벨벳이 드리워지고, 대리석 탁자 옆에는 색색으로 수놓은 의자들과 화려하게 조각된 안락의자들이 놓여 있었으며, 천장에서는 크리스털 샹들리에가 거울처럼 매끄러운 바닥을 아름답게 비추고 있었습니다. 황금 새장에는 이름 모를 진귀한 새들이 들어앉아 즐겁게 노래했습니다. 어찌나 휘황찬란한지 임금님이 살아도 될 것만 같았습니다. 해가 저물어갈 무렵, 성에서 수천 개 불빛이 반짝반짝 눈부시게 빛나며 소녀를 비추었습니다. 밝은 빛에 잠에서 깬 소녀는 깜짝 놀라며 재빨리 성으로 달려갔습니다. 열린 문을 통해 안으로 들어갔지요. 계단에는 붉은 양탄자가 깔려 있고, 황금색 난간은 활짝 핀 아름다운 꽃들로 가득 뒤덮여 있었습니다. 방 하나하나 둘러볼 때마다 소녀는 그 아름다움에 넋을 잃고는 그 자리에 멈추어 선 채 그저 멍하니 바라만 보았습니다. 새어머니가 머릿속에 떠오르지 않았더라면 언제까지나 그렇게 서 있었을지도 모릅니다. 소녀가 혼잣말을 했습니다.

"아아, 새어머니가 이걸로 만족하고 나를 더 이상 괴롭히지 않으면 좋으련만."

소녀는 새어머니에게 가서 성이 다 지어졌다고 알렸습니다.

"어서 들어가 봐야지."

새어머니가 자리에서 일어나며 말했습니다.

성으로 들어간 새어머니는 여기저기를 가득 채운 빛에 그만 눈이 부셔서 손으로 눈을 가려야만 했습니다. 새어머니가 소녀에게 말했습니다.

"봐라. 너에게는 쉬운 일이었잖니. 이럴 줄 알았으면 좀 더 어려운 일을 시킬 걸 그랬구나."

새어머니는 방을 하나하나 살펴보며 어디 부족한 것이나 빠진 게 없는지 구석구석 손으로 만져 보았습니다. 그러나 흠잡을 데라고는 한 군데도 없었습니다.

새어머니가 왠지 얄밉다는 듯 소녀를 노려보며 말했습니다.

"이제 아래로 내려가 볼까. 부엌과 지하실도 살펴봐야지. 잊어버린 게 하나라도 있으면 크게 혼날 줄 알아."

아래로 내려간 새어머니는 그만 말문이 막혀버렸습니다. 아궁이에는 불이 활활 타오르고 있었고, 냄비에는 온갖 맛난 음식들이 보글보글 끓고 있었으며, 그 옆에는 집게와 부지깽이까지 갖추어져 있었습니다. 게다가 벽에는 번쩍번쩍 빛나는 놋쇠그릇들이 가득 포개어져 있었고, 석탄 상자와 물동이까지 무엇 하나 빠진 게 없었습니다. 새어머니가 큰 소리로 외쳤습니다.

"지하실 입구는 어디지? 술통마다 술이 가득 채워져 있지 않으면 흠씬 두들겨 맞을 줄 알아."

새어머니는 직접 문을 열고 지하실 계단으로 내려갔습니다. 그런데 두 발짝도 채 못 가서 제대로 닫아놓지 않았던 무거운 지하실 문이 쾅 내려앉았습니다. 소녀는 비명을 듣고 새어머니를 구하기 위해 재빨리 문을 들어 올렸지만, 그녀는 계단 아래로 굴러 떨어져 숨이 끊어진 뒤였습니다.

이제 이 호화로운 성은 소녀 혼자만의 것이 되었습니다. 옷장에는 수많은 아름다운 옷들이 걸려 있고, 궤짝에는 금과 은은 물론 진주와 보석까지 가득 채워져 있었습니다. 더는 바랄 게 없었습니다. 태어나 처음 느껴보는 큰 행복에 소녀는 마치 꿈을 꾸고 있는 것만 같았습니다.

소녀의 아름다움과 큰 재산에 대한 소문은 온 세상으로 퍼져나갔습니다. 많은 젊은이들이 소녀에게 청혼하기 위해 성으로 찾아왔지만 누구도 그녀의 마음을 사로잡을 수는 없었습니다. 그러던 어느 날 한 왕자가 찾아와 소녀의 마음을 온통 흔들어 놓았습니다. 그래서 소녀는 그와 약혼을 하게 되었습니다. 둘은 성의 정원에 있는 푸른 보리수 아래서 다정히 함께 앉아 있었는데 그때 왕자가 소녀에게 말했습니다.

"나는 집으로 가서 아버님께 우리 결혼을 허락받고 오겠습니다. 여기 라임나무 아래서 날 기다려 주시오. 몇 시간 뒤에 돌아오겠습니다."

소녀는 왕자의 왼쪽 뺨에 입을 맞추며 말했습니다.

"꼭 돌아오셔야 해요. 누구도 이 뺨에 입을 맞추게 하지 마세요. 저는 이 라임나무 아래서 당신이 돌아오기만을 기다리고 있겠어요."

소녀는 해가 질 때까지 라임나무 아래에 앉아 있었습니다. 그러나 그는 돌아오지 않았습니다. 사흘 내내 라임나무 아래 앉아 아침부터 밤까지 줄곧 그를 기다렸지만, 아무런 소식이 없었습니다. 나흘째 되는 날에도 그가 돌아오지 않자 소녀가 말했습니다.

"무슨 좋지 않은 일을 당하신 게 아닐까. 내가 나가서 직접 찾아봐야겠어. 왕자님을 찾기 전에는 돌아오지 않을 테야."

소녀는 가지고 있는 옷들 가운데 가장 예쁜 세 벌을 골라 짐을 꾸렸습니다. 하나는 반짝반짝 빛나는 별이, 또 하나는 은빛 달이, 나머지 하나는 황금빛 태양이 아름답게 수놓인 옷이었습니다. 그리고 보석을 한 움큼 손수건에다 싸들고 길을 떠났습니다.

소녀는 가는 곳마다 신랑의 소식을 물어보았지만 그를 본 사람도, 알고 있는 사람도 없었습니다. 온 세상 이곳저곳 두루 돌아다녀도 그를 찾을 수 없었습니다. 어느 농부의 집에서 묵게 된 소녀는 가지고 있던 옷과 보석들을 돌 밑에 감추어 두었습니다. 소녀는 곧 그곳에서 소를 돌보는 일을 하게 되었는데, 사랑하는 왕자가 너무나 그리워서 늘 슬퍼하며 하루하루를 지냈습니다. 소녀가 송아지 한 마리에게 손으로 먹이를 주며 말했습니다.

"송아지야, 송아지야, 이리와서 앉으렴, 너를 돌보는 사람을 잊지 마라. 푸른 라임나무 그늘 아래 사랑하는 사람을 기다리던 신부를, 비록 왕자님은 날 잊어버렸지만."

그러면 송아지는 가까이 다가와 무릎을 꿇었고, 소녀는 송아지를 쓰다듬어 주었습니다.

그렇게 2, 3년 홀로 외롭게 살아가던 소녀는 이 나라 공주가 결혼식을 올린다는 소문을 듣게 되었습니다. 공주가 사는 도시로 가기 위해서는 소녀가 살고 있는 마을을 지나야만 했습니다. 어느 날 소녀가 소 떼를 몰고 밖으로 나가니, 그녀가 그토록 그리워하던 왕자님이 지나가는 게 아니겠어요? 늠름하게 말을 타고 가던 공주의 신랑은 소녀를 거들떠보지도 않았지만, 소녀는 그가 사랑하는 왕자임을 한눈에 알아볼 수 있었습니다. 소녀는 마치 날카로운 칼로 심장을 도려내는 듯 마음이 몹시 아팠습니다.

"아, 왕자님은 나만을 바라보시리라 믿었는데 이제는 나를 잊어버리셨구나."

다음 날 왕자는 다시 그 길을 지나가게 되었습니다. 왕자가 가까이 오자, 소녀는 송아지를 쓰다듬으며 말했습니다.

"송아지야, 송아지야, 이리 와서 앉으렴, 너를 돌보는 사람을 잊지 마라. 푸른 라임나무 그늘 아래 사랑하는 사람을 기다리던 신부를, 왕자님은 날 잊어버렸지만."

왕자는 그 목소리를 듣자 그 자리에 말을 멈추고 서서 소녀의 얼굴을 찬찬히 내려다보았습니다. 무엇인가 생각해 내려는 듯, 손을 자신의 눈가에 가져다 댔지만, 곧 서둘러 말을 몰아 길을 떠나버렸습니다.

소녀가 말했습니다.

"아, 이제 그는 나를 알아보지 못하는구나."

그녀의 슬픔은 더욱 커져만 갔습니다.

이윽고 왕궁에서 3일 동안 공주의 결혼을 축하하는 큰 잔치가 열렸습니다. 나라 안 모든 사람들이 초대되었습니다.

'어쩔 수 없어, 이게 마지막이야.'

이렇게 생각한 소녀는 저녁때가 되자 보물들을 묻어 두었던 바위로 갔습니다. 황금빛 태양이 수놓인 옷을 꺼내 입고 온갖 보석으로 화려하게 꾸민 다음, 언제나 수건으로 묶어 감추어 두었던 아름다운 머리칼도 길게 늘어뜨렸습니다. 소녀는 눈부시게 어여쁜 모습으로 돌아와 도시로 가고 있었지만, 캄캄한 어둠 속이라 누구도 그녀를 알아보지 못했습니다. 소녀가 불이 환하게 밝혀진 연회장으로 들어서자 모두들 깜짝 놀라며 뒤로 물러났습니다. 소녀가 누구인지 알아보는 사람은 아무도 없었습니다. 왕자가 성큼성큼 소녀에게 다가섰지만 끝내 누구인지 알아보지 못했습니다. 소녀에게 춤을 청한 왕자는 그녀의 아름다움에 푹 빠져 신부를 까맣게 잊어버리고 말았습니다. 잔치가 끝나자 소녀는 사람들 속으로 모습을 감추었고, 날이 밝기 전에 서둘러 마을로 돌아와 다시 소 돌보는 허름한 옷으로 갈아입었습니다.

다음 날 저녁, 소녀는 은빛 달이 수놓인 옷을 꺼내어 입고 머리에는 반달 모양 보석을 꽂았습니다. 소녀가 연회장에 모습을 나타내자 모든 사람들이 아름다운 그녀에게서 눈을 떼지 못했습니다. 왕자는 서둘러 소녀에게 다가가더니 다른 여인들은 쳐다보지도 않고 오로지 소녀만을 바라본 채 빙글빙글 춤을 추었습니다. 소녀는 떠나기 전 잔치 마지막 날 저녁에 꼭 다시 오겠다는 약속을 해야만 했습니다.

소녀가 세 번째로 모습을 나타냈을 때는 반짝반짝 별이 가득 수놓인 옷을 입고 있었습니다. 머리띠와 허리띠에도 보석들이 별 모양으로 총총히 박혀 있었습니다. 소녀가 오기만을 기다리던 왕자는 소녀의 모습이 보이자마자 재빨리 달려갔습니다. 그가 말했습니다.

"당신이 누구인지 말해 주시오. 마치 오래전부터 아는 사람인 것만 같소."

소녀가 말했습니다.

"기억나지 않으세요? 당신이 내게서 떠날 때 내가 어떻게 했었는지?"

소녀는 그에게 다가가 왼뺨에 살짝 입을 맞추었습니다. 그 순간 왕자는 제

눈을 가리고 있던 비늘이 떨어지는 것만 같았습니다. 마침내 그는 진정한 신부를 알아보았습니다.

"이리 와요. 이제 더는 이곳에 머물지 않을 것이오."

그는 그녀 손을 잡고 연회장을 나가더니 마차로 데려갔습니다. 마치 바람을 타고 날아가듯 말들이 꿈의 성으로 달려갔습니다. 저 멀리 성의 창에서 환하게 새어 나오는 불빛들이 보였습니다. 그들이 라임나무 옆을 지날 때 수많은 반딧불이가 모여들었고, 라임나무는 두꺼운 가지를 흔들며 기분 좋은 향기를 내뿜었습니다. 계단 위에는 색색의 아름다운 꽃들이 가득 피어나고, 방에서는 이름 모를 진귀한 새들의 노랫소리가 울려 퍼졌습니다. 홀에 들어가 보니 성 안에는 두 사람을 축하하려 사람들이 잔뜩 모여 있었을 뿐만 아니라, 결혼식을 맡을 신부님까지 기다리고 있었답니다.

KHM 187

토끼와 고슴도치

Der Hase und der Igel

여러분, 이 이야기는 거짓말처럼 들리지만 사실은 진짜 있었던 일입니다. 나는 이 이야기를 할아버지께 들었는데, 할아버지는 늘 입버릇처럼 이렇게 말씀하셨답니다.

"얘야, 이 이야기는 정말 있었던 일이란다. 거짓이라면 굳이 말할 필요가 없지 않느냐."

자, 이 재미난 이야기를 한번 들어보시겠어요?

한창 메밀꽃 필 수확의 계절, 어느 일요일 아침이었습니다. 해님은 하늘 높이 떠 있고, 들판에는 따스한 아침 바람이 살랑거렸으며 아름답게 노래하는 종달새는 하늘을 날아다니고 있었습니다. 메밀밭에는 벌들이 윙윙거렸습니다. 마을 사람들은 특별한 날에만 입는 나들이옷을 차려입고 교회로 가고 있었습니다. 모든 살아 있는 것들은 행복했습니다. 고슴도치도 마찬가지였지요.

고슴도치는 팔짱을 낀 채 불어오는 아침 바람을 즐기며 제 집 문 앞에 서 있었습니다. 즐겁게 콧노래도 불렀는데, 잘 부르든 못 부르든 기분 좋은 일요일 아침에는 언제나 콧노래를 흥얼거렸습니다. 낮은 소리로 혼자 콧노래를 흥

얼거리던 고슴도치는 문득 아내가 아이들을 씻기는 동안 밭으로 슬쩍 나가 순무가 얼마나 잘 자라고 있는지 한번 보고 와야겠다는 생각이 들었습니다. 순무 밭은 그의 집 바로 옆에 있었고, 그와 가족들은 늘 순무를 먹어왔기 때문에 제 밭이라 여기고 있었던 것입니다. 쇠뿔은 단김에 빼야 하는 법. 고슴도치는 곧바로 현관문을 닫고 밭으로 걸어갔습니다.

그러나 집에서 채 몇 걸음 옮기기도 전에 새까만 가시나무 덤불이 나왔습니다. 이 덤불을 돌아서 완만한 오르막길을 올라 순무 밭으로 가던 고슴도치는 우연히 토끼와 마주쳤습니다. 토끼도 고슴도치처럼 제 양배추가 잘 자라고 있는지 보러 가던 길이었습니다. 고슴도치는 토끼에게 밝은 목소리로 아침 인사를 했습니다. 하지만 늘 귀족 행세를 하는 나쁜 버릇을 갖고 있던 토끼는 몹시도 거만하게 고슴도치의 인사에는 대꾸도 하지 않고 그를 깔보며 말했습니다.

"왜 자네가 이 이른 아침에 밭을 돌아다니고 있나?"

"산책 나왔지."

고슴도치가 말했습니다.

"산책?"

토끼가 껄껄 비웃었습니다.

"자네의 그 볼품없는 다리로는 다른 쓸모 있는 일을 하는 편이 나을 것 같

은데."

이 말을 들은 고슴도치는 몹시 화가 났습니다. 다른 말은 모두 참을 수 있어도 태어날 때부터 휘어 있던 다리를 놀리는 일만은 견딜 수 없었기 때문이지요. 고슴도치가 토끼에게 말했습니다.

"자네 다리가 내 다리보다 더 쓸모 있다고 생각하나 보지?"

토끼가 대답했습니다.

"물론이지."

고슴도치가 말했습니다.

"그렇다면 달리기 시합을 해 볼까? 아마 내가 이길 거야."

토끼가 말했습니다.

"그 굽은 다리로? 웃기는 이야기로군. 하지만 자네가 원한다면 나야 기꺼이 시합해 드리지. 내기에 무엇을 걸겠나?"

고슴도치가 말했습니다.

"프랑스 금화 한 닢과 브랜디 한 병을 걸지."

토끼가 말했습니다.

"좋아. 준비 됐나? 난 바로 뛸 수 있네."

고슴도치가 말했습니다.

"뭘 그리 서두르시나. 아직 식사를 안 했으니, 먼저 집에 가서 아침을 먹고 오겠네. 30분 뒤에 다시 여기서 만나기로 하지."

토끼가 그러자고 하기에 고슴도치는 다시 집으로 갔습니다. 가는 길에 고슴도치는 생각했습니다.

'토끼는 제 긴 다리를 믿고 자신 있어 하지만, 이 시합은 내가 이길 거야. 저렇게 고상한 척하지만, 머리가 좋지 않은 녀석이니 금화와 브랜디는 내 것이 될 거야.'

집에 닿은 고슴도치가 아내에게 말했습니다.

"여보, 얼른 옷을 갈아입고 나랑 밭에 나갑시다."

"무슨 일이에요?"

아내가 물었습니다.

"토끼와 금화 한 닢과 브랜디 한 병을 걸고 달리기 시합을 하기로 했소. 마땅히 당신도 함께 가야지."

아내가 남편에게 버럭 소리를 질렀습니다.

"오, 맙소사. 어리석은 것도 정도가 있지, 정신 나갔어요? 토끼하고 달리기 시합을 해서 이길 수 있다 생각하는 거예요?"

고슴도치가 말했습니다.

"잠자코 있어요. 남자들 일에 여자가 이러쿵저러쿵 하는 게 아니요. 옷이나

갈아입고 따라오기나 해요, 얼른!"

고슴도치는 아내까지 데리고 가서 대체 어떻게 이길 생각일까요?

그녀는 좋든 싫든 따라갈 수밖에 없었습니다. 함께 길을 나서며 고슴도치가 아내에게 말했습니다.

"이제부터 내가 하는 말을 잘 들어요. 저기 봐요, 저 기다란 밭에서 우리가 달리기 시합을 할 텐데, 토끼는 이쪽 고랑에서 저쪽 고랑으로 뛸 것이오. 나는 저 위에서 출발해 다른 고랑 사이로 뛸 것이오. 당신은 여기 이 고랑에 있다가 토끼가 맞은편에서 뛰어오면, '난 벌써 여기 와 있네' 이렇게 크게 외치시오."

그들이 밭에 도착하자, 고슴도치는 아내에게 있을 자리를 알려 주고 위쪽 밭으로 낑낑대며 올라갔습니다. 꼭대기에 올라가 보니 토끼는 벌써 와 있었습니다.

"시작할까?"

토끼가 말했습니다.

"물론이지."

고슴도치가 말했습니다. 그리고 저마다 고랑에 들어가 섰습니다. 토끼가 "하나, 둘, 세엣!" 세고는 바람처럼 달려 나갔습니다. 고슴도치는 세 걸음쯤 가다가 고랑 속에 쭈그려 앉더니 조용히 기다렸습니다.

토끼는 쏜살같이 밭을 내려갔습니다. 그러자 앞쪽에서 기다리고 있던 고슴도치의 아내가 토끼를 보자마자 큰 소리로 외쳤습니다.

"난 벌써 여기 와 있네!"

토끼는 깜짝 놀라 떡 벌어진 입을 다물지 못했습니다. '정말 이상한 일이로군' 이렇게 여길 뿐 고슴도치의 아내라고는 상상도 하지 못했습니다. 둘은 꼭 닮은 부부였기 때문이지요. 토끼는 "내가 지다니. 있을 수 없는 일이야." 혼잣

말로 중얼거리더니 큰 소리로 외쳤습니다. "한 번 더 시합을 하세! 이번에는 방향을 바꾸어 한 번 더 하자고!"

그는 다시 한 번 질풍처럼 달려 나갔습니다. 귀가 뒤로 세차게 휘날릴 정도였습니다. 고슴도치 아내는 가만히 제자리에 앉았습니다. 토끼가 저 위쪽 밭에 이르자, 고슴도치가 그를 맞으며 외쳤습니다.

"난 벌써 여기 와 있네."

토끼는 화가 머리끝까지 났습니다.

"한 번 더 하세! 방향을 바꿔서 한 번 더 하자고!"

고슴도치가 말했습니다.

"괜찮아, 얼마든지 하자고."

이리하여 그들은 93번이나 더 시합을 하게 되었습니다. 물론 고슴도치는 그때마다 이길 수 있었습니다. 토끼가 어느 쪽으로 달려오든 고슴도치와 그 아내가 번갈아 "난 벌써 와 있네." 외치기만 하면 되었으니까요.

그토록 거만했던 토끼는 94번째 시합에서 마침내 더는 뛰지 못하고 밭고랑 한가운데에 쓰러져 목에서 피를 토하며 그 자리에서 죽고 말았습니다. 고슴도치는 내기에서 얻은 금화 한 닢과 브랜디 한 병을 들고 밭고랑 사이에 있는 아내를 불러 기분 좋게 콧노래를 부르며 집으로 돌아갔습니다.

고슴도치 부부가 아직 죽지 않았다면, 어딘가에 살아 있을 것입니다. 그리고 그 들판에서 고슴도치와 달리기 시합을 하다가 토끼가 죽은 뒤로, 세상 모든 토끼들은 무슨 일이 있어도 고슴도치와는 절대로 달리기시합을 하지 않게 되었답니다.

이 이야기 교훈은 첫째, 자신이 아무리 뛰어나다 해도 자기보다 못나 보이는 사람을 우습게 봐서는 안 된다는 것입니다. 고슴도치처럼 보잘것 없는 동물이라 해도 말입니다. 둘째, 누구라도 아내를 맞으려면 자신과 꼭 맞는 사람, 꼭 닮은 사람으로 맞아야 한다는 것입니다. 고슴도치의 아내처럼 말이죠.

KHM 188

물렛가락과 바디와 바늘

Spindel, Weberschiffchen und Nadel

어릴 때 아버지와 어머니를 모두 여읜 소녀가 있었습니다. 마을 한쪽 구석 작은 집에서 실을 잣거나 베를 짜고 바느질을 하며 홀로 살던 소녀의 대모 할머니가 이 의지할 곳 없는 소녀를 데려가 일을 가르쳐 주며 신앙심 깊은 아이로 키웠습니다.

소녀가 15살이 되던 해, 할머니는 병이 들고 말았습니다. 할머니는 아이를 침대 옆으로 불러 말했습니다.

"얘야, 나는 죽을 때가 다 된 것 같구나. 너에게 이 작은 집을 물려주마. 이곳에 있으면 비바람이 불거나 천둥이 쳐도 이 집이 너를 지켜줄 거란다. 그리고 물렛가락과 바디와 바늘도 주마. 이것만 있으면 먹고 살 수 있을 게다."

할머니는 소녀 머리 위에 두 손을 얹고 하느님의 은총이 있기를 빌며 말했습니다.

"늘 하느님을 마음속에 소중히 간직하고 살아라. 그러면 행복해질 게다."

이 말을 마지막으로 할머니는 눈을 감았습니다. 할머니가 땅에 묻힐 때에 소녀는 눈 주위가 시뻘게지도록 눈물을 펑펑 흘리며 관을 뒤따라가 마지막 인사를 했습니다.

소녀는 이제 쓸쓸한 작은 집에서 홀로 지내게 되었습니다. 부지런히 실을 자으며 베를 짜고 바느질도 했습니다. 그녀가 하는 모든 일에는 소녀를 사랑해주던 할머니의 따뜻한 축복이 가득 깃들어 있었습니다. 삼베실이 마치 방 안에서 저절로 불어나는 것만 같았고, 두꺼운 옷감을 짜건 양탄자를 짜건 바느질을 하여 속옷을 만들건 금세 사겠다는 사람이 나타나 후한 값을 치러 주었습니다. 그리하여 소녀는 돈에 큰 어려움 없이 살게 되었을 뿐만 아니라 힘들게 사는 사람들을 도와줄 수도 있었습니다.

그 무렵 이 나라 왕자가 신붓감을 찾기 위해 여기저기를 돌아다니고 있었습니다. 그는 가난하지도 부유하지도 않은 여인을 찾고 있었습니다.

"내 아내가 되려면 가장 가난하면서도 가장 부자여야만 해."

소녀가 사는 마을까지 오게 된 왕자는 언제나처럼 이 마을 여인 가운데 누가 가장 부자이며 누가 가장 가난하냐고 물었습니다. 사람들은 먼저 누구보다 부유한 아가씨 이름을 말해준 뒤, 가장 가난한 여인은 마을 한구석 작은 집에 사는 소녀라며 알려 주었습니다. 부잣집 아가씨는 한껏 멋을 내어 차려입고는 대문 앞에 앉아 있다가, 왕자가 다가가자 자리에서 냉큼 일어나 왕자를 맞으며 꾸벅 절을 하였습니다. 왕자는 그 아가씨를 바라보기만 하다가 한마디 말도 하지 않은 채 그대로 말을 타고 가버렸습니다.

가난한 소녀의 집에 가 보니 소녀는 문 앞에 나와 있기는커녕 제 방에 가만히 앉아 있었습니다. 왕자가 말을 멈추고 햇살이 환히 비치는 창문으로 방 안을 들여다보니 소녀는 물레 앞에 앉아 열심히 실을 잣고 있었습니다. 그런데 소녀의 얼굴이 갑자기 새빨개지더니 내리깔고 있던 눈을 번쩍 떴습니다. 누가 왔는지 알아차렸기 때문이지요. 하지만 소녀는 모르는 척하며 계속 실을 자았습니다. 실이 고르게 자아졌는지는 누구도 모를 일이지만 어쨌든 소녀는 왕자가 사라질 때까지 계속 실을 자았습니다. 왕자가 사라지자 소녀는 창문을 열고 말했습니다.

"방 안이 꽤 덥구나."

창밖으로 모자에 달린 하얀 깃털이 보이지 않을 때까지 왕자의 뒷모습을 지켜보다가, 소녀는 다시 방에 앉아서 실 잣는 일을 계속했습니다. 그때, 예전에 할머니와 함께 일을 할 때 가끔 할머니가 해 주던 말이 떠올라 소녀는 그 노래를 흥얼거렸습니다.

"물렛가락아, 물렛가락아, 밖으로 나가서
그분을 우리 집으로 데려오렴."

그러자 어찌된 일인지 물렛가락이 손에서 미끄러지더니 문밖으로 나가버리는 게 아니겠습니까? 소녀는 깜짝 놀라 벌떡 일어나 물렛가락을 눈으로 쫓았습니다. 물렛가락은 즐겁게 춤을 추며 들판으로 나아가더니, 반짝반짝 빛나는 황금 실 한 가닥을 길게 드리우고는 얼마 지나지 않아 소녀의 눈에서 사라져버렸습니다. 소녀는 물렛가락이 없었으므로 바디를 들고 베틀 앞에 앉아 옷감을 짜기 시작했습니다.

한편 뛰쳐나간 물렛가락은 계속 춤을 추며 앞으로 나아갔습니다. 실이 모두 없어질 무렵, 물렛가락은 왕자 곁에 이르렀습니다.

"이게 뭐지?"

왕자가 큰 소리로 외쳤습니다.

"이 물렛가락이 내게 길을 가르쳐 주려는 건가?"

왕자는 말을 돌려 물렛가락이 드리워 놓은 황금 실을 따라갔습니다. 소녀는 노래를 부르며 일을 하고 있었습니다.

"바디야, 바디야, 곱디곱게 만들어주렴.
그분을 내게 데리고 오렴."

그러자 바디가 소녀의 손을 빠져나와 문밖으로 튀어나가더니 문지방 앞에서 양탄자를 짜기 시작했습니다. 그 누구도 보지 못했을 아름다운 양탄자였습니다. 양옆으로 장미와 백합들이 피어나고, 황금빛 바탕 위에 초록색 잎이 가득한 포도덩굴들이 솟아올랐습니다. 그 사이로 귀여운 토끼들이 뛰놀고, 크고 작은 사슴들이 빼꼼히 고개를 내밀고 있었습니다. 양탄자 위에 수놓인 나뭇가지에는 저마다 아름다운 색을 뽐내는 새들이 가득 앉아 있었습니다. 어찌나 생생하게 수를 놓았던지, 마치 금방이라도 새들이 지지배배 노래를 부를 것만 같았습니다. 바디가 왔다 갔다 하기만 하면, 훌륭한 양탄자가 저절로 짜이는 것이었습니다.

바디가 제 손을 떠났기 때문에 소녀는 바느질을 하기로 했습니다. 바늘을 손에 쥐고 노래를 불렀습니다.

“바늘아, 바늘아, 무엇이든 꿰맬 수 있는 멋진 바늘아.
그분이 오시니 집을 깨끗이 해주렴.”

그러자 바늘이 손가락에서 튀어나가더니 번개처럼 빠르게 방 안 여기저기를 날아다녔습니다. 마치 보이지 않는 요정이 일을 하는 것만 같았습니다. 곧 탁자와 의자에는 초록색 천이 씌워지고, 안락의자에는 벨벳이, 창 하나하나마다 비단 커튼이 드리워졌습니다. 바늘이 마지막 땀을 뜨자마자 창문 너머로 왕자가 쓴 모자에 달린 하얀 깃털이 보였습니다. 그는 물렛가락에 감긴 황금 실을 따라 여기까지 온 것이었습니다. 왕자는 말에서 내려 양탄자를 밟고 집 안으로 들어갔습니다. 방 안에 들어와 보니 초라한 옷을 입은 소녀가 마치 덤불 속 장미처럼 환하게 피어 있었습니다.

“당신이야말로 가장 가난하면서도 가장 부유한 여인입니다.”

왕자가 소녀에게 말했습니다.

“나와 함께 가지 않겠소? 부디 나의 신부가 되어 주시오.”

소녀는 말없이 왕자에게 손을 내밀었습니다. 왕자는 소녀가 내민 손에 입을 맞춘 뒤 꼭 잡고 밖으로 나가 말에 태웠습니다. 그리고 왕의 성으로 데려갔습니다. 성 사람들 모두 크게 기뻐했으며 매우 성대한 결혼식이 열렸습니다. 물렛가락과 바디와 바늘은 성의 보물창고에 소중하게 보관되었습니다.

KHM 189

농부와 악마

Der Bauer und der Teufel

옛날 몹시 꾀 많고 약삭빠른 농부가 있었습니다. 그의 장난에 대한 이야기는 많고 많지만, 그 가운데서도 가장 재미있는 건 뭐니 뭐니 해도 악마를 골탕 먹인 이야기입니다.

어느 날이었습니다. 농부는 밭을 갈다가 땅거미가 지자 집으로 돌아갈 채비를 했습니다. 그때 밭 한가운데에 시뻘겋게 불 붙은 석탄 한 무더기가 보였습니다. 깜짝 놀란 농부가 다가가 보니 산처럼 쌓인 불덩어리 위에 까맣고 작은 악마가 앉아 있는 게 아니겠습니까. 농부가 물었습니다.

"귀중한 보물 위에 앉아 계신 모양이군요?"

악마가 말했습니다.

"그럼, 보물이고말고. 네녀석이 평생 보아온 재산보다 훨씬 더 많은 금과 은이 쌓여 있지."

농부가 말했습니다.

"그 보물은 제 밭에 있으니 제 것이나 다름없군요."

"그래, 네 것이야."

악마가 말을 이었습니다.

"네가 2년 동안 이 밭에서 나는 모든 것의 절반을 나에게 준다면, 이 귀한 보물들을 모두 주지. 난 돈이라면 얼마든지 있지만 땅에서 나는 농작물은 몹시 가지고 싶거든."

그러자 농부는 흥정을 시작했습니다.

"나누어 가질 때 다툼이 일어나면 곤란하니까 땅 위의 것은 당신이 갖고, 땅 아래 것은 내가 갖기로 하지요."

악마는 농부의 제안을 아주 마음에 들어했습니다. 그런데 이 농부는 본디 약삭빠른 사람이라 밭에 순무가 심어져 있다는 사실을 악마에게는 알려주지 않았습니다.

어느덧 시간이 흘러 수확할 때가 되자 농작물을 가지러 악마가 나타났습니다. 그러나 땅 위에는 누렇게 시든 무 잎사귀들밖에 남아 있지 않았습니다. 농부는 빙긋 미소를 지으며 땅 아래서 먹음직스러운 순무들을 캐냈습니다.

"이번에는 네가 이익을 보았지만 다음번에는 그렇게 되지 않을걸. 다음 해에는 땅 위에 자라는 것은 네가 갖고, 땅 아래에 자라는 것을 내가 갖겠다."

악마가 말했습니다.

"좋으실 대로."

농부가 말했습니다.

씨앗을 뿌릴 때가 되자 농부는 꾀를 부려 순무 대신 밀을 심었습니다. 곡식

이 여물자 농부는 밭에 나가 밀을 뿌리만 남기고 모두 베어냈습니다. 악마가 와서 보니 땅 아래에 남아 있는 것이라고는 쓸모없는 뿌리뿐이었습니다. 머리 끝까지 화가 난 악마는 암벽 사이 깊은 골짜기로 내려가 버렸습니다.

"악마는 이렇게 골탕 먹여야 한다니까."

농부는 콧노래를 부르며 재빨리 악마가 남기고 간 보물을 가져왔습니다.

KHM 190
식탁 위의 빵 부스러기
Die Brosamen auf dem Tisch

어느 날 수탉이 병아리들에게 말했습니다.

"어서 안으로 들어와 식탁 위에 놓인 빵부스러기를 맘껏 먹으렴. 주인마님이 먼 곳에 가셨거든."

그러자 병아리들이 말했습니다.

"아냐, 아냐. 안 들어갈래. 주인마님이 알면 틀림없이 두들겨 맞을 거야."

수탉이 다시 말했습니다.

"주인마님이 어떻게 안단 말이야. 어서 들어와. 그리고 빵 부스러기처럼 맛있는 건 그리 자주 먹을 수 있는 게 아냐."

병아리들은 거듭 거절했습니다.

"아냐, 아냐, 우리는 그만둘래. 식탁 위에는 올라가고 싶지 않아."

그러나 수탉이 자꾸만 조르는 바람에 병아리들은 거실 식탁 위에 올라가 빵 부스러기를 몽땅 먹어 치우고 말았습니다. 바로 그때 주인마님이 돌아왔습니다. 마님은 재빨리 막대기를 집어 들고는 병아리들을 마치 이불 먼지라도 털어내듯 마구 두들겨 팼습니다. 어찌나 맞았는지 심한 상처를 입은 병아리도 있었습니다. 겨우 집 밖으로 달아나 한숨 돌린 병아리들이 수탉에게 말했지요.

"거 봐, 거 봐, 거 봐. 우리가 말한 대로잖아."

수탉이 웃으며 말했습니다.

"하, 하, 하, 난 이미 알고 있었지."

그러자 병아리들이 휑하니 어딘가로 가버렸답니다.

KHM 191

바다 달팽이

Das Meerhäschen

어느 나라에 높은 성에서 사는 공주가 있었습니다. 성의 들쭉날쭉한 철탑 바로 아래에 창문이 열두 개나 달린 방이 하나 있었는데, 창문들은 저마다 다른 쪽을 보고 있어서 이 방으로 올라가 아래를 내려다보면 온 나라가 모두 보였습니다. 첫 번째 창문에서는 다른 사람들이 보는 것보다 자세히 볼 수 있었고, 두 번째 창문에서 얼굴을 내밀면 그보다 더 잘 보였으며, 세 번째 창문은 더욱 똑똑히 보였습니다. 다음 창문으로 갈수록 더 잘 보였지요. 열두 번째 창문에서는 땅 위는 물론이고 심지어 땅 아래에서 일어나는 일까지 모두 볼 수 있었습니다. 공주의 눈을 피해 감출 수 있는 일은 이 세상에 그 무엇도 없었습니다.

무척 거만한 공주는 누구의 간섭도 받지 않고 홀로 나라를 다스리려 했습니다. 그래서 공주는 자기가 찾을 수 없을 정도로 몸을 꽁꽁 숨기는 사람이 나타나면 남편으로 삼겠다고 온 나라에 알렸습니다. 많은 젊은이들이 공주와 결혼하기 위해 도전했지만, 자신의 모습을 공주에게 들키는 날이면 목이 잘려 장대에 매달리는 신세가 되고 말았습니다. 이미 성문 앞에는 공주의 신랑이 되려 도전했다가 죽은 사람들의 머리가 꽂힌 장대가 아흔일곱 개나 늘어서 있었습니다. 그 뒤로 오랫동안 공주와 결혼하겠다고 나서는 사람이 없었습니다.

공주는 아주 흡족해하며 '이걸로 평생 나 혼자 나라를 다스리며 살 수 있겠군.' 생각했습니다.

그러던 어느 날 세 형제가 자신들 운을 시험해 보겠다며 공주 앞에 나섰습니다. 맏형은 석회 동굴 안에 숨었습니다. 하지만 공주는 첫 번째 창문을 들여다보더니 곧 그를 발견해서 끌어내 목을 베었습니다. 작은 형은 성 지하실로 숨어들었지만 공주는 이번에도 첫 번째 창문을 들여다보고 쉽게 찾아낼 수 있

LR.

었지요. 그도 목숨을 빼앗겼고, 머리는 아흔아홉 번째 장대에 매달렸습니다.

그러자 막내가 앞으로 나서며 하루만 생각할 시간을 달라고 부탁했습니다. 그리고 만일 자기가 발각되더라도 두 번까지는 자비를 베풀어 달라 간청했습니다. 세 번째에도 들키면 그때는 목숨을 빼앗겨도 원망하지 않겠다는 것이었지요. 막내가 무척이나 잘생긴데다가 매우 절실하게 부탁했으므로 공주는 그 청을 들어주었습니다.

"좋아요, 그렇게 하지요. 하지만 제 눈을 피해 숨지는 못할 거예요."

다음 날, 막내는 어디에 몸을 숨길까 한참을 궁리해 보았지만 뾰족한 수가 떠오르지 않았습니다. 그래서 사냥이나 할 생각으로 총을 들고 나갔지요. 마침 까마귀 한 마리가 보여 조준을 하고 막 방아쇠를 당기려는데, 까마귀가 외쳤습니다.

"제발 쏘지 마세요. 살려주신다면 이 은혜는 꼭 갚겠습니다!"

그래서 막내는 총을 거두고 계속 걸어갔습니다. 그러다가 어느 호숫가에 이르렀는데, 커다란 물고기 한 마리가 수면 위로 떠오르는 게 그의 눈에 띄었습니다. 막내가 총을 겨누자 물고기가 외쳤습니다.

"제발 쏘지 마세요, 살려주신다면 이 은혜는 꼭 갚겠습니다!"

막내는 물고기를 내버려두고 계속 걸어갔습니다. 그러다 가는 길에 다리를 절룩거리는 여우를 발견해서 총을 쏘았지만 총알은 빗나갔습니다. 그러자 여우가 외쳤습니다.

"그러지 말고 이리 와서 제 다리에 박힌 가시나 뽑아주세요."

여우의 말을 들은 막내는 가시를 뽑아주었지만 여우를 죽여 가죽을 벗기려 했습니다. 그러자 여우가 다급하게 말했습니다.

"저를 놓아주시면 이 은혜는 꼭 갚겠습니다."

그는 여우를 놓아주었답니다. 그리고 날이 저물자 집으로 돌아갔지요.

다음 날이 되었습니다. 막내는 어딘가로 몸을 숨겨야 했지만, 아무리 궁리를 해보아도 어디에 숨어야 좋을지 도무지 알 수가 없었습니다. 그는 숲으로 가서 까마귀에게 말했습니다.

"내가 너를 살려 주었으니, 내가 어디에 숨어야 할지 알려다오."

고개 숙인 채 한참을 생각하던 까마귀가 마침내 깍깍대며 말했습니다.

"좋은 곳이 있어요!"

까마귀는 자기 둥지에서 알을 하나 가져와 둘로 쪼개더니 막내를 그 안에 들어가게 하고는 다시 본디대로 닫았습니다. 그리고 알 위에 올라앉았습니다. 공주는 첫 번째 창문을 들여다 보았지만 막내를 찾아낼 수 없었습니다. 두 번째 창문에서도, 세 번째 창문에서도, 네 번째 창문에서도 마찬가지였지요. 창문 밖으로 몸을 쑥 내밀어 살펴보았지만 막내의 모습은 어디에도 보이지 않았습니다. 공주는 차츰 불안해졌습니다. 그러다가 마침내 열한 번째 창문에서 그를 찾아냈습니다. 공주는 사람들을 시켜 까마귀를 총으로 쏘아 버리고 알을 가져와 깨도록 했습니다. 젊은이는 밖으로 나올 수밖에 없었지요. 공주가 말했습니다.

"첫 번째니까 약속대로 살려 주겠어요. 하지만 더 잘 숨지 않으면 당신은 형들과 마찬가지로 죽임을 당할 거예요."

다음 날 그는 호숫가로 가서 물고기에게 말했습니다.

"내가 널 살려 주었으니, 너도 내가 어디에 숨어야 할지 알려다오."

물고기는 한참 고민을 했습니다. 그러다 마침내 외쳤습니다.

"좋은 생각이 있어요! 제 뱃속에 숨는 게 좋겠어요."

물고기는 막내를 꿀꺽 삼키더니 깊은 호수 밑바닥으로 내려갔습니다. 공주는 첫 번째 창문부터 하나하나 밖을 내다보았지만 열한 번째 창문에서도 그의 모습이 보이지 않자 몹시 당황했습니다. 하지만 열두 번째 창문에서 마침내 그를 발견했지요. 공주는 신하들을 시켜 물고기를 잡아 오게 한 다음 배를 갈랐습니다. 막내는 모습을 나타낼 수밖에 없었답니다. 그가 어떤 기분이었을지 모두들 상상할 수 있겠지요? 공주가 말했습니다.

"약속대로 두 번까지 살려 드리지요. 하지만 내일이면 당신 머리는 백 번째 장대에 걸리게 될 거예요."

마지막 날이 되었습니다. 걱정에 걱정을 거듭하던 막내는 무거운 마음으로 들판에 나가 그가 살려준 여우를 만났습니다. 막내가 물었습니다.

"너는 숨을 곳을 많이 알고 있겠지? 내가 널 살려 주었으니, 너도 내가 어디에 숨어야 할지 알려다오."

"그거 무척 어려운 일이로군요."

여우는 그렇게 대답하며 골똘히 생각에 빠졌습니다. 그러다 마침내 여우가 큰 소리로 외쳤습니다.

"좋은 곳이 있어요!"

여우는 그를 데리고 어느 샘으로 갔습니다. 여우가 물속에 몸을 담그자 잡화와 동물을 파는 장사꾼으로 변해서 나오는 게 아니겠어요? 그 모습을 본 막내가 물속에 들어갔다 나오자 그는 작은 군소*[1]로 변했습니다. 장사꾼으로 변한 여우는 도시로 나가 이 귀여운 동물을 사람들 앞에 내보였습니다. 많은 사람들이 군소를 보려 몰려들었습니다. 공주까지 구경을 나왔지요. 이 동물이 무척 마음에 든 공주는, 장사꾼에게 많은 돈을 주고 막내가 변한 군소를 샀습니다. 장사꾼은 공주에게 넘겨주기 전에 군소에게 작게 속삭였습니다.

"공주가 창가로 가거든 얼른 공주의 땋아 늘어뜨린 머리카락 안으로 들어가 숨도록 하세요."

마침내 공주가 막내를 찾아내야 할 시간이 되었습니다. 공주는 차례차례 첫 번째 창문부터 열한 번째 창문까지 가서 내다보았지만 그의 모습은 어디에도 보이지 않았습니다. 열두 번째 창문에서조차 그의 그림자 하나 찾을 수 없었지요. 몹시 화가 난 공주는 창문들을 있는 힘껏 쾅쾅 닫아버렸습니다. 어찌나 세게 닫았던지 창문들이 산산조각나면서 떨어지는 소리로 온 성이 부르르 떨려 흔들릴 정도였지요.

창문에서 휙 돌아선 공주는 땋은 머리카락 안에 군소가 숨어 있다는 것을 느꼈습니다. 공주는 군소를 거칠게 빼내어 바닥에 내동댕이치며 소리 질렀습니다.

"썩 내 눈앞에서 사라져!"

군소는 곧바로 장사꾼에게 달려갔습니다. 그러고는 둘이 함께 샘으로 가서 물속에 몸을 담그고 본디 모습을 되찾았습니다. 젊은이는 여우에게 무척 고마워하며 말했습니다.

"너에 비하면 까마귀와 물고기는 참 어리석었어. 넌 정말 영리하구나. 네가 아니었으면 나는 죽고 말았을 거야!"

막내는 곧바로 성으로 갔습니다. 공주는 이미 체념한 채 그가 오기를 기다리고 있었습니다. 약속대로 공주와 막내의 성대한 결혼식이 열렸습니다. 왕이 된 막내는 온 나라를 다스리게 되었습니다. 그는 자기가 세 번째로 어디에 숨

*1 몸길이 20cm 바다달팽이.

었는지, 또 누가 도와주었는지 아내가 된 공주에게 절대로 이야기하지 않았습니다. 남편이 혼자 힘으로 해낸 것이라 생각한 공주는 평생 남편을 존경하며 '내 남편은 나보다 똑똑한 사람이야' 그렇게 생각했답니다.

KHM 192

가장 뛰어난 도둑

Der Meisterdieb

어느 날 한 초라한 집 앞에서 농부와 그의 아내가 잠시 일손을 놓은 채 쉬고 있었습니다. 그때 갑자기 검은 말 네 마리가 끄는 훌륭한 마차 한 대가 달려오더니 멋지게 차려입은 한 신사가 마차에서 내렸습니다. 농부는 벌떡 일어나 신사에게 다가갔습니다. 무슨 일로 왔는지, 필요한 것이 무엇인지 물었지요. 그러자 낯선 신사는 농부에게 손을 내밀며 말했습니다.

"나는 시골 음식을 한번 먹어 보고 싶습니다. 내게 당신이 늘 드시던 대로 감자 요리를 해 준다면 너무나 기쁘겠군요."

농부는 빙그레 미소 지으며 말했습니다.

"당신은 백작님이시거나 후작님이신가요? 아니면 공작님이시겠지요. 고귀하신 나리들께선 때때로 그런 음식을 드시고 싶어 하시거든요. 원하시는 음식을 마련해 드리겠습니다."

농부의 아내는 얼른 부엌으로 가서, 농부들이 먹는 감자 경단을 만들려고 감자를 씻어서 곱게 갈았습니다. 아내가 음식을 만드는 동안 농부가 신사에게 말했습니다.

"나리, 저와 함께 정원으로 나가시겠어요? 전 아직 해야 할 일이 남았거든요."

정원으로 나간 농부는 땅을 파서 나무를 심으려 했습니다. 그러자 신사가 물었습니다.

"일을 거들어줄 자식은 없으신지요?"

"없습니다."

농부가 쓸쓸한 표정을 지으며 말을 이었습니다.

"아들이 하나 있긴 했습지요. 하지만 이미 오래 전에 고향을 떠나 어딘가로 나가 버렸습니다. 버릇이 잘못 든 아이였지요. 영리하고 약삭빠르지만 됨됨이가 좋지 못한 녀석이라 늘 못된 장난만 치더니, 끝내 제 곁을 떠나버리고 말았습니다. 그 뒤로는 아무 소식도 듣지 못했지요."

농부는 어린 나무 한 그루를 구덩이 안에 넣고는 그 옆에 말뚝을 꽂았습니다. 그런 다음 삽으로 흙을 퍼 넣고 그 위를 꼭꼭 밟더니 밧줄로 나무줄기의 아래쪽과 위쪽을 묶어 말뚝에 단단히 매었습니다. 신사가 말했습니다.

"그런데 왜 저 구석에 있는 구부러지고 울퉁불퉁 마디가 진 나무는 묶어 주지 않습니까? 이 나무들처럼 곧게 자라도록 묶어주지 않나요? 나무줄기가 거의 땅으로 닿을 듯이 휘어 있으니 말입니다."

농부가 미소를 지으며 말했습니다.

"나리, 그건 나리께서 정원 일을 잘 모르시기 때문에 그렇게 말씀하시는 거지요. 저 나무는 이미 나이가 들고 마디가 지어져서 바르게 세울 수가 없답니다. 그래서 나무는 어릴 때 형태를 잘 잡아주어야 하지요."

"어르신네 아드님도 어릴 때 잘 교육하고 잡아 주었더라면 그렇게 멀리 떠나버리지 않았겠군요. 그랬더라면 아드님도 지금쯤 저렇게 단단하게 마디 지고 휘어버린 나무가 되지는 않았겠지요."

"물론 그렇겠지요."

농부가 대답했습니다.

"하지만 떠난 지 오래되었으니 많이 변했을 겁니다."

"만일 아드님이 앞에 나타난다면 알아보시겠습니까?"

신사가 물었습니다.

"아마 얼굴은 알아보기 힘들 겁니다. 하지만 남다른 특징이 있지요. 아들 어깨에는 완두콩만한 반점이 있답니다."

농부가 그 말을 하자 신사는 윗도리를 벗고 어깨를 드러내어 농부에게 완두콩만 한 반점을 보여주었습니다.

"이럴 수가!"

농부가 큰 소리로 부르짖었습니다.

"정말 믿겨지지 않는구나. 네가 내 아들이었다니!"

오랜만에 만난 아들에 대한 사랑이 농부의 가슴속에 용솟음쳤습니다. 그가

덧붙여 말했습니다.

"내 아들이 이토록 훌륭한 신사가 되어 집으로 돌아오다니! 눈으로 보고도 믿을 수가 없구나. 그런데 큰 부자처럼 보이는데 이게 대체 어찌 된 노릇이냐?"

"아버지."

아들이 대답했습니다.

"땅바닥에 닿을 듯 휘어진 그 나무는 어릴 때 제대로 묶어 주지 않았기 때문에 그런 모습으로 자라났답니다. 이제는 너무나 나이가 들어 다시는 돌이키지 못하겠지요. 제가 어떻게 부자가 되었냐고요? 저는 도둑이 되었답니다. 놀라지 마세요. 세상에서 가장 뛰어난 도둑이니까요. 제 앞에서는 자물쇠도 빗장도 아무런 소용이 없습니다. 갖고 싶다는 마음만 먹으면 무엇이든 훔칠 수 있지요. 제가 다른 좀도둑들처럼 도둑질을 한다고 생각하지 마세요. 저는 돈이 넘쳐나는 부자들 것만 훔치니까요. 가난한 사람들 것은 절대로 손대지 않아요. 그들에게는 오히려 훔친 물건을 나누어 준답니다. 저에게는 이것이 큰 기쁨이지요. 또한 쉽게 훔칠 수 있는 재물에는 흥미가 없어요. 저는 노력과 꾀와 솜씨가 필요치 않은 것은 건드리지도 않는답니다."

"아니, 아들아, 그건 모르는 소리란다."

아버지가 말했습니다.

"아무리 좋게 이야기해도 도둑은 도둑일 뿐이잖니. 끝이 좋지 않을까봐 몹시 걱정이 되는구나."

아버지는 아들을 어머니에게 데리고 갔습니다. 어머니는 그가 오래전 헤어진 아들임을 알자 무척이나 기쁜 나머지 엉엉 울었습니다. 하지만 세상에서 가장 뛰어난 도둑이 되었다는 말을 듣자 두 줄기 굵은 슬픔의 눈물이 얼굴 위로 끊임없이 흘러내렸습니다. 그래도 어머니는 이렇게 말했습니다.

"비록 도둑이 되었다 해도 내 아들임에는 틀림없어. 내 아들을 죽기 전에 이렇게 다시 보게 되다니. 정말 기쁘구나."

그들은 함께 식탁에 둘러앉았습니다. 아들은 오랫동안 먹어 보지 못한 초라한 음식들을 부모님과 함께 맛있게 먹었습니다. 아버지가 말했습니다.

"저 위 성에 사시는 우리 영주이신 백작님이 네가 무슨 짓을 하는 사람인지 알게 되는 날에는, 옛날 네가 세례를 받을 때처럼 너를 안고 얼러주는 게 아니라 교수대에 네 목을 대롱대롱 매달아 버릴 테니 조심해야 한다."

"걱정 마세요, 아버지. 그분은 저에게 아무 짓도 못 하실 거예요. 그만큼 저는 제 일에 자신이 있거든요. 제가 먼저 그분을 찾아가겠어요."

날이 저물자 가장 뛰어난 도둑은 마차를 타고 성으로 떠났답니다. 백작은 그를 신분이 높은 사람이라 여기며 예의 바르게 맞아들였습니다. 하지만 손님이 자기 정체를 밝히자 백작은 얼굴이 창백해지며 얼마 동안 말을 잇지 못했답니다. 그러다 백작이 말했습니다.

"나는 네 대부이니 너에게 자비를 베풀어 잘못은 용서해 주마. 네가 가장 뛰어난 도둑이라고 스스로 자신 있게 말하니, 너의 기술을 시험해 보겠다. 만일 통과하지 못하면 너는 밧줄과 결혼식을 올리게 될 것이며 까마귀 울음소리가 네 결혼식 축가가 될 것이다."

"백작님."

가장 뛰어난 도둑이 대답했습니다.

"아무리 어려운 과제라도 상관없으니 세 가지만 생각해 주세요. 제가 그것을 풀지 못한다면 어떤 처벌이라도 달게 받겠습니다."

백작은 잠시 생각해 보더니 말했습니다.

"좋다. 첫 번째 과제는 내가 사랑하는 말을 마구간에서 훔쳐 내는 것이다. 그 다음에는 우리 부부가 자고 있을 때 밑에 깔린 이불을 우리 모르게 빼내야 한다. 그러면서 아내 손가락에 끼워진 결혼반지도 함께 훔쳐내 보아라. 마지막 과제는 성당에서 신부와 성당지기를 훔쳐오는 것이다. 어떠냐, 할 수 있겠느냐? 네 목숨이 달린 일이니 잘 생각해 보거라."

가장 뛰어난 도둑은 곧바로 가까운 도시로 가서 농사꾼 아낙네가 입고 있는 옷을 샀습니다. 아들은 그 옷으로 갈아 입은 다음 얼굴을 갈색으로 칠하고, 주름살을 그려 넣었습니다. 누구도 그를 알아볼 수 없게 되었지요. 그는 오래되고 질 좋은 헝가리산 포도주를 작은 통에다 채운 다음, 잠 오는 약을 탔습니다. 그러고는 통을 넣은 광주리를 등에다 짊어진 채 백작의 성으로 비틀비틀 조심스럽게 걸음을 옮겼습니다. 날이 캄캄해질 무렵 성에 도착했습니다. 그는 성 마당에 놓인 돌 위에 걸터앉아 폐병 앓는 할머니처럼 콜록콜록 기침을 해댔습니다. 그러면서 추워 못 견디겠다는 듯이 두 손을 비볐지요. 마구간 문 앞에는 병사들이 모닥불을 피워 놓고 둘러앉아 있었습니다. 그 가운데 한 병사가 할머니로 분한 도둑을 큰 소리로 불렀습니다.

"할머니, 이리 와서 몸 좀 녹이세요. 주무실 곳이 없나본데, 여기서 하루 묵어가시지요."

힘없이 비척비척 그들에게 다가간 도둑은 등에서 광주리를 내리는 걸 도와달라 부탁하고는 불 옆에 앉았습니다. 한 병사가 물었습니다.

"할머니, 그 통 안에는 무엇이 들었나요?"

도둑이 대답했습니다.

"질 좋은 포도주가 들어 있지. 난 이걸 팔아서 먹고 사는 장사꾼이라오. 돈만 낸다면 여러분에게도 기꺼이 드리지요."

"그럼 여기 한 잔 주세요."

한 잔 맛을 본 병사가 외쳤습니다.

"참 좋은 술이네요. 한 잔 더 마시고 싶군요."

그러고는 또 한 잔을 받아 마셨습니다. 다른 병사들도 모두 그를 따라 포도주를 마셨습니다.

"이봐, 자네들."

한 병사가 마구간 안에 앉아 있는 동료들을 불렀습니다.

"여기 할머니께서 당신 나이만큼이나 오래된 포도주를 가져오셨다네. 한 모금씩들 들라고. 불을 쬐는 것보다 뱃속이 더 따뜻해질 거야."

그러자 도둑은 재빨리 술통을 들고 마구간으로 들어갔습니다. 마구간에 들어가 보니 한 병사가 백작의 말안장 위에 앉아 있었고, 다른 병사는 고삐를 쥐고 있었으며, 또 한 병사는 말꼬리를 움켜잡고 있었습니다. 도둑은 그들이 달라는 대로 술을 주었고, 마침내 술통은 바닥이 나고 말았습니다. 잠시 뒤, 병사는 손에 쥐고 있던 고삐를 떨어뜨리더니 풀썩 주저앉아 코를 골았습니다. 다른 병사도 말 꼬리를 놓고 푹 고꾸라지며 더 큰 소리로 코를 골았지요. 안장 위에 앉아 있던 병사는 고개를 말 목덜미에 닿을 정도로 깊이 떨군 채 입으로 푸푸 대장간 풀무질 소리보다 큰 바람 소리를 내며 잠들어 있었습니다. 밖에 있던 병사들은 이미 잠든 지 오래였지요. 그들은 땅바닥에 퍼질러 누워 마치 돌로 만들어진 인형들처럼 꿈쩍도 하지 않았답니다.

가장 뛰어난 도둑은 고삐를 잡았던 병사의 손에 밧줄을 대신 쥐여 주고, 말

꼬리를 잡았던 병사 손에는 짚으로 만든 빗자루를 쥐여 주었습니다. 말 등에 앉은 병사는 어떻게 해야 좋을까요? 말에서 내려놓으면 잠에서 깨어나 고함을 버럭 지를 수도 있으니까요. 하지만 그는 누구보다 뛰어난 도둑입니다. 안장의 가죽 끈을 풀어내더니, 둘둘 말려 벽에 걸려 있던 밧줄을 내려 안장에 단단히 묶었습니다. 그런 다음 푸푸 소리를 내며 잠든 병사를 안장째 높이 들어 올리고는 밧줄을 기둥에다 돌려 단단히 붙들어 매었습니다. 말은 사슬에서 금세 풀어낼 수 있었습니다. 하지만 말이 돌이 깔린 길 위를 그냥 달렸다가는 성 사람들에게까지 시끄러운 소리가 들릴 것입니다. 그래서 먼저 말발굽을 낡은 천 조각으로 둘둘 감싼 다음 조심스럽게 고삐를 잡고 밖으로 끌어냈답니다. 돌이 깔린 길에서 벗어나자 그는 말 위에 훌쩍 올라타 쏜살같이 그곳을 빠져나왔습니다.

날이 밝자 가장 뛰어난 도둑은 훔쳐낸 말을 타고 성으로 달려갔습니다. 백작은 막 잠에서 깨어나 창밖을 내려다보고 있었습니다.

"안녕하세요, 백작님."

그가 외쳤습니다.

"여기 백작님의 말을 마구간에서 데려왔습니다. 운이 좋았지요. 병사들이 드러누워 단잠에 빠져 있는 게 아니겠어요. 지금 마구간에 가시면 그들이 얼마나 편하게 자는지 직접 보실 수 있을 겁니다."

백작은 저도 모르게 웃고 말았습니다.

"한 번은 성공했는지 모르지만 두 번째는 그리 쉽게 되지는 않을 게야. 그리고 경고하겠는데, 도둑질하는 너를 만나게 되면 다른 도둑들과 똑같이 여길 것이니 조심해야 한다."

밤이 되자 백작 부인은 결혼반지를 낀 손을 꼭 쥔 채 잠자리에 들었습니다. 백작이 말했습니다.

"문이란 문은 모두 잠그고 단단히 빗장을 질러 두었으니 마음 편히 주무시오. 나는 자지 않고 기다리다가 그 녀석이 창문으로 올라오면 총으로 쏘아 떨어뜨릴 작정이오."

가장 뛰어난 도둑은 캄캄한 밤이 되자 교수대로 갔습니다. 그리고 거기 매달려 있는 가엾은 죄수의 시신을 등에 짊어지고는 백작의 성으로 갔습니다. 그는 백작의 침실 창문에 사다리를 기대어 놓고는 시체를 어깨에 메고 올라갔습니다. 이윽고 시체의 머리가 창문 밖으로 나타나자, 뜬눈으로 침대에서 기다리고 있던 백작이 방아쇠를 당겼습니다. 그 순간 가장 뛰어난 도둑은 얼른 죄수 시체를 아래로 떨어뜨렸습니다. 그러고는 재빨리 사다리를 내려가 한쪽 구석에 몸을 숨겼습니다. 그날 밤은 달이 무척 밝아서, 가장 뛰어난 도둑은 백작이 창문에서 사다리를 타고 내려와 시체를 묘지로 실어 가는 모습을 똑똑히 볼 수 있었습니다. 묘지에 다다른 백작은 시체를 묻으려 구덩이를 파기 시작했습니다.

'기회는 이때다.'

이렇게 생각한 도둑은 잽싸게 구석에서 빠져나와 사다리를 타고 곧장 백작 부인의 침실로 올라갔답니다. 그러고는 백작의 목소리를 흉내 냈지요.

"여보, 도둑은 죽었다오. 그렇지만 누가 뭐라 해도 나는 그 녀석의 대부요. 비록 도둑질은 했지만 악당이라 부를 만큼 나쁜 녀석은 아니었다오. 나는 그 녀석이 죽은 뒤에도 사람들 앞에서 창피를 당하는 건 견딜 수가 없구려. 그 녀석 부모의 마음을 생각하면 정말 안된 일이지. 그러니 이 일이 알려지지 않도록 날이 밝기 전에 녀석을 묻어주고 와야겠소. 당신이 깔고 있는 이불을 주시오. 시체를 둘둘 말아 개를 묻듯 묻어야 하니 말이오."

그러자 백작 부인은 그에게 깔고 있던 이불을 내주었습니다. 도둑이 말을 이었습니다.

"이렇게 말하면 이상하게 들릴지 모르겠지만, 저 가엾은 녀석에게 뭐라도 해주고 싶은데 당신이 끼고 있는 반지를 주지 않겠소? 불쌍하게도 그것 때문에 목숨을 잃었으니 저승 가는 길에 함께 묻어주고 싶구려."

백작 부인은 마음이 내키지 않았지만 남편 뜻을 거스를 수 없어 반지를 손가락에서 빼내 건네주었습니다. 도둑은 백작이 정원에서 무덤을 파는 일을 마치기 전에 이불과 반지를 들고 무사히 집으로 돌아올 수 있었습니다.

다음 날 아침이 되자 가장 뛰어난 도둑은 백작 부부가 깔고 자던 이불과 반지를 들고 당당하게 나타났답니다. 백작은 얼굴이 하얗게 질렸습니다.

"마법이라도 부렸느냐?"

백작이 물었습니다.

"내 손으로 너를 묻고 왔는데 어떻게 다시 살아 돌아왔단 말이냐?"

"무덤에 묻힌 사람은 제가 아니었습니다."

도둑이 대답했습니다.

"백작님께서는 교수대에 매달려 있던 불쌍한 죄수를 묻어주셨습니다."

그러면서 모든 이야기를 처음부터 끝까지 자세히 들려주었습니다. 백작은 그가 무척 꾀가 많고 솜씨 좋은 도둑임을 인정하지 않을 수 없었지요. 하지만 이렇게 덧붙여 말했습니다.

"아직 끝난 것이 아니다. 세 번째 과제를 풀어야 하니까. 이번에 성공하지 못하면 모두 소용없는 일이다"

가장 뛰어난 도둑은 아무런 말없이 싱글싱글 미소만 지었습니다. 이윽고 밤이 되자 그는 등에 기다란 자루를 메고 작은 꾸러미를 겨드랑이에 끼운 채 손에는 등불을 들고 마을 성당으로 갔습니다. 등에 멘 자루에는 게가 들어 있었고 꾸러미에는 짧은 양초들이 들어 있었습니다. 그는 묘지에 걸터앉아 자루에서 게 한 마리를 꺼내 등딱지에 양초를 붙인 다음, 바닥에 내려놓아 기어가게 했습니다. 그렇게 마지막 게까지 모두 불붙인 양초를 붙여 기어 나가게 한 다음, 그는 수도사 옷처럼 보이는 길고 검은 옷을 입었습니다. 턱에는 회색 수염까지 붙였지요. 그렇게 누가 봐도 알아보지 못하도록 변장을 한 도둑은 게를 담아 왔던 자루를 메고 성당으로 들어가 설교단 위에 올라섰습니다. 그때 시계탑 시계가 막 열두 시를 알렸습니다. 열두 번째 종소리가 끝나자마자 그는 쩌렁쩌렁 울리는 소리로 외쳤습니다.

"들어라, 죄로 가득한 인간들아. 세상의 종말이 왔다. 최후의 심판이 가까워졌다. 모두들 잘 들어라, 잘 들어! 나와 함께 하늘나라로 가려거든 모두 자루 안으로 기어 들어가라. 나는 하늘 문을 지키는 성 베드로이니라. 보아라, 저 묘지 위에 죽은 자들의 망령이 자기 뼈들을 모으려고 떠돌아다니고 있지 않느냐. 어서 오너라, 어서 와! 어서 자루 안으로 들어오너라. 이제 곧 세상이 멸망하느니라."

그가 외치는 소리는 온 마을에 울려 퍼졌습니다. 성당 바로 옆에 살고 있던 신부와 성당지기는 가장 먼저 그 소리를 들을 수 있었습니다. 묘지 위를 이리저리 돌아다니는 불빛을 보고 뭔가 심상치 않은 일이 벌어졌다는 것을 알아차린 그들은 재빨리 성당 안으로 들어갔습니다. 잠시 도둑의 설교를 듣던 성당지기가 신부의 옆구리를 쿡쿡 찌르며 말했습니다.

"신부님, 이 기회를 이용해 마지막 심판의 날이 닥치기 전에 편히 하늘나라로 올라가는 것도 나쁘지 않겠는데요."

"자네 말이 맞군."

신부가 맞장구쳤습니다.

"내 생각도 그러네. 자네 생각도 그렇다면 우리 함께 가세나."

성당지기가 말했습니다.

"그래요. 신부님, 신부님께서 먼저 가십시오. 제가 뒤따라가겠습니다."

그리하여 신부는 앞장서서 가장 뛰어난 도둑이 자루를 벌리고 있는 설교단으로 올라갔답니다. 신부가 자루 안으로 기어들자 성당지기가 그 뒤를 따랐습

니다. 두 사람 모두 자루 속으로 들어가자 가장 뛰어난 도둑은 재빨리 자루 주둥이를 단단히 묶은 다음, 설교단 아래로 질질 끌고 내려갔습니다. 두 바보의 머리가 계단에 쿵쿵 부딪힐 때마다 도둑은 이렇게 소리쳤습니다.

"산을 넘어가고 있느니라."

마을을 지날 때도 마찬가지로 질질 끌고 갔습니다. 그러다가 물웅덩이를 지날 때면 이렇게 외쳤습니다.

"축축한 비구름 속을 지나고 있느니라."

마침내 그는 백작 성의 계단을 오르기 시작했습니다. 그가 외쳤습니다.

"이제 하늘나라 계단을 오르고 있다. 곧 마당에 닿을 것이니라."

성에 다 올라오자 그는 자루를 비둘기장 안에 밀어 넣었습니다. 놀란 비둘기들이 날개를 퍼덕이자 그가 말했습니다.

"들리느냐? 천사들이 기뻐서 날갯짓을 하는구나."

가장 뛰어난 도둑은 밖으로 나와 빗장을 단단히 걸어 잠그고 집으로 돌아갔습니다.

다음 날 아침 그는 백작을 찾아가 신부와 성당지기를 훔쳐 내라는 세 번째 과제도 무사히 풀었다고 이야기했습니다.

"그들은 어디다 두었느냐?"

백작이 물었습니다.

“그들은 자루 안에 들어간 채로 비둘기장에 갇혀 있습니다만, 자신들이 하늘나라에 있다고 믿고 있을 겁니다.”

백작은 직접 비둘기장으로 올라가 도둑의 말이 사실임을 확인했습니다. 백작은 신부와 성당지기를 풀어주고 나서 말했습니다.

“너는 참으로 뛰어난 도둑이로구나. 네가 이겼다. 이번에는 너를 털끝 하나 손대지 않고 놓아주겠다. 하지만 내가 다스리는 이 땅에선 떠나야 한다. 만일 다시 이곳에 발을 들여놓는 날에는 교수대 위에 오를 각오를 해야 할 게다.”

세상에서 가장 뛰어난 도둑은 그의 부모와 작별 인사를 나누고 다시 먼 곳으로 떠났습니다. 그 뒤로 그의 소식을 들은 사람은 아무도 없었답니다.

KHM 193
북 치는 소년
Der Trommler

어느 저녁, 북 치는 소년이 홀로 들판을 걷다가 호숫가를 지나게 되었습니다. 물가에는 하얀 삼베천이 세 조각 떨어져 있었습니다.

“참으로 고운 천인걸.”

소년은 그렇게 말하며 천 조각 하나를 집어 주머니에 넣었습니다. 집으로 돌아간 소년은 주운 천을 까맣게 잊어버리고 잠자리에 누웠습니다. 막 잠이 들려 하는데 누군가 자기 이름을 부르는 듯한 느낌이 들어 가만히 귀를 기울여 보니 아주 가느다란 목소리가 그를 부르고 있었습니다.

“북 치는 소년이여, 북 치는 소년이여, 눈을 떠보세요.”

캄캄한 밤이었기에 잘 보이지는 않았지만, 침대 머리맡에 사람 그림자 같은 것이 어른어른거렸습니다. 소년이 물었습니다.

“누구세요? 무슨 일이죠?”

그러자 목소리가 대답했습니다.

“제 속옷을 돌려주세요. 엊저녁 호수에서 가져가셨잖아요.”

어둠 속 목소리에게 북 치는 소년이 말했습니다.

"당신이 누구신지 말하면 돌려드리지요."

목소리가 대답했습니다.

"말씀드리려니 눈물이 나올 것만 같군요. 저는 어느 힘센 왕의 딸인데 마녀의 마법에 걸려 유리 산에 갇혔답니다. 날마다 두 언니들과 함께 호수에서 목욕을 해야만 합니다. 그런데 속옷이 없으면 날아서 유리 산으로 돌아갈 수가 없어요. 언니들은 벌써 떠났는데 저만 이렇게 홀로 남았어요. 제발 제 속옷을 돌려주세요."

북 치는 소년이 말했습니다.

"걱정하지 마세요, 가엾은 공주님. 기꺼이 돌려드리겠습니다."

그는 주머니에서 천을 꺼내어 어둠 속으로 내밀었습니다. 공주는 얼른 천을 움켜쥐더니 바로 떠나려 했습니다. 북 치는 소년이 말했습니다.

"잠깐 기다려요. 제가 도와 드릴 일이 없을까요?"

"저를 구하시려면 유리 산에 올라오셔서 마녀의 마법에서 벗어나게 해 주시면 됩니다. 하지만 유리 산은 쉽게 오르지 못한답니다. 운 좋게 산 가까이 오더라도 꼭대기까지 올라가지는 못할 거예요."

"저는 마음만 먹으면 뭐든지 해내는 사람입니다."

북 치는 소년이 자신 있게 대답하고는 곧 말을 이었습니다.

"당신이 가엾다는 생각이 드는군요. 저는 그 무엇도 두렵지 않습니다. 그런데 유리 산으로 가려면 어떻게 해야 하나요."

"사람 잡아먹는 도깨비들이 사는 커다란 숲을 지나면 됩니다."

공주가 대답했습니다.

"제가 말해드릴 수 있는 건 그것뿐이랍니다."

그러고는 소녀가 스르륵 날아서 사라지는 소리가 들렸습니다.

날이 밝자 북 치는 소년은 길을 떠났습니다. 북을 둘러메고 겁도 없이 곧장 도깨비가 살고 있다는 숲으로 들어갔습니다. 한참을 걸었지만 도깨비는 보이지 않았습니다. 북 치는 소년은 '이 잠꾸러기들을 깨워야겠다' 생각해서 북을 앞으로 메고 둥둥둥둥 치기 시작했습니다. 북소리에 놀란 새들이 울면서 나무 사이를 날아다니는 바람에 숲이 소란스러워졌습니다. 오래지 않아 풀밭에 누워서 낮잠을 자던 거인이 벌떡 일어섰습니다. 전나무만큼이나 큰 거인이었지요. 그가 외쳤습니다.

"뭐야? 모처럼 단잠을 자고 있는데 이 꼬마 녀석은 왜 시끄럽게 북을 쳐서 나를 깨우는 거야?"

"동료들이 내 뒤를 따라오고 있으니 그들에게 길을 가르쳐 주려 북을 치는 거야."

소년이 대답했습니다.

"무슨 볼 일이 있기에 내 숲에 들어온 거지?"

"그야 너 같은 괴물을 죽여서 숲을 깨끗이 청소하기 위해서지."

거인이 말했습니다.

"개미 같이 조그만 녀석들이 말이냐? 모두 짓밟아 버리겠다!"

"그렇게 할 수 있을까?"

북 치는 소년이 말했습니다.

"네가 한 사람을 잡으려 몸을 구부리면 그 사람은 팔짝 뛰어 어딘가로 숨어버릴 거야. 그러다가 네가 누워서 잠을 자려 하면 덤불 속에서 사람들이 줄지어 나타나서는 네 위로 기어오를 거야. 모두들 쇠망치를 허리에 차고 있으니 그걸로 네 머리통을 깨부숴버릴걸."

소년의 말을 듣자 거인은 몹시 기분이 언짢아졌습니다.

'이런 꾀 많은 놈들을 잡으려다가 오히려 내가 당할지도 모르겠는걸. 늑대나 곰 따위야 한 손으로 눌러버릴 수 있지만, 요렇게 땅버러지 같은 것들은 하나하나 막아내기가 힘들거든.'

"이봐, 꼬맹이."

거인이 말했습니다.

"너희들이 물러간다면, 앞으로는 너나 네 친구들에게 아무 짓도 안 하겠다고 내 약속하지. 그리고 더 바라는 게 있으면 말해 봐. 기꺼이 들어줄 테니까."

북 치는 소년이 말했습니다.

"너는 다리가 기니까 나보다 빨리 걸을 수 있지? 나를 유리 산으로 데려다 줘. 그렇게 해주면 동료들에게 물러가라는 신호를 보낼게. 그럼 내 친구들도 너를 건드리지 않을 거야."

거인이 말했습니다.

"좋아, 이리 와서 내 어깨에 올라타. 원하는 곳으로 데려다줄 테니까."

거인이 그를 들어 어깨 위에 올려놓자, 북 치는 소년은 둥둥둥둥 신나게 북

을 울렸습니다. 거인은 '다른 녀석들더러 물러가라는 신호인가 보다' 생각했습니다. 얼마쯤 걸어가니 또 다른 거인이 나타났습니다. 그는 북 치는 소년을 첫 번째 거인 어깨 위에서 집어내 자기 단춧구멍에 꽂았습니다. 북 치는 소년은 사발만큼이나 큰 단추를 꼭 붙들고 기대어 편한 얼굴로 주위를 둘러보았습니다. 그 다음 세 번째 거인이 있는 곳에 이르자, 그는 소년을 단춧구멍에서 빼내어 자기가 쓴 모자 챙 위에 올려놓았습니다. 북 치는 소년은 그 모자 위에서 이리저리 거닐며 나무들을 내려다보았습니다. 얼마쯤 가니 푸른 하늘 저 멀리 산이 하나 보였습니다.

'저게 틀림없이 유리 산일 거야.'

북 치는 소년은 생각했습니다. 정말로 유리 산이었지요. 거인이 서너 걸음 더 걷자 금세 산기슭에 닿았습니다. 거인은 그를 산 앞에 내려놓았습니다. 북 치는 소년은 유리 산 꼭대기까지 데려다달라고 했지만 거인은 고개를 절레절레 젓더니 투덜거리며 숲으로 돌아가 버렸습니다.

북 치는 소년은 유리 산 앞에서 어쩔 줄 모르고 서 있었습니다. 보통 산을 세 개나 쌓아 놓은 것만큼 높은 산인데다가 거울처럼 몹시 매끄러워 도무지 기어오를 방법이 없었거든요. 한번 기어올라 보기도 했지만 곧 주르륵 다시 미끄러지고 말았습니다.

'내가 새라면 얼마나 좋을까.'

하지만 암만 생각해 본들 아무런 소용없는 일이었습니다. 없는 날개가 갑자기 돋아날 리도 없으니까요. 어찌할 바를 모르고 멍하니 서 있는데, 멀지 않은 곳에서 두 남자가 심하게 싸우고 있는 모습이 보였습니다. 소년이 가까이 가서 보니 그들 앞에 안장이 하나 놓여 있는데, 서로 그것을 차지하겠다며 다투고 있는 것이었습니다.

"말도 없는데 안장을 놓고 싸우다니 바보들 같군요."

소년이 말했습니다.

"이 안장은 그럴 만한 가치가 있소."

한 남자가 대답했습니다.

"여기 앉아서 가고 싶은 곳을 말하면, 원하는 곳으로 데려다주지요. 그곳이 세상 끝이라 해도 말이오. 안장은 우리 두 사람 것인데 내가 탈 차례인데도 저 사람이 말을 듣지 않는 거요."

"제가 해결해 드리겠습니다."

북 치는 소년이 말했습니다. 그리고 조금 떨어진 곳으로 걸어가 하얀 막대기를 땅에 꽂아 놓고 돌아와 말했습니다.

"저기 막대기가 있는 곳까지 뛰어가 앞서 도착하는 사람이 먼저 안장에 올라타면 됩니다."

두 사람은 얼른 뛰기 시작했습니다. 그런데 그들이 몇 발짝 채 떼기도 전에 북 치는 소년은 냉큼 안장에 올라타고 유리 산 꼭대기로 데려다 달라 빌었습니다. 그러자 그는 눈 깜빡할 사이에 유리 산 꼭대기에 올라와 있었습니다. 산 위에는 평지가 있었고, 그곳에 낡은 돌집이 한 채 있었습니다. 집 앞에는 커다란 연못이 있고, 뒤로는 검은 숲이 펼쳐져 있었지요. 사람도 짐승도 보이지 않으며 주위는 쥐 죽은 듯 조용하기만 했습니다. 차가운 바람만이 나뭇가지를 스치며 바스락거리고, 구름이 소리 없이 머리 위로 흘러가고 있었습니다. 그는 집으로 다가가 문을 두드렸습니다. 세 번을 두드리니 갈색 얼굴에 눈이 빨간 노파가 문을 열었습니다. 기다란 콧등에 안경을 걸친 노파는 북 치는 소년을 날카롭게 쳐다보며 왜 문을 두드렸냐고 물었습니다.

"안으로 들여보내 주시겠어요? 먹을 것과 잠잘 곳을 마련해 주셨으면 합니다."

북 치는 소년이 말했습니다.

"대신 내가 시키는 일을 세 가지 해주어야 해."

노파가 말했습니다.

"걱정마세요, 할머니."

북 치는 소년이 씩씩하게 대답했습니다.

"저는 어떤 어려운 일이라도 척척 해낸답니다."

노파는 그를 안으로 들어오게 한 다음 곧 먹을 것을 가져다주었습니다. 밤에는 푹신한 침대도 내주었지요. 이튿날 아침 그가 잠에서 깨자 노파는 가느다란 손가락에서 골무를 빼내 북 치는 소년에게 주면서 말했답니다.

"이제 가서 일을 해야지. 밤이 되기 전까지 저 바깥에 있는 연못물을 이 골무로 모두 퍼내야 한다. 또 물속에 있는 물고기들을 한 마리도 빠짐없이 큰 순서대로 늘어놓도록 해라."

"그것 참 이상한 일을 시키시는군요."

북 치는 소년은 말했습니다. 그러고는 연못으로 가서 물을 퍼내기 시작했습니다. 낮 동안 쉬지 않고 열심히 퍼냈지만, 조그만 골무 한 개로 그렇게 많은 물을 퍼내기란 천 년이 걸린다 해도 할 수 있을지 모를 일이었습니다. 점심때가 되자 '모두 부질없는 짓이야. 내가 일을 하건 안 하건 마찬가지인걸!' 이런 생각이 들었지요. 소년은 일을 멈추더니 바닥에 털썩 주저앉아 버렸습니다. 그때 집에서 한 소녀가 나와 먹을 것이 든 바구니를 그의 앞에 내려놓으며 말했습니다.

"왜 그리 슬퍼하고 계신가요? 무슨 안 좋은 일이라도 있으세요?"

고개를 들어보니 그 소녀는 매우 아름다웠습니다. 그가 말했습니다.

"저 오두막에 사는 할머니가 시키는 일 세 가지를 하기로 했는데, 해가 지기 전에 연못물을 모두 퍼내야 한답니다. 또 물속에 있는 물고기들을 한 마리도 빠짐없이 크기대로 늘어놓아야 하지요. 그런데 물을 퍼내는 일도 못할 것 같은데 물고기를 어떻게 늘어놓겠어요? 저는 여기에 사시는 공주님을 찾으러 왔지만, 보이지 않으니 다른 곳으로 떠나야 할 것 같아요."

"잠시만 기다려 보세요."

그녀가 말했습니다.

"제가 도와 드릴게요. 피곤하신 듯하니 제 무릎을 베고 잠시 눈을 붙이세요. 자고 일어나면 일이 모두 끝나 있을 거예요."

북 치는 소년은 소녀가 시키는 대로 했습니다. 소년이 눈을 감자마자 소녀는 요술 반지를 돌리며 이렇게 말했습니다.

"물아, 솟아올라라. 물고기야, 나와라."

그러자 물이 마치 하얀 안개처럼 높이 솟아오르며 구름과 함께 어딘가로 흘러가 버리는 게 아니겠습니까? 물고기들은 철썩철썩 소리를 내며 연못가로 뛰어오르더니 크기대로 나란히 누웠습니다. 이윽고 잠에서 깨어난 북 치는 소년은 일이 모두 끝난 것을 보자 깜짝 놀랐습니다. 소녀가 말했습니다.

"물고기 한 마리가 자기 무리에서 떨어져 혼자 놓여 있을 거예요. 오늘 저녁 할머니가 일이 끝났는지 보러 오면 '이 물고기는 왜 혼자 있지?' 이렇게 물을 겁니다. 그러면 물고기를 할머니의 얼굴에 던지면서 '늙은 마녀야, 너에게 줄 것은 이 물고기뿐이다' 말하세요."

저녁때가 되자 노파가 나타나더니 정말로 그렇게 물었습니다. 그는 소녀가 일러준 대로 물고기를 노파의 얼굴에 던지며 외쳤습니다. 노파는 아무것도 모르는 척 잠자코 있었지만 그를 쳐다보는 눈에는 독기가 서려 있었습니다. 다음날 아침 노파가 말했습니다.

"어제 일은 너무 쉬웠던 것 같으니 오늘은 조금 더 어려운 일을 주겠다. 이 숲의 나무를 한 그루도 남김없이 베어 도끼로 쪼갠 다음 높이 쌓아 올려 불을 지펴 놓아라. 저녁때까지 일을 모두 끝내야 한다."

그러면서 노파는 그에게 도끼와 망치 그리고 쐐기 두 개를 주었답니다. 그런데 도끼는 납으로 만들어져 몹시 무거웠으며, 망치와 쐐기는 양철로 되어 있었습니다. 나무를 도끼로 찍자 금세 끝이 휘어버렸고, 망치와 쐐기는 맥없이 납작하게 찌그러졌습니다. 그는 어찌할 바를 몰랐습니다. 점심때가 되자 소녀가 다시 음식을 들고 와서 그를 위로했습니다.

"제 무릎을 베고 잠깐 눈을 붙이세요. 자고 일어나면 모든 일이 다 되어 있을 거예요."

소녀는 이번에도 요술 반지를 돌렸습니다. 그 순간 온 숲의 나무들이 엄청난 소리를 내며 쓰러지더니 저절로 장작으로 쪼개지면서 척척 쌓이는 게 아니겠습니까? 마치 보이지 않는 거인들이 일을 하는 것처럼 보였습니다. 잠들었던 그가 눈을 뜨자 소녀가 말했습니다.

"나무들이 모두 장작이 되어 쌓여 있는 게 보이지요? 하지만 큰 나뭇가지 하나는 그냥 남아 있답니다. 오늘 저녁 할머니가 와서 이건 무슨 나뭇가지냐고 묻거든 그것으로 할머니를 한 대 때리면서 '이 마녀야, 너에게 줄 것은 이거뿐이다' 이렇게 말하세요."

저녁때가 되자 노파가 왔습니다. 쌓여 있는 장작더미를 본 노파가 말했습니다.

"거 봐, 너에게는 참 쉬운 일이지. 그런데 저기 있는 나뭇가지는 뭐지?"

"이 마녀야, 너에게 줄 것은 이거뿐이다."

그는 이렇게 말하며 나뭇가지로 노파를 한 대 때려 주었습니다. 노파는 하나도 아프지 않은 듯 비웃으며 말했습니다.

"내일 아침 일찍 이 장작들에 불을 붙여 태우도록 해."

그는 날이 밝자마자 자리에서 일어나 한곳으로 장작을 나르기 시작했습니다. 하지만 한 사람 힘으로 온 숲의 나무를 나를 수는 없었습니다. 일은 도무지 진척이 없었습니다. 이번에도 소녀는 그를 저버리지 않았습니다. 점심때가 되어 소녀가 음식을 가지고 오자 그는 식사를 마친 뒤 소녀의 무릎을 베고 쿨쿨 잠이 들었답니다. 다시 눈을 떴을 때는 장작더미가 활활 타오르며 커다란 불길이 되어 하늘로 높이 솟아오르고 있었습니다.

"제 말을 좀 들어 보세요."

소녀가 말했습니다.

"이제 마녀가 와서 당신에게 온갖 일을 시킬 거예요. 마녀가 어떤 요구를 하든 두려워하지 마세요. 두려워하지만 않는다면 당신에게는 무슨 짓도 할 수 없으니까요. 하지만 조금이라도 무서워한다면 저 불길이 당신을 휘감아 삼켜버릴 거예요. 모든 일을 마친 뒤에는 마녀를 두 손으로 붙잡아 불길 한가운데로 던져 버리세요."

소녀가 어디론가 사라지자 노파가 살금살금 다가왔습니다.

"어휴! 추워라."

노파가 몸을 잔뜩 웅크린 채 말했습니다.

"하지만 불이 활활 타고 있으니, 늙은 내 몸을 녹일 수 있겠어. 기분이 아주 좋아지겠는걸. 그런데 저 불 속에 장작 한 개가 타지 않고 있군. 저것을 꺼내다 줘. 그러면 너는 자유의 몸이야. 어디든지 가고 싶은 곳으로 가도 좋아. 자, 용기를 내서 불속으로 들어가 봐."

북 치는 소년은 주저하지 않고 불길 한가운데로 뛰어들었습니다. 하지만 아무 일도 일어나지 않았습니다. 머리카락 한 가닥도 그을리지 않았지요. 그는 타지 않는 장작을 밖으로 꺼냈습니다. 그런데 장작은 땅에 닿자마자 아름다운 소녀로 변했습니다. 그가 어려움에 빠졌을 때마다 도와주었던 바로 그 소녀였습니다. 그는 소녀가 황금빛으로 반짝이는 비단 옷을 입고 있는 것을 보자 그녀가 바로 자기가 찾던 공주임을 깨달았습니다. 하지만 노파는 독살스럽게 웃으며 말했습니다.

"너는 이제 그 여자가 네 것이라 생각하겠지만 그렇게는 안 될걸!"

노파가 소녀에게 달려들어 낚아채려는 순간, 북 치는 소년은 노파를 두 손으로 움켜잡고 높이 들어서 커다란 입을 벌리고 있는 불길의 목구멍 속으로 던져 버렸습니다. 불길은 곧 마녀를 휘감더니 입을 딱 닫아버렸습니다. 마치 마녀를 삼키게 되어 기쁜 듯 보였지요.

공주는 북 치는 소년을 바라보았습니다. 젊고 잘생겼을 뿐 아니라 목숨 걸고 자신을 구해준 젊은이였습니다. 공주는 그에게 손을 내밀며 말했습니다.

"당신은 저를 위해 목숨까지 걸었으니, 저 또한 당신을 위해서라면 어떤 일이라도 하겠어요. 저의 믿음을 저버리지 않겠다고 약속해 주세요. 그럼 저는 당신의 아내가 되겠어요. 재산 따위는 신경쓰지 마세요. 마녀가 여기 모아놓은 것만으로도 넉넉한걸요."

공주는 그를 집 안으로 안내했습니다. 집 안에 있는 궤짝과 상자마다 보물이 가득했습니다. 그들은 금과 은은 그대로 놓아둔 채 보석들만 집어 들었습니다. 공주는 더는 유리 산에 남아 있고 싶어 하지 않았습니다. 그가 공주에게 말했습니다.

"내 안장을 타고 함께 갑시다. 새처럼 날아서 산을 내려갈 수 있답니다."

그러나 공주는 거절했습니다.

"낡은 안장은 싫어요. 내 요술 반지만 돌리면 곧바로 집에 갈 수 있는 걸요."

북 치는 소년이 말했습니다.

"좋아요. 그렇다면 성문 앞으로 가게 해 달라고 빌도록 해요."

눈 깜짝할 사이에 그들은 성문 앞에 서 있었습니다. 북 치는 소년이 말했습니다.

"먼저 부모님을 찾아뵙고 이 소식을 전하고 싶소. 여기 들판에서 나를 기다려 주오. 곧 돌아오리다."

공주가 말했습니다.

"부디 집에 가거든 당신이 부모님의 오른쪽 뺨에 입을 맞추지 않도록 조심하세요. 만일 그렇게 하면 당신은 모든 일을 잊게 되고, 저는 들판에 홀로 남겨질 거예요."

"내가 어떻게 당신을 잊을 수 있겠습니까."

그는 그렇게 말하면서 곧 돌아오겠다며 손을 잡고 굳게 약속했습니다. 소년은 아버지의 집에 들어섰지만, 그를 알아보는 사람은 누구도 없었습니다. 그가 유리 산에서 보낸 사흘 동안 이곳에서는 삼 년이라는 시간이 훌쩍 흘렀지요. 그래서 모습이 많이 변해 있었습니다. 그가 자신이 아들임을 밝히자 소년의 부모는 매우 기뻐하며 와락 그를 끌어안았답니다. 그 또한 반갑고 기쁜 마음에 그만 공주의 말을 잊어버린 채 부모의 두 볼에 입을 맞추었습니다. 그가 부모의 오른쪽 뺨에 입을 맞추자 공주에 대한 모든 기억이 깨끗이 사라져 버렸습니다. 북 치는 소년은 주머니에서 커다란 보석들을 한 움큼 꺼내 탁자 위에 놓았습니다. 하지만 그의 부모는 이런 큰 재물로 무엇을 해야 좋을지 알 수가 없었습니다. 그러다 소년의 아버지는 멋진 성을 지었습니다. 꽃이 활짝 핀 정원, 과일과 채소가 가득한 밭, 울창한 숲과 푸른 초원으로 에워싸인 멋진 성이었습니다. 마치 영주님이 사는 성 같았지요. 성이 다 지어지자 어머니가 말했습니다.

"너에게 꼭 맞는 신붓감을 구했으니 사흘 뒤에 결혼식을 올리자꾸나."

공주를 까맣게 잊어버린 소년은 부모님이 원하시는 대로 하겠다고 대답했습니다.

한편, 가여운 공주는 성문 밖에서 젊은이가 돌아오기만을 기다리며 오랫동안 서 있었습니다. 그러나 날이 저물어도 소년은 돌아오지 않았습니다. 소녀는 마음속으로 생각했습니다.

"내 말을 잊어버리고 부모님의 오른쪽 뺨에다 입을 맞췄나봐. 그래서 나를 잊어버린 게 틀림없어."

공주의 마음은 슬픔으로 가득 찼습니다. 그녀는 요술 반지에게 숲 속 외딴 집으로 보내 달라 부탁했습니다. 그러고는 그 집에 틀어박힌 채 아버지가 계신 궁전으로 돌아가지도 않았습니다. 날마다 저녁이 되면 그녀는 시내로 나와 소년의 집 앞을 지나갔습니다. 북 치는 소년은 때때로 공주와 마주쳤지만, 그녀를 알아보지는 못했습니다. 그러던 어느 날, 공주는 사람들이 말하는 소리를 들었습니다.

"내일 이 댁 아드님의 결혼식이 있다지요."

공주는 그의 마음을 되돌려 보려고 마음먹었습니다. 결혼 잔치 첫째 날, 그녀가 요술 반지를 돌리며 말했습니다.

"해님처럼 빛나는 옷을 다오."

그러자 공주 앞에 해님처럼 빛나는 옷이 놓였습니다. 어찌나 눈부시게 빛나던지 마치 햇살로 짠 옷처럼 반짝였습니다. 손님들이 모두 모이자 공주가 연회장으로 들어갔습니다. 모두들 그녀의 아름다운 옷을 보고 감탄했는데, 그 가운데에서도 신부가 가장 놀라워했습니다. 본디부터 아름다운 옷을 좋아하던 신부는 처음 보는 손님에게 성큼성큼 다가가 그 옷을 자기에게 팔지 않겠느냐고 물었습니다.

그러자 공주가 대답했습니다.

"돈을 받고는 팔지 않겠습니다. 하지만 오늘밤 신랑이 자고 있는 방문 앞에 있어도 된다고 허락해주시면 이 옷을 드리겠어요."

옷이 무척 탐난 신부는 그렇게 하기로 했습니다. 하지만 신랑이 마실 술에 미리 잠 오는 약을 타 놓았지요. 그래서 신랑은 깊이 곯아떨어져 있었습니다. 주위가 고요해지자 공주는 침실 문 앞에 쭈그리고 앉아서 살짝 문을 열고 소리쳤습니다.

"북 치는 소년이여, 북 치는 소년이여,
제 말을 잘 들어 보세요.
저를 정말 잊으셨나요?
유리 산 위에서 제 곁에
앉아 있으셨잖아요?
마녀에게 잃을 뻔한 당신 목숨을
제가 구해 드리지 않았던가요?
당신은 나와 손을 맞잡고
믿음을 저버리지 않겠노라 약속했지 않았던가요?
북 치는 소년이여, 북 치는 소년이여,
제 말을 잘 들어 보세요."

하지만 아무런 소용이 없었습니다. 깊이 잠든 북 치는 소년은 깨어나지 않았으니까요. 아침이 밝아 오자 공주는 힘없이 돌아가야만 했습니다.

둘째 날 저녁이 되자 공주는 요술 반지를 돌리며 말했습니다.

"달님처럼 반짝이는 은빛 옷을 다오."

공주가 달빛처럼 은은하게 빛나는 옷을 입고 잔치에 모습을 나타내자 신부는 이번에도 그 옷을 갖고 싶어서 참을 수가 없었습니다. 그래서 공주는 둘째 날 밤 침실 문 앞에 있어도 좋다는 허락을 받고 옷을 주었습니다. 공주는 밤이 깊어지자 침실 문을 열고 외쳤습니다.

"북 치는 소년이여, 북 치는 소년이여,

제 말을 잘 들어 보세요.
저를 정말 잊으셨나요?
유리 산 위에서 제 곁에
앉아 있으셨잖아요?
마녀에게 잃을 뻔한 당신 목숨을
제가 구해 드리지 않았던가요?
당신은 나와 손을 맞잡고
믿음을 저버리지 않겠노라 약속했지 않았던가요?
북 치는 소년이여, 북 치는 소년이여,
제 말을 잘 들어 보세요."

하지만 잠 오는 약에 취한 북 치는 소년을 깨울 수는 없었습니다. 공주는 아침이 되자 서글픈 가슴을 안고 숲 속 외딴집으로 돌아갔습니다.

한편, 낯선 소녀의 한탄 소리를 들은 그 집 하인들은 신랑에게 그 이야기를 전해 주었습니다. 그리고 신부가 준비한 잠 오는 약을 탄 포도주를 마셨으니 듣지 못했을 것이라는 말도 덧붙였습니다.

셋째 날 저녁, 공주는 요술 반지를 돌리며 말했습니다.

"별님처럼 반짝반짝 빛나는 옷을 다오."

공주가 그 옷을 입고 잔치에 나타나자 신부는 공주의 그 화려한 옷에 마음을 쏙 빼앗겼습니다. 다른 옷들과는 비교가 되지 않았으니까요.

"저 옷은 꼭 내가 입어야 해!"

소녀는 다른 날과 마찬가지로 신랑이 자는 침실 문 앞에서 그날 밤을 지내도 좋다는 허락을 받고 신부에게 옷을 넘겨주었습니다. 그런데 신랑은 잠들기 전에 신부가 건네준 포도주를 마시지 않고 몰래 침대 뒤에 부어버렸습니다.

집 안이 고요해지자 신랑은 그를 부르는 부드러운 목소리를 들었습니다.

"북 치는 소년이여, 북 치는 소년이여,
제 말을 잘 들어 보세요.
저를 정말 잊으셨나요?
유리 산 위에서는 제 곁에

앉아 있으셨잖아요?
마녀에게 잃을 뻔한 당신 목숨을
제가 구해 드리지 않았던가요?
당신은 나와 손을 맞잡고
믿음을 저버리지 않겠노라 약속했지 않았던가요?
북 치는 소년이여, 북 치는 소년이여,
제 말을 잘 들어 보세요."

이 서글픈 노랫소리를 듣자 그의 기억이 되살아났습니다.

"오, 내가 어떻게 그녀를 잊고 있었단 말인가?"

그가 외쳤습니다.

"그래, 기쁜 나머지 그만 부모님 오른쪽 빰에 입을 맞추고 말았지. 바로 그것 때문이었어. 그래서 그녀를 잊어버리고 만 거야."

그는 벌떡 일어나 공주의 손을 잡고 부모가 잠든 방으로 데려갔습니다.

"이 사람이 진정한 제 신부입니다. 다른 여자와는 절대로 결혼할 수 없습니다."

모든 이야기를 다 들은 그의 부모는 둘의 결혼을 허락했습니다. 그런 다음 연회장에 다시 불을 밝히고, 북과 나팔들을 들여왔으며, 친구와 친척들을 다시 초대했습니다. 마침내 두 사람은 사람들 축복 속에서 결혼식을 올렸습니다. 앞서 결혼하기로 했던 신부는 아름다운 옷 세 벌을 갖게 된 것으로 충분하다고 말했답니다.

KHM 194

보리 이삭

Die Kornähre

아주 오랜 옛날, 하느님이 직접 땅 위를 걸어 다니시던 무렵, 땅에서 나는 작물의 수확량은 오늘날과는 비교가 안 될 만큼 훨씬 많았습니다. 그때는 보리 이삭이 오륙십 개가 아니라 사오백 개에 가깝게 열렸답니다. 게다가 낟알도 줄기 아래부터 위까지 빽빽하게 달려 있었으며, 줄기가 긴 만큼 이삭 또한 길었습니다. 하지만 사람이란 무엇이든 넉넉하면 하느님 은혜를 깨닫지 못하고 경솔하게 여기는 법이지요.

어느 날이었습니다. 한 여인이 보리밭을 지나가는데, 옆에서 팔짝팔짝 뛰어가던 한 어린아이가 물웅덩이에 빠져 옷이 더러워지고 말았습니다. 그러자 아이의 어머니는 보리 줄기에 가득 열린 이삭을 한 줌 뜯어내 그것으로 아이의 옷을 닦아 주었습니다. 마침 그곳을 지나던 하느님이 그 광경을 보시고는 몹시 노여워하며 말씀하셨습니다.

"앞으로는 보리 줄기에 이삭이 달리지 않으리라. 사람들은 하늘이 내린 선물을 받을 자격이 없다."

주위에 있던 사람들이 그 말씀을 듣고는 깜짝 놀라 무릎을 꿇고 보리 줄기에 이삭이 조금이라도 남아 있게 해 달라고 애원했습니다. 자신들은 그럴 자격이 없다고 해도 죄 없는 닭들까지 굶어 죽으면 가엾지 않느냐며 간청했지요. 그러자 그들을 불쌍히 여기신 하느님은 그 청을 받아들였습니다. 그때부터 보리 이삭은 줄기 위쪽에만 달리게 되었답니다.

KHM 195

무덤

Der Grabhügel

어느 날 부유한 농부가 자기 집 마당에 서서 자신의 밭과 정원을 둘러보고 있었습니다. 곡식들은 쑥쑥 자라 있었고, 과일나무에는 열매들이 주렁주렁 달려 있었습니다. 헛간에는 지난해에 거둔 곡식들이 대들보가 주저앉지 않을까 걱정될 만큼 잔뜩 쌓여 있었고, 마구간에는 살진 황소들과 통통한 젖소들, 거울처럼 번들번들 윤이 나는 말들이 있었습니다. 그는 방으로 돌아가 쇠로 만든 금고를 바라보았습니다. 금고 안에는 많은 돈이 들어 있었습니다.

농부가 이렇게 자기 재산을 둘러보고 있는데 누군가 갑자기 쾅쾅 문을 두드렸습니다. 그 소리는 방문이 아니라 그의 마음의 문을 두드리는 소리였습니다.

그가 마음의 문을 열자 목소리가 들려왔습니다.

"너는 네 친척들에게 친절을 베풀었느냐? 가난한 사람들의 어려움을 생각해 보았느냐? 배고픈 사람들에게 빵을 나누어 주었느냐? 오늘 가진 것으로 만족하느냐? 아니면 더 많은 것을 바라느냐?"

그의 마음이 망설이지 않고 대답했습니다.

"저는 모질고 인정이 없어 남의 부탁에 귀 기울이지 않았습니다. 친척들에게 친절을 베푼 적도 없지요. 가난한 사람이 오면 다른 곳으로 눈을 돌려 버렸고, 하느님을 믿은 적이 없고 오로지 어떻게 하면 재산을 늘릴까만 생각했습니다. 온 세상이 몽땅 제 것이 된다 해도 저는 만족하지 못할 것입니다."

그는 자기 마음의 대답을 듣고 소스라치게 놀랐습니다. 무릎이 덜덜 떨리더니 푹 주저앉고 말았지요. 그때 또다시 문을 두드리는 소리가 들려왔습니다. 이번에는 대문을 두드리는 소리였는데, 이웃에 사는 가난한 남자였습니다. 그는 자신의 많은 아이들을 제대로 먹일 수도 없을 만큼 가난했습니다.

가난한 남자는 생각했습니다.

'내 이웃은 부자이긴 하지만 마음은 가진 재산보다 더 많이 모진 사람이라는 걸 잘 알고 있어. 그가 나를 도와주리라 생각하지는 않지만, 아이들이 배가 고프다고 저리도 울어 대니 한번 가보기나 하자.'

그가 부자에게 말했습니다.

"당신이 쉽게 남을 돕는 사람이 아닌 건 알지만, 물에 빠진 사람 지푸라기라도 잡는 심정으로 찾아왔습니다. 아이들이 굶고 있으니 부디 호밀 네 가마니만 꾸어 주십시오."

부자는 그를 한참 쳐다보았습니다. 그때, 남을 가엾게 여기는 마음의 햇살이 비추어 구두쇠인 그의 얼음장 같은 심장을 녹이기 시작했습니다. 그가 대답했습니다.

"네 가마니가 아니라 여덟 가마니를 그냥 선물로 드리겠소. 다만 조건이 하나 있소이다."

"무엇입니까?"

가난한 남자가 물었습니다.

"내가 죽거든 사흘 동안 내 무덤을 지켜 주시오."

그의 제안을 들은 농부는 어딘가 섬뜩한 기분이 들었지만, 배가 등가죽에 달라붙을 지경이라 받아들일 수밖에 없었습니다. 그는 그렇게 하겠다 약속하고는 호밀을 받아 집으로 가져갔습니다.

부자는 마치 앞으로 자신에게 일어날 일을 알고 있었던 것 같았습니다. 그로부터 사흘 뒤 갑작스럽게 쓰러져 죽고 말았으니까요. 어떻게 해서 죽게 되었는지 알 수는 없었지만, 그의 죽음을 슬퍼하는 사람은 아무도 없었습니다. 장례식이 끝나자 가난한 농부는 그와 했던 약속이 떠올랐습니다. 피하고 싶은 마음이 간절했지만, 농부는 이렇게 생각했습니다.

'어쨌든 그가 내게 온정을 베풀었기 때문에 굶주린 아이들의 배를 채울 수 있었어. 만일 그렇지 않다 해도 사람은 한 번 약속을 했으면 지켜야 하는 법이야.'

밤이 깊어 사람들이 모두 잠들자, 그는 살금살금 교회 묘지로 가서 무덤 위에 앉았습니다. 주위는 온통 고요하기만 했습니다. 달빛만이 무덤 위를 비추고, 이따금 올빼미가 구슬픈 소리로 울며 날아갔지요. 아침 해가 떠오르자 가난한 농부는 곧바로 집으로 돌아갔습니다. 둘째 날 밤도 아무 일 없이 조용히 지나갔습니다.

그런데 셋째 날 밤이 되자 왠지 무서운 생각이 들었습니다. 마치 무슨 일이 일어날 것만 같았지요. 게다가 교회 묘지 담장 옆에 이제껏 한 번도 본 적이 없는 남자가 서 있었습니다. 젊다고 할 수 없는 나이에 얼굴에는 흉터까지 있었고, 날카롭고 이글거리는 눈으로 주위를 두리번거렸습니다. 온몸이 낡은 망토로 덮여 있어서 보이는 것이라고는 아주 커다란 장화뿐이었습니다.

"이런 곳에서 무엇을 하고 계신가요? 이렇게 을씨년스러운 묘지가 무섭지 않으십니까?"

가난한 농부가 용기를 내어 그에게 말을 걸었습니다.

"나는 특별히 찾는 것도 없고, 무섭지도 않소이다."

그가 대답했습니다.

"어떻게 하면 등골이 오싹해지는지를 배우려고 여행을 떠난 젊은이 이야기를 아시나요? 그는 비록 등골이 오싹해지는 것을 배우는 데는 실패했지만, 공주를 아내로 얻고 엄청난 재산까지 갖게 되었지요. 나도 그 젊은이처럼 무서운 게 없습니다. 한 푼도 없는 빈털터리라는 것만 그와 다르지만요. 나는 평범한 퇴역 군인으로서 달리 묵을 곳을 찾지 못해 이곳에서 하룻밤 묵어갈까 생각하고 있었소."

농부가 물었습니다.

"무서운 게 없으시다면 저와 함께 이 무덤 지키는 일을 도와주시지 않겠어요?"

그가 말했습니다.

"지키는 것이야말로 군인의 일이지요. 여기서 무슨 일이 벌어지든 함께 합시다."

농부는 좋다고 말했습니다. 둘은 나란히 무덤 위에 앉았습니다.

자정이 되기 전에는 모든 것이 고요하기만 했습니다. 그런데 12시가 되자 갑자기 하늘에서 귀청이 찢어질 듯한 날카로운 소리가 울려 퍼졌습니다. 그러더니 악마가 나타나 그들을 노려보고 있는 게 아니겠습니까.

"썩 꺼져라!"

악마가 그들에게 소리쳤습니다.

"이 무덤에 누워 있는 녀석은 내 것이야. 난 그를 데리러 왔다. 어서 꺼지지 않으면 목을 비틀어 놓을 테다."

그러자 군인이 말했습니다.

"빨간 깃털을 단 나리, 당신은 내 윗사람이 아니니 나는 당신 말을 들을 필요가 없소. 게다가 나는 무서움 따윈 모르는 사람이오. 우린 여기 앉아 있을 테니 당신이나 갈 길을 가시지."

악마는 생각했습니다.

'이런 가난뱅이들을 쫓아버리는 데는 금화가 최고지.'

그러고는 말투를 부드럽게 바꾸어 금화가 든 지갑을 하나 주면 집으로 돌아가겠느냐며 곰살궂게 물었습니다.

"그거 참 귀가 솔깃한 이야기로군요."

군인이 말했습니다.

"하지만 지갑 하나에 든 금화를 가져봐야 얼마나 되겠소? 내 장화 한 짝에 들어갈 만큼 금화를 준다면 깨끗이 물러가리다."

"그렇게 많은 금화는 지금 없어."

악마가 말했습니다.

"이웃 도시에 돈을 바꿔주는 장사꾼이 살고 있으니 어서 가서 금화를 가져오

리다. 그는 나와 친한 친구니 그 정도 금화라면 기꺼이 내줄 것이오."
악마가 사라지자 군인은 왼쪽 장화를 벗으며 말했습니다.
"저 녀석을 좀 골려 줍시다. 당신 칼을 좀 빌려 주시겠소?"
그는 장화 밑창을 떼어 낸 다음 무덤 옆의 무성한 풀밭 위에 슬쩍 올려놓았습니다. 무성한 풀에 웅덩이가 절반쯤 가려져 있었습니다.
"다 됐습니다. 이제 그 녀석만 돌아오면 되겠군요."
두 사람은 앉아서 악마가 돌아오기를 기다렸습니다. 잠시 뒤 악마가 손에 금화 한 자루를 들고 나타났습니다.
"금화를 저기다 쏟아 넣으시오."
군인은 그렇게 말하며 장화를 살짝 위로 들어 올렸습니다.
"아직 모자란 것 같은데?"
새까만 악마는 자루 속 금화를 몽땅 쏟아 넣었습니다. 그러나 밑창이 뚫린 장화는 여전히 텅 비어 있었지요. 군인이 외쳤습니다.
"이 어리석은 악마야. 이걸로는 안 된다고 방금 말했을 텐데? 다시 가서 금화를 더 가져오라고."
악마는 고개를 갸우뚱하더니 곧 돌아갔습니다. 그리고 한 시간 뒤에 한결 더 큰 자루를 들고 나타났습니다.
"이 장화에 금화를 가득 채우기만 하면 돼."
군인이 외쳤습니다.
하지만 금화가 무수히 짤랑짤랑 소리를 내며 떨어졌는데도 장화는 여전히 비어 있었습니다. 악마는 이글거리는 눈으로 장화를 직접 들여다보았지만, 정말 텅텅 비어 있다는 것을 확인했을 뿐이었습니다.
"장딴지 한번 염치없이 크시구먼."
악마는 그렇게 화를 내며 입술을 일그러뜨렸습니다.
"그럼 내 발이 당신처럼 말발굽인 줄 아셨소?"
군인이 대꾸했습니다.
"악마라는 양반이 언제부터 그렇게 쩨쩨해지셨소? 얼른 가서 금화를 더 가져오시구려. 그러지 않으면 우리 거래는 없었던 일이 될 거요."
악마는 다시 한 번 종종걸음으로 사라졌습니다. 이번에는 시간이 훨씬 더 오래 걸렸습니다. 마침내 악마가 어깨에 엄청난 무게의 자루를 짊어지고 헉헉거리며 나타났습니다. 자루의 금화를 장화 안에 몽땅 털어 넣었지만 좀처럼 채워지지 않았습니다. 몹시 화가 난 악마가 군인의 손에서 장화를 낚아채려는 순간, 태양이 떠오르며 반짝이는 첫 햇살을 비추었습니다. 그러자 악마는 크게 비명을 지르며 도망쳐 버렸습니다. 이렇게 해서 부자의 영혼은 구원을 받았지요. 농부가 금을 나누려고 하자 군인이 말했습니다.

"나는 당신과 함께 살면 될 테니, 내 몫은 가난한 사람들에게 나눠주시오. 우리 남은 금화로 조용하고 평화롭게 삽시다."

KHM 196

링크랭크

Oll Rinkrank

어느 왕국에 한 왕이 살았습니다. 그에게는 딸이 하나 있었습니다. 왕은 유리 산을 만들더니 그 산을 미끄러지지 않고 빠른 걸음으로 오를 수 있는 사람에게 딸을 아내로 주겠다고 선언했습니다. 어느 날, 공주를 무척 사랑하는 어떤 젊은이가 찾아와 공주를 아내로 맞이하고 싶다고 왕에게 말했습니다.

"자네가 저 산을 미끄러지지 않고 빠른 걸음으로 오를 수 있다면 허락하겠네."

왕이 말했습니다. 공주는 자기도 그 젊은이와 함께 가서 그가 미끄러져 떨어지면 도와주겠다고 말했습니다.

둘은 함께 유리 산을 올라갔습니다. 산 중턱쯤 이르렀을 때였습니다. 공주가 그만 주르륵 미끄러졌는데, 갑자기 유리 산이 입을 쩍 벌리는 바람에 공주는 그 안에 떨어져 갇혀버리고 말았습니다. 공주를 집어삼키자마자, 산이 바로 입을 닫아 버렸기 때문에 젊은이는 어찌해야 좋을지 몰랐습니다. 젊은이는 슬피 울며 왕에게 돌아가 이 소식을 알렸습니다. 슬픔에 빠진 왕은 유리 산을 무너뜨리게 했습니다. 그러면 딸을 되찾을 수 있으리라 여겼던 것입니다. 하지만 딸이 떨어진 곳은 끝내 찾을 수가 없었습니다.

한편, 땅속 깊은 곳으로 떨어진 공주는 커다란 동굴에 이르렀습니다. 거기서 길고 희끗희끗한 수염을 기른 노인이 나타나더니 자기 하녀로 일하면 목숨을 살려 주겠지만, 그에 따르지 않으면 죽이겠다고 말하는 게 아니겠습니까. 공주는 어쩔 수 없이 그가 말한 대로 하겠다고 답했습니다.

노인은 아침마다 숨겨둔 사다리를 가져와 벽에 기대어 놓더니 산으로 올라갔는데, 다 올라간 뒤에는 사다리를 산 위로 끌어 올렸습니다.

공주는 그동안 먹을 음식을 만들고 잠자리를 청소하는 등 노인이 시키는 온갖 일들을 해놓아야만 했습니다. 저녁이 되면 노인은 언제나 금과 은을 한 무더기 가지고 집으로 돌아왔습니다.

그렇게 여러 해가 흘러 공주도 나이가 많이 들었습니다. 노인은 공주를 '만스로트 아줌마'라 불렀고, 공주는 그를 '나이 든 링크랭크'라 불렀습니다.

어느 날이었습니다. 링크랭크가 밖으로 나가자 공주는 그의 침대를 정리하고 접시를 씻은 뒤 문과 창문을 모두 꽉꽉 잠갔습니다. 다만 햇빛이 들어오도록 만들어둔 작은 창 하나만은 그대로 두었습니다. 링크랭크가 집으로 돌아와 문을 두드리며 소리쳤습니다.

"만스로트 아줌마, 문 열어요."

공주가 말했습니다.

"싫어요, 링크랭크. 열어 주지 않겠어요."

그러자 링크랭크가 말했습니다.

"여기 가엾은 링크랭크가 왔소.
발에는 황금을 잔뜩 묻히고,
무거운 다리를 이끌고 내가 왔소.
만스로트 아줌마, 내 접시를 씻어뒀는가?"

"링크랭크 접시들은 다 씻어 놓았지요."

공주가 말했습니다. 그러자 링크랭크가 다시 말했습니다.

"여기 가엾은 링크랭크가 왔소.
발에는 황금을 잔뜩 묻히고,
무거운 다리를 이끌고 내가 왔소.

만스로트 아줌마, 내 잠자리는 정리해 두었나?"

"링크랭크 잠자리는 모두 정리해 놓았지요."
공주가 말했습니다. 그가 다시 말했습니다.

"여기 가엾은 링크랭크가 왔소.
발에는 황금을 잔뜩 묻히고,
무거운 다리를 이끌고 내가 왔소.
만스로트 아줌마, 그럼 문을 열어 주오."

링크랭크는 집 주위를 돌다가 작은 창이 열린 것을 보았습니다. '무엇을 하고 있기에 문을 안 열어 주는지 여기로 들여다보아야겠어.' 이렇게 생각한 그는 창으로 고개를 집어넣어 보았지만, 수염 때문에 머리가 잘 들어가지 않았습니다. 그래서 먼저 수염을 창문으로 집어넣었습니다. 그러자 만스로트 아줌마는 미리 묶어둔 줄을 당겨 창문을 탁 닫아 버렸습니다. 노인은 수염이 창문틀에 꽉 끼어 꼼짝달싹할 수 없게 되고 말았습니다.

링크랭크는 엉엉! 엉엉! 세상이 떠나가라 큰 소리로 울며 "풀어줘! 풀어줘!" 만스로트 아줌마에게 애원했습니다. 공주는 사다리를 숨겨둔 곳과, 어디에 사다리를 놓아야 산 위로 올라갈 수 있는지 가르쳐주지 않으면 풀어줄 수 없다고 말했습니다. 링크랭크는 좋든 싫든 사다리가 있는 곳을 말해 줄 수밖에 없었습니다. 공주는 아주 긴 밧줄을 창문에 묶어 두고는 사다리를 놓아 산 위로 올라갔습니다.

공주는 왕인 아버지에게 달려가 그동안에 일어났던 일들을 모두 이야기했습니다. 죽은 줄만 알았던 공주가 살아서 나타나자 왕은 물론, 아직 결혼하지 않고 공주를 기다리던 예전의 그 젊은이 또한 매우 기뻐했습니다.

왕은 군사를 시켜 산을 파고 들어가 안에 있던 링크랭크와 그가 모아 놓은 금과 은을 찾아냈습니다. 왕은 링크랭크를 영원히 유리 산에 가두어버리고는 금과 은을 몽땅 빼앗았습니다. 공주는 오랫동안 자신을 기다려준 젊은이를 남편으로 맞아 무척 행복하고 기쁘게 잘 살았답니다.

KHM 197
수정 구슬
Die Kristallkugel

옛날, 세 아들을 둔 한 마녀가 있었습니다. 삼형제는 사이가 무척 좋았으나 마녀는 그 아들들을 믿지 않았습니다. 자신의 힘을 빼앗으려 한다고 생각했기 때문이었지요.

그래서 마녀는 맏아들을 독수리로 변하게 해서 바위산에 살도록 만들었습니다. 그 뒤로 큰아들이 이따금 하늘에 커다란 원을 그리며 춤추는 듯 날아다니는 모습이 사람들 눈에 띄었습니다. 둘째 아들은 고래로 만들어 매우 깊은 바닷속에서 살게 했습니다. 둘째가 큰 물줄기를 하늘 높이 뿜어 올릴 때만 그 모습을 볼 수 있었지요. 두 아들은 하루에 딱 두 시간만 사람의 모습으로 돌아올 수 있었습니다.

셋째 아들은 어머니가 자기를 곰이나 늑대처럼 사나운 짐승으로 만들까 두려워 몰래 도망쳤습니다. 그는 언젠가 마법에 걸린 공주가 황금 태양 성에 갇혀 누군가 자신을 구해주기만을 기다리고 있다는 이야기를 들은 적이 있었습니다. 하지만 공주를 구하려면 목숨을 걸어야 하는데, 벌써 젊은이 스물세 명이 안타깝게 목숨을 잃었습니다. 이제 공주를 구할 기회는 딱 한 번 남았을 뿐이며, 그마저 실패한다면 더는 공주를 구할 수 없다는 것이었습니다. 용감한 셋째 아들은 황금 태양 성을 찾아가기로 마음먹었습니다.

길을 떠나 오랫동안 헤맸지만 황금 태양성은 쉽사리 찾을 수 없었습니다. 그러다가 셋째는 어느 큰 숲으로 들어갔는데, 빠져나가는 길을 도무지 찾을 수가 없었습니다. 그런데 멀리서 거인 둘이 그에게 손짓하기에 셋째는 그들에게 다가갔습니다.

"우리는 이 모자를 누가 가지면 좋을지 다투고 있다네. 우리 둘 다 힘이 비슷하여 상대를 이길 수가 없으니, 누가 모자를 가져야 좋겠나? 조그만 인간들은 거인들보다 꾀가 많으니 자네가 결정을 내려주면 좋겠네."

"어째서 그런 낡은 모자를 놓고 싸우십니까?"

젊은이가 물었습니다.

"자네는 이 모자에 어떤 힘이 있는지 모르니까 그런 소리를 하는 게야. 이것은 마법의 모자라네. 이 모자를 쓰면 어디든지 가고 싶은 곳으로 갈 수 있지. 게다가 가고 싶은 곳을 말하기만 하면 눈 깜짝할 사이에 그곳에 가 있게 된다네."

"그 모자를 이리 줘 보십시오."

젊은이가 말했습니다.

"제가 모자를 가지고 걸어갈 테니 당신들을 부르면 얼른 제 쪽으로 달려오십시오. 먼저 도착하는 사람이 이 모자를 갖는 겁니다."

그는 머리에 모자를 쓰고 걸어가기 시작했습니다. 그런데 공주가 생각나는 바람에 거인들을 그만 깜박 잊어버리고 계속 걸어가 버렸습니다. 그러다 깊은 한숨을 내쉬면서 무심코 이렇게 말했습니다.

"아, 내가 황금 태양 성으로 갈 수만 있다면!"

이 말이 그의 입에서 나오는 순간, 그는 높은 산 위의 성문 앞에 서 있는 게 아니겠습니까?

젊은이는 성 안으로 들어가 방이란 방은 모조리 찾아보았습니다. 공주는 맨 마지막 방에 있었는데, 공주를 본 젊은이는 깜짝 놀랄 수밖에 없었습니다. 얼굴은 주름이 자글자글하며 거무튀튀한 잿빛이었고 눈은 흐리멍덩했으며 머리는 부스스한 빨간색이었습니다. 화들짝 놀란 젊은이가 큰 소리로 외쳤습니다.

"당신이 아름답기로 온 세상에 소문이 난 그 공주란 말입니까?"

"제 모습을 보고 실망하셨나요?"

공주가 말했습니다.

"하지만 이건 본디 제 모습이 아니랍니다. 사람들에게는 추한 모습으로 보이겠지요. 저의 진짜 모습을 알고 싶다면 거울을 들여다보세요. 거울은 당신에게 제 참모습을 보여줄 거예요."

공주는 이렇게 말하며 그의 손에 거울을 쥐여 주었습니다. 거울 속을 들여다보니 세상에서 가장 아름다운 공주의 모습이 비쳤고, 그 뺨에는 슬픔의 눈물이 흐르고 있었습니다. 젊은이가 말했습니다.

"어떻게 해야 공주님을 구할 수 있을까요? 어떤 위험이 닥치더라도 저는 물러서지 않겠습니다."

공주가 말했습니다.

"수정으로 만든 구슬을 구해서 마법사에게 내밀면, 마법이 풀려 저는 참된 모습으로 돌아올 수 있답니다."

그러면서 덧붙였습니다.

"벌써 많은 젊은이들이 이 마법 때문에 목숨을 잃었답니다. 당신 같은 젊은이가 그런 큰 위험을 무릅써야 하다니 저는 슬퍼서 견딜 수가 없네요."

"걱정 마세요, 공주님. 그 무엇도 저를 막을 수 없습니다."

젊은이가 말했습니다.

"제가 어찌하면 되는지 알려주세요."

"그럼, 모두 알려드리겠어요."

공주가 말했습니다.

"이 성이 있는 산을 내려가면 아래에 샘이 하나 있는데 그 옆에 사나운 들소가 있을 거예요. 당신은 그 들소와 싸워야만 합니다. 들소를 죽이면 들소 몸에서 불새 한 마리가 날아오를 것입니다. 불새는 몸속에 불타는 알을 한 개 지니고 있는데, 그 알의 노른자가 바로 마법을 푸는 수정구슬이랍니다. 하지만 불새는 궁지에 몰리기 전에는 알을 떨어뜨리지 않을 겁니다. 그리고 알이 땅에 떨어지면 불을 뿜어 가까이 있는 모든 것을 태워 버릴 거예요. 그 불꽃에 알은 물론이고 알 속에 들어 있던 수정 구슬마저 녹아 버리지요. 그럼 당신이 노력한 게 아무 소용없게 되고 맙니다."

젊은이가 산을 내려가 샘으로 가니 공주의 말대로 사나운 들소가 그 옆에 있었습니다. 들소는 그를 보자 콧김을 내뿜으며 으르렁거렸습니다. 한참 동안 들소와 싸운 끝에 젊은이가 칼로 들소의 몸을 찌르자 들소는 쓰러져 죽었습니다.

그 순간 들소 몸속에서 정말 공주의 말대로 불새가 날아오르며 도망치려 했습니다. 그때 독수리로 변해 있던 젊은이의 첫째 형이 구름 사이로 불새를 내리꽂을 듯 날아왔습니다. 독수리는 불새를 바다 쪽으로 몰면서 부리로 마구 쪼아댔습니다. 불새는 너무나 괴로운 나머지 알을 떨어뜨리고 말았습니다.

그런데 불새 알이 바닷속이 아니라 바닷가 어부의 오두막으로 떨어졌습니다. 오두막에서는 순식간에 연기가 피어올라 곧 커다란 불길이 치솟을 것만 같았습니다. 마침 그때 바다에서 집채만 한 파도가 일어나더니 오두막을 덮치며 불을 꺼버렸습니다. 고래로 변한 둘째 형이 헤엄쳐 다가와 물을 높이 뿜었던 것입니다.

불길이 사그라들자 젊은이는 불새 알을 찾았습니다. 운 좋게도 알은 쉽게 눈에 띄었습니다. 아직 알은 녹지 않았지만, 차가운 물이 끼얹어져서 갑자기 식는 바람에 껍질이 깨어져 있었습니다. 알 속 수정 구슬을 꺼내어보니 다행히 무사했습니다.

젊은이는 마법사를 찾아가 수정 구슬을 내밀었습니다. 마법사가 말했습니다.

"이제 내 힘은 사라졌다. 이제부터 네가 이 황금 태양성 왕이다. 그리고 너의 형들도 사람 모습으로 돌아올 것이다."

젊은이는 서둘러 공주에게 달려갔습니다. 그가 방으로 들어서자 공주는 눈부시게 아름다운 모습으로 서 있었습니다. 둘은 기쁨으로 가득 차 결혼반지를 주고받았답니다.

KHM 198

말렌 공주

Jungfrau Maleen

옛날에 아들 하나를 둔 왕이 있었습니다. 아들인 왕자는 이웃나라 공주에게 청혼했는데, 말렌이라는 이름의 무척이나 아름다운 공주였습니다. 하지만 공주의 아버지인 이웃나라 왕은 딸을 다른 사람과 결혼시키고 싶었으므로 그의 청혼을 거절했습니다. 하지만 왕자와 공주는 이미 서로를 마음속 깊이 사랑하고 있었기에 헤어질 수 없었습니다. 말렌 공주는 아버지에게 말했습니다.

"저는 다른 사람을 남편으로 맞을 수 없어요. 그분 말고는 누구와도 결혼하지 않겠어요."

공주의 말을 듣고 몹시 화가 난 왕은 신하들에게 햇빛도 달빛도 들지 않는 캄캄한 탑을 세우게 했습니다. 탑이 다 만들어지자 왕이 말했습니다.

"너는 이 탑 안에서 7년간 지내야 한다. 7년 뒤에 네 고집이 꺾였는지 보러 오겠다."

왕은 이렇게 말하고 먹을 양식과 마실 것을 탑에 날라다 주게 했습니다. 그러고는 말렌 공주와, 공주가 어릴 때부터 그녀를 정성껏 모셔왔던 시녀를 함께 들여보낸 다음 탑을 벽으로 막아 버렸습니다. 그들은 이제 하늘과도 땅과도 떨어진 채 캄캄한 어둠 속에 앉아 있어야만 했습니다. 언제가 낮이고 언제가 밤인지도 알 수 없는 날들이 이어졌습니다.

왕자가 자주 탑 주위를 빙빙 돌며 공주의 이름을 불렀지만, 탑 벽이 매우 두꺼운 돌로 되어 있어서 탑 안에서는 그 어떤 소리도 들리지 않았습니다. 공주와 시녀는 울면서 자신들의 가엾은 처지를 한탄할 수밖에 없었습니다.

왕은 달마다 먹을 양식과 마실 것을 시종을 시켜 공주와 시녀가 갇힌 탑으로 가져다주게 했으므로, 공주와 시녀는 시종이 한 달에 한 번씩 음식을 가져다주는 날을 세어서 시간이 얼마만큼 흘렀는지 짐작할 수 있었습니다. 공주와 시녀는 음식을 먹으면서 그저 이 끔찍한 7년이 빨리 지나가기만을 바랐습니다.

그러는 사이에도 시간은 흘렀습니다. 시종이 찾아온 날로 날짜를 셈하던 공주는 그렇게 기다려왔던 7년이 거의 끝나간다는 걸 알 수 있었습니다.

마침내 자신들이 풀려날 때가 다 되었다고 생각한 말렌 공주와 시녀는 두근거리는 가슴으로 기다렸지만, 망치 소리는커녕, 탑에서 돌멩이 하나 떨어지는 소리도 들려오지 않았습니다.

달마다 먹을 양식과 마실 것을 가져다주던 시종도 더는 찾아오지 않았습니다. 마치 왕이 딸의 존재를 잊어버린 것만 같았습니다.

이제 겨우 며칠밖에 버틸 수 없는 양식만 남자 이대로 비참하게 굶어죽는 건 아닌지 걱정된 공주가 말했습니다.

"이렇게 굶어 죽을 수는 없어. 벽에 구멍이라도 낼 수 있는지 뭐라도 해봐야겠어."

공주는 빵 자르는 칼을 손에 들고 벽 틈새를 득득 파서 구멍을 내기 시작했습니다. 공주가 지치면 시녀가 번갈아 벽을 파냈습니다. 오랫동안 이렇게 파낸 끝에 겨우 조그만 돌멩이 하나를 빼낼 수 있었습니다. 그런 다음 한 개, 또 한 개씩 돌멩이를 틈새에서 빼다 보니 사흘이 지나자 희미한 빛줄기가 어둠을 뚫고 새어 들어왔습니다. 그러다 마침내 밖을 내다볼 수 있을 정도로 구멍이 커졌습니다. 하늘은 푸르렀고 상쾌한 바람이 공주와 시녀가 갇힌 탑 속으로 불어 왔지만, 7년 만에 내다본 바깥 풍경은 참으로 서글펐습니다. 왕인 아버지가 살던 성은 흔적도 없이 무너졌고, 도시는 물론 마을까지 모조리 불에 타버렸습니다. 들판의 곡식들은 짓밟혀 쓰러졌으며, 사람들은 그림자조차 보이지 않았습니다.

탑 구멍이 사람이 빠져나갈 수 있을 만큼 커지자 먼저 시녀가 뛰어내렸고, 그 뒤를 이어서 말렌 공주가 뛰어내렸습니다. 밖으로 나오는 것은 성공했지만 이제 두 사람은 어디로 가야 할지 막막했습니다. 적들은 온 나라를 폐허로 만들었고, 아버지인 왕은 쫓겨났으며 사람들은 모두 죽임당하고 말았으니까요. 공주와 시녀는 다른 나라를 찾아 터벅터벅 길을 떠났지만, 비를 피할 곳도 없었고 빵 한 쪽 나누어 주는 사람도 없었습니다. 둘은 배고픔을 달래기 위해 입에 스치기만 해도 얼얼한 쐐기풀을 꾹 참고 뜯어 먹어야 할 정도로 어려움을 겪었습니다.

두 사람은 오랜 여행 끝에 다른 나라에 도착했습니다. 가는 곳마다 일자리를 찾았지만, 문을 두드리는 집마다 모두 거절했습니다. 그들을 불쌍히 여기는 사람은 아무도 없었습니다.

마침내 큰 도시에 이른 공주와 시녀는 왕의 궁전으로 향했습니다. 이곳에서도 다른 곳으로 가보라는 말을 들었지만, 귀찮을 정도로 사정을 해서 겨우 요리사로부터 부엌에서 허드렛일을 해도 좋다는 허락을 받았습니다.

이 나라 왕자는 바로 말렌 공주의 옛 약혼자였습니다. 아버지는 그에게 다른 신붓감을 정해 주었는데, 얼굴도 못생기고 마음씨까지 사나운 여자였습니다. 결혼식 날짜가 정해져서 신부는 이미 궁전에 와 있었습니다. 신부는 얼굴이 너무 못났기 때문에 누구에게도 모습을 보이지 않고 방 안에만 꼭 틀어박혀 있었습니다. 그래서 말렌 공주가 부엌에서 식사를 날라다 주어야 했습니다.

이윽고 신부가 신랑과 함께 교회로 가는 날이 왔습니다. 신부는 자기가 너무 못난 게 부끄럽기도 했고, 또 거리에 모습을 드러내면 사람들이 놀리고 비웃을까봐 겁도 났습니다. 그래서 말렌 공주에게 말했습니다.

"오늘 네가 얼마나 운이 좋은지 아느냐? 나는 발을 삐어서 걸을 수가 없으니 네가 나 대신 신부 옷을 입고 결혼식에 나가 주렴. 너 같은 하녀에게 이보다 명예로운 일이 있을 것 같니?"

말렌 공주는 고개를 저으며 말했습니다.

"저에게 어울리지 않는 명예는 바라지 않습니다."

신부가 금화를 주겠다며 아무리 구슬려도 공주는 싫다고 했습니다. 신부는 마침내 화를 내며 말했습니다.

"내 말을 듣지 않으면 목숨을 내놓아야 할 게다. 내가 한마디만 하면 네 머리는 발아래서 대굴대굴 굴러다니게 될 테니까."

말렌 공주는 어쩔 수 없이 신부의 말을 따라야만 했습니다. 그래서 신부 옷을 대신 입고 화려한 장식을 달았습니다. 그녀가 궁전 연회장에 사뿐사뿐 들어서자 모두들 공주의 맑고 깨끗하며 우아한 아름다움에 깜짝 놀랐습니다. 왕이 아들에게 말했습니다.

"내가 직접 너를 위해 고른 신부이다. 어서 신부를 데리고 교회로 가거라."

신랑은 깜짝 놀라며 생각했습니다.

'이 여자는 말렌 공주와 꼭 닮았군. 말렌 공주라고 해도 믿겠는걸. 하지만 그녀는 탑 속에 갇혀 있으니 그럴 리 없지. 어쩌면 이미 죽었을지도 몰라.'

왕자는 공주 손을 잡고 교회로 떠났습니다. 길가에 쐐기풀 덤불이 있는 것을 보고 공주가 말했습니다.

“쐐기풀아, 쐐기풀아,
그렇게 작은 덤불이 되어,
왜 여기 혼자 있니?
옛날에는 익히지도 않고
날것으로 너를 먹던 때가 있었지.”

“뭐라고 하셨소?”
왕자가 물었습니다.
“아무것도 아니에요. 말렌 공주님을 생각했을 뿐이에요.”
왕자는 그녀가 말렌 공주를 아는 게 이상히 여겨졌지만 잠자코 있었습니다. 그들이 교회 마당 앞 작은 다리에 이르자 공주가 말했습니다.

“교회 앞 작은 다리야, 부서지지 마라.
내가 진정한 신부가 아니라고.”

“뭐라 하셨소?”
왕자가 물었습니다.
“아무것도 아니에요. 잠시 말렌 공주님을 생각했을 뿐이에요.”
“말렌 공주를 아시오?”
“아뇨.”
공주가 말했습니다.
“제가 말렌 공주님을 어찌 알겠어요. 그저 소문을 들었을 뿐이랍니다.”
교회 문 앞에 이르자, 공주가 말했습니다.

“교회 문아, 부서지진 않겠지,
내가 진정한 신부가 아니라고.”

“뭐라고 하셨소?”

왕자가 물었습니다.

"아무것도 아니에요, 그저 말렌 공주님을 생각했을 뿐이에요."

공주가 말했습니다.

왕자는 황금으로 만든 아름다운 목걸이를 꺼내어 공주 목에 걸어 주고는 함께 교회로 들어갔습니다. 목사가 제단 앞에서 그들의 손을 서로 맞잡게 하고 두 사람이 부부가 되었음을 널리 알렸습니다. 왕자와 공주는 함께 성으로 돌아왔지만 오는 길에 공주는 한 마디도 하지 않았습니다. 성에 도착하자 말렌 공주는 서둘러 신부 방으로 돌아가 화려한 옷과 장식을 벗고 잿빛 작업복으로 갈아입었습니다. 다만 신랑에게서 받은 목걸이만은 그대로 걸고 있었습니다.

밤이 되어 못난 신부가 왕자의 방으로 안내되었습니다. 신부는 자신의 거짓말이 왕자에게 들킬까봐 얼굴이 잘 보이지 않도록 베일로 가렸습니다. 하녀와 시종들이 방에서 물러나자 왕자가 물었습니다.

"길가 쐐기풀 덤불을 지날 때 뭐라고 말했는지 가르쳐 주시겠소?"

"어떤 쐐기풀 덤불 말씀인가요? 저는 쐐기풀 덤불과 이야기한 적이 없어요."

신부가 이렇게 말하자 왕자가 말했습니다.

"그렇다면 당신은 진정한 나의 신부가 아닌가 보오."

신부는 깜짝 놀라서 얼른 둘러댔습니다.

"제 하녀에게 물어보고 올게요.
하녀라면 기억하고 있을 거예요."

신부는 밖으로 나가 말렌 공주를 찾아갔습니다.

"하녀야, 쐐기풀 덤불에게 뭐라 말했지?"

"저는 그저 이렇게 말했을 뿐입니다.

쐐기풀아, 쐐기풀아,
그렇게 작은 덤불이 되어,
왜 여기 혼자 있니?
옛날에는 익히지도 않고

날것으로 너를 먹던 때가 있었지."

신부는 냉큼 방으로 돌아가 말했습니다.
"제가 쐐기풀 덤불에 대고 뭐라 말했었는지 떠올랐어요."
그러고는 공주에게 들은 말을 되풀이했습니다.
그러자 왕자가 다시 물었습니다.
"그러면 교회 앞 작은 다리를 건널 때는 뭐라고 했소?"
"교회 앞 작은 다리에요? 저는 교회에 있는 다리와 이야기한 기억이 없어요."
"그럼 당신은 나의 진정한 신부가 아니로군요."
공주가 다시 말했습니다.

"제 하녀에게 물어보고 오겠어요
하녀가 기억하고 있을 거예요."

그러고는 밖으로 나가 말렌 공주에게 달려갔습니다.
"하녀야, 교회 다리에서 뭐라 말했지?"
"저는 그저 이렇게 말했을 뿐입니다.

교회 앞 작은 다리야, 부서지지 마라.
내가 진정한 신부가 아니라고."

"그런 말을 하다니, 너 정말 죽고 싶은 게냐?"
신부는 그렇게 말하더니 서둘러 방으로 돌아가 왕자에게 이야기했습니다.
"이제야 교회 앞 작은 다리에 뭐라고 말했는지 생각났어요."
그러고는 공주에게 들은 말을 되풀이했습니다.
"그렇다면 교회 문에는 뭐라고 말했소?"
"교회 문이요? 저는 교회 문하고는 이야기하지 않아요."
"그럼 당신은 진정한 나의 신부가 아니로군요."

신부는 또다시 밖으로 나가 말렌 공주에게 달려갔습니다.
"하녀야, 교회 문에는 뭐라고 말했니?"
"저는 그저 이렇게 말했을 뿐입니다.

교회 문아, 부서지진 않겠지,
내가 진정한 신부가 아니라고."

"그런 말을 하다니, 네 목을 부러뜨려줄 테다."
신부는 큰 소리로 무섭게 화를 내고는 재빨리 방으로 돌아가 왕자에게 말했습니다.
"이제야 교회 문에 뭐라고 말했는지 떠올랐어요."
그러고는 공주에게 들은 말을 되풀이했습니다.
"그런데 내가 교회 문 옆에서 당신에게 주었던 목걸이는 어디다 두었소?"
"무슨 목걸이 말씀인가요? 당신에게 목걸이를 받은 적이 없는데요."
"내가 직접 당신 목에 걸어 주며 고리까지 채워 주지 않았소. 그것을 모른다면 당신은 내 진정한 신부가 아니오."
왕자는 신부의 베일을 벗겼습니다. 그러자 처음 보는 얼굴에 깜짝 놀라 흠칫 물러서며 말했습니다.
"당신은 누구요? 어떻게 여기 들어왔소?"
"제가 당신과 약혼했던 신부입니다. 하지만 밖에 나가면 사람들이 나를 보고 비웃을까 걱정되어 하녀에게 제 옷을 입고 대신 교회에 가라 했습니다."
"그 하녀는 어디 있소?"
왕자가 물었습니다.
"한번 만나봐야겠으니 가서 데리고 오시오."
신부는 밖으로 나가 남자 하인들에게 잿빛 옷을 입은 하녀는 거짓말쟁이이니 끌어내어 목을 베라고 명령했습니다. 하인들이 말렌 공주를 잡아서 끌고 가려 했습니다. 하지만 공주가 큰 소리로 도와 달라고 외치자, 그 목소리를 기억하고 있던 왕자가 서둘러 방에서 나와 그 하녀를 당장 풀어 주라고 명령했습니다.
등불을 가져오라고 해서 얼굴을 보니 왕자가 교회 문 앞에서 걸어주었던

목걸이가 하녀 목에 걸려 있었습니다.

"당신이 나와 함께 교회로 갔던 진정한 신부로군요. 내 방으로 함께 갑시다."

둘만 남자 왕자가 말했습니다.

"당신은 교회로 가는 길에 말렌 공주 이름을 말했는데, 그녀는 내 약혼녀였습니다. 그럴 리는 없겠지만 왠지 내 눈앞에 말렌 공주가 서 있는 것만 같아요. 당신은 말렌 공주와 무척 닮았으니 말이오."

하녀가 말했습니다.

"제가 바로 그 말렌 공주랍니다. 7년 동안 굶주림과 목마름에 시달리면서 캄캄한 어둠 속에 갇혀 있었고, 탑에서 나온 뒤로도 보시다시피 어렵게 살아왔답니다. 하지만 오늘 드디어 그 옛날처럼 햇살이 저를 비추기 시작했어요. 당신과 교회에서 결혼식을 올려 마침내 당신의 진실한 아내가 되었으니까요."

왕자와 말렌 공주는 서로 입을 맞추었습니다. 두 사람은 평생 행복하게 살았답니다. 못난 신부는 못된 짓을 한 벌로 목숨을 잃게 되었습니다.

말렌 공주가 갇혀 있던 탑은 그 뒤에도 오랫동안 그대로 남아 있었습니다. 그리고 그곳을 지나는 아이들은 이런 노래를 불렀답니다.

"여보세요, 여보세요,
이 탑에 누가 있지요?
그곳에는 공주님이 계신답니다.
하지만 공주님은 볼 수 없어요.
벽은 부서지지 않고요.
돌은 구멍 나지 않으니까요.
그러니 색동옷 입은 한스야,
조심조심 어서 내 뒤를 따라오렴."

KHM 199

물소 가죽 장화

Der Stiefel von Büffelleder

무슨 일이 닥쳐도 두려워하지 않는 느긋한 성격을 가진 용감한 병사가 살았습니다. 그는 나이가 들어 군대에서 나오게 되었지만, 딱히 배운 것이 없었으므로 먹고 살 길이 막막했습니다.

그래서 이곳저곳 떠돌며 마음씨 좋은 사람들이 베풀어주는 것들을 받으며 살았습니다. 어느덧 그에게는 어깨에 걸친 낡은 외투와 거친 물소 가죽으로 만든 승마용 장화 한 켤레만 남았습니다.

그러던 어느 날이었습니다. 그날도 병사는 아무 걱정 없이 들판을 걸어가다가 어느 숲에 이르렀습니다. 어디로 가야 할지 몰라 서성이는데, 쓰러진 나뭇등걸에 초록빛 사냥꾼 옷을 잘 차려입은 남자가 걸터앉아 있는 게 보였습니다. 병사는 그에게 손을 내밀어 악수를 하고 바로 옆 풀밭에 다리를 쭉 뻗고 앉았습니다.

"보아하니 멋진 구두를 신으셨군요. 번쩍번쩍 새것 같습니다."

병사가 사냥꾼에게 계속 말했습니다.

"그런데 나처럼 떠돌아다니는 사람이라면 그런 구두를 신고 오래 걷기 힘들 텐데요. 물소 가죽으로 만든 내 구두 좀 보시오. 이미 오랫동안 신고 다녔는데도 아직 괜찮지 않소? 이 장화를 신으면 어떤 땅이라도 편안하게 걸을 수 있다오."

잠시 뒤 병사가 일어서며 말했습니다.

"배가 너무 고파 오래 머물러 있지 못하겠군. 번쩍번쩍 구두를 신은 형제여, 숲에서 나가는 길은 어디요?"

사냥꾼이 대답했습니다.

"나도 모르오. 나도 이 숲에서 길을 잃었소이다."

병사가 말했습니다.

"그럼 나와 처지가 같구먼. 끼리끼리 어울리는 게 좋지. 함께 길을 찾아보기로 하세."

사냥꾼이 싱긋 미소를 지었습니다. 그들은 나란히 걸어갔습니다. 이윽고 밤이 되자, 병사가 말했습니다.

"숲에서 빠져나가지 못하고 말았군. 저기 멀리서 불빛이 하나 깜박거리는 게 보이는구려. 저곳에 가면 먹을 것을 구할 수 있을지도 모르겠소."

불빛을 따라간 그들은 돌로 지은 집을 발견했습니다. 똑똑 문을 두드리자 할머니가 문을 열었습니다.

"저희는 하룻밤 묵을 곳을 찾고 있습니다. 오늘밤 여기서 잘 수 있을까요?"

병사가 물었습니다.

"배를 좀 채울 수 있었으면 좋겠군요. 제 뱃속은 낡은 배낭처럼 텅텅 비었답니다."

할머니가 대답했습니다.

"여기서는 묵을 수 없어요. 도둑들 집이거든. 그들이 돌아오기 전에 빨리 떠나는 게 좋을 거요. 들키는 날에는 목숨이 위험할 테니까."

그러자 병사가 말했습니다.

"그런 건 하나도 무섭지 않소. 나는 이틀 동안 아무것도 먹지 못했답니다. 여기서 도둑에게 죽임을 당하나 숲에서 굶어 죽으나 마찬가지인 걸요. 그러니 안으로 들어가겠소이다."

사냥꾼은 선뜻 병사를 따라 들어가기 싫었습니다. 하지만 병사가 그의 소매를 끌어당겼습니다.

"들어가자고, 친구. 바로 목이 달아나는 것은 아니잖소."

할머니는 그들이 불쌍해져서 말했습니다.

"정 그러시다면 난로 뒤에 숨어 있구려. 도둑들이 잠들고 나면 그들이 먹다 남긴 것을 가져다 줄 테니까."

두 사람이 난로 뒤에 몸을 숨기고 앉자마자 도둑 열둘이 우르르 들이닥치더니 식탁에 둘러앉아 빨리 음식을 가져오라며 아우성을 쳤습니다. 할머니가 큼직하게 구운 고기를 가져다주자 도둑들은 쩝쩝 무척 맛나게 먹었습니다. 그 맛있는 음식 냄새가 병사의 콧속으로 솔솔 들어오자 병사가 사냥꾼에게 말했습니다.

"더는 못 참겠소. 식탁에 앉아 함께 먹어야겠소."

"아니, 나까지 죽게 할 참이오?"

사냥꾼이 그의 팔을 붙잡았습니다. 하지만 병사는 큰 소리로 "에취! 에취!" 기침을 해댔습니다. 그 소리를 들은 도둑들이 칼과 포크를 내던지고 벌떡 일어나서는 난로 뒤에 숨어 있는 둘을 찾아냈습니다.

"이런, 신사분들이 난로 구석에 앉아 계셨군!"

그들이 소리쳤습니다.

"이런 누추한 곳에서 무슨 볼일이 있으신가? 뭘 엿보러 오셨나? 신사분들께 마른 나뭇가지에 매달려 대롱대롱 하늘을 나는 법을 알려 드려야겠군."

병사가 말했습니다.

"좋소이다. 하지만 배가 몹시 고프니 먼저 먹을 것을 준 다음 당신네들 하고 싶은 대로 하시오."

도둑들은 깜짝 놀랐습니다. 두목이 말했습니다.

"보아하니 겁이 없으시군. 좋아, 먹을 것을 주지. 하지만 그 뒤엔 목숨이 무사하지 못할 거야."

"그거야 두고 보면 알겠지."

병사는 그렇게 말하며 식탁에 앉아 거리낌 없이 고기를 썰었습니다.

"번쩍번쩍 구두를 신은 형제여, 이리 와서 함께 드시오."

그가 사냥꾼을 불렀습니다.

"배고픈 건 당신도 마찬가지 아니오? 당신 집에서도 이보다 맛있는 고기는 먹지 못했을 거요."

그러나 사냥꾼은 통 먹으려 들지 않았습니다. 도둑들은 놀란 눈으로 병사를 지켜보며 말했습니다.

"이 녀석 정말 겁 없이 잘 먹는군."

식사를 마친 병사가 말했습니다.

"잘 먹었소. 배를 채웠으니 이제 마실 것도 주시지요."

두목은 그 부탁을 들어주고 싶었는지 할머니를 불렀습니다.

"지하실에서 술 한 병 가져다 주게. 가장 좋은 것으로."

병사는 펑 소리를 내며 마개를 뽑더니 사냥꾼에게 술을 따라주며 말했습니다.

“내가 신기한 것을 보여줄 테니 너무 놀라지는 마시게, 친구. 자 여기 있는 모든 이들의 건강을 위해 건배나 하세.”

그런 뒤 그는 도둑들 머리 위로 술병을 흔들면서 외쳤습니다.

“여러분의 건강을 위해 건배하리다. 하지만 입은 벌리고 오른손은 높이 들도록 하시오.”

그러고는 병사는 술을 병째 벌컥벌컥 들이마셨습니다. 그런데 그 말이 입에서 나오자마자 도둑들은 모두 돌이 된 것처럼 꼼짝도 못하고 입을 쩍 벌린 채 오른손을 위로 치켜들고 가만히 있었습니다. 사냥꾼이 병사에게 말했습니다.

“마법을 부렸군요! 다른 마법은 부릴 줄 모릅니까? 그 마법으로 우리 집으로 돌아갑시다.”

“친구여, 돌아가기에는 아직 이르다오. 도둑들을 꼼짝 못하게 했으니 뭔가 가져갈 물건이 있나 찾아봐야지. 모두들 놀라서 꼼짝 못하고 입을 쩍 벌리고 있구려. 내가 허락하기 전까지는 옴짝달싹 못할 거요. 그러니 걱정 말고 이리 와서 먹고 마십시다.”

할머니는 가장 좋은 술 한 병을 더 가져와야만 했습니다. 병사는 3일치 식량을 모두 먹어 치운 뒤에야 비로소 자리에서 일어났습니다. 드디어 날이 밝자 그가 말했습니다.

“이제 막사를 거두고 나아갈 시간이 되었군. 오래 걸어가지 않도록 할머니에게 도시로 가는 가장 가까운 길을 가르쳐 달라고 합시다.”

그들이 도시에 도착하자 병사는 옛 동료 병사들을 찾아가서 말했습니다.

“숲 속에서 도둑들 소굴을 찾아냈다네. 함께 가서 한번에 모조리 잡아들이세.”

병사가 앞장서며 사냥꾼에게 말했습니다.

“당신도 함께 갑시다. 그 녀석들이 붙잡힐 때 얼마나 벌벌 떠는지 지켜보아야 하지 않겠소?”

병사는 동료들에게 도둑들 집을 빙 둘러싸게 한 다음, 술병을 들고 한 모금 쭉 들이켜더니 그들 머리 위로 술병을 흔들면서 외쳤습니다.

“여러분의 건강을 위해 건배!”

그 순간 도둑들은 다시 움직이기 시작했습니다. 그러나 곧 모두 나동그라지며 손발이 밧줄로 꽁꽁 묶였습니다. 병사는 도둑들을 마치 곡식 자루나 되는 듯이 마차 위에 던져서 싣게 하고는 동료들에게 말했습니다.

"바로 감옥으로 데려가게."

사냥꾼은 병사들 가운데 한 사람을 옆으로 불러 무슨 말을 속삭였습니다. 병사가 말했습니다.

"번쩍번쩍 구두 형제, 다행히 도둑들을 모두 잡았고 음식도 실컷 먹었으니, 이제 어슬렁어슬렁 병사들 뒤를 따라 성으로 갑시다."

그들은 도시에 가까워졌습니다. 그런데 수많은 사람들이 성문 앞으로 우르르 몰려와 푸른 나뭇가지를 하늘 높이 흔들며 커다랗게 환호성 지르고 있었습니다. 그리고 근위병이 다가오자 병사는 몹시 이상히 여기며 사냥꾼에게 물었습니다.

"왜 이렇게 소란들이지?"

사냥꾼이 말했습니다.

"자네는 오랫동안 나라를 떠나 있던 왕이 오늘 돌아온다는 사실을 모르는가? 그래서 사람들이 마중 나온 것일세."

병사가 말했습니다.

"그런데 왕은 어디 계시지? 여기서는 보이지 않는걸."

사냥꾼이 말했습니다.

"바로 자네 옆에 있지 않은가. 내가 바로 왕일세. 사람들에게 오늘 도착한다고 미리 알려 두었지."

사냥꾼이 사냥옷을 벗자 왕의 옷이 보였습니다. 병사는 깜짝 놀라 털썩 무릎을 꿇고, 감히 왕을 몰라보고 마치 친구처럼 대하며 함부로 번쩍번쩍 구두 형제라는 터무니없는 별명으로 부른 것을 용서해 달라고 빌었습니다. 그러나 왕은 그에게 다정하게 손을 내밀며 말했습니다.

"자네는 나의 생명을 구해 준 용감한 병사일세. 이제부터 그 보답으로 내가 자네를 잘 돌보아 줄 테니, 앞으로 어렵게 지내는 일은 없을 걸세. 도둑들 집에서 먹은 것 같은 맛있게 구운 고기를 먹고 싶으면 어려워하지 말고 궁전 부엌으로 가면 될 것이네. 하지만 다른 사람 건강을 위한 건배를 하려거든 반드시 내 허락을 받아야 하네."

KHM 200

황금 열쇠

Der goldene Schlüssel

눈이 높이 쌓인 어느 겨울날이었습니다. 한 가난한 소년이 썰매를 타고 나무를 하러 밖으로 나가야만 했습니다. 장작을 모아 썰매에 실은 소년은 몸이 얼어붙을 듯이 몹시 추웠기에 집으로 가기 전에 모닥불을 피워 몸을 조금 녹이려 했습니다.

그래서 가득 쌓인 눈을 쓸어내고 땅바닥을 깨끗하게 치웠더니, 땅바닥에 작은 황금 열쇠 하나가 보였습니다. 열쇠가 있다면 어딘가에 자물쇠도 있으리라 생각한 소년은 열심히 땅을 팠습니다. 이윽고 땅속에서 쇠로 만든 작은 상자가 나왔습니다.

'열쇠가 맞는다면 얼마나 좋을까!'

소년은 생각했습니다.

'상자 안에는 틀림없이 값지고 귀한 물건이 들어 있을 거야.'

소년은 이렇게 생각하고 상자를 이리저리 살펴보았지만 어디에도 자물쇠 구멍은 보이지 않았습니다. 마침내 하나 찾긴 찾았는데, 어찌나 구멍이 작은지 거의 눈에 보이지도 않았습니다. 혹시나 하는 마음에 열쇠를 꽂아보니 다행히도 딱 맞았습니다.

소년은 열쇠를 빙 돌렸습니다.

자, 이제 우리는 소년이 자물쇠를 열고 뚜껑을 열어젖힐 때까지 기다려야 합니다. 뚜껑을 열면 상자 안에 얼마나 멋진 물건들이 담겨 있는지 알게 되겠죠.

동화로 읽는 성자 이야기

KHM 201

숲 속의 성 요셉

Der heilige Joseph im Walde

옛날 옛날에 어머니와 세 딸이 살고 있었습니다. 맏딸은 버릇이 없고 심술궂었으며, 둘째 딸은 조금 부족해도 언니보다 됨됨이가 한결 좋았고, 막내딸은 믿음이 깊은 착한 아이였습니다.

하지만 어머니는 이상하게도 맏딸을 누구보다 사랑했고, 막내딸은 좀처럼 마음에 들어 하지 않았습니다. 어머니는 이 가엾은 막내딸을 집에서 내보낼 작정으로 자주 큰 숲 속에 보냈습니다. 그곳에서 길을 잃으면 다시는 집으로 돌아오지 못하리라 생각한 것이지요.

하지만 믿음이 깊은 아이는 모두 수호천사가 보살펴 줍니다. 이 마음씨 착한 소녀에게도 수호천사가 있었습니다. 길을 잃을 때면 수호천사가 집으로 돌아가는 길을 가르쳐 주어서 소녀는 늘 제대로 집을 찾아올 수 있었습니다.

그러던 어느 날 소녀는 또다시 숲에서 길을 잃어버렸지만, 이번에는 주위를 아무리 둘러보아도 수호천사가 보이지 않았습니다. 숲에서 빠져나갈 길을 찾지 못하고 그저 앞으로만 걸어가다 보니 어느새 날이 어두워졌습니다.

그때 저 멀리서 작은 불빛이 흔들리는 것이 보여 그곳으로 달려가니 조그만 오두막 한 채가 있었습니다. 소녀가 똑똑 문을 두드리자 문이 저절로 스르륵 열리더니 두 번째 문이 나왔습니다. 소녀가 또 문을 똑똑 두드리자 수염이 눈처럼 하얗고 온몸에 성스러움이 감도는 노인이 문을 열어 주었습니다. 그는 다름 아닌 성 요셉이었습니다. 그가 무척 다정한 목소리로 말했습니다.

"착한 아이야, 이리 오렴. 난롯가 의자에 앉아 몸을 녹이려무나. 목이 마르면 맑은 물도 가져다주마. 하지만 이 숲 속에서 너에게 줄 먹을 것이라고는 나무뿌리 몇 개밖에 없구나. 껍질을 벗겨 익혀 먹어라."

성 요셉은 소녀에게 나무뿌리를 건네주었습니다. 소녀는 그것을 박박 문질러서 깨끗하게 껍질을 벗긴 다음, 어머니가 손에 들려 준 팬케이크 한 조각과 빵을 가져와 불 위에 올려놓은 냄비에 넣고 모두 한데 뒤섞어서 걸쭉한 죽을 만들었습니다. 죽이 다 만들어지자 성 요셉이 말했습니다.

"나도 몹시 배가 고프구나. 먹을 것을 내게도 조금 나눠 주겠니?"

소녀는 본디 그럴 생각이었기 때문에 성 요셉에게 기꺼이 음식을 나누어 주었습니다. 오히려 제 몫보다 더 많이 덜었습니다만, 하느님의 은혜를 입어 그만큼만으로도 소녀는 배가 불렀습니다. 기분 좋은 식사가 끝나자 성 요셉이 말했습니다.

"이제 잠자리에 들자꾸나. 하지만 침대가 하나뿐이니 네가 침대에서 자거라. 나는 바닥에 짚을 깔고 자면 된다."

"아니에요."

소녀가 말했습니다.

"할아버지가 침대에서 주무세요. 전 몸 누일 곳만 있으면 충분해요."

하지만 성 요셉은 소녀를 안아 침대에 눕혀 주었습니다. 소녀는 기도를 하고 곧 침대 위에서 잠이 들었습니다.

다음 날 아침 눈을 뜬 소녀가 성 요셉에게 아침 인사를 하려는데 그가 보이지 않았습니다. 집 안 여기저기 찾아보았지만 그는 어디에도 없었습니다. 그러다가 문 뒤에서 돈이 가득 들어 있는 자루 하나를 발견했습니다. 자루는 소녀가 겨우 들 수 있을 만큼 무척 무거웠는데 자루 위에는 '어젯밤 이곳에서 잠든 아이의 것'이라고 씌어 있었습니다.

자루를 들고 밖으로 나간 아이는 무사히 집으로 찾아갈 수 있었습니다. 소녀가 어머니께 돈을 모두 드리자 어머니는 기뻐할 수밖에 없었습니다.

다음 날, 둘째 딸이 자기도 숲으로 보내달라고 졸랐습니다. 어머니는 막내에게 주었던 것보다 한결 큰 팬케이크 한 조각과 빵을 들려주었습니다. 이윽고 둘째 딸도 막내와 똑같은 일을 겪었습니다. 날이 저물자 막내처럼 숲 속을 헤매던 둘째는 성 요셉의 오두막에 들어갔습니다. 성 요셉은 둘째 딸에게도 죽을 끓이라며 나무뿌리를 건네주었습니다. 막내가 한 것처럼 둘째 딸도 북북 문질러서 벗긴 나무뿌리에 팬케이크와 빵을 뒤섞어 죽을 끓였습니다. 죽이 모두 만들어지자 성 요셉은 이번에도 똑같은 말을 했습니다.

"나도 몹시 배가 고프구나. 먹을 것을 내게도 조금 나눠 주겠니?"

둘째 딸이 대답했습니다.

"그럼 함께 드세요."

식사를 마치고 나자 성 요셉은 둘째 딸에게 침대를 권하며 자기는 짚을 깔고 바닥에서 자겠다고 말했습니다.

둘째 딸이 말했습니다.

"아니에요, 할아버지도 저와 함께 침대에서 주무세요. 둘이 누워도 자리가 좁지는 않겠어요."

하지만 성 요셉은 아이를 안아 침대에 눕히고 자기는 짚을 깔아 바닥에 누웠습니다.

아침이 되어 눈을 뜬 둘째 딸이 주위를 둘러보니 성 요셉은 이미 사라지고 없었습니다. 하지만 문 뒤에 손바닥 길이만 한 돈 자루가 있었고, 그 위에는 '어젯밤 이곳에서 잠든 아이의 것'이라고 씌어 있었습니다.

둘째 딸은 그 작은 자루를 들고 집으로 달려가서는 어머니께 드렸습니다. 하지만 동전 몇 닢은 몰래 꺼내 자기가 가졌지요.

이번에는 맏딸도 호기심이 생겨서 이튿날 아침이 되자 자기도 숲으로 가 보고 싶다고 어머니에게 말했습니다. 어머니는 팬케이크를 딸이 바라는 만큼 많이 주고 거기에 빵과 치즈까지 두 손 가득 들려주었습니다. 날이 저물자 맏딸은 두 동생과 마찬가지로 성 요셉이 있는 오두막을 찾아갈 수 있었습니다. 그러고 나서 동생들이 했듯이 벗긴 나무뿌리와 팬케이크와 빵을 뒤섞어 죽을 끓였습니다. 음식이 완성되자 성 요셉이 말했습니다.

"나도 몹시 배가 고프구나. 먹을 것을 내게도 조금 나눠 주겠니?"

그러자 맏딸이 말했습니다.

"제가 배불리 먹을 때까지 조금만 기다려 주세요. 먹고 나서 남은 게 있으면 드릴게요."

하지만 맏딸은 죽을 혼자서 거의 다 먹어 버렸기 때문에 성 요셉은 어쩔 수 없이 작은 접시 바닥에 남아 있는 걸 득득 긁어내어 먹어야만 했습니다.

그런 뒤 성 요셉이 자기는 짚을 깔고 잘 테니 맏딸에게는 침대에서 자라고 말했습니다. 맏딸은 거리낌 없이 얼른 침대에 누웠고, 노인을 딱딱한 짚 위에서 자게 내버려 두었습니다.

다음 날 아침이 되어 맏딸이 잠에서 깨어 보니 성 요셉은 어디에도 보이지 않았습니다. 하지만 맏딸은 할아버지가 어디 가셨을까 아무런 걱정도 하지 않고 틀림없이 돈 자루가 있으리라 생각하고는 문 뒤를 살펴보았습니다. 그러자 정말 바닥에 무엇인가 있는 것만 같았습니다. 그러나 그게 무엇인지 또렷이 알 수가 없어서 몸을 구부렸는데, 그만 그것에 코를 부딪히고 말았습니다. 코끝에 뭔가 매달린 듯해 놀라서 몸을 일으키고 보니 자기 코 위에 또 다른 코가 딱 달라붙어 있는 게 아니겠습니까? 맏딸은 깜짝 놀라 비명을 지르며 큰 소리로 울부짖었습니다. 그러나 아무 소용도 없었습니다. 맏딸은 기다랗게 튀어나온 제 코를 멍하니 바라볼 수밖에 없었습니다.

맏딸은 엉엉! 울면서 밖으로 달려나가다 성 요셉을 만났습니다. 맏딸이 그의 발아래 엎드려 몹시도 간절히 애원하자 불쌍한 마음이 든 성 요셉은 맏딸 코에 딱 달라붙어 있던 또 다른 코를 다시 떼어 주고는 동전 두 닢을 주었습니다.

맏딸이 집으로 돌아오자 문 앞에서 기다리던 어머니가 물었습니다.

"그래, 너는 무엇을 받아왔니?"

맏딸은 둘러댔습니다.

"돈이 가득 든 커다란 자루를 받았는데, 오다가 그만 잃어버렸어요."

"잃어버렸다고!"

어머니가 큰 소리로 외쳤습니다.

"그렇다면 다시 찾으러 가야겠구나."

그러고는 딸의 손을 잡고 돈 자루를 찾으러 나섰습니다. 딸은 처음에는 울며불며 어머니와 함께 가지 않으려 했지만 어머니가 마구 잡아끄는 바람에 같이 갈 수밖에 없었습니다. 하지만 가는 길에 수많은 도마뱀과 뱀들이 끊임없이 덤벼들어 쉽사리 나아갈 수가 없었습니다.

마침내 못된 맏딸은 뱀에게 물려 죽고 말았습니다. 그리고 맏딸을 좋은 아이로 키우지 못한 벌로 어머니 또한 발을 뱀에게 잔뜩 물렸습니다.

KHM 202

열두 사도

Die zwölf Apostel

주 예수가 태어나기 3백 년 전, 한 어머니가 열두 아들을 두었습니다. 하지만 몹시 가난하고 살림이 어려워 하루하루 아이들을 먹이기에도 버거웠습니다.

어머니는 하느님이 약속했듯이, 언젠가 구세주가 이 세상에 나타난다면 구세주 곁에 자기 아들 열둘 모두가 제발 함께 할 수 있도록 해달라고 날마다 기도를 올렸습니다. 마침내 집안 형편이 더는 버틸 수 없을 정도가 되자 어머니는 저마다 먹을 것을 구해 오라며 아들들을 차례차례 하나씩 세상으로 내보냈습니다.

첫째 아들 이름은 베드로였습니다. 집을 나선 베드로는 온종일 걷고 또 걸어 까마득히 먼 곳까지 나아갔습니다. 그러다 큰 숲에 접어들었는데, 숲을 빠져나가는 길을 찾아내지 못하고 차츰 더욱 깊은 곳으로 들어가 헤매게 되었습니다. 마침내 그는 몹시 지쳐 제대로 서 있을 수조차 없게 되었습니다. 물 먹인 솜처럼 축 늘어진 몸을 아무렇게나 누인 베드로는 어쩐지 자신에게 죽음이 다가왔다는 느낌이 들었습니다.

그때, 문득 옆을 보니 작은 소년이 서 있었습니다. 천사처럼 온몸에 반짝반짝 빛이 났으며 아름답고 아주 오래된 친구 같이 다정한 소년이었습니다. 아이가 귀여운 손을 번쩍 들어 손뼉을 쳤기 때문에 베드로는 힘겹게 눈을 들어 아이를 바라보지 않을 수 없었습니다. 아이가 물었습니다.

"왜 그렇게 비참한 모습으로 이곳에 누워 있나요?"

베드로가 대답했습니다.

"귀여운 아이야, 나는 먹을 것을 구하러 온 세상을 돌아다녔단다. 하느님께서 약속하신 구세주를 만나고 싶었거든. 그것이 내 가장 큰 소원이란다."

아이가 말했습니다.

"저를 따라오세요. 당신의 소원이 이루어질 거예요."

아이는 가엾은 베드로의 손을 잡고 암벽 사이 커다란 동굴로 들어갔습니다. 안에는 모든 것이 금과 은, 수정으로 번쩍번쩍 빛났고 한가운데에는 요람 열두 개가 나란히 놓여 있었습니다. 천사가 말했습니다.

"첫 번째 요람에 누워서 잠깐 눈을 붙이도록 해요. 제가 요람을 흔들어 드릴게요."

천사가 하라는 대로 베드로가 요람에 눕자, 천사는 그가 잠이 들 때까지 자장가를 불러주며 요람을 흔들었습니다.

베드로가 잠든 사이, 둘째 아들이 동굴로 들어왔습니다. 둘째 아들 또한 형 베드로와 마찬가지로 자기 수호천사에게 이끌려 이곳에 들어온 것이었습니다. 둘째 아들도 베드로처럼 요람에 누워 잠이 들었고, 이어서 다른 형제들도 차례차례 동굴에 찾아와 마침내 열두 아들 모두 황금 요람에 누워 깊이 잠이 들었습니다.

이렇게 해서 열두 형제들은 구세주가 태어나던 날 밤까지 3백 년 동안이나 깊은 잠에 들었습니다. 3백 년 뒤 마침내 구세주가 탄생하자 그들도 모두 잠에서 깨어 구세주와 함께 온 세상을 돌아다니게 되었는데, 사람들은 이들을 열두 사도라 불렀습니다.

KHM 203

장미

Die Rose

옛날, 어느 가난한 여인에게 아이가 둘 있었습니다. 그 가운데 둘째는 날마다 숲에서 땔나무를 해 왔습니다.

어느 날 둘째가 숲 속 깊숙이 땔감을 찾으러 들어갔더니, 갑자기 작은 아이 하나가 나타났습니다. 어리지만 무척 야무진 아이였습니다. 꼬마 아이는 부지런히 둘째를 거들어 땔나무를 주워 오더니 집까지 날라다 주고는 순식간에 사라져 버렸습니다.

둘째는 어머니에게 이 일을 들려주었지만, 어머니는 좀처럼 믿으려 들지 않았습니다. 그러자 둘째는 장미를 한 송이 가져오더니, 그 예쁜 아이가 이 장미를 주면서 꽃이 활짝 피면 다시 오겠다는 말을 남겼다고 이야기했습니다. 어머니는 그 장미를 꽃병에 꽂았습니다.

어느 날 아침이었습니다. 둘째가 침대에서 일어나지 않기에 어머니가 가 보니 아이는 이미 세상을 떠난 뒤였습니다. 하지만 무척 행복한 얼굴이었습니다. 바로 그날 아침 장미꽃은 활짝 피어났습니다.

KHM 204

하늘나라로 가는 길

Armut und Demut führen zum Himmel

한 왕자가 있었습니다. 하루는 들판으로 나가 무언가를 생각하다 갑자기 몹시 우울해져서 하늘을 올려다보니 무척 맑고 푸르렀습니다. 왕자는 힘없이 한숨을 쉬며 말했습니다.

"저 하늘나라에 가면 틀림없이 행복할 거야!"

그때 맞은편에서 길을 걸어오고 있는 누더기 차림의 노인이 보였습니다. 왕자는 노인에게 말을 걸었습니다.

"하늘나라에 가려면 어떻게 해야 할까요?"

노인이 말했습니다.

"늘 가난하고 겸손해야만 갈 수 있다오. 하늘나라에 가고 싶다면 이 누더기 옷을 걸치고 7년 동안 온 세상을 돌아다니면서 세상 사람들의 괴로움과 가난이 어떤 것인지 배우도록 하시오. 돈은 절대 받지 말고, 배가 고프면 인정 많

은 사람에게 먹을 것을 좀 달라고 구걸하시오. 그러면 하늘나라 가까이 갈 수 있을 것이오."

노인 말을 들은 왕자는 호화로운 옷을 벗고, 대신 너덜너덜한 거지 옷을 걸치고는 널리 세상을 돌아다니며 매우 가난한 생활을 했습니다. 왕자는 먹을 것도 겨우 허기를 달랠 만큼만 얻고, 아무 말도 하지 않았으며, 오로지 하느님에게 언젠가 하늘나라로 부디 자신을 데려가주기를 기도했습니다.

7년이 지난 뒤, 왕자는 아버지인 왕이 사는 성으로 돌아왔습니다. 하지만 아무도 그가 왕자임을 알아보지 못했습니다. 왕자는 성 앞 문지기들에게 말했습니다.

"내가 돌아왔다고 부모님께 가서 전하여라."

하지만 문지기들은 웬 거지가 헛소리를 하냐고 비웃으면서 왕자를 문 앞에서 있게 그냥 내버려 두었습니다. 왕자가 또 한 번 말했습니다.

"내 형제들에게 가서 모두 내려오라고 전하여라. 그들을 다시 보고 싶구나."

하인들은 그 말도 무시했습니다. 마침내 하인 하나가 왕자들에게 가서 그 말을 전했지만, 왕자들 또한 그의 말을 믿으려 들지 않았고 나가볼 생각도 하지 않았습니다.

왕자는 자신이 어려운 처지에 놓여 있다는 사실을 자세히 편지에 적어 어머니인 왕비에게 보냈습니다. 하지만 자기가 아들이라는 사실만은 밝히지 않았습니다. 왕비는 그 편지를 읽고 왕자를 가엾게 여겨 성 계단 아래에서 살도록 하고, 날마다 하인 둘을 보내 먹을 것을 가져다주었습니다. 그 가운데 마음씨 못된 하인이 말했습니다.

"더러운 거지한테 이런 좋은 음식이 가당키나 해?"

그러고는 음식을 중간에 가로채서 자기가 먹거나 개에게 던져주고는, 여위고 쇠약해진 왕자에게는 물밖에 가져다주지 않았습니다. 하지만 또 다른 하인은 정직해서 왕자에게 좋은 음식을 꼬박꼬박 잘 전해 주었습니다. 음식은 아주 적었지만 왕자는 그것을 먹고 얼마 동안 목숨을 이어갈 수 있었습니다. 이렇게도 힘든 나날을 왕자는 묵묵히 참아냈지만 몸은 차츰 더 쇠약해져만 갔습니다.

병이 점점 더 깊어지자 괴로움에 지친 왕자는 마지막 성찬을 받기를 원했습니다. 그런데 그때 한창 미사를 올리던, 그 도시와 가까운 곳에 있는 교회 모든 종들이 울리기 시작했습니다. 미사가 끝나고 신부가 계단 밑 불쌍한 남자를 찾아가 보니 그는 한 손에는 장미를, 다른 한 손에는 백합을 든 채 죽어 있었습니다. 그의 옆에 놓인 종이에는 그간 숨겨왔던 그의 이야기가 적혀 있었습니다.

왕자가 땅에 묻힌 뒤 그의 무덤 한쪽에는 장미가, 다른 한쪽에는 백합이 자라났답니다.

KHM 205

하느님의 음식

Gottes Speise

두 자매가 있었습니다. 언니는 재산이 많지만 자식이 없고, 아이를 다섯이나 둔 동생은 남편을 잃은 데다 몹시 가난해서 이제는 아이들을 배불리 먹일 빵마저 넉넉지 않았습니다. 아이들을 먹이는 게 차츰 더 힘들어지자 동생이 언니를 찾아가 말했습니다.

"아이들과 저는 하루하루 너무도 굶주리고 있어요. 언니는 살림이 넉넉하니까 먹을 것을 조금만 나누어 주세요."

엄청난 부자였지만 마음씨는 돌덩이처럼 딱딱한 언니가 말했습니다.

"우리 집에는 너한테 줄 게 아무것도 없어."

그러고는 가엾은 동생을 매섭게 다그치며 쫓아 버렸습니다.

잠시 뒤에 언니의 남편이 집에 돌아와 빵을 써는데, 식칼로 빵 덩어리를 자르자마자 끔찍하게도 빵에서 붉은 피가 콸콸 흘러 나왔습니다. 아내는 그것을 보고 깜짝 놀라 좀 전에 있었던 일을 이야기했습니다.

남편은 가엾은 처제를 도와주기 위해 서둘러 달려갔습니다. 그가 처제의 집 안으로 들어가 보니 그녀는 가장 어린 두 아이를 팔에 안고 기도를 올리고 있었습니다. 나머지 세 아이는 가만히 누워 있었는데, 이미 세상을 떠난 뒤였습니다. 형부가 음식을 내밀자 아이들 어머니가 말했습니다.

"이제 우리는 이 세상 음식이 필요 없어요. 하느님이 이미 세 아이를 배불리 먹여 주셨으니, 남은 두 아이와 저도 데려가 달라는 기도 또한 하느님은 들어 주실 거예요."

그 말이 끝나는 순간 팔에 안겨 있던 두 아이가 숨을 거두었고, 뒤이어 아이들 어머니도 심장이 멈추더니 죽고 말았습니다.

KHM 206
세 개의 푸른 나뭇가지
Die drei grünen Zweige

옛날 어느 산기슭 숲 속에 은둔자가 살았습니다. 은둔자는 숲 속에서 조용히 살면서 기도하고 하느님 말씀을 따라 봉사하면서 하루하루 시간을 보냈습니다. 그러면서도 하느님께 감사함을 전하고 싶어서 저녁마다 물동이에 물을 가득 담아 두세 번씩 산 위로 올라갔습니다. 산 위는 세찬 바람이 끊임없이 불고 공기도 땅도 메말랐기 때문에, 온갖 짐승들은 그가 가져온 물로 목을 축이고 많은 식물들 또한 그 물로 생기를 되찾았습니다.

사람을 무서워하는 야생 새는 높은 곳에서 빙글빙글 원을 그리며 날다가 날카로운 눈으로 뭔가 마실 게 없나 주위를 살폈습니다.

은둔자는 무척 신앙심이 깊었으므로 하느님이 보낸 천사는 늘 은둔자 앞에 그 모습을 나타냈습니다. 천사는 그와 함께 날마다 산을 오르며 그의 발길을 보살펴 주었고, 일이 다 끝나면 은둔자에게 먹을 것을 가져다주었습니다. 마치 하느님의 명을 받은 까마귀가 예언자에게 먹을 것을 날라다 준 일과 같았습니다.

이렇게 신앙심 깊은 나날을 보내는 동안 은둔자도 어느덧 나이가 들었습니다. 어느 날 은둔자는 멀리서 한 불쌍한 남자가 교수대로 끌려가는 광경을 우연히 보고는 조용히 혼잣말을 했습니다.

"저 남자는 죄를 지었으니 마땅히 그 벌을 받아야지."

그런데 그날 저녁, 언제나처럼 은둔자가 물을 길어 산으로 올라가는데 늘 함께 있어 주던 천사의 모습이 통 보이지 않았습니다. 더욱이 음식도 가져다

주지 않았지요. 은둔자는 깜짝 놀라서 제 행동을 뒤돌아보며 어떤 잘못을 저질렀는지 가만가만 생각해 보았습니다. 하느님이 이토록 화가 나셨을 때는 틀림없이 자신이 잘못한 게 있으리라 여겼기 때문입니다. 그러나 아무리 돌이켜 보아도 짐작이 가지 않자 은둔자는 먹지도 마시지도 않고 땅에 엎드려 밤낮으로 간절히 기도를 올렸습니다.

그렇게 숲 속에서 홀로 비통하게 울고 있는데, 어디선가 무척이나 아름답고 낭랑하게 지저귀는 작은 새소리가 들려왔습니다. 은둔자는 더욱 슬퍼져서 탄식했습니다.

"너는 참으로 즐거운 듯이 노래를 부르는구나! 네게는 하느님께서 화내시지 않았나 보구나. 내가 무슨 잘못을 해서 하느님 마음을 상하게 했는지 네가 알려 줄 수 있다면, 나는 죄를 뉘우치고 다시 마음이 편안해질 수 있을 텐데! 한심하게도 새인 너에게 이런 이야기를 하다니!"

그러자 작은 새가 말했습니다.

"교수대로 끌려가는 불쌍한 죄인을 보고 당신이 심판하듯 말한 게 잘못이었어요. 하느님은 그 말 때문에 화가 나셨지요. 죄를 심판하는 일은 오로지 하느님만이 하실 수 있으니까요. 하지만 당신이 죄를 깨닫고 뉘우친다면 하느님은 마땅히 당신을 용서해주실 거예요."

바로 그때 천사가 마른 나뭇가지 하나를 손에 들고 나타나 말했습니다.

"이 마른 나뭇가지에서 푸른 잎을 싹 틔운 가지 세 개가 돋아날 때까지 들고 세상 이곳저곳을 떠돌아다녀야 한다. 밤에는 이 가지를 머리에 베고 잠을 자거라. 배가 고프면 남의 집 앞에 가서 구걸해 먹도록 하고 같은 집에서 하룻밤 이상은 머무르지 말지어다. 이것이 하느님께서 너에게 내리신 죄를 씻는 길이니라."

그래서 은둔자는 그 나무토막 같은 나뭇가지를 받아 들고, 오랜 세월 멀리 떨어져 지냈던 인간들이 사는 세상으로 돌아갔습니다. 그는 남들이 집 앞에서 건네주는 음식만 먹고 마셨습니다. 거의 모든 사람들이 그의 구걸을 거절하며 문조차 열어 주지 않았으므로 은둔자는 하루에 빵 부스러기 하나 먹기도 힘겨웠습니다.

그러던 어느 날이었습니다. 아침부터 밤까지 이 집 저 집 쉼없이 돌아다녔지만 아무도 먹을 것을 주거나 하룻밤 재워 주지 않았습니다. 할 수 없이 은둔자는 숲으로 들어갔습니다. 한참 걷다 보니 어떤 동굴이 눈에 띄었습니다. 그 동굴은 사람이 살 수 있게 손을 본 것으로 그 안에는 한 할머니가 앉아 있었습니다. 은둔자가 말했습니다.

"할머니, 부디 오늘 하룻밤만 재워 주시기를 부탁드립니다."

할머니가 대답했습니다.

"안됐지만 그럴 수 없어요. 가엾은 나그네에게 하룻밤쯤 묵게 해주고 싶지만 그렇게 할 수 없다오. 내게는 아들이 셋 있는데, 모두 마음씨가 고약하고 사나운 도둑이라오. 모두들 도둑질하러 나가서 지금은 없지만, 집으로 돌아와 당신이 있는 것을 보면 당신은 물론 나까지 죽여 버릴지도 몰라요."

은둔자가 말했습니다.

"할머니 제발 부탁드립니다. 딱 하룻밤만 묵게 해주세요. 아드님들은 할머니는 물론 저에게도 나쁜 마음을 갖지 못할 것입니다."

할머니는 간절히 애원하는 은둔자를 보자 가엾고 불쌍한 마음이 들었습니다. 마침내 은둔자는 동굴 계단 아래에 자리를 잡은 뒤, 마른 나뭇가지를 머리에 베고 누웠습니다. 할머니가 그 모습을 보고 딱딱한 나뭇가지를 베고 자는 이유를 묻자, 은둔자는 자신의 죄를 씻기 위해 마른 나뭇가지를 들고 다니며, 밤에 잘 때는 베개로 써야만 한다고 이야기했습니다. 또한 교수대로 끌려가는 어떤 불쌍한 죄인을 보고, 저 남자는 죄를 지었으니 마땅히 벌을 받아야 한다고 말했기 때문에 하느님을 화나게 했다는 이야기도 할머니에게 들려주었습니다.

그 이야기를 들은 할머니는 갑자기 흐느껴 울었습니다.

"아, 하느님께서 그 말 한마디로도 이런 가혹한 벌을 내리셨는데, 내 아들들이 하느님 앞에서 심판을 받게 된다면, 얼마나 더 심한 벌을 받게 될까! 이를 어쩌면 좋겠수?"

한밤이 되어 도둑들은 집으로 돌아오자마자 왁자지껄 시끄럽게 큰 소리로

떠들어댔습니다. 그들이 등불을 켜자 동굴 안이 환하게 밝아졌습니다. 계단 아래에 처음 보는 남자가 누워 있는 것을 발견한 세 아들은 크게 화를 내며 어머니에게 버럭 소리를 질렀습니다.

"어머니, 저 남자는 누구죠? 집 안에 아무도 들이지 말라고 단단히 일렀잖아요!"

어머니가 말했습니다.

"사랑하는 아들아, 내 이야기를 들어보렴. 저분은 자신이 지은 죄를 씻어내기 위해 온 세상을 떠돌아다니는 불쌍한 분이란다."

어머니 말을 들은 도둑들이 은둔자에게 물었습니다.

"도대체 얼마나 큰 죄를 지었길래 그렇게 떠돌아다녀야 한답니까? 이봐, 늙은이, 무슨 죄를 지었는지 어디 한번 이야기해 보시오."

몸을 일으킨 은둔자는 그가 불쌍한 죄인을 보고 심판하듯 말한 것이 하느님을 노하게 만들었고, 그 때문에 오늘까지도 비참하게 세상을 떠돌며 지은 죄를 씻고 있다고 말해 주었습니다.

은둔자의 이야기를 듣고 마음 저 밑바닥까지 흔들린 도둑들은 이제까지 자신의 삶을 돌이켜보며 문득 두려워졌습니다. 못된 마음속을 되돌아 보고, 가슴 깊은 곳에서부터 후회하면서 자신들이 지어 온 죄를 진심으로 뉘우쳤습니다.

은둔자는 이렇게 죄인 세 명을 뉘우치게 만든 뒤 다시 계단 아래로 들어가 잠이 들었습니다.

그런데 다음 날 아침이 되어 보니 은둔자는 무척 평온한 모습으로 죽어 있었고, 그가 머리에 베고 있던 마른 나뭇가지에서는 푸른 잎이 무성한 가지 세 개가 하룻밤 새 쭉 뻗어 있었습니다. 하느님께서 자비를 베풀어 은둔자를 당신 곁으로 부르신 것입니다.

KHM 207

성모 마리아의 술잔

Muttergottesgläschen

어느 날 마부가 수레에 포도주를 가득 싣고 가다가 웅덩이에 빠지고 말았습니다. 아무리 애를 써도 웅덩이에서 수레를 빼낼 수가 없었습니다. 마침 그 길을 지나던 성모 마리아가 곤란을 겪고 있는 가엾은 마부를 보고 말했습니다.

"몹시 지치고 목이 마르니 부디 포도주를 한 잔 주시겠어요? 그러면 웅덩이에서 마차가 빠져나오게 도와 드리겠어요."

"기꺼이 드리겠습니다."

마부가 대답했습니다.

"하지만 마땅한 잔이 없으니 어쩌지요?"

그러자 성모 마리아는 붉은 줄무늬가 있는 하얀 꽃을 한 송이 꺾어 마부에게 건넸습니다. 그 꽃은 '메꽃'이라 불리는 유리잔 모양 꽃이었습니다.

마부는 그 꽃 속에 포도주를 가득 채워 주었습니다. 성모 마리아가 그것을 마시는 순간, 마차는 웅덩이에서 빠져나와 다시 잘 굴러갔습니다. 그때부터 사람들은 메꽃을 '성모 마리아의 술잔'이라 부르게 되었답니다.

KHM 208

외로운 할머니

Das alte Mütterchen

옛날 어느 큰 도시에 한 할머니가 살았습니다. 어느새 해가 지고 온 도시가 캄캄해지자 할머니는 홀로 방 안에 앉아 생각에 잠겼습니다. 할머니 가족 가운데 맨 먼저 남편이 세상을 떠나고, 다음에는 두 아들 모두 어머니 곁을 떠났습니다. 그러고 나서 친척들도 하나 둘 할머니 곁을 떠나더니 마침내 오늘은 하나 남은 친구마저 세상을 떠나버렸습니다.

이제 할머니는 세상에 홀로 남겨져, 곁에 있어 줄 사람이 아무도 없다는 사실을 절실히 깨달았습니다.

그런 생각이 들자 할머니는 마음속 깊이 솟아오르는 슬픔을 도저히 감출 수가 없었습니다. 무엇보다도 괴로운 일은 두 아들을 잃은 것으로, 몹시 슬픈 나머지 하느님이 원망스러울 정도였습니다.

그렇게 가만히 앉아 생각에 잠겨 있는데, 문득 새벽 기도 시간을 알리는 교회 종소리가 저 멀리서 울려 왔습니다. 할머니는 슬픔에 잠겨 이런저런 생각을 하다 밤을 꼬박 지새운 것에 놀라면서 등불을 들고 교회로 향했습니다.

교회에 가 보니 벌써 불이 환하게 켜져 있었습니다. 하지만 언제나처럼 밝은 촛불 빛이 아니라 날이 밝아오는 듯한 어스름 빛이었습니다. 자리는 이미 사람들로 꽉 차 있었습니다. 할머니가 늘 앉던 자리에 가 보았지만 거기도 이미 다른 사람이 앉아 있었습니다. 의자마다 사람들이 모두 차지해서 앉을 곳은 어디에도 없었습니다.

그런데 찬찬히 그들 얼굴을 살펴보니 모두들 이미 세상을 떠난 친척들로 옛날 옷을 입고 앉아 있었습니다. 얼굴은 너무도 창백했고 서로 이야기를 나누지도 않았으며, 찬송가도 부르지 않았습니다. 마치 벌이 윙윙대거나 바람 부는 소리처럼 들리는 웅얼거림만이 교회 안을 가득 채웠습니다.

그때 한 친척뻘 되는 여인이 자리에서 천천히 일어나더니 할머니 앞으로 다가와서는 말했습니다.

"저기 제단 쪽을 보세요. 당신 아들들이 보일 거예요."

할머니가 제단 쪽을 바라보니 정말 그녀의 죽은 두 아들이 보였습니다. 하지

만 아들 하나는 교수대에 매달려 있고, 다른 하나는 팔다리가 찢기는 형벌을 받을 때 쓰이는 수레에 묶여 있었습니다. 여인이 말했습니다.

"저것 보세요. 아드님들이 살아 있었더라면 저런 끔찍한 일을 당했을 겁니다. 만일 하느님께서 아드님이 아직 죄를 짓지 않은 아이일 때 당신 곁으로 데려가시지 않았더라면 아드님들은 저런 형벌을 받게 되었을 거예요."

부들부들 떨리는 가슴을 안고 집으로 돌아온 할머니는, 두 아들이 먼저 세상을 떠난 일이 하느님의 따뜻한 배려였음을 미처 깨닫지 못한 자신의 어리석음을 깊이 반성했습니다. 그리고 자식이 제 눈앞에서 죽는 그런 고통스러운 일을 겪지 않게 해주셔서 감사드린다며 하느님께 무릎을 꿇고 감사 기도를 올렸습니다. 그러고 나서 사흘째 되는 날 할머니는 바로 누워 아주 편안한 모습으로 이 세상을 떠났습니다.

KHM 209
하늘나라 결혼잔치
Die himmlische Hochzeit

옛날에 가난한 농부의 아들이 성당에서 신부의 설교를 들었습니다.

"하늘나라에 가고 싶다면 언제나 똑바로 걸어가야만 합니다."

그 말을 들은 농부 아들은 길을 떠나 계속해서 똑바로 걸어갔습니다.

앞에 어떤 것이 있어도 피하거나 옆으로 돌아가지 않고 높은 산을 넘고 깊은 골짜기도 넘어 그대로 똑바르게만 걸어갔습니다. 그러다 마침내 큰 도시에 이르렀고, 계속 똑바로 나아가다 보니 도시 한가운데에 있는 성당으로 들어가게 되었습니다. 마침 성당에서는 사람들이 한창 예배를 보고 있었습니다.

성당 안으로 들어간 농부의 아들은 이제껏 본 적도 들은 적도 없는 성스러운 아름다움에 넋이 나가, 정말 하늘나라에 온 것이리라 생각하고는 진심으로 기뻐하며 자리에 앉았습니다.

예배가 끝나고 성당지기가 농부의 아들을 밖으로 내보내려 하자 그는 이렇게 말했습니다.

"싫어요. 저는 두 번 다시 밖으로 나가지 않을 거예요. 마침내 하늘나라에 오게 되어 참으로 기쁜걸요."

끝내 성당지기는 신부에게 가서, 어떤 소년이 성당을 하늘나라로 잘못 알고 다시는 밖으로 나가지 않겠다 고집을 부린다고 전했습니다. 신부가 말했습니다.

"그 아이가 그렇게 믿는다면 그대로 두도록 하세."

그렇게 말한 신부는 소년에게 가서 여기서 일하며 지내겠느냐고 물었습니다.

"그럼요. 물론이죠."

소년은 일이라면 익숙하니까 얼마든지 하겠지만, 다시는 아름다운 하늘나라를 떠나지 않겠다고 말했습니다. 그래서 소년은 그날부터 성당에 머물러 지내게 되었습니다. 그런데 아기 예수와 함께 있는 모습을 나무로 조각한 성모 마리아상 앞에 사람들이 무릎 꿇고 기도하는 것이었스빈다. 소년은 '저분이 하느님이구나' 생각하고 이렇게 말했습니다.

"하느님, 어쩜 그리도 여위셨나요? 사람들이 먹을 것을 드리지 않았나보군요. 제가 이제부터 날마다 제 음식 절반을 가져다 하느님께 드리겠어요."

그때부터 소년은 하루도 빠짐없이 성모 마리아상에게 자기가 먹을 음식의 절반을 가져다 드렸고, 성모 마리아상 또한 소년이 가져온 음식을 맛있게 먹었습니다. 그 뒤 2, 3주가 지나자 사람들은 성모 마리아상이 한층 살이 오르고 튼튼해진 것을 알아차리고는 무척 의아해 했습니다.

신부 또한 그 까닭을 알 수가 없었습니다. 그래서 어느 날 성당에 남아 있다가 소년이 나타나자 뒤를 쫓아가 보았지요. 그는 소년이 자기 먹을 빵을 성모 마리아상에 나누어 주고 성모 마리아상도 그것을 받아먹는 광경을 보게 되었습니다.

며칠 뒤 소년은 몸이 아파 일주일 동안 침대에서 일어나지 못했습니다. 겨우 몸이 낫자 소년은 가장 먼저 성모 마리아상이 있는 곳으로 자기가 먹을 음식을 가져갔습니다. 그 뒤를 쫓아간 신부는 소년이 성모 마리아상에게 말하는 소리를 들었습니다.

"하느님, 오랫동안 음식을 가져다 드리지 못해 정말 죄송합니다. 부디 용서해 주세요. 아파서 도저히 일어날 수가 없었어요."

그러자 성모 마리아상이 소년에게 말했습니다.

"네 착한 마음씨는 이미 잘 알고 있으니, 그것만으로도 충분하다. 다음 일요일에는 너를 하늘나라 결혼잔치에 데려가도록 하마."

소년은 뛸듯이 기뻐하며 신부에게 이 말을 전했습니다. 신부는 자기도 함께 갈 수 있겠는지 성모 마리아상에게 물어보라고 부탁했습니다.

"그건 안 된다."

성모 마리아상이 대답했습니다.

"너만 데리고 가겠다."

신부는 먼저 소년에게 성찬을 베풀어 성모 마리아와 함께 하늘나라로 갈 준비를 해 주기로 했습니다. 소년은 그 이야기를 듣고 더없이 기뻐했습니다. 다음 일요일, 소년은 성찬을 받다 그 자리에서 푹 쓰러져 숨을 거두었습니다. 영원한 결혼잔치에 가게 된 것이지요.

KHM 210

개암나무 가지

Die Haselrute

어느 날 오후, 아기 예수가 요람에 누워 새근새근 잠을 자고 있었습니다. 아기 예수 어머니가 다가와 기쁨 가득한 얼굴로 아기를 바라보며 말했습니다.

“잠이 들었구나, 사랑스런 아가야. 코오 자고 있으렴. 그동안 엄마는 숲에 가서 네가 먹을 딸기를 두 손 가득 따 가지고 올게. 네가 잠에서 깨 딸기를 보고 얼마나 기뻐할지 엄마는 잘 안단다.”

어머니는 숲으로 들어가 가장 잘 익은 먹음직스런 딸기들이 주렁주렁 달린 곳을 찾아냈습니다. 그런데 딸기를 따려고 몸을 구부리는 순간, 수풀 속에서 살무사 한 마리가 쓰윽 튀어 올랐습니다. 어머니는 깜짝 놀라 딸기를 버려두고 집 쪽으로 얼른 달려갔지만, 독사는 재빠르게 뒤쫓아왔습니다. 하지만 성모 마리아는 여러분 생각처럼 이 무시무시한 위기에서 벗어날 방법을 참으로 잘 알고 계셨습니다. 성모 마리아는 개암나무 뒤에 몸을 숨기고 독사가 지나갈 때까지 가만히 기다리고 서 계셨습니다. 이를 모르는 살무사는 곧 어딘가로 가버렸습니다.

성모 마리아는 살무사가 가버린 것을 확인한 뒤, 딸기를 두 손 가득 따서 집으로 돌아오며 이렇게 말씀하셨습니다.

“개암나무는 이번에 나를 보살펴 주었듯이 앞으로도 계속 위험에 빠진 사람들을 지켜줘야 한다!”

그리하여 아주 오랜 옛날부터 초록빛 개암나무 가지는 독사처럼 땅 위를 기어 다니는 짐승들로부터 사람들을 지켜 주게 되었습니다.

마지막 판 미수록작품들

KHM 1812년판 006

나이팅게일과 발 없는 도마뱀

Von der Nachtigall und der Blindschleiche

옛날에 옛날에 나이팅게일과 발 없는 도마뱀이 둘이서 살았습니다. 둘 다 눈이 하나밖에 없었지만 한 집에서 참으로 평화롭고 아주 행복하게 지냈답니다.

그러던 어느 날 나이팅게일이 결혼식 초청을 받았습니다. 그러자 발 없는 도마뱀에게 말했습니다.

"결혼식에 가야 하는데, 하나밖에 없는 눈으로 가고 싶지 않아. 부탁인데, 네 눈을 하루만 좀 빌려주면 안 될까? 내일 꼭 돌려줄게."

발 없는 도마뱀은 기꺼이 제 눈을 빌려주었답니다. 그런데 나이팅게일은 두 눈으로 양 쪽을 보게 되자 세상이 환하게 밝아지고 너무 너무 좋았습니다. 그래서 결혼식에 다녀온 뒤에도 발 없는 도마뱀에게 눈을 돌려주고 싶지 않았습니다. 도마뱀은 너무나도 분해 참을 수가 없었습니다. 그래서 나이팅게일과 자식 그리고 자손 대대로 앙갚음을 하리라 굳게 다짐했습니다.

그러자 나이팅게일이 거만스레 외쳤습니다.

"저리 가!"

나는 보리수 위에 내 둥지를 지을 테야.
아주 높이, 아주 높이 아주 높이, 아주 높이
너는 절대 찾지 못할 거야!

이렇게 나이팅게일은 두 눈을 모두 갖게 되었고 발 없는 도마뱀은 눈을 모두 잃었답니다. 그때부터 도마뱀은 나이팅게일이 어디에 둥지를 틀든지 늘 그 아래 덤불 속에 살면서 나무 위로 기어오르려 애쓰게 되었답니다. 세상에서 가장 못된 적이 된 나이팅게일 알들에다 구멍을 내거나 꿀꺽! 마셔버리려고요.

KHM 1812년판 008

칼을 든 손

Die Hand mit dem Messer

어느 마을에 한 소녀와 세 오빠가 살았습니다. 그런데 어머니는 아들들만 아끼고 사랑할 뿐, 막내딸은 늘 무시하고 심하게 야단만 쳤습니다. 소녀는 아침마다 일찍 일어나 메마르고 거친 땅으로 나가서, 홀로 음식을 만들고 땔감으로 쓸 석탄을 캐와야만 했습니다. 게다가 소녀는 낡고 무딘 연장 하나만으로 그 힘든 일을 해야 했지요.

그런데 소녀를 사랑하고 아끼는 요정이 어머니의 집 근처 언덕에 살고 있었습니다. 요정은 소녀가 언덕을 지날 때마다 바위 뒤에 숨어 살며시 손을 내밀어 아주 날카로운 칼을 건네주었습니다. 그 칼은 어떤 단단한 것이라도 잘라내는 신비한 힘을 가지고 있었습니다. 소녀는 그 칼 덕분에 아주 쉽고 빠르게 넉넉히 석탄을 캐서는 흥겹게 집으로 돌아갔습니다. 돌아가는 길에 소녀는 요정이 숨은 언덕 바위 앞에 서서 똑똑 두 번 바위를 두드렸습니다. 그러면 곧 요정의 손이 나와 소녀에게 칼을 돌려받았지요.

어머니는 소녀가 단단한 석탄을 재빨리 쉽게 캐내어 집으로 가져오는 것이 이상했습니다. 그래서 아들들에게 누군가 소녀를 도와주는 게 틀림없으며 그렇지 않고서는 도저히 있을 수 없는 일이라고 말했습니다. 그리하여 어느 날, 오빠들은 소녀 뒤를 살금살금 따라가 막냇동생이 어떻게 요정한테서 마법의 칼을 얻는지 엿보았습니다. 그러고는 얼른 막냇동생 뒤를 쫓아 그 칼을 억지로 빼앗았습니다. 오빠들은 곧장 되돌아와서 소녀가 했던 것처럼 바위를 두드렸습니다. 아무것도 모르는 착한 요정은 소녀가 온 줄 알고 손을 쑥 내밀었고, 그들은 칼로 요정의 손을 베어버렸습니다. 그러자 피를 뚝뚝 흘리며 팔이 재빨리 바위 뒤로 사라졌습니다. 요정은 사랑하는 소녀가 자신을 저버리고 그런 못된 일을 했다 여겼지요. 그날 뒤로 요정을 다시 볼 수 없었답니다.

KHM 1812년판 016

무엇이든 척척

Herr Fix und Fertig

척척이라 불리는 사람이 오랜 세월 군인으로 지냈습니다. 그러나 전쟁이 끝나고 하루하루 할 일이 없어 따분해지자 일을 그만두고 어느 신분 높은 귀족의 하인으로 들어가기로 마음먹었습니다. 하인으로 지내면 값비싼 옷을 입을 수도 있고 늘 새롭고 재미난 일이 벌어지리라 생각했지요. 그리하여 그는 군대를 떠나 어느 낯선 궁정에 이르렀습니다. 그곳에서 그는 때마침 산책하고 있는 한 신사를 보았습니다. 척척 씨는 이것 저것 재지 않고 신사에게 거리낌 없이 다가가 말했습니다.

"나리, 저는 높으신 분을 모시고 싶습니다. 나리께서 제 주인이 되어 주십시오. 저는 어떤 일을 시키실지 잘 알고 또 모두 잘 해낼 수 있습니다."

신사가 대답했습니다.

"그거 참 잘됐군. 그래, 지금 내가 바라는 걸 어디 한번 가져와 보겠는가?"

신사의 말이 끝나자마자 척척 씨는 말없이 몸을 돌려 서둘러 뛰어가더니 파이프와 담배를 가져왔습니다.

"아주 잘했네. 이제부터 자네는 내 하인일세. 자, 이번에는 노미니 공주를 내게 데려오게나. 세상에서 가장 아름다운 공주를 아내로 삼으려 하네."

"그런 일이라면 식은 죽 먹기지요. 눈 깜짝할 사이에 공주님을 나리 앞에 모셔다 드리겠습니다. 하지만 먼저 말 여섯 마리가 끄는 작은 마차와 마부, 경장 보병, 전령, 하인, 요리사와 마지막으로 제가 입을 멋진 옷을 마련해 주십시오. 그리고 그들 모두가 반드시 제 명령에 따르도록 해주셔야 합니다."

척척 씨는 필요한 것들이 다 갖추어지자마자 사람들과 함께 아름다운 공주가 사는 왕궁으로 달려갔습니다. 넓고 시원하게 쭉 뻗은 길이 끝나자 곧 푸른 들판이 펼쳐지고 이어서 커다란 숲 앞에 도착했습니다. 숲 속은 수천 마리 새들로 가득했는데, 수천 마리 새의 우울한 노랫소리가 장엄하게 파란 하늘 가득 시끄럽게 울려 퍼졌습니다.

"이봐라, 어서 멈추어라! 멈춰! 노래하는 새들을 방해하지 마라! 새들이 하느님을 찬미하고 있으니 언젠가는 꼭 내게 큰 도움이 될 것이다. 자, 서둘러 왼쪽으로 돌아가거라!"
척척 씨가 이렇게 외치자 마부는 재빨리 방향을 틀어 숲을 돌아 나갔습니다. 그러고는 오래지 않아 널따란 들판에 이르렀습니다. 들판에는 수백만 마리 까마귀들이 내려앉아 먹을 것을 찾으면서 귀가 떨어져라 큰 소리로 까옥까옥 울어대고 있었습니다.
"이봐라, 어서 멈추어라! 멈춰! 가장 앞에 있는 말 한 마리를 풀어 들판 한가운데로 데려가 까마귀들 먹이로 주어라. 까마귀들이 굶주려서는 안 된다."
그렇게 까마귀들이 배불리 먹고 나서야 여행은 계속될 수 있었습니다. 그러고 나서 그들은 시냇가에 이르렀습니다. 그런데 물속에서 이리저리 헤엄치던 물고기 한 마리가 슬프게 긴 한숨을 내쉬었습니다.
"아이고, 이 보잘것없는 개울에는 먹을 게 하나도 없구나. 나를 맑고 깨끗한 물이 흐르는 강에 넣어주면 언젠가 그대들에게 큰 도움을 줄 텐데."
물고기 말이 채 끝나기도 전에 척척 씨는 멈추라 외치고는 이렇게 말했습니다.
"이보게 요리사, 저 가엾은 물고기를 조심조심 앞치마에 담아 들게. 마부, 자네는 맑은 물이 흐르는 강으로 서둘러 달려가게."
척척 씨는 얼른 마차에서 내려 물고기를 깨끗한 강물에 놓아 주었지요. 그러자 물고기는 팔딱팔딱 뛸 듯이 기뻐서 꼬리를 치며 고맙다는 인사를 했습니다. 척척 씨가 말했습니다.
"이제 전속력으로 달려가자. 저녁 무렵엔 공주가 사는 성에 다다를 것이다."
마침내 왕이 사는 도시에 이르자 척척 씨는 곧바로 훌륭한 여관으로 달려갔습니다. 여관 주인과 가족, 하인들이 모두 나와 그들을 정성스레 맞았습니다. 그의 멋진 옷과 그를 따르는 많은 사람들을 보고 어느 먼 나라 왕이 왔다고 짐작한 것이었지요. 척척 씨는 그저 하인이었을 뿐인데 말입니다. 그는 곧 왕궁에 자신이 온 사실을 알리도록 하고 공주의 마음을 얻을 수 있는 좋은 방법을 찾아 그녀에게 청혼하려 했습니다. 왕을 뵙고 인사를 드리자 왕이 말했습니다.
"이보게, 벌써 여러 사람이 공주에게 청혼을 했다가 거절당했다네. 내 딸을 얻기 위해 내가 시키는 일들을 아직 어느 누구도 성공하지 못했거든."
"제게 무엇이든 명령만 내리십시오."
"성 밖 저 너른 들판에 양귀비 씨앗을 뿌려 놓았는데, 그것을 도로 내게 가져오기만 하면 된다네. 한 알이라도 빠뜨려서는 안 되네. 씨앗을 모두 가져오면 내 딸을 데려가도 좋네."

'오호! 그런 일이라면 누워서 떡 먹기지.'

그는 되와 자루를 비롯해 눈처럼 새하얀 천들을 가지고 양귀비 씨앗을 잔뜩 뿌려 놓은 들판으로 나갔지요. 척척 씨는 씨가 뿌려진 들판 옆에 흰 천들을 펼쳐 놓았습니다. 그러자 얼마 지나지 않아, 그가 숲을 지날 때 방해하지 않았던 노래하는 새들이 날아왔습니다. 새들은 씨앗을 한 알 한 알 골라 하얀 천 위에 올려놓았습니다. 새들이 양귀비 씨앗을 모두 주워 올리자 척척 씨는 씨앗들을 한 알도 남김없이 몽땅 자루에 털어 넣어 왕에게 가지고 갔습니다. 그러고는 옆구리에 끼고 간 되에 씨앗들을 모조리 담아 저울에 달아 보였지요. 척척 씨는 이제 공주를 제 주인께 데려갈 수 있겠다고 생각했습니다. 하지만 왕은 이렇게 말했습니다.

"이보게, 자네가 할 일이 한 가지 더 있네. 내 딸이 언젠가 강가에서 아끼던 금반지를 잃어버렸는데, 공주를 데려가기 전에 그 반지부터 꼭 다시 찾아와야만 하네."

척척 씨는 이 일 또한 조금도 걱정하지 않았습니다.

"알겠습니다. 반지를 잃어버린 물가와 다리가 어디쯤인지만 알려주신다면 곧 찾아 올리겠습니다."

사람들이 그를 물가로 데려갔습니다. 척척 씨가 강물을 내려다보고 있으려니, 여행길에서 강물에 풀어주었던 그 물고기가 물 위로 고개를 빼꼼히 내밀고는 말했지요.

"물속에 들어가 반지를 찾아올 테니 잠시만 기다리세요. 어느 커다란 고래가 지느러미 밑에 반지를 숨겨 놓은 걸 봤거든요. 제가 찾아가지고 올게요."

그렇게 말한 물고기는 얼마 지나지 않아 다시 물 위로 솟구치더니 반짝반짝 빛나는 반지를 땅으로 던졌습니다. 척척 씨는 그 반지를 가지고 왕에게 달려갔습니다. 그런데 왕은 이렇게 말하는 것이었습니다.

"이보게나, 해야 할 일이 하나가 더 있다네. 저 숲에는 무시무시한 유니콘 한 마리가 사는데, 여태껏 사람들에게 헤아릴 수도 없을 만큼 많은 해를 끼쳤다네. 부디 그 못된 녀석을 죽여주게나. 그게 바로 마지막 과제일세."

척척 씨는 이번에도 망설임 없이 자신 있게 대답하고는 곧바로 숲으로 갔습니다. 그곳에는 언젠가 말 한 마리를 먹이로 주었던 까마귀들이 잔뜩 모여 있었습니다.

"조금만 기다리세요. 지금 유니콘은 잠들었는데, 잘 보이는 눈 쪽으로 누워 있지는 않아요. 그 괴물이 돌아누우면 잘 보이는 눈을 우리가 쪼아 버릴게요. 그러면 유니콘은 앞이 안 보여서 몹시 화를 내며 나무로 마구 달려갈 거예요. 곧 뿔이 나무에 단단히 박혀 움직이지 못할 테고 그때 당신은 괴물을 쉽게 죽여버릴 수 있어요."

까마귀들 말대로 유니콘은 잠결에 몇 번 몸을 뒤척이더니 마침내 눈이 잘 보이는 쪽으로 돌아누웠습니다. 이때 조용히 기다리던 까마귀들이 우르르 날아와 그의 잘 보이는 눈을 마구 쪼아버렸지요. 유니콘은 몹시 아파서 미친 듯이 숲 속에서 이리저리 뛰어다녔습니다. 그리고 얼마 지나지 않아 커다란 떡갈나무에 부딪혀 뿔이 박히고 말았습니다. 척척 씨는 재빨리 달려가 단칼에 유니콘의 머리를 베어 왕에게 가져갔습니다. 왕은 더 이상 다른 핑계를 댈 수가 없어 척척 씨에게 공주를 내줄 수밖에 없었습니다. 척척 씨는 처음 왔던 그 모습대로 멋지게 차려입고 공주와 함께 마차를 타고 주인에게 달려갔습니다. 공주는 마침내 왕을 신랑으로 맞이해 성대한 결혼식을 올렸습니다. 뒷날 척척 씨는 그의 훌륭한 공을 인정받아 으뜸 장관이 되었답니다.

이 이야기에 함께했던 사람들은 누구나 척척 씨처럼 자기들 또한 그런 기쁨을 누릴 수 있기를 바랐지요. 이를테면 한 사람은 시녀가 되고 싶어했고 다른 한 사람은 의상실의 시녀가 되고자 바랐으며, 또 한 사람은 잔심부름하는 시종이, 또 다른 한 사람은 요리사가 되고 싶어했답니다.

KHM 1812년판 022

돼지 잡기 놀이

Wie Kinder Schlachtens miteinander gespielt haben

첫째 이야기

네덜란드 서쪽 프리슬란트 프라네커라는 도시에서 있었던 일입니다. 어느 날

대여섯 살 먹은 어린아이들이 함께 놀이를 했지요. 그들 가운데 한 소년은 정육점 주인 역을 했고, 다른 소년은 요리사, 또 다른 소년은 돼지 역을 맡았습니다. 그리고 소녀들도 있었는데, 한 소녀는 요리사 역을, 다른 소녀는 보조 요리사 역을 맡았지요. 보조 요리사는 소시지를 만들기 위해 돼지 피를 받아야만 했습니다. 정육점 주인은 미리 약속한 대로 돼지 역을 하는 소년과 마주치자마자 소년을 쓰러뜨린 뒤 칼로 목을 잘라버렸습니다. 그때 곁에 있던 보조 요리사가 소년의 피를 그릇에 받았습니다. 그런데 우연히 그곳을 지나가던 이 도시의 시의원님이 이 끔찍한 광경을 보고 서둘러 정육점 주인 역을 했던 소년을 시청으로 데려갔습니다. 시장님은 곧바로 회의를 열었습니다. 모두 둘러앉아서 궁리했지만, 어린아이들이 모르고 한 짓이라 어떻게 해야 할지 몰랐습니다. 그러다 의원님들 가운데 지혜롭고 나이 드신 의원님 한 분이 의견을 냈는데 재판장에게 한 손에는 잘 익은 빨간 사과를, 다른 손에는 번쩍번쩍 빛나는 금화를 들고 소년을 부르라 했습니다. 그러고는 두 손을 동시에 소년에게 내밀어 보라 했지요. 그래서 만일 소년이 빨간 사과를 집으면 풀어주고 금화를 집으면 죽이기로 했습니다. 재판장은 나이 드신 의원님의 의견대로 아이에게 사과와 금화를 쥔 두 손을 내밀었습니다. 아이는 싱글벙글 웃으며 얼른 사과를 집었습니다. 그리하여 아이는 어떤 벌도 받지 않고 풀려날 수 있었습니다.

둘째 이야기

한 아버지가 돼지를 잡는데 아이들이 그 끔찍한 장면을 보게 되었습니다. 어느 오후였습니다. 아이들이 밖에서 이런저런 놀이를 하다가 형이 동생에게 말했습니다.

"넌 돼지를 해. 난 도살업자를 할게."

그러더니 갑자기 칼로 동생 목을 푹 찔렀습니다. 그때 마침 위층 방에서 막내를 씻기던 어머니가 째지는 듯한 비명을 듣고는 허둥지둥 아래층으로 뛰어내려 왔습니다. 어머니는 눈앞에서 벌어진 엄청난 일을 보고는 깜짝 놀라 먼저 아이 목에서 얼른 칼을 빼내었습니다. 머리끝까지 화가 난 어머니는 그만 도살업자 역할을 하던 형의 심장을 찌르고 말았지요. 그런데 문득 어머니는 목욕통 속에 있던 막내가 떠올라 부리나케 위층으로 달려 올라갔습니다. 하지만 안타깝게도 조그만 아이는 물이 담긴 커다란 목욕통에 빠져 허우적대다 그만 죽고 말았습니다. 어머니는 덜컥 겁이 나고 절망에 휩싸여 그대로 넋을 잃고 말았지요. 하녀가 아무리 곁에서 위로를 해도 어머니 귀에는 그 어떤 말도 들리지 않았습니다. 그러다 어머니는 끝내 스스로 목숨을 끊어버렸습니다. 밭에서 하루종일 힘들게 일하고 돌아온 아버지는 가족들의 죽음을 보고 너무나 슬퍼서 그만 죽어버리고 말았습니다.

KHM 1812년판 027

죽음과 거위지기

Der Tod und der Gänsehirt

어느 가난한 목동이 흰 거위 한 무리를 이끌며 아주 넓고 물살이 거센 강가를 거닐고 있었습니다. 그런데 마침 그곳을 지나던 죽음이 강을 넘어 목동에게 다가왔습니다. 목동은 죽음에게 너는 어디에서 왔으며 어디로 가는 길이냐고 물었습니다. 죽음은 자기는 깊은 물속에서 왔으며 이제는 세상을 떠나려 한다고 말했지요. 그러자 가엾은 목동은 어떻게 하면 이 세상을 떠날 수 있느냐고 물었습니다. 죽음은 강물 건너편에 있는 새로운 세상으로 가야 한다고 대답했습니다. 목동은 가난하고 힘겨운 삶에 지쳐 이제는 멀리 떠나버리고 싶다며 죽음에게 자신을 강물 저편으로 데려가 달라고 부탁했습니다. 하지만 죽음은 목동에게 아직은 때가 아니라며 그때가 되면 곧바로 데려가겠노라 말했습니다. 그리고 만일 더는 못 견딜 만큼 힘들었다면 이미 데려갔을 거라고도 이야기했지요.

한편 그곳에서 멀지 않은 곳에 지독한 구두쇠가 살고 있었습니다. 구두쇠는 밤마다 잠자리에 들면 늘 어떻게 해야 더 많은 돈과 재산을 모을 수 있을까만 궁리했습니다. 그런 구두쇠를 날마다 가만히 지켜보던 죽음은 그를 커다란 강으로 데려가서는 물속으로 밀어버렸습니다. 구두쇠는 헤엄을 칠 줄 몰랐기 때문에 마구 허우적대다가 곧 강물 속 깊이 가라앉고 말았지요. 구두쇠 뒤를 따라 달려온 개와 고양이들 또한 가엾게도 주인과 함께 물에 빠져 죽었습니다. 며칠 뒤 죽음은 목동을 찾아갔습니다. 즐겁게 노래하는 거위지기를 한참 지켜보더니 이윽고 죽음이 물었지요.

"자, 이제 나와 함께 가겠나?"

목동은 기꺼이 죽음을 따라나섰고 흰 거위들과 함께 무사히 강을 건넜습니다. 그런데 강을 건너자마자 놀랍게도 거위들이 모두 순식간에 하얀 양으로 변하는 게 아니겠습니까! 거위지기는 눈앞에 펼쳐진 기름지고 아름다운 땅을 신기한 듯이 바라보았습니다. 그곳에서는 바로 목동들이 왕이었습니다. 곧 까마득한 그 옛날 목동이었던 아브라함과 이삭, 야곱이 다가오더니 목동에게 왕관을 씌워주고는 그를 목동의 성으로 이끌었습니다. 그날부터 목동은 그곳에서 행복하게 살았답니다.

KHM 1812년판 033

장화를 신은 고양이

Der gestiefelte Kater

아들 셋을 둔 물레방앗간 주인이 있었습니다. 방앗간에는 나귀 한 마리와 고양이 한 마리도 있었지요. 아들들은 곡식을 빻고, 나귀는 곡식을 날라 왔다가 곡식을 빻아 가루가 되면 그것을 다시 나르고, 고양이는 쥐를 잡았습니다. 어느 날 물레방앗간 주인이 세상을 떠나자 아들 셋은 재산을 나누어 가졌습니다. 맏이가 방앗간을, 둘째가 나귀를 가져가니 막내에게는 고양이밖에 남지 않았답니다. 막내는 고양이로는 먹고살 수 없어 울적해하며 혼잣말로 중얼거렸습니다.

"난 가장 보잘것없는 것을 얻었구나. 큰형은 곡식을 빻을 수 있고, 둘째 형은 나귀를 타고 다닐 수 있겠지만, 난 대체 고양이로 뭘 할 수 있담? 가죽을 벗겨 고작 장갑 한 켤레 만들면 끝이겠네."

그러자 셋째가 내뱉은 푸념을 모두 알아들은 고양이가 말했지요.

"주인님, 잠시만 제 말 좀 들어보세요. 고작 장갑 한 켤레 얻자고 제 가죽을 벗길 필요는 없어요. 제가 밖을 다닐 수 있도록 장화 한 켤레만 지어 주세요. 사람들에게 제 모습을 보여줄 수만 있다면 주인님께 큰 도움이 될 거예요."

방앗간집 막내아들은 고개를 갸웃거렸지만, 마침 집 앞으로 구두장이가 지나가기에 불러 세워 고양이에게 장화 한 켤레를 지어 주었습니다. 장화가 다 만들어지자 고양이는 장화를 신고 자루 바닥부터 곡식을 가득 채우더니 끈으로 자루 위쪽을 꽉 묶었어요. 그러고는 등에 자루를 짊어지고 마치 사람처럼 두 다리로 걸어 문밖으로 나가는 게 아니겠습니까.

그즈음 이 나라는 자고새 요리라면 자다가도 일어나는 왕이 다스리고 있었습니다. 그런데 왕은 그토록 좋아하는 자고새를 단 한 마리도 얻을 수 없었습니다. 자고새는 온 숲에 가득했지만, 언제나 겁을 잔뜩 먹고 꼭꼭 숨어 있어 사냥꾼들이 쉽게 찾아낼 수 없었기 때문입니다. 고양이는 그 사실을 알고 어떻게 하면 자고새를 잡을 수 있을까 생각하고 또 생각했습니다. 마침내 고양이는 숲에 이르자 메고 온 자루를 벌려 곡식을 이리저리 펼쳐 놓은 다음 끈을 보이지 않게 풀 속에 감추고 이어진 부분을 나무 울타리 뒤로 끌어서 가져갔습니다. 그런 뒤 살금살금 몸을 숨기고, 자고새들이 펼쳐 놓은 곡식 위에 내려앉기만을 기다렸지요. 이윽고 자고새들이 날아와 하나둘 자루 안으로 들어가기 시작했습니다. 꽤 많은 자고새가 자루 안에 모여들자 고양이는 냉큼 끈을 잡아당기고는 달려와 자루 안에 갇혀버린 자고새들 목을 비틀었습니다. 고양이는 두둑해진 자루를 등에 메고 서둘러 왕궁으로 걸어갔습니다. 문지기가 외쳤습니다.

"멈추어라! 어디로 가는 거냐?"

"임금님을 뵈러 간다."

고양이가 짧게 대답했습니다.

"뭐라고? 정신 나갔나? 겨우 고양이 주제에 왕을 뵙겠다고?"

그러자 다른 문지기가 말했습니다.

"그냥 가게 둬. 임금님께서는 늘 심심해하시니까 고양이 녀석이 야옹야옹 헛소리를 하며 재롱을 떨면 재미있어 하실지도 모르잖아."

그렇게 무사히 왕 앞으로 간 고양이는 공손하게 절을 하며 말했습니다.

"제 주인인 백작님이 폐하께 안부를 전하며 여기 올가미에 갓 잡은 자고새들을 보냈사옵니다."

자루를 열어 보니 토실토실하고 먹음직스러워 보이는 자고새들이 가득 들어 있었습니다. 왕은 감탄스런 눈길로 바라보며 기뻐 어쩔 줄 몰라 했지요. 그러고는 고양이에게 왕궁 보물창고에서 황금을 마음껏 가져가라고 말했습니다.

"네 주인에게 황금을 가져다주며 내가 이 자고새 선물을 아주 고마워하더라고 전하여라."

한편 아무것도 모르던 가엾은 막내아들은 제 집 창가에서 턱을 괴고 앉아 멍하니 밖을 바라보며, 마지막 남은 돈으로 고양이에게 장화를 사주었으니 이제 고양이가 어떤 큰 선물을 가져다줄지 기대하고 있었습니다. 이때 고양이가 집으로 들어서며 등에서 자루를 내린 뒤 끈을 풀어 막내 앞에 황금을 좌르르 쏟아부었습니다.

"주인님, 여기 임금님께서 보내신 선물을 가져왔습니다. 아주 고맙다는 인사도 전해 달라 하셨습니다."

막내는 갑자기 부자가 되어 말할 수 없이 기뻤지만 도무지 어찌된 일인지 알 수가 없었습니다. 고양이는 장화를 벗으며 주인에게 이제까지 있었던 일을 이야기하고는 이렇게 덧붙였습니다.

"이제 주인님께서는 돈은 넉넉해졌지만 겨우 이것만으로 만족해서는 안 됩니다. 제가 내일 또 장화를 신고 나가면, 주인님은 더 큰 부자가 될 것입니다. 임금님께는 주인님이 백작이라고 말해두었습니다."

다음 날도 고양이는 장화를 신고 또 사냥을 나가 왕에게 자고새를 잔뜩 잡아다 주었습니다. 고양이는 날마다 왕에게 자고새를 바치고 그 대가로 황금을 자루 가득 채워서 집으로 가져왔지요. 어느덧 고양이는 왕의 가까운 신하처럼 대우를 받으며 아무 때나 마음대로 성을 드나들 수 있게 되었습니다. 어느 날은 고양이가 성 부엌 난롯가에 앉아 몸을 녹이고 있는데 갑자기 마부가 씩씩거리며 들어오더니 느닷없이 욕설을 내뱉었습니다.

"왕과 공주가 없어졌으면 좋겠어! 난 술집에서 한가롭게 술이나 퍼마시며 카드놀이를 하고 싶었는데! 고작 호숫가로 산책이나 가면서 나한테 데려다 달라니! 아이, 귀찮아."

고양이는 그 말을 듣고 조용히 집으로 가서 막내에게 일렀습니다.

"저와 호수에 가셔서 미역을 감으세요. 그러면 정말 백작이 되고 더 큰 부자가 되실 거예요."

막내아들은 대체 무슨 말인지 어리둥절했지만 그렇게 하기로 했습니다. 그래서 막내는 고양이와 함께 호수에 가서 옷을 몽땅 벗고 물속으로 풍덩 뛰어들었습니다. 고양이는 주인 옷을 가져다가 재빨리 바위 밑에 숨겨버렸습니다.

얼마 지나지 않아 왕의 마차가 호숫가로 달려오는 게 보였습니다. 고양이는 얼른 애처로운 목소리로 울부짖었습니다.

"아! 세상 누구보다 인자하신 임금님! 제 주인님이 여기 호수에서 미역을 감고 있었는데 갑자기 도둑이 나타나 호숫가에 벗어둔 주인님 옷을 몽땅 훔쳐가고 말았습니다. 제 주인님이 호수에서 나오지 못하고 있는데, 물속에 더 오래 있다가는 지독한 감기에 걸려 목숨을 잃을지도 모릅니다."

왕은 고양이의 말을 듣고 마차를 멈추게 하더니 신하 한 사람을 불러 왕의 옷을 가져오도록 했습니다. 덕분에 막내아들은 지금껏 본 적도 없는 더없이 화려한 옷을 입게 되었습니다. 왕은 백작이 귀한 자고새들을 잡아다 주었다고 알고 있었으므로 고마운 마음에 그에게 마차 안 옆자리를 내주었습니다. 공주 또한 기쁜 얼굴이었습니다. 백작이 젊고 잘생겨서 정말 마음에 들었으니까요.

한편 고양이는 마차를 앞질러 달려나가 어느 커다란 풀밭에 이르렀습니다. 거기에는 백 명쯤 되는 사람들이 부지런히 풀을 말리고 있었습니다.

"여러분, 이 풀밭이 누구 것입니까?"

고양이가 소리쳐 물었습니다.

"대마법사 것이오."

풀을 말리던 사람 가운데 하나가 대답했습니다.

"내 말 좀 들어보시오. 이제 곧 임금님의 마차가 이곳을 지나갈 텐데, 만일 임금님께서 이 들판이 누구 것이냐 물으시면 백작님 것이라고 대답해야 합니다. 그렇게 하지 않으면 여기 있는 사람들 모두 맞아 죽게 됩니다. 내 말, 꼭 새겨두시오."

그런 뒤에도 고양이는 쉬지 않고 앞으로 달려나가 커다란 밭에 이르렀습니다. 한눈에 다 들어오지 않을 만큼 드넓은 밭이었는데, 이곳에는 이백 명이 넘는 사람들이 땀을 뻘뻘 흘리며 곡식을 베고 있었습니다.

"여러분, 이 곡식들은 모두 누구 것입니까?"

"마법사 것이오."

"자, 여러분, 내 말 좀 들어보시오. 곧 임금님의 마차가 이곳을 지나갈 텐데 만일 임금님이 이 곡식이 누구 것이냐 물으면 꼭 백작님 것이라고 대답해야 합니다. 그렇게 하지 않으면 모두들 맞아 죽게 됩니다. 꼭 명심하시오."

마침내 고양이는 울창한 숲에 이르렀습니다. 그곳에는 삼백 명이 넘는 사람들이 큰 떡갈나무를 베어 목재를 만들고 있었지요.
"여러분, 이 숲이 누구 것입니까?"
"마법사 것이오."
"그렇다면 어서 내 말 좀 들어보시오. 조금 있으면 임금님의 마차가 지나갈 텐데, 만일 임금님이 이 숲이 누구 것이냐 물으면 백작님 것이라고 대답해야 합니다. 그렇게 하지 않으면 모두 맞아 죽게 됩니다. 잘 알아들었소? 꼭 기억하시오."
고양이는 멈추지 않고 걸어 나갔습니다. 사람들은 놀라워하며 그 모습에서 눈을 떼지 못했지요. 사람처럼 장화를 신은 채 두 발로 걸어가는 모습이 신기하다 못해 두렵기까지 했습니다. 고양이는 곧 마법사의 성에 이르러 성큼성큼 거침없이 안으로 들어가 마법사 앞에 우뚝 섰습니다. 마법사는 고양이를 얕잡아 보며 바라는 게 무어냐고 물었습니다. 고양이는 공손히 절을 하며 말했습니다.
"당신은 어떤 동물이건 원하는 모습으로 변할 수 있다는 이야기를 들었습니다. 개나 여우, 늑대로 변하는 거야 쉽게 할 수 있겠지만, 설마 코끼리로 변할 수는 없겠지요? 왠지 거짓말 같아서요. 그래서 직접 변신하는 모습을 보고 싶어서 이렇게 찾아왔습니다."
고양이 말을 듣고 마법사가 우쭐대며 말했습니다.
"그쯤이야 식은 죽 먹기지."
그러더니 눈 깜짝할 사이에 커다란 코끼리로 변했습니다.
"오! 정말 대단하시군요. 그렇다면 사자로는 어떨까요?"
"그 또한 숨 쉬는 것만큼 간단한 일이야."
마법사는 냉큼 사자가 되어 고양이 앞에 우뚝 섰지요. 고양이는 짐짓 깜짝 놀라는 표정을 지으며 외쳤습니다.
"정말 신기하군요. 이제껏 이토록 훌륭한 마법사가 있다는 말은 그 어디에서도 듣지 못했습니다. 하지만 마법사님이 쥐처럼 조그만 동물로도 변할 수 있다면 그 누구도 감히 당신께 비할 수 없을 겁니다. 당신보다 뛰어난 마법사는 세상 어디에도 없겠지만, 그건 마법사님께도 너무 어려운 일이겠지요?"
마법사는 고양이의 달콤한 말에 속아 친절하게도 이렇게 말했지요.
"오 물론이지, 귀여운 고양이야. 하지만 난 그 마법도 아주 쉽게 할 수 있단다."

마법사는 어느새 쥐가 되어 방 안을 이리저리 뛰어다녔습니다. 그러자 고양이는 재빨리 쥐를 낚아채어 꿀꺽! 한입에 삼켜버렸습니다.

한편 왕은 백작과 공주와 함께 앞으로 계속 달려 드넓은 들판에 이르렀습니다.

"그 마른풀은 누구 것인가?"

왕이 일꾼들에게 물었지요.

"백작님 것입니다."

모두들 고양이가 일러둔 대로 외쳤습니다.

"백작, 그대는 참으로 훌륭한 땅을 갖고 있군."

왕이 말했습니다. 그들은 곧 활짝 트인 밭에 이르렀지요.

"이보게들, 이 곡식들은 모두 누구 것인가?"

"백작님 것입니다."

"정말 엄청나군, 백작! 참으로 크고 멋진 밭이야."

그들은 또다시 앞으로 달려나가 이번에는 커다란 숲에 이르렀습니다.

"이보게들, 그 많은 목재들은 다 누구 것인가?"

"모두 백작님 것입니다."

왕은 더욱 깜짝 놀라 말했습니다.

"백작, 그대는 참으로 큰 부자로군. 내가 가진 숲은 여기에 비하면 뒤뜰이나 다름없는걸."

마침내 그들은 크고 화려한 성에 이르렀습니다. 장화 신은 고양이가 계단 위쪽에 서 있다가 마차가 멈추자 후다닥 뛰어내려와 마차 문을 열며 큰 소리로 정중하게 말했습니다.

"폐하, 저희 백작님 성에 오신 것을 환영합니다. 백작님은 폐하의 크나큰 은혜로 언제나 행복하실 것입니다."

왕은 마차에서 내려 멋진 성을 바라보며 몹시 감탄했습니다. 이 성은 자신의 성보다 더 크고 한결 아름다웠거든요. 백작은 공주를 계단으로 공손하게 안내하여 넓은 홀 안으로 조심조심 모시고 들어갔습니다. 온통 금은보석들로 꾸며진 홀은 너무나 아름답게 반짝거렸습니다.

공주는 기쁜 마음으로 백작과의 결혼을 약속했습니다. 세월이 흘러 왕이 죽자 백작은 왕이 되었고 장화 신은 고양이는 으뜸 장관이 되었답니다.

KHM 1812년판 034

한스의 아내 트리네

Hansens Trine

한스의 아내 트리네는 어찌나 게으른지 도무지 아무 일도 하려 들지 않았습니다. 트리네는 혼잣말로 중얼중얼거렸지요.

"무얼 할까? 먹을까, 아니면 잠을 잘까, 일을 할까? 아, 그래! 먼저 먹어야겠다!"

트리네는 실컷 먹은 다음 또 말했지요.

"무얼 할까? 일을 할까, 아니면 잠을 잘까? 아, 먼저 좀 자야겠다!"

그러고는 누워서 쿨쿨 잠을 잤습니다. 눈을 떠보니 이미 한밤이었습니다. 이젠 일하러 나갈 수도 없었지요. 어느 날은 한스가 오후에 일을 마치고 집에 와보니 트리네가 또 방에 누워 자고 있었습니다. 그래서 한스는 칼을 꺼내 들고 트리네의 긴 치마를 싹둑! 무릎까지 잘라버렸습니다. 트리네는 잠에서 깨어 일하러 밖으로 나갔습니다. 그런데 어쩐 일인지 입고 있는 치마가 너무도 짧은 것이었습니다. 트리네는 깜짝 놀라 자기가 정말 트리네인지조차 헷갈려 스스로에게 물었습니다.

"내가 나인가?"

트리네는 자신에게도 할 말이 없어 한동안 멍하니 서 있다가 마침내 생각했지요.

"집에 가서 한스에게 내가 트리네인지 아닌지 물어보면 알게 될 거야."

트리네는 곧장 집으로 돌아가 창문을 두들기며 소리쳤습니다.

"한스의 아내 트리네가 안에 있나요?"

다른 식구들이 잠깐 생각을 하다가 곧 말했습니다.

"네, 트리네는 지금 방에서 자고 있어요."

"그렇다면 나는 트리네가 아니군요."

트리네는 만족스럽다는 표정으로 고개를 끄덕이며 마을을 떠나 다시는 집으로 돌아오지 않았습니다. 그렇게 해서 한스는 게으름뱅이 트리네에게서 벗어났답니다.

KHM 1812년판 037

식탁보, 군용배낭, 대포 모자 그리고 뿔피리

Von der Serviette, dem Tornsister, dem Kanonenhütlein und dem Horn

슈바르츠펠스의 어느 가난한 집에 세 형제가 살았습니다. 어느 날 형제들은 스페인으로 여행을 떠났다가 온통 은으로 둘러싸인 산에 이르렀습니다. 첫째는 겨우 갖고 갈 수 있을 만큼 주머니에 은을 잔뜩 집어넣고는 곧바로 집으로 돌아갔습니다. 나머지 두 형제는 다시 길을 떠났는데, 이윽고 온통 황금으로 가득한 산에 이르렀습니다. 둘째가 막내에게 말했습니다.

"이제 어쩌지?"

둘째는 곰곰이 생각을 하는가 싶더니 마침내 겨우 메고 갈 수 있을 만큼 가방 가득 금을 집어넣어 집으로 돌아갔습니다. 하지만 막내는 자신에게 얼마나 더 행운이 따를지 알고 싶었습니다. 그래서 홀로 여행을 계속했지요. 사흘이 지나 막내는 어느 커다란 숲에 이르렀습니다. 지칠 대로 지친 데다 그간 아무것도 먹지 못해 몹시 괴로웠지요. 더구나 숲 속에서 길을 잃어 빠져나갈 수조차 없었습니다. 한참 동안 나무들 사이를 헤매던 막내는 도대체 숲 언저리가 어디쯤인지 살펴보려고 어느 높은 나무에 올라갔습니다. 하지만 나무우듬지들만이 끝없이 늘어서 있을 뿐이었지요. 막내는 오직 뭐라도 먹을 게 있었으면 좋겠다는 생각만으로 나무를 내려왔습니다. 그런데 땅으로 내려오니 나무 아래에 이런저런 맛있는 요리들이 가득 차려진 탁자가 보이는 것이었습니다. 막내는 뛸 듯이 기뻐하며 재빨리 탁자로 다가가 마음껏 음식을 먹었습니다. 든든히 배를 채우자 셋째는 식탁보를 집어 들고 길을 계속 나아갔습니다. 한참을 그렇게 가다가 다시 배가 꼬르륵대고 목이 타자 얼른 식탁보를 펼치고 소원을 빌었습니다. 그랬더니 온갖 맛나고 진귀한 음식들이 식탁 가득 차려졌습니다. 하루쯤 걸었을까. 막내는 어느 숯쟁이 집에 이르렀습니다. 숯쟁이는 석탄에 불을 붙여 감자를 굽다 막내를 보더니 함께 먹자고 했지요. 막내는 잠시 멈칫거리다 말했습니다.

"감자는 먹고 싶지 않습니다. 대신 제 음식을 함께 드시지 않겠어요?"

숯쟁이가 물었습니다.

"당신한테 무슨 음식이 있소? 보아하니 먹을 것을 갖고 있지 않은 듯한데."

"걱정 마시고 이쪽으로 와서 앉으세요."

막내가 식탁보를 펼치며 주문하니, 어느새 먹음직스러운 온갖 음식들이 잔뜩 식탁보 위에 차려졌습니다. 숯쟁이는 깜짝 놀라 허겁지겁 맛있게 먹었습니다. 음식을 다 먹고 나자 요술을 부리는 식탁보가 아주 마음에 들어 욕심이 났습니다. 숯쟁이는 이렇게 말했습니다.

"그 식탁보를 내 배낭과 바꿉시다. 이 배낭이 조금 낡아 보이긴 해도 아주 신기한 배낭이라오. 배낭을 손으로 두드리기만 하면 완전무장한 하사 하나와 병사 여섯이 나옵니다. 나는 숲에서 지내니 병사들이 굳이 필요 없지만, 그 식탁보는 참으로 내게 쓸모가 클 것 같소이다."

막내는 기꺼이 숯쟁이에게 식탁보를 내주었고 그에게 받은 배낭을 메고선 다시 길을 떠났습니다. 하지만 막내는 조금 길을 가는가 싶더니 냉큼 배낭을 탁탁 두드렸습니다. 그러자 어느새 무장한 병사들이 나타나 물었습니다.

"분부를 내리십시오, 주인님."

"숯쟁이에게 가서 내가 두고 온 식탁보를 가져 오너라."

그러자 병사들이 쏜살같이 숯쟁이에게 돌아가 식탁보를 가져왔습니다. 해가 저물고 막내는 또 다른 숯쟁이 집에 이르렀습니다. 이 숯쟁이 또한 저녁을 함께 먹자고 청하는데, 차려진 것은 기름기 하나 없이 바싹 구운 감자뿐이었지요. 막내는 이번에도 식탁보를 펼치고는 숯쟁이를 즐거운 저녁 식사에 초대했습니다. 두 사람이 먹고 싶어한 음식들이 모두 차려졌습니다. 식사가 끝나자 이 숯쟁이도 제 물건과 식탁보를 바꾸자고 말했습니다. 그것은 신비로운 모자였는데, 모자를 머리에 쓰고 빙글빙글 돌리면 마치 포병 중대가 잔뜩 서 있는 듯이 대포들이 마구 쏟아져 나온다고 했습니다. 그렇게 해서 또 막내는 모자와 식탁보를 바꾼 뒤 조금 가다가, 다시 낡은 배낭을 두들겨 하사와 여섯 병사에게 식탁보를 되찾아 오라고 명령했습니다. 막내는 숲을 계속 걸어갔습니다. 이윽고 저녁때가 되자 또 다른 숯쟁이 집에 이르렀습니다. 세 번째 숯쟁이 또한 다른 숯쟁이들처럼 퍽퍽한 감자를 먹자고 청했지만 막내에게 맛있는 음식을 대접받고는 식탁보와 뿔피리를 바꾸자고 했습니다. 뿔피리를 불면 도시나 마을은 물론 아무리 튼튼한 요새라도 와르르 무너뜨릴 수 있다고 했습니다. 하지만 세 번째 숯쟁이도 다른 숯쟁이들처럼 오랫동안 식탁보를 갖고 있지는 못했습니다. 어느 틈엔가 하사와 여섯 병사가 나타나 식탁보를 가져가

버렸거든요.

이제 신기한 물건을 셋이나 손에 넣은 막내는 집으로 돌아가 형들을 만나고 싶었습니다. 형들은 많은 금과 은을 지닌 부자가 되어 있었기에 낡은 누더기 옷을 입은 막내가 나타나자 제 동생으로 받아들이려 하지 않았습니다. 화가 난 막내는 곧바로 배낭을 두들겼고, 백오십 명이나 되는 병사들을 불러 형들을 흠씬 두들겨 패주었습니다. 온 마을 사람들이 두 형을 구해내려 했지만 어느 누구도 수많은 병사들을 물리칠 수 없었습니다. 이 소식을 들은 왕은 가볍게 무장한 부대를 보내 병사들을 모조리 잡아들이라고 명령했습니다. 하지만 막내는 또다시 배낭을 두들겨 보병과 기병을 불러내 왕이 보낸 부대를 손쉽게 물리쳤지요. 다음 날 왕은 더 많은 군사들을 단단히 무장해서 내보내 막내를 쓰러뜨리려고 했습니다. 하지만 막내는 배낭을 계속 두들겨 한 나라의 군대를 이룰 만큼 많은 병사들을 불러냈습니다. 게다가 모자를 몇 번 돌리니 끝도 없이 대포들이 쏟아져 나와 왕의 군사는 제대로 맞서보지도 못하고 이리저리 달아나기 바빴지요. 마침내 왕과의 평화조약이 이루어지고 막내는 두 번째 왕으로 임명되어, 공주를 아내로 삼게 되었습니다.

한편 공주는 이렇게 늙은 사람을 남편으로 맞아야 한다고 생각하니 너무도 우울해서 어떻게 하면 그에게서 벗어날 수 있을까만 고민했습니다. 공주는 그의 엄청난 힘이 도대체 어디서 나오는지 꼭 알아내야겠다고 마음먹었지요. 그러던 어느 날 막내는 공주에게 모든 것을 솔직하게 털어놓았습니다. 공주는 온갖 달콤한 말로 막내의 배낭을 얻어내더니 그를 먼 나라로 쫓아버렸습니다. 셀 수 없을 만큼 많은 병사들이 막내에게 맞서 들이닥치자 막내의 부하들조차 그만 물리치지 못했습니다. 하지만 막내에게는 아직 모자가 남아 있었습니다. 막내는 모자를 빙빙 돌려 대포들을 쏟아지게 하고는 적을 모두 무찔러 다시 평화조약을 맺었습니다. 그런데 그는 또다시 공주의 속임수에 넘어갔고, 공주는 이번에도 모자를 얻어낼 수 있었습니다. 수많은 적들이 그에게 달려들자 막내는 마지막으로 가지고 있던 뿔피리를 불었습니다. 곧 마을과 도시는 물론 모든 요새들이 와르르 무너져 순식간에 몽땅 없어지고 말았습니다. 마침내 그는 홀로 남아 왕이 되어, 죽을 때까지 뿔피리를 불었답니다.

KHM 1812년판 043

이상한 연회

Die wunderliche Gasterei

아주 잠깐 동안이었지만 빨간 소시지와 간 소시지가 친하게 지냈을 때의 일입니다.

어느 날 빨간 소시지가 간 소시지를 손님으로 초대했습니다. 식사 때가 되자, 간 소시지는 빨간 소시지 집으로 갔습니다. 그런데 대문 안에 들어서니, 온갖 이상한 것들이 눈에 들어왔습니다. 층계의 그 한 계단 한 계단마다 뭔가 기묘한 게 있었습니다. 빗자루와 삽이 서로 치고받으며 싸우고 있는가 하면, 머리를 크게 다친 원숭이를 비롯한 여러 이상한 것들이 있는 게 아니겠습니까.

간 소시지는 몹시 놀라고 당황하다가 겨우 용기를 내어 방으로 들어갔습니다. 그러자 빨간 소시지는 정말 따뜻하게 그를 맞이해 주었습니다.

간 소시지는 층계마다 있는 이상한 것들에 대해 하나하나 물었습니다. 그런데 빨간 소시지는 못 들은 척하거나, 관심 없다는 듯한 표정을 지을 뿐이었습니다. 이를테면 삽과 빗자루 이야기가 나오자, "그건 내 하녀였을 거야. 내 하녀가 층계에서 누구와 수다를 떨고 있었겠지" 이렇게 이야기를 슬쩍 돌려버리는 게 아니겠어요.

그러다가 빨간 소시지는 요리가 잘 준비되고 있는지, 뭔가 태운 것은 없는지 부엌에 가서 살피고 와야겠다면서 방을 나갔습니다. 그동안 간 소시지는 조금 전에 본 이상한 것들로 머릿속이 온통 가득해서, 방 안을 이리저리 왔다 갔다 하고 있었습니다. 그때 누군가가(누구였는지 나는 모릅니다) 들어와서 이렇게 말했습니다.

"이봐, 간 소시지. 위험해, 조심하라고. 자네가 있는 곳은 피가 흘러넘치는 죽음의 동굴이야, 목숨이 귀하거든 어서 달아나란 말이야."

간 소시지는 생각할 겨를도 없이 살그머니 문밖으로 나와 할 수 있을 만큼 힘껏 달렸습니다. 그 집을 벗어나 거리 한복판에 이를 때까지 발을 멈추지 않았지요. 그제야 뒤돌아보니, 빨간 소시지가 아주 기다란 식칼을 들고 다락방 작은 창문에 서 있는 게 보였습니다. 식칼은 방금 간 것처럼 번쩍번쩍 빛났고,

빨간 소시지는 고래고래 소리를 질렀습니다.
"제길, 눈앞에서 놓치다니! 반드시 잡고 말겠어!"

KHM 1812년판 054

바보 한스

Hans Dumm

한 왕이 외동딸과 함께 행복하게 살고 있었습니다. 그러던 어느 날 공주가 아기를 낳았습니다. 그 아이의 아버지가 누구인지 아무도 짐작조차 할 수 없었지요. 왕은 오랫동안 이 일을 어찌 해야 할지 고민하다가, 마침내 공주에게 그 아이를 데리고 교회로 가라고 명령했습니다. 교회에 가서 아이 손에 레몬을 쥐여준 뒤, 아이가 그 레몬을 건네주는 사람을 그가 누구든 아이 아버지이자 공주의 남편으로 삼겠다는 것이었습니다. 그러나 한편으로는 잘생기고 신분 높은 사람들만 교회에 들어가도록 했습니다.

그런데 이 도시에는 키가 작고 안짱다리에다가 곱사등이인 젊은 남자가 있었습니다. 그는 머리가 조금 모자라서 '바보 한스'라 불렸는데, 그가 몰래 사람들 틈에 끼어 교회 안으로 들어온 것입니다. 마침내 아이가 공주의 남편감에게 레몬을 줄 순서가 되었을 때 아이는 그것을 바로 이 바보 한스에게 불쑥 건네주고 말았습니다. 공주는 몹시 놀랐고 왕은 무섭도록 화를 냈습니다. 분을 참을 수가 없었던 왕은 공주와 아이를 바보 한스와 함께 커다란 통 속에 넣어 바다로 띄워보내라고 명령했습니다.

통은 곧 둥둥 떠서 어딘지 모를 곳으로 떠내려갔습니다. 이렇게 바다 위에 통만 남게 되자 공주가 투덜댔습니다.

"더러워, 굽은 등에 시건방진 녀석 따위가! 내가 불행하게 된 건 모두 네 탓이야. 어떻게 너 따위가 교회에 들어온 거지? 내 사랑스런 아이는 너하고 아무 상관도 없어!"

"그렇지 않습니다."

바보 한스가 말했습니다.

“저와 관계가 있습니다. 공주님이 아이를 낳은 건 제가 그렇게 되게 해달라고 기도했기 때문이에요. 제가 기도하는 건 뭐든지 다 이루어지거든요.”

“그게 사실이라면 뭔가 먹을 것을 달라고 기도해 보렴.”

“그쯤이야 쉽지요.”

한스가 그렇게 말하고 기도하자, 구운 감자가 가득 담긴 그릇이 나타났습니다. 공주는 좀 더 좋은 음식을 바랐지만 배가 무척 고픈 데다가, 바보 한스가 옆에서 감자를 먹기 시작하자 더는 참을 수 없어 감자를 집어들었습니다.

감자를 먹어치워 두 사람 모두 배가 부르자, 바보 한스가 말했습니다.

“이번에는 우리가 탈 멋진 배를 달라고 해볼까요?”

그 말이 입에서 떨어지자마자 그들은 크고 멋진 배 위에 올라 있었고, 배 안에는 그들이 원하는 것이라면 뭐든지 넘칠 만큼 있었습니다. 키잡이는 곧바로 육지 쪽으로 배를 몰아 나아갔습니다. 모두가 배에서 내린 순간, 바보 한스가 말했습니다.

“이번에는 저곳에 아름다운 성이 생겼으면 좋겠군.”

그러자 으리으리한 성이 세워졌고 온통 금으로 장식한 예복을 입은 시종들이 줄지어 나와서 공주와 아이를 성 안으로 안내했습니다.

그들이 성 안으로 들어가 홀 한가운데에 섰을 때 바보 한스가 말했습니다.

“이번 소원은 내가 젊고 똑똑한 왕자님이 되는 거야.”

그러자 놀랍게도 바보 한스 등에 있던 혹이 스르르 사라지면서, 그가 체격이 곧고 기품 있는 잘생긴 청년으로 변하는 것이었습니다. 공주의 마음에 꼭 들게 된 바보 한스는 마침내 공주의 남편이 되었습니다.

그리하여 오랜 세월을 아무 부족함이 없이 행복하게 살던 어느 날, 공주의 아버지인 왕이 말을 타고 멀리까지 나왔다가 길을 잃고 우연히 이 성에 이르게 되었습니다. 이제껏 이렇게 화려한 성은 본 적이 없었던 왕은 이상히 여겨 안으로 들어가 보았습니다. 공주는 금세 아버지임을 알아보았지만, 왕은 공주를 알아보지 못했습니다. 왕은 공주가 이미 오래전에 바다에 빠져 죽었으리라 생각하고 있었기 때문이지요.

공주는 왕에게 훌륭한 식사를 대접했습니다. 그리고 돌아갈 때 왕의 주머니에 몰래 황금 술잔을 넣어 두었습니다. 왕이 떠난 뒤 공주는 곧 기사 몇 사람을 보내 왕을 멈추게 하고는, 황금 술잔을 훔치지 않았는지 왕의 주머니를 살펴보도록 했습니다. 왕의 주머니 속에서 그 술잔이 나오자 그들은 왕을 붙잡아 왔습니다.

왕은 자기는 술잔을 훔친 적이 없으며, 어째서 이 술잔이 주머니 속에 들어 있는지 알 수가 없다고 공주에게 말했지요.

"그렇습니다. 어떤 사람에게 죄가 있다고 의심이 가더라도 그 물증만으로 그를 죄인으로 몰아서는 절대 안 되는 법입니다."

공주는 그제야 자기가 그의 딸임을 밝혔습니다.

그 말에 왕은 깜짝 놀라며 매우 기뻐했습니다. 그들은 함께 행복하게 살았습니다. 그리고 왕이 죽은 뒤에는 바보 한스가 왕이 되어 나라를 다스렸답니다.

KHM 1812년판 059

백조 왕자

Prinz Schwan

아주 넓고 깊은 숲 속에 한 소녀가 살고 있었습니다. 어느 날 백조 한 마리가 실뭉치를 가지고 소녀에게 다가오더니 이렇게 말했습니다.

"나는 사실 백조가 아니라 마법에 걸린 왕자입니다. 이 실뭉치를 드릴 테니, 내가 날아갈 때 실을 풀어주세요. 그래야만 나를 구원할 수 있답니다. 하지만 실 가닥이 끊어지지 않도록 조심해야 해요. 실이 끊어지면 나는 다시는 내 왕국으로 돌아가지 못하고 구원도 받을 수 없어요. 실이 모두 풀리면 당신은 내 신부가 되는 거랍니다."

소녀는 얼른 실뭉당이를 받아들었고 백조는 곧 하늘 높이 날아올랐습니다. 실은 술술 아주 잘 풀렸습니다. 온종일 풀리던 실이 저녁이 되자 마침내 끝이 보이게 되었습니다. 그런데 안타깝게도 그만 실이 어느 날카로운 가시덤불에 걸려 툭 끊어지고 말았습니다. 소녀는 몹시 슬퍼하며 엉엉 울었습니다. 날은 이미 저물어 캄캄한 밤이 되었고 숲 속에서는 바람이 어찌나 윙윙 큰 소리로 불어대던지 소녀는 덜컥 겁이 나서 할 수 있는 만큼 열심히 달리기 시작했습니다.

그렇게 한참을 달렸더니 저 멀리서 작은 불빛 하나가 눈에 들어왔습니다. 그곳으로 서둘러 달려가 보니 조그마한 집이 있었습니다. 소녀는 똑똑 문을 두드렸지요. 그러자 나이 든 아주머니가 나오더니 문 앞에 선 소녀를 보고는 깜짝 놀라 물었습니다.

"아니, 얘야, 이렇게 늦은 밤에 어디서 이 깊은 곳까지 오게 되었니?"

"아주머니, 부디 하룻밤만 재워 주세요. 숲에서 길을 잃었어요. 괜찮으시다면 빵도 조금만 나누어 주시겠어요?"

"미안하지만 그럴 수가 없구나. 마음이야 기꺼이 재워주고 싶지만, 내 남편이 사람을 잡아먹는 귀신이라 너를 보자마자 냉큼 잡아먹고 말 거야. 여긴 너무 위험해. 하지만 네가 숲에서 머문다면 들짐승들이 너를 잡아먹겠구나. 내가 너를 도와줄 방법이 있는지 한번 생각해 보자꾸나."

마음씨 착한 아주머니가 말했습니다. 이윽고 소녀를 집으로 들인 뒤 빵을 조금 나누어 주고는 침대 밑에 숨겨주었습니다. 아주머니의 남편인 식인귀는 늘 해가 지고 난 뒤 밤 열두 시 전에 집에 왔다가 해가 뜨기 전 이른 새벽에 다시 집을 떠났습니다. 얼마 있자 식인귀가 집으로 돌아왔습니다.

"사람 냄새가 난다! 사람 냄새가 나!"

식인귀는 그렇게 말하며 온 방 안을 미친 듯이 뒤지다가 마침내 침대 밑에 손을 넣더니 소녀를 쑥 끄집어냈습니다.

"와, 정말 맛있게 생겼는걸. 한입에 쏙 들어가겠군!"

그러자 아내는 가엾은 소녀를 제발 살려 달라며 간절히 애원했습니다. 식인귀는 오늘 밤은 살려 두었다가 아침에 먹겠다고 약속했습니다. 해가 뜨기 직전에 식인귀의 아내가 소녀를 서둘러 깨우며 말했습니다.

"얘야, 남편이 일어나기 전에 어서 빨리 이곳을 떠나렴. 너에게 황금 물레를 선물로 주겠다. 소중히 다루려무나. 나는 해님이라고 한단다."

소녀는 서둘러 그곳을 떠나 저녁때가 되어 또다시 조그만 집을 발견했습니다. 그곳에서도 엊저녁과 똑같은 일이 벌어졌습니다. 두 번째로 만난 아주머니도 작별인사를 할 때 황금 물렛가락을 주면서 말했습니다.

"나는 달님이라고 한단다."

셋째 날 저녁도 세 번째 집에 이르렀고 그 아주머니는 황금 얼레를 주면서 말했습니다.

"나는 별님이라고 한단다. 백조 왕자는 비록 실이 다 풀리지는 않았지만 자기 왕국에 닿을 수 있을 만큼 아주 멀리 날아갔단다. 왕자는 이제 그곳 왕이 되었고 이미 결혼해서 유리 산 위에서 아주 화려하게 살고 있지. 오늘 저녁쯤이면 그곳에 이를 거야. 용과 사자가 성 앞을 지키고 있을 테니, 이 빵과 고깃덩어리를 가지고 가서 그들을 달래주렴."

그러한 일은 정말로 일어났습니다. 소녀가 가지고 간 빵과 고깃덩어리를 용과 사자의 목구멍에 던져주었더니 그들은 성문으로 들어가는 길을 알려주었지요. 소녀가 성문에 이르자 문지기들은 소녀를 들여보내주지 않았습니다. 곧 소녀는 성문 앞에 앉아 해님 아주머니가 준 황금 물레로 실을 잣기 시작했습니다. 때마침 왕비가 위에서 성문 앞을 내려다보았지요. 소녀의 아름다운 물레가 무척 마음에 든 왕비는 성문 앞으로 내려와 그 물레를 갖고 싶은데 어떻게 하면 얻을 수 있느냐고 물었습니다. 소녀는 하룻밤만 왕의 침실 옆방에서 보낼 수 있게 해준다면 황금 물레를 주겠다고 말했습니다. 왕비는 선뜻 그러라 했습니다. 그리하여 소녀는 안내를 받아 성으로 올라갔습니다. 소녀가 묵게 된 방에서 나누는 말은 모두 왕의 침실에서 들을 수 있었습니다. 밤이 되어 왕이 침대에 눕자 소녀는 슬픈 목소리로 노래를 불렀습니다.

"백조 왕은
결혼을 약속한 신부 율리아나를 기억하시나요?
해님과 달님과 별님을 지나
사자와 용을 피해서 찾아왔는데
백조 왕자님은 아직도 깨어나지 않고 계시나요?"

하지만 왕은 소녀가 부르는 노래를 듣지 못했습니다. 꾀 많은 왕비가 소녀에게 겁을 먹고 왕에게 잠자는 약을 먹였거든요. 왕은 아주 깊이 잠들었습니다. 소녀가 바로 앞에 서서 그 아름다운 노래를 불렀더라도 듣지 못할 만큼 말이에요. 날이 밝자 모든 게 물거품이 되었습니다. 소녀는 또다시 성문 앞으로 물러나야 했고, 이번에는 그곳에 앉아 별님 아주머니가 준 물렛가락으로 실을 잣기 시작했습니다. 그 물렛가락 또한 왕비 마음을 사로잡았습니다. 소녀는 어젯밤처럼 물렛가락을 주는 대가로 왕의 침실 옆에서 밤을 보낼 수 있었습니다.

소녀는 또 한 번 노래를 불렀지요.

“백조 왕은
결혼을 약속한 신부 율리아나를 기억하시나요?
해님과 달님과 별님을 지나
사자와 용을 피해서 찾아왔는데
백조 왕자님은 아직도 깨어나지 않고 계시나요?”

왕은 오늘도 잠자는 약을 먹은 뒤 깊이 잠들었고 소녀는 물렛가락마저 허무하게 잃고 말았습니다. 사흘째 되는 날 소녀는 성문 앞에 앉아 이번에는 황금 얼레로 실을 감았습니다. 왕비는 이 얼레 또한 욕심이 난 나머지 소녀에게 하룻밤 왕의 침실 옆에 있어도 좋다며 허락했습니다. 하지만 소녀는 이미 왕비의 술수를 눈치채고 있었습니다. 그래서 왕의 하인에게, 오늘 밤만은 왕에게 아무것도 마실 것을 주지 말아 달라고 부탁했습니다. 소녀는 다시 한 번 노래를 불렀습니다.

“백조 왕은
결혼을 약속한 신부 율리아나를 기억하시나요?
해님과 달님과 별님을 지나
사자와 용을 피해서 찾아왔는데
백조 왕자님은 아직도 깨어나지 못하고 계시나요?”

왕은 소녀의 아름다운 노랫소리에 잠에서 깨어 벌떡 일어났습니다. 곧바로 소녀를 알아본 왕은 왕비에게 물었습니다.

“어떤 사람이 열쇠를 잃어버렸다가 되찾았다면 예전 열쇠를 지닐 것 같소, 아니면 새로 만든 열쇠를 지닐 것 같소?”

왕비가 대답했습니다.

“마땅히 예전 열쇠지요.”

“그렇다면 이제 당신은 더는 내 아내로 있을 수 없소. 내 사랑하는 첫째 신부를 마침내 되찾았으니 말이오.”

이튿날 아침 왕비는 제 나라로 돌아가야만 했습니다. 왕은 참된 신부와 결혼하여 오래오래 행복하게 살았답니다.

KHM 1812년판 060

황금 알

Das Goldei

빗자루를 만드는 가난한 형제가 있었습니다. 그들은 누이동생 하나도 먹여 살려야 했지요. 그래서 그들은 힘들고 고통스러웠습니다. 날마다 숲에 가서 섶나무를 가져와야만 했고, 형제가 빗자루를 다 만들면 누이가 그것들을 시장에 내다 팔았습니다. 그날도 형제는 숲으로 나무를 베러 갔습니다. 동생이 배나무에 올라가 가지를 베어 오려는데 나무 위에 조그만 둥지 하나가 놓여 있는 게 보였습니다. 그 둥지에는 검은 새 한 마리가 앉아 있었지요. 그 새 날개 사이에서 무언가가 반짝반짝 빛나고 있었습니다. 새는 사람이 건드리는데도 날아가기는커녕 겁조차 내지 않았습니다. 동생이 새의 날개를 들어올리니 뜻밖에도 그 밑에 황금 알이 있는 게 아니겠습니까! 막내는 알을 집어 들고는 나무에서 내려왔습니다. 형제는 무척이나 기뻐하며 황금 알을 금세공사에게 가져갔습니다. 금세공사는 틀림없는 황금이라며 그들에게 많은 돈을 주었습니다. 이튿날 아침 형제는 다시 숲으로 갔고, 둥지에서 황금 알 한 개를 또 찾아냈습니다. 작은 새는 어제처럼 알을 가져가는데도 우짖지도 않고 가만히 있었습니다. 그렇게 얼마 동안 시간이 흘렀습니다. 형제는 아침마다 숲에서 황금 알을 찾아내어 금세공사에게 가져간 덕분에 곧 큰 부자가 되었습니다. 그러던 어느 날 아침, 새가 형제에게 말했습니다.

"이제 나는 더 이상 알을 낳지 않을 것이니 나를 금세공사에게 데려가라. 그러면 너희에게 커다란 행운이 찾아오리라."

그리하여 형제는 새가 말한 대로 새를 금세공사에게 데려갔습니다. 새는 금세공사와 둘만 남게 되자 이런 노래를 불렀습니다.

"내 심장을 먹는 사람은
왕이 되리니라.
내 간을 먹는 사람은
아침마다 베개 아래서 황금 주머니를 찾아내리니라!"

새의 이런 노래를 듣고 금세공사는 직공 형제를 불러 말했습니다.

"새를 내게 주시오. 그리고 당신들 누이와 결혼하겠소."

형제는 얼른 그렇게 하자고 대답했고 곧 결혼식이 치러졌습니다. 금세공사가 말했습니다.

"내 결혼 잔치 때 자네들에게서 산 새를 먹고 싶으니 자네들은 새를 꼬챙이에 꿰어 구워 오도록 하게. 다만 어디 한 곳이라도 상하지 않게 조심해야 하네. 요리가 만들어지면 내게 가져다주게."

금세공사는 형제가 새 구이를 가져오면 심장과 간을 꺼내 몽땅 먹어버릴 생각이었습니다. 두 형제는 불가에 서서 꼬챙이에 꿴 새 구이를 이리저리 뒤집었습니다. 그렇게 새가 노릇노릇 익고 있는 가운데 갑자기 한 조각이 툭 떨어졌습니다.

"어디 맛 좀 볼까?"

형제 가운데 하나가 이렇게 말하며 떨어진 한 조각을 냉큼 집어먹었습니다. 그러자 또 한 조각이 떨어졌습니다.

"그럼, 이건 내 거야."

다른 한 형제가 말하며 집어먹었습니다. 그런데 그들이 먹은 것은 다름 아닌 심장과 간이었습니다. 하지만 형제는 자신들이 어떤 행운을 손에 넣었는지 전혀 깨닫지 못했지요.

새가 다 익자 형제는 새를 잔칫상으로 들고 갔습니다. 금세공사가 재빨리 심장과 간을 먹으려고 새의 배를 쩍 갈라 보니 이미 둘 다 사라지고 없었습니다. 금세공사는 불같이 화를 내며 버럭 소리쳤습니다.

"누가 새의 심장과 간을 먹었지?"

"아무래도 우리 같습니다. 뒤집을 때 작은 조각이 떨어지기에 맛 좀 보았거든요."

"너희들이 이 새의 심장과 간을 먹었다면 너희들 누이도 데려가라!"

금세공사는 화가 머리끝까지 나서 그들을 모두 내쫓아버렸답니다.

KHM 1812년판 061

벼락부자가 된 재봉사

Von dem Schneider, der bald reich wurde

아주 가난한 재봉사가 매섭도록 추운 겨울날 형 집에 가기 위해 들판을 걸어가고 있었습니다. 그는 가던 길에 얼어 죽은 지빠귀를 보자 혼자 중얼거렸습니다.

"머릿속을 기어 다니는 이보다 큰 거라면 뭐든지 이 재봉사께서 집으로 가져가신다!"

재봉사는 지빠귀를 집어서 얼른 주머니에 넣었습니다. 이윽고 재봉사는 형 집에 이르자 먼저 형네 가족들이 있는지 없는지 창문을 들여다보았습니다. 그런데 형수 곁에 탁자 앞에는 웬 뚱뚱한 신부님이 앉아 있고, 탁자 위에는 잘 구워진 고기와 포도주 한 병이 놓여 있는 게 아니겠습니까. 문을 똑똑 두들기고 남편이 들어가려 하자 형수는 깜짝 놀라 재빨리 신부를 궤짝 속으로 들여보낸 뒤에 구운 고기는 오븐 속으로, 포도주는 침대 속으로 집어넣는 것을 보았습니다. 이제 집 안으로 들어간 재봉사는 형과 형수에게 반갑게 인사하고 나서 신부가 숨은 궤짝 위에 털썩 걸터앉았습니다.

형이 말했습니다.

"여보, 배가 몹시 고픈데 아우와 함께 먹을 만한 게 뭐 없소?"

"안타깝지만 오늘은 집에 먹을 게 아무것도 없어요."

재봉사가 갑자기 주머니에서 얼어 죽은 지빠귀를 꺼내자 형이 말했습니다.

"그 얼어 죽은 지빠귀로 뭘 하려고?"

"알이 생기지. 이래봬도 아주 비싼 거야. 이 새는 진실을 말할 수 있거든!"

"오, 그래? 그렇다면 어디 한번 예언을 하라고 해봐."

재봉사는 지빠귀를 슬며시 귀에 갖다 대고는 말했습니다.

"지빠귀가 말하길 오븐 속에 구운 고기 한 그릇이 있을 거라는데."

형이 냉큼 오븐을 열어보자 그 안에는 구운 고기가 있었습니다.

"참으로 놀라운걸! 지빠귀가 또 뭐라고 하니?"

"침대 속에는 포도주 한 병도 있을 거라는데."

그러자 형은 곧 포도주도 발견했습니다.

"허. 거 참, 정말 신기하네. 그 지빠귀 무척 마음에 드는걸. 내게 팔지 않을래?"

"내가 앉아 있는 이 궤짝을 주면 형한테 지빠귀를 그냥 줄게."

형은 그렇게 하려고 했지만 형수가 말했습니다.

"안 돼요. 이 궤짝은 제게 정말 소중한 물건이란 말이네."

그러자 형이 말했습니다.

"바보 같은 소리! 이 낡은 궤짝이 당신한테 무슨 쓸모가 있다는 말이오."

형은 동생에게 궤짝을 내주고는 새를 받았습니다.

재봉사는 신부가 들어 있는 궤짝을 수레에 싣고 끌고 갔습니다. 도중에 재봉사가 말했습니다.

"궤짝은 물속에 던져버려야지! 궤짝을 물속에 던져버려야지!"

마침내 궤짝 안에서 왈칵 겁이 난 신부가 말했습니다.

"궤짝 안에 무엇이 들어 있는지 다 알고 있지? 제발 나를 꺼내주게. 내, 자네에게 50탈러를 주겠네."

"좋습니다, 그렇게 하지요."

재봉사는 신부를 꺼내주고는 50탈러를 받아들고 집으로 돌아갔습니다. 농부들이 어디서 그가 그렇게 많은 돈을 얻었느냐고 놀라워하자 재봉사가 말했습니다.

"아, 요즘은 가죽 값이 꽤 비싸더군. 늙은 암소를 잡아 가죽을 팔았더니 이렇게 많은 돈을 벌었지 뭔가."

그러자 온 농부들은 자기들도 많은 돈을 벌고 싶은 마음에 기르던 황소며 암소, 양들의 목을 베어 그 가죽을 시내로 갖고 갔습니다. 그러나 벌이는 너무나 시원찮았습니다. 갑자기 너무 많은 사람들이 한꺼번에 가죽을 팔려고 내놓았기 때문이었지요. 사람들은 헛되이 가축들을 잃은 데 화가 나서 오물이며 온갖 더러운 것들을 재봉사 집 앞에 던졌습니다. 재봉사는 이 모든 더러운 것들을 궤짝에 담아 시내의 어느 여관으로 가져갔습니다. 여관 주인에게 아주 값지고 귀한 것이 든 궤짝인데 잠시 맡아줄 수 있는지, 맡겨도 안전할지 물었습니다. 여관 주인은 기꺼이 맡아주겠다고 대답했습니다. 얼마 뒤 재봉사가 다시 와서 궤짝을 가져다 달라 하고는 모든 게 제대로 들었는지 살펴보려고 했습니다. 궤짝 안에는 아니나 다를까 오물이 가득 차 있었습니다. 재봉사는 여관 주인에게 불같이 성을 내며 고소해 버리겠다고 위협했지요. 주인은 온 마을에 나쁜 소문이 돌아 손님들에게 신용을 잃게 될까 두려웠던 나머지 재봉사에게 100탈러를 기꺼이 내주었습니다. 농부들은 재봉사를 괴롭히려던 것이 도리어 그에게 큰 이익이 되자 잔뜩 화가 나서, 궤짝을 가져다 재봉사를 강제로 그 안에 집어넣고 강으로 옮겨 떠내려 보냈습니다. 재봉사는 한동안 조용히 입을 다물고 있다가 어느 강 모퉁이를 흘러가게 되자 목청껏 소리를 질렀습니다.

"아니, 안 해! 안 해! 온 세상을 다 준다 해도 싫어!"

그 처절한 비명소리를 들은 한 양치기가 물었습니다.

"대체 뭘 안 한다는 말인가?"

"아아, 어떤 이상한 왕이 말이야, 이 궤짝 속에 들어가 강물을 따라 내려오는 사람을 자기 아름다운 외동딸과 결혼시키겠다고 억지를 부리는 거야. 하지만 난 결혼 따위 하기 싫어! 온 세상을 다 준다 해도 절대 하지 않을 거야."

"이보게, 다른 사람이 궤짝에 들어가도 공주와 결혼할 수 있을까?"

"그럼, 물론이지."

"그러면 내가 자네 대신 궤짝에 들어갈게."

이렇게 해서 재봉사는 궤짝에서 나오고 그 대신 양치기가 궤짝 안으로 들어갔습니다. 재봉사는 궤짝 뚜껑을 닫았고 양치기는 곧 강 깊이 가라앉고 말았습니다. 그러자 재봉사는 그 양치기가 몰던 양 떼들을 모두 집으로 이끌고 갔습니다.

농부들은 재봉사가 살아 돌아온 것은 물론 많은 양까지 몰고 온 것을 보고 도대체 어찌 된 일인지 깜짝 놀라며 이상하게 여겼습니다. 그러자 재봉사가 말했습니다.

"물론 물속 아주 깊은 곳까지 가라앉았지! 그런데 밑바닥에 저렇게 많은 양 떼가 있는 게 아니겠어! 그래서 몽땅 몰고 다시 물 밖으로 올라왔다네."

농부들도 강에 잠긴 양을 가져 오고 싶어서 모두 물가로 달려갔습니다. 푸른 하늘에는 작고 하얀 구름들이 두둥실 흘러가고 있었지요. 강물 위로 비친 구름이 마치 양 떼처럼 보였습니다. 그것을 보고 농부들이 외쳤습니다.

"저기 저 밑에 양들이 보인다!"

그러자 슐츠라는 농부가 말했습니다.

"내가 먼저 들어가서 살펴볼게. 정말 양 떼가 있으면 자네들도 부를게."

슐츠가 물속으로 뛰어들자 풍덩! 소리가 났습니다. 사람들은 그 소리를 슐츠가 얼른 들어오라고 외치는 소리로 잘못 알아듣고는 모두 물속으로 풍덩풍덩 뛰어들었습니다. 그리하여 그 마을 재산이 몽땅 재봉사 것이 되었답니다.

KHM 1812년판 062

푸른 수염

Blaubart

옛날 어느 숲에 한 남자가 아들 셋과 어여쁜 딸 하나와 함께 살았습니다. 하루는 여섯 마리 말이 끄는 황금 마차가 많은 하인들을 태우고 오더니 그 집 앞에 조용히 멈춰 섰습니다. 마차에서 내린 어느 나라의 왕은 남자에게 딸을 자기 아내로 달라고 간청했습니다.

남자는 자신의 딸에게 이런 둘도 없는 행운이 찾아온 것을 매우 기뻐하며, 그 자리에서 승낙했습니다. 보아하니 그 왕은 새파란 수염이 오직 하나 결점일 뿐, 그 밖에는 신랑감으로서 흠잡을 데가 없었습니다. 하지만 사람들이 그 수염을 볼 때마다 조금 섬뜩한 것은 아무래도 어쩔 수가 없었습니다.

아름다운 딸도 처음에는 그 푸른 수염을 무서워하며, 그런 사람의 아내가 되는 것은 싫다고 고집을 부렸습니다. 그러나 아버지의 끈질긴 설득에 못 이겨 마침내 왕의 신부가 되기로 했습니다. 그렇지만 어쩐지 불안한 마음이 들어서, 집을 떠나기 전에 세 오빠들에게 가서 이렇게 부탁했습니다.

"오라버니들, 만일 내가 크게 소리를 지르면 어디에 있든 모든 것을 제쳐놓고 곧바로 나를 구하러 달려와 줘야 해요. 알겠죠?"

오빠들은 그렇게 약속하고 누이동생에게 입을 맞췄습니다.

"걱정하지 마라! 네 목소리가 들리면 셋이 함께 말을 타고 재빨리 달려갈 테니까."

작별 인사가 끝나자, 소녀는 푸른 수염과 함께 마차를 타고 떠났습니다.

왕의 궁전에 도착하니 화려하게 번쩍거리는 것들로 가득했습니다. 게다가 왕비가 원하는 것은 무엇이든 이루어졌지요. 이제 왕의 푸른 수염만 눈에 익으면 왕비는 더할 나위 없이 행복했을 것입니다. 그런데 그 수염만은 아무리 시간이 지나도 볼 때마다 속으로 섬뜩한 기분이 드는 것은 어쩔 수 없었습니다.

그런 생활이 한동안 계속되던 어느 날, 푸른 수염이 말했습니다.

"나는 볼일이 있어 긴 여행을 떠나야만 하오. 여기 온 집안의 열쇠가 있소. 어디든 마음대로 열고 뭐든지 구경해도 좋지만, 이 작은 황금 열쇠로 열어야 하는 방만은 절대로 들어가선 안 되오. 만약 그 방문을 열면 당신의 목숨은 더 이상 없는 것이니 그리 아시오."

왕비는 열쇠를 받아들고 절대로 그 방에 들어가지 않겠다고 약속했습니다. 푸른 수염이 여행을 떠난 뒤 왕비가 집 안 방문들을 차례차례 열어보니, 온 세계에서 가져온 수많은 보물들이 방 안 가득했습니다. 이제 남은 것은 열어서는 안 된다는 마지막 방문 하나뿐이었습니다. 그 방만은 열쇠가 황금으로 되어 있었기에 왕비는 그곳에 가장 귀한 보물이 들어 있을지도 모른다고 생각했습니다. 그러자 걷잡을 수 없는 호기심이 솟아올라 그녀를 괴롭혔습니다. 심지어는 그 안에 무엇이 있는지 알 수 있다면 다른 방의 보물들은 하나도 보지 않았어도 좋았으리라는 생각마저 들었습니다.

한동안은 가까스로 호기심을 억누를 수 있었지만 끝내 왕비는 황금 열쇠를 들고 그 방으로 갔습니다.

"열어본다고 누구에게 들킬 것도 아니고, 아주 잠깐 들여다보기만 할 거니까 괜찮을 거야."

이렇게 스스로를 안심시킨 왕비는 마침내 황금 열쇠를 꽂고 돌리고야 말았습니다. 문이 열리자마자 피가 강물을 이루며 흐르고 있고, 벽에는 죽은 여자들이 매달려 있는 게 보였습니다. 그 가운데 몇 명은 이미 해골만 남아 있었습니다.

깜짝 놀란 왕비는 곧바로 문을 닫았지만, 너무 무서운 나머지 손에 힘이 들어가는 바람에 열쇠구멍에 꽂아두었던 열쇠가 튀어나와 피 속으로 떨어지고 말았습니다. 왕비는 재빨리 열쇠를 주워들고 피를 닦아내려 했지만 아무 소용이 없었습니다. 가까스로 한쪽을 깨끗하게 지우고 나면, 곧바로 그 뒤쪽에 핏자국이 나타나는 것이었습니다. 왕비는 온종일 앉아 열쇠를 문지르며 온갖 가능한 방법을 모두 써보았지만, 핏자국은 전혀 지워지지 않았습니다. 마침내 날이 저물자, 왕비는 열쇠를 마른풀 더미 사이에 집어넣어 밤사이에 피를 빨아들이게 하기로 했습니다.

이튿날 돌아온 푸른 수염은 제일 먼저 열쇠를 모두 가져오라고 말했습니다. 왕비의 가슴은 쿵쿵 뛰었습니다. 다른 열쇠를 모두 가져온 왕비는, 푸른 수염이 황금 열쇠가 없는 것을 눈치채지 못하기만을 간절히 바랐습니다. 그러나 열쇠를 모두 헤아려본 푸른 수염이 말했습니다.

"비밀의 방 열쇠는 어디 있소?"

그러고는 왕비의 얼굴을 빤히 바라보았습니다. 왕비는 심장이 덜컥 내려앉았습니다.

"이층에 있어요. 깜박 잊고 가져오지 못했는데 내일 찾아올게요."

"지금 바로 가져다주었으면 좋겠소. 오늘 필요하니까."

"어머나, 저런! 사실은 마른풀 더미 속에서 잃어버렸어요. 거기서 찾아봐야 해요."

"잃어버린 게 아니야!"

푸른 수염이 크게 화를 내며 말했습니다.

"핏자국을 빨아들이게 하려고 마른풀 더미 사이에 꽂아 넣은 거겠지. 당신이 나와 한 약속을 어기고 그 방에 들어갔다는 틀림없는 증거야. 이제 아무리 싫어도 당신은 그 방에 다시 들어가야만 해. 그게 당신의 운명이니까."

왕비는 어쩔 수 없이 열쇠를 가지러 가야 했습니다. 가져온 열쇠에는 여전히 핏자국이 잔뜩 남아 있었습니다.

"자, 이제 죽음을 각오하는 게 좋을걸. 당신은 오늘 안에 죽어야만 하니까."

이렇게 말한 푸른 수염은 무시무시한 식칼을 가져오더니 왕비를 비밀의 방으로 끌고 갔습니다.

"죽기 전에 하늘을 보며 마지막 기도를 올리게 해주세요."

왕비가 애원했습니다.

"좋아, 다녀오시오. 그렇지만 서둘러야 해. 오래 기다릴 시간이 없으니까."

겨우 풀려난 왕비는 계단을 뛰어올라가 창밖으로 머리를 내밀고 온 힘을 다해 소리쳤습니다.

"오라버니, 오라버니, 빨리 와서 저를 살려주세요!"

그때 왕비의 오빠들은 근처 숲 속에 앉아 차갑게 식힌 포도주를 마시고 있었는데, 막냇동생이 이렇게 말했습니다.

"누이의 목소리가 들려온 것 같아요. 서둘러요. 가서 구해줘야 해요!"

그 말이 떨어지자마자, 세 사람은 훌쩍 말 위에 뛰어올라 거센 바람처럼 빠르게 달려갔습니다.

누이동생은 거의 죽어가는 심정으로 무릎을 꿇고 있었습니다. 계단 아래에서는 푸른 수염이 소리를 질러댔습니다.

"기도는 곧 끝나겠지?"

그의 목소리 사이사이로 계단 아래에서 식칼을 가는 소리가 들려왔습니다. 그러나 창밖에는 마치 소 떼나 양 떼라도 몰려오는 것처럼 멀리서 모래먼지가 자욱하게 피어오르는 모습밖에 보이지 않았습니다. 왕비는 다시 한 번 온 힘을 다해 외쳤습니다.

"사랑하는 오빠들! 제발 와서 저를 구해주세요!"

왕비의 두려움은 점점 더 커지고 있었습니다. 그러나 푸른 수염은 외쳤습니다.

"빨리 내려오지 않으면 내가 올라가겠다. 칼은 이제 다 갈았으니까."

왕비는 다시 밖을 내다보았습니다. 그러자 마치 새가 하늘을 나는 듯이 말을 타고 들판을 달려오는 오빠들 모습이 보였습니다. 왕비가 온 힘을 다해 세 번째로 외쳤습니다.

"오라버니, 오라버니! 어서 와서 저를 구해주세요!"

그때 성 가까이 다가온 막내오빠가 외치는 소리가 들렸습니다.

"거의 다 왔으니 안심해라, 곧 가마!"

그러나 푸른 수염이 다시 소리쳤습니다.

"기도는 이제 끝났어! 더는 기다릴 수 없어. 네가 오지 않으면 내가 갈 테다!"

"조금만 더, 잠깐만, 오빠들을 위한 기도가 끝날 때까지만 제발 기다려 주세요."

그러나 푸른 수염은 들은 척도 하지 않고 성큼성큼 계단을 올라가 왕비를 끌고 내려왔습니다. 왕비의 머리채를 움켜잡고 식칼로 심장을 찌르려는 순간, 세 오빠가 성문을 때려 부수고 안으로 뛰어들어왔습니다. 그러고는 푸른 수염의 손아귀에서 누이동생을 낚아채더니 검을 뽑아 그를 베어버렸습니다.

푸른 수염은 피의 방에 넣어져, 이제까지 제 손으로 죽인 여자들 사이에 매달리게 되었습니다.

오빠들은 하나뿐인 소중한 누이동생을 데리고 집으로 돌아갔습니다. 그리고 푸른 수염의 온갖 보물은 모두 그녀의 것이 되었답니다.

KHM 1812년판 064

얼뜨기

Von dem Dummling

Ⅰ. 하얀 비둘기 Die weisse Taube

어느 왕의 궁전 앞에 크고 훌륭한 배나무 한 그루가 서 있었습니다. 그 배나무는 해마다 가장 탐스러운 열매를 맺었는데, 이상하게도 열매가 익은 뒤에는 누군가가 하룻밤 사이에 몽땅 따 가버리는 것이었습니다. 그게 누구 짓인지 도무지 알 길이 없었습니다. 왕에게는 세 아들이 있었는데, 막내는 조금 바보 같다고 여겨져 소문이 나서 '얼뜨기 왕자'라고 불렸습니다.

왕은 맏아들에게 도둑을 잡기 위해 1년 동안 배나무 아래서 열매를 잘 지키고 있으라고 분부했습니다. 왕자는 왕의 명령대로 밤마다 배나무 앞에 지키고 서서 감시했습니다. 어느덧 나무에서 꽃이 피고, 열매가 주렁주렁 달렸지요. 열매가 맛있게 익어가자 왕자는 더욱 성실하게 배나무를 지켰습니다. 마침내 열매가 완전히 익어서 따기로 한 전날 밤, 맏아들은 눈꺼풀이 천근만근이더니 그만 깜박 잠이 들고 말았습니다. 다음 날 그가 잠이 깼을 때는 열매는 하나도 없이 사라지고 이파리만 남았습니다.

왕은 이번에는 둘째 왕자에게 배나무를 1년 동안 잘 지키라고 명령을 내렸습니다. 그러나 그도 맏아들보다 나을 게 없어서, 그 어느 때보다 중요한 마지막 날 밤이 되자 마구 쏟아지는 졸음을 이기지 못하고 잠들어버렸습니다. 아침에 보니 배는 한 개도 남김없이 사라지고 말았습니다.

마침내 왕은 '얼뜨기 왕자'에게 1년 동안 배나무를 감시하라는 분부를 내렸습니다. 궁전 사람들은 모두 얼뜨기 왕자를 비웃었지요.

그러나 얼뜨기 왕자는 이에 아랑곳하지 않고 진지하게 열심히 배나무를 지켰고, 마지막 날 밤에도 끝내 쏟아지는 졸음을 물리쳤습니다. 왕자는 하얀 비둘기 한 마리가 날아와 배를 하나씩 따서 어딘가로 가져가는 것을 볼 수 있었습니다. 그리고 비둘기가 마지막 열매를 가지고 갈 때 왕자는 벌떡 일어나서 뒤따라갔습니다. 하지만 비둘기는 높은 산 위로 날아오르더니 곧 바위 틈새로 사라지고 말았습니다.

왕자가 문득 주위를 둘러보니, 잿빛 난쟁이가 자기 옆에 나란히 서 있었습니다. 얼뜨기 왕자가 난쟁이에게 말했습니다.

"신의 축복이 있기를!"

"이 순간 신의 축복이 있었어요, 방금 당신의 그 인사 덕분에."

난쟁이가 말했습니다.

"왜냐하면 조금 전 그 말이 나를 구해주었으니까요. 이 커다란 바위 밑으로 내려가 보세요. 당신에게 걸맞은 행운이 기다리고 있을 거예요."

난쟁이가 알려준 대로 바위 밑으로 들어간 얼뜨기 왕자는 수많은 계단을 따라 아래로 내려갔습니다. 다 내려갔을 때, 조금 전에 본 하얀 비둘기가 거미줄에 칭칭 감겨 있는 모습이 눈에 들어왔습니다. 비둘기는 얼뜨기 왕자를 보더니 거미줄을 헤치고 빠져나왔습니다. 그들이 마지막 거미줄을 찢은 순간, 그곳에는 비둘기 대신 아름다운 공주가 서 있었습니다. 얼뜨기 왕자가 구한 비둘기는 바로 마법에 걸린 공주였던 것입니다.

공주는 왕자의 아내가 되었고, 얼뜨기 왕자는 부자가 되어 지혜롭게 제 나라를 잘 다스렸답니다.

Ⅱ. 꿀벌 여왕(1819년판부터 KHM 062)

Ⅲ. 세 개의 깃털(1819년판부터 KHM 063)

Ⅳ. 황금 거위(1819년판부터 KHM 064)

KHM 1812년판 066

후를레부를레부츠

Hurleburlebutz

어느 왕이 사냥을 나갔다가 숲 속에서 길을 잃고 헤매는데 갑자기 흰 난쟁이가 그의 앞에 나타나 말했습니다.

"존경하는 임금님, 만일 막내 따님을 제게 주신다면 임금님께서 이 숲을 무사히 빠져나가실 수 있도록 길을 알려 드리겠습니다."

이대로 숲에 영영 갇혀 버릴까봐 몹시 두려웠던 왕은 앞뒤 재지 않고 얼른 그러겠노라 약속했고, 난쟁이는 곧바로 왕에게 길을 알려주었습니다. 난쟁이는 작별 인사를 하면서 큰 소리로 외쳤습니다.

"일주일 뒤에 따님을 데리러 가겠습니다!"

왕은 무사히 성으로 돌아갈 수 있었지만 난쟁이와의 약속을 떠올리자 갑자기 슬퍼졌습니다. 왕은 세상 그 누구보다도 막내딸을 사랑했기 때문입니다. 공주들은 슬픔에 잠긴 왕을 보며 아버지에게 무슨 근심이 있는지 걱정했습니다. 마침내 왕은 흰 난쟁이와 한 약속을 모두에게 털어놓았습니다. 공주들은 아버지에게 너무 걱정 마시라며 자기들이 난쟁이를 속일 방법을 찾아낼 거라고 말했지요. 마침내 흰 난쟁이와 약속한 날이 다가왔습니다. 공주들은 어느 목동의 딸에게 공주 옷을 입히고는 방 안에 앉혀 놓았습니다.

"누가 와서 너를 데려가려고 하면 망설이지 말고 따라가거라!"

공주들은 그렇게 명령하고는 모두 성에서 나가버렸지요. 공주들이 성을 떠나자마자 여우 한 마리가 성 안으로 들어와 소녀에게 말했습니다.

"소녀여, 내 까칠까칠한 꼬리 위에 앉아라, 후를레부를레부츠! 숲으로 가자!"

소녀는 말없이 순순히 여우 꼬리 위에 앉았고, 여우는 소녀를 숲 속으로 데리고 갔습니다. 밝은 햇살이 따사하게 내리쬐는 아름다운 초원에 이르자 여우가 말했습니다.

"내려서 내 몸에 붙은 이를 잡아다오!"

소녀는 고분고분 여우가 하라는 대로 했습니다. 여우는 머리를 소녀의 무릎에 얹은 뒤 이를 잡게 했습니다. 이를 잡으며 소녀가 말했습니다.

"어제 이 시간에 숲이 한결 아름다웠는데!"

"공주인 네가 이 숲에 왔었다고?"
여우가 깜짝 놀라며 물었습니다.
"아이 참, 아버지와 함께 소들을 지켰으니 그렇지요."
"그렇다면 넌 공주가 아니구나! 내 까칠까칠한 꼬리에 앉아라, 후를레부를레부츠! 성으로 돌아가자!"
여우는 목동의 딸을 다시 성으로 데리고 가서는 왕에게 말했습니다.
"목동의 딸을 공주라고 속이다니! 일주일 뒤 다시 한 번 그대의 딸을 데리러 오겠소."
그러나 일주일 뒤 공주들은 또다시 흰 난쟁이와의 약속을 어기고, 이번에는 거위지기 딸에게 화려한 옷을 입혀 방에 앉혀 놓고 성을 나가버렸습니다. 또 한 번 여우가 와서 거위지기 딸에게 말했습니다.
"내 까칠까칠한 꼬리 위에 앉아라, 후를레부를레부츠! 숲으로 가자!"
따스한 햇살이 내리쬐는 숲 속에 이르자 여우가 말했습니다.
"내려서 내 몸에 붙은 이를 잡아다오!"
소녀는 여우의 털에서 이를 잡으며 푹 한숨을 쉬었습니다.
"지금쯤 내 거위들은 어디 있을까!"
"공주인 네가 한낱 거위를 왜 신경 쓰느냐?"
"아이 참, 날마다 아버지와 함께 들판으로 거위들을 몰고 갔었는걸요."
"그렇다면 넌 왕의 딸이 아니구나! 내 까칠까칠한 꼬리에 앉아라, 후를레부를레부츠! 성으로 돌아가자!"
여우는 소녀를 다시 데리고 가서는 왕에게 말했습니다.
"또 나를 속였구려! 공주가 아니라 거위지기 딸이더군. 일주일 뒤에 마지막으로 다시 한 번 오겠소. 만일 그때도 딸을 내어주지 않으면 당신에게 무시무시한 화가 닥칠 것이니 그리 아시오!"
왕은 덜컥 겁이 나 이번에는 약속대로 일주일 뒤 여우가 다시 오자 막내 공주를 내주었습니다.
"내 까칠까칠한 꼬리에 앉아라, 후를레부를레부츠! 숲으로 가자!"
공주는 여우 꼬리에 올라타고 숲으로 가야만 했습니다. 또다시 볕이 잘 드는 곳에 이르자 이번에도 여우가 말했습니다.
"내려서 내 몸에 붙은 이를 잡아다오!"

여우가 공주의 무릎에 머리를 얹자 공주는 울면서 말했습니다.

"나는 왕의 딸인데 여우의 더러운 이나 잡아야 하다니. 만일 지금 내 방 안에 앉아 있었다면 정원에 피어난 예쁜 꽃들을 바라볼 수 있을 텐데!"

그 말을 들은 여우는 진짜 공주가 틀림없다 여기고 흰 난쟁이로 모습을 바꾸었습니다. 공주는 난쟁이의 아내가 되어 작은 오두막에 살면서 남편에게 음식을 만들어 주고 바느질을 해야만 했습니다. 그렇게 정겨운 시간은 흘러갔습니다. 난쟁이는 공주를 위해 모든 것을 사랑으로 대해주었습니다.

그러던 어느 날 난쟁이가 공주에게 비장한 목소리로 말했습니다.

"난 이제 떠나야 하오. 내가 떠난 뒤 곧 하얀 비둘기 세 마리가 날아올 것이오. 그 비둘기들은 땅 위를 스치듯 아주 낮게 날 텐데, 그 순간을 놓치지 말고 가운데 비둘기를 잘 잡으시오. 비둘기를 잡고 나면 곧바로 그 녀석 머리를 베도록 하시오. 다른 두 비둘기를 잡아선 절대 안 되오. 만일 그랬다가는 당신에게 큰 불행이 닥칠 것이오."

거듭하여 공주에게 주의를 준 난쟁이는 길을 떠났고 얼마 지나지 않아 난쟁이 말대로 하얀 비둘기 세 마리가 아주 낮게 날아왔습니다. 공주는 조심스레 한가운데 비둘기를 붙잡아 재빨리 칼로 머리를 잘랐습니다. 비둘기 머리가 땅에 떨어지자마자 늠름하게 잘생긴 왕자가 공주 앞에 서 있었습니다.

"요정이 내게 마법을 걸어 7년 동안이나 내 참모습을 잃은 채 지낼 수밖에 없었습니다. 마법을 풀려면 비둘기가 되어 다른 두 비둘기와 함께 아내가 될 여인 곁으로 날아가야만 했답니다. 그 여인이 나를 잡아 머리를 베어야만 했지요. 그 여인이 나를 잡지 못하거나 다른 비둘기를 잡으면 다시는 구원받을 수 없는 운명이었답니다. 그래서 정말 조심해 달라고 부탁했던 것이지요. 내가 바로 그 흰 난쟁이고 당신의 남편입니다."

왕자의 이야기를 들은 공주는 몹시 기뻤습니다. 그들은 함께 공주의 아버지에게로 갔습니다. 그리고 왕이 세상을 떠나자 왕국을 물려받은 왕자는 공주와 함께 행복하게 살았답니다.

KHM 1812년판 068

여름 정원 겨울 정원

Von dem Sommer-und Wintergarten

한 상인이 시장에 가기 전 세 딸에게 무엇을 사다주면 좋겠는지 물었습니다. 맏딸은 '아름다운 옷'을, 둘째 딸은 '예쁜 구두 한 켤레'를, 셋째 딸은 '장미꽃'을 사달라고 말했습니다. 그런데 때는 아주 추운 한겨울이라 장미꽃을 구하기란 참으로 어려운 일이었습니다. 하지만 막내는 누구보다 사랑하는 가장 예쁜 딸인 데다가 꽃을 무척 좋아했기에, 아버지는 꼭 장미를 구해오리라 약속했습니다.

상인은 집으로 돌아가는 길에 맏딸에게 줄 화려한 옷과 둘째 딸에게 줄 어여쁜 구두 한 켤레를 샀습니다. 그러나 셋째 딸이 원하는 장미는 도저히 그 어디에서도 찾을 수 없었습니다. 그가 정원에 들어가서 장미가 있느냐고 물으면 사람들은 그를 비웃으며 말했습니다.

"이 한겨울 눈밭에서 장미를 찾다니, 제정신인가?"

상인은 몹시 안타까웠습니다. 사랑하는 막내딸에게 아름다운 장미를 가져다줄 수 없는지 이런저런 방법들을 곰곰이 생각하면서 가다 보니 어느덧 한 성 앞에 이르렀습니다. 성 옆에는 정원이 있었는데 신기하게도 반은 여름이었고 반은 겨울이었습니다. 여름 정원에서는 세상 어디에서도 볼 수 없을 만큼 아름다운 크고 작은 꽃들이 색색으로 피어 있었지만, 겨울 정원은 모든 것이 헐벗은 채 새하얀 눈으로 덮여 있었습니다. 상인은 여름 정원에 피어 있는 온갖 꽃들을 바라보며 얼른 말에서 내렸습니다. 여름 정원에는 새빨간 장미덤불이 가득 피어 있었지요. 상인은 무척 기뻐하며 덤불로 다가가 장미 한 송이를 꺾어 다시 말을 타고 떠났습니다. 얼마만큼 갔을까요. 등 뒤에서 누군가 거칠게 숨을 몰아쉬며 뛰어오는 소리가 들리기에 돌아보니, 커다랗고 새까만 짐승이 달려오고 있었습니다. 짐승이 사납게 소리쳤습니다.

"내 장미를 다시 내놓아라. 그렇지 않으면 네놈을 죽이겠다! 내 장미를 내놓아라. 안 그러면 네놈을 죽이겠다!"

깜짝 놀란 상인이 말을 멈춰 세우며 말했습니다.

"제발 이 장미 한 송이만 가져가도록 해주시오. 나의 사랑스러운 막내딸에게 꼭 주어야 합니다. 세상 그 누구보다도 어여쁜 아이라오."

상인이 간절히 부탁했습니다.

"좋소. 그렇게 하시오. 하지만 장미꽃을 주는 대가로 당신의 그 아름다운 막내딸을 아내로 삼겠소."

상인은 무시무시한 짐승에게서 얼른 벗어나고 싶은 마음에 건성으로 "그러시오" 했지만, 정말로 짐승이 찾아와서 딸을 달라고 하지는 않으리라 생각했습니다. 약속을 하고 다시 말을 모는 상인에게 짐승은 또다시 외쳤습니다.

"일주일 뒤 신부를 데리러 가겠소."

마침내 상인은 세 딸 모두에게 저마다 원하던 선물을 가져다줄 수 있었습니다. 딸들은 모두 기뻐했지만 그 가운데서도 장미를 받은 막내가 누구보다 기뻐했습니다. 일주일 뒤 세 자매가 탁자에 함께 둘러앉아 있는데 누군가가 터벅터벅 무겁게 계단을 올라오더니 곧 문 앞에서 외쳤습니다.

"어서 문을 열어라!"

문을 열자마자 딸들은 깜짝 놀랐지요. 크고 새카만 짐승이 집으로 들어섰기 때문입니다.

"아무리 기다려도 신부가 오지 않고 약속한 시간도 다 되었기에 이렇게 내가 직접 신부를 데리러 왔다."

이렇게 말하며 그 검은 짐승은 막내딸에게 다가가더니 꽉 움켜잡았습니다. 막내는 마구 비명을 지르며 몸부림쳤지만 어쩔 수 없는 일이었습니다. 막내딸은 짐승을 따라 떠나야만 했습니다. 밖에 나갔던 아버지가 집에 돌아왔을 때는 가장 사랑하는 딸을 이미 검은 짐승이 빼앗은 뒤였습니다. 검은 짐승은 아름다운 막내를 자신의 성으로 데려갔습니다. 막내딸이 성 안으로 끌려들어가 보니 모든 게 신기하고 아름다웠으며 악사들은 즐거운 음악을 연주하고 있었습니다. 그리고 성 밖에는 반은 여름, 반은 겨울인 정원이 펼쳐져 있었고, 검은 짐승은 그녀를 위해 사랑으로 모든 것을 다해 주었습니다. 그들이 함께 식사를 할 때마다 막내딸은 그가 먹을 음식을 그릇에 담아주어야만 했습니다. 그렇지 않으면 검은 짐승은 통 먹으려 들지 않았기 때문입니다. 그렇게 시간이 흘러가자 차츰 딸은 검은 짐승에게 마음이 끌렸고 마침내 그를 사랑하게 되었습니다. 그러던 어느 날 딸이 검은 짐승에게 말했습니다.

"가슴이 몹시 두근거려요. 왜 그런지는 모르겠지만, 어쩐지 아버지가 편찮으신 것만 같아요. 아니면 언니들 가운데 누군가가 아프거나. 한 번이라도 좋으니 가족들을 만나볼 수만 있다면 좋겠어요!"

그러자 검은 짐승은 그녀를 커다란 거울 앞으로 데려가더니 그 안을 들여다보라고 말했습니다. 막내딸이 거울을 들여다보자 마치 정말로 그리운 제 집에 돌아간 것만 같았습니다. 자기 방이 보였고 아버지도 보였는데, 아버지는 사랑하는 딸을 사납기 짝이 없는 짐승에게 빼앗긴 것은 물론 어쩌면 이미 잡아먹혔을지도 모른다는 죄책감에 너무 근심한 나머지 병이 들어 있었습니다. 딸이 이토록 잘 지내고 있다는 것을 알았다면 그렇게 슬퍼하지는 않았을 것입니다. 두 언니 또한 침대 옆에 앉아 흐느끼고 있었습니다. 이 모든 광경을 본 막내딸은 마음이 너무 무거워 며칠만이라도 좋으니 제발 집으로 갈 수 있게 해달라고 짐승에게 애원했습니다. 본디 짐승은 아내를 집에 보낼 생각이 없었지만, 이렇게 몹시 간절하게 바라니 안쓰러운 마음이 들어 마침내 이렇게 말했습니다.

"좋소, 아버지에게 다녀오시오. 하지만 일주일 뒤 꼭 돌아오겠다고 약속해야만 하오."

그렇게 검은 짐승과 약속한 막내딸은 서둘러 집으로 갔습니다. 근심 걱정에만 잠겨 있던 아버지는 사랑하는 딸을 다시 보게 되자 크게 웃으며 무척 기뻐했습니다. 하지만 오랫동안 괴로워한 탓에 병이 너무 깊어 건강을 되찾지 못하고 며칠 뒤에 죽고 말았습니다. 막내는 슬픔으로 가득 차 다른 생각을 할 겨를이 없었고, 아버지 장례를 치르고 나서도 하염없이 울면서 언니들과 함께 서로를 위로했습니다.

그러다 문득 사랑하는 검은 짐승이 다시 떠올랐을 때는 이미 일주일이 지난 뒤였습니다. 막내딸은 또다시 불안해졌습니다. 검은 짐승 또한 기다림에 지쳐 병이 났을 것만 같았거든요. 그가 너무도 걱정이 된 딸은 곧바로 길을 떠나 성으로 갔습니다. 하지만 성에 이르러 보니 온 주위가 그저 적막하기만 했습니다. 악사들은 더 이상 음악을 연주하지 않았고 모든 것에 시커먼 천이 드리워져 있을 뿐이었습니다. 정원은 온통 겨울이 되어 새하얀 눈으로 뒤덮여 있었지요. 딸은 성 안 이곳저곳을 살펴보며 검은 짐승을 찾아보았지만 그는 이미 그곳을 떠나고 없었습니다. 딸은 슬픔으로 가득 찬 마음을 어떻게 해도 달랠 수 없었습니다.

성 안을 돌아다니다 보니 정원에 이르렀습니다. 그곳에는 양배추가 한 무더기 쌓여 있었는데 양배추 위쪽은 오래되어 이미 썩어 있었습니다. 딸은 양배추를 한 포기씩 여기저기로 옮기면서 몇 개를 반대로 뒤집어 놓다가 쌓여 있는 양배추들 사이로 사랑하는 검은 짐승을 보게 되었습니다. 짐승은 그 아래에 죽은 채로 누워 있었습니다. 딸은 서둘러 물을 길어와 쉬지 않고 양배추 위에 조금씩 끼얹었습니다. 그러자 검은 짐승이 벌떡 일어서더니 갑자기 멋있는 왕자로 변하는 게 아니겠습니까. 마침내 둘의 화려한 결혼식이 열리고 악사들은 곧 다시 즐거운 음악을 연주했습니다. 그러자 여름 정원이 찬란하게 빛나며 아름다운 제 모습을 되찾았고 수많은 검은 천들은 어느새 벗겨져 있었습니다. 왕자와 막내딸은 아름다운 정원이 있는 커다란 성에서 언제까지나 행복하게 살았답니다.

KHM 1812년판 070

오케를로

Der Okerlo

한 왕비가 제 아이를 황금 요람에 넣어서 바다에 띄워 흘려보냈습니다. 다행히 아이는 가라앉지 않고 어느 섬으로 흘러들갔는데, 그곳에는 인간을 잡아먹는 사람들이 살고 있었습니다. 그 요람이 둥둥 떠내려 왔을 때, 마침 바닷가에 서 있던 식인종 아내가 요람을 발견했습니다. 요람 안의 아이를 본 아내는 말할 수 없을 만큼 아름다운 여자아이임을 알고는 제 아들을 위해 잘 키워서 며느리로 삼아야겠다고 마음을 정했습니다. 그녀는 이 아이를 식인종 남편 오케를로 눈에 띄지 않게 하려고 온갖 애를 써야만 했습니다. 오케를로가 아이를 발견하는 날에는 그야말로 살 한 점, 털 한 오라기 남기지 않고 먹어치울 게 틀림없으니까요

세월이 흘러 소녀는 무럭무럭 자라 마침내 그들의 아들 오케를로와 혼인할 때가 되었습니다. 그러나 그 아들이 몹시 싫었던 소녀는 온종일 엉엉 울기만 했습니다. 어느 날 소녀가 바닷가에 앉아 있는데, 젊고 잘생긴 왕자가 헤엄

쳐 왔습니다. 소녀와 왕자는 금세 서로 마음이 이끌려 마침내 결혼까지 약속했습니다. 그런데 바로 그때 제 아들의 아내가 되어야 할 소녀 옆에 멋진 왕자가 있는 것을 본 오케를로 아내가 무섭게 화를 내며 왕자를 마구 움켜잡았습니다.

"기다려라, 네놈을 내 아들 혼인 잔칫날에 구워먹어 줄 테니까."

그리하여 왕자와 소녀, 그리고 오케를로의 아이들 셋이 한방에서 함께 자게 되었습니다. 밤이 되자 식인종 오케를로는 사람 고기가 먹고 싶어졌습니다.

"마누라, 난 잔칫날까지 도저히 못 기다리겠는걸. 그러지 말고 지금 바로 그 왕자 녀석을 내게 보내주구려."

소녀는 벽 너머로 이 말을 모두 듣고는 재빨리 침대에서 빠져나갔습니다. 그리고 식인종 아들 하나가 머리에 쓰고 있던 황금관을 벗겨내 왕자에게 씌웠습니다. 그때 식인종 아내가 들어왔지만 방이 너무 캄캄해 아무것도 보이지 않았습니다. 그래서 어둠 속에서 손으로 모두의 머리를 더듬어본 뒤, 관을 쓰지 않은 아이를 남편에게 가져갔습니다. 오케를로는 그것을 눈 깜짝할 사이에 먹어치웠지요.

소녀는 '날이 새면 어차피 모든 게 밝혀지고 말 텐데, 어쩌지?' 생각하자 걱정이 되어 견딜 수가 없었습니다. 그래서 몰래 일어나 한 걸음에 1마일을 가는 구두와 바라는 것은 뭐든지 이루어주는 마법 지팡이, 그리고 물어보면 무엇이든 대답해 주는 콩이 들어 있는 과자를 챙겨 왕자와 함께 부리나케 달아났습니다. 둘은 마법 구두를 신고 있었기 때문에 한 걸음에 1마일씩 걸을 수 있었습니다.

둘은 달아나면서 이따금 콩에게 물어보았습니다.

"콩아, 너 정말로 거기 있니?"

"네, 그럼요, 있고말고요."

콩이 대답했습니다.

"하지만 서두르셔야 해요. 오케를로 아내가 남아 있는 다른 마법 구두를 신고 쫓아올 테니까요."

그 말을 들은 소녀가 마법 지팡이를 휘두르자 소녀는 백조로, 왕자는 커다란 연못으로 변했습니다. 백조가 된 소녀는 연못 한가운데서 유유히 헤엄을 치고 있었지요. 뒤쫓아 온 식인종 아내는 백조를 물가로 꾀어내려고 했지만 잘되지 않자 몹시 화를 내며 돌아갔습니다.

소녀와 왕자는 본디 모습으로 돌아온 뒤 앞으로 계속 나아갔습니다.

"콩아 거기 있니?"

"네, 여기 있어요."

콩이 입을 열었습니다.

"식인종 아내가 또 뒤쫓아 오고 있어요. 멍청하게 속아넘어갔다며 남편 오케를로가 마구 다그쳤거든요."

그 말을 들은 소녀는 마법 지팡이를 들고, 자신과 왕자 모두 모래먼지로 변하게 했습니다. 오케를로의 아내는 거세게 휘몰아치는 모래먼지 속을 빠져나가지 못하고 괜한 애만 쓰다가 하는 수 없이 그냥 돌아가고 말았지요. 둘은 다시 앞으로 나아갔습니다.

"콩아, 거기 있니?"

"네, 여기 있어요. 하지만 식인종 아내가 또다시 오고 있는 게 보여요. 엄청나게 큰 걸음으로요."

세 번째로 마법 지팡이를 휘두르자 소녀는 장미나무로, 왕자는 꿀벌로 변했습니다. 오케를로 아내는 변신한 그들을 알아보지 못한 채 그냥 집으로 돌아가고 말았습니다.

다행스러운 일이었지만, 안타깝게도 두 사람 모두 본디 모습으로 돌아갈 수가 없었습니다. 너무나도 무서워 숨기에만 정신이 팔린 소녀가 겁에 질려 마법 지팡이를 손이 닿지 않는 곳에 내던져버렸기 때문이었지요. 그때 둘은 이미 꽤 많이 걸어간 뒤여서, 장미나무는 바로 소녀 어머니인 왕비의 정원 안에 피어 있었습니다. 꿀벌은 장미꽃 위에 앉아서, 장미를 꺾으려는 사람이 오면 누구든 엉덩이 침으로 콕콕 찌르려 했습니다.

어느 날, 정원에 간 왕비는 아름다운 장미꽃을 보자 무척 감탄하며 꽃을 꺾으려고 했습니다. 그러자 귀여운 꿀벌이 날아와 따끔하게 손을 찌르는 바람에, 왕비는 꽃에서 떨어지지 않을 수 없었습니다. 그러나 손을 뗐을 때는 이미 장미에 조금 상처를 입힌 뒤였습니다. 살짝 꺾인 장미 줄기에서 피가 흐르는 것을 본 왕비는 꽃에 걸린 마법을 풀어주기 위해 요정을 불렀습니다. 곧 마법이 풀리고 그 장미가 바로 제 딸임을 알게 되자 왕비의 기쁨은 이루 말할 수가 없었습니다. 성대한 결혼식이 열려 수많은 손님들이 초대되었지요. 손님들은 모두들 화려한 옷을 입었고, 연회장에는 등불 수천 개가 번쩍번쩍 빛을 냈습니다. 날이 밝을 때까지 신나는 음악과 춤이 이어졌습니다.

"당신도 그 경사스러운 자리에 함께 있었나요?"

물론 저도 그 자리에 참석했지요. 제 머리 장식은 버터로 만든 것이었습니다. 제가 따스한 햇볕 속에 들어가자 머리 장식이 녹아서 사라져버리더군요. 제 옷은 거미줄로 만든 것이었어요. 가시덤불 속을 지나갔더니 뾰족한 가시덤불이 제 옷을 모두 벗기고 말았지요. 제 덧신은 유리로 만든 것이었는데, 돌부리를 향해 찼더니 구두가 깨어져 그만 두 쪽이 되어버리고 말았답니다.

KHM 1812년판 071

쥐 가죽 공주

Prinzessin Mäusehaut

어느 나라에 딸 셋을 둔 왕이 있었습니다. 어느 날 왕은 세 딸을 불러서 자신을 얼마나 사랑하는지 물어보았습니다. 어느 딸이 아버지를 가장 사랑하는지 궁금했던 것이지요. 맏딸은 아버지를 나라 전체보다 더 사랑한다고 말했고, 둘째 딸은 세상 온갖 보석과 진주보다도 아버지를 더 사랑한다고 말했습니다. 하지만 막내딸은 아버지를 소금보다 더 사랑한다 말했습니다. 왕은 자신에 대한 사랑을 겨우 그런 하찮은 것에 견주느냐고 불같이 화를 내며, 하인을 불러 막내딸을 숲으로 데려가 죽이라고 했습니다. 숲에 이르자 공주는 하인에게 부디 살려달라고 눈물 흘리며 애원했습니다. 하인은 평소 막내 공주를 아끼고 잘 돌봐주던 사람이었는지라 이대로 함께 떠날 것이며, 그녀의 모든 명령에 따르겠다고 다짐했지요. 공주는 하인에게 단지 쥐 가죽 옷을 한 벌 구해달라고 했을 뿐이었습니다. 하인이 쥐 가죽 옷을 마련해 주자 공주는 그것으로 온몸을 감싼 뒤 서둘러 그곳을 떠났습니다. 공주는 곧바로 이웃 왕의 성에 가서 남자인 척하며 왕에게 신하로 일하고 싶다고 간청했습니다. 왕은 공주에게 제 시중을 들게 했습니다. 저녁이면 공주는 왕의 장화를 벗겨주었고, 그때마다 왕은 공주의 머리에 벗은 장화를 던졌습니다. 그러던 어느 날 왕은 공주에게 어디서 왔느냐고 물었습니다.

"장화를 사람 머리에 던지지 않는 나라에서 왔습니다."

그 뒤로 왕은 공주에게 조금 더 주의를 기울이게 되었습니다. 어느 날 다른 하인들이 왕에게 반지 하나를 가져왔습니다. 쥐 가죽 공주가 잃어버린 매우 값진 것이었지요. 하인들은 쥐 가죽 공주가 반지를 훔친 게 틀림없다고 왕에게 일러바쳤습니다. 왕은 쥐 가죽 공주를 불러 그 반지가 어디서 났느냐고 물었습니다. 공주는 더 이상 자신을 숨길 수 없다고 생각하여 모든 것을 체념하고는 쥐 가죽을 벗었습니다. 막내 공주의 고운 황금빛 머리카락이 흘러내렸고, 쥐 가죽에서 공주가 걸어 나오는 모습은 무척이나 아름다웠습니다. 어찌나 아름다운지 왕은 한눈에 반하여, 그 자리에서 왕관을 벗어 공주의 머리에 씌워 주며 그녀를 아내로 삼겠다고 모두에게 알렸습니다.

그들의 결혼식에 쥐 가죽 공주의 아버지도 초대를 받았습니다. 그는 딸이 이미 오래전에 죽었으리라 여겼기에 자신의 딸을 전혀 알아보지 못했습니다. 식탁 위에 온갖 요리가 차려지자 왕은 음식을 먹기 시작했는데 곧 얼굴을 찡그리며 숟가락을 내려놓았습니다. 소금을 하나도 치지 않은 음식들이었거든요. 왕은 화가 나서 큰 소리로 말했습니다.

"이렇게 맹맹한 음식을 먹느니 차라리 죽는 게 낫겠다!"

그러자 왕비가 아버지에게 말했습니다.

"왕께서는 이제야 소금 없이는 살고 싶지 않다고 하시는군요. 하지만 지난날 왕께서는 제가 소금보다 아버지를 더 사랑한다고 말했더니 저를 죽이라 하지 않으셨나요."

그제야 왕은 이 왕비가 자신의 딸임을 알아보고 그녀에게 입을 맞추며 용서를 구했습니다. 그렇게 딸을 다시 만난 것이 자신의 왕국과 이 세상 온갖 보석보다 더 좋았기 때문입니다.

KHM 1812년판 072

나무에서 떨어지고 싶지 않은 배

Das Birne will nie fallen

배나무 주인은 나뭇가지에 탐스럽게 매달린 배를 흔들어 우르르 떨어뜨리고 싶었습니다. 하지만 배는 나무에서 떨어지고 싶지 않았지요. 주인은 바보를 보내 배를 흔들어 우르르 떨어뜨리라고 했어요. 그러나 바보는 배를 흔들지 않았지요. 배가 떨어지고 싶지 않은 것을 알았으니까요.

화가 난 주인은 개에게 바보를 당장 물라고 했습니다. 하지만 개는 바보를 물지 않았어요. 바보는 배를 흔들지 않았거든요. 배는 아직 떨어지고 싶지 않았으니까요.

당황한 주인은 몽둥이에게 개를 때리라고 했습니다. 그러나 몽둥이는 개를 때리지 않았지요. 개는 바보를 물지 않았거든요. 바보는 배를 흔들지 않았으니까요. 배는 떨어지고 싶지 않았어요.

주인은 불에게 몽둥이를 당장 태워버리라고 했습니다. 하지만 불은 몽둥이를 태우지 않았지요. 몽둥이는 개를 때리지 않았으니까요. 개는 바보를 물지 않았거든요. 바보는 배를 흔들지 않았어요. 배는 떨어지고 싶지 않았으니까요.

더는 참을 수 없었던 주인은 물에게 불을 꺼버리라 했습니다. 그러나 물은 불을 꺼버리지 않았지요. 불은 몽둥이를 태우지 않았거든요. 몽둥이는 개를 때리지 않았고요. 개는 바보를 물지 않았어요. 바보는 배를 흔들지 않았어요. 배는 떨어지고 싶지 않았으니까요.

주인은 송아지를 보내 물을 몽땅 마셔버리라 했습니다. 송아지는 물을 마셔버리지 않았지요. 물은 불을 꺼버리지 않았고요. 불은 몽둥이를 태우지 않았지요. 몽둥이는 개를 때리지 않았고요. 개는 바보를 물지 않았거든요. 바보는 배를 흔들지 않았어요. 배는 떨어지고 싶지 않았으니까요.

마침내 주인은 도살업자를 보내 송아지를 당장 잡으라 했습니다. 하지만 도살업자는 송아지를 잡지 않았지요. 송아지는 물을 마셔버리지 않았거든요. 물은 불을 꺼버리지 않았어요. 불은 몽둥이를 태우지 않았지요. 몽둥이는 개를 때리지 않았고요. 개는 바보를 물지 않았어요. 바보는 배를 흔들지 않았지요. 배는 떨어지고 싶지 않았으니까요.

주인은 사형집행인을 보내 도살업자를 매달라 했어요. 사형집행인은 도살업자를 매달려 했고 도살업자는 송아지를 잡으려고 했지요. 송아지는 물을 몽땅 마시려 했고 물은 불을 끄려 했으며 불은 몽둥이를 태우려고 했지요. 몽둥이가 개를 때리려고 했거든요. 개는 바보를 물려 했고 바보는 배를 흔들려 했으며 배는 하마터면 떨어질 뻔했답니다.

KHM 1812년판 073

죽음의 성

Das Mordschloss

먼 옛날 세 딸을 둔 구두장이가 있었습니다. 어느 날 구두장이가 집을 비운 사이에, 어딘가의 영주가 찾아왔습니다. 영주는 너무도 호화로운 옷을 입고 번쩍번쩍 빛나는 훌륭한 마차를 타고 있었습니다. 그래서 사람들은 그 영주가 큰 부자일 거라고 생각했습니다.

영주는 아름다운 세 딸 가운데 하나와 사랑에 빠졌습니다. 선택받은 딸은 이런 부자 영주와 결혼하면 틀림없이 행복해질 거라고 생각했습니다. 그래서 망설임 없이 선뜻 영주를 따라 마차에 올라탔습니다.

그런데 영주의 성으로 가는 길에 날이 저물고 말았습니다.

영주는 이렇게 처녀에게 물었습니다.

"달밤은 이토록 대낮처럼 환하고, 말들은 이토록 빨리 달리는데, 사랑스러운 그대여, 정말 후회하지 않나요?"

"네, 후회 안 해요. 영주님 곁에 있으면 오히려 마음이 푹 놓이는걸요."

대답은 그렇게 했지만, 마음 한 켠에는 불안이 조금씩 싹트고 있었습니다.

이윽고 마차가 커다란 숲에 들어서자 처녀는 다 왔느냐고 물었습니다.

"이제 다 왔소."

영주가 말했습니다.

"저 멀리 불빛이 보이지요? 저곳이 바로 나의 성이오."

마침내 도착한 성 안은 온통 아름답고 훌륭한 것들로 가득했습니다.

이튿날 영주는 아내에게 자신이 직접 마무리지어야 하는 중요한 일이 있어서 며칠 집을 비워야 한다고 말했습니다. 그러면서 열쇠를 모두 두고 갈 테니 어디든 마음대로 구경해도 좋다고 했습니다. 또한 이곳에 있는 보물들도 모두 마음대로 해도 좋다고 말했습니다.

영주가 여행을 떠나자, 처녀는 온 성 안을 둘러보았습니다. 눈에 보이는 모든 게 매우 훌륭했으므로, 처녀는 참으로 행복하다고 느꼈습니다. 그런데 마지막으로 지하실에 내려가 보니, 웬 할멈이 홀로 앉아서 사람 창자를 떼어내고 있는 게 아니겠습니까.

"에구머니나! 할머니, 그게 대체 뭐예요?"

"사람 창자를 떼어내고 있어요. 아가씨 것도 곧 손 대게 될 거야."

그 말에 소스라치게 놀란 처녀는 그만 손에 들고 있던 열쇠를 피가 가득 담긴 대야 속에 떨어뜨리고 말았습니다. 곧바로 건져냈지만 열쇠에 묻은 피는 아무리 물로 씻어도 지워지지 않았습니다.

"쯧쯧, 아가씨는 곧 죽게 될 거요."

할머니가 말했습니다.

"아가씨가 이곳에 들어온 것을 영주님도 알게 될 테니까. 이 방에는 영주님과 나 말고는 아무도 들어올 수 없거든."

그때 마침 마른풀을 실은 짐마차 한 대가 성에서 나가고 있었습니다. 할멈은 살 수 있는 방법은 마른풀 더미 속에 숨어서 이곳을 빠져나가는 것뿐이라고 가르쳐 주었습니다. 처녀는 곧바로 할멈의 말대로 했습니다.

그러는 사이 어느덧 영주가 돌아와서 처녀가 어디 있느냐고 물었습니다.

"그 처녀 말인가요?"

할멈이 대답했습니다.

"더 이상 일이 없고, 어차피 내일이면 그 처녀도 죽여야 하니까 미리 해치워 버렸지요. 보세요, 이건 그 처녀 머리카락이고 이것은 심장이에요. 피가 아직도 따뜻하군요. 나머지는 개들이 모여들어 모두 먹어치웠어요. 저는 지금 그 처녀의 창자를 떼어내고 있지요."

할멈의 말을 들은 영주는 처녀가 죽은 줄로만 알고 더는 묻지 않았습니다.

한편 처녀는 짐마차에 숨어 무사히 빠져나갔습니다. 짐마차 주인은 가까운 곳에 있는 커다란 성에 마른풀을 팔았습니다. 처녀가 짐마차 안에서 나와 자신이 겪은 일들을 모두 이야기하자, 성 사람들은 그녀를 당분간 성에서 머물게 해주었습니다.

얼마 뒤, 이 성의 영주가 가까운 곳에 살고 있는 신분 높은 사람들을 초대해 성대한 잔치를 열었습니다. 살인마 성의 영주도 초대되었기 때문에, 이곳에 손님으로 있던 처녀는 그가 자기를 알아보지 못하도록 얼굴과 옷차림을 꾸몄습니다.

손님들이 모두 모이자 저마다 재미난 이야기를 하나씩 하기로 했습니다. 이윽고 처녀가 말할 차례가 되자 그녀는 살인마의 성에서 겪은 일을 털어놓았습니다. 그러자 백작님이라 불리던 살인마 영주는 안절부절못하더니, 말리는 사람들을 뿌리치며 달아나려고 했습니다. 하지만 신분이 높은 이 성의 주인이 미리 손을 써두었기 때문에, 백작을 잡아들여 감옥에 가두었습니다. 그리고 판결을 내려 백작의 성을 송두리째 무너뜨린 뒤, 그 성에 있던 재산을 모두 처녀에게 주었습니다.

그 뒤 처녀는 자신을 친절하게 대접한 성주의 젊은 아들과 결혼해 오래오래 행복하게 살았답니다.

KHM 1812년판 074

요하네스 바서슈프룽과 카스파르 바서슈프룽

Von Johannes–Wassersprung und Caspar–Wassersprung

어느 왕이 딸은 절대로 결혼시키지 않겠다고 고집을 부리며, 숲 속 아주 외딴곳에 집을 짓고 공주를 시녀들과 함께 그곳에서 살도록 했습니다. 그리하여 공주는 시녀들 말고는 다른 사람은 전혀 만나지 못했습니다. 그런데 공주의 집 가까운 곳에는 기이한 힘이 있는 샘이 하나 있었답니다. 그 샘물을 마시자 공주는 놀랍게도 아들 둘을 낳게 되었습니다. 아들들은 저마다 요하네스 바서슈프룽과 카스파르 바서슈프룽이라고 불렸는데, 둘의 생김새는 아주 똑같았습니다. 이 형제의 할아버지인 늙은 왕은 그들에게 사냥을 배우도록 했습니다. 형제는 무럭무럭 자라 둘 모두 잘생기고 훌륭한 청년이 되었습니다. 어느덧 세월이 흘러 마침내 그들이 더 넓은 세상으로 나가야 할 때가 되었습니다. 두 사람은 저마다 은별 하나, 말 한 마리, 개 한 마리를 이끌고 길을 떠났습니다. 그들은 가장 먼저 어느 숲에 이르렀는데, 두 마리 토끼를 발견하고는 동시에 쏘려고 했습니다. 하지만 토끼들은 제발 목숨만은 살려달라며 형제를 주인으로 모시겠다고 애원했습니다. 살려만 준다면 자신들은 큰 쓸모가 있을 것이며 어떤 위험이 닥쳐도 주인님들을 도와줄 수 있을 거라고 했습니다. 형제는 곧 마음이 움직여 토끼들을 죽이지 않고 하인으로 삼아 데려갔습니다. 얼마 지나지 않아 곰 두 마리가 으르렁거리며 나타났습니다. 이번에도 형제가 곰을 잡기 위해 화살을 겨냥하자 곰들 또한 제발 목숨만은 살려달라며 충실하게 형제를 섬기겠다고 약속했습니다. 이렇게 해서 형제의 하인들이 점점 늘어나게 되었습니다. 어느덧 갈림길에 이르자 두 형제가 말했습니다.

"여기서 그만 헤어지자. 한 사람은 오른쪽으로, 다른 사람은 왼쪽으로 가자!"

왕자들은 갈림길에 있는 한 나무에 저마다 칼을 꽂으며 그것으로 서로의 안부를 확인하기로 했습니다. 칼에 녹이 슨다면 그 칼의 주인에게 무슨 큰일이 생겼다는 징조로 여기자는 것이었습니다. 왕자들은 서로 입을 맞추며 작별 인사를 나누고 그곳을 떠났습니다.

형인 요하네스 바서슈프룽은 곧 어느 도시에 이르렀습니다. 그 도시는 너무도 고요했고 사람들 모두가 큰 슬픔에 잠겨 있었습니다. 온 나라를 황폐하게 만든 용을 진정시키기 위해선 용에게 공주를 바쳐야만 했기 때문이었습니다. 무시무시한 용에게 딸을 빼앗길 수 없었던 왕은 목숨을 걸고 용을 죽이는 사람에게 공주를 아내로 주겠다고 널리 알렸으나 선뜻 나서는 사람이 아무도 없었습니다. 시녀를 공주처럼 꾸며 보내 보았지만 용이 곧바로 알아차리고 화풀이를 해 대는 바람에 피해만 더욱 커졌습니다. 요하네스 바서슈프룽은 자기가 용을 죽일 수 있을지도 모른다는 생각에 자신의 운을 믿고 짐승들과 함께 용의 둥지로 떠났습니다. 이윽고 그들과 용은 격렬한 싸움을 벌였습니다. 용은 활활 타오르는 새빨간 불꽃을 내뿜어 주위 풀밭을 불태웠습니다. 요하네스 바서슈프룽의 하인들인 토끼와 개와 곰이 재빨리 불을 밟아 끄지 않았더라면 그는 틀림없이 숨막혀 죽었을 것입니다. 치열한 싸움 끝에 마침내 용은 쓰러졌고, 요하네스 바서슈프룽은 일곱 개나 되는 용의 머리를 모두 벤 다음 혀를 도려내 주머니에 잘 넣어두었습니다. 그는 오랜 싸움으로 지쳐버린 탓에 그 자리에 그대로 누워 잠이 들고 말았습니다. 왕자가 푹 잠이 들어 있는 사이, 공주의 마부가 용의 둥지로 올라왔습니다. 일이 어떻게 되었는지 너무도 궁금했거든요. 마부는 한 남자가 용의 잘린 일곱 머리 옆에 누워 잠든 것을 보고는 하늘이 내려준 기회라며 속으로 쾌재를 불렀습니다. 마부는 요하네스 바서슈프룽을 찔러 죽인 뒤, 용의 머리들을 잘 챙겨들고는 왕에게 가져갔습니다. 그러고는 용의 머리들을 내보이며 자신이 무시무시한 용을 해치웠다고 거짓말을 했지요. 그리하여 공주는 마부의 신부가 되었습니다.

요하네스 바서슈프룽과 함께 싸웠던 동물들 또한 매우 지쳐버렸기에 왕자와 가까운 곳에 자리를 잡고 잠을 청했습니다. 잠에서 깬 동물들이 다시 왕자가 쉬던 곳으로 돌아와 보니, 안타깝게도 그들의 주인은 이미 죽어 있었습니다. 그런데 그 옆을 자세히 보니, 세찬 싸움 탓에 언덕에서 짓밟혀 죽은 개미들에게 산 개미들이 가까이 있는 떡갈나무 즙을 발라주는 것이었습니다. 그 즙을 바르자 놀랍게도 죽은 개미들은 하나둘 되살아나고 있었습니다. 곰은 재빨리 그 즙을 가져와 요하네스 바서슈프룽에게 정성스럽게 발랐습니다. 드디어 왕자는 눈을 떴고 잠시 뒤에는 아주 건강해졌습니다. 왕자는 그가 구해 낸 공주를 생각하며 서둘러 도시로 갔습니다. 마침 그곳에서는 공주와 마부의 결혼식이 열리고 있었습니다. 그곳에 있는 사람들 모두 마부가 머리 일곱 개 달린 용을 무찔렀다며 입을 모아 말하고 있었습니다. 그 말을 들은 개와 곰은 성으로 잽싸게 달려갔습니다. 공주는 구운 고기와 포도주를 개와 곰의 목에 묶어주며, 신하들에게 동물들을 따라가서 그 주인을 결혼식에 모셔오라고 지시했지요. 그렇게 요하네스 바서슈프룽은 결혼식에 올 수 있었고, 마침 마부가 가져온 용의 머리 일곱 개가 담긴 그릇이 그의 앞으로 날라져 왔습니다. 요하네스 바서슈프룽은 당당히 용의 혀 일곱 개를 꺼내 그 곁에 놓았고, 누가 정말로 용을 죽였는지 모두 알 수 있었답니다. 마침내 터무니없는 거짓말을 한 마부는 쫓겨나고 왕자는 공주의 신랑이 되었습니다.

어느 날 왕자는 사냥을 나갔다가 은빛 뿔을 지닌 사슴을 쫓게 되었습니다. 그런데 아무리 힘껏 달려도 사슴을 따라잡을 수가 없었지요. 한참을 달리다 보니 어느 노파를 만났습니다. 그런데 노파가 갑자기 마법을 부려 왕자뿐만 아니라 그와 함께 온 개와 말, 곰까지도 모두 돌로 만들어 버렸습니다. 한편 동생인 카스파르 바서슈프룽은 형제의 칼이 꽂혀 있는 나무에 왔다가 형의 칼에 녹이 슨 것을 보았습니다. 카스파르는 곧바로 말을 달려 형을 찾아 나섰고, 이내 형의 아내가 살고 있는 도시에 이르렀습니다. 카스파르는 형과 똑같이 생겼기에 공주는 그를 자기 남편이라 여기고 돌아온 것을 기뻐하며 다시는 멀리 떠나지 말라고 부탁했습니다. 그러나 카스파르 바서슈프룽은 형이 걱정되어 서둘러 길을 떠났습니다. 가다 보니 형이 동물들과 함께 돌로 변해 있는 걸 발견했지요. 그는 불같이 화를 내며 노파에게 마법을 풀라고 위협했습니다. 드디어 형이 마법에서 풀려나자 형제는 함께 형의 성으로 돌아갔습니다. 형제는 돌아가는 길에, 공주가 먼저 달려와 목을 껴안는 사람이 공주의 남편이 되기로 했습니다. 마침내 그들이 궁전에 도착하자 공주가 기뻐하며 달려나와 요하네스 바서슈프룽의 목에 힘껏 매달렸답니다.

KHM 1812년판 075

불사조

Vogel Phönix

한 부자가 어느 날 강가로 산책을 나갔습니다. 그런데 웬 작은 상자 하나가 강물에 두둥실 떠내려오는 것이었습니다. 부자가 상자를 힘껏 건져 올려 뚜껑을 열어보니 아주 귀여운 어린아이가 누워 있었습니다. 그는 아이를 집으로 데려와 제 아이처럼 온 정성을 들여 키웠습니다. 하지만 이 부자의 관리인은 아이를 몹시도 싫어했지요. 그래서 아무도 몰래 아이를 데려가 거룻배를 타고 강 한가운데에 이른 뒤, 아이를 배 안에 홀로 내버려두고는 자기만 재빨리 뭍으로 뛰어내렸습니다. 배는 하염없이 흘러내려가 어느 물방앗간에 닿았습니다. 방앗간 주인은 떠내려온 아이를 가엾게 여겨 집으로 데려가 키웠습니다. 그러던 어느 날 관리인이 우연히 이 방앗간에 들렀다가 아이를 알아보고는 깜짝 놀랐습니다. 그는 얼른 편지 한 장을 써서 소년에게 건네주며 자신의 아내에게 전하라 했지요.

"이 편지를 전하는 사람을 당장 죽여버리시오."

편지에는 이렇게 쓰여 있었습니다. 그렇게 편지를 가지고 가던 소년은 숲에서 어느 노인을 만났습니다. 노인은 소년에게 편지를 좀 보여달라며 말을 걸었습니다. 소년이 편지를 건네주자 노인은 그저 편지를 한 번 거꾸로 뒤집었다가 돌려주었습니다.

"이 편지를 전하는 사람과 우리 딸을 얼른 결혼시키시오!"

놀랍게도 편지 속 글은 이렇게 바뀌어 있었습니다. 소년으로부터 남편의 편지를 전해 받은 아내는 영문도 모른 채 편지 속 내용을 그대로 따랐고, 이 소식을 들은 관리인은 화를 참지 못해 씩씩거리며 말했습니다.

"그렇게 쉽게는 안 되지. 내 딸과 결혼하고 싶으면 먼저 불사조의 깃털 세 개를 구해오게."

그리하여 소년은 불사조를 찾아 길을 떠났습니다. 그런데 숲을 지나다 저번과 똑같은 자리에서 그때 그 노인을 또다시 만났습니다. 노인이 말했습니다.

"온종일 걸어가다 보면 저녁 무렵 어떤 나무에 이를 거야. 그 위에 비둘기 두 마리가 앉아 있을 걸세. 그 비둘기들이 시키는 대로 따르게."

소년이 종일 걸어나가 저녁때 나무에 이르니 비둘기 두 마리가 앉아 있었습니다. 그 가운데 한 마리가 이렇게 말했습니다.

"불사조를 찾아가려면 또다시 온 하루 걸어가야 해. 그러다 보면 저녁 무렵 어느 성문 앞에 다다를 텐데, 그 문은 늘 닫혀 있지."

다른 비둘기가 말했습니다.

"성문을 열 수 있는 황금 열쇠는 나무 아래에 있어."

한참을 걸어 성 앞에 이른 소년은 그 옆에 있는 나무 밑을 잘 살펴보았습니다. 곧 열쇠를 발견할 수 있었지요. 굳게 닫혀 있던 성문이 마침내 열렸습니다. 성문 뒤에는 두 남자가 앉아 있었습니다. 한 남자가 말했습니다.

"불사조를 찾으려면 아주 높은 산을 넘어 힘든 길을 가야만 해. 그 길이 끝나면 마침내 성안으로 들어갈 수 있지."

셋째 날 저녁 소년은 마침내 성에 이르렀습니다. 성문 앞에는 얼굴이 새하얀 아가씨가 앉아 있다가 그에게 물었습니다.

"당신은 무슨 일로 이곳에 왔나요?"

"불사조의 깃털 세 개를 가져가려고 합니다."

그러자 아가씨는 다급하게 말했습니다.

"당신 목숨이 위험해요. 당신이 이곳에 왔다는 걸 불사조가 알기라도 하면 당신을 털 하나 남기지 않고 몽땅 잡아먹을 거예요. 하지만 제가 가엾은 당신이 깃털 세 개를 얻도록 도와드리지요. 저는 날마다 이곳에서 촘촘한 빗으로 불사조 털을 빗겨주고 있어요. 아, 불사조가 지금 막 돌아왔나 봐요! 얼른 이 탁자 밑에 숨으세요."

성에 도착한 불사조는 탁자 위에 앉아 이리저리 두리번거리며 말했습니다.

"어디서 사람 냄새가 나는걸!"

"무슨 소리예요? 보시다시피 이곳에는 아무도 없는걸요."

"흥! 그렇다면 어서 내 털이나 빗겨주시오."

불사조가 말했습니다.

새하얀 아가씨는 불사조의 털을 조심조심 빗겨주었고 불사조는 곧 기분 좋은 표정으로 잠이 들었습니다. 불사조가 잠에 깊이 빠져들자 아가씨는 그의 깃털 하나를 잡아 빼어 탁자 밑으로 던졌습니다. 그때였습니다. 잠들었던 불사조가 스르르 눈을 뜨고 말았습니다.

"왜 갑자기 내 털을 쥐어뜯는 거요? 꿈속에서 웬 인간이 내 깃털 하나를 쏙 잡아 빼더군."

하지만 하얀 아가씨는 조금도 당황하지 않고 불사조를 만족스러운 잠에 빠뜨렸습니다. 그러고는 두 번, 세 번 더 깃털을 뽑았습니다. 드디어 깃털 세 개를 손에 넣은 젊은이는 서둘러 돌아가서 자신의 신부를 맞이했답니다.

KHM 1812년판 077

소목장이와 선반공

Vom Schreiner und Drechsler

소목장이와 선반공이 자기들만의 걸작을 만들기로 했습니다. 소목장이는 홀로 헤엄칠 수 있는 탁자를 만들었고, 선반공은 어깨에 달면 자유로이 날아다닐 수 있는 날개를 만들었습니다. 사람들은 다들 소목장이가 만든 것이 한결 멋진 걸작이라고 입을 모았습니다. 화가 난 선반공은 자신이 만든 날개를 달고 밤낮으로 날아 다른 나라로 떠나버렸습니다.

그 나라의 왕자는 선반공이 날아가는 광경을 보고 날개가 무척 탐이 났습니다. 그는 선반공에게 값을 후하게 쳐주고 날개를 빌렸습니다. 그리하여 왕자는 훨훨 신나게 날아서 또 다른 나라에 이르렀습니다. 그 나라에는 탑이 하나 우뚝 서 있었는데 수많은 등불이 반짝반짝 빛났습니다. 왕자는 땅에 내려앉아 사람들에게 왜 저렇게 등불을 켜 놓았는지 물었습니다. 사람들은 이 탑에 세상에서 가장 아름다운 공주가 살고 있기 때문이라고 대답했습니다. 왕자는 공주가 무척 궁금해서 해가 지자 다시 하늘로 날아올라 열린 창문을 통해 그 탑 안으로 들어갔습니다. 하지만 왕자가 외로운 공주와 함께 탑 안에서 사이좋게 지내고 있다는 사실은 오래지 않아 사람들에게 알려졌습니다. 그리하여 왕자와 공주는 함께 장작더미 위에서 불에 타 죽을 위기에 처했습니다.

왕자는 날개를 갖고 장작더미 위에 올라갔고, 거센 불길이 치솟자마자 자신의 몸에 날개를 묶어 공주와 함께 힘껏 날아올라 아버지 나라에 이르러 땅에 사뿐히 내려앉았습니다. 그동안 모두들 왕자가 사라져서 슬퍼하고 있었기에 왕자는 서둘러 제 정체를 밝혔고 마침내 왕이 되었습니다.

꽤 오랜 시간이 흐른 뒤, 공주의 아버지는 딸을 다시 데려오는 사람에게 왕국의 반을 주겠노라 널리 알렸습니다. 이 소식을 들은 왕자는 군대를 이끌고 직접 공주를 데려다주고는 공주의 아버지가 약속을 지키도록 했답니다.

KHM 1812년판 081

대장장이와 악마

Der Schmied und der Teufel

한 대장장이가 돈을 펑펑 쓰고 수없이 하찮은 문제를 일으키며 제멋대로 살았는데, 몇 해 지나지 않아 그의 주머니에는 땡전 한 푼도 남지 않게 되었습니다. 그러자 제 신세 한탄만을 하던 그는 이 힘들고 외로운 세상에서 오래 살 필요가 있을까 생각했습니다. 마침내는 숲으로 가서 올가미에 목을 매 목숨을 끊으려 했지요. 그때 나무 뒤에서 하얀 수염을 기다랗게 늘어뜨린 남자가 손에 큼직한 책을 들고 나타났습니다.

"이보게, 대장장이, 이 커다란 책에 그대 이름을 쓰게 해주면 10년 동안 자네는 어느 하나 부족한 것 없이 아주 잘 지내게 될 걸세. 하지만 10년이 지나고 나면 그대 목숨은 나의 것이지. 그때는 내가 자네를 데리러 오겠네."

"댁은 누구요?"

대장장이가 물었습니다.

"난 악마일세."

"악마라고? 당신은 무얼 할 수 있소?"

"난 전나무만큼 크게 변할 수도 있고 생쥐만큼 작게 변할 수도 있다네."

"그럼 그 마법을 내게도 한번 보여주시오."

그러자 악마는 순식간에 전나무만큼 커졌다가 생쥐만큼 작아졌습니다.

"좋소. 그렇다면 그 책을 이리 주시오. 내 이름을 적어줄 테니."

대장장이가 제 이름을 쓰자 악마가 말했습니다.

"집으로 돌아가 보게. 궤짝이며 상자마다 금화가 가득 들어차 있을 테니. 나를 쓸데없이 번거롭게 하지 않았으니 곧 한번 찾아가지."

대장장이가 집에 가보니 정말로 주머니며 궤짝, 상자마다 모두 금화가 가득했습니다. 대장장이는 원하는 만큼 금화를 꺼내 썼지만, 아무리 쓰고 또 써도 금화는 줄지 않았습니다. 그는 예전처럼 흥청망청 먹고 마시며 가끔씩 친구들을 집으로 초대했습니다. 이때부터 그는 세상 그 누구보다 인생을 즐기는 사람이 되었습니다.

몇 년이 흐른 뒤 악마는 지난날 약속한 대로 대장장이를 찾아가서 그가 어떻게 가계를 꾸리는지 살펴보았고, 떠나면서 가죽 자루를 선물로 주었습니다. 누군가 그 자루 속으로 들어가면 대장장이가 꺼내주기 전에는 절대 다시 나올 수 없는 신기한 자루였습니다. 대장장이는 이 자루로 이런저런 장난을 치기도 했습니다. 어느덧 10년이 훌쩍 흘러 드디어 악마가 와서 대장장이에게 말했습니다.

"자, 마침내 시간이 다 되었네. 이제 그대는 내 것이야. 먼 여행을 떠날 준비를 하게."

"알겠소."

대장장이는 악마에게 받은 신기한 가죽 자루를 등에 짊어진 채 악마와 함께 길을 떠났습니다. 둘이 길을 걷다가 숲에 이르러 예전에 목을 매 죽으려고 했던 그 자리에 닿자 대장장이는 악마에게 말했습니다.

"당신이 정말 악마인지 아닌지 똑똑히 확인해봐야겠소. 먼저 전나무만큼 커졌다가 생쥐만큼 작아져 보시오."

악마는 그쯤은 식은 죽 먹기라 콧방귀를 뀌며 주문을 외웠습니다. 그러나 전나무만큼 엄청나게 커졌던 악마가 순식간에 조그만 생쥐로 변하자 그때만을 노리고 있던 대장장이는 재빨리 생쥐를 붙잡아 자루 속에 넣어버렸습니다. 그러고는 가까이 있는 나무줄기를 꺾어 자루 속에 있는 악마를 마구 두들겨 팼습니다. 악마는 불쌍하게 비명을 지르며 자루 속에서 이리저리 몸부림을 쳤지만 아무 소용이 없었고 자루에서 빠져나올 수도 없었습니다. 마침내 대장장이가 말했습니다.

"네 커다란 책에서 내 이름을 쓴 페이지를 되돌려 준다면 너를 풀어주마."

악마는 내키지 않았지만 어쩔 수 없이 따라야 했습니다. 악마는 대장장이 이름을 적은 페이지를 뜯어주고 지옥으로 돌아갔습니다. 하지만 한낱 인간에게 속고 매까지 두들겨 맞은 것에 몹시 화가 났습니다.

대장장이는 후련한 마음을 안고 대장간으로 돌아가 줄어들지 않는 돈을 펑펑 쓰며 신이 원하는 만큼 오래도록 즐겁게 살았습니다. 그러다 마침내 병들어 죽을 때가 되었음을 알아차리자 대장장이는 사람들에게 자신의 관에 길고 뾰족한 못 두 개와 망치를 반드시 넣어달라고 부탁했습니다. 대장장이가 세상을 떠나자 사람들은 그렇게 해주었지요.

죽어서 하늘나라 문 앞에 이른 대장장이는 문을 두드렸습니다. 하지만 사도 베드로는 대장장이가 악마와 계약을 맺은 적이 있기에 문을 열어주지 않았습니다. 대장장이는 그 말을 듣고는 발을 돌려 지옥으로 갔습니다. 그러나 악마 또한 그를 들여보내지 않으려고 했습니다. 대장장이가 지옥에 있어봤자 소동만 피울 것이 뻔했으니까요. 마침내 대장장이는 화가 머리끝까지 나서 지옥 문 앞에서 온갖 소란을 부려댔습니다. 뭔가 시끄러워지자 궁금해진 한 작은 악마는 대장장이가 무슨 짓을 하는지 보려고 슬쩍 문을 열었습니다. 대장장이는 그 순간을 놓치지 않았지요. 문이 조금 열리자마자 재빨리 악마의 코를 붙잡은 대장장이는 가져온 못과 망치로 지옥문에 박아버렸습니다. 작은 악마는 사자처럼 날카롭게 비명을 질러댔습니다. 그 소리를 듣고 또 다른 작은 악마가 무슨 일인지 궁금해서 문 밖으로 고개를 내밀었습니다. 그러자 대장장이는 이번에도 잽싸게 그의 귀를 잡아 첫 번째 악마 옆에 못을 박았습니다. 이제 두 작은 악마가 끔찍하게 비명을 질러댔습니다. 그 비명 소리에 놀란 늙은 악마가 직접 달려나왔고, 두 작은 악마가 붙잡힌 모습에 너무도 분한 나머지 엉엉 울면서 펄쩍펄쩍 뛰다가 하늘에 계신 하느님께 달려갔습니다. 그리고 무슨 일이 있어도 그 대장장이를 하늘나라에서 받아주어야 한다고 말했습니다. 그러지 않으면 못된 대장장이가 악마들을 모두 붙잡아 코와 귀를 못 박아버릴 테고, 그렇게 되면 지옥은 주인이 하나도 남지 않게 될 거라고 했습니다. 하느님과 사도 베드로는 악마와 더는 이야기를 나누고 싶지 않았기에 마침내 대장장이를 받아주었으며, 그때부터 대장장이는 천국에서 아주 편히 쉴 수 있게 되었습니다. 하지만 그러나 두 작은 악마가 아직도 지옥문에 박혀 있는지 난 잘 모르겠습니다.

KHM 1812년판 082

세 자매

Die drei Schwestern

아주 머나먼 왕국에 많은 재산을 가진 왕이 살고 있었답니다. 어마어마한 부자라 자기 재산은 아무리 써도 죽을 때까지 다 쓰지 못하리라 믿었지요. 그래서 호화롭게 흥청망청 지냈고 황금으로 만든 판과 은으로 만든 말로 체스를 두었습니다. 한동안 그런 생활에 빠져들자 그 많던 재산이 차츰 줄어들기 시작했습니다. 그 뒤에는 빚을 갚느라 도시와 성을 하나씩 잃고 말았으며, 마침내는 숲 속 낡은 성 한 채만 달랑 남게 되었습니다. 왕은 왕비와 세 공주와 함께 그곳으로 거처를 옮겨 하루하루 빈곤하게 살아가야만 했는데, 그때부터 날마다 식탁에 오르는 것이라곤 겨우 감자뿐이었습니다.

그러던 어느 날, 왕은 토끼 한 마리라도 잡아와야겠다며 주머니 가득 감자를 넣고는 밖으로 사냥을 나갔습니다. 가까운 곳에 큰 숲이 있었는데, 그곳에는 사람을 잡아먹는 곰과 눈을 쪼는 독수리, 늑대, 사자 등 온갖 사나운 동물들이 우글거린다는 이야기가 있어 누구도 선불리 들어가려 하지 않았지요.

그러나 왕은 그런 동물들 따위는 조금도 두렵지 않았기에 거침없이 숲으로 들어갔답니다. 하지만 처음에는 아무것도 보이지 않았습니다. 그저 크고 으리으리한 나무들만이 빽빽이 들어차 있을 뿐, 모든 게 고요하기만 했지요. 얼마 동안 사냥감을 찾아 숲 속을 이리저리 거닐어 배가 고파진 왕은 어느 나무 아래 앉아 감자를 먹으려고 했습니다. 그때였습니다. 갑자기 수풀 속에서 나타난 커다란 곰이 왕에게 재빠르게 다가와 사납게 으르렁거리며 말했습니다.

"이 못된 녀석! 어찌 감히 내 벌꿀나무 아래에 앉아 있단 말이냐? 너는 아주 혹독한 값을 치러야 할 것이다!"

화들짝 놀란 왕은 감자를 곰에게 건네주며 곰의 기분을 달래보려고 애를 썼습니다. 하지만 곰은 이렇게 말하는 것이었습니다.

"흥! 이런 감자 따위는 좋아하지 않아. 널 잡아먹어야겠다. 혹시 네 맏딸을 내게 준다면 모를까, 그것 말고는 네가 살아날 구멍은 없을 것이다. 만일 그렇게만 한다면 너를 살려주는 것은 물론 100파운드의 금까지 얹어주마."

왕은 잡아먹힐까봐 너무도 겁이 나서 말했습니다.

"딸을 줄 테니 나를 평화롭게 내버려두기만 해다오."

그러자 곰은 왕에게 집으로 돌아가는 길을 가르쳐 주며 다시 한 번 왕의 뒤에서 으르렁거렸습니다.

"정확히 일주일 뒤에 내 신부를 데리러 가마."

왕은 얼른 곰에게서 달아나고 싶은 마음에 서둘러 집으로 가면서, 성으로 들어올 수 있는 문이란 문은 모조리 닫아놓으면 곰이 열쇠 구멍으로는 절대 기어들어오지 못하리라 여겼습니다. 그리하여 성에 도착한 왕은 모든 성문을 굳게 닫고 성으로 들어올 수 있는 다리도 끌어올려 두라 했답니다. 숲 속에서의 이 놀라운 일을 듣게 된 딸은 몹시도 무서워했지만, 아버지가 잘 지켜줄 테니 아무 걱정 말라고 다독였습니다. 그리고 곰으로부터 딸을 더 잘 지키기 위해 딸에게 높은 성 꼭대기 작은 방을 주며 일주일이 지날 때까지 그곳에 꼭꼭 숨어 있으라고 단단히 일러두었답니다. 마침내 7일째 되는 날 아침, 모두들 잠들어 있는 이른 시간에 여섯 마리 말이 끄는 호화로운 마차가 금빛 옷을 입은 여러 기사들에게 둘러싸여 성으로 달려왔습니다. 마차가 성 앞에 막 다다르자 굳게 끌어올려져 있던 다리가 저절로 내려지고 열쇠가 없는데도 모든 문들의 자물쇠가 차례차례 열렸답니다. 이윽고 마차가 궁정으로 달려오더니 한 젊고 아름다운 왕자가 마차에서 내렸습니다. 왕은 시끌벅적한 소리에 잠이 깨어 창밖을 내다보았는데, 마침 처음 보는 잘생긴 왕자가 잠가 놓은 꼭대기 방에서 맏딸을 데리고 내려온 뒤 마차에 태우려 하고 있었습니다. 왕은 놀랄 새도 없이 그들이 떠나는 뒤에서 소리쳤습니다.

"안녕! 사랑스러운 내 딸아! 마음 편히 가거라, 곰 신부야!"

맏딸은 마차 밖으로 흰 손수건을 흔들며 왕궁을 떠났습니다. 마차는 거센 바람에 끌려가듯 마법의 숲 속으로 거침없이 달려갔습니다. 하지만 왕은 딸을 곰에게 주고 나니 마음이 너무도 무거워 왕비와 함께 사흘 밤낮을 하염없이 울었답니다. 그만큼 왕은 말할 수 없이 슬펐지요. 하지만 나흘째 되던 날, 실컷 울고 난 왕은 이미 벌어진 일은 되돌릴 수 없다는 생각에 자리를 훌훌 털고 일어나 궁정으로 내려왔습니다. 궁정에는 흑단으로 만든 궤짝 하나가 있었는데, 들기 어려울 만큼 엄청 무거웠습니다. 왕은 문득 지난날 곰이 했던 약속이 떠올라 궤짝을 열어보았지요. 그런데 놀랍게도 그 안에는 100파운드나 되는 황금이 반짝거리며 빛나고 있었습니다.

왕은 황금을 보자 기운이 솟았고, 도시와 왕국의 빚을 모두 갚은 뒤 예전의 풍족하고 여유로운 생활을 다시 시작했습니다. 100파운드의 황금을 모조리 쓰는 시간은 오랫동안 이어졌고, 그 뒤에는 또다시 빚을 지고 숲 속 성으로 되돌아와 예전처럼 감자를 먹으며 살아야 했답니다. 왕의 재산으로는 아직 매 한 마리가 남아 있었습니다.

어느 날, 매를 데리고 들판으로 나간 왕은 무언가를 사냥해 감자보다 더 맛있는 음식을 먹고 싶었답니다. 매는 날카로운 소리를 내며 하늘 높이 날아오르더니 어두운 마법의 숲으로 날아갔습니다. 하지만 왕은 감히 그곳으로 들어가 본 적이 없어서 선뜻 용기가 나지 않았습니다. 그런데 매가 숲에 이르자마자 사나운 독수리 한 마리가 힘차게 솟구쳐 오르며 매를 쫓아왔고, 매는 왕한테 빠르게 도망쳐왔습니다. 왕은 매섭게 날아오는 독수리를 창으로 막으려 했으나 독수리는 창을 움켜쥐고 마치 연약한 갈대인 것처럼 가볍게 꺾어버렸지요. 그런 다음 한쪽 발톱으로는 매를 짓누르고 다른 한쪽 발톱으로는 왕의 어깨를 마구 후비며 외쳤습니다.

"왜 나의 신성한 하늘나라에 와서 방해를 하느냐! 살고 싶거든 너의 둘째 딸을 내 아내로 내놔라!"

겁을 잔뜩 먹은 왕이 말했습니다.

"그래, 원하는 대로 내 둘째 딸을 주지. 그 대신 넌 내게 무엇을 주겠느냐?"

"200파운드의 황금을 주지. 딱 7주 뒤에 딸을 데리러 가겠다."

독수리는 그렇게 말하며 왕을 놓아주고는 숲 속으로 훨훨 날아가버렸습니다. 왕은 둘째 딸마저 사납고 무시무시한 야수에게 팔아버려 마음이 몹시 무거웠으므로 딸에게 선뜻 그 이야기를 털어놓지 못했답니다. 어느덧 6주가 지나고 7주째가 되었습니다. 그날 둘째 공주가 성 앞 잔디밭에 나가 아마포에 물을 뿌리려고 하는데 갑자기 멋진 기사들의 화려한 행렬이 다가왔습니다. 맨 앞에서 달려오던 가장 멋진 기사가 말에서 내리더니 크게 소리쳤습니다.

"자, 어서 말에 오르시오, 말에 오르시오. 아름다운 독수리 신부여, 나를 믿고 함께 갑시다!"

기사는 공주가 무어라 대답을 하기도 전에 그녀를 번쩍 들어올려 말에 태우고는 마치 새가 날듯이 숲으로 서둘러 갔습니다. 이제, 안녕! 안녕!

성에 남은 사람들은 어여쁜 둘째 공주가 돌아오기만을 손꼽아 기다렸지만 오랜 시간이 지나도 그녀를 다시 만날 수는 없었습니다. 그러자 왕은 마침내 언젠가 독수리에게 했던 약속을 모두에게 털어놓으며 독수리가 공주를 숲 속으로 데려갔을 거라고 말했습니다. 얼마나 시간이 흘렀을까요. 왕은 슬픔이 조금 가라앉자 독수리와의 약속을 떠올리고는 성 밖으로 나가보았습니다. 잔디밭 위에는 황금 알 두 개가 놓여 있었지요. 저마다 100파운드 가치가 있는 것이었습니다. 사람은 황금을 갖게 되면 경건해지는 법이지요. 왕은 곧 모든 무거운 생각을 떨쳐버렸습니다. 즐거운 생활이 다시 시작되었고, 그로부터 얼마 지나지 않아 200파운드의 황금마저 남김없이 써버릴 때까지 그 생활은 이어졌습니다. 왕은 또 숲 속 성으로 돌아왔으며, 아직 아버지 곁에 남아 있는 막내 공주는 날마다 감자를 삶아야만 했습니다.

왕은 숲 속 토끼도 하늘을 나는 새도 사냥하고 싶지 않았지만, 어느 날 생선이 매우 먹고 싶어졌습니다. 공주는 그물을 짜야만 했지요. 왕은 공주가 짠 그물을 들고 숲에서 그리 멀지 않은 곳에 있는 연못으로 갔습니다. 연못에 작은 배가 떠 있기에 왕은 거기 들어앉아 그물을 던졌고 아주 쉽게 붉고 훌륭한 점박이 송어를 잔뜩 잡았습니다. 잠시 뒤 송어를 들고 땅에 오르려는데 갑자기 배가 꼼짝도 하지 않는 것이었습니다. 왕은 도저히 배에서 빠져나갈 수 없었습니다. 배는 꼼짝도 않은 채 그 자리에 멈춰 서 있으려고만 했습니다. 그때 느닷없이 아주 커다란 고래 한 마리가 연못 속에서 불쑥 나타나 가쁘게 숨을 몰아쉬며 왕에게 다가왔습니다.

"감히 내 신하들을 멋대로 잡아가다니! 그 대가로 네 목숨을 빼앗겠다!"

그러면서 고래는 왕과 배를 통째로 삼키려는 듯 커다란 아가리를 떡 벌렸습니다. 고래의 그 끔찍한 목구멍을 본 왕은 그만 모든 용기를 잃어버리고 말았답니다. 그런데 그 순간 아름다운 막내딸이 떠올랐습니다. 왕이 외쳤습니다.

"제발 살려주시오! 내 막내딸을 줄 터이니."

"그래? 뭐, 좋으실 대로. 그 대신 나 또한 뭔가를 주겠다. 내겐 너 같은 인간들이 좋아하는 황금은 없다. 그런 것 따위는 나한테는 아무런 가치가 없거든. 하지만 내 왕국인 바다 밑에는 진주가 쫙 깔려 있지. 그 진주를 세 자루 가득 주겠다. 오늘부터 일곱 번째 달에 내 신부를 데리러 가마."

고래는 그 말을 남긴 뒤 물속으로 들어갔습니다.

왕은 곧 땅으로 배를 몰았고 잡은 송어들을 집으로 가져왔습니다. 하지만 송어가 모두 먹음직스레 구워졌는데도 왕은 손도 대지 않았습니다. 오직 하나 남은 딸이며 세상 그 누구보다도 아름답고 사랑스런 딸을 볼 때마다 수천 개의 칼이 심장을 마구 찔러대는 것만 같았지요. 그렇게 여섯 달이 지났지만 왕비와 막내 공주는 어찌하여 왕이 늘 그토록 어두운 표정인지 그 까닭을 알지 못했답니다. 일곱 번째 되는 달에 공주는 뜰에 나가 샘물 수도관 앞에 서서 유리잔에 가득 물을 받고 있었지요. 그런데 갑자기 어딘가에서 여섯 마리 백마와 온통 은빛 옷을 입은 사람들이 끄는 마차가 달려오는 것이었습니다. 그러고는 마차에서 왕자가 내리는데, 공주는 이제껏 그렇게 멋지고 잘생긴 왕자를 본 적이 없었습니다. 왕자는 공주에게 물 한 잔만 달라고 부탁했습니다. 공주가 유리잔을 건네주자 왕자는 공주를 얼싸안더니 재빨리 마차에 태웠습니다. 마차는 다시 성문 밖으로 나가 들판을 지나 숲 속 연못으로 내달렸습니다.

"안녕, 사랑스러운 내 딸, 아름다운 고래 신부여, 잘 가거라!"

그때 마침 왕비는 창가에 서서 멀리 사라지는 마차를 멍하니 바라보다가, 하나 남은 막내딸마저 보이지 않게 되자 심장이 덜컥 내려앉는 것만 같았습니다. 그래서 애처롭게 막내를 불러대며 왕궁 여기저기를 찾아다녔습니다. 하지만 공주는 아무 곳에도 들리거나 보이지도 않았습니다. 이제 더는 의심할 여지가 없었지요. 왕비가 소리 내어 울기 시작하자 왕은 고래가 공주를 데려갔을 거라고 털어놓았습니다. 너무나 위험했던 나머지 고래에게 공주를 주겠노라 약속하지 않을 수 없었기에 자신이 그동안 그토록 슬퍼했던 것이라고 말했지요. 그러면서 막내 공주를 보내는 대신 받기로 한 큰 재물을 이야기하며 왕비를 위로했습니다. 하지만 왕비는 아무것도 갖고 싶지 않다면서 오직 하나밖에 없는 딸이 세상 온갖 보물들보다 더 소중하다고 말했습니다. 왕은 고래 왕자가 공주를 데려가는 동안 하인들이 옮겨다 놓은 커다란 자루 세 개를 발견했습니다. 열어보니 그 안에는 무척 아름다운 진주가 가득 차 있었습니다. 두툼한 완두콩만큼 커다란 진주들이었답니다.

왕은 다시 부자가 되었습니다. 그 어느 때보다도 더 큰 부자가 되었지요. 왕은 도시와 성들의 빚을 모두 갚았지만 이번에는 예전과 달리 돈을 흥청망청 쓰지 않고 조용히 아끼며 살았습니다. 자신의 사랑스런 딸들이 야수들에게 어떤 무서운 일을 당했을지 생각할 때마다 돈을 쓰고 싶은 마음이 사라져버렸거든요. 그 사나운 야수들은 딸들을 이미 잡아먹었을 터였습니다.

왕비는 왕으로부터 그 어떤 위로도 받으려 들지 않았고, 가엾은 딸들을 생각하며 고래가 공주 대신 준 진주보다 더 많은 눈물을 흘렸답니다. 오랜 시간이 지나 마음이 조금 가라앉은 왕비는 차츰 즐거운 기분을 되찾았습니다. 슬픔을 잊을 만큼 어여쁜 사내아이를 낳았기 때문이었지요. 신이 뜻하지 않게 아이를 선물해 주었으므로 그들은 비범한 아이 라이날트라고 불렀습니다. 소년은 무럭무럭 자랐고 강해졌습니다. 왕비는 때때로 마법의 숲에서 세 동물들에게 잡혀 있을 누나들에 대해 이야기해 주었습니다. 어느덧 소년은 열여섯 살이 되자 왕에게 갑옷과 검을 달라고 했습니다. 그것을 받은 용감한 소년은 모험을 떠나길 바랐고, 부모의 축복을 받으며 먼 길을 떠났습니다.

라이날트는 곧바로 마법의 숲으로 나아갔습니다. 그는 오로지 세 누나들을 되찾으려는 생각밖에 없었지요. 처음에는 오랫동안 아무것도 발견하지 못하고 깊은 숲 속을 이리저리 헤매기만 했습니다. 사람이건 동물이건 그 흔적조차 없었지요. 그런데 사흘 뒤 어느 동굴 앞에서 한 젊은 여인이 앉아 새끼 곰 한 마리와 노는 모습을 보게 되었습니다. 또 다른 새끼 곰 한 마리는 너무 어려서 여인 무릎에 안겨 있었습니다. 라이날트는 그 여인이 틀림없이 큰누나일 거라 짐작하고 말을 나무에 매어둔 채 여인에게 다가갔습니다.

"사랑하는 누님, 나는 당신의 동생 라이날트입니다. 누나를 만나려고 이렇게 먼 길을 찾아왔습니다."

깜짝 놀란 공주가 그를 바라보았습니다. 그의 얼굴이 아버지 얼굴과 매우 닮았기에 아무런 의심 없이 걱정스런 투로 말했습니다.

"사랑하는 동생아, 목숨이 소중하다면 빨리 이곳에서 도망쳐야만 한다! 내 남편인 사나운 곰이 집에 돌아와 너를 발견하면 한입에 잡아먹어버릴 거야."

라이날트가 대답했습니다.

"난 곰 따윈 하나도 무섭지 않아요. 누나가 어떻게 지내는지 알 때까지 누나 곁을 떠나지 않을 거예요."

공주는 그가 꼼짝도 하지 않으려는 것을 보고 하는 수 없이 동생을 동굴로 들어오게 했습니다. 곰이 사는 곳이 으레 그렇듯 동굴은 무척 캄캄했습니다. 동굴 한쪽에는 나뭇잎과 마른풀 한 무더기가 놓여 있었습니다. 그 위에는 귀여운 새끼 곰들이 새근새근 잠을 자고 있었지요. 다른 한쪽에는 금이 박힌 붉은 천으로 된 호화로운 침대가 놓여 있었습니다. 바로 공주의 침대였지요. 공주는 침대 밑에 동생을 기어들어가게 하고는 먹을 것을 넣어주었습니다. 잠시 뒤 곰이 집으로 돌아왔습니다.

"여보, 어디선가 사람 살코기 냄새가 나는구려."

곰은 동굴로 들어서자마자 연신 코를 킁킁거리며 두툼한 머리통을 침대 밑으로 밀어 넣으려 했습니다. 그러자 공주가 외쳤습니다.

"제발 진정해요. 대체 누가 이런 곳에 오겠어요!"

"좀 전에 집으로 돌아오다 인간이 타고 온 말을 발견하고 잡아먹었거든."

곰이 으르렁으르렁거렸습니다. 그 주둥이에는 아직도 붉은 피가 잔뜩 묻어 있었습니다.

"그 말을 타고 온 인간 냄새가 나."

그러고는 다시 침대 밑을 살펴보려 했습니다. 어쩔 수 없이 공주는 곰의 몸에 발길질을 했고 곰은 공중제비를 넘더니 자기 잠자리로 가서 커다란 입에다 앞발을 집어넣은 채 곧 잠이 들었습니다.

곰은 7일째 되는 날마다 자연스런 모습으로 돌아와 멋진 왕자가 되었습니다. 그러면 그의 동굴은 호화찬란한 성이 되고 숲 속 동물들은 모두 곰의 하인이 되었지요. 그녀를 신부로 맞이하기 위해 성으로 찾아왔던 날도 바로 그

7일째 되는 날이었답니다. 이때가 되면 아름다운 젊은 여인들이 성 앞에서 공주를 맞았으며 크고 화려한 잔치가 벌어졌습니다. 공주는 즐겁게 시간을 보내다 기쁜 마음으로 잠이 들었는데, 잠에서 깨어나 보면 다시 어두컴컴한 동굴에 누워 있었고 왕자는 또 커다란 곰으로 변해 공주의 발치에서 으르렁거릴 뿐이었습니다. 오직 화려한 침대와 공주가 손으로 건드렸던 것들만 변하지 않고 그대로 있었습니다. 이렇게 엿새를 슬픔 속에서 지내다가 일곱째 날이 되면 조금씩 마음의 위안을 얻고는 했습니다. 게다가 공주는 늙지도 않았습니다. 모든 것이 본디대로 돌아오는 하루만 날짜로 계산되기 때문이었습니다. 그래서 공주는 그럭저럭 만족하며 지낼 수 있었습니다. 공주는 남편에게 두 왕자를 낳아주었습니다. 왕자들 또한 엿새 동안은 곰으로 지내고 일곱 번째 날에만 인간의 모습을 되찾았지요. 공주는 늘 맛있는 요리와 케이크, 과일들을 침대 짚단에 가득 넣어놓고 그것을 먹으며 일주일을 살았습니다. 곰 또한 공주에게 언제나 고분고분했고 공주가 바라는 대로 행동했습니다.

라이날트가 깨어나 보니 자신은 비단 침대에 누워 있었습니다. 그리고 어느 틈에 하인들이 와서 정성스레 시중을 들며 그에게 호화로운 옷을 입혀주었습니다. 그날이 바로 일곱 번째가 되는 날이었던 것입니다. 라이날트의 누나가 잘생긴 두 왕자와 남편과 함께 들어와 그를 반기며 기뻐했습니다. 모든 것이 호화찬란했음은 물론, 온종일 재밌고 즐거웠지요. 하지만 날이 저물자 공주가 슬픈 목소리로 말했습니다.

"사랑하는 동생아, 얼른 떠나거라. 해가 뜨면 남편은 다시 곰이 되어버린단다. 그가 아침에 네가 아직도 여기 있는 걸 보면 본성을 이기지 못하고 가차없이 너를 잡아먹을거야."

그때 마침 누나의 남편이 오더니 라이날트에게 곰 털 세 가닥을 주며 말했습니다.

"만일 네가 궁지에 빠지면 이 털을 문질러라. 그러면 내가 너를 도우러 달려갈 것이다."

그들은 서로서로 입을 맞추며 안타까운 작별 인사를 나누었습니다. 라이날트는 여섯 마리 말이 끄는 마차에 올라 그곳을 떠났습니다. 나무 그루터기와 바위를 수없이 넘고, 산을 올라갔다 내려갔으며, 황무지와 숲을 지나고, 얽히고설킨 무성한 수풀과 덤불을 지나며 쉬지 않고 달렸습니다. 하늘이 잿빛으로 바뀌는 먼동이 터오고 아침이 밝아 해가 떠오르자 라이날트는 갑자기 쿵! 소리를 내며 땅으로 나가 떨어졌습니다. 밤새 달리던 말과 마차가 눈 깜짝할 사이에 모두 사라져버린 것이지요. 쓰러진 채 땅바닥을 보니 개미 여섯 마리가 호두 껍데기를 끌고 가고 있었습니다.

라이날트는 자신이 아직도 마법의 숲 속에 있음을 깨닫고 이번에는 둘째 누나를 찾아 나서기로 했습니다. 그는 다시 사흘 동안 이리저리 숲 속을 홀로 헤매고 다녔습니다. 그런데 나흘째 되는 날 커다란 독수리 한 마리가 날아와 둥지에 내려앉는 소리가 들렸습니다. 라이날트는 덤불에 몸을 숨긴 채 독수리가 다시 날아갈 때까지 잠자코 기다렸습니다. 일곱 시간이 지나자 마침내 독수리는 다시 높이 날아갔습니다. 라이날트는 덤불에서 나와 독수리가 앉아 있던 나무 앞에 서서 크게 소리쳤습니다.

"사랑하는 누나, 거기 위에 있는 거 맞죠? 만약 있다면 누나 목소리를 들려주세요. 나는 누나 동생 라이날트입니다. 누나가 보고 싶어서 찾아왔어요!"

그러자 나무 위에서 공주의 목소리가 들려왔습니다.

"아아, 라이날트. 네가 정말 내가 아직 한 번도 보지 못한 사랑하는 동생이란 말이냐! 어서 이리 올라오렴."

라이날트는 얼른 나무에 오르려고 했지만 줄기가 너무 크고 미끄러웠습니다. 세 번이나 시도했지만 모두 실패하고 말았지요. 그때 비단 밧줄 사다리가 나무 밑으로 내려왔기에 라이날트는 그것을 붙잡고는 곧 독수리 둥지로 올라갈 수 있었습니다. 독수리 둥지는 보리수나무 위 발코니처럼 아주 튼튼하고 단단했습니다. 누나는 장밋빛 비단으로 된 천 아래 앉아 있었는데, 품안에는 독수리 알이 놓여 있었답니다. 공주는 독수리 알을 따뜻하게 품어 부화시키려는 것이었지요. 그들은 서로 입을 맞추며 무척 기뻐했습니다. 하지만 공주가 잠시 뒤에 말했습니다.

"사랑하는 동생아, 빨리 여기를 떠나렴. 내 남편 독수리가 너를 보게 되면 숲에서 너를 찾던 세 하인들에게 했던 것과 똑같이, 네 두 눈을 쪼아내고 심장을 파먹어버릴 거다."

하지만 라이날트는 이번에도 전혀 겁내지 않았습니다.

"아니요. 난 독수리가 인간 모습으로 되돌아올 때까지 여기 있겠어요."

"앞으로 6주나 더 지나야 돼. 그래도 네가 그 긴 시간을 견딜 수 있다면 너를 나무에 숨겨줄게. 안쪽에 빈 곳이 있거든. 그리고 날마다 음식을 내려보내 줄게."

라이날트는 나무 속으로 기어들어갔고 공주는 날마다 먹을 것을 내려보냈습니다. 독수리가 둥지를 떠나 있을 때는 라이날트가 누나가 있는 나무로 올라갔지요. 마침내 6주가 지나자 놀라운 변화가 일어났습니다. 어느 날 눈을 떠보니 라이날트는 곰 매형의 집에서처럼 화려한 침대에 누워 있었습니다. 모든 것이 한결 더 호화로웠습니다. 라이날트는 7일 동안 독수리 왕자 집에서 머물며 기쁨으로 가득한 생활을 했답니다. 일곱 번째 저녁에 서로 안타까운 작별을 하는데, 독수리가 깃털 세 개를 주면서 말했습니다.

"만일 너에게 위험한 일이 생기면 이 깃털을 문질러라. 그러면 내가 곧 도우러 갈 것이다."

그러고는 그에게 숲에서 빠져나갈 길을 알려줄 하인들까지 붙여주었습니다. 하지만 날이 밝아오자 하인들은 갑자기 사라져 버렸고 라이날트는 무시무시한 황무지 어느 높은 절벽에 홀로 서 있었습니다.

라이날트가 주위를 둘러보고 있노라니 저 멀리 아침 햇살을 받아 반짝이는 커다란 거울 같은 호수가 보였습니다. 라이날트는 어쩐지 그곳에 있을 것만 같은 셋째 누나를 생각했습니다. 그는 절벽을 내려가 우거진 덤불을 뚫고 암벽 사이를 비집고 앞으로 거침없이 나아갔습니다. 그렇게 사흘 동안 나아갔지만 이따금 그 호수가 보이지 않기도 했답니다. 그러다 나흘째 되는 날 아침 드디어 그는 물가에 이르렀습니다. 라이날트가 호숫가에 서서 외쳤습니다.

"사랑하는 누나, 그곳에 있나요. 거기 있으면 누나 목소리를 듣게 해줘요. 나는 누나 동생 라이날트입니다. 누나를 보려고 찾아왔어요."

하지만 호수에서는 어떤 대답도 들리지 않았습니다. 모든 것이 아주 고요하기만 했지요. 그는 빵으로 부스러기를 만들어 물속으로 던지며 물고기들에게 말했습니다.

"귀여운 물고기들아, 내 누나에게 가서 동생 라이날트가 만나러 왔다고 전해주렴."

그러나 붉은 점박이 송어들은 빵 부스러기를 넙죽넙죽 받아먹기만 할 뿐 그의 말에는 도무지 귀를 기울이지 않았습니다. 그때 라이날트는 호수 위에 떠 있는 작은 배를 발견했습니다. 그는 곧바로 무장했던 옷들을 벗어 던진 채 오직 번쩍이는 검만 들고는 배 안으로 뛰어들어 힘껏 노를 저었습니다. 그렇게 한참을 가다 보니 수정 굴뚝이 물 위에 우뚝 솟아 있는 게 보였습니다. 굴뚝에서는 쾌적한 향의 연기가 모락모락 피어오르고 있었지요. 라이날트는 그곳으로 노를 저어가며 그 밑에 틀림없이 누나가 살고 있으리라 생각하고는 굴뚝 속으로 들어가 아래로 쭉 미끄러져 내려갔습니다. 굴뚝에서 갑자기 사람 두 다리가 불쑥 나타나자 공주는 몹시 놀랐습니다. 곧이어 어떤 남자가 눈앞에 서더니 자기가 남동생이라고 밝혔지요. 공주는 무척 기뻐했으나 곧 얼굴빛이 흐려지며 말했습니다.

"네가 곧 나를 찾으러 올 거라는 이야기를 이미 내 남편 고래에게서 들었단다. 그러면서 한입에 너를 잡아먹고 내 수정 집을 부술 거라면서 크게 화를 내더라. 그러면 나는 밀려드는 물살에 빠져 죽고 말겠지."

"고래의 마법이 풀릴 때까지 나를 숨겨줄 수 있나요?"

"오, 그럴 순 없단다. 어떻게 할 수 있겠니? 온 벽이 수정으로 되어 있어서 집안 어디에 있든 아주 투명하게 다 들여다보이잖니?"

공주는 동생을 위해 이 궁리 저 궁리를 하다 마침내 장작을 쌓아두는 방이 있다는 것을 생각해 냈습니다. 공주는 밖에서 보이지 않도록 장작을 잘 쌓아놓고 동생을 그 안에 숨겼습니다. 곧 고래가 집으로 돌아왔기에 공주는 두려워서 온몸을 사시나무 잎처럼 바르르 떨었습니다. 고래는 수정 집 주위를 몇 번이나 돌다가 장작 틈 사이로 라이날트의 옷자락이 살짝 삐져나와 있는 것을 보고는 단번에 씩씩대며 꼬리를 마구 퍼덕거렸습니다. 만일 라이날트의 더 많은 것을 보았다면 틀림없이 집을 부수어버렸을 것입니다. 고래는 날마다 와서는 집 주위를 빙글빙글 돌았습니다. 그러다 마침내 일곱 번째 달이 되어 마법이 풀렸지요.

라이날트는 어느 아름다운 섬 한가운데 성안에 있었습니다. 독수리의 성보다도 한결 호화로운 성이었습니다. 라이날트는 한 달 동안 누나와 고래 매형과 함께 더할 나위 없이 즐겁게 보냈답니다. 눈 깜짝할 사이에 한 달이 훌쩍 지나버리자 고래가 비늘 세 개를 주며 말했습니다.

"만일 네가 어려움에 처하면 이 비늘을 문질러라. 그러면 내가 도우러 가겠다."

그러고는 라이날트를 물가로 돌아가게 했습니다. 라이날트는 그곳에서 자신이 벗어놓았던 투구와 갑옷을 발견했습니다.

그 뒤 라이날트는 7일 동안 메마르고 거친 들판을 나아갔습니다. 일곱 밤을 들판에서 잠자며 앞으로만 나아가다가 마침내 어느 성을 보게 되었습니다. 그 성에는 철문이 달려 있고, 옆에는 아주 커다란 성이 붙어 있었습니다. 그런데 성문 앞에는 검은 황소가 커다란 두 눈을 번뜩이며 지키고 있었습니다. 라이날트는 겁먹기는커녕 곧장 황소에게 달려들어 칼로 목을 힘껏 내려쳤지요. 그러나 목이 강철로 되어 있어 도리어 칼이 유리처럼 부서져버렸습니다. 그래서 이번에는 창을 써보았지만 그 또한 지푸라기처럼 힘없이 부러지고 말았습니다. 황소는 커다란 뿔로 창을 잡아 하늘로 던졌고, 창은 어느 나뭇가지 사이에 걸렸습니다. 이런 위험에 빠지자 라이날트는 곰의 털 세 개를 떠올리고 재빨리 털을 꺼내 손으로 문질렀습니다.

그러자 어디선가 곰이 나타나 황소에게 덤벼들어 황소를 갈기갈기 찢어버리는 것이었습니다. 그러자 죽은 황소의 배에서 오리가 튀어나와 하늘 높이 날아오르며 달아났습니다. 라이날트는 얼른 독수리 깃털 세 개를 문질렀습니다. 그러자 곧 거대한 독수리가 나타나 막 연못으로 도망치는 오리를 덮쳐 갈기갈기 찢어버렸지요.

그 순간 라이날트는 오리가 황금 알을 물속으로 떨어뜨리는 것을 보았습니다. 그래서 이번에는 세 개의 물고기 비늘을 문질렀습니다. 그러자 곧바로 커다란 고래가 나타나서는 황금 알을 삼킨 뒤 땅에 뱉었습니다. 라이날트가 알을 집어 돌로 치니 그 안에는 작은 열쇠가 들어 있었습니다. 바로 성문을 여는 열쇠였습니다. 그 열쇠가 살짝 닿기만 했는데도 쇠창살문은 스르륵 저절로 열렸습니다. 라이날트는 성안으로 들어갔습니다. 다른 문의 빗장들도 저절로 차례차례 열렸습니다. 일곱 개의 문을 지나 일곱 개의 호화로운 불이 밝혀진 방으로 들어가 보았습니다.

마지막 방에 들어서니 침대에 한 처녀가 잠들어 있었는데 그 모습이 어찌나 아름다운지 눈이 멀어버릴 것만 같았습니다. 라이날트는 처녀를 잠에서 깨우려 했으나 아무런 소용이 없었습니다. 처녀는 마치 죽은 듯 잠에 빠져 있었습니다. 라이날트는 자신이 아무것도 할 수 없다는 사실에 화가 나 그만 침대 옆에 있던 칠판을 내리쳤습니다. 그 순간 처녀는 번쩍 눈을 떴지만 안타깝게도 다시 잠 속에 빠져버렸습니다. 라이날트가 또 한 번 칠판을 들어 강철

바닥에 내던지나 마침내 칠판은 산산조각이 났습니다. 그러자마자 처녀는 번쩍 두 눈을 밝게 떴지요. 드디어 마법이 풀린 것이었습니다. 놀랍게도 그 처녀는 라이날트 세 매형의 누나였답니다. 못된 마법사가 그녀에게 사랑을 고백했다가 거절당하자 그녀를 죽음과도 같은 깊은 잠 속에 빠지게 한 뒤 세 오빠들을 그토록 사나운 동물로 변하게 한 것이었습니다. 만일 칠판이 깨지지 않았다면 사악한 마법은 계속되었겠지요.

라이날트는 처녀를 밖으로 데리고 나왔습니다. 성문 앞을 지나는데 매형 셋이 저마다 다른 곳에서 말을 타고 달려왔습니다. 모두 마법에서 풀려난 것이었지요. 그들과 함께 누나와 조카들도 왔습니다. 독수리 신부는 작고 예쁜 소녀를 안고 있었답니다. 그들은 모두 함께 아버지 왕과 어머니 왕비를 만나러 갔습니다. 라이날트는 세 누나를 집으로 데려갔을 뿐만 아니라 그 아름다운 처녀와 결혼했습니다. 곳곳이 기쁨과 즐거움으로 가득했습니다.

KHM 1812년판 084

시어머니

Die Schwiegermutter

어떤 나라에 왕과 왕비가 있었답니다. 왕비에게는 아주 마음씨 고약한 시어머니가 있었지요. 어느 날 왕이 멀리 싸움터로 나가자 왕대비는 며느리를 축축한 지하실에 가두어버렸습니다. 어느 날 왕대비는 두 왕자 가운데 하나를 잡아먹고 싶어졌습니다. 그래서 왕궁 요리사를 부른 뒤 지하실에 가둔 왕자 하나를 죽여서 요리를 하라고 일렀습니다.

"소스는 어떻게 할까요?"

요리사가 묻자 왕대비는 갈색 소스로 하라고 말했습니다.

요리사는 지하실로 가서 왕비에게 말했습니다.

"오, 왕비님. 이를 어쩌지요. 왕대비님께서 말씀하시길 오늘 막내 아들을 잡아서 요리를 해오라 하십니다."

왕비는 밀려오는 슬픔에 아무런 말도 하지 못한 채 하염없이 눈물만 흘리다 작은 돼지를 잡으면 안 되겠느냐고 애원하듯 말했습니다. 왕대비 몰래 돼지를 요리해서 왕자라고 속이면 어떻겠냐는 것이었지요.

요리사는 울고 있는 왕비가 너무도 가여워 그녀의 말대로 작은 돼지를 잡아 갈색 소스로 요리를 했습니다. 그러고는 왕자라며 가져갔고, 왕대비는 그것을 아주 맛있게 먹었습니다.

얼마 뒤 왕대비는 지난번 아이의 고기가 아주 연하고 맛있었으니 둘째 왕자 또한 잡아먹어야겠다 생각하고 요리사를 불러 둘째 왕자도 잡아 요리를 해오라고 명령했습니다.

"소스는 어떻게 할까요?"

"아, 그래. 이번에는 흰색 소스로 하지."

왕대비가 말했습니다.

요리사는 또다시 지하실로 내려가 왕비에게 말했습니다.

"아아 왕비님, 왕대비께서 이번에는 둘째 왕자님을 잡아서 요리를 해오라 이르셨습니다."

왕비는 또 한 번 새끼 돼지를 잡아 요리를 해다 주면 맛있게 먹을 거라고 말했지요.

요리사는 왕비 말대로 새끼 돼지를 잡아서 왕대비에게 하얀 소스 요리를 가져다주었고, 왕대비는 지난번 갈색 소스 요리보다 더 큰 식욕으로 맛있게 먹었습니다.

마침내 왕대비는 두 왕자가 내 몸속에 있으니 그 어미인 왕비까지 먹어버리자 생각했습니다. 그래서 요리사를 불러 왕비도 요리해 오라 명령했습니다.
(......)

(단편 : 세 번째에 요리사는 왕비 대신 암사슴을 잡았습니다. 그런데 왕비는 아이들이 소리 지르지 못하게 하느라 큰 어려움을 겪었답니다. 왕대비가 그 소리를 들으면 그들이 아직 살아 있다는 사실을 알게 될 것이기 때문입니다.)

KHM 1812년판 085

아주아주 짧은 이야기

Fragmente

a. 눈꽃 Schneeblume

눈꽃이라 불리는 아름다운 공주가 살았습니다. 눈처럼 희고 추운 겨울에 태어났기 때문이지요. 어느 날 갑자기 어머니가 병이 들자 공주는 숲으로 가서 약초를 캐오려 했습니다. 공주가 어느 커다란 나무 옆을 지나는데 한 떼의 벌들이 윙윙거리며 날아와서는 공주의 머리부터 발끝까지 온몸을 뒤덮어버렸답니다. 하지만 벌들은 공주를 아프게 찌르지 않고 그저 그녀 입술에 벌꿀을 발라주는 것이었습니다. 그러자 곧 공주의 온몸은 아름다움으로 찬란히 빛났습니다.

b. 이가 있는 공주 Prinzessin mit der Laus(85b 1812년판/1822년판부터는 단편2)

무척이나 깨끗한 공주가 살았습니다. 그녀는 분명히 세상에서 가장 깨끗한 사람이었을 것입니다. 어느 누구도 그녀에게서 작은 더러움이나 그 흔한 얼룩조차 찾아볼 수 없었거든요.

그러던 어느 날, 이 한 마리가 깨끗한 공주 머리 위에 앉아 있는 게 보였습니다. 그것은 참으로 놀라운 일이라 여겼으므로 공주는 그 이를 죽이지 않고 오히려 우유를 먹여 정성을 다해 기르기로 마음먹었습니다. 이는 우유를 먹으며 무럭무럭 자라 마침내 송아지만 하게 되었습니다. 그러다 이가 죽자 공주는 그 가죽을 벗겨 옷을 만들게 했습니다. 공주는 청혼을 하러 온 사람들에게 자신이 입고 있는 옷이 어떤 동물 가죽으로 만든 것인지 알아맞히도록 했습니다. 하지만 그 누구도 알아맞히지 못했지요. 그들은 모두 크게 실망하며 물러가야만 했습니다. 마침내 어느 아름다운 왕자가 다음과 같은 방법으로 그 진실을 알아맞히게 되었습니다. (……)

c. 요하네스 왕자 Vom Prinz Johannes

그리움과 고통 속에서 서성일 때부터, 환영과 더불어 태어날 때부터, 붉은 성으로부터, 갖가지 감동적인 시련으로부터 오로지 하나, 아름다운 태양 공주의 모습이 그에게 온전히 허락되는 순간까지.

d. 좋은 반창고 Das gute Pflaster(버전1)

한 마을에 물려받은 것이라고는 오로지 질 좋고 낡은 반창고 하나뿐인 두 소녀가 살았습니다. 신기하게도 이 반창고는 돈을 만들어 내는 반창고라 소녀들은 바느질 말고도 반창고에서 나오는 돈으로 먹고살았습니다. 둘 가운데 한 소녀는 아주 똑똑했으나, 다른 한 소녀는 말할 수 없이 바보스러웠어요.

어느 날 언니가 교회에 갔을 때 어느 유대인이 바보 동생에게 와서 물었습니다.

"자, 선택하렴. 아름다운 새 반창고를 돈 주고 살래, 아니면 쓸모없는 헌 반창고랑 바꿀래?"

바보 동생은 유대인에게 낡은 반창고를 주고 새 반창고를 받았습니다. 유대인은 이 낡은 반창고가 어떤 놀라운 힘을 지니고 있는지 이미 잘 알고 있었지요.

언니가 집으로 돌아와 말했습니다.

"바느질 일 형편이 좋지 않으니 돈을 조금 만들어야겠다. 우리 반창고 어디 있니?"

바보 동생이 아주 기쁜 표정으로 말했어요.

"어서 칭찬해 줘! 언니가 교회에 가 있는 동안 낡은 반창고를 새 반창고로 바꿨어."

(......)

(뒷날 유대인은 개가 되고 두 소녀는 닭이 됩니다. 온갖 고난을 겪은 두 닭은 마침내 인간이 되어 개를 흠씬 때려줬습니다.)

d. 좋은 걸레 Der gute Lappen(버전2)

물려받은 것이라고는 오로지 낡은 걸레 하나뿐인 두 소녀가 살았습니다. 이 낡은 걸레는 신기하게도 안으로 감싸면 모두 금으로 바꾸어버렸어요. 그리하여 두 소녀는 아무런 부족함 없이 넉넉히 잘살 수 있었고 거기에 바느질로 작은 벌이도 했습니다. 한 소녀는 아주 똑똑했고, 다른 한 소녀는 몹시 멍청했습니다. 어느 날 언니가 교회에 갔을 때 한 유대인이 거리를 걸으며 크게 외치는 소리가 들려왔습니다.

"반짝반짝 잘 닦이는 새 걸레 팝니다. 아무 짝에도 쓸모없는 낡은 걸레와 바꿔드립니다!"

멍청이 동생이 그 소리를 듣고는 재빨리 달려가서 자신의 훌륭한 낡은 걸레를 내주고 새것을 받았습니다. 사실 유대인은 그것만을 노리고 있었던 거지요. 낡은 걸레의 덕을 잘 알고 있었거든요. 언니가 집에 돌아와서 말했습니다.

"바느질 벌이가 좋지 않구나. 돈을 조금 만들어야겠다. 우리 걸레 어디 있니?"

멍청한 동생이 자랑스레 말했습니다.

"어서 칭찬해 줘! 언니가 밖에 있는 동안 낡은 걸레를 새것으로 바꿨어."

(……)

(뒷날 유대인은 개가 되고 두 소녀는 닭이 됩니다. 하지만 두 닭은 마침내 인간으로 바뀌어 개를 흠씬 때려줬습니다.)

KHM 1815년판 099

개구리 왕자

Der Froschprinz

옛날 어느 왕에게 세 딸이 있었습니다. 그들이 사는 궁정에는 아름답고 맑은 물이 솟아나오는 신비로운 샘이 하나 있었지요. 어느 무더운 여름날 맏딸이 샘으로 내려가 유리잔 가득 물을 떴는데, 그들이 보고자 하는 대로 햇빛에 대고 가만히 들여다보니 물이 매우 흐렸습니다. 공주는 왠지 이상한 생각이 들어 물을 모두 쏟아버리려 하는데 놀랍게도 물속에서 개구리 한 마리가 꿈틀대며 머리를 높이 쳐들더니 샘 가장자리로 펄쩍 뛰어올라 이렇게 말하는 것이었습니다.

"내 애인이 되어주면 아주 맑고 깨끗한 물을 너에게 줄게."

"아이참, 너처럼 더러운 개구리의 애인이 되고 싶은 사람이 누가 있겠니?"

공주는 그렇게 말하고는 재빨리 달아났습니다. 그리고 자매들에게 저 아래

샘에서 이상한 개구리가 깨끗한 물을 흐리게 만들고 있더라고 이야기했습니다. 둘째 공주는 호기심이 잔뜩 생겨 샘으로 내려간 뒤 언니처럼 유리잔 가득 물을 퍼올렸지만, 아무래도 물이 흐려 마시고 싶지 않았어요. 곧이어 개구리가 샘 가장자리에서 나타나 말했습니다.

“내 애인이 되어주면 아주 맑고 깨끗한 물을 너에게 줄게.”

“그러면 참 좋겠지.”

공주는 놀리듯 그렇게 말하고 달아나버렸습니다. 마침내 막내 공주가 샘으로 와서 언니들처럼 물을 떴지만 물은 여전히 흐렸고, 개구리가 나타나 막내에게도 말했습니다.

“내 애인이 되어주면 아주 맑고 깨끗한 물을 너에게 줄게.”

“그럴게! 네 애인이 되어줄게. 하지만 그 대가로 내게 깨끗한 물을 줘.”

공주는 그게 무슨 해가 되겠냐는 생각에 쉽게 약속했지만 속으로는 멍청한 개구리 따위는 절대 자기 애인이 될 수 없다고 여겼지요. 개구리는 곧 물속으로 풍덩 뛰어들었고, 공주가 다시 물을 떠보니 유리잔에 담긴 아주 맑고 깨끗한 물에서 햇살이 기쁜 듯 반짝였습니다. 공주는 물을 실컷 마시고 언니들에게도 가져다주었습니다.

“언니들은 어리석었어. 고작 개구리 따위를 무서워하다니.”

그러고 나서 공주는 이 일을 더는 생각하지 않고 해가 저물고 밤이 되자 기쁜 마음으로 침대에 누웠습니다. 그렇게 잠시 누워 아직 잠이 채 들지 않았을 때였어요. 갑자기 무엇인가가 문을 긁으며 노래하는 소리가 들려왔습니다.

“문 열어줘! 문 열어줘! 공주여, 막내 공주여, 내가 샘에 앉아 있을 때 그대가 한 말을 잊지는 않았겠지. 내가 맑은 물을 주면 내 애인이 되겠다고 했잖아.”

“아니, 이런! 내 애인 개구리가 정말 왔네. 약속을 했으니 문을 열어줘야지.”

공주는 그렇게 말하더니 일어나서 문을 조금 열어주고는 침대에 다시 누웠습니다. 개구리는 공주 뒤를 폴짝폴짝 따라 들어와서는 침대 속 공주의 발치에 누웠습니다. 그렇게 밤이 지나고 아침이 밝아오자 개구리는 침대에서 뛰어내려 문밖으로 나갔습니다. 이튿날 저녁, 공주가 또 침대에 누웠는데 어젯밤처럼 문을 긁으며 노래하는 소리가 다시 들려왔습니다. 공주는 문을 열어주었고 개구리는 해가 뜰 때까지 공주의 발치에 누워 있었지요. 셋째 날에도 개구리는 어김없이 또 찾아왔습니다.

"오늘이 네게 문을 열어주는 마지막 날이야. 앞으로는 절대 안 열어줄 거야."

공주가 단호하게 말했습니다. 그러자 개구리는 공주의 베개 밑으로 뛰어올라 왔고 공주는 이내 잠이 들었습니다. 이튿날 아침, 잠이 깬 공주는 개구리가 떠났으리라 생각했답니다. 그런데 눈앞에 젊고 아름다운 왕자가 서 있는 게 아니겠습니까. 왕자는 마법에 걸려 개구리가 되었는데 공주가 스스럼없이 애인이 되겠다고 약속해 주었기에 마법에서 풀려났다고 말했습니다. 공주와 개구리 왕자는 무척 기뻐하며 함께 왕에게 갔고 왕은 그들을 축복하며 결혼식을 올려주었습니다. 두 언니는 개구리를 애인으로 삼지 않아 너무도 화가 났답니다.

KHM 1815년판 104

충성스런 동물들

Die treuen Thiere

한 마을에 가난한 남자가 살고 있었습니다. 남자는 그에게 남은 적은 돈을 갖고 넓은 세상으로 나아갔습니다. 그러다가 어느 마을에 이르렀는데, 소년들이 모여 시끌벅적 소리를 지르는 광경을 보게 되었습니다.

"애들아, 무슨 일이니?"

남자가 물었습니다.

"생쥐 한 마리가 있는데요, 생쥐가 춤을 추게 하는 거예요. 보세요, 얼마나 재미있나! 저 종종걸음 치는 것 좀 보세요!"

남자는 억지로 춤을 추어야만 하는 생쥐가 불쌍하고 가엾어서 이렇게 말했습니다.

"생쥐를 놓아주렴. 내가 너희들에게 돈을 줄게."

남자가 돈을 주었더니 소년들은 냉큼 생쥐를 놓아주었어요. 그러자 생쥐는 힘껏 달려 어느 구멍 속으로 쏙 들어갔습니다. 남자는 곧 그곳을 떠나 또 다른 마을에 이르렀답니다. 거기에서는 소년들이 원숭이에게 춤을 추고 공중제비를 넘게 하고 있었습니다. 소년들은 깔깔 웃어대며 괴로워하는 원숭이에게 쉴 틈조차 주지 않았습니다. 남자는 이 소년들에게도 돈을 주고는 원숭이를 풀어주도록 했습니다. 그런 뒤 세 번째 마을에 이르렀는데, 여기에서도 소년들이 사슬에 묶인 곰에게 춤을 추게 하고 있었습니다. 곰이 춤을 추면서 으르렁거리면 소년들은 아주 즐거워했지요. 남자는 이곳에서도 소년들에게 돈을 주고 곰을 사서는 풀어주었습니다. 곰은 다시 네 발로 설 수 있음을 기뻐하며 재빨리 그곳을 떠났지요.

사나이는 마지막 남은 돈까지 몽땅 내주었으므로 주머니에는 한 푼도 남아 있지 않았습니다. 그는 혼잣말로 중얼거렸습니다.

"왕의 보물 창고에는 왕이 쓰지 않는 것들이 많이 있겠지. 이대로 굶어 죽을 수는 없어. 그 창고에서 무엇이든 꺼내 오자. 돈이 생기면 다시 채워 놓을 수 있을 거야."

그는 왕의 보물 창고로 들어가서 보물을 조금 꺼냈습니다. 그리고 밖으로 나오다가 그만 신하들에게 붙잡히고 말았습니다. 그들은 사나이를 도둑이라며 재판관에게 데려갔습니다. 재판관은 사나이를 궤짝에 넣어 물속에 던져버리라는 판결을 내렸습니다. 궤짝 뚜껑은 공기가 들어올 수 있도록 여기저기 구멍이 나 있었고, 물이 든 항아리 하나와 빵 한 덩어리도 함께 넣어주었습니다. 사나이가 물 위에 무척 불안해하며 둥실둥실 떠 있노라니 뭔가가 자물쇠를 갉작갉작 긁고 물어뜯으며 헉헉 가쁜 숨을 몰아쉬는 소리가 들려왔습니다. 그러더니 느닷없이 자물쇠가 풀리며 뚜껑이 덜컹 열리는 것이었습니다. 사나이가 구해준 생쥐와 원숭이, 곰이 그렇게 한 것이었습니다. 사나이가 동물들을 도와주었으니 동물들도 사나이를 도와주려고 한 것이었지요. 하지만 앞으로 어떻게 해야 할지 몰랐기에 그들은 서로 의견을 나누었습니다. 그런데 마침 하얀 돌 하나가 물 위로 떠내려오는 게 보였습니다. 마치 둥근 달걀처럼 생긴 돌이었지요. 곰이 말했습니다.

"때를 맞춰 나타나는군. 저건 기적의 돌이야. 저 돌을 가진 사람이 원하는 것을 빌면 반드시 이루어져."

남자는 돌을 건져 손에 꽉 쥐고는 정원과 마구간이 딸린 성을 바랐습니다. 남자가 소원을 빌자마자 놀랍게도 그는 정원과 마구간이 딸린 성안에 앉아 있었습니다. 모든 것이 어찌나 아름답고 화려한지 놀라지 않을 수가 없었습니다.

얼마 뒤 길 가던 상인들이 성 옆을 지나갔습니다.

"와, 저것 좀 보게. 멋진 성이 서 있네. 지난번 우리가 지나갈 때는 그저 형편없는 모래뿐이었는데."

그 상인들은 호기심이 생겨 성으로 들어와서는 남자에게 어떻게 그토록 빨리 성을 지을 수 있었느냐고 물었습니다. 그러자 남자가 말했습니다.

"성을 지은 것은 제가 아니라 제 기적의 돌이 한 일입니다."

"기적의 돌이라는 게 무엇입니까?"

상인들이 물었습니다. 남자는 돌을 가져와 상인들에게 보여주었답니다. 상인들은 그 돌을 무척 탐내며 팔 수 있느냐 물었고, 그 대신 그들이 가진 아름다운 물건들을 내주겠다고 했습니다. 남자는 그들이 내놓은 물건들이 무척 갖고 싶기도 했고 또 마음이 변해 새로운 물건에 탐나서, 그 아름다운 물건들이 기적의 돌보다 더 가치가 있으리라 생각하고는 돌을 넘겨주고 말았지요. 그런데 돌을 상인들에게 내어주자마자 모든 행운은 사라지고 그는 다시 닫힌 궤짝 속에서 물항아리와 빵덩어리와 함께 물 위에 떠 있었습니다. 충성스러운 생쥐와 원숭이, 곰이 그의 불행을 보고 또 한 번 도와주려고 했지만, 이번에는 쉽게 자물쇠를 부술 수가 없었습니다. 자물쇠는 처음보다 한결 더 단단했기 때문입니다. 그러자 곰이 말했습니다.

"기적의 돌을 다시 찾아오지 못하면 모든 게 헛수고야."

이제 상인들이 그 아름다운 성에서 살고 있었기에 동물들은 그곳으로 달려갔습니다. 성 가까이 이르렀을 때 곰이 말했습니다.

"생쥐야, 가서 열쇠 구멍으로 우리가 어떻게 해야 할지 잘 살펴봐! 넌 무척 작으니까 아무도 알아차리지 못할 거야."

생쥐는 재빨리 갔다와서 이렇게 말했습니다.

"안 되겠어. 안을 들여다보았더니 그 돌이 거울 아래 붉은 끈에 매달려 있고 이쪽저쪽에 커다란 고양이 한 쌍이 마치 불처럼 이글이글거리는 눈으로 그 돌을 지키고 있어."

다른 동물들이 말했습니다.

"다시 가서 주인이 침대에 누워 잠이 들 때까지 기다렸다가 구멍 속으로 기어들어가. 그리고 침대 위로 올라가서 잠든 사람 코를 꼬집고 머리털을 물어뜯어 버려."

생쥐는 또 한 번 가서 동물들이 말한 대로 했습니다. 마침내 주인은 눈을 뜨고 벌떡 일어나 코를 비비며 화가 나서 말했습니다.

"아무 쓸모도 없는 고양이들이로군. 생쥐가 머리를 물어뜯어도 그냥 놔두다니!"

그러면서 주인은 고양이 두 마리를 내쫓아버렸습니다. 생쥐가 이긴 셈이었지요.

다음 날 밤 주인이 다시 잠이 들자 생쥐는 안으로 살금살금 기어들어가 돌이 매달려 있는 붉은 끈을 사각사각 갉아내고 물어뜯었습니다. 한참을 그렇게 줄이 둘로 갈라질 때까지 갉았더니 마침내 돌이 아래로 툭 떨어졌습니다. 생쥐가 돌을 문까지 끌고 오긴 했는데, 생쥐로서는 도저히 문을 열 수 없어 무척 곤란했답니다. 생쥐가 숨어서 기다리고 있던 원숭이에게 말했습니다.

"앞발을 문 속에 넣어 돌을 꺼내봐!"

원숭이에게는 아주 쉬운 일이었습니다. 원숭이가 돌을 손에 쥐고 모두 함께 강으로 갔습니다. 그때 원숭이가 말했습니다.

"그런데 이제 이 돌을 저기에 있는 궤짝까지 어떻게 들고 가지?"

곰이 대답했습니다.

"기다려봐. 내가 물속으로 들어가서 헤엄을 칠게. 원숭이는 내 등에 올라타고 두 손으로 나를 꼭 붙잡아. 돌은 입에 물고. 생쥐야, 너는 내 오른쪽 귓속에 앉아."

그렇게 해서 동물들은 강을 헤엄쳐 내려갔습니다. 잠시 뒤 모두들 너무 조용하다고 생각한 곰이 재잘대기 시작했습니다.

"야, 원숭이야. 우린 정말 용감한 친구들이지, 그렇지 않아?"

하지만 원숭이는 아무런 대답 없이 가만히 있었습니다.

"대답 안 할 거야? 대답을 안 하면 나쁜 친구야!"

곰이 말했습니다. 원숭이가 그 말을 듣고 참을 수 없어 입을 쫙 벌리는 순간 입속에 들어 있던 돌이 그만 물속으로 퐁당! 떨어졌답니다. 원숭이가 말했습니다.

"멍청한 친구야. 어떻게 돌을 입에 물고 대답을 해? 이건 네 책임이야."

그러자 곰이 말했습니다.

"다투지 말자. 뭔가 방법이 있을 거야. 우리 함께 생각해 보자."

동물들은 서로 의견을 나누고는 청개구리와 두꺼비를 비롯해 물속에 사는 온갖 동물과 벌레들을 불러 모아 말했습니다.

"지금 무시무시한 적이 몰려오고 있어. 너희들이 돌을 모아 오면 우리가 담을 쌓아 너희들을 지켜줄게."

그러자 동물들은 깜짝 놀라 여기저기에서 돌을 모아 왔습니다. 마침내 어떤 늙고 뚱뚱한 개구리가 강 밑바닥에서 기적의 돌이 매달린 끈을 찾아 물고 올라왔습니다. 곰은 그것을 보고 기쁘게 웃으며 말했습니다.

"거봐, 우리가 바라는 걸 마침내 갖게 되었잖아."

개구리에게서 돌을 받은 곰이 동물들에게 이제 적들이 물러났다고 말하자 모두들 짧은 작별 인사를 나누었습니다. 세 동물은 궤짝 속 남자에게 가서는 기적의 돌에게 소원을 빌어 그를 밖으로 꺼내주었답니다. 그들은 때를 참으로 잘 맞추었지요. 그 남자는 마침 빵도 다 먹어버리고 물도 모두 마신 터라 배고프고 목이 말라 거의 죽을 지경이었거든요. 남자는 돌을 손에 쥐자 다시 활기차고 건강해져서 정원과 마구간이 딸린 아름다운 성에 살기를 빌었습니다. 그 소원은 곧 이루어져 남자는 성에서 즐겁게 살았고, 세 동물들도 그의 곁에서 평생 서로 기대며 오래오래 행복하게 살았답니다.

KHM 1815년판 107

까마귀

Die Krähen

성실한 한 병사가 조금씩 돈을 벌어 절약하며 살아갔습니다. 그는 부지런한 데다 다른 사람들처럼 술집을 드나들지도 않았지요. 그런데 그의 동료 가운데 나쁜 마음을 가진 두 사람이 그의 돈을 빼앗으려 했습니다. 그들은 병사에게 겉으로는 매우 친절한 척 굴었답니다. 어느 날 그들은 성실한 병사에게 말했습니다.

"이보게, 여기 이런 도시에 무슨 재미난 일이 있겠나. 우린 그저 포로처럼 이곳에 갇혀 사는 거야. 하물며 자네처럼 뭔가 제대로 된 일로 돈벌이를 하며 즐겁게 살 수 있는 사람까지도 말이지."

이런 말로 자꾸 부추기자 마침내 병사는 그들과 함께 달아나기로 승낙했습니다. 그런데 다른 두 사람은 도시를 벗어나면 병사의 돈을 빼앗을 생각이었습니다. 얼마쯤 갔을까요. 갑자기 병사의 두 동료가 말했습니다.

"국경에 도착하려면 오른쪽으로 가야 해."

"무슨 소리! 그쪽으로 가면 말짱 헛일이야. 우리가 떠나온 도시로 되돌아가게 된다고. 우린 왼쪽으로 곧장 가야 해."

"허세 부리지 마!"

두 사람은 그렇게 외치며 병사에게 덤벼들어 그를 넘어질 때까지 때렸습니다. 그리고 주머니에서 돈을 빼앗았고, 그것으로도 모자라 그의 두 눈을 찔러 눈을 멀게 한 뒤 교수대로 끌고 가 그곳에 묶어 놓았습니다. 그러고 나서 두 사람은 훔친 돈을 챙겨 도시로 돌아갔습니다.

가엾게도 두 눈이 멀어버린 병사는 자기가 어떤 곳에 있는지조차 알 수 없었습니다. 주변을 더듬거려 보고 나서야 자신이 들보 같은 나무 아래 앉아 있음을 깨달았습니다. 병사는 그것이 십자가이리라 떠올리면서 말했습니다.

"그래도 나를 십자가 아래 묶어두다니 좋은 사람들이로군. 하느님께서 내 곁에 계시니 말이야."

그러고는 정말로 하느님께 기도를 드리기 시작했지요. 날이 저물어 밤이 되었을 무렵 무엇인가 파닥파닥거리는 소리가 들려왔답니다. 까마귀 세 마리가 들보 위에 내려앉은 것이었습니다. 병사는 까마귀 한 마리가 떠들어대는 소리를 들었습니다.

"자매들이여, 무슨 좋은 소식 있어? 그래, 사람들이 우리가 알고 있는 사실을 안다면! 있잖아, 이 나라 공주가 병이 들었잖아? 그래서 임금님이 공주의 병을 낫게 하는 사람에게 공주를 아내로 주기로 약속했대. 하지만 아무도 고치지 못할 걸? 연못 속에 사는 두꺼비를 불에 태워 공주가 그 재를 마셔야만 병이 낫는단 말이야."

그러자 두 번째 까마귀가 말했습니다.

"그래 그래. 사람들이 우리가 알고 있는 것을 안다면! 오늘 밤 하늘에서 이슬이 내릴 거야. 눈이 먼 사람이 그 이슬을 받아 두 눈에 쓱쓱 문지르면 다시 앞을 볼 수 있대. 아주 신기한 일인데 말이야."

이어서 세 번째 까마귀도 말했습니다.

"맞아. 사람들이 우리가 알고 있는 것을 안다면! 두꺼비는 한 사람한테만 이롭고, 이슬은 몇몇 사람한테만 도움이 되지. 그런데 이 도시는 샘물이 몽땅 말라버려 큰 어려움에 처해 있잖아. 광장에 있는 커다랗고 네모난 돌을 치우고 그 밑을 파면 가장 깨끗한 물이 콸콸 솟아날 텐데 말이야."

이렇게 까마귀 세 마리들이 말을 하고는 퍼덕퍼덕 날갯짓하더니 어딘가로 날아가는 소리가 들렸습니다. 병사는 가까스로 그를 묶었던 끈에서 빠져나와 몸을 굽혀 풀잎 몇 개를 뜯어냈지요. 그리고 풀잎 위에 맺힌 이슬로 두 눈을 문질렀습니다. 그런데 놀랍게도 곧 두 눈이 번쩍 뜨이며 예전처럼 앞을 훤히 볼 수 있게 되었답니다. 하늘의 달과 별이 보이고 자신이 십자가가 아닌 바로 교수대 옆에 서 있음을 알게 되었습니다.

병사는 깨진 그릇 조각을 찾아내어 소중한 이슬을 모을 수 있는 만큼 모았습니다. 그런 다음 그는 까마귀들의 말대로 연못으로 가서 숨어 있던 두꺼비를 끄집어냈습니다. 그러고는 두꺼비를 불에 태워서 그 재를 들고 왕궁으로 가서는 공주에게 재를 마시게 했습니다. 공주가 병이 모두 나아 건강해지자 병사는 약속대로 공주를 자신의 아내로 달라고 이야기했습니다. 하지만 왕은 병사를 탐탁지 않게 여겼습니다. 그의 겉모습이 너무도 초라했기 때문이었지요. 그래서 왕은 가뭄으로 고통받는 도시에 물을 마련해 주는 사람에게 딸을 주겠노라 말했습니다. 왕은 이런 조건을 내걸면서 병사가 포기하고 물러가기를 바랐습니다.

하지만 병사는 굴하지 않고 사람들에게 광장에 있는 네모난 돌을 치우고 그 아래를 파라고 명령했습니다. 사람들이 그가 시키는 대로 하자 곧 훌륭한 샘이 나타나 넘칠 만큼 맑고 깨끗한 물이 솟아올랐답니다. 이제 왕은 공주를 내어주지 않을 수 없었지요. 마침내 병사는 공주와 결혼해서 행복하게 살았습니다.

이러구러 행복한 나날을 보내던 어느 날, 병사는 들판을 거닐다 우연히 자신에게 그토록 나쁜 짓을 했던 지난날 두 동료를 만났습니다. 그들은 병사를 알아보지 못했지만 병사는 곧 그들을 알아보고 옛 동료들에게 다가가 말을 걸었습니다.

"이보게들, 나는 그대들이 잔인하게 두 눈을 찔러 멀게 했던 옛 동료일세. 그러나 자비로우신 하느님께서 큰 행운을 누리게 해주셨지."

둘은 너무 놀라며 그의 발밑에 엎드려 용서를 구했습니다. 병사는 본디 마음이 착했기에 그들을 가엾게 여겨 성으로 데리고 가서 음식과 옷을 주었습니다. 병사는 그들에게 이제껏 어떤 일이 벌어져 이런 영광을 누리게 되었는지를 모두 이야기해 주었답니다.

두 사람은 그 말을 듣고 마음이 몹시 급해졌습니다. 곧바로 오늘 밤 교수대 밑으로 가서 뭔가 좋은 소리를 들을 수 있을지 알아보고 싶었지요. 그리하여 그들이 교수대 밑에 앉아 있노라니 곧 머리 위에서 파닥거리는 소리가 들렸습니다. 까마귀 세 마리가 다시 날아온 것이지요. 한 까마귀가 말했습니다.

"자매들이여, 우리가 하는 이야기를 누군가가 엿들었나봐. 공주는 건강해졌고, 두꺼비는 연못에서 사라졌고, 장님은 눈을 떴고, 도시에는 맑고 시원한 샘물이 콸콸 솟아나더라고. 잘 둘러보면 그 사람을 찾을 수 있을지도 몰라."

까마귀들이 파닥파닥 교수대 밑으로 내려오더니 곧 두 사람을 발견했습니다. 그러자 두 사람이 도망칠 겨를도 없이 그들 머리 위에 내려앉아 두 눈을 마구 쪼아댔습니다. 쪼고 또 쪼아 마침내 둘은 그 자리에서 죽고 말았습니다. 그들은 교수대 아래 처참한 모습으로 널브러져 있었습니다.

옛 동료들이 며칠이 지나도 돌아오지 않자 병사는 걱정이 되어 그들을 찾으러 나섰습니다. 하지만 그가 발견한 것이라고는 해골들뿐이었습니다. 병사는 해골들을 옮겨 무덤에 잘 묻어주었습니다.

KHM 1815년판 119

게으름뱅이와 부지런쟁이

Der Faule und der Fleissige

일자리를 구하러 여행을 떠난 두 사람은 앞으로는 늘 떨어지지 말고 둘이서 다니자며 굳게 다짐한 견습생들이 있었습니다.

어느 큰 도시에 들어서자 둘 가운데 하나가 홀로 떨어져서 노는 데 정신이 팔려 굳은 맹세를 잊어버리고 말았습니다. 동료를 떠나 홀로 이곳저곳을 즐기며 돌아다녔지요. 이 남자가 무엇보다도 좋아하는 것은 사람들과 왁자지껄하게 이야기를 나누는 것이었습니다. 다른 한 사람은 약속 기간만큼 열심히 일하고 그 기한이 끝나면 또다른 일자리를 찾아다녔지요.

어느 깊고 깊은 밤, 그 부지런한 사람이 길을 가다 죄수가 매달린 교수대 옆을 지나게 되었습니다. 그런데 누군가가 그곳에 누워 쿨쿨 잠들어 있는 게 아니겠습니까. 이 사나이는 초라하고 머리도 벗겨졌지만, 별빛이 달처럼 밝게 빛나는 밤이었기에 그 남자가 자신의 옛 동료라는 사실을 알았습니다. 그래서 부지런한 남자도 게으른 남자 옆에 나란히 누웠습니다. 그리고 자기가 입고 있던 외투를 벗어 그에게 덮어주고는 곧 잠이 들었습니다.

잠시 뒤 부지런한 남자는, 누군가가 이야기를 나누는 소리에 잠이 깼습니다. 그 목소리 주인은 교수대 위에 앉아 있던 두 마리의 큰 까마귀였답니다. 까마귀 한 마리가 말했습니다.

"하느님께서 먹여주실 거야."

그러자 다른 까마귀가 말했습니다.

"그래, 그렇게 해주실 거야."

첫 번째 까마귀는, 이 말을 듣자 몹시 피곤했던지 땅바닥에 풀썩 쓰러졌습니다.

두 번째 까마귀는 첫 번째 까마귀 곁을 지키며 날이 새기 만을 기다렸지요. 날이 밝아오자 두 번째 까마귀가 먹이와 물을 가져오더니 첫 번째 까마귀에게 먹여 기운을 차리게 했습니다. 죽을 뻔했던 까마귀를 깨웠답니다.

게으름뱅이와 부지런한 이는 그 모습을 보고 이상하게 여겼습니다. 놀이에 빠진 게으른 남자가 까마귀에게 어째서 그렇게까지 병이 들었느냐 물어보았습니다.

그러자 병든 까마귀가 말했습니다.

"나는 아무것도 하기 싫거든요. 먹을 음식은 일하지 않아도 하늘에서 저절로 떨어지니까요."

둘은 까마귀 두 마리를 데리고 옆 마을로 갔습니다.

까마귀 한 마리는 기세 좋게 스스로 제 먹이를 찾는 것은 물론, 아침마다 물에 몸을 담가 부리로 깃털까지 잘 정돈했지만, 다른 한 마리는 저쪽 구석에서 웅크리고 앉았다가 이쪽으로 와서는 또다시 웅크리고 앉아 있기만 할 뿐 모든 일을 짜증스러워 해 날개가 늘 지저분하고 부스스했습니다.

어느 집 아름다운 딸이 부지런한 까마귀를 무척 귀여워하게 되었습니다. 소녀는 까마귀를 품에 안은 채 어루만지며 쓰다듬다가 마침내 까마귀 얼굴에 흥미롭게 입을 맞추었습니다.

그런데 그 까마귀가 갑자기 땅바닥에 떨어져 누운 채로 푸드덕 날갯짓을 하더니 아름다운 젊은이로 순식간에 모습이 바뀌었습니다. 그 젊은이 말에 따르면, 다른 한 마리 까마귀는 형제인데 두 아들이 아버지를 무시했기 때문에 화가 난 아버지가 벌을 주려고 그들에게 마법을 걸며 이렇게 말했다는 것입니다.

"아름다운 여인이 먼저 너희들에게 입맞춤을 할 때까지 까마귀가 되어 날아다녀야만 한다."

이렇게 해서 까마귀 한 마리는 마법에서 풀려날 수 있었습니다. 하지만 다른 한 마리 게으른 까마귀는 그 누구도 입을 맞춰주지 않았기에 평생 까마귀로 살다가 죽고 말았습니다.

놀기를 즐기는 게으른 남자는 이 이야기를 교훈 삼아, 성실하고 부지런한 사람이 되어 친구와 함께 행복하게 살았답니다.

KHM 1815년판 122

너무나 너무나 긴 코

Die lange Nase

아주아주 옛날, 군대에서 제대한 지 얼마 안 된 늙은 병사 셋이 있었습니다. 이 세 병사는 왕에게 급료도 제대로 받지 못하고 내쫓겼기 때문에 불쌍하게도 구걸이라도 하지 않으면 살아갈 길이 막막했습니다. 어느 날 그들은 커다란 숲을 지나가게 되었는데 걸어도 걸어도 도무지 끝이 보이지 않았습니다. 어느새 날이 저물어, 병사 둘은 바닥에 누워서 잠을 자고 한 사람은 밤새 망을 보기로 했습니다. 셋 모두 잠들어서 사나운 짐승에게 물어뜯기기라도 하면 큰일이니까요. 두 병사는 깊이 잠들고 한 사람이 주위를 둘러보고 있는데, 어디선가 새빨간 옷을 입은 난쟁이가 슬금슬금 다가오더니 말을 걸었습니다.

"누구신가요?"

"다정한 친구지."

"다정한 친구라고만 하면 제가 어떻게 알아요?"

"해고당한 늙은 병사 세 사람인데, 먹고살 길이 없어."

"그렇다면 이리로 오세요, 당신에게 좋은 것을 줄 테니. 이것을 소중히 간직하면 평생 입에 풀칠할 걱정은 하지 않아도 돼요."

난쟁이는 그렇게 말하더니, 옆으로 다가와서 병사에게 낡고 긴 망토를 건네주었습니다. 이 망토를 두르고 뭐든지 소원을 말하면 어떤 일이든 이루어지지만, 날이 밝을 때까지는 다른 두 친구에게 아무 말도 해서는 안 된다는 다짐을 받아 두었습니다.

해가 떠오르고 두 사람이 일어나자 병사는 지난밤에 있었던 일을 그들에게 들려주었습니다. 다시 여행을 계속하는 동안 날이 또 저물자 두 사람은 잠을 자고 이번에는 두 번째 병사가 밤을 새우기로 했습니다. 곧 두 병사가 잠이 들고 밤이 깊어지자 그 빨간 옷을 입은 난쟁이가 또 찾아와서 말했습니다.

"거기 있는 사람은 누군가요?"

"다정한 친구지."

"다정한 친구라니요?"

"해고당한 늙은 병사 세 사람이야."

그러자 난쟁이는 아무리 꺼내도 절대로 돈이 줄어들지 않는 낡고 작은 지갑을 병사에게 주면서, 이 일은 날이 새고 난 뒤에 친구들에게 이야기해야 한다고 주의를 주었습니다. 사흘째에도 계속 숲 속을 걷다가 캄캄한 밤이 되자, 이번에는 세 번째 병사가 밤을 지키게 되었습니다. 이 병사에게도 빨간 난쟁이가 찾아와서 말을 걸었습니다.

"거기 있는 사람은 누군가요?"

"다정한 친구지."

"다정한 친구라고만 하면 어떻게 알아요?"

"해고당한 늙은 병사 세 사람이야."

그러자 빨간 난쟁이는 병사에게 뿔피리를 선물로 주었답니다. 그것을 불면 바라는 만큼 병사들을 불러낼 수 있다는 것이었습니다.

아침이 되자, 세 병사는 저마다 보물을 하나씩 받은 셈이 되었습니다. 먼저 첫 번째 병사가 망토를 걸치고 셋이 함께 이 숲에서 나갈 수 있도록 해달라고 소원을 말했습니다. 그러자 그들은 순식간에 숲 밖으로 나갈 수 있었습니다. 세 사람은 어느 여관에 가서, 주인이 자랑한, 아주 훌륭한 음식을 주문했습니다. 식사가 끝나자 지갑을 받은 병사는 음식값을 한 푼도 깎지 않고 달라는 대로 모두 주었습니다.

이렇게 떠돌며 살다 보니 어느덧 그들도 이런 생활에 지쳐버렸습니다. 그래서 지갑을 가진 병사가 망토를 지닌 병사에게 말했답니다.

"자네가 우리가 살 집을 저곳에 지어달라고 소원을 빌어보면 어떨까? 돈이라면 얼마든지 있으니까. 그렇게만 된다면 우리도 영주처럼 떵떵거리며 살 수 있지 않겠어?"

그리하여 망토를 가진 병사가 멋진 저택이 생기게 해달라고 빌었습니다. 그러자 금방 필요한 것은 뭐든지 다 갖춰진 으리으리한 집이 생겨났습니다.

한동안 그곳에서 함께 살던 셋은 다른 나라 왕을 찾아가 보기로 했습니다. 망토를 가진 병사가 소원을 빌어 백마 세 마리가 끄는 마차 한 대를 나오게 하자, 그들은 스스로를 왕자라고 말하면서 마차를 타고 길을 떠났습니다.

제복을 갖춰 입은 시종들을 많이 거느리고 마차를 달리는 모습은 어느 모로 보나 참된 왕자 같았습니다. 그들은 어느 나라 왕을 찾아갔습니다. 그 왕에게는 외동딸이 하나 있었지요. 세 사람이 그럴듯한 이름을 대자, 곧 식사에 초대받아 그날 밤 왕의 성에 머물게 되었습니다.

즐겁게 먹고 마시고 노래하는 즐거운 분위기 속에서 술자리가 끝나자, 공주가 너무나 좋아하는 카드놀이가 시작되었습니다. 공주는 지갑을 가진 병사를 상대로 많은 돈을 땄는데도 지갑이 도무지 비지 않는 것을 보고, 그게 돈이 솟아나는 마법의 지갑이라는 사실을 눈치채고 말았습니다. 공주는 그 신기한 지갑이 너무도 갖고 싶어졌답니다. 그래서 놀이에 열중하느라 더울 테니 잠시 한숨 돌리고 한 잔 마시라면서 그에게 수면제를 탄 포도주를 따라주었습니다. 그것을 받아 마신 병사 왕자는 이내 잠에 빠져들고 말았지요. 지갑을 훔친 공주는 자기 방에 들어가서, 그것과 똑같은 모양의 지갑을 재빨리 만들어 그 속에 돈도 조금 넣어 진짜 지갑과 바꿔치기했습니다. 이튿날 아침, 세 사람은 여행을 계속했습니다. 그런데 지갑에 조금 들어 있던 돈을 다 꺼내 쓰고 다시 손을 넣었더니 지갑이 텅 비어 있는 게 아니겠습니까! 아무리 기다려도 돈은 다시 채워지지 않았습니다.

"그 못된 공주가 내 지갑을 바꿔치기 한 게 틀림없어. 이제 우린 다시 빈털터리가 됐어!"

지갑을 가진 병사가 소리치는 것을 듣고 망토를 가진 병사가 말했습니다.

"걱정 말게. 내가 되찾아올 테니까."

그는 망토를 홱 걸치고는 공주의 방에 들어가게 해달라고 소원을 말했습니다. 그러자 그 순간, 벌써 공주의 방에 들어가 있었습니다. 그때 공주는 내내 앉아 지갑에서 끊임없이 돈을 꺼내어 세고 있었습니다.

망토를 걸친 병사를 본 공주가 강도가 들어왔다고 소리소리 지르며 소동을 벌이자, 사람들이 뛰어와서 병사에게 달려들었습니다. 당황한 병사는 그만 소중한 망토를 공주의 방에 버려둔 채 황급히 창밖으로 뛰어내렸습니다. 망토마저 잃어버리고 만 것입니다.

이제 세 사람에게 남은 것은 뿔피리뿐이었습니다. 뿔피리 병사가 말했습니다.

"이번에야말로 내가 나설 차례군. 어디 한번 전쟁을 시작해 볼까?"

그가 뿔피리를 계속 불어대니 경기병과 기마병, 헤아릴 수 없이 많은 병사들이 잔뜩 모여들었습니다. 그들은 왕에게 사람을 보내, 지갑과 망토를 돌려주지 않으면 성을 산산조각 내버리고, 돌멩이 하나 남기지 않고 폐허로 만들어버리겠다고 선언했습니다. 무시무시한 선전포고를 들은 왕은 큰일났다 싶어서, 어서 빼앗은 물건들을 돌려주라며 공주를 설득했습니다. 그러나 공주는 그 전에 한 가지 할 일이 있다면서 왕의 말을 듣지 않았습니다.

가난한 집 딸로 변장한 공주는 손잡이가 달린 바구니를 팔에 끼고, 마실 것들을 팔러 병사들이 야영하는 천막으로 갔습니다. 시녀도 한 사람 데리고 갔지요. 야영지 천막들 한가운데로 들어간 공주가 노래를 부르기 시작하자 그 목소리가 어찌나 아름답던지 곳곳의 막사에서 병사들이 한 사람도 남김없이 나와 공주 곁에 모여들었습니다. 뿔피리 병사까지 달려와서 노랫소리에 귀를 기울였지요. 그것을 본 공주는 시녀에게 신호를 보냈습니다. 시녀는 몰래 뿔피리 병사의 천막에 들어가 뿔피리를 훔쳐 성으로 달아나버렸습니다. 곧이어 공주도 성으로 돌아갔지요. 이렇게 하여 모든 보물을 빼앗긴 세 병사는 또다시 지난날처럼 구걸하며 살 수밖에 없었습니다.

세 사람은 하는 수 없이 다시 터벅터벅 정처 없는 길을 걷기 시작했습니다. 그러다 지갑을 가졌던 병사가 말했습니다.

"일이 이렇게 되었으니, 셋이서 언제까지나 함께 다니는 건 좋은 생각이 아닌 것 같아. 자네들이 저쪽으로 가면 난 이쪽으로 가겠네."

그리하여 홀로 숲 속에 들어간 지갑을 가졌던 병사는 몹시 지치고 다리가 아파서 쉬다가 어느 나무 아래 드러누워 잠깐 눈을 붙이기로 했습니다. 잠에서 깬 뒤 위를 쳐다보니, 자기가 잠을 잔 곳은 훌륭한 사과나무 아래였고, 나무에는 싱싱하고 예쁜 사과들이 잔뜩 달려 있었습니다. 배가 고팠던 병사는 사과를 하나 따 먹었습니다. 그런 다음 또 한 개를 따 먹었습니다. 그런데 이게 웬일입니까. 자신의 코가 쑥쑥 자라나기 시작하는 것이었습니다. 자라고, 자라고, 끝도 없이 자라서 나중에는 일어설 수조차 없었습니다. 그런데도 쑥쑥, 쑥쑥 계속 뻗어나간 코는 숲을 지나 숲 밖으로 60마일이나 나가버렸습니다.

한편 어딘가를 걷고 있던 다른 두 병사는 세 사람이 함께 있는 게 아무래도 좋은 듯싶어서 헤어진 친구를 찾기로 했습니다. 그러나 어디로 갔는지 도무지 행방을 알 수가 없었습니다.

그러다 한 사람이 갑자기 뭔가에 발이 걸려, 정체를 알 수 없는 흐물흐물한 물체를 밟았습니다. '아니, 이게 뭐야! 도대체 이게 뭐지?' 생각하는데 그 이상한 것이 꿈틀꿈틀 움직이기 시작하는 것이었습니다. 자세히 살펴보니 그것은 사람 코였습니다.

"이 코를 따라가 보자."

둘은 코를 따라 계속 걸어가서 마침내 숲 속 병사 친구가 있는 곳까지 왔습니다. 친구는 나무 아래 드러누운 채 꼼짝도 하지 못하고 있었습니다.

두 친구는 코를 나무막대에 감아서 들고 코의 주인을 데려가려 했지만, 너무 무거워서 도저히 들 수가 없었습니다. 그러다가 숲에서 당나귀를 한 마리 발견해 그 등에 친구를 겨우 눕히고, 긴 코는 두 개의 막대기에 얹어서 겨우 떠메고 가기 시작했는데, 그런데도 너무 무거워서 몇 걸음 못 가 다시 쉬지 않을 수 없었습니다. 잠시 쉬면서 주위를 둘러보니, 자신들 옆에 탐스러운 배가 주렁주렁 달린 배나무가 한 그루 있었습니다. 그 나무 뒤에서 빨간 옷을 입은 낯익은 난쟁이가 아장아장 걸어 나오더니 코가 긴 남자에게 이 배를 한 개 먹으면 길어진 코가 떨어질 것이라고 가르쳐 주었지요. 그래서 배를 한 개 먹어봤더니, 곧바로 긴 코가 툭 떨어지고 본디 있던 코만 남았습니다.

난쟁이가 말했습니다.

"저 사과와 이 배를 따서 저마다 가루로 만드세요. 누구든지 사과 가루를 먹으면 코가 자라고 다시 배 가루를 먹으면 자란 코가 떨어져 본디대로 돌아가게 돼요. 공주에게 가서 이 사과를 먹여보세요. 그러면 공주의 코는 아까 당신 코의 스무 배나 자랄 테니까요. 그런 다음 의사인 척하고 배로 만든 가루를 먹이면 공주의 코는 다시 본디대로 돌아올 거예요. 잘해 보세요."

이렇게 멋진 꾀를 일러주었답니다.

그리하여 사과를 여러 개 딴 다음 왕의 궁전으로 간 병사는, 자신은 정원사 조수라고 알맞게 둘러대고, 이 나라에 없는 진귀한 사과를 가지고 있다며 자랑했습니다. 공주는 그 말을 듣자 그 사과를 사게 해달라고 아버지에게 졸랐습니다.

"네가 원하는 만큼 사주마."

왕이 허락하자, 공주는 냉큼 사과를 하나 사서 먹어보았습니다. 그렇게 맛있는 사과는 태어나서 처음 먹어보는지라 공주는 하나를 더 먹었습니다. 공주가 맛있게 사과를 먹고 있는 사이 정원사 조수라고 둘러댄 병사는 서둘러 자리를 떠났습니다.

곧 공주의 코가 쑥쑥 자라기 시작했지요. 코는 자꾸자꾸 길어져서 공주는 안락의자에서 일어나지 못한 채 굴러떨어져 버렸습니다. 코는 60엘레(1엘레는 66센티 남짓)쯤 자라 탁자를 한 바퀴 돌고는, 다시 60엘레쯤 자라 공주의 옷장을 휘감고, 다음에는 창밖으로 100엘레 자라 궁전을 한 바퀴 에워싼 뒤, 다시 20마일이나 뻗어서 시내까지 나갔습니다.

공주는 드러누운 채 꼼짝도 못했고 엉엉 울며 지냈지만 어떤 의사도 손쓸 방법이 없었답니다. 마침내 왕은 나라 여기저기에 포고를 내렸습니다. 어느 누구라도 상관없으니, 공주의 코를 되돌려 놓는 사람이 있다면 많은 돈을 주겠다는 것이었습니다.

그때를 기다리던 늙은 병사는, 하느님의 뜻이 있다면 반드시 구할 수 있을 거라고 말하면서 재빨리 의사인 척하고 나섰습니다.

그는 먼저 공주에게 사과 가루를 먹였습니다. 그러자 코는 더욱 길게 자라나고 전보다 더 굵어졌습니다. 저녁 때가 되어 배 가루를 먹이자 코는 조금씩 줄어들었지만, 그렇게 큰 효과는 없었답니다. 공주를 심하게 괴롭혀 벌을 주고 싶었던 병사는 일부러 이튿날 다시 사과 가루를 먹였습니다. 코는 어제 줄어든 것보다 한결 더 길게 늘어났지요.

의사는 지쳤다는 듯이 말했습니다.

"공주님, 공주님은 뭔가 남의 물건을 훔친 적이 있는 게 틀림없습니다. 그것을 돌려주지 않으면 코를 줄어들게 할 방법이 없습니다."

"그런 일은 절대로 없어요."

공주는 아니라고 고집을 부렸습니다.

"아니, 분명히 그렇지 않습니다. 저의 가루약이 이렇게 듣지 않을 리가 없으니까요. 훔친 물건을 돌려주지 않으면 코가 계속 길어져 끝내는 죽게 될 겁니다."

의사도 물러서지 않았습니다.

그 말을 듣고 왕이 말했습니다.

"어서 그 지갑과 망토와 뿔피리를 내놓아라. 그건 누가 뭐래도 네가 훔친 것이다. 그렇지 않으면 네 코는 절대 줄어들지 않을 것이다."

공주의 시녀는 하는 수 없이 세 가지 보물을 가져와서 의사 앞에 내놓았습니다.

그리하여 의사가 공주에게 배 가루를 먹이자 코가 톡 떨어졌는데, 그 코를 잘게 써는 데 무려 250명의 남자들이 힘을 모아야만 했답니다.

의사로 변장한 병사는 지갑과 망토와 뿔피리, 이 세 가지 보물을 선물로 들고 두 친구에게 갔습니다. 세 사람은 다시 소원을 빌어 자신들의 저택으로 돌아갔답니다. 아마 그들은 오늘도 그 커다란 저택에서 느긋하고 풍족하게 살고 있을 겁니다.

KHM 1815년판 129

사자와 개구리

Der Löwe und der Frosch

어느 나라 왕과 왕비에게 아들 하나와 딸 하나가 있었습니다. 이들 오누이는 서로 무척 아끼고 좋아했습니다. 왕자는 곧잘 사냥을 나가 이따금 오랫동안 숲에서 머물렀습니다. 그러던 어느 날 왕자가 늦도록 돌아오지 않는 것이었어요.

누이동생은 어찌나 울었던지 눈이 멀어버릴 것만 같았습니다. 마침내 공주는 더는 참을 수가 없어 숲으로 들어가 오빠를 찾기로 했습니다. 숲으로 간 공주는 쉬지 않고 걸어, 나중에는 한 걸음 내딛기도 벅찰 만큼 지쳐버렸습니다. 그런데 주위를 둘러보니 커다란 사자가 옆에 서 있는 게 아니겠습니까. 다행스럽게도 무척 다정하게 구는 것이 아주 착한 사자 같았습니다. 그래서 공주는 사자 등에 올라탔고 사자는 공주를 태우고 달렸습니다. 달리면서도 사자는 꼬리로 공주를 쓰다듬으며 그녀의 붉어진 뺨을 식혀주었습니다. 그렇게 한참을 달려 어느 동굴 앞에 이르렀습니다. 사자는 공주를 그 동굴 속으로 데려갔습니다. 공주는 어두운 동굴을 무서워하지도 않았고 사자 등에서 뛰어내리려고도 하지 않았습니다. 사자가 매우 친절했기 때문이었지요.

동굴 속으로 들어가니 차츰 어두워지다가 마침내 아무것도 보이지 않을 만큼 캄캄해졌습니다. 하지만 조금 더 들어가자 밝은 빛이 비치며 놀라울 만큼 아름다운 정원에 이르렀습니다. 모든 것이 햇살 속에서 말할 수 없이 싱그럽게 반짝였습니다. 그리고 그 한가운데에는 크고 화려한 궁전이 있었지요. 문 앞에 이르자 사자는 걸음을 멈추었고 드디어 공주는 사자의 등에서 내려섰습니다. 그때 사자가 말했습니다.

"그대는 앞으로 아름다운 이 집에 머물면서 내 시중을 들도록 해라. 모든 일을 내가 시키는 대로 다 한다면 오빠를 다시 볼 수 있을 것이다."

이렇게 해서 공주는 사자의 시중을 들면서 무슨 일이든 사자의 말에 따랐습니다. 그러던 어느 날 공주가 정원에 산책을 나갔습니다. 뜰은 무척 아름다웠지만 어쩐지 공주는 몹시 슬펐답니다. 온 세상으로부터 떠나 홀로 있었기 때문이었어요. 공주는 뜰을 이리저리 거닐다가 연못을 발견했습니다. 연못 한가운데는 자그마한 섬이 있었고, 작은 천막도 있었습니다. 자세히 들여다보니 천막 밑에 풀빛 청개구리가 앉아 있었는데 머리에는 장미 꽃잎을 쓰고 있었습니다. 개구리가 공주를 보고 물었습니다.

"왜 그리 슬픈 얼굴을 하고 있나요?"

"어찌 슬프지 않겠니?"

공주는 그렇게 말하며 자신의 처지를 생각하고는 한숨지었습니다. 그러자 개구리가 아주 친절하게 말했습니다.

"내가 필요하다면 언제라도 찾아와요. 그럼 온 힘을 다해 도와줄게요."
"그럼 난 무엇으로 보답해야 하지?"
"그럴 필요는 없어요. 오직 날마다 내 머리에 두건으로 쓸 싱싱한 장미 꽃잎을 갖다 주면 돼요."

개구리가 대답했습니다. 공주는 마음의 위로를 조금 얻고 성으로 돌아갔습니다. 그 뒤로는 사자가 뭔가를 요구하면 곧장 연못으로 달려갔지요. 그러면 개구리는 여기저기 폴짝폴짝 뛰면서 공주가 필요한 것들을 재빨리 마련해 왔습니다. 그러던 어느 날 사자가 말했습니다.

"오늘 저녁은 모기 만두가 먹고 싶어. 꼭 맛있게 요리된 것이라야 해."

공주는 어떻게 해야 그런 요리를 만들 수 있는지 통 알 수 없었지요. 도저히 해낼 수 없는 일이라 여기고는 개구리에게 하소연을 했습니다. 그러자 개구리가 말했습니다.

"걱정 말아요. 내가 모기 만두를 만들어 줄게요."

개구리는 앉아서 오른쪽 왼쪽 입을 벌렸다가 다물면서 필요한 만큼 모기를 잡았습니다. 그러고는 이리저리 펄쩍펄쩍 뛰어다니며 나뭇조각들을 모아 오더니 후후 입김을 불어 불을 피웠습니다. 불이 붙자 이번에는 밀가루를 반죽해서 숯 위에 올려놓았답니다. 채 두 시간도 걸리지 않아 요리가 완성되었는데 더 바랄 수 없을 만큼 아주 훌륭했습니다. 개구리가 공주에게 말했습니다.

"사자가 잠에 곯아떨어지면 곧장 침대 뒤에 숨겨놓은 칼로 사자 머리를 베겠다고 약속하기 전에는 만두를 줄 수 없어요."

"그렇게 못 해. 난 할 수 없어. 사자는 언제나 나에게 잘해 주었는걸."

공주가 대답하자 개구리가 다시 말했습니다.

"당신이 그렇게 하지 않으면 오빠를 두 번 다시 못 만날 거예요. 게다가 그렇게 한다고 해서 사자를 괴롭히는 일도 아니랍니다."

공주는 이내 용기를 내었고, 만두를 받아 사자에게 가져다주었습니다.

"먹음직스러워 보이는걸."

그렇게 말한 사자는 킁킁 냄새를 맡더니 곧바로 만두를 한입 덥석 베어 물고는 순식간에 몽땅 먹어치웠습니다. 식사가 끝나자 사자는 피곤하다면서 잠을 자고 싶어했습니다. 사자가 공주에게 말했습니다.

"이리 와서 내 옆에 앉아 내가 잠들 때까지 귀 뒤를 살살 긁어줘."

공주는 사자 곁에 앉아 왼손으로는 사자 귀를 긁어주면서 오른손으로는 침대 뒤에 있는 칼을 더듬어 찾았습니다. 이윽고 사자가 잠이 들자 공주는 칼을 뽑아 들고 두 눈을 질끈 감고는 단칼에 사자 머리를 베었습니다. 그런데 공주가 다시 눈을 뜨자 사자는 온데간데없고 사랑하는 오빠가 곁에 서 있는 것이었습니다. 오빠는 사랑이 듬뿍 담긴 입맞춤을 하며 말했습니다.

"오오, 네가 나를 구해 주었구나. 내가 바로 사자였어. 사랑이 가득 담긴 소녀의 손으로 사자의 머리를 베어야만 마법을 풀 수 있었단다."

두 사람은 도와준 개구리에게 고맙다는 인사를 하려고 함께 정원으로 나갔습니다. 가서 보니 개구리는 이곳저곳으로 뛰어다니며 작은 나뭇조각들을 찾아서는 불을 피우고 있었답니다. 불이 꽤 활활 타오르자 개구리는 불 속으로 뛰어들었지요. 불은 조금 더 타오르다가 꺼졌는데, 그 자리에는 어여쁜 소녀가 서 있었습니다. 소녀는 왕자가 사랑하던 사람으로, 함께 마법에 걸렸던 것입니다. 셋은 함께 왕과 왕비를 찾아갔고, 왕자와 소녀는 화려하고 아름다운 결혼식을 올렸습니다. 그 결혼식에 참석한 사람들은 모두 즐겁게 춤을 추며 배불리 먹고 집으로 돌아갔습니다.

KHM 1815년판 130

병사와 소목꾼

Der Soldat und der Schreiner

어느 마을에 소목꾼 두 사람이 살았습니다. 그들의 집은 서로 나란히 붙어 있었고 저마다 아들을 하나씩 두었습니다. 아이들은 언제나 함께 어울려 놀았으므로 칼과 포크라고 불렸습니다. 칼과 포크는 늘 식탁 위에 나란히 놓이니까요. 두 아이는 청년이 된 뒤에도 서로의 곁을 떠나려 하지 않았답니다. 한 아이는 용감하지만 다른 아이는 몹시도 겁이 많았지요. 그래서 용감한 아이는 군인이 되고 다른 아이는 나무로 가구 만드는 일을 배웠습니다. 소목꾼이 주인을 찾아 돌아다녀야 할 때가 되었지만 병사는 그와 헤어지기 싫었기에 그들은 함께 마을을 떠났습니다.

이윽고 어느 도시에 이르렀습니다. 소목꾼은 어느 우두머리 장인의 집에 일을 배우러 들어가게 되었습니다. 병사 또한 그곳에 있고 싶어 같은 장인의 집에 하인으로 들어갔습니다. 하지만 병사는 하인 노릇이 도무지 내키지 않아 날마다 게으름을 피우며 곰 가죽 위에 그저 느러누워 있기만 했으므로, 마침내 얼마 지나지 않아 우두머리 장인의 집에서 쫓겨나고 말았지요. 부지런한 소목꾼은 충성스러워 그를 홀로 두고 싶지 않았기에 우두머리 장인에게 말하고는 친구와 함께 길을 떠났습니다. 그러나 어느 도시를 가도 힘들게 일을 얻었으나 오래 가지 못했지요. 병사가 게을러 쫓겨나면 늘 그와 함께 있으려는 소목꾼도 머무르고 싶지 않았답니다.

어느 날 그들은 큰 도시에 이르렀습니다. 병사는 손가락 하나 까딱하려 들지 않았기에 저녁때가 되기도 전에 이미 쫓겨났고, 그들은 그날 밤 다시 길을 떠나야만 했습니다. 가다 보니 낯설고 커다란 숲 앞에 다다랐지요. 겁쟁이 소목꾼이 말했습니다.

"난 들어가고 싶지 않아. 저런 무서운 숲에는 틀림없이 마녀와 유령들이 우글거릴 거야."

병사가 말했습니다.

"아이, 겁쟁이 같으니라고! 난 그런 거쯤 하나도 무섭지 않아."

병사는 용감하게 앞장섰습니다. 겁쟁이 소목꾼도 친구와 떨어지고 싶지 않았으므로 함께 따라갔습니다. 곧 그들은 길을 잃어버렸고 어둠 속에서 빽빽한 나무들 사이를 이리저리 헤매다가 마침내 불빛을 보게 되었답니다. 그곳을 찾아가 보니 멋진 성이 우뚝 서 있었습니다. 안에는 불이 환하게 밝혀져 있었고, 밖에는 검둥개가 누워 있었으며, 옆에 있는 연못에는 붉은 백조가 헤엄치고 있었습니다. 성 안으로 들어가 보니 사람이라고는 전혀 보이지 않았습니다. 부엌에 이르자 화덕 냄비 옆에 회색빛 고양이가 앉아 요리를 만들고 있었습니다. 그들은 계속 나아갔고 여러 개의 화려한 방을 발견했지요. 방은 모두 텅텅 비어 있었는데 어느 한 방에 탁자가 놓여 있고, 그 위에 먹을 것과 마실 것들이 넘치도록 잔뜩 차려져 있었답니다. 그들은 배가 몹시 고팠으므로 탁자에 앉아 맛있게 먹고 마셨습니다.

병사가 말했습니다.

"실컷 먹었으면 이제 자러 가야지!"

그러면서 옆방 문을 열자 그곳에는 크고 편안한 침대가 두 개 놓여 있었습니다. 그들은 침대에 마음껏 드러누웠습니다. 막 잠이 들려는데 겁쟁이 소목꾼의 머릿속에 중요한 일이 떠올랐습니다. 아직 기도를 드리지 않았던 겁니다. 소목꾼은 침대에서 일어났고 벽에 장롱이 있길래 문을 열었더니 십자가상과 기도책 두 권이 놓여 있었습니다. 소목꾼은 병사를 흔들어 깨워야 했고 함께 무릎을 꿇고 앉아 기도를 드리고는 편안하게 잠이 들었습니다. 이튿날 아침 병사는 누가 세게 걷어차는 바람에 깜짝 놀라며 벌떡 일어났습니다.

"아니 자네, 왜 나를 발로 차고그래!"

병사는 소목꾼에게 냅다 소리쳤습니다. 하지만 소목꾼도 마찬가지로 누군가에게 세게 얻어맞았기 때문에 이렇게 말했습니다.

"무슨 소리야, 자네가 날 때렸지, 내가 자네를 찼나!"

그러자 병사가 말했습니다.

"왠지 밖으로 나가라는 신호 같은데."

그들이 밖으로 나가니 식탁에는 이미 아침 식사가 차려져 있었습니다. 겁쟁이 소목꾼이 말했습니다.

"저 음식을 먹기 전에 먼저 사람부터 찾아보세."

"좋아. 나도 고양이가 한 요리라고 생각하니 어쩐지 입맛이 뚝 떨어지는군."

그들은 다시 아래층에서부터 위층까지 온 성 안을 온통 뒤지고 다녔지만 사람이라고는 눈에 띄지 않았습니다. 마침내 병사가 말했습니다.

"지하에도 내려갔다 오세."

그들이 계단을 내려가니 첫 번째 지하실에 나이 든 부인이 앉아 있는 게 보였습니다. 그들은 부인에게 말을 건넸습니다.

"안녕하세요! 저희들에게 훌륭한 음식을 요리해 주셨나요?"

"그랬지. 어때, 맛이 있었느냐?"

그들은 계속 걸어가 두 번째 지하실로 갔지요. 그곳에는 열네 살 소년이 앉아 있기에 인사를 했지만 소년은 아무런 대꾸도 하지 않았습니다. 그들은 또다시 걸어가 마침내 세 번째 지하실로 들어갔습니다. 거기에는 열두 살 된 소녀가 앉아 있었는데, 소녀 또한 그들의 인사에 전혀 답하지 않았습니다. 그들은 계속 앞으로 걸어가 모든 지하실을 다 지났지만, 더는 아무도 만날 수 없었습니다. 그들이 거꾸로 되돌아나오는데, 꼼짝도 않던 소녀가 자리에서 일어나 있었습니다. 병사와 소목꾼이 물었습니다.

"우리랑 같이 위로 올라가지 않을래?"

소녀가 물었습니다.

"아직도 연못 위에 붉은 백조가 있나요?"

"응. 성으로 들어오는 길에 봤어."

"참으로 슬픈 일이군요. 그렇다면 전 같이 갈 수 없어요."

소년도 일어나 있었어요. 그들은 소년에게 가까이 가서 물었습니다.

"우리랑 같이 위로 올라갈래?"

소년이 물었습니다.

"검정개가 아직도 마당에 있나요?"

"응. 성으로 들어오는 길에 봤단다."

"슬픈 일이군요. 그렇다면 저는 같이 갈 수 없어요."

그들이 나이 든 부인에게 가니 부인 또한 천천히 일어섰습니다.

"할머니, 우리와 함께 위로 올라가지 않으시겠습니까?"

"회색 고양이가 아직 부엌에 있소?"

"네. 화덕 위 냄비 옆에 앉아서 요리를 하고 있어요."

"슬픈 일이군. 자네들이 붉은 백조와 검정개와 회색 고양이를 죽이기 전까지 우리는 절대로 이 지하실에서 나가지 못한다네."

두 친구가 다시 부엌으로 올라가 고양이를 쓰다듬으려고 하자 고양이 눈은 갑자기 이글이글 불타올랐고 아주 사납게 보였습니다. 이제 그들이 가보지 않은 곳이라고는 어느 작은 방 하나뿐이었습니다. 그 작은 방문을 열어보니 벽에는 활과 화살, 검과 쇠집게가 걸려 있을 뿐 완전히 텅 비어 있었습니다. 그런데 활과 화살 위에는 '붉은 백조를 죽인다'는 말이, 검 위에는 '검둥개 머리를 베어 버린다'는 말이, 집게 위에는 '이것으로 회색빛 고양이 머리를 집어 잘라낸다'는 말이 씌어 있었습니다. 겁쟁이 소목꾼이 말했지요.

"아, 우리 어서 이곳을 빠져나가세."

병사가 말했습니다.

"아냐, 짐승들을 찾아봐야겠어."

그들은 벽에 걸려 있던 모든 무기들을 집어든 채 부엌으로 갔습니다. 그곳에는 백조와 개와 고양이, 동물들이 마치 무슨 못된 일을 꾸미는 것처럼 함께 모여 있었습니다. 겁쟁이는 그 모습에 겁을 잔뜩 집어먹고 다시 도망쳤지만 병사는 먼저 뭔가 먹어야겠다고 마음을 달랬습니다. 그는 음식을 배불리 먹고 난 뒤 말했습니다.

"어떤 방에서 갑옷을 보았는데, 난 그것부터 걸쳐야겠어."

방으로 간 그는 두려움을 이겨내 보려고 말했습니다.

"창밖으로 나가서 짐승들이 우리를 어떻게 할 생각인지 알아봐야지."

그런데 그가 창으로 다가가 보니 튼튼한 쇠창살이 쳐져 있었어요. 이제 더는 어떤 방법을 찾지 못해 갑옷을 먼저 입으려 했지만 하나같이 너무 무거웠습니다. 병사가 말했습니다.

"그것 참. 평소대로 가는 수밖에 없겠군."

"그러게. 우리가 셋만 되었어도 이렇게 무섭진 않을 텐데."

겁쟁이가 그렇게 말하자마자 어디선가 하얀 비둘기가 날아와 창에 쿵! 부딪혔습니다. 병사가 창문을 열자 비둘기가 날아들어 오더니 멋진 젊은이가 되어 그들 앞에 서며 말했습니다.

"내가 당신들을 도와주겠소."

그러면서 활과 화살을 집어들었습니다. 그러자 겁쟁이는 자기가 그것을 가졌으면 좋겠다고 말했습니다. 활과 화살이라면 화살을 쏜 다음 어딘가 멀찍이 숨어버릴 수 있기 때문이었지요. 하지만 그 전에 먼저 무기를 들고 마법의 동물들에게 바짝 다가가야 한다고 했습니다. 그러자 젊은이는 소목꾼에게 활과 화살을 주고 자신은 검을 들었습니다.

셋은 모두 무기 하나씩을 들고 동물들이 모여 있는 부엌으로 갔습니다. 젊은이는 검둥개 머리를 내려쳤고 병사는 회색빛 고양이를 집게로 붙들었으며 겁쟁이는 뒤에 서서 붉은 백조를 화살로 쏘아 죽였습니다. 동물들이 쓰러지자마자 늙은 부인과 두 아이들이 아주 크게 비명을 지르며 지하실에서 달려나왔습니다.

"감히 내가 사랑하는 친구들을 죽이다니! 이 못된 배신자들 같으니라고!"

그러면서 그들에게 죽일 듯이 덤벼들었습니다. 그러나 세 사람은 그들을 재빨리 제압한 뒤 갖고 있던 무기로 모두 죽여버렸습니다. 부인과 아이들이 죽자 문득 이상한 웅성거림이 주위에서 일더니 마침내 온 구석에서 울려나오기 시작했습니다. 소목꾼이 말했습니다.

"우리가 이 시체들을 묻어주세. 그들은 십자가를 가지고 있던 기독교인들이니."

그들은 시체들을 마당으로 옮긴 다음 무덤 세 개를 만들어 그 안에 눕혔습니다. 무덤작업을 하는 동안 성 안 웅성거림은 차츰 늘어났고 소리도 갈수록 커졌습니다. 그들이 일을 마치자 그 웅성거림 속에서 드디어 제대로 된 목소리들이 들렸습니다. 한 목소리가 외쳤습니다.

"그들은 어디 있지? 그들은 어디 있지?"

멋진 젊은이는 어느 틈에 사라졌는지 보이지 않았고 병사와 소목꾼은 더욱 더 불안해져서 끝내 그곳에서 달아났습니다. 성에서 조금 멀어졌을 때 병사가 말했습니다.

"뭐야, 이렇게 달아나는 건 옳지 않아. 우리 다시 돌아가서 도대체 거기 무엇이 있는지 살펴보자."

겁쟁이가 대답했습니다.

"싫어. 마법 따위는 절대 볼 수 없는 도시에 살면서 정직한 돈벌이를 찾아볼 테야."

하지만 병사가 소목꾼을 계속 붙잡았기에 어쩔 수 없이 병사와 함께 다시 성으로 돌아갈 수밖에 없었습니다. 그들이 성 앞에 이르자 그곳에 있는 모든 것이 활기차게 살아 있었지요. 말들이 마당을 뛰어다니고 하인들은 이리저리 바쁘게 돌아다녔습니다. 그들은 떠돌이 불쌍한 두 직공이라 말하며 먹을 것을 좀 달라고 부탁했지요. 성 안 사람들 가운데 하나가 말했습니다.

"네, 어서 들어오십시오. 오늘은 모든 사람들에게 좋은 일을 하려고 합니다."

그들은 어느 화려한 방으로 안내되었고 하인들이 요리와 포도주를 한 상 가득 차려주었습니다. 그러고는 그들에게 두 젊은이가 성으로 오는 것을 보지 못했느냐고 물었습니다.

"못 봤습니다."

그들은 대답했습니다. 그런데 어느 하인이 그들 손에 피가 묻은 것을 보더니 그 피가 어디서 묻은 것인지 물었습니다. 그러자 병사가 말했습니다.

"손가락을 베었습니다."

하인은 곧장 주인에게 가서 두 직공의 이야기를 했고 주인은 직접 와서 그들을 보고 싶어했습니다. 그런데 그 주인은 바로 그들을 도와주었던 멋진 젊은이였습니다. 젊은이는 그들을 보고 반기면서 크게 소리쳤지요.

"성을 구해주신 분들이구나!"

그는 병사와 소목꾼을 기쁘게 맞이하며 이제까지의 일들을 모두 이야기해 주었습니다.

"성에 한 가정부가 아이들 둘을 데리고 있었는데, 사실은 숨어 지내는 마녀였답니다. 어느 날 마녀는 성주에게 꾸지람을 듣고 못된 마음이 생겨 성에 사는 모든 것을 돌로 바꾸었지요. 다만 자기처럼 마법을 알고 있는 다른 나쁜 하인 셋에게만큼은 제대로 마법을 쓸 수가 없어 오로지 동물로만 바꾸어 놓을 수 있었답니다. 셋은 성 안에 살면서 저들 본디 성격을 드러냈지만 마녀는 그들이 두려워 아이들과 함께 지하실로 도망쳤답니다. 내게도 성 밖에서 흰 비둘기로 변할 수 있는 만큼의 힘은 있었지요. 그런데 당신들이 성에 오자 동물로 변한 하인들을 없애기 위해 일을 꾸미고 당신들을 죽이려 했던 거예요. 하지만 신께서는 더 좋은 뜻을 품고 계셨지요. 악독한 마녀가 아이들과 함께 죽임을 당하는 순간 성은 구원되고 돌이 되었던 성안 사람들은 다시 살아나게 되었답니다. 당신들이 들었던 그 웅성거림은 자유로워진 사람들이 입 밖으로 낸 첫마디였답니다."

그런 뒤 젊은이는 두 친구를 성주에게 안내했습니다. 성주는 그들을 보자마자 크게 기뻐하며 자신의 두 딸을 두 친구의 아내로 주었습니다. 그리하여 그들은 위대한 기사가 되어 평생 동안 즐겁게 살았답니다.

KHM 1815년판 136

야만인

Der Wilde Mann

한 야만인이 부린 마법 때문에 농부들이 애써 일궈 놓은 정원 열매들과 들판 곡식들이 모두 먹을 수 없게 되어버리고 말았습니다. 농부들은 영주를 찾아가 거두어들인 게 없어 더는 소작료를 낼 수 없다고 하소연했답니다. 딱한 사정을 들은 영주는 사냥꾼들을 불러 그 짐승 같은 녀석을 잡아오는 이에게는 큰 상을 내리겠노라 말했지요. 그러자 어느 늙은 사냥꾼이 와서는 자기가 그 짐승을 잡아오겠다고 했습니다. 사냥꾼은 위스키 한 병과 포도주 한 병, 맥주 한 병을 요구하고는 그 짐승이 날마다 와서 몸을 씻는 물가에 가져다 놓고 자신은 나무 뒤에 숨었습니다. 드디어 짐승이 나다났습니다. 그 짐승은 병에 든 술을 벌컥벌컥 들이켜더니 입술을 핥으며 술이 더 있는지 병을 이리저리 발로 차 보았습니다. 그러다가 술에 취한 짐승은 곧 곯아떨어졌습니다. 사냥꾼은 그 때를 놓치지 않고 재빨리 짐승에게 다가가 손과 발을 꽁꽁 묶은 뒤 그를 깨우며 말했습니다.

"이 야만인아, 나랑 함께 가면 날마다 맛있는 술을 실컷 마실 수 있을 거다."

그리하여 사냥꾼은 야만인을 영주의 성으로 데리고 갔습니다. 영주는 그를 가시 우리에 가둔 뒤 이웃을 찾아가 자기가 어떤 짐승을 잡아왔는지 구경하러 오라고 말했습니다. 그때 영주의 아들이 공을 가지고 놀다가 그만 가시 우리 속에 빠뜨렸습니다. 아이가 말했습니다.

"야만인아, 공을 내게 도로 던져줘."

그러자 야만인이 대답했습니다.

"네가 직접 들어와서 가져가려무나."

그러자 소년이 말했습니다.

"알겠어. 하지만 나한텐 열쇠가 없어."

"그러면 네 엄마 주머니에서 열쇠를 몰래 꺼내오면 되잖아."

이렇게 해서 소년이 가시 우리를 열자 야만인은 쏜살같이 달아났습니다. 소년은 큰 소리로 외쳤습니다.

"야만인아, 가지 마. 안 그러면 내가 크게 혼난단 말이야."

그러자 야만인은 소년의 목덜미를 잡고 거친 들판으로 달려갔습니다. 이제 야만인은 소년과 함께 사라지고 만 것입니다! 야만인은 아이에게 낡고 보잘것없는 작업복을 입혀서 황제의 궁정 정원사에게 보내, 정원사를 도울 소년이 필요하지 않느냐고 물어보도록 했습니다. 정원사는 소년이 몹시 더러워 다른 사람이 함께 자려 들지 않을 거라고 말했습니다. 이에 소년은 자기는 짚더미에 누워 자겠다 말하고는 늘 아침 일찍 일어나 정원으로 나갔습니다. 어느 날 야만인이 소년에게 말했습니다.

"이제 세수하고 머리도 빗어라!"

야만인은 정원사가 도저히 할 수 없을 만큼 아름답게 정원을 가꾸었습니다. 공주는 날마다 아름다운 소년을 보면서 마음을 빼앗겼고, 그에게 꽃 한 다발을 가져오도록 했습니다. 그리고 공주는 소년에게 신분이 어떻게 되는지 물었지요. 그러자 소년은 자기도 잘 모른다고 말했습니다. 공주는 소년에게 금화를 가득 채운 구운 닭을 주었습니다. 소년은 금화를 주인에게 가져다주며 말했습니다.

"제가 이것으로 무얼 하겠어요. 저는 필요 없어요."

소년은 공주에게 또 꽃 한 다발을 가져다주어야만 했습니다. 그러자 이번에는 공주가 금화를 가득 채운 오리를 주었습니다. 소년은 이번에도 그녀의 선물을 주인에게 가져다주었습니다. 또 한 번 더 그런 일이 있고 나서도 공주는 금화를 가득 채운 거위를 주었고, 소년은 이 금화마저 주인에게 가져다주었습니다. 공주는 소년이 많은 돈을 가지고 있으리라 생각했지만 사실 그에게는 아무것도 없었지요. 공주는 몰래 소년을 불렀고 그 사실을 알게 된 공주의 부모는 화가 나서 딸을 양조장에 가두어버렸습니다. 공주는 이제 직접 실을 자아 먹고살아야만 했습니다. 소년은 부엌에 가서 요리사의 빵 굽는 일을 도우며 이따금 고기 한 조각을 얻어 아내가 된 공주에게 가져다주었습니다.

그러던 어느 날 영국에 큰 전쟁이 일어났고, 황제를 비롯한 높은 귀족들은 모두 전쟁터에 나가야만 했습니다. 소년이 귀족들을 찾아가 자기도 전쟁에 나가고 싶다면서 혹시 마구간에 말 한 마리가 더 있는지 물었답니다. 딱 한 마리가 있기는 하지만 멀쩡한 다리가 셋 밖에 없다고 그들이 말하자, 그는 그것으로도 괜찮다면서 얼른 말에 올라타 절뚝절뚝 달려나아갔습니다.

그때 야만인이 소년의 마중을 나왔는데, 큰 산이 저절로 열리며 그 사이로 수천 연대의 병사와 장교들이 서 있는 것이었습니다. 소년은 멋진 옷으로 갈아입고 훌륭한 말을 얻어 탄 다음 군사들을 이끌고 영국으로 떠났지요. 황제는 친절히 그를 맞으며 자신을 도와주기를 바랐습니다. 용맹한 소년이 전투에 이기고 적군 모두를 무찌르자 황제는 고마움을 전하며 대체 어느 곳의 영주냐고 물었습니다. 그가 대답했습니다.

"묻지 마십시오. 저는 말씀드릴 수 없습니다."

소년이 군사들과 함께 영국에서 돌아왔을 때는 야만인이 또 마중을 나와 있었고 군사들은 모두 다시 산속으로 돌아갔습니다. 그가 다리가 셋뿐인 말을 타고 돌아오자 사람들이 말했습니다.
"우리 절뚝발이 기사가 다리가 셋인 말을 타고 절뚝절뚝 돌아오는군."
사람들이 그에게 물었습니다.
"어디 산울타리 뒤에 누워서 잠이라도 자고 왔는가?"
소년이 자랑스레 말했습니다.
"제가 없었더라면 영국은 쑥대밭이 되었을 겁니다!"
사람들이 말했습니다.
"젊은이, 조용히 입 다물게. 그렇지 않으면 황제께 호되게 얻어맞을 걸세."
이런 일은 두 번, 세 번 일어났고 그때마다 소년은 모두 승리했습니다. 어느 날은 칼에 찔려 팔을 다쳤는데 황제가 몸소 자기 손수건을 상처에 감아주었답니다. 사람들은 그가 함께 머물기를 바랐습니다.
"아니오. 저는 떠나겠습니다. 그리고 제가 어디 있든 여러분은 신경 쓰지 않아도 됩니다."
그가 고향으로 돌아가자 야만인이 또 마중을 나왔고 그의 군사들은 모두 산으로 들어갔습니다. 그는 또 한 번 절룩거리는 말을 타고 집으로 돌아갔습니다. 사람들이 비웃으며 말했습니다.
"우리 절뚝발이 기사가 절뚝절뚝 돌아오는군. 이번에는 대체 어디 누워서 잠을 자다 오는 거요?"
그가 대답했습니다.
"저는 절대 잠을 자지 않았습니다. 마침내 영국이 승리했고 참된 평화가 찾아왔습니다."
황제가 자신을 도와준 멋진 기사에 대해 이야기를 꺼내자 젊은이가 말했습니다.
"제가 없었더라면 절대 이기지 못했을 것입니다."
황제는 너무도 어이없어 하며 젊은이를 매질하려 했습니다.
그러자 젊은이가 말했습니다.
"제 말을 못 믿으시겠다면 제 팔을 그 증거로 보여드리겠습니다."
그가 다친 팔을 보여주자 황제는 깜짝 놀라며 말했습니다.
"그대는 아마도 신이거나, 신이 내게 보내준 천사인가 보오."
왕은 그를 함부로 대한 것을 사과했고, 자신의 모든 재산을 선물했습니다.

야만인은 마침내 구원을 받아 위대한 왕의 모습으로 나타나서는 그에게 이제까지의 모든 이야기를 털어놓았습니다. 산은 으리으리한 왕궁이었고, 젊은이는 아내와 함께 그곳으로 가서 죽음이 찾아올 때까지 행복하게 살았습니다.

KHM 1815년판 143

굶주리는 아이들

Die Kinder in Hungersnot

여인이 두 딸과 함께 살았습니다. 그들은 입속에 넣을 빵 조각 하나 없을 만큼 매우 가난했지요. 얼마나 배가 고팠던지 어머니는 정신을 잃어버릴 만큼 큰 절망에 빠졌습니다. 어머니가 첫째에게 말했습니다.

"너를 죽여야겠다. 그래야 내가 먹을 게 있지."

딸이 말했습니다.

"아, 어머니, 정신 차리세요! 제가 밖으로 나가서 구걸하지 않고 먹을 것을 얻어 볼게요."

딸은 밖으로 나갔습니다. 그러고는 곧 빵 한 조각을 들고 돌아왔습니다. 그들은 함께 빵을 먹었지만 배고픔을 달래기에는 모자랐습니다. 그러자 어머니는 둘째에게 말했습니다.

"이번에는 네 차례다."

딸이 대답했습니다.

"아, 어머니, 부디 제 목숨을 살려주세요. 제가 밖에 나가서 몰래 먹을 것을 구해 가지고 올게요."

딸은 밖으로 나갔다가 빵 두 조각을 들고 돌아왔습니다. 셋은 함께 빵을 나누어 먹었지만 여전히 배가 고팠습니다. 몇 시간 뒤 어머니가 딸들에게 말했습니다.

"어쨌든 너희들은 죽어야 한다. 결국 우리는 굶어 죽게 되어 있어."

그러자 딸들이 애원했습니다.

"어머니, 우리는 누워서 잠을 잘게요. 그리고 마지막 심판의 날이 오기 전에는 절대로 다시 일어나지 않을 거예요."

딸들은 침대에 누워 깊은 잠에 빠졌습니다. 누구도 그들을 잠에서 깨울 수 없었지요. 하지만 어머니는 곧 그곳을 떠났습니다. 어머니가 어디에 머무르는지는 아무도 모릅니다.

KHM 1815년판 152

성녀 쿰메르니스

Die heilige Frau Kummernis

결혼하지 않겠다고 신에게 맹세한 처녀가 있었습니다. 하지만 그 처녀는 매우 아름다웠습니다. 그녀의 아버지는 딸의 서약을 인정하지 않고 어떻게든 그녀를 결혼시키려고 애를 썼습니다. 곤란한 처지에 빠진 처녀는 자신의 얼굴에 수염이 자라게 해 달라며 신께 간절히 빌었고, 놀랍게도 곧 그렇게 되었습니다. 왕인 그녀의 아버지는 화가 머리끝까지 나서 딸을 십자가에 못 박게 했습니다. 그렇게 처녀는 성녀가 되었습니다.

어느 날 몹시 가난한 음악가가 성녀상이 있는 교회에 오게 되었지요. 음악가는 그 앞에서 무릎을 꿇었습니다. 그러자 성녀는 음악가가 처음으로 자신에게 죄가 없음을 이야기하는 것에 기뻐서 순례자에게 도움을 주려고 자신이 신고 있던 황금 슬리퍼 한 짝을 벗어 떨어뜨려 주었습니다. 음악가는 고맙다고 인사를 하며 그 선물을 받았습니다.

그런데 곧 교회에서는 황금 신발이 사라진 것을 알아차리고는 여기저기 찾아다니기 시작했고, 마침내 가난한 바이올린 연주자가 갖고 있다는 사실이 밝혀졌습니다. 그는 끝내 도둑으로 몰려 유죄판결을 받고 교수형을 당하게 되었습니다. 형장으로 가는 길에 행렬이 성녀상이 있는 교회 옆을 지나게 되자, 음악가는 교회에 들어가 마지막으로 자신의 악기와 작별을 고한 뒤 선행을 베풀어 준 성녀에게 마음속 고민을 털어놓을 수 있도록 허락해 달라고 부탁했습니다. 곧 허락이 내려졌습니다.

그가 바이올린을 들고 첫 선율을 타자마자, 성녀상은 다른 쪽 황금 슬리퍼를 그의 앞에 떨어뜨려 주었습니다. 그리하여 음악가는 누명을 벗고 자유를 되찾아 즐겁게 자신의 길을 갔습니다. 그때부터 성처녀는 성녀 쿰메르니스(근심·걱정·비애라는 뜻)라 불리게 되었답니다.

KHM 1840년판 175

불운

Das Unglück

불행이 찾아든 사람은 어딘가로 숨어버리거나 넓은 들판으로 달아나고 싶겠지만, 불운은 끝내 그를 찾아내고야 맙니다.

한 사나이가 아궁이에 불을 지필 만한 나무토막 하나 없을 만큼 무척 가난했습니다. 그래서 그는 숲으로 가서 나무를 베려고 했지만, 나무들은 하나같이 너무 크고 튼튼했습니다. 그래서 그는 숲 속으로 더 깊이 들어갔고 마침내 자를 수 있을 만한 나무 한 그루를 발견했습니다. 그가 막 도끼를 휘두르려고 하자, 갑자기 덤불 속에서 늑대 한 무리가 나타나더니 큰 소리로 울부짖으며 그에게 달려드는 것이었습니다. 그는 너무 놀라 도끼를 내던지고 정신없이 도망쳐 어느 다리에 이르렀습니다. 그런데 그 다리는 세찬 물살에 여기저기 구멍이 뚫려 있던 터라, 남자가 막 발을 내디디려는 순간 뚝 부러져 무너지고 말았습니다. 자, 이제 어떻게 할까요? 멈춰 선다면 늑대들이 달려들어 그를 갈기갈기 찢을 게 틀림없었습니다. 그는 어쩔 수 없이 용기를 내어 물속으로 첨벙 뛰어들었습니다. 하지만 그는 헤엄을 칠 줄 몰랐기에 그대로 물속으로 가라앉고 말았답니다. 다행히 건너편 물가에 앉아 있던 어부 몇 사람이 이 남자를 보고 재빨리 물속으로 뛰어들어 그를 물가로 이끌어냈습니다. 어부들은 그가 따뜻한 햇볕을 쪼이며 힘을 되찾도록 낡은 담벼락에 기대어 놓았습니다. 이윽고 정신을 잃었던 남자가 기절에서 깨어나서는 어부들에게 고맙다는 인사를 했습니다. 그리고 자신의 불운한 운명을 이야기하려는 순간, 그만 담장이 와르르 무너지며 덮치는 바람에 끝내 그는 깔려 죽고 말았습니다.

KHM 1843년판 182

완두콩 시험

Die Erbsenprobe

어느 왕에게 외동아들이 있었습니다. 아들은 결혼하고 싶어서 아버지에게 아내를 구해 달라고 부탁했습니다. 그러자 왕이 말했습니다.

"그래, 아들아, 네 소원을 들어주마. 하지만 공주가 아닌 평범한 여자와 결혼하는 것은 어울리지 않는다. 가까운 나라에 공주가 있을 수도 있겠지만, 아무튼 먼저 널리 알리도록 하겠다. 어쩌면 먼 곳에서 공주가 찾아올지도 모르니 말이다."

그리하여 나라 이곳저곳에 공식적인 편지가 보내졌습니다. 오래지 않아 이런저런 왕국에서 공주들이 찾아왔습니다. 날마다 자신이 공주라면서 한 명씩 찾아왔지만, 태생과 출신을 물어보면 거의 다 공주가 아님이 밝혀졌으므로 아무 보람도 없이 되돌아가곤 했습니다.

왕자가 말했습니다.

"이러다가는 끝내 아내를 얻지 못하게 될 것 같습니다."

"걱정 마라, 아들아. 행운은 곧잘 문 앞에 서 있는 법이니 우리는 그저 문만 열어주면 된단다."

왕비가 이렇게 말했습니다. 정말 왕비의 말은 곧 이루어졌습니다.

어느 폭풍우 몰아치는 저녁, 비바람이 창문을 세차게 때리는데 누군가 궁궐 문을 마구 두드렸습니다. 하인들이 문을 열어보니 깜짝 놀랄 만큼 아름다운 소녀가 들어와 곧바로 왕에게 안내해 달라고 부탁했습니다. 왕은 늦은 방문을 이상하게 여기며 어디서 온 누구이며 무엇을 바라는지 물었습니다. 소녀가 대답했습니다.

"저는 아주 머나먼 곳에서 왔고, 어느 힘 있는 왕의 딸입니다. 아드님의 초상화가 그려진 편지가 제 아버지의 나라에도 전해져 그것을 보자마자 저는 아드님에게 뜨거운 사랑을 느꼈습니다. 그래서 그의 아내가 될 생각으로 이렇게 먼 길을 달려왔사옵니다."

왕이 말했습니다.

"조금 꺼림칙하도다. 그대는 도무지 공주처럼 보이지 않으니 말이다. 언제부터 공주가 신하들도 하나 없이, 게다가 그토록 낡은 옷을 입고 홀로 여행을 하게 되었단 말인고?"

소녀가 대답했습니다.

"신하를 데려왔다면 방해만 되었을 것이옵니다. 제 옷은 햇볕 때문에 색이 바래고 비에 젖어 물이 완전히 빠지고 말았습니다. 제가 공주임을 믿지 못하시겠거든 제 아버지에게 사신을 보내십시오."

"그러기엔 너무 멀구나. 그리고 내가 사신을 보낸다고 해도 그대처럼 빨리 갈 수도 없을 테고 말이야. 그런 일에는 시간이 필요한 법이거든. 또 그들이 다시 돌아오려면 몇 년이 걸릴 수도 있다. 그대가 공주라는 사실을 달리 밝히지 못한다면 이곳까지 찾아온 게 결국 아무 쓸모없는 일이 될 것이다. 그렇게 되기 전에 차라리 그냥 집으로 돌아가는 편이 더 나을지도 모른다."

왕의 말이 끝나자마자 왕비가 끼어들었습니다.

"한동안 머물게 두어보세요. 제가 한번 시험해 보겠습니다. 그러면 곧 공주인지 아닌지 알게 될 것입니다."

왕비는 몸소 탑으로 올라가 호화로운 방에 침대를 꾸미도록 했습니다. 아주 두껍고 무거운 이불이 옮겨지자 왕비는 완두콩 세 알을 꺼냈습니다. 그러고는 완두콩 한 알은 이불 위쪽에, 한 알은 한가운데에, 그리고 또 한 알은 아래쪽에 놓았습니다. 그런 다음 그 위에 부드러운 이불 여섯 개를 쌓아두고 리넨 천과 오리 솜털 이불을 펴놓게 했습니다. 이 모든 일이 끝나자 왕비는 소녀를 침실로 불러들였습니다.

"먼 길을 걸어와 틀림없이 지쳤을 터이니 먼저 푹 자도록 하거라. 이야기는 내일 계속하도록 하자."

날이 새자마자 왕비는 탑으로 올라가 침실로 갔습니다. 왕비는 소녀가 아직 깊은 잠에 빠져 있으리라 생각했는데, 뜻밖에도 소녀는 이미 깨어 있었습니다. 왕비가 물었습니다.

"잘 잤느냐?"

소녀가 대답했습니다.

"아니요, 도무지 잠을 이룰 수가 없었습니다. 밤새 눈 한 번 붙여보지도 못했답니다."

"왜, 침대가 좋지 않더냐?"

"이토록 불편한 침대에는 이제껏 처음 누워봅니다. 머리부터 발끝까지 어찌나 딱딱한지, 마치 완두콩들 위에 누워 있는 것만 같았어요."

그러자 왕비가 말했습니다.

"그대는 참된 공주로구나. 그대에게 왕실의 옷과 진주와 보석을 보낼 터이니 신부처럼 아름답게 꾸미거라. 오늘 바로 결혼식을 올리기로 하자."

KHM 1843년판 191

도둑네 세 아들

Der Räuber und seine Söhne

어느 도둑이 커다란 숲속에서 젊은 사나이들을 거느리고 좁은 골짜기 동굴에서 살았습니다. 이 도둑은 영주나 신사, 부자 상인이 길을 가고 있으면 숨어서 기다리고 있다가 금이며 재물을 마구 빼앗았습니다. 그런데 해가 갈수록 우두머리는 도둑질이 마음에 들지 않게 되었고, 또 이제껏 나쁜 짓을 많이 해온 것을 뉘우치게 되었습니다. 그래서 보다 나은 삶을 살기로 마음먹고, 성실하게 살면서 자신이 할 수 있는 좋은 일을 찾기 시작했습니다. 사람들은 도둑 우두머리가 그토록 빨리 잘못을 뉘우친 것에 몹시 놀라워하면서 무척 기뻐했습니다. 도둑 우두머리는 아들 셋을 두었는데, 아들들이 모두 의젓한 청년이 되자 불러 앉혀 놓고 말했습니다.

"사랑하는 아들들아, 너희들은 성실하게 돈을 벌 수 있다면 어떤 일을 택하겠느냐?"

아들들은 서로 의논하는가 싶더니 곧 이렇게 대답했습니다.

"사과는 줄기에서 멀리 떨어지지 않습니다. 저희는 아버지가 저희를 먹여 살리신 그 방법으로 살아가려 합니다. 그래서 큰 도둑이 될 거예요. 아침부터 밤까지 일은 죽도록 하면서 돈도 제대로 못 벌고 고생스럽게 살고 싶지 않습니다."

"아, 사랑하는 아들들아, 왜 평화롭게 사는 것에 만족하지 않느냐. 성실한 것이 가장 오래가는 법이다. 도둑질은 나쁘고 은혜 없는 짓이어서 나중에는 반드시 불행해지고 만다. 그래서 너희들은 아무리 재물을 많이 모아도 기쁨을 느끼지 못할 거다. 내가 이미 다 겪어본 일이라 잘 알기에 하는 말이다. 다시 말하지만 그 끝은 분명 좋지 않을 것이다. 나쁜 짓은 오래 이어지면 언젠가는 잘못되고 만다. 너희들은 붙잡혀 끝내 교수대에 매달릴 것이다."

그래도 아들들은 아버지의 경고를 대수롭지 않게 넘기며 자신들의 뜻을 굽히지 않았습니다.

세 아들은 지금 당장 도둑이 될 수 있는지 시험을 해보기로 했습니다. 그들은 왕비가 마구간에 값비싸고 훌륭한 말을 갖고 있다는 사실을 알고 있었습니다. 그들은 그 말을 훔치고 싶었습니다. 또한 그 말은 습기 찬 숲에서만 자라는 부드러운 풀만 먹는다는 것도 알아냈습니다. 그들은 들로 나가 풀을 베어 커다란 다발을 만들었습니다. 그리고 두 형은 가장 어린 막내를 풀다발 속에 숨겨 들키지 않도록 하고 그 풀다발을 장터로 가지고 갔습니다.

왕비의 마구간지기는 장터에서 그것을 사서 마구간으로 가져다 두었습니다. 한밤이 되어 모두 잠이 들자 막내는 풀다발에서 살며시 나왔습니다. 그러고는 말을 묶은 끈을 풀고 대신 금고삐를 매었습니다. 말에는 금실로 수를 놓은 안장을 올려놓고 거기 매달린 방울을 밀랍으로 메워 소리가 나지 않도록 했습니다. 그런 뒤 잠긴 문을 열고 말 등에 올라 서둘러 형들이 일러준 곳으로 떠났습니다. 그러나 곧 도시 파수꾼들이 도둑이 든 것을 알아차리고는 재빨리 뒤를 쫓아왔습니다. 마침내 그들은 형들과 함께 있는 말 도둑을 찾아내고 세 형제를 모두 붙들어 감옥에 가두어버렸습니다.

이튿날 아침 아들들은 왕비 앞으로 끌려갔습니다. 왕비는 잘생긴 세 청년을 보고 어디서 태어나 자랐는지를 물어보았습니다. 그리하여 삶의 방향을 전환해 온순하고 성실한 신하로서 새 삶을 살고 있는 늙은 도둑의 아들들임을 알게 되었습니다. 왕비는 세 아들을 다시 감옥으로 돌려보낸 뒤 신하들을 시켜 그들의 아버지에게 아들들이 풀려나기를 바라느냐고 묻게 했습니다. 그러자 아버지가 찾아와서 말했습니다.

"제 아들 녀석들은 풀어주십사 하고 돈 한 푼이라도 내놓을 만한 가치가 없습니다."

그러자 왕비가 말했습니다.

"그대는 악명 높은 도둑이었으니 도둑으로 지낼 때 가장 기이했던 모험 이야기를 들려주면 그대 아들들을 풀어주도록 하겠소."

아버지가 그 말을 듣고 이야기를 시작했습니다.

"왕비님, 제 말을 들어보십시오. 저를 무엇보다 아주 깜짝 놀라게 한 사건을 이야기해 드리겠습니다. 사람들이 사는 곳에서 20마일이나 떨어진 어느 산과 산 사이 쓸쓸한 골짜기에 거인이 살고 있는데, 그 거인이 큰 보석과 아주 많은 금은보화를 가지고 있다는 이야기를 들었습지요. 그래서 제 도적떼 가운데서 백 명을 뽑아 그들과 함께 그곳으로 떠났습니다. 가파른 암벽과 깊은 물을 지나는 길고 고된 길이었어요. 도착해 보니 거인이 마침 집을 비운 터라 저희는 기뻐하며 옮길 수 있는 만큼 많은 금과 은을 가지고 막 집으로 돌아오려는 참이었습니다. 그때 느닷없이 거인이 다른 거인 열 명과 함께 들이닥치는 게 아니겠습니까! 우리는 모두 붙잡혔고 거인들은 우리를 열 명씩 나누어 맡았습니다. 저는 아홉 동료들과 함께 우리가 보물을 훔친 바로 그 거인에게 잡혔지요. 거인은 우리 손을 모두 등 뒤로 묶더니 양 떼처럼 암벽 동굴로 몰아갔습니다. 우리는 훔친 돈과 재물을 되돌려주고 빠져나오려 했으나 거인이 이렇게 말하는 것이었습니다.

'보물은 필요 없다! 너희 모두를 잡아 두고 네 녀석들 고기를 하나씩 뜯어먹는 게 더 좋아!'

그런 뒤 우리를 하나씩 만져보더니 한 녀석을 고르고 말했습니다.

'이 녀석이 가장 통통하니 먹음직스럽다! 이 녀석부터 먹기 시작해야겠다!'

그러고는 그를 때려눕힌 다음 고기를 썰어 솥에 넣고 물을 부어 불 위에 얹는 게 아니겠습니까. 다 끓자 건져서 남김없이 먹어 치웠습니다. 이렇게 날마다 한 사람씩 먹었습니다. 다행인지 불행인지 저는 그 가운데 누구보다 여위었기 때문에 마지막 차례가 될 터였습니다. 아홉 동료가 모두 먹히고 나서 마침내 제 차례가 되자 저는 가까스로 꾀를 하나 생각해 냈지요.

'보아하니 그대는 눈이 나빠 앞이 잘 보이지 않는 것 같구려. 사실 나는 아주 경험이 많은 의사인데 그대가 나를 살려주면 그대의 눈을 환하게 고쳐주겠소.'

제가 이렇게 말하자 거인은 그렇게만 해준다면 목숨을 살려주겠다고 약속했습니다. 그는 제가 치료를 위해 요구한 모든 것을 준비해 주었습니다. 저는 그의 눈을 낫게 할 약을 만들려는 듯이 솥에 기름을 붓고, 유황과 역청, 소금과 비소를 비롯해 온갖 몹쓸 것들을 몽땅 집어넣은 다음 불에 올려놓았습니다. 기름이 끓자마자 거인에게 누우라고 하고는 솥 안에 든 것을 눈과 목은 물론 몸에 남김없이 쏟아부었습니다.

곧 거인 얼굴은 사라지고 온몸의 피부는 타서 잔뜩 쪼그라들었습니다. 거인은 끔찍하게 비명을 지르며 벌떡 일어났다가 다시 땅에 쓰러져서는 이리 뒹굴고 저리 뒹굴었지요. 그는 마치 사자나 황소처럼 비명을 지르고 큰 소리로 울부짖었습니다. 무척 화가 난 거인은 다시 벌떡 뛰어오르며 아주 커다란 몽둥이를 꺼내들고는 온 집 안을 이리저리 뛰면서 땅이며 벽을 마구 후려쳤습니다. 저를 잡으려는 것 같았습니다. 그런데 집은 곳곳이 높은 담으로 에워싸여 있어서 쉽게 달아날 수도 없었습니다. 게다가 문들도 빗장쇠로 굳게 잠겨 있었지요.

저는 이곳저곳 펄쩍펄쩍 뛰어다니며 도망쳤습니다. 그러나 달리 어쩔 도리가 없다는 사실을 깨닫고는 사다리를 타고 천장으로 올라가서 두 손으로 닭장의 홰를 잡고 매달렸습니다. 그렇게 종일 매달려 있었답니다. 그러다가 더 버틸 수 없음을 깨닫자 도로 내려와 양 떼 사이에 섞여 들어갔습니다. 그러고는 거인이 알아차리지 못하도록 양들과 함께 재빠르게 그의 다리 사이를 지나다녀야 했습니다. 마침내 양들 무리 한구석에 숫양 가죽이 놓여 있는 것을 발견하고는 그 가죽 밑으로 기어들어가 머리에 뿔이 오도록 잘 뒤집어썼지요.

거인은 양들을 들판으로 데리고 나갈 때 먼저 자신의 다리 사이로 지나가게 하는 버릇이 있었습니다. 그때 양들의 수를 하나하나 세면서 가장 살찐 놈을 잡아 요리해서 먹고는 했지요. 저는 이 틈을 이용해서 달아나야겠다 마음먹고 양들이 하듯 거인의 다리 사이로 마구 비집고 들어갔습니다. 그런데 갑자기 거인이 저를 확 잡더니 무겁다는 것을 알아차리고는 이렇게 말했습니다.

'가장 살찐 놈이로구나. 오늘은 너를 잡아먹어야겠다.'

순간 저는 훌쩍 뛰어 거인 손에서 빠져나갔지만 곧 붙들리고 말았습니다. 다시 도망쳤지만 또 붙잡혔지요. 이렇게 거듭하기를 일곱 번이나 했어요. 마침내 거인은 잔뜩 화가 나서 말했습니다.

'갈 테면 가라! 늑대들이 너를 잡아먹고 말 것이다. 감히 네가 나를 한없이 놀렸겠다!'

무사히 밖으로 나온 저는 가죽을 벗어 던지고는 '도망쳐나왔다'고 외치며 거인을 비웃었습니다. 그러자 거인은 손가락에서 반지를 뽑아들고 말했습니다.

'이 금반지를 상으로 줄 테니 받아라. 너는 이것을 받을 만한 가치가 있다. 너처럼 꾀 많고 재빠른 사내가 선물 없이 갈 수는 없지.'

어리석게도 저는 반지를 받자마자 얼른 손가락에 끼웠습니다. 그런데 반지에는 마법이 걸려 있었던 것입니다. 반지를 손에 끼는 순간 저는 끊임없이 '나 여기 있다! 나 여기 있다!' 외쳐야만 했습니다. 그러면 거인은 제가 어디 있는지 알아차리고 숲으로 달아나는 저를 끝까지 쫓아왔지요. 하지만 거인은 눈이 멀었기 때문에 매순간 나뭇가지나 줄기에 부딪쳐서 커다란 나무처럼 쿵쿵 쓰러지곤 했습니다. 그러면서도 거인은 재빨리 다시 일어났고 다리가 길어 줄곧 저를 따라잡았습니다. 제가 끊임없이 '나 여기 있다! 나 여기 있다!' 외치니 곧 저를 바짝 쫓아오는 것이었습니다. 그때서야 저는 제가 소리치는 게 반지 때문임을 깨닫고 반지를 빼려고 했지만 도무지 뺄 수가 없었습니다. 이제 달리 방법이 없어 제 손가락을 이로 물어뜯어 끊어버렸습니다. 그 순간 저는 외치기를 그만둘 수 있었고 다행히 거인에게서 벗어날 수 있었습니다. 비록 손가락 하나는 잃었지만 목숨은 지켰던 것입니다."

도둑은 계속해서 말을 이었습니다.

"왕비님, 지금까지 한 이야기는 맏아들을 구하기 위한 것이었습니다. 이제 둘째 아들을 구하기 위해 그 뒤에 어떤 일이 일어났는지 말씀드리겠습니다. 거인 손에서 도망쳐 나온 저는 어디로 가야 할지 모른 채 거친 벌판을 하염없이 헤매고 다녔습니다. 가장 키가 큰 전나무에도 올라가 보고 산꼭대기에도 올라가 보았지만 어디를 내려다보아도 온통 멀고 드넓기만 할 뿐 집 한 채 밭 한 뙈기 눈에 띄지 않았습니다. 사람 흔적이라고는 조금도 없이 곳곳이 으스스한 숲과 벌판뿐이었습니다. 저는 하늘 높이 솟아오른 산꼭대기에서 아래쪽 골짜기로 내려왔습니다. 골짜기는 아주 깊은 연못과 같았지요. 사자, 곰, 물소, 야생 나귀, 독사, 온갖 흉측한 벌레들과 마주치며 가는데, 털북숭이 야만인들이 보였습니다. 머리 위에는 뿔이 달리고 입은 새 주둥이 같았습니다. 저는 어찌나 놀랐던지 오늘도 그 생각을 하면 오싹합니다. 저는 계속 앞으로 나아갔습니다. 견딜 수 없는 배고픔과 목마름이 저를 괴롭혔고, 너무도 지쳐서 그대로 주저앉을까 봐 두려웠습니다. 마침내 해가 막 지려고 할 때, 어떤 높은 산에 이르렀습니다. 가만히 먼 곳을 바라보니 저 깊은 골짜기에서 마치 빵 굽는 오븐에 불을 피운 듯한 연기 한 줄기가 피어오르고 있었습니다. 저는 연기 나는 곳으로 있는 힘껏 뛰어내려갔습니다. 그곳에서 어느 나뭇가지에 죽은 남자 셋이 매달려 있는 것을 보게 되었습니다. 저는 몹시 두려웠지요. 다른 거인이 지배하는 곳에 왔다고 생각했거든요. 제 목숨이 걱정되었습니다. 그래도 마음을 다잡고 걸음을 계속했고 마침내 작은 집을 보았습니다. 그 집 문은 활짝 열려 있었지요. 아궁이 불 옆에 한 여자가 아이와 함께 앉아 있었습니다. 저는 안으로 들어가 그녀에게 인사하며 왜 홀로 이곳에 앉아 있느냐, 남편은 어디 있느냐고 물었습니다. 또 사람들이 사는 곳까지는 아직 멀었느냐고도 물었지요. 여자는 사람들이 살고 있는 마을은 아주 먼 곳에 있다고 대답했습니다. 그리고 울면서 어젯밤 사나운 숲 괴물들이 와서 그녀와 아이를 남편 곁에서 납치해 이 거친 숲으로 데려왔다고 이야기했습니다. 괴물들은 아침에 나갔는데, 저녁에 돌아와 아이를 잡아먹을 테니 미리 요리를 해놓으라고 명령했다는 것이었습니다. 이야기를 듣고 저는 그녀와 아이가 너무도 가엾어 그들을 구해 주기로 결심했습니다.

저는 세 남자가 매달려 있던 나무로 달려가 살집이 좋은 가운데 사람을 끌어내려 집으로 옮겨왔습니다. 그녀에게 이 사람을 토막 내어 요리해서 거인에게 주라고 일렀습니다. 그리고 아이는 제가 데려다가 어느 빈 나무 안에 숨겨 놓았습니다. 저는 집 뒤에 숨었지요. 그래야 숲 괴물들이 어디서 오는지 볼 수 있고, 또 어쩌면 여자를 도우러 달려가야 할지도 몰랐으니까요. 해 질 녘 괴물들이 산에서 내려오는 것이 보였습니다. 원숭이와 비슷하게 생겼는데, 소름끼치도록 무시무시한 몰골들이었습니다. 그들은 어디서 잡았는지 시체 하나를 끌고 왔지만 어떤 사람인지는 볼 수 없었습니다. 그들은 집에 이르자 불을 피워 놓고 둘러앉아 피가 뚝뚝 흐르는 몸을 이빨로 찢어 먹었습니다. 그런 다음 죽은 남자의 살코기가 요리된 솥에서 고기를 꺼내 조각조각 나누더니 저녁으로 때웠습니다. 다 먹고 나자 우두머리로 보이는 녀석이 방금 먹은 것이 그대의 아이 고기가 맞느냐고 여자에게 물었습니다. 여자가 그렇다고 대답하자 괴물이 말했습니다.

'내가 짐작을 하건대 너는 아이를 숨기고 나뭇가지에 매달린 녀석들 가운데 하나를 요리한 것 같다.'

그는 자기 패거리들 가운데 셋을 시켜 얼른 달려가 나무에 매달린 세 남자에게서 저마다 살점을 떼어 오라고 시키더군요. 그래야 세 남자 모두 거기 그대로 있음을 알 수 있을 거라면서 말입니다. 저는 그 말을 듣고 얼른 괴물들을 앞질러 달려가서는 죽은 두 남자 사이에 가서 매달렸습니다. 세 번째 남자에게서 가져온 밧줄을 두 손으로 잡고요. 그러자 괴물들이 오더니 저마다 허리에서 살 한 점씩을 잘라내더군요. 제 살도 한 조각 잘라냈지요. 말로 표현할 수 없을 만큼 고통스러웠지만 저는 찍소리 내지 않고 꾹 참아냈지요. 그 증거로 제 몸에는 아직도 상처가 있사옵니다."

여기서 도둑은 잠깐 입을 다물었다가 다시 이야기를 이어갔습니다.

"왕비님, 이 모험 이야기는 둘째 아들을 위해 들려드렸습니다. 이제 막내 아들을 위해 이야기 끝 부분을 말씀드리겠습니다. 야만인들이 세 조각 살코기를 들고 떠나자 저는 다시 내려와 셔츠를 찢어 되도록 상처를 잘 감았습니다. 그런데 살을 어찌나 많이 잘라냈던지 피가 멈추지 않고 줄줄 흘러내리지 뭡니까. 하지만 그것에는 신경 쓸 겨를도 없이 오로지 여자와 했던 약속을 지킬 생각만 했습니다. 그녀와 아이를 꼭 구해낼 생각이었지요. 그래서 서둘러 괴물들이 사는 집으로 돌아와 몸을 숨긴 채 일이 어떻게 되어가는지 귀를 기울였습니다. 꼿꼿이 서 있기조차 너무나도 힘들었습니다. 상처가 무척 아프고, 배고픔과 목마름 때문에 당장이라도 쓰러질 것만 같았지요. 그동안 거인은 가져온 살점 세 개를 맛보았습니다. 그런데 제게서 베어낸, 아직도 피가 뚝뚝 떨어지는 살점을 먹더니 이렇게 말했습니다.

'냉큼 달려가서 가운데 녀석을 끌고 오너라. 녀석의 살은 아직 신선해서 마음에 든다.'

저는 그 소리를 듣고 서둘러 나무에 매달린 두 남자 사이로 가서 다시 밧줄에 매달렸습니다. 곧 괴물들이 와서는 나무에서 끌어내렸고, 가시덤불이며 엉겅퀴들 위로 질질 끌고 집으로 가서는 저를 바닥에 눕혀 놓았습니다. 그들은 날카로운 이빨을 드러내고 칼을 갈아 저를 잡아먹을 준비를 했습니다. 그들이 막 제게 손을 대려는데 갑자기 엄청난 천둥 번개와 함께 비바람이 몰아쳤습니다. 괴물들도 깜짝 놀라 비명을 지르며 다들 창으로 문으로 지붕으로 달려 나갔습니다. 저를 바닥에 놓아둔 채로 말입니다. 세 시간이 지나자 서서히 주위가 밝아오기 시작했고, 곧 해가 떠올랐습니다. 저는 여자와 아이를 데리고 그곳을 떠나 40일 동안 거친 들판이며 숲을 걸었습니다. 먹을 것이라고는 숲에서 나는 온갖 나무뿌리와 딸기, 풀들밖에 없었습니다. 마침내 저는 사람들이 사는 곳으로 오게 되었고 여자와 아이를 남편에게 데려다주었습니다. 그 남편이 얼마나 기뻐했을지는 누구라도 쉽게 상상할 수 있겠지요."

이것으로 도둑의 이야기는 끝났습니다.

왕비가 말했습니다.

"그대는 그 가엾은 여자와 아이를 괴물들 손아귀에서 구해냈으니 그대가 저지른 모든 나쁜 짓을 갚았느니라. 나는 이제 그대의 세 아들을 풀어주겠다."

야코프 그림·빌헬름 그림 생애와 작품
그림 형제 연보

야코프 그림·빌헬름 그림 생애와 작품

18세기 끝무렵부터 19세기 시작은 산업혁명으로 불붙은 경제활동의 변화뿐만 아니라 1789년 프랑스혁명 뒤의 정치적 제도적 변동, 나폴레옹이 이끄는 프랑스군의 침공에 따른 신성로마제국 멸망 등 격동의 시대가 막을 연 시기이기도 했다. 이러한 시대를 살았던 그림 형제의 삶을, 《그림 동화》가 탄생하게 된 과정과 함께 살펴보도록 한다.

엄격한 부모의 교육 유년기

《아이들과 가정을 위한 이야기 *Kinder-und Hausmärchen*》를 엮은 그림 형제는 야코프 그림(Jacob Ludwig Carl Grimm, 1785~1863)과 빌헬름 그림(Wilhelm Carl Grimm, 1786~1859)의 두 사람을 가리키는데, 본디 6남매였다는 사실은 그리 알려져 있지 않다. 둘째 아들 빌헬름 밑으로는 4명이 있었다.

· 셋째 아들 카를 프리드리히(Carl Friedrich Grimm, 1787~1852)
· 넷째 아들 페르디난트 필리프(Ferdinand Philipp Grimm, 1788~1845)
· 다섯째 아들 루트비히 에밀(Ludwig Emil Grimm, 1790~1863)
· 맏딸 샤를로테(1793~1833)

성인이 된 사람이 이 6명이라는 것일 뿐, 일찍 죽은 3명의 형제를 포함하면 본디는 9남매였다. 야코프는 무사히 자란 형제 가운데에서는 장남이지만 그의 위에도 어릴 때 죽은 형이 있었으므로 본디 둘째였다. 또한 막내 아들 루트비히는 뒷날 화가가 되어 두 형의 그림이나 가족 그림뿐만 아니라 《그림 동화》의 삽화도 그리게 된다.

하나우에서 고급재판소 변호사와 관청 서기관을 지냈던 필리프 빌헬름 그

▲슈타이나우 마을 풍경, 프리드리히 그림 작

◀슈타이나우 시 청사

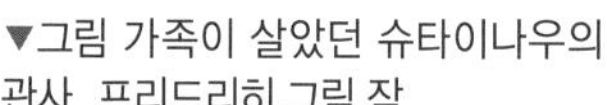

▼그림 가족이 살았던 슈타이나우의 관사, 프리드리히 그림 작

림(Philipp Wilhelem Grimm, 1751~1796)이 1783년 2월 23일, 카셀 출신의 도로테아 침머(Dorothea Zimmer, 1755~1808)와 결혼해 그림 형제를 낳았다. 야코프와 빌헬름이 태어난 집은 하나우의 시청 앞 광장 남쪽에 있었다(1945년 붕괴). 그 다음에 하나우 시청사 옆에 있는 랑겐 가세(긴 골목)의 집으로 이사하게 되는데, 야코프 그림은 이 두 번째 집에서 빌헬름과 숨바꼭질했던 일이나 창밖을 바라보던 어머니의 모습을 기억하고 있다. 하나우에는 종교개혁 이래 프로테스탄트의 (루터파가 아니라) 칼뱅파로 귀의하는 사람들이 많아서, 16세기 프랑스에서 있었던 위그노 탄압 이후 많은 위그노(칼뱅파 프랑스인)가 이 헤센으로 도망쳐 왔다.*1 본디 수공업 도시였던 하나우는 뛰어난 장인도 많았던 위그노의 유입으로 한결 활기를 띠었다. 그런 하나우의 개종파 가르침 아래 부모에게 엄격한 교육을 받았다고, 야코프 그림은 뒷날 밝혔다. 그림 집안의 가문에도 있듯이, 부모님은 아이들에게 성실하고 정직하게 살라고 가르쳤다.

그림 형제 초상 왼쪽 빌헬름 오른쪽 야코프

1791년에 아버지 필리프가 슈타이나우의 사법관으로 임명되어 그림 일가는

*1 프랑스에서 세력을 떨쳤던 칼뱅파 신교도는 가톨릭으로부터 위그노(Huguenot)라고 불렸다. 1562년의 '위그노(바시) 학살사건'을 계기로 가톨릭과 프로테스탄트의 대립이 시작되어 위그노전쟁이 일어났으며, 1572년에 가톨릭이 위그노파 수천 명을 학살한 '생 바르텔레미 학살'로 발전한다. 종교 대립뿐만 아니라, 프로테스탄트의 부르봉가(家)와 가톨릭의 기즈가와 같은 유력 귀족 간의 대립 구도도 있었다. 1598년에 앙리 4세가 공포한 낭트 칙령에 의해 프로테스탄트에게도 신앙의 자유가(제한적이지만) 인정되어 전쟁(탄압)은 끝났다. 그 뒤 1658년에 루이 14세의 퐁텐블로 칙령에 의해 낭트 칙령이 폐지되자, 위그노의 대부분은 어쩔 수 없이 독일 등 주변 국가들로 망명했다.

슈타이나우로 이사했다. 이때 야코프는 여섯 살, 빌헬름은 다섯 살, 막내 루트비히는 겨우 한 살이었다. 이곳에서의 생활은 검소했지만, 주거지 겸 사무실이었던 관사에는 그림 가족들뿐만 아니라 고용인과 손님들의 부드러운 대화가 흘러넘쳤다고 한다. 여동생 로테가 태어났고, 가정교사의 수업이 끝나면 염소나 토끼, 개, 말과 장난치는 형제들의 웃음소리가 가득했으며, 어머니나 여자들이 실을 잣거나 뜨개질을 하면서 또는 이웃 삼림감독관 뮐러 씨가 아이들을 무릎에 태우고 이야기를 들려주었다고 한다. 또 그들은 어머니와 함께 킨치히강 건너편의 정원으로 가서는 채소나 과일을 따면서 놀았다. "이 정원은 여름에는 꽃향기로 가득하고, 보리수에는 까치가 둥지를 틀고 고양이 그라브스가 어슬렁거리며, 사과나무에서는 빨간 열매가 익었다" 한다. 또 주변 숲을 산책하면서 그림을 그리거나 풀꽃들과 곤충들을 채집했던 경험이 그림 형제의 온갖 것들을 수집하는 습관으로 이어졌다.

그동안 프랑스에서는 1789년에 프랑스혁명이 일어나고, 1791년에는 필니츠선언이 발표되었다. 신성로마제국 황제 레오폴트 2세(마리아 테레지아의 셋째 아들)와 프로이센 왕 프리드리히 빌헬름 2세, 프랑스 망명귀족 아르투아 공(뒷날 샤를 10세) 사이에서 체결된 군사협정이었는데, 왕정으로부터 공화정권을 세운 프랑스는 이 선언 때문에 전쟁을 피할 수 없게 된다. 프랑스는 오스트리아에 선전포고를 했고, 프로이센군은 오스트리아를 원군으로 하여 1792년에 발미 전투로, 연합전쟁으로 끌고 간다. 오스트리아, 프로이센, 헤센, 프랑스 망명귀족의 연합군과 혁명정부 프랑스의 싸움이다. 막내 루트비히 에밀 그림은 이 무렵의 슈타이나우를 회상하며, 프랑스 병사와 오스트리아 병사, 네덜란드 병사와 프러시아군, 마인츠 사람들과 헤센 사람들이 평화로운 도시를 가로질러 가면서 약탈하던 풍경을 말하고 있다. 그 뒤 휴전협정에 따라 먼저 승리를 거둔 공화국 프랑스는 1793년에 루이 16세를 처형하고 오스트리아, 프로이센, 영국, 스페인 등과 동맹을 맺는다. 이 충격이 슈타이나우의 그림 가족에게도 전해졌는지, 빌헬름 그림은 어린 마음에 루이 16세를 동정하는 그림을 그렸다고 한다. 이렇게 흉흉한 가운데, 아버지 빌헬름이 1796년 마흔넷이라는 젊은 나이에 죽어 그림 일가는 집안의 기둥을 잃는다. 당연히 가족들은 관사를 나와야 했고, 그 뒤 슬픔에 젖은 어머니를 정신적으로 지지해 준 사람이 그때 열한 살이었던 큰아들 야코프였다.

마르부르크 대학

학업에 최선을 다한 청소년기

야코프 그림은 카셀의 궁전에서 시녀로 일하는 이모 헨리에테 필리피네 침머(Henriette Phillippine Zimmer, 1748~1815)에게 도움을 청하는 편지를 보내, 그녀가 궁핍한 동생 가족들에게 도움의 손길을 내밀어 주었다. 1798년, 야코프와 빌헬름 둘만 어머니 곁을 떠나 카셀로 옮겨갔다. 그때 열세 살, 열두 살이었던 야코프와 빌헬름은 우편마차를 타고 하나우와 프랑크푸르트 암 마인(Frankfurt am Main, 마인 강변의 프랑크푸르트)을 지나 조금 먼 길을 돌아 카셀로 떠났다. 슈타이나우–카셀 사이는 풀다를 지나는 게 한결 가깝지만, 작은 영방국가가 옹기종기 모여 있던 그 시절 독일(신성로마제국)에서 풀다를 지나가려면 헤센국에서 한동안 밖으로 나갔다가 외국을 거쳐서 다시 헤센으로 들어와야 했으므로 관세나 통과비자 등의 절차가 필요했다. 그러나 하나우를 지남으로써 두 사람은 할아버지와 짧은 시간을 보냈고, 도시인 프랑크푸르트에서는 온갖 구경이나 납인형을 보고 자극을 받았다고 한다.

카셀의 프리드리히 고전어고등중학교(뒷날 프리드리히 김나지움)에 들어갔을 때 야코프는 3년 아래 반에 편입되고 빌헬름은 개인지도를 받아야 할 정도

▲사비니 교수 초상

◀《소년의 마법피리》 제1권 속표지 그림

였지만, 둘의 학력은 고작 4년 만에 크게 나아진다. 이 카셀 시절의 그림 형제가 슈타이나우에 있는 어머니와 주고받은 편지에서는 "이모의 호의를 헛되게 해서는 안 된다"는 어머니의 가르침과 이에 따르고자 최선을 다해 공부하는 형제의 모습이 엿보인다. 이 리체움의 교사로부터 야코프는 시골 출신이라는 이유만으로 차별을 받는다. 이 경험이 누구에게도 지지 않는 근면함과 자유와 평등에 대한 소망을 그들에게 심어주었다고 볼 수 있다.

1802년, 열일곱 살의 야코프 그림은 고등중학교 수료증을 받아 마르부르크 대학에 입학한다.

야코프 그림은 마르부르크 대학에서 법을 언어처럼 '민족 공통의 확신'에서 자연스럽게 생성되는 역사적 산물이라고 생각하는, 여섯 살 많은 프리드리히 카를 폰 사비니 교수(Friedrich Carl von Savigny, 1779~1861)의 역사법학에 감명을 받았다. 그리하여 이듬해인 1803년 마르부르크 대학에 입학한 빌헬름과 함께 독일(게르만) 민족의 오랜 법습관과 문화에 정신을 쏟게 된다. 그리고 야코프가 사비니의 조수로 1805년에 파리로 건너간 것이 자신의 고향, 조국의 문화, 모국

어인 독일어를 객관적으로 다시 바라보는 계기가 된다. 그 이듬해인 1806년, 나폴레옹이 이끄는 프랑스군이 프로이센을 무찔러 '독일 국민의 신성로마제국'이 사실상 사라진다. 많은 영방국가가 프랑스 지배 아래 들어가는 불운한 시대 정세는 그림 형제로 하여금 민족의 오랜 언어·문화의 수집 및 복원과 보존으로 향하는 데 박차를 가하게 했다. 그 뒤 야코프는 나폴레옹의 형 제롬이 카셀을 수도로 하여 건국한 베스트팔렌 왕국(프랑스 지배 아래)에서 왕립도서관 사서, 추밀원 판사 등을 지냈다. 요양을 위해 찾은 바이마르에서 빌헬름이 문호 괴테(Johann Wolfgang von Goethe, 1749~1832)를 방문하는 것도 이 무렵이었다.

위 : 옛 카셀의 마르크트 광장 근처에 있던 그림 가족의 집(1886)

아래 : 그림 가족의 집 실내 풍경, 루트비히 그림 작(1806)

《아이들과 가정을 위한 이야기》 수집 간행과 연구자로서의 삶

사비니의 역사비판적 사고법도 그렇지만, 사비니의 큰처남인 클레멘스 브렌타노(Clemens Maria Brentano,

1778~1842)와 아힘 폰 아르님(Achim von Arnim, 1781~1831)의 민요집 《소년의 마법피리 *Des Knaben Wunderhorn*》(1806, 1808)와 중세 독일의 전승문학 등을 소재로 한 루트비히 티크(Ludwig Tieck, 1773~1853)의 작품 세계가 그림 형제를 독일에서 전해 내려오는 이야기들을 모으도록 만드는 계기가 된다. 그리고 이런 오랜 전승문학을 자기 작품 일부에 끌어들이는 작품을 창작한 게 아니라, 불특정 다수의 입을 통해 19세기 첫무렵까지 전승된 소박한 포에지 문예, 즉 '서민의 시(Völkspoesie)'로서 정리해 세상에 내놓도록 그림 형제를 이끌었다. 이 전승과정을 자연스러운 식물의 생성이나 멈추지 않는 강물에 비유하면서 그림 형제가 아르님과 논쟁했던 이른바 '포에지 논쟁'은 유명한 이야기이다. 또한 앞서 언급한 프랑스 지배 아래에서의 삶이 고국의 오랜 문화, 특히 언어문화를 발굴 수집하고 복원하여 보존하고 싶다는 마음을 부추겼다.

그리하여 그림 형제는 《아이들과 가정을 위한 이야기》 제1권 제1판을 1812년에, 제2권 제1판을 1815년에 수집 간행하게 된다. 그들은 초판 머리글에서 자신들의 심정을 이렇게 밝혔다. "우리는 처음에 우리가 얼마쯤 알고 있는 메르헨, 같은 내용이면서 서로 다른 형태로 사람들에 의해 이야기되는 메르헨만이 아직 남아 있다고 생각했었다. 그러나 문학으로서 실제 존재하고 있는 메르헨을 눈여겨보면서 다른 형태로 전해지는 메르헨까지 알고 싶다는 생각이 들었다. 그렇게 눈을 돌리자 여러 가지 새로운 메르헨들이 나타났다. 멀리까지 메르헨을 모으러 다닐 수는 없었으나 해마다 그 양이 늘어났다. 그래서 6년쯤 지난 지금은 꽤 풍부해졌다. 물론 아직도 많은 메르헨이 빠져 있을지도 모른다. 하지만 대부분의 것, 가장 좋은 것은 이 책에 담겨져 있다는 생각에 무척 기쁘다. 몇몇 예외는 있지만 거의 모두가 오로지 헤센과, 우리가 태어난 하나우의 마인 강과 킨치히 강 지방에서 입에서 입으로 전해져 내려온 이야기들이다. 그래서 그 하나하나에는 기분 좋은 추억이 오롯이 담겨 있다. 이러한 기쁨을 가지고 탄생한 책은 흔치 않으리라."

그 뒤 특히 동생 빌헬름에 의해, 그가 죽는 1859년에 이르기까지 조금씩 개편 개작이 이루어졌음은 앞서 말한 대로이다.

충만한 만년을 보낸 대학교수 시절

야코프 그림이 헤센 공국 대표자 비서관으로서 빈 회의(Wienner Kongress,

유네스코 기록 유산 : 《그림 동화》 초판·제2판. 카셀 그림 형제 박물관 전시 장면

1814~15)에 참석했음은 그다지 알려지지 않았다. 그는 나폴레옹 이후 유럽의 새로운 질서에 대해, 독일 제국의 장래에 대해, 헌법에 대해 여러 의견들을 말했다. 형제의 관심은 조국 독일의 나아갈 방향에 있었지만, 그것은 통일국가가 지향하는 민족지상주의가 아니라 '민족과 언어의 정신', 곧 언어문학적 국경선과 정치적 국경선을 같이하는 통일국가를 찾는 19세기적 내셔널리즘에 바탕을 둔 것이었다. 이 점을 20세기적 내셔널리즘, 즉 민족지상주의적 나치즘과 혼동해서는 안 된다.

카셀에서 사서 등을 두루 거친 그림 형제는 1829년 10월에 하노버 왕국 괴팅겐 대학에 초빙되어 이듬해인 1830년에 야코프는 도서관 사서 겸 교수, 빌헬름은 도서관 사서로서 부임했고, 그 뒤 빌헬름도 교수로 승진했다. 이곳에서 1835년에 야코프 그림이 《독일 신화학》이라는 3권짜리 방대한 신화와 전승과 풍습 연구서를 간행했다. 또 같은 해, 고대 로마의 역사가 타키투스(Cornelius Tacitus, 56~120쯤)가 게르만 민족의 습속을 정리한 《게르마니아》에 주석을 달아 《타키투스(게르마니아)》를 펴냈다.

1833년부터 하노버 왕국에서는 연합국인 영국의 영향을 받은 헌법 아래에서 아주 민주적인 정치가 이루어졌다. 그러나 1837년 국왕 빌헬름 4세의 죽음으로 왕위를 이은 에른스트 아우구스트는 곧 헌법 문제를 지적했다. 그가 이 헌법에 동의하지 않았기 때문에 자신이 이에 구속되지 않는다고 주장한 것이다. 또한 그는 자신이 이 헌법이 만들어질 때 힘이 있었다면, 이 헌법은 지금과는 다른 모습이거나 아예 존재하지 않았을 거라고 주장했으며 헌법에 필요한 변화를 주고 자신의 가치를 담아 다시 쓰는 것이 그의 희망이라 밝혔다. 그리고 같은 해 11월 1일 에른스트 아우구스트는 헌법의 효력을 정지시켰다. 그러자 괴팅겐 대학 교수 7명은 국왕에게 항의문을 제출했다. 그 교수들이란 다음과 같다.

- · 법학자 빌헬름 에두아르트 알브레히트(Wilhelm Eduard Albrecht, 1800~1876)
- · 역사학자 프리드리히 크리스토프 달만(Friedrich Christoph Dahlmann, 1785~1860)
- · 동양학 연구자 하인리히 에발트(Georg Heinrich August Ewald, 1803~1875)
- · 문학사 연구자 게오르크 고트프리트 게르피누스(Georg Gottfried Gervinus, 1805~1871)
- · 언어학자, 법학자 야코프 그림
- · 문학자 빌헬름 그림
- · 물리학자 빌헬름 에두아르트 베버(Wilhelm Eduard Weber, 1804~1891)

중심인물은 달만과 게르피누스와 야코프 그림 등 3명이고, 다른 4명은 거든 정도이다. 7명의 용기 있는 행동은 시민과 학생들의 주목을 받았지만, 국왕과 대학당국은 이를 무시하고 7명을 파면했다. 주모자 3명은 사흘 안에 나라 밖으로 나갈 것을 선고받았고, 이 처분에 대해 학생들은 데모를 벌였다. 이때 붙잡힌 학생이 50명이나 되었다고 한다. 야코프 그림이 마차를 타고 괴팅겐에서 나갈 때는 많은 학생이 긴 행렬을 지어 배웅했다는 유명한 이야기도 했다. 빌헬름 그림도 몇 달 뒤에 처자식을 데리고 카셀로 옮겨갔다.

야코프는 뒷날 자신이 항의에 가담하기로 결정한 이유를 이렇게 밝혔다.

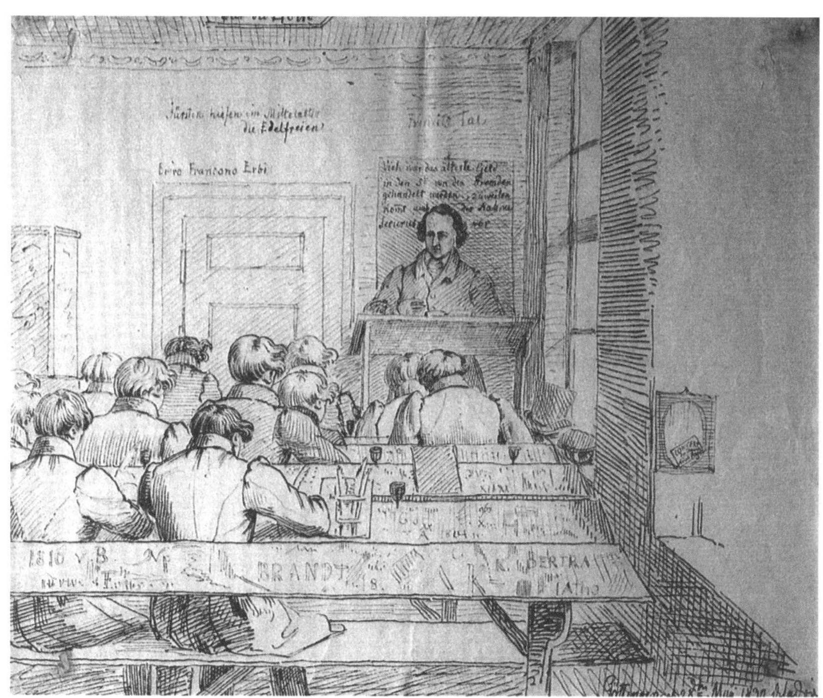

▲야코프 그림의 첫 강의, 루트비히 그림 작(1830)

▶괴팅겐 대학 강당

"역사는 우리에게 위험을 무릅쓰고 왕들의 얼굴 앞에서 완전한 진리를 말했던 숭고하고 자유로운 사람들을 보여준다. 이 자격은 그에 합당한 용기를 가진 자에게 있다. 때때로 그들의 고백은 열매를 맺으며, 이따금씩 그들을 해치기도 하지만, 그들의 이름은 해칠 수 없다. 역사를 반영하는 시는 제후들의 행동들이 과연 정의로웠는가를 끊임없이 묻는다. 이런 선례는 급박한 상황에서 신하들의 입을 열게 하고 그 끝이 어떠하든지 마음을 달래준다"(《나의 해고에 대하여》).

3년 동안의 망명생활을 거쳐 형제는 1840년에 프로이센 국왕 프리드리히 빌헬름 4세에게 초빙되어 베를린 대학(오늘날 훔볼트 대학)의 교수가 된다. 베를린에서 둘은 교양문화인으로서 충실한 만년을 보내고 생애를 마쳤다. 가정을 가진 빌헬름과 평생 독신으로 살았던 야코프는 죽을 때까지 한 지붕 아래서 살았다. 형제가 무척 우애가 좋았던 것도 사실이지만, 같은 학자 또는 같은 연구자로서 거리낌 없는 의견을 나누며 각자의 일을 존중했다는 점에서는 서로가 서로의 가장 좋은 이해자였다고도 하겠다.

빈 회의 뒤의 독일은 정치적으로 분열된 시대로, 헌법과 국가통일이 가장 큰 관심사였음은 잘 알려져 있다. 통일국가는 공통의 언어와 문화를 바탕으로 세워져야 한다고 생각되었던 시대였던 것이다. 그림 형제의 민간전승 이야기 수집과 언어학, 문학, 법학 연구도 이러한 시대사조를 배경으로 한다. 1848년에 주로 헌법 제정을 위해 프랑크푸르트의 파울 교회에서 열려 독일 통일 방법을 고민했던 독일(프랑크푸르트)국민회의에 야코프 그림이 의원으로서 참석했다는 사실도, 빈 회의에 참석했다는 사실처럼 잘 알려져 있지 않다. 그가 제시한 기본법 제1조는 '자유권'의 보장에 대한 것이었지만, '법과 신조는 다르다'며 부정되어 아주 적은 차이로 부결되었다. 만일 여기서 야코프 그림의 주장이 받아들여졌다면 격동적인 19세기 유럽의 정치와 역사 무대에 그 이름을 남겼으리라.

독일의 보배《독일어 사전》

독일 민족의 역사 속에서 자연스럽게 태어나 생성된 '자연적인 시' 또는 작자 미상의 오랜 '민간 시'라고도 할 민담, 민간에서 발전한 '전승문학'을 자신의 저작인 '인위적인 시', 즉 '창작문학'에 끌어들여 자신의 작품 소재로서 이용한 것

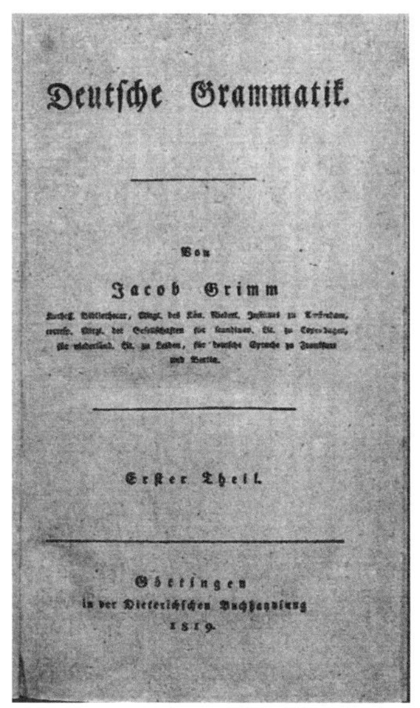

Deutsche Grammatik.

Von

Jacob Grimm

Erster Theil.

Göttingen
in der Dieterichschen Buchhandlung
1819.

Altdänische
Heldenlieder,
BALLADEN
und
Märchen.
übersetzt
von
Wilhelm Carl Grimm

Heidelberg
bey Mohr und Zimmer.
1811.

▲야코프 그림 《독일어 문법》(괴팅겐, 1819)
고대 게르만의 역사문법

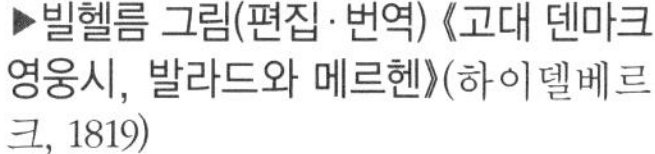

▶빌헬름 그림(편집·번역) 《고대 덴마크 영웅시, 발라드와 메르헨》(하이델베르크, 1819)

이 같은 시대의 수많은 낭만파 시인·작가라고 간주한다면, 그림 형제는 이 '자연적인 시'의 소박한 가치를 인정하고 '인위적인 시'의 소재로는 쓰지 않았음은 앞에서도 말했다. 다시 말해 그들은 창작문학의 작가가 아니라 민간 메르헨을 기록하고 보존하는 연구자이자 엮은이의 위치를 굳게 지켰다.

그림 형제가 언어, 문학, 법학 연구에서 일관했던 근본이념은 '오래된 것'과 '독일적인 것'의 발굴이었다. 그 밖에도 '시적인 것', '자연적인 것', '토착적인 것', '니벨룽겐적인 것' 등 그들의 연구이념을 방향짓는 몇 가지 핵심어가 있다. 그들은 예부터 전해 내려온 오래된 이야기를, 그다지 손대지 않은 자연스러운 형식으로 세상에 내놓았다. 《아이들과 가정을 위한 이야기》 출판도 이러한 그들의 연구업적 가운데 하나라고 할 수 있을 것이다. 아울러 '메르헨의 피리 부는 사나이 전설' 등을 실은 《독일 전설집(Deutsche Sagen)》이라는, 메르헨과는 다른 형태의 민담이 수집 간행되었다(제1권 1816년, 제2권 1818년). 메르헨집에는 빌헬름 그림이 쓴 머리말이 있는 데 비해, 전설집에는 야코프 그림의 머리말이 붙어 있다. "메르헨은 더 시적이고 전설은 더 역사적이다." 즉 언제 어디서든 적용된다는 의미에서 보편성이 강한 메르헨과 달리, 전설은 지역적 시대적 요소가 강하다는 것이다.

또 독일어의 기원으로 거슬러 올라가는 19세기 역사언어학 관점에서 야코프 그림은 《독일어 문법》이라는 연구서를 펴냈다(제1권 1819년, 제2권 1822년). 거기에 적힌 인도유럽조어에서 게르만조어로 분화하는 과정에서 생긴 제1차 자음추이가 후세에 '그림의 법칙'이라 불리게 된다.*2 그 뒤에도 게르만 관습법의 상징언어를 실마리 삼아 《독일 법률 고사지(古事誌)》를 1828년에, 오래된 신화와 그것을 둘러싼 신앙, 관습과 전승에 착안하여 《독일 신화학》을 1835년에 출판하는 등 법학, 신화학 및 민속학 저마다의 분야에서 '독일적인 것'과 '오래된 것'을 파헤쳤다. 빌헬름도 《고대 덴마크 영웅시, 발라드와 메르헨》(1811), 《독일 루네 문자에 대하여》(1821) 등을 출판한다.

두 사람이 자비로 출판한 고대·중세 독일문학 연구논문집 《고대 독일의 숲》(1813, 1815, 1816)은 그 무렵 낭만주의 문예사조를 이끌었던 아우구스트 빌헬름 폰 슐레겔(August Wilhelm von Schlegel, 1767~1845)의 혹평을 받았고, 형제는 곧이어 반론과 논쟁을 펼쳤다. 이 그림 형제와 슐레겔의 문예논쟁을 가리켜 게르마니스틱(Germanistik)이라 불리는 엄밀한 독일문학 연구가 시작되었다고, 언어학자 헤르만 파울(Hermann Otto Theodor Paul, 1846~1921)이 뒤에 말한 것은 널리 알려졌다.

메르헨 수집 《그림 동화》로 이름을 알린 두 사람이긴 했지만, 그림 형제의 독일(문학) 사상 가장 큰 업적은 괴팅겐 대학을 파면당한 뒤 출판사 요청으로 편

---

*2 그림의 법칙(Grimmsche Gesetz)이란 야코프 그림의 책 《독일어 문법》(1822)에 나온 인도유럽조어에서 게르만조어로 분화하는 과정에서 일어난 음운변화의 제1차 자음추이(나중에 제2차 자음추이도 덧붙는다)를 말하며, 몇 가지 추이법칙 가운데 특히 유성파열음에서 무성파열음으로의 변화가 잘 알려져 있다. 유성파열음 b, d, g가 각각 무성파열음 p, t, k로 변한다는 이 법칙은, 이를테면 현대 독일어의 자음 발음을 더 잘 이해하기 위해서나, 같은 게르만어족인 영어와 독일어에서 같은 의미를 갖는 단어를 비교할 때에도 전용할 수 있는 지식이다(어디까지나 전용이지만, 독일어의 유성파열음 b, d, g는 어미에 오면 철자는 바뀌지 않으나 발음이 이미 무성파열음 p, t, k가 되는 등 현대 독일어의 발음이 유성에서 무성으로 어떻게 변하는지를 이해하는 데 도움이 될 것이다).

찬을 시작한 《야코프 그림과 빌헬름 그림의 독일어 사전》이라고 해도 지나친 말이 아니다. 1854년에 제1권이 간행되었으며, 그림 형제가 살아 있는 동안에는 F의 도중(Frucht(열매))까지밖에 완성되지 않았던 이 사전 편찬은 후계자들에게 이어져 제2차 세계대전 이후 동서 독일 분단 시대에도 공동편찬이 계속되다가 1961년에 드디어 총 16권 33책이 완성되었다. 현재 간행되어 있는 독일어 사전 가운데에서도 최대 어휘 수를 자랑하는 독일의 보물이라고 할 수 있다.

〈늑대와 일곱 마리 새끼 염소〉 칼 오프터딩거 그림

여러 의미를 지닌 《그림 동화》

《그림 동화》에는 거의 모든 종류의 동화가 담겨 있다. 하지만 이것을 아이들 책으로 생각하면 교육상으로 알맞지 않은 이야기나 따를 수 없는 내용이 많다는 하소연이 곳곳에서 들려오기도 한다. 1824년(제2권 1826년)에 처음으로 영국에서 출판된 번역(이야기 수 55편)본을 보면, 〈충성스런 요하네스〉와 〈백설공주〉가 그 묘사가 잔인하다는 이유로 일부분이 고쳐져 있다.

〈충성스런 요하네스〉에서는 왕이 직접 어린 두 왕자의 목을 자르고 그 피를 충성스런 요하네스의 석상(石像)에 바르자 석상이 살아나는 것으로 되어 있는데, 영역본에서는 목을 자르려고 왕이 칼을 뽑는 순간 요하네스가 되살아나는 것으로 그려져 있다. 또 〈백설 공주〉에서는 의붓어머니인 왕비가 마지막에 새빨갛게 달군 양철 구두를 신고 춤을 추며 죽는 장면이, 영역본에서는 걱정 때문에 숨이 멎어 병들어 죽었다고 고쳐 써 있다.

그런가 하면 〈노가주나무 이야기〉는 의붓어머니가 본부인의 아들을 죽인 뒤 그 살로 만든 수프를 남편에게 먹이고 자기도 마지막에 돌절구에 눌려 죽게 되는 비참한 이야기인데, 번역본 본문에서는 잔인한 내용의 하나인 살코기 수프의 재료를 숨긴 대신 책 마지막 주에는 원문을 밝히고 노래에도 원문과 번역문을 실었다. 또한 〈어부와 아내〉에서도 아내가 하느님처럼 되고 싶다는 말을 해님이나 달님처럼 되고 싶다고 다시 쓰기도 했다. 종교적 관점에서 신에 대한 모독을 피하기 위함이었다. 이 영역본은 스웨덴역과 함께 그림 번역본의 선구가 되는 것으로 조지 크룩생크의 동판화 삽화로도 유명하다.

그렇다면 정말로 《그림 동화》는 아이들이 읽기에 부적절할까? 단순히 교육적인 관점에서 아이들이 읽기에 알맞지 않다고 결론을 내린다면 《아이들과 가정을 위한 이야기》, 즉 《그림 동화》가 지닌 다양한 의미를 깊고 풍부하게 알 수는 없을 것이다. 그림 형제가 직접 밝혔듯이 "다양하게 되풀이되면서 새롭게 사람을 기쁘게 하고 그 마음을 움직여 가르침을 주는 것은, 그 자체로서 존재해야만 하는 이유를 지니고 있기" 때문이다.

아이라는 개념의 변화

그림 형제의 《아이들과 가정을 위한 이야기》에서 '아이(Kind)'와 '집(Haus)'을 생각할 때 오늘날의 '아이' 개념을 적용한다면 위험할 것이다. 초판 제1권이 간행될 무렵인 1812년은 산업혁명에 따라 도시로 인구가 흘러들면서 이른바 시골의 대가족에서 소가족, 핵가족화가 진행되는 시기이며, 가족 구성원이 변화하는 가운데 '아이'의 개념도 변해가는 시기였다고도 할 수 있다. 말하자면 '자식은 작은 노동력'이라는 생각에서 '자식을 어떻게 키울 것인가' 생각하기 시작한 시기, 또는 자식 교육에 대한 생각이 바뀌어 갔던 시기라고도 할 수 있겠다.

일레네 할다흐 핀케와 게르트 할다흐가 집필한 《독일에서 아이의 사회사―1700~1900년 자서전에 의한 증언》에서는 "중세나 근대 초기 아이들은 이제 어머니나 유모의 도움이 필요 없다고 여겨지자마자 아이로서 구분되지 않고 어른의 세계로 들어갔다"고 하는 필립 아리에스의 연구가 보고되어 있다. 그때는 생물적·신체적으로 도움을 필요로 하는 단계가 지나면 성인의 일부로 여겨졌다는 것이다. 극단적으로 말하면 '유아'냐 '성인'이냐 하는 양자택일적인 생각이었다고 할 수 있다.

'유아 생활과 어엿한 사회구성원으로서의 생활 사이'에 있는 '오랜 과도기', 곧 '아이' 또는 '유아기'를 발견하고 그 존재를 인정한 것은 근대에 들어서였다. 할다흐 핀케와 할다흐에 따르면, 이 '아이의 발견' 이전 시대에는 좁은 의미의 유아기가 끝나는 시점으로 역사상 자주 사용된 나이는 일곱 살이었지만, 일곱 살이 지나면 완전히 성인으로 들어간 것이 아니라 일곱 살 이후에 단계적으로 성인으로 옮겨갔다고 한다.

예를 들어 노동생활을 시작할 수 있는 것은 일곱 살이었지만, 도제제도에서는 도제 생활이 열네 살 이전에 시작되는 일은 없었다고 보고되어 있다. 이 일곱 살은 《그림 동화》에서는 백설 공주가 숲에 버려졌던 나이이기도 하며, 열다섯 살은 찔레 공주가 태어날 때 내려졌던 예언이 이루어지

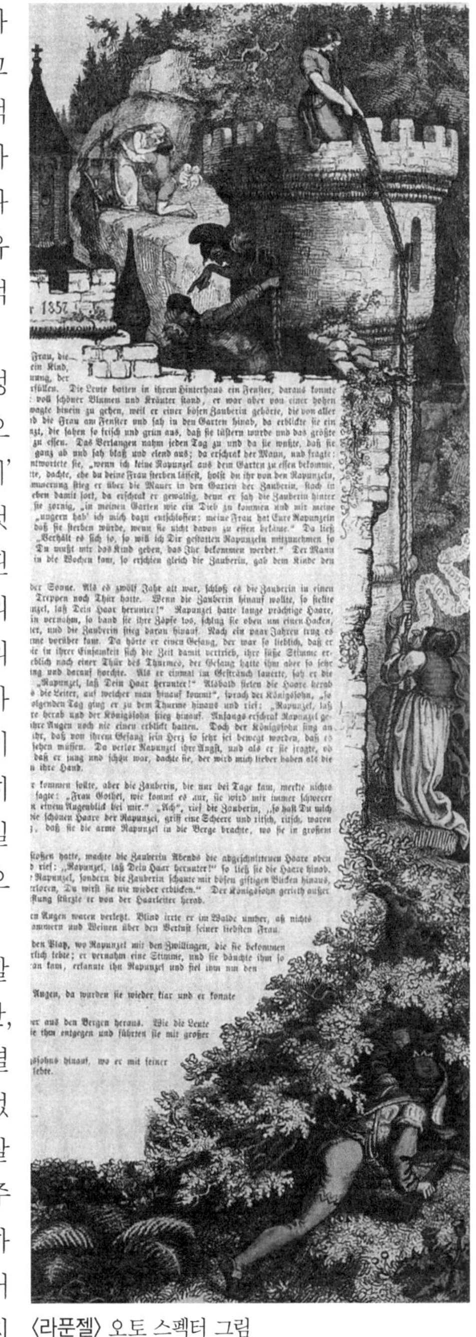

〈라푼젤〉 오토 스페터 그림

는 문제의 나이이기도 하다. 오랜 법습관에 정통했던 그림 형제가 이 숫자들에 역사학적·사회학적 의미를 부여했는가 하는 흥미로운 의문도 생기지만, 어쨌든 이런 근대의 아이 발견에서 피할 수 없는 것이 산업혁명에 따른 시민사회의 형성과 '핵가족'이라는 사회적 소집단의 형성이었다.

가족과 집이란 진정 무엇인가

'가족(familie)' 개념은 독일어에서는 1700년쯤에 처음으로 등장하는데, 18세기의 '가족'은 가부장 지배 아래 있는 가족공동체 전체를 표현하는 것이었다고 할다흐 핀케와 할다흐는 말한다. 이 전근대라고도, 근대 초기라고도 할 수 있는 18세기에 '가족'을 나타내는 말로서 '집(Haus)'이 쓰이는 것도 눈여겨볼 만하다. '가족'을 뜻하는 독일어 Familie의 어원은 라틴어의 Familia로 거슬러 올라갈 수 있는데, 라틴어에서는 '가족, 세대'뿐만 아니라 '더부살이, 가문, 한 집안의 재산' 등도 뜻했다. 또 '집'을 나타내는 독일어 Haus는 크루게의 《독일어 어원사전》에 따르면 중세 고지 독일어에서도 고대 고지 독일어의 hūs로 거슬러 올라가지만 어원은 정확하지 않으며, 다만 '집'이라는 의미 범위가 옛날에는 건물뿐만 아니라 그 구성원이나 재산 및 운영에까지 미쳤음을 짐작할 수 있다.

18세기에는 앞서 말한 대로 넓은 의미 범위를 가졌던 '가족'이라는 단어가 1800년쯤에는 넓은 의미로는 친척을 포함한 공동체를 나타내면서 좁은 뜻으로는 부모와 아직 독립하지 않은 자식들로 이루어진 공동체도 일컫게 된다. 그러나 사회라는 공동체와 개인의 관계에서 그 첫 번째 도구가 되는 '집'은 '우주의 질서를 사회적으로 체현'하고 있으며, 개개인은 거기에서 '가장·주부·자식·하인 또는 하녀로서 가족 안 역할에 따라 일상생활에서 주거지, 자신의 공헌과 의무의 범위, 더 나아가 욕구의 충족을 발견했다'고 한다. 이 시기에 의미 변화가 일어나지만, 고용인까지 포함해서 '집'으로 여기는 생각은 사라지지 않았다. 이를테면 1794년의 프로이센 일반국법전에서는 '집공동체'를 이루는 것은 '부부와 자식의 유대'이고 '집사회'에는 집에 노예가 있는 경우가 포함된다고 구분하고 있다.

또한 이 법전에서는 일곱 살까지가 아이이고, 열네 살까지는 후견인이 필요하며, 미성년은 스물네 살까지라고 되어 있다. 생물적 신체적으로 보호나 도움을 필요로 하는 시기에서부터 성인에 이르는 과도적 기간에, '아이'가 조금씩 후견인 등 다른 사람의 도움을 빌리면서 친숙한 물리적 공간 또는 심적 세계로부터 한 발 한 발 미지의 공간 또는 외적 세계로 나가 '어른'으로 성장해 가는 구조가 법적으로 명확히 규정되어 있음을 볼 수 있다. 그리고 이를 같은 시대를 살았던 법학자 그림 형제가 연구를 거듭하는 과정에서 인식했을 가능성이 높다. 그렇다면 주로 아이를 주인공으로 하며, 어떤 이유로 집을 나와 고난 끝에 성장하고 결혼해서 성인사회의 일원이 되는 그림의 '메르헨'에는 예부터 전해져 내려오는 사회 구조나 법습관이 응축되어 있을 뿐만 아니라, 거친 인생으로 항해를 떠날 아이들에게 마음의 준비를 시키는 온갖 처세술이 들어 있다고도 볼 수 있다.*3 법률을 배우지 않아도 19세기 시작 무렵 독자가 《그림 동화》의 〈백설 공주〉를 보고 일곱 살이 여행을 떠나는 시기임을, 〈찔레 공주〉를 읽고 열다섯 살에 성인으로 가는 다음 문이 열린다는 것을 느낄 수 있었다면, '아이'와 '어른'의 개념은 19세기 첫무렵이라는 시대의 사회적 배경과 더불어 생각할 필요가 있을 것이다.

〈헨젤과 그레텔〉 루트비히 피처 그림

이렇게 건축물뿐만 아니라 거기에 소속된 혈연자, 고용인, 재산, 그리고 그

---

*3 《그림 동화》의 이야기 전개를 아이가 어른으로 성장하기 위한 '통과의례'로 해석한 견해에 대해서는 블라디미르 프로프(Vladimir Propp, 1895~1970) 《옛날이야기의 형태학》과 《마법이야기의 기원》을 참조할 것.

운영을 가리키는 전통적인 '집' 또는 그와 일부 동의어였던 '가족'에서, 보다 소규모적인 '가족' 또는 '부부와 자식'으로 구성된 '핵가족'의 개념이 만들어져 갔던 19세기 초는 그 '가족' 또는 '집'의 의미 변화와 함께 가족이나 사회 안에서 '아이'의 위치(가치)도 바뀌어 가는 시대이기도 했다. 그림 형제가 '아이의 메르헨'과 '가정의 메르헨'이라 일컫고, '아이'를 어떻게 교육할 것인가 하는 목적성과 더불어 전승문학이라는 '오래된 민간 시', 즉 예부터 전해 내려온 민족의 유산을 수집·간행한 것이 이러한 시대였음을 잊어서는 안 된다.

그림 형제가 보여주는 순수하고 생생한 아이의 모습은 우리에게는 너무나 마땅한 것으로 되어 있지만, 19세기 첫무렵 독일에서는 아직 관심을 얻지 못하고 있었다. 역사가 필립 아리에스의 말을 빌리면 "어린아이의 강한 힘과 원기왕성한 모습에 대한 이러한 희망은, 결국 매우 근대적 감정인 어린 시절에 대한 향수를 보여주는 것"이며, 독일에서는 그림 형제도 그 한 부분을 맡은 낭만주의 사조에서 이 감정이 의식되기 시작했다.

다만 낭만주의에 앞선 18세기 계몽주의 시대 독일에서도 아이에 대한 관심이 적었던 것은 아니었다. 오히려 처음으로 아이와 어린 시절의 중요성을 깨닫고, 아이를 위한 문학을 낳기 시작한 것은 다름 아닌 이 계몽가들이었다. 독일의 계몽교육가들은 장 자크 루소(Jean-Jaques Rousseau, 1712~1778)가 《에밀》에서 내보인 새로운 아이 모습과 교육관에 자극받아, 1760년대 끝무렵부터 일제히 아이들을 위한 책을 발표했다. 특히 교육개혁을 이끈 박애주의자 요한 베른하르트 바제도(Johann Bernhard Basedow, 1724~1790)에 의한 시민계급 자녀들을 위한 《초등교과서》를 시작으로 잇따라 출판된, 새로운 교육이념을 담은 수많은 저작들은 독일 사회에 아동문학을 하나의 분야로 정착시킬 만큼 영향을 미쳤다.

그런 흐름 속에서 프랑스에서 들여온 '요정 메르헨'의 유행에도 힘입어 메르헨에 대한 관심이 높아졌다. 그러나 그것은 어디까지나 교훈을 친근한 형태로 아이에게 가르치는 전달 매체로서이지, 메르헨 자체의 내적 가치를 높이 평가해서는 아니었다.

18세기 끝무렵 아이들 읽을거리에 요구된 것은, 올바르고 착실한 생활을 보내기 위한 가르침과 쓸모 있는 지식이었고, 그것을 아이에게 제공하는 것이 사회의 책임이라고 생각되었다. 그 시대 교육에서 '최종 목적'은 오로지 계몽사상에 바탕을 둔 세계관과 가치관을 아이에게 효율적으로 집어넣는 것이었다.

〈일곱 마리의 까마귀〉 바울 하이 그림

그즈음 그림 형제도 메르헨에서 교육적 가치를 찾아냈지만, 그 견해는 계몽교육가들과는 완전히 달랐다. 그들은 메르헨의 특징들을 보여준 뒤에 다음과 같은 의견을 밝혔다. "메르헨에서 현대에서도 두루 쓰이는 간단명료하고 좋은 교훈이 떠오른다면, 이러한 특징들에 교훈의 바탕이 되는 것이 들어 있기 때문이다. 교훈을 주는 것이 메르헨의 목적이 아니며, 그것을 위해 이야기가 지어진 것도 아니지만, 건강한 꽃은 인간이 전혀 손을 대지 않아도 좋은 열매를 맺듯이, 메르헨에서도 저절로 교훈이 생겨나는 것이다."

이 말의 이면에는, 메르헨은 특정한 사람이 설정한 교훈을 전하는 것은 아니라는 주장이 있다. 메르헨을 매체로 실용적 가르침을 주려고 하는 계몽적 교육서에 비해, 《아이들과 가정을 위한 이야기》를 읽는 사람은 메르헨이 넌지시 전하는 교훈을 스스로 느끼게 된다. 그림 형제는 《아이들과 가정을 위한 이야기》의 목적을 정해두지 않고 그냥 독자에게 맡겼다. 그때 메르헨은 교육의 '수단'이라는 부차적 관점에서, 자기 완결을 거쳐 고유한 내적 가치를 지닌 문학이라는 다른 차원으로 옮겨가는 것이다.

그림 형제가 살아 있을 때에도 아이들의 〈돼지 잡기 놀이〉가 비난받았으며, 〈어부와 아내〉나 〈암여우의 결혼식〉 등의 어구가 문제시되었다. 그림 형제는 저마다의 관점에서 아이에게 알맞지 않다고 생각하는 것은 각자가 적당히 다루는 것이 좋다고 부모에게 충고를 했다. 하지만 그들은 원칙적으로는 그런 걱정은 할 필요가 없다고 믿었다. 앞서 말했듯이 "건강한 꽃은 인간이 전혀 손을 대지 않아도 좋은 열매를 맺듯이, 메르헨에서도 저절로 교훈이 생겨나는 것"이기 때문이다.

아이들이 읽기에 알맞지 않다—비과학적이며 봉건적이다?

예전에는 불가능한 일이라고 여겨지던 것이 오늘날에는 진보한 과학기술 덕분에 당연한 일이 되었다. 〈숲 속 세 난쟁이〉에서는 의붓딸이 겨울 숲으로 딸기를 따러 간다. 그러다 난쟁이 도움을 받아, 눈 속에서 딸기를 찾아낸다. 오늘날에는 재배기술이 발달해서 눈 오는 계절에도 딸기를 쉽사리 볼 수 있다. 〈솜씨 좋은 사냥꾼〉에서는 고용살이를 마친 젊은이가 급여 대신 백발백중 공기총을 받는다. 때마침 한 사나이가 고기를 먹으려 하고 있었는데 젊은이는 그 고기를 옆에서 총으로 쏴 떨어뜨린다. 하지만 오늘날 이 정도는 조준기가 달린 총을 쓰면 얼마든지 가능하다. 아주 먼 거리에서 목표물을 정확히 맞히는 미사일도 있다. 〈사랑하는 롤란트〉에서는 의붓딸이 애인과 함께 도망간다. 그러나 새어머니인 마녀에게는 한 걸음에 1마일을 갈 수 있는 마법 구두가 있다. 마녀는 그것을 신고 의붓딸과 애인을 뒤쫓는다. 지금이라면 헬리콥터를 타고 뒤쫓았을 것이다.

오늘날은 우주탐사기가 화성 사진을 찍어 보내거나, 우주선이 지구 주위를 도는 시대이다. 마법 구두나 하늘을 나는 양탄자 등은 시대착오적인 물건들인 것이다. 동화는 과학기술의 진보를 부정하고 아이의 과학적 사고를 방해한다. 그러므로 《그림 동화》는 아이들 책으로 알맞지 않다는 의견이 있다. 이런 생각은 합리성을 중시하는 사람들 사이에 널리 퍼져 있다.

《그림 동화》가 시대에 뒤떨어진다는 비판은 과학적 측면뿐 아니라 역사적 측면에서도 이루어진다.

《그림 동화》라는 말을 들으면 천진하게 뛰어노는 아이의 모습이 먼저 떠오른다. 하지만 실제로는 어떨까? 《그림 동화》에서는 실제로 일하는 아이들이 많다.

〈브레멘 음악대〉 고트프리드 가이슬러 그림, 1892.

노는 아이는 거의 찾아볼 수가 없다. 학교에서 열심히 공부하는 아이가 딱 한 명밖에 없다(〈유리병 속 도깨비〉). 그조차도 학비를 낼 수 없어서 도중에 학교를 그만둔다.

그러면 아이들은 어떤 일을 하고 있을까? 밥짓기, 빨래, 청소 등 집안일을 하는 아이들이 가장 많다. 〈재투성이 아가씨〉, 〈홀레 할머니〉, 〈백설 공주〉, 〈흰눈이와 빨간 장미〉 등이 대표적이다. 그 밖에도 실을 잣거나 가축을 돌보거나, 먹을 것을 모으거나 나무를 자르거나, 물을 긷거나 온갖 심부름을 한다.

일하는 아이들이 많은 까닭은 부모가 가난하기 때문이다. 가정 형편이 어려우므로, 부모는 아이가 자기들처럼 일하기를 바란다. 이러한 부모의 기대를 저버리면 엄한 벌을 받게 된다. 특히 의붓딸은 심한 벌을 받는다(〈홀레 할머니〉).

《그림 동화》에서 노는 아이는 부잣집 아이들이거나 왕의 자녀들뿐이다. 그들은 공놀이를 하고(〈개구리 왕자〉) 악기를 연주하며(〈당나귀 왕자〉), 노래를 부르고 꽃을 딴다. 하지만 이런 아이는 많지 않다. 부유한 부모는 가난한 부모와는 가치관이 다르다. 아이에게 다른 것을 바라는 것이다. “약속은 반드시 지켜야 한다.” “내가 어려울 때 도와준 사람을 업신여겨서는 안 된다.” 이처럼 예의바르고 도덕적인 행동을 하길 원한다. 그런데 이것이 실은 절대적 요구이며 이를 어겨서는 안 된다. 아이들은 전통적인 덕목을 믿어야 한다. 만일 부모의 기대를 저버리면 그들 또한 엄한 벌을 받게 된다(〈까마귀〉). 아이에게 이런 요구를 하는 것은 거의 아버지이다. 그래서 아버지는 언제나 고압적인 태도로 아이를 대한다(〈개구리 왕자〉).

《그림 동화》에서 아이들이 살아가는 환경은 매우 열악하다. 바람직한 아이 모습이 아니다. 물론 이야기 마지막에는 주인공이 그런 환경에서 벗어난다. 하지만 그 탈출 방법은 놀랍도록 비합리적이다. 과학적·합리적 사고를 익혀야만 하는 요즘 아이들에게 추천할 만한 내용이 아니다. 이것이 프랑크푸르트 대학 교수이자, 그 대학 아동 도서 연구소의 전임 소장인 클라우스 도더러(Klaus Doderer)의 주장이다(《고전적 아이 책—비판적 사고》).

그의 의견을 간단히 정리하면 다음과 같다. “《그림 동화》는 과거의 현실을 나타내고 있으므로 현재와는 거리가 멀다. 오늘의 현실에 나쁜 영향을 미친다.”

이런 의견도 많은 지지를 얻는 모양이다. 비슷한 주장이 담긴 책들이 여럿 있다. 이렇게 주장하는 미국 연구자로는 하버드 대학 교수인 마리아 타타르(Maria Tatar) 《그림 동화—그 숨겨진 메시지》, 루스 보티하이머(Ruth B. bottigheimer) 《그림 동화의 나쁜 소녀와 용감한 소년》, 플로리다 대학 교수인 잭 자이프스(Jack Zipes) 《그림 형제—마법의 숲에서 현대 세계로》 등이 있다. 이 셋의 공통점은 사회사적 관점을 갖는다는 점이다. 《그림 동화》는 성차별을 강조하고 있으므로 좋지 않다는 주장도 그들의 공통점이다.

아이들이 읽기에 알맞지 않다—잔혹하다?

무엇보다 《그림 동화》에 대한 비판 가운데 대표적인 것은 ‘잔혹하다’는 의견이다. “《그림 동화》는 잔혹하므로 아이에게 들려줄 수 없다.”

이러한 비판은 《그림 동화》 초판이 나올 때부터 존재했다. 이런 의견 가운데 가장 극단적인 것은 “나치 강제수용소는 《그림 동화》에서 비롯되었다”는 주장이다. 이는 실제로 있었던 이야기이다.

제2차 세계대전이 끝난 뒤 《그림 동화》의 잔혹성이 서독 언론을 들끓게 만

〈황금새〉 프란츠 포치 그림, 1857.

든 적이 있다. 〈헨젤과 그레텔〉에서 그레텔은 마녀를 빵 굽는 가마 속으로 밀어 넣어 태워 죽인다. 그런데 이 빵 굽는 가마가, 강제수용소의 가스실이라는 것이다.

그 밖에도 잔혹한 장면은 많다. 새빨갛게 달궈진 양철 구두를 신고 죽을 때까지 춤추는 장면(〈백설 공주〉), 눈을 도려내는 장면(〈두 나그네〉), 젊은 여성을 죽여서 토막 내는 장면(〈하얀 새〉), 벌거벗은 여성을 안쪽에 못이 박힌 통 안에 넣어 말로 끌고 다니는 장면(〈거위 돌보는 아가씨〉)…….

이런 장면들을 생각해 보면 강제수용소의 잔혹한 행위도 어느 정도 이해가 간다는 의견이 많았다. 그러던 가운데 영국 점령군이 이 의견을 문제 삼았고 "한동안 동화집 출판을 금지한다"는 명령을 내리기도 했다. 하지만 이와는 정반대 의견을 낸 사람도 있었다. "《그림 동화》는 강제수용소와 비슷한 상황에서 사람을 해방시켜 주는 역할을 한다."

이렇게 주장한 사람은, 미국에서 ·오랫동안 자폐아 치료 및 연구에 힘써왔던 정신분석가 브루노 베텔하임(Bruno Bettelheim, 1913~1990)이었다. 베텔하임은 1938년부터 일 년 동안, 다카우와 부헨발트의 강제수용소에 갇힌 적이 있었다. 그는 그 체험을 바탕으로, '피할 수 없다' '언제 끝날지 모른다' '목숨이 위험한데도 어찌 할 방법이 없다'는 극한적 상황이, 강제수용소에 갇힌 사람들의 인간성에 근원적 영향을 끼쳤다고 주장했다. 그리고 소아자폐증도 마찬가지로, 자신이 그런 상황에 처해 있다고 느낄 때 일어난다는 것이다.

베텔하임은 강제수용소에 갇힌 사람들의 외적 현실이 자폐아의 내적 현실과 같다고 말했다. 물론 차이점은 있지만 세계에 대한 체험은 똑같다. 자폐아는 내적 현실을 외적 현실로 인식하므로, 내적 체험을 '세상에서 일어난 일'이라고 믿어버린다.

그런데 베텔하임은 자폐아 연구를 하는 동안, 그 아이들이 동화를 다른 어떤 아이 책보다도 더 좋아한다는 사실을 깨달았다. 그래서 동화 연구를 시작했고 다음과 같은 결론을 냈다.

"동화는 아이의 마음을 강하게 짓누르는 무언가에 대해 이야기한다. 그리고 그 심리적 고난을 해결하는 본보기를 보여준다. 그것도 아이가 무의식적으로 이해할 수 있는 방식으로, 위의 일을 행한다."

아이들이 읽기에 알맞다—아이들 책의 근본 조건

인간이 이 세상에서 살아가기 위해서는 삶의 의미를 찾아내야만 한다. 삶의 의미는 어른에게는 물론이고, 아이에게도 반드시 필요하다. 그리고 노인에게도 꼭 필요하다. 그 의미를 잃어버리면 사람들은 살아갈 의지도 잃어버린다. 게다가 삶의 의미는 일정한 나이가 되면 저절로 얻을 수 있는 것이 아니다. 오랜 시간에 걸쳐 심리적 발달 과정을 차근차근 밟는 동안, 그 의미가 차츰 형체를 얻는 것이다. 그러므로 아이 인생을 살찌워 줄 만한 이야기가 필요하다. 아이의 상상력을 자극하고, 지성 발달을 돕는 것만으로는 부족하다. 아이들이 맞닥뜨린 고난을 가르쳐 주고, 그 고난을 해결하는 방법을 일러주며, 자신과 자신의 미래를 확신할 수 있도록 도와주는 이야기여야만 한다. 베텔하임은 그것이 아이들 책의 조건이라고 주장했다.

하지만 요즘 아이들 책은 이런 요청에 부응하지 못하고 있다. 죽음이나 늙음을 소재로 하는 책은 찾아보기 어렵다. 인간 존재의 한계나, 영원한 생명을 바라는 마음 등도 거의 다루어지지 않고 있다. 아이들이 그런 문제를 말로 표

〈개똥지빠귀 부리 왕〉 프란츠 포치 그림, 1858.

현하지는 못해도 깊이 느끼고 있는데도 말이다. 그런데 《그림 동화》에서는 이런 문제를 아이들에게 있는 그대로 보여준다. 〈오빠와 여동생〉, 〈재투성이 아가씨〉, 〈홀레 할머니〉 등 많은 이야기가 어머니 또는 아버지의 죽음에서부터 시작된다. 그리고 실제 인생과 마찬가지로 부모의 죽음이 아이들에게 큰 문제를 일으킨다.

부모가 나이 든 무렵부터 시작되는 이야기도 많이 있다. 늙은 아버지는 자식에게 대를 잇게 하고자 한다. 그러나 아버지 뒤를 이을 사람은, 자신의 능력을 증명해야만 한다. 〈세 개의 깃털〉이 바로 이러한 예이다.

이 이야기에서 볼 수 있듯이, 실존적 문제를 간단하고 명확하게 제기하는 것이 동화의 특징이다. 이런 식으로 다가가야지만, 아이들이 실존적 문제의 본질을 깨달을 수 있다. 이야기 전개가 복잡하면 아이들은 문제의 본질을 깨달을 수 없다. 이 또한 베텔하임의 주장이다.

아이들이 읽기에 알맞다―마녀나 새어머니는 효소 역할

정신과 의사인 요세핀 빌츠(Josephine Bilz)는 아이를 기르는 원칙과 아이 책에 있는 잔혹한 요소 사이에는 모순이 존재한다고 생각했다. 빌츠는 왜 어머니나 할머니, 유치원 선생님 등이 어린 주인공의 불행한 이야기를 하는 것인지 의문을 품었다. 그리고 자신의 임상 경험을 통해 이렇게 주장했다.

"어느 나이 또래 아이들은 유괴범이나 새어머니 꿈을 자주 꾼다. 그런데 동화에도 유괴범이나 새어머니나 마녀 등이 등장해서 주인공을 괴롭힌다. 그들과 꿈속에 등장하는 인물은 결코 무관하지 않다. 그리고 새어머니와 유괴범은 아이의 정신 발달과 관련이 있다"(《심층심리학의 관점에서 본 동화 속 사건과 성장 과정》).

〈헨젤과 그레텔〉, 〈재투성이 아가씨〉, 〈백설 공주〉 등 널리 알려진 《그림 동화》에는 반드시 새어머니나 마녀가 등장해서 이야기를 끌고 나간다. 또한 유괴도 빼놓을 수 없는 요소이다(〈요정 룸펠슈틸츠헨〉, 〈라푼젤〉 등).

그런데 어린아이가 청소년이 되거나, 청소년이 성인이 될 때처럼 겉모습이 달라지는 시기에도 사람은 '부모에게 버림받는 꿈'이나 '납치되는 꿈'을 자주 꾼다고 한다.

하지만 이런 꿈을 꾸는 일이 꼭 나쁜 것만은 아닌 듯하다. 인생의 한 단계에서 다음 단계로 건너가는 과정에서 사람은 엇갈리는 감정을 느낀다고 한다. 성장하고 싶다는 마음과 이대로 있고 싶다는 감정이 충돌하는 것이다. 그러나 이전 단계에서 계속 머무르는 한, 인간은 성장할 수 없다. 그 사람을 억지로라도 이전 단계에서 쫓아내는 편이 나을 것이다. 그렇게 해야만 다음 단계로 성장할 수 있다. 그러므로 경계선에 서 있는 아이에게는 상냥한 어머니보다는 무서운 어머니가 더 도움이 된다. 그래서 그 시기의 아이들 꿈에서는 상냥한 어머니가 무서운 어머니로 변하는 것이다. 무서운 어머니는 아이의 변화를 재촉하는 효소와 같다. 다시 말해 변화를 재촉하는 힘을 상징적으로 나타내는 존재이다.

빌츠는 동화에 등장하는 잔혹한 새어머니의 역할과 꿈속에서 지나친 일을 하는 어머니의 역할이 같다고 보았다. 잔혹한 새어머니는 과거에 집착하는 아이를 과거에서 억지로 떼어낸다. 그리고 둘 사이를 잇는 밧줄을 잘라서 아이의 성장을 돕는다. 생명력이 의인화된 존재라고 볼 수 있다. 이 힘으로 아이는 다음 단계로 쫓겨난다. 이러한 발전 과정은 인간의 성장 체험 속에 언제나 존재한다. 그러므로 잔혹한 새어머니도 영원히 존재하는 셈이다.

아이들이 읽기에 알맞다—정말로 《그림 동화》는 잔혹한가?

나를 죽인 사람은

나의 어머니, 나쁜 여자
나를 먹은 사람은
나의 아버지, 철이 없는 남자
나의 어린 여동생이
먹다 남은 나의 뼈를 주워 모아
차가운 땅에 묻어주었다.
나는 아름다운 숲에 사는 작은 새가 되었다.
나는 날고 나는 날아다닌다.

이는 괴테의 《파우스트》 제1부에 나오는 내용으로서 감옥에서 미쳐버린 그레트헨이 부르는 노래 가사이다. 그레트헨은 젊어진 파우스트의 꼬임에 넘어가 임신을 하게 되고 결국 자신이 낳은 아이를 연못에 던져 죽인 혐의로 감옥에 가게 된다. 그레트헨을 구하러 온 파우스트는 이 비참한 광경을 보고 "아, 나는 태어나 이곳에 오지 말았어야 했어" 한탄했다.

이 노래는 1775년에 쓰인 초고 《파우스트》에 포함된 것으로 보아 괴테는 그림 형제가 태어나기 전부터 《아이들과 가정을 위한 이야기》에 실린 〈노가주나무 이야기〉를 알고 있었던 것 같다.

〈노가주나무 이야기〉는 어머니가 아들을 죽이고 그 시체를 잘게 자른 뒤 솥에 넣고 끓여 스튜로 만들어 남편에게 먹이는 내용이다. 이 이야기는 완결판인 7판에 남아 있는 잔혹한 내용 가운데서도 가장 먼저 다루어지는 경우가 많다. 이 이야기에서 중요한 것은 죽은 아들이 뼈만 남은 채로 되살아났다는 점이다. 옛이야기에는 인간의 역사가 반영되어 있는데 '뼈로부터의 부활'은 예부터 게르만인들 사이에서 전해 내려온 사상이다. 그들의 신화에는 염소를 뼈에서 부활시킨 토르신 이야기가 나온다. 토르신이 로키신과 함께 농가에 머물고 있을 때, 자신의 마차를 끄는 염소 두 마리를 죽이고 그들에게 재워준 답례를 했다. 토르신은 염소 가죽을 바닥에 펼치고 뼈 전부를 그 위에 던져 이튿날 아침 되살려 냈다. 그러나 농가의 아들이 몰래 염소의 넙다리뼈를 깨고 뼛속까지 먹었기 때문에 한 마리는 뒷다리를 끌고 다녀야 했다. 이러한 사고방식은 게르만인뿐만 아니라 시베리아 수렵민족 사이에서도 널리 퍼져 있었다고 한다. 어느 종교학자는 이러한 사상을 가진 민족 주술사는 "몸이 잘려, 사람들에게 먹히고, 뼈만 남아, 되살아난다"는 신비한 체험을 해야만 했다고 전한다.

이는 수렵 문화의 특징으로서 매우 고대적인 종교사상이기도 하다. 뼈는 동물 생명의 근원을 상징한다. 살이 없는 뼈는 거푸집이라 볼 수 있다. 잠시 동안 인간과 동물은 살과 함께 살아가지만 죽은 뒤에는 모든 생명력이 뼈에 압축된 본질로 돌아가 다시 살아나는 것이다. 뼈로 돌아감으로써 미래의 주술사는 우주 생명의 수많은 원천으로 되살아나는 신비한 죽음을 경험한다. 다시 말해 그들 뼈에 새로운 살이 주어지면서 생명을 되돌리는 것이다. 더구나 《그림 동화》에는 '뼈로부터 부활'을 다룬 이야기가 이것 말고도 또 있다. 〈천하태평 루스티히〉에는 성 베드로가 죽은 공주를 되살리는 이야기가 나오는데 그 방법이 바로 '뼈로부터 부활'이다.

이렇게 보면 〈노가주나무 이야기〉는 잔혹한 살인 이야기라고 하기보다는 '뼈로부터 부활' 이야기라 보는 편이 옳다.

한편 스위스 취리히 대학의 막스 뤼티(Max Lüthi, 1909~1991) 교수는 《그림 동화》에서는 잔혹하다 생각되는 장면이라도 피는 한 방울도 흘리지 않는다고 지적했다. 실제로 〈노가주나무 이야기〉에서 아들이 살해되는 장면을 보면 "사내아이의 목은 댕강 잘려 빨간 사과 사이로 떨어졌습니다" 씌어 있다. 마치 종이 인형 목을 자르는 듯이 표현한 것이다. 그런데 이 표현을 "피가 탁 튀었다"라며 소년의 목을 바닥에 굴리거나 "벽 주위나 바닥에 튀어 흩어진 많은 양의 피만이 가을 햇살 안에서 선명한 빨간색을 보이고 있었다(《우리가 몰랐던 잔혹한 그림 동화》)"로 나타낸 것은 오늘날 사람들이 오히려 잔혹함에 열광하고 있기 때문일 것이다. 이것 말고도 〈일곱 마리 까마귀〉에서 오빠들을 찾기 위해 나선 여동생이 까마귀 산으로 들어가기 위해 자신의 손가락을 잘라 떨어뜨린 이야기와 〈요정 룸펠슈틸츠헨〉에서 왕비와 내기를 한 난쟁이가 자신의 이름을 맞힌 데 화가 나서 자기 몸을 두 동강으로 자른 장면에서도 분명 피는 흐르지 않았다. 잔혹하다고 생각되는 장면이라도 이야기 진행과 큰 관계가 없다고 생각되면 특별한 묘사가 없는 점이 《그림 동화》의 특징이다.

또한 《그림 동화》에 나오는 인물이 남다르기 때문에 잔혹함이 줄어드는 경우도 있다. 백설 공주를 죽이려고 한 여왕은 마지막에 새빨갛게 달군 양철 구두를 신고 죽을 때까지 춤을 추는 벌을 받지만 여왕은 태연하게 달구어진 구두를 신고 춤을 추고는 툭 쓰러진다. 구두가 신겨질 때 여왕이 '울고 소리치며 저항'하거나 '살이 타는 악취'(《우리가 몰랐던 잔혹한 그림 동화》)가 난다고 그려진 것은 오늘날의 어른들이 하고 있는 일이다. 새빨갛게 달군 구두를 인간에게 신기는 일이 잔혹하다는 것은 인간도 마찬가지로 잔혹하다는 것이다. 왜냐하면 뜨거운 철 신발을 신기고 망치로 두들겨 부셔버리는 것은 16세기 마녀재판에서 실제로 이루어진 고문 방법이기 때문이다. 《그림 동화》의 잔혹함은 결코 현실 속 잔혹함을 뛰어넘지 않는다. "진정한 문학은 우리 일상생활과 무관할 수가 없다. 그것은 생활 속에서 생겨나 생활 속으로 돌아간다" 했던 그림 형제의 이야기처럼 말이다.

〈꿀벌의 여왕〉 아서 래컴 그림

뤼티 교수는 이러한 표현과 문체에서 옛날이야기를 다루어, 옛 유럽 이야기의 특징이 '일차원성', '평면성', '추상적 양식', '고립성', '승화작용'에 있음을 분명히 밝히고 연구를 진행했다.

일차원성이란 주인공이 신이나 악마, 죽은 사람, 난쟁이, 동물 등 차원이 다른 존재를 만나도 놀라지 않고 아무렇지도 않게 똑같은 일차원에 속한 존재로 상대하고 있는 것을 뜻한다. 평면성은 등장인물이 몸과 마음의 내부, 주위 세계를 가지지 않는 추상적인 존재로서 이 인물에게는 과거와 미래가 이어져 있지 않은, 즉 시간의 관념이 없는 것을 의미한다. 추상적 양식은 이야기의 시작과 끝에 정해진 문구를 사용하는 것으로, 말과 사건이 판에 박힌 채 되풀이되는 것이다. 숫자라면 3, 색일 경우 흰색, 검정, 빨강, 금색을 즐겨 쓰는 것이라 할 수 있다. 고립성이란 일화가 고립되어 있어서 첫 번째 실패했던 것과 똑같은 방법으로 다시 도전했을 때 또다시 실패하는 장면에서 나타난다. 마지막으로 승화작용은 실제로 행해지고 있던 오래된 풍속과 습관 등 이야기를 구성하는 여러 요소가 모든 내용을 빼내고 있는 점을 가리킨다.

《그림 동화》 제7판에도 잔혹한 장면이 여럿 있음은 확실하지만 결코 잔혹함 그 자체에 흥미를 두고 있는 것은 아니다. 잔혹하다고 여겨지는 장면도 양식화, 추상화되어 그려짐으로써 생생하게 혐오감을 독자에게 전해준다. 문체 자체에도 잔혹함을 잔혹하다 느껴지지 않도록 짜여 있다. 그러므로 《그림 동화》를 읽을 때는 내용뿐만 아니라 표현성과 문체에도 관심을 기울여야 한다.

이제껏 살펴본 바에 따르면 동화를 심리적 사실로 보는 사람은 동화에 찬성하는 것과 달리, 구체적 현실이 반영되었는지 살펴보는 사람은 동화에 반대한다. 도더러는 동화를 부정적으로 본다. "동화에 등장하는 공상은, 이야기하는 사람의 사회적 여건을 뛰어넘을 수 없다." 그러나 베텔하임은 동화를 상징적 이야기라고 보았다. "동화는 아이들이 스스로를 이해하고, 자신이 맞닥뜨린 문제에 맞설 수 있도록 도와주는 유익한 존재이다."

《그림 동화》가 아이들 책으로 알맞지 않다고 생각하는 사람 가운데는 교육자가 많다. 반대로 알맞다고 생각하는 사람 중에는 심리학자 및 문예학자가 많다. 막스 뤼티 또한 다음처럼 말했다. "동화의 고유한 힘은 현실 관찰이 아닌, 본질관조(觀照)이다." 그리고 이렇게도 말했다. "인간이란 존재는 발전, 성장, 성취 등을 할 수 있다. 사실 그것을 해내는 것이 마땅하다. 그것을 해내려면 가난이나 괴로움을 반드시 이겨내야만 한다. 동화는 이 같은 교훈을 아이들 마음에 심어준다."

동화는 인간 존재의 기본적 상황을 나타내는, 여러 층으로 된 복합체이다. 합리성이 아이 교육에 아무리 중요하다 해도, 그것만으로 동화를 판단할 수는 없다.

《그림 동화》는 인간의 가능성에 대응한다—동경 그리고 체념

이 문제를 처음 주장한 것은 문예학자이면서 예술역사가인 라이프치히 대학 교수 앙드레 욜레스(André Jolles, 1874~1946)의 《단순한 형식》(1930)에서이다. 욜레스는 성자 이야기, 전설, 격언, 옛이야기, 재미있는 이야기 등 사람들 사이에 전해지는 문예를 '단순한 형식'이라 부르며 모든 분야의 바탕에는 저마다 다른 정신이 살아 있다고 여겼다. 그리고 그 총계가 인간 정신의 가능성과 전체적으로 대응하고 있다는 것이다.

그렇다면 동화라는 분야를 성립시키는 정신은 무엇일까? 그것은 바로 "세상은 꼭 이렇게 되었으면 좋겠다는 기대"라고 욜레스는 말한다. 선의 공정한 실현을 바라는 소박한 도덕이라 할 수 있다.

그러나 이러한 기대는 현실 세계에서는 거의 이루어지지 않는다. 착한 사람에게 좋은 마음이 있다 하더라도 나쁜 사람이 차츰 더 늘어나는 것이 요즘 세상이다. 그러니 동화의 정신은 두 가지 방향으로 나아간다. 하나는 현실 세계를 소박한 도덕의 요구에 합치시키며, 또 다른 하나는 소박한 도덕의 요구를 모두 만족시키는 다른 세계를 만든다. 즉 동화라는 것은 무언가 피해를 받거나 빠뜨리는 것이 없어야 하며, 비극적 모습이 있더라도 곧 그것이 해결되어 없어져야만 하는 형식이다. 동화는 주제를 제멋대로 정해버리지 않는다. 전체적 이야기인 것이다. 이 전체적 이야기에서는 '가해'나 '결여'로 시작하여 믿음직스러운 동료들의 도움으로 '결혼' 아니면 그와 다른 해결에 이른다. 이런 과정을 빼버리면 그것은 어떤 의미도 없는 형식뿐인 이야기가 된다. 이러한 동화의 구조로부터 도덕적인 만족을 얻을 수 있는 것이다.

우리는 동화의 세계에 발을 들여놓게 되면 현실 세계, 소박한 도덕에 맞서는 것이라 생각되는 세계와는 등을 돌리려 한다. 신기한 것들이 동화에 나오는 까닭은 이를 위해서이다. 동화 속 이야기는 현실을 생각하지 않게 한다. 이런 점에서 봤을 때 "동화에서는 신기한 것들이 신기하지 않게 느껴지는 것이 마땅하다"는 역설적인 말이 떠오른다. 때는 옛날 옛적이고 장소는 어딘가 머나먼 곳이다. 인물은 마녀나 요정처럼 가상의 존재들이다. 왜냐하면 역사적인 특색을 지니면 현실에 가까워지고, 동화만의 고유한 힘을 잃어버리기 때문이다.

현실에 가까운 것은 '전설'이다. 그림 형제는 동화집뿐만이 아니라 《독일 전설집》을 1816년부터 1818년까지 만들었지만, 그전에 이렇게 말한 바 있다. "동화는 문학적 요소가 들어 있고, 전설은 역사적 요소가 들어 있다. 동화는 우리 안에 깊게 뿌리박았으며, 홀로 꽃을 피우고 열매를 맺을 수 있다. 전설은 채

색적 아름다움은 뽐낼 수 있지만 다른 특색이 있다. 즉 장소나 역사적 인물, 잘 알고 있는 것들이 나오는 것이다."

동화 속 주인공은 뱀이 말을 한다 해도 전혀 놀라지 않는다. 너무도 아무렇지 않게 뱀과 이야기를 나누는 것이다(막스 뤼튀의 동화의 일차원성), 하지만 전설 속 이야기에서는 초자연적 존재를 차원이 다른 것이라 여긴다(이차원성). 〈황금 산의 임금님〉을 보면 알 수 있다. 동화 속 뱀의 부탁은 "사흘 밤을, 열두 명의 새까만 남자들에게 맞고 칼에 찔리기도 하는 등 괴롭힘당하는 신세가 되어야 하지만 말 한마디 꺼내서는 안 된다"는 것이다. 전설 속 뱀의 부탁에 비하면 너무나 어렵고 힘든 부탁이지만 동화 속 주인공들은 이 모든 것을 참아내며 뱀의 부탁을 들어준다. 그리고 마법이 풀려 뱀은 본디 공주의 모습으로 돌아가 주인공과 결혼한다.

그 밖에 용과의 싸움에서도 동화에서는 주인공이 용을 무찌르고 공주를 구해내어 그녀와 결혼한다(〈두 형제〉). 전설 속 이야기에서는 기사가 용을 쓰러뜨리긴 하지만 격렬한 싸움 끝에 기사도 죽어버리고 만다(〈샘물가의 용〉). 인간이 초자연적 존재와 결혼할 때, 전설에서는 금기가 깨지고 이별로 끝난다. 예를 들어 바그너의 오페라로 잘 알려진 백조의 기사, 〈로엔그린〉에서는 아내가 부탁을 어기고 남편의 혈통을 물었을 때 그는 자신의 신분을 모두 밝히고 그녀를 떠나버린다. 그녀는 남은 일생을 슬퍼하며 살아가지만 남편은 다시 돌아오지 않는다.

동화에서도 금기가 깨져 결혼은 깨지지만 곧 다시 아내는 남편과 만나게 된다(〈노래하며 나는 종달새〉). 이런 것을 보면 전설의 기본적인 형식은, 인간과 초자연적 존재가 긴장된 상황에서 만나 인간이 금지와 명령과 약속을 어기고 좋지 않은 결과를 낸다고 할 수 있다.

그렇다면 전설이라는 분야를 성립시키는 정신은 무엇일까? 욜레스의 방법을 받아들인 커트 랑케(Kurt Ranke, 1908~1985)는 그것이 "인생은 해결하지 못하는 것, 비극적인 것으로 받아들이려는 인간의 마음(의지와 본능)"이라고 말했다. 그 기초를 이루는 것은 '체념'이라는 태도이다. 이에 대해 동화라는 분야는 "인간의 수준을 넘은 신화적, 영웅적으로 높은 곳에서 인생을 극복하려는 인간의 마음"이라 말하며 그 기초를 이루는 태도가 '동경'이라 했다.

《그림 동화》는 민간에 전하는 문학과 예술의 여러 형식들을 인간 서술의 원형으로 여긴다. 그 분야는 저마다 인간이 내부 세계 및 외부 세계와 대결한 독자적인 관점이라는 증거이므로, 그 서술에는 필연성과 자발성이 있다. 다시 말해 민간 문학과 예술의 모든 형식은 인간 영혼의 기본적 요구에서 생겨난 것으로, 필연적 형식이며 원형이다. 그 가운데에서도 옛날이야기와 전설이 '이야기 문학의 두 가지 기본 형식'(막스 뤼튀)이라 불리는 까닭은, 인생이 결국은 동경과 체념 사이에 가로놓여진 눈금이기 때문일지도 모른다.

〈요린데와 요링겔〉 조지 크룩생크 그림

《독일 전설집》뿐만이 아니라 《그림 동화》에도 〈난쟁이〉, 〈트루데 부인〉, 〈고집쟁이 아이〉, 〈은혜를 모르는 아들〉 등 전설풍의 이야기가 몇 개나 실려 있다.

《그림 동화》는 인간의 가능성에 마주선다–자립과 순종

옛날이야기, 전설과 함께 민간 문학과 예술의 중심을 이루고 있는 것이 재미있는 이야기와 성자 이야기이다. 옛날이야기에서는 주인공이 초자연적 원조자의 도움으로 행복을 손에 넣지만, 재미있는 이야기에서의 주인공은 자기 힘에만 의지하여 인생을 헤쳐 나간다. 옛날이야기는 일차원적이고 전설은 이차원적이라는 차이가 있지만, 옛날이야기와 전설이 인간과 초자연적인 것과의 관련성에 관심을 기울이고 있다는 사실은 뚜렷하다. 하지만 재미있는 이야기에서는 그러한 관심이 없다. 재미있는 이야기는 정말로 인간과 같은 지평에 서 있다. 그 점이 재미있는 이야기와 옛날이야기와 전설과의 차이이다.

재미있는 이야기로 가장 잘 알려져 있는 작품은 〈티르·오이렌슈피겔의 유쾌

한 장난〉일 것이다. 어느 날, 오이렌슈피겔은 프라하 대학에 왔다. 그가 아무리 어려운 문제라도 모두 답해 보이겠다고 뽐냈기 때문에 대학 총장은 화를 내며 문제를 낸다.

대학 총장이 낸 첫 번째 문제는, 바다에 몇 옴(전기 저항의 단위)의 물이 있는지 서술하고, 실제로 증명해 보라는 것이었다. 총장은 이 문제에 대답하지 못하면 상아탑에 반항한 무지한 문맹의 패거리로 간주하여 벌을 내리겠다고 덧붙였다. 이 문제에 그는 영리하게 대답한다.

"총장님, 각 지역에 흐르고 있는 물을 모두 멈춰 주십시오. 그러면 바다의 물을 재서 실제 어느 정도 있는지 증명해서 보여드리겠습니다. 그것은 어려운 일이 아닙니다."

물을 멈춘다는 당치도 않은 이야기였기 때문에 마침내 총장은 그 문제를 물렸고, 그는 문제를 풀지 않아도 되었다.

이 이야기로부터도 알 수 있듯이 "대립하는 두 파(派) 가운데서 한쪽이 행동에 나서 이익을 얻고, 우위에 선다. 다음에 다른 한쪽이 행동에 나서 그 관계를 뒤집고, 내용을 보충해서 우위를 차지한다"는 것이 재미있는 이야기의 기본적인 형식이다. 두 파(派)의 대립은 주로 지혜로움과 어리석음, 강함과 약함 등 힘과 수준이 다른 자의 대립이다. 또한 불리한 처지에 있는 자가 취하는 '행동'은 일반적으로 '생략'된다.

그렇다면 재미있는 이야기라는 분야를 성립시키는 정신의 작용은 과연 무엇일까? 랑케는 "재미있는 이야기의 책무는 '인간적인, 너무나도 인간적인 것'을 모두 웃어넘기는 자유로운 인간 정신의 힘을 증명하는 것"이라고 말한다. 즉 재미있는 이야기라는 분야의 밑바닥에는, 웃으면서 인생에 저항하고 자기를 주장하려는 마음의 경향이 있다. 그 기초를 이루는 것이 바로 정신이 자유롭다고 의식하는 것이다.

《그림 동화》에는 위에서 인용한 대학 총장과 오이렌슈피겔의 문답이 왕과 양치기 소년의 대화에서 거의 그대로 등장한다. 〈양 치는 소년〉뿐만 아니라 〈가난뱅이 농부〉나 〈꾀 많은 그레텔〉 등의 재미있는 이야기도 몇 개나 있다.

성자 이야기는 그리스도교 성자의 전설 이야기이다. 흔히 전설에서 일어나는 신기한 일의 배경에는 이해할 수 없는 힘이 작용하고 있지만, 성자 이야기에서 일어나는 신기한 일의 배경에는 늘 그리스도교 신의 힘이 작용한다는 점에

〈운 좋은 한스〉 오스카 플레처 그림

서 차이가 있다. 성자 이야기에서 가장 유명한 작품은 야코부스 데 보라지네(Jacobus de Voragine, 1228?~1298)의 《황금전설》일 것이다. 그 안에 〈성 알렉시우스 이야기〉가 있다. 요약하자면 다음과 같다.

로마 대귀족 에우페미아누스의 아들 알렉시우스는 신혼 밤에 신부를 남겨 놓고 집을 떠나, 시리아의 에뎃사에 가서 거지 무리에 들어간다. 그는 17년이 지났을 때 그리스의 타르수스에 가려고 배를 탔지만, 배가 바람에 휩쓸려 그만 로마 근처에 표류하고 만다. 알렉시우스가 로마의 한 마을에 들어갔을 때 황제의 궁전에서 나오는 아버지 에우페미아누스와 우연히 마주친다. 거기에서 그는 자신은 순례를 하고 있는 사람인데 식탁에서 넘쳐 떨어지는 빵 조각을 얻을 수 있게 해달라고 부탁한다. 아버지는 그가 아들인 줄 모르는 채 허락한다. 알렉시우스는 기도하는 생활을 계속하며 고행에 힘썼지만 집의 하인들은 그를 바보 취급하며 온갖 장난을 치고 짓궂은 짓을 한다.

다시 17년이 지났을 때 알렉시우스는 세상을 떠날 날이 머지 않았다는 사실을 알고, 양피지와 잉크를 부탁해서 자신의 일대기를 적는다. 어느 일요일, 교회 안 천장에서 "신의 은총을 받은 사람을 찾아내서 로마 마을을 위해 기도하게 하세요” 소리가 들려온다. 그래서 황제와 교황이 함께 알렉시우스의 집을 찾아가지만, 알렉시우스는 이미 숨을 거둔 뒤였다. 하지만 그 얼굴은 천사처럼 빛나고 있었다.

그가 손에 쥐고 있던 양피지가 모두의 앞에서 읽히자, 그것을 듣고 있던 에우페미아누스는 너무 슬픈 나머지 정신을 잃고 쓰러진다. 서둘러 달려온 어머니는 옷을 찢으며 탄식했고 아내는 눈물을 쏟았다. 그리고 드디어 시신이 관에 넣어져 교회로 옮겨진다. 하지만 운반되는 길에 시신에 손이 닿은 병자는 금세 병이 나았고, 눈이 보이지 않는 사람은 눈이 보이게 되었으며, 악령이 씌였던 사람은 악령에서 풀려났다. 알렉시우스가 죽은 것은 기원전 398년 무렵이다.

이 이야기로부터도 알 수 있듯이 '신앙이 결여된 인간이 훈련을 통해 자신을 극복하여 신앙을 얻고, 마침내 기적을 행하여 성자로 인정받는다'는 틀이 성자 이야기의 기본 형식이다. 이 분야 밑바닥에 있는 정신 작용은 '인생에 따르고, 자기를 주장하려고 하지 않는 마음의 경향'일 것이다. 이 바탕을 이루는 것이 바로 '순종'하는 태도이다. 이것은 '인생에 저항하고 자기를 주장'하려 하는 재미있는 이야기와는 정반대의 관점을 보여준다.

《그림 동화》에 포함되어 있는 〈하늘나라로 가는 길〉은 성 알렉시우스 이야기를 그대로 따르고 있다. 이 이야기를 비롯해 〈동화로 읽는 성자 이야기〉 10편이 《그림 동화》 마지막에 덧붙어 있다. 이것 말고도 〈별 은화〉 등도 이런 종류에 속한다.

'옛날이야기' '전설' '재미있는 이야기' '성자 이야기'라는 분야의 기초를 이루는 것은 저마다 '동경' '체념' '자립' '순종'이며, 《그림 동화》에는 그것들이 모두 담겨 있다. 하지만 각각의 이야기 형식은 단순히 내용을 담는 그릇이 아니라, 일어난 사건이나 생각한 일을 처리하는 다양한 가능성을 나타내는 것이다. 여러 가지 이야기 형식은 특정한 사고 형식을 나타내고, 특정한 심적 태도에 응하는 것이라고 말할 수 있다. 또한 민간에 전하는 문학과 예술의 모든 형식은 포괄적인 것이며, 어느 것도 빼놓아서는 안 된다. 전체로서 인간 정신의 가능성에 마주하는 것이다.

《그림 동화》를 듣거나 읽으면서, 어렸을 때부터 자기도 모르는 사이에 여러 정신의 가능성에 친숙해지는 것은 의미 깊은 일이다. 그러한 가능성을 펼치고 통합할 수 있다면 온전한 인간으로 성숙할 수 있을 것이다. 이러한 이유로 《그림 동화》는 아이들을 위한 책으로 알맞다고 볼 수 있다.

《그림 동화》 올바르게 읽는 방법

할머니가 왕녀 이야기를 해주었을 때,
내 가슴이 얼마나 두근거렸는지 모릅니다.
왕녀는 황야에 홀로 쓸쓸히 앉아
금빛 머리를 빗었습니다.

왕녀는 거위치기가 되어,
황야에서 거위를 칠 수밖에 없었지요.
날이 저물자 거위를 몰아 마을 입구를 지나려다가,
슬픔에 젖어 가는 길에 멈춰 섰습니다.

입구의 문 위에 말 머리가
고정되어 있었으니까요.
왕녀를 낯선 나라까지 데려다준
말의 머리였습니다. 불쌍하게도.

왕녀는 깊은 한숨을 내쉬며 말했습니다.
팔라다, 네가 그런 곳에 있다니!
말 머리는 아래쪽을 향해 외쳤습니다.
애처롭군요. 당신이 그런 일을 하다니!

왕녀는 깊은 한숨을 내쉬며 말했습니다.
이 일을 어마마마께서 아신다면!
말 머리는 아래쪽을 향해 외쳤습니다.
분명 가슴이 찢어지겠지요!

이는 하인리히 하이네(Heinrich Heine, 1797~1856)의 《독일, 겨울 동화》(1844년)

가운데 일부이다. 여기서 하이네의 가슴을 두근거리게 했던 왕녀는 《그림 동화》에 실린 〈거위 돌보는 아가씨〉이다.

이 이야기에서 무엇보다 사람들 시선을 끄는 존재는 사람 말을 하는 말 머리이다. 하이네도 이를 언급했는데, 게르만인은 말의 특별한 능력을 숭배했다. 메로빙거 왕조 시대 사람들은 가정을 지키고 외적을 물리치기 위한 상징물로서, 말 머리를 집 안에 장식하거나 물품에 새겨 넣었다. 이 풍습은 오늘날까지도 전해지며, 프랑켄이나 작센 지방의 건물에서 그 흔적을 발견할 수 있다. 뮌헨 대학에서 민속학을 가르친 프리드리히 폰 데어 라이엔(Friedrich von der Leyen, 1873~1966)의 책 《독일 동화와 그림형제》(1964)로 미루어 볼 때, 〈거위 돌보는 아가씨〉는 게르만의 옛 풍습에서 비롯되었다고도 볼 수 있다. 그렇다면 이 이야기는 고대사와 관련된다.

《그림 동화》에서는 주로 남자보다 여자가 더 무거운 형벌을 받는다. 더욱이 잔혹한 벌은 여자만 받는다. 이것을 성차별이라고 본다면 사회사(社會史)와의 관련성도 무시할 수 없게 된다.

사회사는 인간의 실제 생활과 동화의 연관성을 추구하는 학문이다. 그러나 심리학은 다르다. 심리학에서는 인간의 마음속을 나타내는 것이 동화라고 말한다. 특히 심층심리학에서는, 무의식 세계를 드러내는 것이 동화라고 주장한다. 그러한 관점에서 보면 동화는 아이가 어른이 되면서 겪어야만 하는 변화 과정이다. 말하자면 '성장의 위기'를 그려낸 작품이 동화라는 것이다. 그 해석에 따르면 〈거위 돌보는 아가씨〉는, 오이디푸스적인 발달을 두 가지 상반된 단계로 상징화한 작품이 된다. 즉 이 작품에 투영된 내용은 다음과 같다.

"누군가가 아이의 몫이어야 할 위치를 가로채고 있다는 감정. 그리고 실은 아이가 부모의 위치를 가로채고 싶어한다는 사실에 대한 인식."

아무리 그러고 싶다 해도, 다른 사람의 자리를 빼앗아서는 안 된다. 결국 파멸할 뿐이다. 사람은 자신에게 주어진 길을 통해 스스로를 바로 세워야만 한다.

막스 뤼티의 문체론과 프로프의 구조론은 문예학 관점에서의 고찰이다. 뤼티의 문체론에 따르면 〈거위 돌보는 아가씨〉 이야기에도 동화 특유의 문체가 분명히 나타나고 있다. 마지막 장면에서 왕은 시녀에게, 그녀가 한 일을 모두 말해준다. 그리고 이렇게 묻는다. "이 여자에게 어떤 판결을 내리면 좋겠는가?" 그러자 시녀는, 남의 일을 말하듯 대답한다. "그 여자가 입고 있는 옷을 벗겨서,

그녀를 알몸으로 만듭니다. 그리고 그녀를 뾰족한 못이 안쪽에 박힌 술통에 꼭꼭 집어넣습니다. 이제 두 마리 백마가 그 술통을 끌고, 그녀가 죽을 때까지 온 마을을 돌아다닙니다. 그 정도 벌은 받아야겠지요."

〈거위 돌보는 아가씨〉 루트비히 피처 그림

자신의 악행을 다른 사람이 정확히 말한다면, 보통 사람이라면 경계할 것이다. 그 시녀는 공주의 부적에 있던 피가 사라진 것을 보고선 옷과 말을 빼앗은 뒤, 공주에게 누구한테도 말하지 않는다는 맹세를 하도록 했을 만큼 간교한 여성이었다. 그런 여성이 이런 실수를 저지르다니, 놀라울 따름이다.

예를 들어 도스토옙스키(Fyodor Mikhailovich Dostoevsky, 1821~1881)의 《죄와 벌》을 살펴보자. 고리대금업자 노파를 죽인 라스콜니코프는, 예심판사 포르필리와 대립하게 된다. 포르필리는 아무렇지 않게 상대의 죄를 폭로하려 하고, 라스콜니코프는 그의 공격에 어떻게든 맞서려고 한다. 이것이 보통 사람의 행동이다.

하지만 동화에 등장하는 인물은 보통 사람이 아니다. 보통 사람의 경우에는, 과거 행동과 현재 행동 사이에 연관성이 있다. 인격이 그대로 유지된다. 그러나 동화 속 인물의 경우에는 앞뒤가 맞지 않는다. 따라서 동화는 인간의 현실을 나타내지 않는다고 볼 수 있다. 하지만 실제 인간을 투영하지 않음으로써 '악인이 스스로를 심판한다'는 주제를 명확히 드러낸다.

〈거위 돌보는 아가씨〉만이 아니다. 〈숲 속 세 난쟁이〉나 〈하얀 신부와 검은 신부〉에서도 비슷한 경과를 통해 악인이 스스로에게 심판을 내린다. 악인이 자신을 심판하다니 현실 세계에서는 있을 수 없는 일이다. 그러므로 현실 세계를 드러내는 사실적인 서술 방법만으로는, 그 주제를 도저히 살릴 수 없다. 때문에 동화는 사실적인 서술 방식을 버린다. 앞서 말했듯이 '세상이 이랬으면 좋겠다'는 소망을 표현하기 위해서이다. 뤼티는 동화의 이러한 표현 방식을 '독립성'이라 하고 이를 유럽 동화의 본질적 특징이라고 말했다.

그런데 같은 문예학이라도 프로프의 방식은 뤼티와 달랐다. 프로프는 동화의 문체가 아닌 구조에 관심을 두었다. 프로프의 구조론을 따라 〈거위 돌보는 아가씨〉를 분석하면 다음과 같다.

〈주술 도구를 선물함〉—왕비는 멀리 시집가는 외동딸에게, 자신의 피와 말하는 말을 선물한다.

〈해를 끼침〉—왕녀의 부적에서 피가 사라지자, 시녀는 공주의 옷과 말을 자기 것과 바꿔치기한다. 그리고 그 사실을 남에게 말하지 못하도록 공주에게 억지로 맹세를 시킨다.

〈부당한 요구〉—시녀가 왕자의 아내가 된다.

〈은밀한 도착〉—공주가 거위치기가 된다.

〈추적〉—말하는 말이 살해된다.

〈구조(救助)〉—공주는 말 머리를 마을 입구에 걸어달라고 한다. 그리고 그녀는 말과 이야기를 나눈다.

〈어려운 문제〉—거위 치는 소년인 콘라트가 공주의 금빛 머리카락을 뽑으려 한다.

〈해결〉—공주가 주문을 외워 위기에서 벗어난다.

〈발견·인지(認知)〉—공주의 신분이 확인된다.

〈정체가 드러남〉—왕자의 신부가 가짜임을 깨닫는다.

〈처벌〉—시녀가 벌을 받는다.

〈불행·결여 없어짐〉—공주의 신분이 회복된다.

〈결혼〉—왕자와 공주가 결혼한다.

〈용감한 왕자〉 칼 하센부르크 그림

이는 피해자형 주인공이 등장하는 이야기의 기본 구조이다. 그런데 《그림 동화》에는 이 유형의 동화가 많다. 〈재투성이 아가씨〉, 〈백설 공주〉, 〈찔레 공주〉, 〈빨간 모자〉, 〈오빠와 여동생〉 등 널리 알려진 이야기는 모두 그렇다.

탐색가형 주인공이 등장하는 동화는 거의 없다. 〈두 형제〉, 〈땅속 나라 난쟁이〉, 〈황금새〉 등 그 수가 아주 적다.

그런데 프로프가 분석한 《아파나시예프 동화집》에는 탐색가형 주인공이 등장하는 이야기가 많다. 《그림 동화》와 《아파나시예프 동화집》 사이에는 왜 이런 차이점이 존재할까?

그 이유 가운데 하나는, 그림 형제에게 이야기를 들려준 사람들 거의가 여성이었다는 점이다. 이야기하는 사람은 이야기 속 주인공과 동화되기 쉬운 까닭이다. 또는 이야기가 구전되던 지역 특성이 달라서인지도 모른다. 그즈음 독일에서보다는 러시아에서, 탐색가가 더 많이 활약했을 수도 있다. 그렇다면 각 동화에는 독일과 러시아 문명의 발달 수준이 반영되어 있다고도 볼 수 있을 것이다.

동화는 언제나 정의를 동경하고 사악함을 철저하게 없애는 것을 사명으로 삼는 듯이 보인다. 하지만 카를 헬프링 교수는 "메르헨이 목표로 하는 것은 악인들이 무섭게 멸망하는 것이 아니라 착한 사람들이 최고의 보상을 받는 데에 있다"고 오늘날의 독자에게 호소한다. 참으로 옳은 말이다.

〈별 은화〉를 예로 들어보자. 옛날 어느 곳에 작은 여자아이가 살았다. 소녀의 어머니도, 아버지도 이미 세상을 떠났다. 매우 가난해서 잠잘 방도, 몸을 누일 침대도 없었다. 있는 것이라고는 입고 있는 옷과 손 안에 쥔 빵 한 조각뿐이었다. 소녀는 하느님을 의지하여 들판으로 나갔다. 그러다 한 가난한 남자를 만났다. 그는 배고프다며 먹을 것을 달라고 했다. 소녀는 그에게 빵을 주었다. 다시 길을 떠난 소녀는 차례로 어린아이들을 만나서, 각각 두건과 속옷과 치마를 벗어주었다. 숲 속에 이르렀을 때는 이미 날이 저물고 있었다. 그런데 그곳에서도 한 아이를 만났고 그 아이는 옷을 벗어달라고 부탁했다. '어두우니까 옷을 벗어도 아무도 날 볼 수 없을 거야' 생각한 소녀는 남은 옷도 벗어 그 아이에게 주고 말았다. 이렇게 해서 모든 것이 없어졌다. 그때 갑자기 하늘에서 별들이 쏟아졌다. 그것은 진짜 은화였다. 그리고 비싼 옷도 내려왔다. 소녀는 은화를 모아 행복하게 살았다.

현실적으로 〈별 은화〉의 소녀는 굶어 죽을 수밖에 없다. 만약 〈성냥팔이 소녀〉를 쓴 안데르센이었다면 '추위에 떨던 여자아이는 하늘에서 별의 은화가 쏟아지는 꿈을 꾸었다. 이튿날 숲을 지나가던 사람이 벌거벗은 채 얼어 죽어 있는 한 소녀를 보았다' 썼으리라.

요컨대 《그림 동화》는 대자연의 법칙에 따라 옳고 그름과 선함과 악함의 차별을 가르치고 만물이 서로 도와가며 살아가는 온갖 생태를 보여준다. 그 바탕이 되는 숲과 나무에 대한 사랑, 인간에 대한 사랑, 동물에 대한 사랑을 초월한 식물·무생물에 대한 크나큰 사랑의 존엄을 깨닫게 한다. 이는 즐거움이 있으면 괴로움이 있고, 괴로움이 있으면 즐거움이 있는 긴 여정 끝에서 얻어지는 수확이어야 한다.

《아이들과 가정을 위한 이야기》, 곧 《그림 동화》는 이른바 대자연이 쓰고 사람이 그것을 읽는 기록이며, 아이는 물론 어른도 그 뜻을 잘못 읽어서는 안 된다. 잘못 읽지만 않는다면 이 세상에 다시없는 즐겁고 행복한 이야기를 듣는 것이리라.

그림 형제 연보

1785 년 1월 4일, 야코프 그림, 독일 헤센의 하나우에서 아버지 필리프 빌헬름과 어머니 도로테아의 5남 1녀 가운데 맏아들로 태어남. 아버지는 변호사로서 시 서기일도 보았으며 어머니의 결혼 전 성은 침머였음.

1786년(1세) 2월 24일, 빌헬름 그림, 하나우에서 태어남.

1790년(5세) 3월 14일, 하나우에서 루트비히 그림 태어남.

1791년(6세) 아버지가 슈타이나우의 영지 주무관 겸 사법관으로 임명되어, 온 가족이 영지로 옮겨감.

1796년(11세) 아버지, 44살 나이로 세상을 떠남.

1798년(13세) 야코프와 빌헬름은 어머니의 고향 카셀로 이사하여, 이모 헨리에테의 도움을 받아 카셀의 프리드리히 김나지움에 입학함. 외할아버지 요한 헤르만 침머, 세상을 떠남.

1802년(17세) 야코프, 마르부르크 대학에서 법학을 공부함.

1803년(18세) 빌헬름, 마르부르크 대학에서 법학을 공부함.

1804년(19세) 시인 클레멘스 브렌타노와 알게 됨.

1805년(20세) 야코프, 법학자 프리드리히 카를 폰 사비니의 조교를 맡아 그와 함께 파리를 여행함. 어머니 도로테아 카셀로 이사함.

1806년(21세) 야코프, 카셀에서 헤센 육군성 서기로 근무함. 빌헬름은 법학 시험에 합격함. 나폴레옹 군대가 카셀을 점령함. 그림 형제, 클레멘스 브렌타노와 아힘 폰 아르님의 민요집 《소년의 마법피리 *Der Knaben Wunderhorn*》의 영향을 받아 고대 독일어를 공부하고 민담 및 전설 연구를 시작함.

1807년(22세) 야코프, 육군성 서기직에서 물러남. 카셀에서 아르님과 알게 됨. 빌헬름과 함께 《소년의 마법피리》 제2권과 제3권 작업에 참여하고 민담 및 전설 수집을 시작함. 베스트팔렌 왕국이 세워지고 나폴레옹의 동생 제롬 보나파르트가 국왕에 오름.

1808년(23세) 어머니 도로테아가 52살 나이로 세상을 떠남. 야코프, 나폴레옹의 동생인 제롬 보나파르트 치하 왕립도서관 사서로 임명됨. 빌헬름, 병상에 눕기를 거듭하며 1814년까지 별다른 일자리를 갖지 못함.

1809년(24세) 야코프, 제롬 보나파르트 치하 추밀원 판사가 됨. 빌헬름, 요양을 위해 할레에 갔다가 베를린의 아힘 폰 아르님, 바이마르의 요한 볼프강 폰 괴테를 방문함. 루트비히, 뮌헨 예술 아카데미에서 미술을 공부함.

1812년(27세) 그림 형제, 《아이들과 가정을 위한 이야기》 초판 제1권 펴냄.

1813년(28세) 헤센 공국이 다시 세워짐. 야코프, 12월 30일 공사관 서기가 되어 이듬해 7월까지 프랑스에서 지냄. 그림 형제, 카셀에서 논문집 《고대 독일의 숲 *Altdeutsche Wälder*》(1813~1816, 전3권) 제1권 펴냄.

1814년(29세) 빌헬름, 카셀 공국 도서관 서기를 맡아 1829년까지 일함. 야코프, 7월 빈으로 옮겨서 이듬해 6월까지 빈 회의 외교관을 맡음. 연말에 《아이들과 가정을 위한 이야기》 초판 제2권 펴냄(출간 일자는 1815년).

1815년(30세) 이모 헨리에테, 67살 나이로 세상을 떠남. 빌헬름, 루트비히와 함께 프랑크푸르트·하이델베르크·라인 지역을 여행함. 사비니·브렌타노·괴레스·괴테와 만남. 야코프, 7월 카셀로 돌아왔다가 나폴레옹이 약탈한 문화재를 돌려받는 문제로 파리 방문함. 그림 형제, 《가련한 하인리히 *Der Arme Heinrich von Hartmann von der Aue*》, 《에다 *Die Lieder der Alten Edda*》 펴냄.

1816년(31세) 야코프, 카셀 공국 도서관 제2사서를 맡음. 그림 형제, 《독일 전설집 *Deutsche Sagen*》(1816~1818) 제1부 펴냄.

1818년(33세) 그림 형제, 《독일 전설집》 제2부 펴냄. 이 책에는 모두 585편의 이야기가 실려 있음.

1819년(34세) 그림 형제, 마르부르크 대학에서 명예박사학위를 받음. 《아이들과 가정을 위한 이야기》 제2판 펴냄. 야코프, 《독일어 문법 *Deutsche*

Grammatik》(1822~1840) 초판 펴냄.

1821년(36세) 빌헬름, 《독일 루네 문자에 대하여 *Über Deutsche Runen*》 펴냄.

1822년(37세) 빌헬름, 《아이들과 가정을 위한 이야기》에 주석을 다는 작업을 시작함. 여동생 샤를로테 그림, 뒷날 쿠르헤센 대신이 된 루트비히 하센부루크와 결혼함.

1823년(38세) 야코프, 풀다·슈타이나우·뷔딩겐·기센을 여행함. 빌헬름, 마르부르크·벨링스하우젠을 여행함. 영국 런던에서, 에드가 타일러가 옮기고 조지 크룩생크의 그림을 넣어 《아이들과 가정을 위한 이야기》 영역본 펴냄.

1825년(40세) 빌헬름, 약국집 딸인 도로테아 빌트와 결혼함. 《아이들과 가정을 위한 이야기》, 루트비히의 삽화로 소형판 펴냄.

1826년(41세) 그림 형제, 《아일랜드 요정 이야기 *Irische Elfenmärchen*》 펴냄.

1828년(43세) 야코프, 《독일 법률 고사지 *Deutsche Rechtsaltertümer*》 펴냄(2판은 1854년).

1829년(44세) 괴팅겐 대학의 초빙을 받아 그림 형제, 12월 괴팅겐으로 옮김. 빌헬름, 《독일 영웅 전설 *Deutsche Heldensage*》 펴냄.

1830년(45세) 야코프, 괴팅겐 대학에서 사서 및 교수직을 맡음. 라틴어로 〈향토애에 대하여〉라는 제목의 괴팅겐 대학 취임 연설을 함. 그림 형제, 《힐데브란트의 노래 *Das Lied von Hildebrand und Hadubrand*》 펴냄. 빌헬름, 괴팅겐 대학 사서를 맡음.

1831년(46세) 야코프, 독일 남부와 스위스를 여행함. 빌헬름 괴팅겐 대학의 조교수에 오름.

1832년(47세) 야코프, 《독일어 문법》 제3부 펴냄. 빌헬름의 딸 아우구스테 태어남.

1833년(48세) 여동생 로테 세상을 떠남.

1834년(49세) 야코프, 브뤼셀과 헨트를 여행함. 《여우 라인하르트 *Reinhart Fuchs*》 펴냄. 빌헬름, 13세기 고지 독일어 시인의 시집 교정판 《프라이당크 *Freidank*》 펴냄.

1835년(50세) 빌헬름, 정교수에 오름. 야코프, 《독일 신화학 *Deutsche Mythologie*》 펴냄.

1837년(52세) 하노버의 국왕 에른스트 아우구스트 1세의 헌법 개혁에 이의를 제기한 '괴팅겐 7교수 사건'으로 야코프와 빌헬름은 다섯 교수와 함께 해직됨. 야코프, 카셀로 돌아감. 《독일어 문법》 제4권 펴냄. 빌헬름, 《아이들과 가정을 위한 이야기》 제3판 펴냄.

1838년(53세) 야코프, 《나의 해고에 대하여 *Über seine entlassung*》 펴냄. 빌헬름, 카셀로 돌아감. 그림 형제, 《독일어 사전》 편찬을 시작함.

1840년(55세) 6월에 즉위한 프로이센 왕 프리드리히 빌헬름 4세가 초빙하여, 그림 형제는 베를린 왕립학술원 회원이 됨. 야코프, 《바이스튀머 *Weistümer*》 펴냄(1840~1869). 이 책 일부는 다른 저자들이 썼으며 모두 5부로 되어 있음.

1841년(56세) 그림 형제, 베를린으로 옮김. 왕립학술원에서 첫 강의를 함.

1842년(57세) 야코프, 푸르 르 메리트(Pour le mérite) 훈장을 받음.

1843년(58세) 야코프, 이탈리아를 여행함.

1844년(59세) 야코프, 덴마크 및 스웨덴을 여행함. 《독일 신화학》 제2판(2권) 펴냄.

1846년(61세) 야코프, 프랑크푸르트에서 열린 제1회 독문학자 회의에서 의장을 맡음. 빌헬름은 이 대회에서 《독일어 사전》에 대해 강연함.

1847년(62세) 야코프, 뤼베크에서 열린 제2회 독문학자 회의에서 의장을 맡음. 그 뒤 프라하와 빈을 여행함.

1848년(63세) 야코프, 프랑크푸르트 파울 교회에서 열린 제1회 국민의회에 의원 자격으로 참석함. 이어 교수직에서 물러나 연구에 전념함. 《독일어사 *Geschichte der Deutschen Sprache*》 펴냄(3판은 1868년, 전2권).

1849년(64세) 야코프, 고타의 '소독일당' 회의에 참석함. 빌헬름, 〈프라이당크에 대해서〉 발표함.

1852년(67세) 빌헬름, 교수직에서 물러나 연구에 전념함. 《독일어 사전》 제1차 배본.

1853년(68세) 야코프, 남프랑스와 이탈리아를 여행함. 빌헬름, 라인 강변을 여행함.

1854년(69세) 《독일어 사전 *Deutsches Wörterbuch*》 제1권 펴냄. 야코프, 《독일 신화학》 제3판(제2권) 펴냄.

1856년(71세) 빌헬름, 《아이들과 가정을 위한 이야기》 주석본 펴냄.

1857년(72세) 빌헬름, 《아이들과 가정을 위한 이야기》 제7판 펴냄. 이 판본이 최종판이며 가장 널리 번역되어 있음.

1859년(74세) 빌헬름, 12월 16일 73살 나이로 베를린에서 세상을 떠남.

1860년(75세) 《독일어 사전》 제2권 펴냄. 《독일어 사전》은 야코프가 죽은 뒤에도 후계자들에 의해 작업이 이어져 동서 독일 분단 시대에도 공동 편찬이 계속됨. 1961년에 완성됨.

1863년(78세) 4월 4일, 그림 형제의 아우이자 그들 작품의 그림을 도맡아 그려왔던 루트비히가 73살 나이로 세상을 떠남. 9월 20일 야코프, 78살 나이로 세상을 떠남. 베를린 마테우스 교회 묘지의 아우 빌헬름 무덤 옆에 나란히 묻힘.

옮긴이 금은숲

한국외국어대학교 독어과 졸업. 독일 베를린자유대학교 석사 졸업. 고려대학교 대학원 독문학 박사과정 수학. 옮긴책에 쇼펜하우어 《인생론》, 프란츠 카프카 《아메리카》, 니체 《인생론》 등이 있다.

World Book 249
Jacob u. Wilhelm Grimm
KINDER–UND HAUSMÄRCHEN
그림동화전집 Ⅱ
그림 형제/금은숲 옮김
1판 1쇄 발행/2016. 1. 20
발행인 고정일
발행처 동서문화사
창업 1956. 12. 12. 등록 16–3799
서울 중구 다산로 12길 6(신당동 4층)
☎ 546–0331~6 Fax. 545–0331
www.dongsuhbook.com

사업자등록번호 211–87–75330

ISBN 978–89–497–1398–4 04080
ISBN 978–89–497–0382–4 (세트)